Wolfgang Weitnauer

Management Buy-Out

Management Buy-Out

Handbuch für Recht und Praxis

Herausgegeben
und bearbeitet von

Dr. Wolfgang Weitnauer
M. C. L., Rechtsanwalt

Bearbeitet von

Arno L. Eisen, LL. M., Rechtsanwalt, Berlin;
Jan Giessler, Rechtsanwalt/Dipl.-Kaufmann, Köln;
Jan Hähnel, Dipl.-Kaufmann, München;
Karin Himmelreich, Dipl.-Kauffrau, Frankfurt;
Dr. Anke Nestler, Dipl.-Kauffrau, Frankfurt;
Felix Rose, Dipl.-Kaufmann, Frankfurt;
Joachim Schroeder, Dipl.-Kaufmann, München;
Dr. Wolfgang Weitnauer, M. C. L., Rechtsanwalt, München

2. Auflage

Verlag C. H. Beck München 2013

www.beck.de

ISBN 978 3 406 64008 7

© 2013 Verlag C. H. Beck oHG
Wilhelmstraße 9, 80801 München
Druck: Druckhaus Nomos
In den Lissen 12, 76597 Sinzheim

Satz: Druckerei C. H. Beck, Nördlingen
(Adresse wie Verlag)

Gedruckt auf säurefreiem, alterungsbeständigem Papier
(hergestellt aus chlorfrei gebleichtem Zellstoff)

Vorwort zur 2. Auflage

Diese 2. Auflage ist ein völlig neues Werk und hat nichts mehr gemein mit der inzwischen zehn Jahre zurückliegenden Erstauflage. Dies liegt nicht nur an den veränderten Rahmenbedingungen des Finanzmarkts, die spätestens seit dem *Lehman*-Zusammenbruch zu einer deutlichen Zurückhaltung von Banken gegenüber einer Fremdfinanzierung von Buy Outs geführt haben. Sondern dies liegt auch daran, dass Private Equity-Investoren und Buy Out-Fonds im Besonderen als *„Heuschrecken"* politisch an den Pranger gestellt wurden. Die angeblichen systemischen Risiken, die von ihnen ausgehen, führten zur Verabschiedung der Alternative Investment Fund Manager-Richtlinie *(AIFM-Richtlinie),* die am 21. 7. 2011 in Kraft trat und nun in Deutschland vor der Umsetzung durch das *Kapitalanlagegesetzbuch* (KAGB) steht. Dieses Gesetzeswerk wird regulatorische Einschränkungen für Private Equity-Fonds in Europa mit sich bringen. Sie sind, auch wenn sie noch nicht in Kraft sind, mit bedacht.

Gedacht ist dieses Werk nach wie vor gerade auch als praktischer Ratgeber für an einem Buy Out interessierte Manager. Aus diesem Grunde enthält dieses Buch nicht nur „trockene" steuerliche und rechtliche Abhandlungen, sondern praxisbezogene Tipps und Handlungsempfehlungen anhand von Beispielsfällen. Dies ist vor allem den neu gewonnenen Co-Autoren zu verdanken, die ihre jahrelangen Erfahrungen in der Praxis, aus unterschiedlichen Blickwinkeln, hier eingebracht haben. Die Vertragsmuster im Anhang werden, auch dies zur praktischen Hilfe, um eine Gesellschaftervereinbarung ergänzt.

Gedankt sei aber auch dem Einsatz meiner Kollegin, Frau *Alix Winterhalder,* die sich um die Koordination des Autorenteams verdient und einen wesentlichen Beitrag für die Darstellung der KAGB-Thematik in Teil A geliefert hat. Gedankt sei auch Herrn Rechtsreferendar *Claudio Kühn* für die Mithilfe bei der redaktionellen Durchsicht und Herrn Rechtsreferendar *Josef Parzinger* für die Recherche der Praxisfälle im Anhang.

München, im Februar 2013   *Dr. Wolfgang Weitnauer*

Vorwort zur Vorauflage

Unternehmer braucht das Land, in Zeiten wirtschaftlicher Depression, in die dieses Buch hineingeschrieben wurde, mehr denn je. Vor allem an Unternehmer wendet sich das Thema „Buy Out". Letztlich geht es darum, dass fremdbestimmtes Management die Selbstbestimmung sucht, indem es – im Verbund mit Finanzierungspartnern – „sein" Unternehmen kauft. Es geht also nicht um Neugründungen oder um den Aufbau von Unternehmen, anders als bei der Venture Capital-Finanzierung, sondern um die Übernahme bereits bestehender Unternehmen und deren Neuausrichtung durch das Management, das – gemeinsam mit den Finanzinvestoren – die unternehmerische Führung übernimmt. Von dem Geschick dieser Führung und dem gekonnten Freisetzen von bislang brachliegendem Potential des Unternehmens hängt der spätere Erfolg der Buy Out-Transaktion ab. Dessen grundlegende Mechanismen sucht dieses Buch zu beschreiben. Der Buy Out ist geeignet, verkrustete Strukturen mittelständischer Unternehmen aufzubrechen oder vernachlässigte Unternehmensbereiche zu neuem Leben zu erwecken. Gerade auch angesichts des mehr und mehr die Verhältnisse des jeweiligen Unternehmens kritisch bewertenden Finanzierungsverhaltens der Banken mag daher der Buy Out zu einem wesentlichen Bestandteil der Diskussion über die Mittelstandsfinanzierung werden. Ebensowenig wie es die geborenen Gründer im Bereich der New Economy gegeben hat, gibt es aber als „Patentrezept" den geborenen Unternehmer für einen Buy Out. Daher ist auch hier Vorsicht und genaue selbstkritische Prüfung der eigenen unternehmerischen Qualitäten angezeigt, um nicht ebenso herbe Enttäuschungen zu erleben, wie dies die Venture Capital-geförderten „Entrepreneure" in jüngster Zeit tun mussten.

Das Entstehen des Manuskripts für den steuerlichen Teil dieses Buchs sah sich dank der Wandelhaftigkeit dieses Rechtsgebiets vor besondere Schwierigkeiten gestellt. So hat kurz vor Drucklegung das Bundeskabinett am 20. 11. 2002 das „Steuervergünstigungsabbaugesetz" (allein schon dies ein Unwort) beschlossen. Soweit möglich, wurde noch in Fußnoten auf etwaige Änderungen, sofern es denn zu ihnen kommen sollte, verwiesen. Um der Aktualität zu genügen, werden weitere Entwicklungen auf der *Website www.weitnauer.net.buyout* dargestellt werden; hier werden sich auch weitere praktische Hinweise finden.

Abschließend darf ich an dieser Stelle nochmals meinen Co-Autoren für ihren Einsatz und ihre Geduld bei dem etwas langwierigeren Entstehen dieses Buchs danken. Nicht zuletzt gilt mein Dank aber auch meiner Sekretärin, Frau Claudia Buss, die wiederum maßgeblichen Anteil bei der Erstellung des Manuskripts hatte.

München, im April 2003   *Dr. Wolfgang Weitnauer*

Inhaltsübersicht

Inhaltsverzeichnis

Literaturverzeichnis

Aha, Einzel- oder Gesamtrechtsnachfolge bei der Ausgründung, AG 1997, S. 345 ff.; *Altendorf/Vossen*, Anteilskauf im Lichte der Unternehmenssteuerreform 2001 unter Berücksichtigung der Änderungen des UntStFG, GmbHR 2001, S. 1146 ff.; *Altmeppen*, Cash Pooling und Kapitalerhaltung bei bestehendem Beherrschungs- oder Gewinnabführungsvertrag, NZG 2010, S. 361 ff.; *Assmann/Schütze*, Handbuch des Kapitalmarktrechts, 3. Aufl. 2007; *Bader*, INF 1997, S. 655 ff.; *Baker/Smith*, The new financial capitalists, Kohlberg Kravis Roberts and the creation of corporate value, 1998; *Baumbach/Hopt*, HGB, 35. Aufl. 2012; *Baumbach/Hueck*, GmbH-Gesetz, 19. Aufl. 2010; *B. Becker/Böttger/Ergün/Müller*, Basel III und die möglichen Auswirkungen auf die Unternehmensfinanzierung, DStR 2011, S. 375 ff.; *R. Becker*, Buy-Outs in Deutschland, 2000; *Beck'sches Handbuch der Personengesellschaft*, 3. Aufl. 2009; Beck'scher Bilanzkommentar, 8. Aufl., 2012; *Beermann/Masucci*, Motive und Umsetzung eines Going Private, FB 2000, S. 705 ff.; *Beinert/van Lishaut*, Steuerfragen bei Anteilskäufen und Sperrfristen, FR 2001, S. 1137 ff.; *Beisel/Klumpp*, Der Unternehmenskauf, 6. Aufl. 2009; *Bergjan/Schwarz*, Scheitern von Vertragsverhandlungen bei M&A-Transaktionen: Die BreakupFee-Klausel im Letter of Intent, GWR 2013, 3 ff.; *Blaurock*, Handbuch der Stillen Gesellschaft, 7. Aufl. 2010; *Blumers/Beinert/Witt*, Unternehmenskaufmodelle nach der Steuerreform, DStR 2001, S. 233 ff.; *dies.*, Das Organschaftsmodell nach dem Entwurf eines Gesetzes zur Fortentwicklung des Unternehmenssteuerrechts, DStR 2001, S. 1741 ff.; *Blumers/Marquard*, Unternehmenskäufe durch Anteilserwerb nach neuem Umwandlungs(-steuer)recht DStR 1994, S. 1869; *Blümich*, Kommentar zum Einkommensteuergesetz, Körperschaftsteuergesetz, Gewerbesteuergesetz, 116. Aufl. 2012; *Bork/Schäfer*, GmbHG, 1. Aufl. 2010; *Boos/Fischer/Schulte-Mattler*, Kreditwesengesetz, 4. Aufl. 2012; *Böcker*, Synergieeffekte und Integration bei Mergers & Acquisitions: Fallbeispiele aus der Automobilindustrie, Hamburg 2011; *Bösel/Sommer*, Mezzanine Finanzierung 2006; *Böttcher*, Due Diligence beim Unternehmenskauf als Verkehrssitte, ZGS 2007, S. 20 ff.; *von Braunschweig*, Steuergünstige Gestaltung von Mitarbeiterbeteiligungen in Management-Buy-Out-Strukturen, DB 1998, 1831 ff.; *von Braunschweig/Hohaus*, Manager in M&A Transaktionen, in: Management in Private-Equity-Transaktionen – Interessenkonflikte, Anreize, Beteiligung-, P+P Pöllath + Partners, 2008; *Brealey/Myers/Stewart*, Principles of Corporate Finance, 10. Aufl. 2010; *Bruse*, Going Private/Delisting durch Private Equity Investoren und neues Übernahmerecht, M & A Review 2001, S. 257 ff.; *Bruski*, Step-Up-Modelle beim Unternehmenskauf, FR 2002, S. 181 ff.; *Bunnemann/Zirngibl*, Die Gesellschaft mit beschränkter Haftung in der Praxis, 2. Aufl. 2011; *Bungert/Mennicke*, BB-Gesetzgebungsreport: Das Spruchverfahrensneuordnungsgesetz, BB 2003, S. 2021 ff.; *Buschmann*, Finanzplankredit und MoMiG, NZG 2009, S. 91 ff.; *Buth/Hermanns*, Restrukturierung, Sanierung, Insolvenz, 3. Aufl. 2009; *Bußalb/Unzicker*, Auswirkungen der AIFM-Richtlinie auf geschlossene Fonds, BKR 2012, 309 ff.; *Cameron/Green*, Making sense of change management, 3. Auflage, London, 2012; *Diem*, Akquisitionsfinanzierung, 3. Aufl. 2013; *ders.*, Besicherung von Gesellschafterverbindlichkeiten als existenzvernichtender Eingriff des Gesellschafters?, ZIP 2003, 1283 ff.; *Dieterlen/Schaden*, Sofort abzugsfähiger Verlust oder Step-up durch down-stream merger auch nach In-Kraft-Treten des Steuersenkungsgesetzes in Erwerberfällen, BB 2000, S. 2552 ff.; *DIW-Studie 2008*, Die Bedeutung von Buy-Outs/Ins für unternehmerische Effizienz, Effektivität und Corporate Governance, Januar 2008; *Drukarczyk/Schwetzler*, Unternehmensbewertung, 6. Aufl. 2009; *Ebenroth/Boujong/Joost/Strohn*, Kommentar zum HGB, 2. Aufl. 2008; *Eidenmüller*, Regulierung von Finanzinvestoren, DStR 2007, 2116 ff.; *Eidenmüller/Engert*, Insolvenzrechtliche Ausschüttungssperren, Festschrift Karsten Schmidt 2009, S. 305 ff.; *Eilers/Koffka/Mackensen*, Private Equity, 2. Aufl. 2012; *Eilers/Wienands*, Zur steuerlichen Behandlung von eigenkapitalersetzenden Gesellschafterdarlehen und Gesellschaftersicherheiten auf der Ebene des Gesellschafters, GmbHR 1998, 618 ff.; Erfurter Kommentar zum Arbeitsrecht, 12. Aufl., 2012; *Elser/Stadler,* Der Referentenentwurf zum AIFM-Steuer-Anpassungsgesetz – Ausweitung und Verschärfung der Besteuerung nach dem InvStG, DStR 2012, 2516 ff.; *Elser/Stadler,* Entschärfter Kabinettsentwurf zur Anpassung des Investmentsteuergesetzes an das AIFM-Umsetzungsgesetz verabschiedet, DStR 2013, 225 ff.; *Ernst & Young,* How do Private Equity Investors Create Value? A study of 2006 Exits in the US and Western Europe, 2007; *dies.,* Die Fortentwicklung der Unternehmenssteuerreform, Bonn/Berlin 2002, S. 106; *Emmerich/Habersack,* Aktien- und GmbH-Konzernrecht, 6. Aufl., 2010; *Erne,* Akquisitionsfinanzierung: Haftungsfalle „Financial Assistance", GWR 2012, S. 503 ff.; *Erny,* Success Factors of Leveraged Buyouts, Basel 2011; *Ettinger/Jaques,* Beck'sches Handbuch Unternehmenskauf im Mittelstand, 2012; *Financial Gates GmbH* (Hrsg.), Jahrbuch 2013 Restrukturierung, Frankfurt, 2013; *Fischer,* Kommentar zum Strafgesetzbuch, 59. Aufl. 2012; *Fischer,* Problemfelder bei der Abgeltungsteuer – ein Appell für Korrekturen noch vor 2009, DStR 2007, S. 1898 ff.; *Fleischer,* Informationspflichten der Geschäftsleiter beim Management Buy-out im Schnittfeld von Vertrags-, Gesellschafts- und Kapitalmarktrecht, AG 2000, S. 309 ff.; *ders.,* Zur organschaftlichen Treuepflicht der Geschäftsleiter im Aktien- und GmbH-Recht, WM 2003, S. 1045 ff.; *ders./ Körber,* Due Diligence und Gewährleistung beim Unternehmenskauf, BB 2001, S. 841 ff.; *Flesner,* Die GmbH-Reform (MoMiG) aus Sicht der Akquisitions- und Restrukturierungspraxis, NZG 2006, S. 641 ff.; *Fluck/Roos,* Unternehmenskauf und -verkauf, FB 2001, S. 8 ff.; *Förster,* Kauf und Verkauf von Unternehmen nach dem UntStFG, DB 2002, S. 1394 ff.; *Funk,* Unternehmensakquisitionen und -restrukturierungen nach dem Gesetz zur Fortentwicklung des Unternehmenssteuerrechts, BB 2002, S. 1231; *Furtner,* Management von Unternehmensakquisitionen im Mittelstand, 2. Auflage Wien 2011; *Gerz/Bradt,* Praxishinweise zu Mittelstandsfinanzierungen mit Förderkrediten und Bürgschaftsbanken, DStR 2011, S. 876 ff.; *Göpfert/Meyer,* Datenschutz bei Unternehmenskauf: Due Diligence und Betriebsübergang, NZA 2011, 486 ff.; *Goldschmidt,* Wissenszurechnung beim Unternehmenskauf, ZIP 2005, 1305 ff.; *Gottschalk,* Die wirtschaftliche Neugründung einer GmbH und ihre Haftungsfolgen, DStR 2012, S. 1458 ff.; *Gran,* Abläufe bei Mergers & Acquisitions, NJW 2008, 1409 ff.; *Groß,* Sanierung durch Fortführungsgesellschaften, 2. Aufl. 1988; *Grunewald,* Cash-Pooling und Sacheinlagen: Was bringt das MoMiG, was könnte es bringen?, WM 2006, S. 2333 ff.; *Habersack,* Gesellschafterdarlehen nach dem MoMiG: Anwendungsbereich, Tatbestand und Rechtsfolgen der Neuregelung, ZIP 2007, S. 2145 ff.; *ders.,* „Superdividenden", Festschrift Karsten Schmidt, 2009, S. 523 ff.; *ders.,* Die finanzielle Unterstützung des Aktienerwerbs – Überlegungen zu Zweck und Anwendungsbereich des § 71 a Abs. 1 Satz 1 AktG, Festschrift Röhricht, 2005, S. 155 ff.; *Habersack/Mülbert/Schlitt,* Unternehmensfinanzierung am Kapitalmarkt, 2. Aufl. 2008; *Halter,* Familienunternehmen im Nachfolgeprozess, 2009; *Hannemann,* Down-Stream Merger einer Kapitalgesellschaft auf eine Personengesellschaft, DB 2000, S. 2497 ff.; *Haritz/Menner,* UmwStG, 3. Aufl. 2010; *Hartung,* Wissenszurechnung beim Unternehmenskauf, NZG 1999, S. 524; *Hauschka,* Wirtschaftliche, arbeits- und gesellschaftsrechtliche Aspekte des Management Buy-Out, BB 1987, S. 2169 ff.; *Häger/Elkemann-Reusch,* Mezzanine Finanzierungsinstrumente 2. Aufl., 2007; *Henke,* Post Merger Integration: Ist Erfolg planbar? Chancen und Hemmnisse der Post Merger Integration im Kontext von Planung und Kontrolle, Norderstedt 2009; *Herring/Loff,* Die Verwaltung alternativer Investmentvermögen nach dem KAGB-E, DB 2012, 2029; *Hesse/Lamsa,* Die Richtlinie über die Verwalter alternativer Investmentfonds (AIFM-Richtlinie), Corporate Finance Law 2011, 39 ff.; *Hohaus,* Die „Treuhandlösung" bei Mitarbeiterdirektbeteiligungen – Steuerrechtliche Grundsätze, DB 2002, S. 1233 ff.; *ders.,* Aktuelles zu Managementbeteiligungen in Private Equity Transaktionen, BB 2005, S. 1291 ff.; BB 2007, 2582 ff.; BB 2012, 23 ff.; *Hohaus/Koch-Schulte,* Manager in Private-Equity-Transaktionen, in: Festschrift zum zehnjährigen Bestehen von P+P Pöllath + Partners 2008, S. 93 ff.; *Hohaus/Weber,* Aktuelle Rechtsprechung zum Gesellschafterausschluss und die Bedeutung für Managementbeteiligungen, NZG 2005, S. 961 ff.; *Hölters,* Handbuch Unternehmenskauf, 7. Aufl. 2010; *Holzapfel/Pöllath,* Unternehmenskauf in Recht und Praxis, 14. Aufl. 2010;

Hölscher/Nestler/Otto, Handbuch Financial Due Diligence, 2007; *U. Huber,* Die Praxis des Unternehmenskaufs im System des Kaufrechts, AcP 202 (2002), S. 179 ff.; *Hommel/Knecht/Wohlenberg,* Handbuch Unternehmensrestrukturierung, Wiesbaden 2006; *Hopt/Wiedemann* (Hrsg.), Großkommentar zum Aktiengesetz, 4. Aufl. 2012; *Hüffer,* Aktiengesetz, 10. Aufl. 2012; *Hümmerich Reufels,* Gestaltung von Arbeitsverträgen; *IDW-Standard:* Grundsätze zur Durchführung von Unternehmensbewertungen (IDW S 1), FN-IDW Nr. 7/2008; *IfM-Studie 2000,* Unternehmensnachfolge in Deutschland, Mai 2000; *IfM-Studie 2010,* Unternehmensnachfolgen in Deutschland 2010–2014, August 2010; *International Monetary Fund (IMF),* Global Financial Stability Report – Responding to the Financial Crisis and Measuring Systemic Risks, April 2009; *Jansen,* Auswirkung der Finanzierbarkeit auf die Gestaltung von Unternehmenskaufverträgen, GWR 2009, 361 ff.; *Jeep,* Leere Hülse, beschränktes Risiko: Die Gesellschafterhaftung bei nicht offengelegter wirtschaftlicher Neugründung, NZG 2012, S. 1209 ff.; *Jesch/Aldiger,* EU-Verordnungsvorschlag über Euorpäische Risikokapitalfonds (EuVECA) – Wer wagt, gewinnt?, Recht der Finanzinstrumente 4.2012, 217; *Jesch/Geyer,* Die Übergangsbestimmung der AIFM-Richtlinie, BKR 2012, 359 ff.; *Jesch/Striegel/Boxberger,* Rechtshandbuch Private Equity, 2010; *Jung,* Praxis des Unternehmenskaufs, 2. Aufl. 1993; *Käpplinger,* „Upstream"-Darlehen an Akquisitionsvehikel: Sind diese wirklich mit § 30 GmbHG unvereinbar?, NZG 2010, S. 1411 ff.; *Kästle/Heuterkes,* Leaver-Klauseln in Verträgen über Management-Beteiligungen im Lichte der neuesten OLG-Rechtsprechung, NZG 2005, 289 ff.; *Kasperzak/Nestler,* Bewertung von immateriellem Vermögen, 2010; *Katzer,* Buyouts, Die Rolle von Finanzinvestoren bei der Wertgenerierung ihrer Beteiligungsunternehmen, Freiburg 2007; *Kerber,* Die Übernahme von Gesellschaften mit beschränkter Haftung im Buy-Out-Verfahren, WM 1989, S. 513 ff. und 473 ff.; *Kerschbaumer,* Praktische Probleme bei der Anwendung der GmbH-Gründungsvorschriften beim Formwechsel von der AG in die GmbH nach § 197 UmwG, NZG 2011, S. 892 ff.; *Kespohl,* Gestaltungsmöglichkeiten bei der Nachfolge in Familienunternehmen, GWR 2011, S. 130; *Keßler,* Zum An- und Verkauf festverzinslicher Wertpapiere als gewerbliche Tätigkeit, FR 1991, S. 318; *Kessler/Schmidt,* Steuersenkungsgesetz: Umwandlung von Kapital- in Personengesellschaften – Vergleich der derzeitigen und zukünftigen Steuerwirkungen im Erwerberfall, DB 2000, S. 2088; *Kessler/Teufel,* Hinzurechnungsbesteuerung bei mehrstufigen Beteiligungsstrukturen – derzeitige Rechtslage, künftige Rechtslage, Gestaltungsansätze, IStR 2000, S. 673; *Kerber,* Unternehmenserwerb infolge Schuldübernahme und nachfolgender Verschmelzung, NZG 2006, 50 ff.; *Keuper/Groten* (Hrsg.), Nachhaltiges Change Management: Interdisziplinäre Fallbeispiele und Perspektiven, Wiesbaden 2007; *Kiefner/Theusinger,* Aufsteigende Darlehen und Sicherheitenbegebung im Aktienrecht nach dem MoMiG, NZG 2008, S. 801 ff.; *Knopf/Söffing,* Einzelaspekte zur Umwandlung einer Kapitalgesellschaft in eine Personengesellschaft nach neuem Umwandlungssteuerrecht, BB 1995, S. 850 ff.; *Knott/Mielke,* Unternehmenskauf, 4. Aufl. 2011; *Kobbach/Anders,* Umsetzung der AIFM-Richtlinie aus Sicht der Verwahrstellen, NZG 2012, 1170 ff.; *Koeplin/Sarin/Shapiro,* The private company discount, Journal of Applied Corporate Finance 12 (2000), S. 94 ff.; *Koppensteiner,* GmbHrechtliche Probleme des Management Buy-Out, ZHR 155 (1991), S. 97 ff.; *Kreuz/Diedrichs,* A. T. Kearney-Studie zu Vorarbeiten für eine Fusion/Unternehmensübernahme, 1998; *Krüger/Klippstein/Merk/Wittberg,* Praxishandbuch des Mittelstands, 2006; *Kulosa,* Typisierende Annahme einer dauernden Wertminderung bei börsennotierten Aktien, DStR 2010, S. 2340 ff.; *Kußmaul/Pfirmann/Tcherveniachki,* Leveraged Buyout am Beispiel der Friedrich Grohe AG – Eine betriebswirtschaftliche Analyse im Kontext der „Heuschrecken-Debatte", DB 2005, S. 2533 ff.; *Küttner,* Personalhandbuch, 19. Aufl., 2012; *Land/Hasselbach,* „Going Private" und „Squeeze Out" nach deutschem Aktien-, Börsen und Übernahmerecht, DB 2000, S. 557 ff.; *Lange,* „Material Adverse Effect" und „Material Adverse Change"-Klauseln in amerikanischen Unternehmenskaufverträgen, NZG 2005, S. 454 ff.; *Liebs,* Der Unternehmenskauf, 2. Aufl. 2003; *Loewenheim/Meessen/Riesenkampff,* Kartellrecht, 2005; *Loges,* Der Einfluss der „Due Diligence" auf die Rechtsstellung des Käufers eines Unternehmens, DB 1997, 965 ff.; *Loff/Klebeck,* Fundraising nach der AIFM-Richtlinie und Umsetzung in Deutschland durch das KAGB, BKR 2012, 353; *Lothmann,* Unternehmenssteuerreform 2001: Auswirkung des möglichen Thesaurierungsvorteils der Kapitalgesellschaft – einige Thesen zur steueroptimalen Rechtsformwahl, DStR 2000, S. 2153; *Lutter/Hommelhoff,* GmbH-Gesetz, 18. Aufl. 2012; *Lutter/Wahlers,* Der Buyout: Amerikanische Fälle und die Regeln des deutschen Rechts, AG 1989, S. 1 ff.; *Mach,* Steuerliche Risiken bei der Übertragung von Anteilen an Kapitalgesellschaften unter besonderer Berücksichtigung von Auslandsbezügen, 2008; *Maiterth/Müller,* Anmerkungen zu den Auswirkungen des neuen Steuerrechts auf Unternehmenskaufmodelle aus steuersystematischer Sicht, BB 2002, S. 598 ff.; *Maiterth/Müller/Semler,* Das Lied vom „Tod" der Unternehmenskaufmodelle: Alter Wein in neuen Schläuchen, DStR 2003, S. 1313 ff.; *Manchot,* Secondary Buyouts, Wiesbaden, 2010; *Mathiak,* Rechtsprechung zum Bilanzsteuerrecht, DStR 1989, S. 661 ff.; *Meincke,* ErbStG, 16. Aufl., 2012; *Melchior,* Das Jahressteuergesetz 2009 im Überblick, DStR 2009, S. 4 ff.; *McGrath,* Practical M&A Execution and Integration: a step by step guide to successful strategy, risk and integration management, Padstow 2011; *Menke/Niebuhr/Pohlmann,* Erfolgsfaktoren der Post Merger Integration – Konzepte zu einem ganzheitlichen M&A-Management, Lüneburg 2005; *Miller,* Buyouts: success for owners, management, PEGs, Families, ESOPs and merger and acquisitions, Hoboken, 2012; *Miras,* Aktuelle Fragen zur Unternehmergesellschaft (haftungsbeschränkt), NZG 2012, S. 486 ff.; *Möllers/Harrer/Krüger,* Die Regelung von Hedgefonds und Private Equity durch die neue AIFM-Richtlinie, WM 2011, 1537; *Morshäuser/Falkner,* Unternehmenskauf aus der Insolvenz, NZG 2010, 881 ff.; *Mülbert/Leuschner,* Aufsteigende Darlehen im Kapitalerhaltungs- und Konzernrecht – Gesetzgeber und BGH haben gesprochen, NZG 2009, S. 281 ff.; *G. Müller,* Zur Haftung des Verkäufers von GmbH-Anteilen für falsche Auskünfte über den Wert des Unternehmens, ZIP 2000, S. 817 ff.; *K. Müller,* Einfluss der due diligence auf die Gewährleistungsrechte des Käufers beim Unternehmenskauf, NJW 2004, S. 2196 ff.; *ders.,* Neues zur Spaltung: die geplante Streichung von §§ 131 I Nr. 1 S. 2, 132 UmwG, NZG 2006, S. 491 ff.; *ders.,* Unternehmenskauf und notarielle Beurkundung nach § 311 b III BGB, NZG 2007, 201 ff.; *Münchener Handbuch des Gesellschaftsrechts,* Band 4, Aktiengesellschaft, 3. Aufl. 2007; *Münchener Kommentar zum Aktiengesetz,* 3. Aufl. 2010; *Münchener Kommentar zum BGB,* 6. Aufl. 2012; *Münchener Kommentar zum GmbHG,* 1. Aufl. 2012; *Münchener Kommentar zum HGB,* 3. Aufl. 2013; *Münchener Kommentar zur InsO,* 2. Aufl. 2009; *Münchow/Striegel/Jesch,* Beck'sche Musterverträge Management Buy-Out, 2008; *Neumayer/Obser,* Gewerbesteuer bei der Veräußerung von Mitunternehmeranteilen, EStB 2008, S. 445 ff.; *Neumeyer/Imschweiler,* Schenkungssteuer beim Ausscheiden eines Gesellschafters auf Basis gesellschaftsvertraglicher Abfindungsklauseln, DStR 2010, 201 ff.; *Niewiarra,* Unternehmenskauf, 3. Aufl. 2006; *Noack,* Der Regierungsentwurf des MoMiG – Die Reform des GmbH-Rechts geht in die Endrunde, DB 2007 S. 1395 ff.; *Oechsler, Jürgen,* Das Finanzierungsverbot des § 71 a Abs. 1 Satz 1 AktG bei Erwerb eigener Aktien – Schutzzweck und praktische Anwendung, ZIP 2006, S. 1661 ff.; *Onderka,* Die Gestaltung der Unternehmensnachfolge nach der Erbschaftsteuerreform, NZG 2009, 521; *Orth,* Zum Umfang der Gewerbesteuerpflicht von Veräußerungsgewinnen nach § 18 Abs. 4 UmwStG, DB 2001, S. 1108 ff.; *Otto,* Fremdfinanzierte Übernahmen – Gesellschafts- und steuerrechtliche Kriterien des Leveraged Buy-Out, DB 1989, S. 1389 ff.; *ders.,* Buy-out-Finanzierungen: Neue Akquisitionsstrukturen nach neuem Umwandlungsrecht, DB 1994, S. 2121 ff.; *Pacher,* Die Private Equity gestützte Durchführung von Management Buy Outs, Hamburg, 2011; *Palandt,* Bürgerliches Gesetzbuch, 71. Aufl. 2012; *Peltzer,* Rechtliche Problematik der Finanzierung des Unternehmenskaufs beim MBO, DB 1987, 973 ff.; *Perridon/Steiner,* Finanzwirtschaft der Unternehmung, 15. Aufl. 2009; *Peters,* Kreatives Chaos, 3. Aufl. 1994; *Picot,* Unternehmenskauf und Restrukturierung, 3. Aufl. 2004; *Picot/Aleth,* Unternehmenskrise und Insolvenz, 3. Aufl. 1999; *Pluskat,* Akquisitionsmodelle beim Erwerb einer Kapitalgesellschaft nach der Unternehmenssteuerreform, DB 2001, S. 2216 ff.; *dies.,* Das kalte Delisting, BKR 2007, S. 54 ff.; *Pöllath,* Grundsätze ordnungsmäßigen Unternehmenskaufs, in: Festschrift für Gerold Bezzenberger 2000, S. 549 ff.; *ders.,* Ordnungsgemäße Ausschreibung und Bietung als Richtigkeitsgewähr wirtschaftlicher und rechtlicher Konditionen des Unternehmenskaufs, in: Festschrift für Welf Müller, 2001, S. 833 ff.; *Price Waterhouse Coopers (PWC),* Studie über Ergebnisse von Übernahmen und Fusionen, 2000; *Raif/Ginal,* Vermeidung eines Betriebsübergangs: Gestaltungsmöglichkeiten nach der aktuellen BAG-Rechtsprechung zur Transfergesellschaft, GWR 2013, 1 ff.; *Recknagel,* Good Leaver or Bad Leaver?, Finance 2008, S. 70; *Reiß,* Die Revitalisierung des Mitunternehmererlasses − keine gesetzestechnische Meisterleistung, BB 2000, S. 1965 ff.; *Reul/Heckschen/Wienberg,* Insolvenzrecht in der Kautelarpraxis, 2006; *Rhein,* Der Interessenkonflikt der Manager beim Management Buy-out, 1996; *Richards,* MBO − Ist die Nachfolgewelle vorüber?, BVK-Jahrbuch 2000, S. 23 ff.; *Riegger,* Kapitalgesellschaftsrechtliche Grenzen der Finanzierung von Unternehmensübernahmen durch Finanzinvestoren, ZGR 2008, S. 233 ff.; *Rodewald/Pohl,* Unternehmenssteuerreform 2008: Auswirkungen auf Gesellschafterbeziehungen und Gesellschaftsverträge, DStR 2008, S. 724 ff.; *Rödder,* Vermögensübertragung von Kapitalgesellschaften auf Personengesellschaften und natürliche Personen im Referentenentwurf des neuen UmwStG, DStR 1993, S. 1349 ff.; *ders./Schumacher,* Keine Anwendung des § 3 c Abs. 1 EStG bei Organschaft, DStR 2002, S. 1163; *Römermann,* Insolvenzrecht im MoMiG, NZI 2008, S. 641 ff.; *Rosenstock,* Bedeutung des Human Capitals: Nachfolge im Mittelstand: Management Buy-in, Norderstedt 2010; *Roth/Altmeppen,* GmbH-Gesetz, 7. Aufl. 2012; *Ruback,* Capital Cash Flows − A Simple Approach to Valuing Risky Cash Flows, Financial Management, 2002, S. 5 ff.; *Saenger/Inhester* (Hrsg.), Kommentar zum GmbH-Gesetz, 2010; *Schäffler,* Finanzierung von LBO-Transaktionen: Die Grenzen der Nutzung des Vermögens der Zielgesellschaft, GB Special 009, S. 1 ff. zu BB 2006 Heft 48; *Scheifele,* Veräußerung von Mitunternehmeranteilen und Gewerbesteuer: Vertragliche Gestaltungsmöglichkeiten, DStR 2006, S. 253 ff.; *Scheunemann/Socher,* Zinsschranke beim Leveraged Buy-out, BB 2007, S. 1144 ff.; *H. Schmid,* Leveraged Management Buy Out; Begriff Gestaltungen, optimale Kapitalstruktur und ökonomische Bewertung, 1994; *K. Schmidt,* Gesellschafterhaftung und „Konzernhaftung" bei der GmbH, NJW 2001, S. 3577 ff.; *ders.,* Eigenkapitalersatz, oder: Gesetzesrecht versus Rechtsprechungsrecht?, ZIP 2006, S. 1925 ff.; *ders.,* Reform der Kapitalsicherung und Haftung in der Krise nach dem Regierungsentwurf des MoMiG, GmbHR 2007, S. 1072 ff.; *ders.,* GmbH-Reform auf Kosten der Geschäftsführer? Zum (Un-)Gleichgewicht zwischen Gesellschaftsrisiko und Geschäftsführerrisiko im Entwurf eines MoMiG und in der BGH-Rechtsprechung, GmbHR 2008, S. 449 ff.; *ders./Uhlenbruck,* Die GmbH in Krise, Sanierung und Insolvenz, 4. Aufl. 2009; *L. Schmidt,* Kommentar zum Einkommensteuergesetz, 31. Aufl. 2012; *Schmitt/Hörtnagel/Stratz,* Umwandlungsgesetz, Umwandlungssteuergesetz, 5. Aufl. 2009; *Schneider,* Missbräuchliches Verhalten durch Private Equity, NZG 2007, S. 888 ff.; *Schönke/Schröder,* Kommentar zum Strafgesetzbuch, 28. Aufl. 2010; *Scholz,* GmbHG, 10. Aufl. 2010; *Schrell/Kirchner,* Fremdfinanzierte Unternehmenskäufe nach der KBV-Entscheidungdes BGH: Sicherheitenpakete als existenzvernichtender Eingriff?, BB 2003, S. 28 ff.; *dies.,* Vorstellung und Vergleich der beiden Konzepte zur Subordinierung von Gläubigern bei der Finanzierung von Unternehmensübernahmen, BKR 2004, S. 212 ff.; *Schulz/Israel,* Kein existenzvernichtender Eingriff durch typische Finanzierung bei Leveraged Buy-out, NZG 2005, S. 329 ff; *Schwark/Zimmer,* Kapitalmarktrechts-Kommentar, 4. Aufl. 2010; *Schwedhelm/Olbing/Binnewies,* Gestaltungsüberlegungen zum Jahreswechsel 2002/2003 rund um die GmbH, GmbHR 2002, S. 1157 ff.; *Seibt,* Unternehmenskauf und -verkauf nach dem Steuersenkungsgesetz, DStR 2000, S. 2061 ff.; *Seibt/Wunsch,* Managementgarantien bei M&A Transaktionen, ZIP 2008, S. 1093 ff.; *ders.,* Gläubigerschutz bei Änderung der Kapitalstruktur durch Erhöhung des Fremdkapitalanteils (Leveraged Recapitalization/Leveraged Buy Out), ZHR 171 (2007), S. 282 ff.; *Semler/Volhard,* Arbeitshandbuch für Unternehmensübernahmen, 2001/2003; *Sharp,* Buyouts − A Guide for the Management Team, 2009; *Sikora,* Hinauskündigungsklauseln in GmbH-Satzungen − zugleich Besprechung der Urteile des BGH vom 19. 9. 2005, BGH 19. 9. 2005 Aktenzeichen II ZR 342/03 und BGH 19. 9. 2005 Aktenzeichen II ZR 173/04, MittBayNot 2006, S. 292 ff.; *Sistermann/Brinkmann,* Verlustuntergang aufgrund konzerninterner Umstrukturierungen § 8 c KStG als Umstrukturierungshindernis?, DStR 2008, S. 897 ff.; *Söhner,* Leveraged-Buy-outs und Kapitalschutz, ZIP 2011, S. 2085 ff.; *ders.,* Beteiligungstransparenz, Hebelfinanzierung und asset stripping nach der AIFM-Richtlinie WM 2011, S. 2121 ff.; *Sotiropoulos,* Fragen der Darlehensgewährung der GmbH an ihre Gesellschafter, GmbHR 1996, S. 653 ff.; *Spalnik,* Werkzeuge für das Change Management, 2. Auflage, Frankfurt 1999; *Spiegelberger,* Unternehmensnachfolge – Gestaltung nach Zivil- und Steuerrecht, 2. Aufl. 2009; *Stadler,* Venture Capital und Private Equity, 2000; *Stellmann/Stoeckle,* Verpflichtung zur Übertragung des ganzen Vermögens einer Gesellschaft, WM 2011, S. 1983 ff.; *Strahl,* Eilige Selbstberichtigungen und andere Änderungen des Unternehmensteuerreformgesetzes 2008 durch das Jahressteuergesetz 2008, DStR 2008, S. 9 ff.; *Streck,* Die Steuerinteressen und Steuermodelle beim Unternehmenskauf, BB 1992, S. 685 ff.; *Streck/Schwedhelm,* Management-Buy-Out und verdeckte Gewinnausschüttungen, BB 1992, S. 792 ff.; *Theusinger/Kapteina,* Upstream-Sicherheiten und Limitation Language, NZG 2011, S: 881 ff.; *Thiel,* Wege aus der Kapitalgesellschaft – Gestaltungsmöglichkeiten und Zweifelsfragen, DB 1995, S. 1196 ff.; *Tiefenbacher/Turwitt,* Das Buy-Out-Paradoxon: attraktive Renditen trotz „teurer" Investments in gering wachsende Unternehmen, M & A Review 1999, S. 309 ff.; *Ulmer/Habersack/Winter,* GmbHG, Ergänzungsband MoMiG 2010; *Vicari,* Conflicts of Interest of Target Company's Directors and Shareholders in Leveraged Buy-Outs, ECFR 2007, 346 ff.; *Volhard/Kruschke,* Die Regulierung von Private Equity Fonds-Manager durch den Europäischen Gesetzgeber – Ausgewählte Aspekte der AIFM-Richtlinie und der VC-Verordnung im Überblick, EWS Heft 1–2, 2012, 21 ff.; *Volhard/Jang,* Der Vertrieb alternativer Investmentfonds, DB 2013, 273 ff.; *Vollmuth,* Führungsinstrument Controlling, 2001; *Waitz,* Existenzvernichtender Eingriff bei der GmbH durch Leverage Buy-Out-Transaktionen, 2009; *Watermeyer,* Gewerbesteuer auf Dividenden aus Streubesitzanteilen, GmbH-StB 2002, S. 200 ff.; *Weber,* Die Entwicklung des Kapitalmarktrechts im Jahre 2012, NJW 2013, 275 ff.; *Weber/Hohaus,* Buy-outs, 2010; *dies.,* Gesellschaftsrechtliche Probleme bei der Gewährung von Transaktionsboni durch einen Aktionär, DStR 2008, S. 104 ff.; *Weigl,* Grundlagen eines Unternehmenskaufs insbesondere aus steuerlicher Sicht, BB 2001, S. 2188 ff.; *Weiser/Jang,* Die nationale Umsetzung der AIFM-Richtlinie und ihre Auswirkungen auf die Fondsbranche in Deutschland, BB 2011, 1219 ff.; *Weitnauer,* Handbuch Venture Capital – Von der Innovation zum Börsengang, 4. Aufl. 2011; *ders.,* Der Beteiligungsvertrag, NZG 2001, 1065 ff.; *ders.,* Der Unternehmenskauf nach neuem Kaufrecht, NJW 2002, S. 2511 ff.; *ders.,* Die Akquisitionsfinanzierung auf dem Prüfstand der Kapitalerhaltungsregeln, ZIP 2005, S. 790 ff.; *ders.,* Covenants und AGB-Kontrolle, ZIP 2005, S. 1443 ff.; *ders.,* Die Gesellschafterfremdfinanzierung aus Sicht von Finanzinvestoren – ein Resümee der Änderungen des MoMiG und der derzeitigen rechtlichen Rahmenbedingungen vor dem Hintergrund der Finanzkrise; BKR 2009, S. 18 ff.; *ders.,* Der Rangrücktritt – Welche Anforderungen gelten nach aktueller Rechtsprechung?, GWR 2012, S. 193 ff.; *ders.,* Die disquotale Einlage – Schenkungsteuerliche Folgen des § 7 VIII ErbStG für das Beteiligungsgeschäft, GWR 2012, S. 259 ff.; *Welch,* Business is Simple, 1996; *Weller,* Die Neuausrichtung der Existenzvernichtungshaftung durch den BGH und ihre Implikationen für die Praxis, ZIP 2007, S. 1681 ff.; *Westermann,* Das neue Kaufrecht einschließlich des Verbrauchsgüterkaufs, JZ 2001, S. 530 ff.; *Widmann/Mayer,* Umwandlungsrecht, Loseblatt; *Wienands/Schneider,* Gewerbesteuerpflicht von Auflösungs- oder Veräußerungsgewinnen bei Personenunternehmen nach einem Vermögensübergang gem. § 18 Abs. 4 UmwStG, FR 2001, S. 1081 ff.; *Wieselhuber,* Fusionsmanagement, 2000; *ders.,* Strategische Neuausrichtung, 2000; *Willemsen/Hohenstatt/Schweibert,* Umstrukturierung und Übertragung von Unternehmen, 4. Aufl. 2011; *Winkler/Becker,* Die Limitation Language bei Akquisitions- und Konzernfinanzierungen unter Berücksichtigung des MoMiG, ZIP 2009, 2361 ff.; *Wittkowski,* Haftung und Haftungsvermeidung beim Management Buy-Out einer GmbH, GmbHR 1990, S. 544 ff.; *Wolf/Kaiser,* Die Mängelhaftung beim Unternehmenskauf nach neuem Recht, DB 2002, S. 411 ff.; *Zetzsche,* Anteils- und Kontrollerwerb an Zielgesellschaften durch Verwalter alternativer Investmentfonds, NZG 2012, 1164 ff.; *Zetsche,* Anteils- und Kontrollerwerb an Zielgesellschaften durch Verwalter alternativer Investmentfonds, NZG 2012, 1164 ff.

Teil A. Allgemeiner Teil

Übersicht

I. Grundlagen

1. Begriffsdefinitionen

1 **Buy-Out** ist der Oberbegriff für Unternehmenskäufe, bei denen ein Unternehmen oder Unternehmensteil durch einen Verbund von Finanzinvestoren und Management mehrheitlich oder vollständig übernommen wird. Buy-Out-Fonds bedienen sich solcher Transaktionen aus **Renditeerwägungen.** Buy-Out Fonds sind solche Private Equity-Fonds[1], die das Ziel verfolgen, Mehrheitsbeteiligungen an unterbewerteten, häufig mittelständischen Unternehmen zu erwerben, um diese mittelfristig weiter zu verkaufen, sei es an strategische Investoren oder einen anderen Buy-Out-Fonds *(Secondary)*, falls dieser noch weiteres Wertsteigerungspotential in dem Unternehmen sieht; dabei wird die Wertsteigerung meist durch eine Restrukturierung der übernommenen Unternehmen erreicht, die dem Ziel dient, ihre Profitabilität zu erhöhen. Diese Fälle des durch die Investorenseite gesteuerten Buy-Outs werden als **Institutioneller Buy-Out** *(IBO)* bezeichnet. Wird ein IBO überwiegend fremdfinanziert, spricht man auch vom **Leveraged Buy-Out** *(LBO)*. Der Einsatz von zusätzlichem Fremdkapital sorgt nämlich für eine hohe Eigenkapitalrentabilität (**Leverage-Effekt;** dt. Hebeleffekt), sofern die Gesamtkapitalrentabilität höher ist als die Fremdkapitalzinsen. Der Investor erwartet eine hohe Rendite, geht aber auch mit der Fremdfinanzierung ein höheres Risiko ein. In den LBO-Fällen handelt es sich in der Regel um größere Transaktionsvolumina *(Large Cap Buy Outs)*; auch wird das Management dann nur mit einer entsprechend geringeren Quote von in der Regel nicht mehr als 15% am Zielunternehmen beteiligt.

---

[1] Der Begriff Private Equity rührt daher, dass es sich um einen Eigenkapitaleinsatz außerhalb der Börse, also außerhalb des öffentlichen Kapitalmarkts handelt. Hierzu noch näher unten A 44 f.

Die **Initiative** für den Unternehmenskauf kann aber auch vom Management ausge- 2
hen, das dann meist eine künftige Mehrheitsposition im Zielunternehmen anstrebt.
Übernimmt das **vorhandene Management** eines Unternehmens, in der Regel lei-
tende Angestellte oder die Geschäftsführung, das Unternehmen oder auszugliedernde
Unternehmensteile, wird dies als **Management Buy-Out** *(MBO)* bezeichnet. Der
Begriff **Management Buy-In** *(MBI)* beschreibt den umgekehrten Fall, nämlich die
Übernahme eines Unternehmens oder von Unternehmensteilen durch ein **externes**
Management.

Während sich die Begriffe IBO, MBI und MBO auf die Initiatoren der Transaktion 3
beziehen, bezeichnet LBO somit eine besondere Finanzierungsform eines Buy-Outs,
die typischerweise dem IBO zugrunde liegt.

Buy-Out:	Unternehmenskauf, bei dem ein Unternehmen oder Unternehmensteil durch einen Verbund von Finanzinvestoren und Management mehrheitlich oder vollständig übernommen wird
Institutioneller Buy-Out (IBO):	von Finanzinvestoren aus Renditeinteresse initiierter Buy-Out
Leveraged Buy-Out (LBO):	überwiegend fremdfinanzierter Buy-Out
Management Buy-Out (MBO):	Kauf durch eigenes Management
Management Buy-In (MBI):	Kauf durch externes Management

Außerdem gibt es die seltenen Fälle des **Employee Buy-Outs** (EBO), bei dem, vor 4
allem in Sanierungsfällen, die Belegschaft eines Unternehmens Geschäftsanteile übernimmt, und des **Owner Buy-Outs** (OBO), bei dem der ursprüngliche Eigentümer
Anteile an eine Erwerbergesellschaft überträgt, an der er selbst wiederum beteiligt ist.
Hierdurch erhält der ursprüngliche Mehrheitseigentümer die Möglichkeit, den Wert
seiner Unternehmensbeteiligung zumindest teilweise zu realisieren und zugleich am
weiteren Erfolg des Unternehmens beteiligt zu bleiben, auch wenn er an dem neuen
Unternehmensträger nur eine Minderheitsbeteiligung behält.

Die Begriffe werden in der Praxis nicht immer scharf getrennt. So wird insbesondere 5
die Bezeichnung MBO gelegentlich im Sinne des weiteren Begriffes Buy-Out verwendet. In diesem Buch wird der Begriff *„Buy-Out"* als Synonym für alle vorbezeichneten Fälle verstanden.

2. Gründe für einen Buy-Out

a) Der Institutionelle Buy-Out (IBO)

aa) Die Kombination von Buy-Out-Fonds und Management

In Deutschland haben sich mittlerweile nicht nur größere britische und amerikanische 6
Private Equity- bzw. Buy-Out-Fonds etabliert (wie bspw. *3i, Apax Partner The Carlyle*

Group, Permira, Clayton Dubilier Rice oder auch die legendäre amerikanische Buy-Out-Firma *Kohlberg Kravis Roberts*[2]), sondern es sind auch deutsche Private Equity Häuser im Buy-Out-Geschäft tätig (wie bspw. *Allianz Capital Partners* oder *AUCTUS*).

7   Private Equity-Fonds sind meist langfristig an einer Mehrheitsbeteiligung an einem Unternehmen interessiert, das sie sodann unter Nutzung erkannter Wertschöpfungspotentiale restrukturieren. Abzugrenzen ist dies von der bloßen **Wachstumsfinanzierung** zum Zwecke der Weiterentwicklung des Unternehmens, bei der sich der Investor mit einer Minderheitsbeteiligung begnügt.[3]

8   Den Einfluss und die Bedeutung des Private Equity Investors auf und für den Erfolg des Buy-Outs hat eine zwar schon ältere, aber immer noch aussagekräftige, vom *Centre for Management Buy-Out Research (CMBOR)* durchgeführte Befragung von 300 europäischen Unternehmen bestätigt[4], die Buy-Outs durchgeführt haben. 84% der befragten Unternehmen erklärten, dass sie nicht länger existieren würden oder sich langsamer entwickelt hätten, wenn es nicht zu dem durch Private Equity unterstützten Buy-Out gekommen wäre. Zwei Drittel der befragten Unternehmen hatten innerhalb des 7-Jahres-Zeitraums der Studie ihre Wettbewerber überflügelt, 61% hatten ihren Mitarbeiterbestand um durchschnittlich 47% erhöht. Dabei wurde das Buy-Out-Investment benutzt, um langfristige Entwicklungen, wie Forschung & Entwicklung *(R & D)*, Marketing und Mitarbeiterfortbildung zu verstärken; auch die Umsatzentwicklung nach dem Buy-Out stieg an, und zwar um durchschnittlich 84% vom Jahr vor dem Buy-Out bis zum dritten Jahr danach. Dies zeigt die Bedeutung, die der Private Equity-Geber als strategischer Ratgeber, Kontrollinstanz und „Sparringspartner" für das Management gerade auch in der Zeit nach dem Closing hat. Vor allem aber führten die Buy-Outs zu einer veränderten Haltung gegenüber Mitarbeitern, wie insbesondere zur Erkenntnis, welche Bedeutung der Einbezug aller Mitarbeiter in das unternehmerische Geschehen und ein erfolgsbezogenes Vergütungssystem haben. Eine jüngere Studie des *CMBOR* in Zusammenarbeit mit der European Private Equity & Venture Capital Association *(EVCA)* zeigt dann auch, dass durch Private Equity gestützte Buy-Outs i.d.R. entweder einen neutralen oder aber einen positiven Einfluss auf die Beziehungen zwischen Arbeitgebern und Arbeitnehmern haben.[5]

9   Doch kommt dem **Management** auch beim IBO eine bedeutende **Rolle** zu.[6] Gerade in kleineren Unternehmen hat das Management wertvolles Wissen um die Organisation und breiten Einblick in das Unternehmen. Mögliche Investoren haben folglich in den meisten Fällen ein Interesse, das bisherige Management zu halten. Hierfür stehen verschiedene Instrumente zur Verfügung. Über Managementbeteiligungen wird der klassische **Principal-Agent-Konflikt** abgeschwächt: Das Management steht in

---

[2] Hierzu noch unten A 68. *KKR* war in Deutschland durch den Kauf der *Siemens Nixdorf Retail and Banking Systems* und den Kauf des Telekom Equipment Bereichs von *Bosch (Tenovis)* in Erscheinung getreten. Zuletzt übernahm *KKR* zusammen mit *Goldman Sachs Capital Partners* die ehemalige Gabelstaplersparte der *Linde AG* zu einem Preis von ca. 4 Mrd. € sowie zusammen mit *Permira* die *ProSiebenSat.1 Media AG*.

[3] *Eidenmüller*, DStR 2007, 2116 ff.

[4] Pressemitteilung der *European Private Equity Venture Capital Association* vom 6. 2. 2001.

[5] *The Impact of Private Equity-backed Buyouts on Employee Relations*, Studie der *EVCA* und des *CMBOR* 2008. Abrufbar unter: http://www.psik.org.pl/pliki/psik/Raporty/impact_employee.pdf.

[6] Zur Managementbeteiligung beim IBO ausführlich unten D 18 ff. sowie Teil E.

einem Konflikt[7] zwischen den Interessen des Verkäufers, des Käufers, des Unternehmens und seinen eigenen Interessen. Die Gesellschafter des Transaktionsobjektes *(principal)* sind daran interessiert, den Wert des Unternehmens zu steigern. Das Management *(agent)* hingegen verfolgt – zumindest auch – eigene Interessen, ist also daran interessiert, seine Vergütung weiterhin zu sichern und ein möglichst geringes Risiko einzugehen. Dieser Konflikt wird abgeschwächt, wenn das Management **beteiligt** wird. Zu unterscheiden sind dabei zwei Formen. Unter dem Begriff **Management Equity Program** *(MEP)* versteht man die „echte" Kapitalbeteiligung des Managements am Eigenkapital der Erwerbergesellschaft. Diese „Managementbeteiligung" in Form eines direkten Co-Investments neben dem Investor ist die häufigste und wichtigste Form der Incentivierung. Unter **Management Participation Program** *(MPP)* hingegen werden alle sonstigen Managementanreize zusammengefasst, die nicht ausschließlich auf eine Beteiligung am Eigenkapital der Erwerbergesellschaft zurückgehen[8], wie insbesondere virtuelle Beteiligungen *(Phantom Stock),* gewinnabhängige Gehaltszahlungen sowie Boni, Tantiemen und Kombinationsmodelle[9].

bb) Charakteristika des IBO

Von Private Equity-Fonds gesteuerte Buy-Out-Transaktionen zeichnen sich in der Regel durch folgende Besonderheiten aus: **10**

- Durch ein **komplexes Finanzierungssystem,** für das es eines eingespielten Teams von Beratern und Investmentmanagern bedarf, wird beim LBO versucht, das vom Finanzinvestor eingesetzte Eigenkapital so gering wie möglich zu halten und durch den geschickten Einsatz von klassischer Bankenfremdfinanzierung (**Senior Debt**[10]) und Mischfinanzierungsformen (**Mezzanine-Finanzierung**[11]) die Rendite zu steigern. Dabei wird versucht, die Fremdfinanzierung durch den eigenen **Cash Flow**[12] des erworbenen Unternehmens zurückzuführen.
- Zur Steigerung des frei verfügbaren Cash Flows sollen durch **steueroptimierte Kaufkonstruktionen** zusätzliche Abschreibungspotentiale erschlossen werden.
- Die **Beteiligung des Managements** am Unternehmen dient regelmäßig als Anreiz, die Transaktion auch in der Umsetzungsphase zum Erfolg zu führen.
- Investoren bei einem IBO haben den **Exit** im Blick. Fonds sind wegen ihrer beschränkten Laufzeit auf einen Exit angewiesen; nur durch ihn, nicht durch laufende Dividendenzahlung kann ein Private-Equity-Investor die angestrebte Rendite erzielen[13]. Dabei kommen verschiedene Exit-Varianten in Betracht: Exit durch **Trade Sale,** also Verkauf an einen strategischen Käufer, durch **Secondary Buy-Out** bzw.

---

[7] Vgl. auch *Vicari,* ECFR 2007, 346 ff.; ausführlich unten E 32 f.

[8] *Jesch/Striegel/Boxberger/Hohaus,* S. 208.

[9] Hierzu näher unten D 40 f.

[10] Dabei handelt es sich um konventionelle Darlehen, die aber besichert sind und dadurch dem Darlehengeber eine gewisse Vorrangstellung vor anderen (unbesicherten) Kapitalgebern verschaffen. Dazu unten B 63 ff., D 61 ff.

[11] *Mezzanine* bezeichnet im Englischen ein Zwischengeschoss in einem Gebäude.

[12] Das ist eine Kennzahl, die den aus der Geschäftstätigkeit erzielten Nettozufluss liquider Mittel während einer bestimmten Zeit darstellt.

[13] *Weber/Hohaus,* S. 219.

Secondary Purchase, also Verkauf an einen anderen Finanzinvestor, oder durch Börsengang (**IPO,** d. h. *Initial Public Offering*). In der Praxis ist der Trade Sale für Private-Equity-Investoren häufig der bevorzugte Weg. Strategische Investoren werden eine zusätzliche Prämie zahlen, wenn sie sich Synergien erhoffen, zudem ist der Trade Sale nicht von Börsenschwankungen abhängig, sondern richtet sich allein nach Angebot und Nachfrage.[14]

cc) Geeignetheit von Zielgesellschaften

11 Unternehmen sind dann prädestiniert für einen IBO, wenn sie **unterbewertet** sind. Dies kann Ausdruck eines unzureichenden Managements sein, kann aber auch auf mangelndes Interesse des Alteigentümers zurückzuführen sein, wie bspw. bei vernachlässigten Konzerntöchtern (sog. *Sleeping Beauties*). Daher geht es im Vorfeld der Transaktion maßgeblich darum, wie **Werte** aus dem Unternehmen selbst **freigesetzt** werden können, also wie man die Kapitalstruktur des Zielunternehmens seinem Potential zur Erreichung eines höheren Cash Flows am besten anpasst. Rückzahlungsverpflichtungen eines übernommenen Unternehmens zwingen sein Management, an einer strikten, ergebnisorientierten Unternehmensplanung festzuhalten.

12 Ein **Beispiel:** Eine große Einzelhandelskette, die selbst Eigentümer vieler Ladenlokale ist, wird über zwei getrennte Transaktionsvehikel, nämlich eine separat finanzierte Grundbesitzgesellschaft, die den unterbewerteten Grundbesitz übernimmt, und eine Betriebsgesellschaft erworben. Durch die Abschaffung versteckter Quersubventionen (die Ladenmieten werden an das Marktniveau angepasst) wird es der Besitzgesellschaft ermöglicht, einen Großteil des Akquisitionspreises zu tilgen, und wird die Betriebsgesellschaft zu größerer wirtschaftlicher Effektivität gezwungen.[15]

13 Vorsicht ist allerdings geboten. Überzogene Renditeerwartungen institutioneller Investoren haben zunächst nach der Krise des Kapitalmarkts (Zusammenbruch des *Neuen Markts* in 2000) und dann nach der Finanzmarktkrise (*Lehman* Insolvenz im Herbst 2008) erhebliche Dämpfer erlitten. Überhöhte Unternehmenskaufpreise belasten das verkaufte Unternehmen, da auf seinen Cash Flow die Rückführung des Akquisitionskredits gestützt wird; dies kann bei zurückgehenden Gewinnen zur nicht mehr tragbaren Bürde werden.[16] Schulden disziplinieren nicht nur, sondern beschwören auch die Gefahr der Insolvenz herauf. Auch dürfen die Schwierigkeiten und der Aufwand der Post Buy Out-Phase nicht unterschätzt werden.[17]

---

[14] *Weber/Hohaus,* S. 236; *Weitnauer,* Handbuch Venture Capital, Rdnr. I 3.

[15] Auf diese Weise wurde Mitte der 1980er Jahre der LBO in den USA auch zu einem Werkzeug für die Restrukturierung in der Krise befindlicher Unternehmen. Ziele von LBOs wurden nun auch Unternehmen, deren Unterbewertung auf fundamentales Missmanagement zurückzuführen war. Auch *RJR Nabisco* ist hierfür ein Beispiel; hierzu unten A 68.

[16] Bestes Beispiel ist die *Bundesdruckerei,* für die *Apax Partners* im Verbund mit weiteren Investoren Ende 2000 ca. 1 Mrd. € bezahlten, obwohl Konkurrenten wie *Giesecke & Devrient* nicht einmal die Hälfte boten, Manager Magazin 2/2002 S. 111 f. „Teure Lektion". Für den von der *Helaba* aufgenommenen Kredit von einer halben Mrd. € reichte der cash flow nicht, weshalb im Sommer 2002 eine Auffanglösung gefunden werden musste, aus der sich *Apax* wenig später ganz zurückzog. In 2009 schließlich kaufte der Bund die Bundesdruckerei, unter Umwandlung von Darlehen i. H. v. 310 Mio. € in Eigenkapital, zurück, SZ 10. 9. 2008 „Bundesdruckerei wird wieder staatlich".

[17] Hierzu eingehend Teil F.

dd) Besondere Anlässe eines Institutionellen Buy-Outs

(i) Spin Off von Konzerngesellschaften

Bereits das Steuersenkungsgesetz aus 2000 hatte den Weg für Industriekonglomerate, **14** sich im Rahmen einer Restrukturierung oder Strategieänderung auf ihr Kerngeschäft zu konzentrieren, erleichtert, ebenso wie für Banken und Versicherungen, die ihr Beteiligungsportfolio bereinigen wollen. Gemäß § 8 b Abs. 2 KStG wurden Gewinne, die Kapitalgesellschaften aus der Veräußerung von Anteilen an einer anderen Kapitalgesellschaft erzielen, weitestgehend (zu 95%) steuerfrei gestellt. Ausgründungen, sog. **Spin-offs** aus Konzernen zum Zweck des Verkaufs oder auch Verkäufe von Konzerntöchtern wurden dadurch attraktiver. Dies macht auch die zunehmende Bedeutung von Konzernen als Dealquellen für Institutionelle Buy-Outs in den Jahren 2007 bis 2010 deutlich.

Während der Begriff Spin-off im Venture Capital-Bereich häufig als Ausgründung **15** einer erfolgversprechenden Produktentwicklung aus einem universitären Forschungsprojekt verstanden wird, bedeutet Spin-off in Industriekreisen die Ausgliederung einer bestehenden Konzernaktivität.[18] Beispiel ist der von *Apax Partners* unterstützte Buy-Out der Gastronomiekette *Nordsee* vom Mischkonzern *Unilever* oder der Buy-Out des heutigen MDAX-Unternehmens *Lanxess* von der *Bayer AG*. Der abgebende Konzern kann Minderheitsaktionär bleiben und für das ausgegliederte Neuunternehmen durch Aufnahme neuer Gesellschafter im Wege der Kapitalerhöhung einen Kapitalzufluss generieren. Behält der Mutterkonzern zunächst eine Mehrheitsbeteiligung, etwa bei der Abspaltung von Geschäftsbereichen mit substantieller Größe, wie bspw. bei der *Infineon AG,* der früheren Halbleitersparte der *Siemens AG,* spricht man von einem **Carve-Out;** hier wird in der Regel zunächst nur ein kleiner Teil des Aktienstammes der Tochter im Rahmen eines IPO zum Streubesitz und reduziert sich nur sukzessive der Einfluss der Mutter **(Split-off IPO**[19]**).** Der Vorteil solcher **Corporate Spin Offs**[20] liegt in ihrer soliden und erprobten Technologieplattform mit hohem Potential, der Nachteil oft in weniger stark entwickelten Management-Fähigkeiten früherer Geschäftsbereichsleiter, die nun nicht mehr auf die Unterstützung verschiedener Stabsabteilungen zugreifen können. Solche Spin Offs können kurssteigernde Effekte auch für die Muttergesellschaft haben, da Konglomerate wegen ihrer geringen Transparenz an der Börse üblicherweise mit einem Abschlag bewertet werden und das klarere Bild, das ein Börsenunternehmen nach Entflechtung peripherer Geschäftsbereiche bietet, positiv die Notierung beeinflusst. Auch spart der abgebende Konzern Entwicklungskosten für Aktivitäten ein, die strategisch nicht mehr zum Kerngeschäft passen.

Für den rechtlichen Vollzug der **Ausgründung** bieten sich letztlich zwei Wege an: **16** zum einen die gesetzlichen Möglichkeiten für eine Gesamtrechtsnachfolge nach dem

---

[18] Es werden also operative, betriebliche Teilfunktionen aus einem schon bestehenden Gesamtunternehmen rechtlich mit dem Ziel verselbständigt, ein neues Unternehmen zu gründen und den handelnden Personen den Aufbau einer unternehmerischen Existenz zu ermöglichen.

[19] So lag bei der Erstnotiz in 2000 der *Siemens*-Anteil bei *Infineon* noch bei 71%; erst Ende 2001 unterschritt er die 50% und bis März 2006 wurden alle restlichen Anteile verkauft. In 2006 gliederte *Infineon* selbst wiederum die Speichersparte als eigenständige Gesellschaft aus. Die neugegründete *Qimonda AG* meldete zum 23. 1. 2009 Insolvenz an und war zu diesem Zeitpunkt noch mehrheitlich im Besitz von *Infineon*.

[20] Vgl. auch das Praxisbeispiel Anhang 1, III.

Umwandlungsgesetz *(UmwG)*, zum anderen die Übertragung einzelner Vermögenswerte auf ein neu gegründetes Unternehmen *(Asset Deal)*. Als Gestaltungsform der Ausgründung sieht § 123 Abs. 3 S. 3 UmwG die Aufspaltung, Abspaltung und Ausgliederung vor. Bei der **Aufspaltung,** § 123 Abs. 1 UmwG, teilt der übertragende Rechtsträger sein gesamtes Vermögen auf und überträgt dieses auf mindestens zwei neue oder schon bestehende Rechtsträger. Der übertragende Rechtsträger erlischt infolge der Aufspaltung. Dessen Anteilsinhaber erhalten Anteile an den übernehmenden bzw. neu gegründeten Rechtsträgern. Die **Abspaltung,** § 123 Abs. 2 UmwG, unterscheidet sich von der Aufspaltung darin, dass der übertragende Rechtsträger fortbesteht, da nur ein Teil seines Vermögens auf neue oder schon bestehende Rechtsträger übertragen wird. Als Gegenleistung für die gewährten Anteile erhalten die Anteilsinhaber des alten Rechtsträgers Anteile an dem übernehmenden bzw. neuen Rechtsträger. Der Unterschied der **Ausgliederung,** § 123 Abs. 3 UmwG, zur Abspaltung liegt darin, dass der übernehmende Rechtsträger eine Beteiligung nicht den Anteilsinhabern des übertragenden Rechtsträgers, sondern dem übertragenden Rechtsträger selbst gewährt. In allen diesen Fällen bedarf es eines **Spaltungsbeschlusses** mit Dreiviertelmehrheit, bei der AG §§ 125, 65 Abs. 1 UmwG, für GmbH §§ 125, 50 Abs. 1 UmwG. Anschließend schließen die Beteiligten einen **Spaltungsvertrag,** nach dessen Unterzeichnung ein **Spaltungsbericht** erstellt und die Spaltung im Handelsregister eingetragen wird. Die Ausgründung nach dem UmwG führt grundsätzlich zu einer **partiellen Gesamtrechtsnachfolge,** § 131 Abs. 1 UmwG. Der Gesetzgeber geht davon aus, dass die Interessen der Gläubiger durch die speziellen umwandlungsrechtlichen Schutzvorschriften, §§ 125, 22, 25 UmwG, und die fünfjährige Nachhaftung des übertragenden Rechtsträgers, § 133 Abs. 1 UmwG, ausreichend geschützt sind. Steuerlich ist jeweils ein sog. **Teilbetrieb** erforderlich, um eine Buchwertfortführung sicherzustellen, § 15 Abs. 1 Satz 2 UmwStG.[21]

17   Ob man eine Ausgründung im Wege der partiellen Gesamtrechtsnachfolge (nach dem UmwG) oder im Wege der Einzelrechtsnachfolge (nach allgemeinen Vorschriften) gestaltet, bedarf der sorgfältigen Prüfung im Einzelfall. Grundsätzlich bleibt die **Einzelrechtsübertragung** eine interessante Alternative, weil sie oftmals mit einem deutlich **niedrigeren Aufwand** verbunden ist als die Spaltung nach dem UmwG. Indes sollte aber das Risiko nicht unterschätzt werden, dass Gläubiger eine Transaktion im Wege der Einzelrechtsnachfolge durch die Verweigerung ihrer **Zustimmung** zu einer Schuld- oder Vertragsübernahme zu Fall bringen können. Schon deshalb führt mitunter kein Weg an einer Gestaltung nach dem UmwG vorbei, da es dort einer Gläubigerzustimmung aufgrund der Gesamtrechtsnachfolge nicht bedarf. Inwiefern der eine oder andere Weg vorzugswürdig ist, muss der genauen Abwägung unter Berücksichtigung der einschlägigen zivil-, steuer-[22] und arbeitsrechtlichen[23] Aspekte vorbehalten bleiben.

---

[21] Bei der Auf-/Abspaltung tritt dann ein nachträglicher Teilwertansatz und damit eine Gewinnrealisierung ein, wenn innerhalb von fünf Jahren nach dem steuerlichen Übertragungsstichtag Anteile an einer an der Spaltung beteiligten Körperschaft veräußert werden, die mehr als 20% der vor Wirksamwerden der Spaltung an der Körperschaft bestehenden Anteile ausmachen, § 15 Abs. 2 Satz 4 UmwStG.

[22] Zusammenfassung der wichtigsten Aspekte bei *Willemsen/Hohenstatt/Schweibert,* Abschn. B Rdnrn. 134 f.

[23] Hierzu ausführlich *Willemsen/Hohenstatt/Schweibert,* Abschn. B Rdnrn. 121 ff.

(ii) Der Buy-Out als Mittel der Restrukturierung

Die Sanierung von Krisenunternehmen erfolgt in der Praxis oftmals mittels sogenann- **18** ter Fortführungsgesellschaften, deren Zweck es ist, den Betrieb notleidender oder bereits insolventer Unternehmen zu retten und fortzuführen.[24] Unter einer **Unternehmenskrise** wird hierbei ein Zustand verstanden, in dessen Folge die wichtigsten Voraussetzungen für den Fortbestand der Unternehmung gefährdet sind und dem nicht mehr mit herkömmlichen Arbeits- und Führungsmethoden, sondern nur noch mittels bestandserhaltender Sanierungsmaßnahmen abgeholfen werden kann; eine Krise in diesem Sinne ist demzufolge nicht erst mit Eintritt von Überschuldung bzw. Zahlungsunfähigkeit, §§ 17, 19 InsO, als Eröffnungsgründen eines Insolvenzverfahrens anzunehmen.[25]

In der Regel lässt sich die Fortführung eines solchen Krisenunternehmens nur mit **19** Unterstützung neuer Gesellschafter realisieren, die über die für eine Fortführung notwendige Expertise und die erforderlichen Geldmittel verfügen. Daher bieten sich Buy-Out-Modelle auch für die Sanierung eines Krisenunternehmens an. Beteiligte Manager verfügen entweder über spezifische Unternehmens- oder Sanierungskenntnisse; erforderliche Finanzmittel lassen sich durch die Beteiligung eines Finanzinvestors generieren.

Als Maßnahme der **Unternehmensreorganisation** hat sich die Gründung einer **20** Fortführungsgesellschaft als mögliches Instrument zur Krisenbewältigung bewährt.[26] Der Zweck von Fortführungsgesellschaften ist der vollständige oder zumindest teilweise Erhalt des Krisenunternehmens mit seinen bestehenden Sach- und Humanpotentialen, allerdings **in anderer Rechtsstruktur.**[27]

Eine spezielle Form der Fortführungsgesellschaft ist die **Betriebsübernahmegesell-** **21** **schaft,** die sich gut für Buy-Out-Modelle eignet.[28] Von einer Betriebsübernahmegesellschaft spricht man, wenn die Unternehmensfortführung durch einen neuen Rechtsträger ermöglicht wird, der das Vermögen des Krisenunternehmens ganz oder teilweise

---

[24] Grundlegend *Groß,* IV. Kapitel, S. 131 ff.

[25] Zum Kauf aus der Insolvenz *Morshäuser/Falkner,* NZG 2010, 881 f.

[26] Eine Alternative zu Fortführungsgesellschaften stellt die Betriebsaufspaltung dar, d. h. klassischerweise die Aufspaltung des Krisenunternehmens in eine das Anlagevermögen verpachtende Besitzgesellschaft und eine das Unternehmen weiterbetreibende Betriebsgesellschaft.

[27] *Groß,* IV. Kapitel, Rdnrn. 3 ff.; *Picot/Aleth,* Rdnrn. 517 ff.; *dies.* in *Picot,* Teil VIII, Rdnrn. 119 ff.; *Hermanns* in Buth/Hermanns, § 17, Rn. 2 ff. Wird demgegenüber die Sanierung eines Krisenunternehmens durch eine zusätzliche Kapitalbeteiligung am Krisenunternehmen selbst – u. U. in Verbindung mit dessen Umwandlung oder Umgründung – angestrebt, so spricht man von einer **Sanierungsgesellschaft.** Ein Teil des Kapitals und der Geschäftsführungsbefugnisse verbleibt in diesem Fall bei den bisherigen Inhabern.

[28] Eine **Auffanggesellschaft** tritt demgegenüber neben das Krisenunternehmen, führt den Unternehmensbetrieb zunächst in eigenem Namen aufgrund eines **Betriebspachtvertrags** mit dem Krisenunternehmen fort, bei dem die Vermögenswerte verbleiben. Gläubiger und Banken sind an der Auffanggesellschaft beteiligt und werden aus deren Gewinnen zumindest partiell befriedigt. Zugleich mit dem Pachtvertrag wird regelmäßig eine **Option** der Auffanggesellschaft auf den späteren Erwerb des Krisenunternehmens oder seiner Aktiva vorgesehen. Dadurch kann Zeit für die Entscheidung über die eigentliche Gestaltung der Unternehmensfortführung (z. B. im Rahmen einer Sanierungs- oder Betriebsübernahmegesellschaft bzw. durch Kapitalbeteiligung oder Übernahme des Betriebsvermögens) gewonnen werden.

übernimmt (sog. **übertragende Sanierung**). Dieser Fall dominiert die Praxis.[29] Regelmäßig wird das ertragsfähige Erfolgspotential des Krisenunternehmens von der Übernahmegesellschaft im Wege eines Asset Deal käuflich erworben; Schulden werden dabei nicht übernommen. Aufnehmende Gesellschaft kann eine neu gegründete Gesellschaft sein, ein Mitbewerber am Markt oder ein anderweitiger Interessent. Dem Verkauf hat eine Neustrukturierung des Unternehmens oder des Unternehmensteils voranzugehen. Kaufinteressenten werden sich nämlich nur für ein überlebensfähiges Unternehmen finden. Nicht übertragenes Betriebsvermögen wird vom Krisenunternehmen verwertet. Der Kaufpreis als Verwertungserlös wird an die Gläubiger des bisherigen Unternehmens – üblicherweise im Rahmen einer Liquidation – verteilt.

(iii) Public-to-Private Transaktionen

22 Der Weg an die Börse **(Going Public)** kann ein Transaktionsziel sein.[30] Aber umgekehrt kann auch der Rückzug eines Unternehmens von der Börse (*Public-to-Private-* oder *Going Private-Transaktionen*) eine Alternative darstellen. Nicht für jedes Unternehmen ist der Gang an die Börse zielführend. Das **Being Public** stellt ein Unternehmen nämlich vor große Herausforderungen: Publizitätspflichten und mindestens jährliche Analystenpräsentationen führen zu **hohen Kosten,** die sich allein dann rechtfertigen, wenn die mit einem Börsengang verbundenen Zielsetzungen, vor allem eine vereinfachte Kapitalbeschaffung, erreicht werden können. Sofern ein Unternehmen jedoch nur eine geringe Aufmerksamkeit am Kapitalmarkt erfährt, sind Kapitalmaßnahmen kaum zu platzieren. Für solche unterbewerteten Aktiengesellschaften bietet sich im Rahmen einer Restrukturierung ein Rückzug von der Börse an.[31] Ein solcher Rückzug kann durch Buy-Outs vollzogen werden. Oft kaufen Private Equity-Fonds solche Unternehmen günstig, um den Unternehmenswert mittelfristig zu realisieren. Bei einer solchen Übernahme werden sich die Fonds regelmäßig der LBO-Techniken bedienen. Der Rückzug von der Börse bietet sich auch für Tochtergesellschaften von Konzernunternehmen im Rahmen einer strategischen Neuausrichtung oder für Gesellschaften an, die in der Börsennotierung für sich keinen Mehrwert mehr sehen, etwa weil sie ihren Kapitalbedarf bereits aus dem erwirtschafteten Cash Flow decken können.

23 Public-to-Private-Transaktionen erreichten in den USA ihren Höhepunkt Mitte der 80er Jahre des 20. Jahrhunderts. In Deutschland sind solche Transaktionen seltener. Unternehmen wie *Friedrich Grohe*[32], *Varta* oder *Honsel* haben aber bereits die Möglichkeit zum Rückzug vom Kapitalmarkt genutzt[33].

24 Die Begriffe *Going Private*, *Public-to-Private* (P2P) sowie *Delisting* werden fälschlich oftmals gleichgesetzt. Während die Begriffe *Going Private* und *„Public-to-Private"* synonym verwendet werden können, bezeichnet der Begriff **Delisting** allein die **technische Aufhebung der Börsennotiz** durch die Zulassungsstelle für den Wertpapierhandel nach § 38 Börsengesetz *(BörsG)*. Der *BGH* hat in dem Grundsatzurteil *„Macrotron"* von

---

[29] Wie bspw. bei der Übertragung der Uhrenfabrik *Junghans* auf einen neuen Investor Anfang 2009; vgl. auch das Praxisbeispiel Anhang 1, V.

[30] Hierzu die Praxisbeispiele im Anhang 1, I.

[31] Hierzu *Habersack* in *Habersack/Mülbert/Schlitt,* § 35.

[32] Siehe Praxisbeispiel Anhang 1, II.

[33] *Beermann/Masucci,* FB 2000, 705, 705.

2002[34] das reguläre Delisting erschwert; hiernach bedarf es wegen der Beeinträchtigung der Verkehrsfähigkeit der Aktien durch das Delisting über das Erfordernis eines Hauptversammlungsbeschlusses hinaus eines Pflichtangebots der Gesellschaft oder des Großaktionärs über den Kauf der Aktien der Minderheitsaktionäre zum vollen Wert, wobei die Minderheitsaktionäre dieses Kaufangebot ihrerseits in einem Spruchverfahren[35] gerichtlich überprüfen lassen können. Der Antrag auf Widerruf der Börsenzulassung bedarf eines Beschlusses der Hauptversammlung mit einfacher Mehrheit, der, so der *BGH*[36], keiner sachlichen Rechtfertigung bedarf und damit keiner materiellen Inhaltskontrolle unterliegt.

Als weitere Möglichkeiten eines **Going Private** bieten sich die **Verschmelzung** 25 einer börsennotierten Gesellschaft auf eine nicht börsennotierte Gesellschaft oder die Eingliederung in eine andere Gesellschaft an; weiterhin ist der Rückzug vom Kapitalmarkt durch **Umwandlung** in eine nicht börsenfähige Rechtsform, insbesondere die GmbH, möglich.[37] Diese Vorgehensweisen werden – insoweit irreführend – als sog. *„kaltes Delisting"*[38] bezeichnet und führen zu einem **vollständigen** Rückzug von der Börse, da die aufnehmende bzw. umgewandelte Gesellschaft nicht börsennotiert ist oder ihre Anteile gar nicht börsenfähig sind. Ein Going Private durch Formwechsel in eine nicht börsenfähige Rechtsform nach § 240 Abs. 1 UmwG oder durch Verschmelzung auf eine nicht börsennotierte Gesellschaft nach § 65 Abs. 1 UmwG bedarf jeweils eines Beschlusses der Hauptversammlung mit Dreiviertelmehrheit des bei der Abstimmung vertretenen Grundkapitals der AG. Für den Erwerb der für die vorgenannten Beschlüsse erforderlichen Mehrheit wird es regelmäßig eines öffentlichen Übernahmeangebots nach den Regeln des *Wertpapiererwerbs- und Übernahmegesetzes (WpÜG)* bedürfen.[39]

b) Der Management Buy Out/Buy In (MBO/MBI)

aa) Interessen und Motive der Beteiligten

Die **Interessenlage des Managements** für einen MBO/MBI ist klar bestimmbar: Es 26 erhält hierdurch die Möglichkeit selbst zum **eigenständigen Unternehmer** zu werden;

---

[34] BGHZ 153, 47, 57 ff. Zwei Verfassungsbeschwerden hatten keinen Erfolg, BVerfG, WM 2012, 1378 ff. Der Widerruf der Börsenzulassung für den regulierten Markt auf Antrag des Emittenten berühre grundsätzlich nicht den Schutzbereich von Art. 14 Abs. 1 GG; die „Macrotron"-Entscheidung halte sich zudem in den Grenzen der richterlichen Rechtsfortbildung.

[35] Insoweit finden die §§ 304 Abs. 3 S. 2, 305 Abs. 5 S. 2 AktG, § 15, 34, 196, 212 UmwG entsprechende Anwendung. Die Einzelheiten des Spruchverfahrens regelt das Spruchverfahrensgesetz vom 12. 6. 2003.

[36] BGHZ 153, 47, 58 f.

[37] *Kerschbaumer,* NZG 2011, 892; *Land/Hasselbach,* DB 2000, 557, 559.

[38] Vgl. *Pluskat,* BKR 2007, 54 ff.

[39] Das WpÜG unterscheidet zwischen freiwilligen öffentlichen Erwerbsangeboten nach §§ 10 ff. WpÜG, die auf den Erwerb einer Beteiligungsquote unterhalb der Kontrollschwelle von 30% gerichtet sind und die daher im Rahmen von Going-Private-Transaktionen allein eine untergeordnete Rolle spielen dürften, und Übernahmeangeboten nach §§ 29 ff. WpÜG, die auf einen Erwerb von mindestens 30% der Stimmrechte gerichtet sind, sowie Pflichtangeboten nach §§ 35 ff. WpÜG, die nach Erreichen der Kontrollmehrheit von mindestens 30% der Stimmrechte abgegeben werden müssen.

das Management kann nun selbst die künftige Unternehmenspolitik steuern und wird durch Erfolg und Misserfolg unmittelbar belohnt oder bestraft. Denn die Übernahme der unternehmerischen Selbständigkeit ist mit einem persönlichen finanziellen Risiko verbunden.

27 Für die **Finanzierungspartner** bietet sich ein Buy-Out mit Managementbeteiligung deshalb an, weil dem übernehmenden Management (im Fall des MBO) die Stärken und Schwächen des zu übernehmenden Unternehmens bekannt sind, das Management also bestens die Risiken des Übernahmeprozesses abzuschätzen vermag und es sich bei MBO und MBI durch die eigene kapitalmäßige Beteiligung in dasselbe „Boot" wie seine Finanzierungspartner setzt. Dem Management kommt dann auch besondere Bedeutung für den Erfolg des Buy-Outs zu.[40]

28 Aber auch für die **Alteigentümer** kann die Interessenlage klar für eine Buy-Out-Transaktion sprechen. So mag in manchen Fällen der Verkauf an das Management am ehesten für eine Unternehmenskontinuität sorgen, indem das Management die gewünschte Geschäftspolitik fortsetzt.

29 Motive beim MBO/MBI

- Für das **Management**
  - selbst Unternehmer werden (eigene Ideen, Konzepte durchsetzen)
  - geringeres Risiko als bei üblicher Unternehmensgründung, da genaue Kenntnis von Risiken und Schwächen, jedenfalls beim MBO
- Für **Altunternehmen/-unternehmer**
  - Inkongruenz mit Konzernstrategie/Gesamtkonzeption
  - Alternative zu Betriebsstilllegung
  - Unternehmensnachfolge
  - Erhöhung flüssiger Mittel
- Für **Investoren**
  - relativ geringes Risiko des Scheiterns
  - geringere Transaktionskosten
  - engagiertes Management

bb) Buy-Outs und Unternehmensnachfolge

(i) Das Thema des Generationenwechsels

30 Der MBO/MBI stellt sich als Lösungsalternative für den **Generationenwechsel** vor allem in mittelständischen Unternehmen dar, wenn dieser innerhalb der Familie scheitert. Nach aktuellen Berechnungen des Bonner Instituts für Mittelstandsforschung *(IfM)*[41] steht jährlich in 22 000 mittelständischen deutschen Unternehmen mit ca. 287.000 hierdurch betroffenen Beschäftigten der Generationswechsel an. Nach einer früheren Erhebung des *IfM* aus dem Jahr 2000 plante die überwiegende Mehrzahl der befragten Unternehmer, nämlich 160 876 Betriebe (42,5%), eine familieninterne Nachfolge, 48 891 Betriebe (12,9%) eine Nachfolge im Mitarbeiterkreis (MBO) und

---

[40] Vgl. zu den Anforderungen an das Managementteam *Weber/Hohaus*, S. 240 f. und Teil E.
[41] *IfM-Studie 2010*, Unternehmensnachfolgen in Deutschland 2010–2014.

57 775 (15,2%) einen externen Nachfolgeweg (MBI)[42]; einen Verkauf sahen hingegen 83 766 (22,0%) Unternehmen auf sich zukommen und eine Stilllegung 28 514 (7,5%) Betriebe. In der Vergangenheit ist die Variante des Buy-Outs allerdings als Lösung der Nachfolgeproblematik kaum realisiert worden. So hatten nach einer früheren *IfM*-Studie von 1996 7000 Unternehmen mit mehr als 15 Mio. DM einen Nachfolger gesucht, es kam aber nur zu 15 Buy-Outs in 1998 und 10 Buy-Outs in 1999.[43]

Besonders drastisch stellt sich die Situation in Ostdeutschland dar. Nach einer Erhebung des Deutschen Industrie und Handelskammertags *(DIHK)* suchen in Ostdeutschland rund 18 000 Unternehmen bis 2014 nach einem Nachfolger. Viele ostdeutsche Unternehmen sind nämlich unmittelbar nach der Wende gegründet worden und die damaligen Gründer nähern sich nun der Altersgrenze.[44] **31**

Der Generationswechsel wird zum größten Problem des Mittelstands. So werden viele Betriebe an Nachfolgeproblemen scheitern mit der Folge, dass Arbeitsplätze vernichtet werden. Oft ist der Nachwuchs der Gründergeneration nicht willig, in die Fußspuren der Väter zu treten, in anderen Fällen hierzu nicht geeignet oder aber das Unternehmen ist so groß geworden, dass eine neue Führungsstruktur gefunden werden muss. Finden die Unternehmer hierfür keinen Nachfolger außerhalb der Familie, bleiben als Alternativen nur der Verkauf an die Konkurrenz oder – schlimmstenfalls – die Liquidation. Um diesen Notfallszenarien auszuweichen, entscheiden sich immer mehr Unternehmer für Varianten der Unternehmensübergabe, bei denen die ältere Unternehmergeneration gewissen Einfluss behält und die Interessen des Nachfolgers und die der Erben mit einbezogen werden können, mithin für eine MBO/MBI-Lösung. **32**

Familienexterne Nachfolge/Vorteile

MBO	– Kultur, Name und Arbeitsplätze bleiben erhalten – Gleitender Übergang i. d. R. von beiden Seiten gewünscht – Übernehmer ist als bewährter Mitarbeiter bekannt
MBI	– Name und Arbeitsplätze bleiben i. d. R. erhalten – Gleitender Übergang i. d. R. von beiden Seiten gewünscht – Kompetenzverstärkung von außen
Verkauf an Wettbewerber	– Realisierung des Unternehmenswertes – Klarer Schritt der Trennung – Neuer Lebensabschnitt kann beginnen

(ii) Wesentliche Gesichtspunkte einer Familiennachfolge

In den **Familiennachfolgefällen**[45], in denen ein qualifizierter Nachfolger in der Familie des Unternehmers die Unternehmensnachfolge antreten will, sollten folgende Gestaltungsgrundsätze im Auge behalten werden: **33**

---

[42] *IfM-Studie 2000,* Unternehmensnachfolge in Deutschland. Mit steigender Unternehmensgröße nimmt die Bedeutung des MBI freilich zu; so erreicht der MBI bei Unternehmen mit über 25 Mio. DM Jahresumsatz einen Anteil von 23%.

[43] Vgl. *Richards,* S. 23, 24.

[44] *FTD* 2. 8. 2011 „Nachfolger für Ostfirmen dringend gesucht".

[45] Hierzu unten das Praxisbeispiel Anlage 1 IV sowie Teil B II.

- **Unternehmenskontinuität** durch Bestimmung eines qualifizierten Nachfolgers,
- **Versorgungsgedanke** (Absicherung des Unternehmers bei Unternehmensnachfolge zu dessen Lebzeiten und des Ehegatten nach seinem Tod),
- **Streitvermeidung** und Liquiditätssicherung,
- **Steuerliche Optimierung.**

34   Die Familiennachfolge kann – außer als durch einen Buy Out – im Wege der **vorweggenommenen Erbfolge** bereits zu Lebzeiten des Unternehmers oder durch **Verfügung von Todes wegen** geregelt werden.[46] Dabei bietet sich im Interesse der Sicherung der Unternehmenskontinuität ein **stufenweises Heranführen** des Nachfolgers an das Unternehmen zu Lebzeiten des Unternehmers an (sukzessive Anteilsübertragung, stufenweise Einbindung in das Management, beginnend mit Vollmacht oder Prokura bis hin zur Gesamtvertretungs- und Einzelvertretungsberechtigung), dem auf der anderen Seite ein allmählicher Rückzug des Unternehmers aus der Geschäftsführung, bspw. in Beirats- oder Aufsichtsgremien, entspricht. Bei der Personengesellschaft (OHG, KG) führt der Tod eines Gesellschafters zu dessen Ausscheiden aus der Gesellschaft, § 131 Abs. 3 Satz 1 Nr. 1 HGB, sofern nicht eine (qualifizierte) **Nachfolgeklausel** im Gesellschaftsvertrag vorgesehen ist, die bestimmt, dass die Erben (oder ein bestimmter Erbe) des verstorbenen Gesellschafters in seine Gesellschafterstellung einrücken sollen.[47] Demgegenüber sind die Anteile an Kapitalgesellschaften frei vererblich, § 15 Abs. 1 GmbHG, sofern nicht umgekehrt die Satzung anderes regelt, bspw. ein Einziehungsrecht für den Erbfall vorsieht.

35   Überlässt der Unternehmer die Unternehmensnachfolge einer **letztwilligen Verfügung,** durch die er eines seiner Kinder als Erben und damit als Unternehmensnachfolger einsetzt, ist dieses mit Pflichtteilsansprüchen der weichenden Erben, dem Zugewinnausgleich des überlebenden Ehegatten nach § 1371 Abs. 2 BGB und der Erbschaftsteuer belastet. Dies kann zu einem beträchtlichen und für das Unternehmen nicht mehr zu verkraftenden Liquiditätsverlust führen. Daher sollten weichende Erben, denen der Unternehmer Vermögen außerhalb des Unternehmens, wie bspw. Grundstücke, Wertpapiere, etc., zuwendet, zu einem **Erb-** oder zumindest **Pflichtteilsverzicht** bewegt werden, § 2346 Abs. 1, 2 BGB. Auch kann im Verhältnis zum Ehegatten der Zugewinnausgleich durch Vereinbarung der Gütertrennung entweder ganz ausgeschlossen oder zumindest so modifiziert werden, dass er sich im Todesfall nicht auf die Unternehmensbeteiligung bezieht. Um dem Versorgungsgedanken Rechnung zu tragen, kann sich der Unternehmer bei der Zuwendung von Vermögen bereits zu Lebzeiten ein **Nießbrauchsrecht** vorbehalten oder dem Beschenkten eine Verpflichtung zur Zahlung von Geschwister-Gleichstellungsgeldern oder einer Versorgungsrente an den Schenker auferlegen.[48]

36   Grundsätzliches Problem einer Unternehmensnachfolge durch Verfügung von Todes wegen ist das Risiko, dass sich der designierte Nachfolger später als unqualifiziert er-

---

[46] Zu den verschiedenen Gestaltungsmöglichkeiten und den zu beachtenden rechtlichen und steuerlichen Aspekten einer Nachfolge in Familienunternehmen u. a. *Kespohl,* GWR 2011, 130 ff. Zur Gestaltung der Unternehmensnachfolge nach der Erbschaftsteuerreform *Onderka,* NZG 2009, 521 ff.

[47] *Baumbach/Hopt,* § 139 HGB Rdnrn. 10 ff.

[48] Durch die Vereinbarung eines Rückforderungsrechts bei vorzeitigem Tod des Beschenkten kann der Unternehmer den Eintritt unliebsamer Erben verhindern.

weist. Diesem Risiko kann dadurch vorgebeugt werden, dass der überlebende Ehegatte Vollerbe wird und das Recht erhält, die ihm geeignet erscheinenden gemeinschaftlichen Abkömmlinge durch letztwillige Verfügung zu Schlusserben einzusetzen. Alternativ können auch mehrere Abkömmlinge als Vermächtnisnehmer eingesetzt und dem überlebenden Ehegatten oder auch einem **Testamentsvollstrecker** die Auswahl unter diesen Vermächtnisnehmern überlassen werden, § 2152 Abs. 2 BGB.

cc) Der „Faktor Mensch"

Oft scheitern MBO- oder familieninterne Nachfolgelösungen freilich an der man- **37** gelnden **unternehmerischen Qualität** der Mitarbeiter bzw. des eigenen Nachwuchses. So nimmt auch die Bereitschaft zur familieninternen Nachfolge bei Unternehmensgrößen mit höheren Umsätzen ab, da die Anforderungen an die Qualifikation eines Nachfolgers stark ansteigen und die Bereitschaft vorhanden sein muss, ein extrem hohes Arbeitspensum zu leisten; diesen Anforderungen kann aber oft nicht innerhalb der Familie entsprochen werden, weshalb dann auf externes entsprechend qualifiziertes Management zurückgegriffen werden muss. Die Bereitschaft zum Verkauf besteht demgegenüber eher bei kleineren Unternehmen, da die Installation einer externen Nachfolgelösung bei geringerer Unternehmensgröße schwieriger wird.

Vor allem folgende **Führungsqualitäten** müssen vom übernahmewilligen Management oder Nachwuchs erwartet werden:

Zentrale Manager-Qualitäten

- Unternehmerisches Denken und Handeln
  - Ziel- und Ergebnisorientierung
  - Einsatz/Initiative (Leistungsorientierung)
  - Verantwortung
  - Belastbarkeit/Ausdauer
  - Entscheidungsverhalten
  - Arbeitsorganisation
- Sozial- und Führungskompetenz
  - Kommunikationsfähigkeit/Kontakt
  - Teamarbeit/Kommunikationsfähigkeit
  - Konfliktfähigkeit
  - Durchsetzungsfähigkeit
  - Führung
  - Sympathie/Auftreten
- Denkstruktur und Qualifikation
  - Analytisches und kritisches Denken
  - Strategisches Denken
  - Kreativität
  - Managementkenntnisse
  - Ausbildung
  - Wertorientierung

Die größten Schwierigkeiten der Unternehmensnachfolgeregelung liegen aber im **psy-** **38** **chologischen** Bereich, denn wer löst sich schon gerne von seinem Lebenswerk. Wegen dieser psychologischen Hemmschwellen werden in vielen Unternehmen erst gar keine Strategien zum Generationswechsel entwickelt oder wird nur eine unzureichende, unstrukturierte Altersvorsorge getroffen. Dies ist aber unverantwortlich gegenüber dem Unternehmen und dessen Mitarbeitern, da schlimmstenfalls, wenn die Unternehmensnachfolge nicht geordnet ist, die Liquidation und damit der Verlust der Arbeitsplätze droht. Dieses Gefahrenrisiko ist erheblich, da rund 70% der deutschen Arbeitnehmer in mittelständischen Unternehmen beschäftigt sind. In der Praxis ist allerdings festzustellen, dass bei der Unternehmensnachfolge allzu oft planlos verfahren wird. So ist auch nach einer früheren Erhebung der *Deutschen Ausgleichsbank* von 1997 die Gestaltung der Zukunft des Unternehmens nach dem Ausscheiden der älteren Unternehmergeneration von 47% der potentiellen Übergeber überhaupt nicht bedacht. Nach einer Studie des *Deutschen Industrie- und Handelskammertags* von 2011 hat zudem nur etwas mehr als jeder vierte Unternehmer die im Notfall (z.B. schwerer Unfall oder Todesfall) zur Fortführung des Betriebes wichtigsten Unterlagen für Vertrauenspersonen griffbereit zusammengestellt (sog. **Notfallkoffer**).[49] Doch sollten gerade zur Sicherung der Kontinuität der Unternehmensführung, die für die Stabilität des Unternehmens von ausschlaggebender Bedeutung ist, rechtzeitig die Weichen für die Einbindung der Nachfolger sowohl auf der Geschäftsführungs- als auch auf der Kapitaleignerseite gestellt werden. Denn nur im Fall der (auch kapitalmäßigen) Beteiligung nachfolgender Führungskräfte ist die Motivation des Managements gewährleistet und kann das andernfalls bestehende Fluktuationsrisiko im Sinne einer strategischen Kontinuität des Unternehmens verringert werden. Die wichtigste Entscheidung des Unternehmers liegt letztlich in der Lösung der Frage, wie und wann er von der Macht abtritt; dies muss beizeiten entschieden werden, um ein optimales Ergebnis in rechtlicher und steuerlicher Sicht zu erzielen. Unternehmer müssen daher lernen, Verantwortung frühzeitig zu übergeben und ihren Ausstieg langfristig zu planen und auf Basis eines verbindlichen „Übergabefahrplans" zu vollziehen. Hierfür wird im Regelfall ein Zeitrahmen von zwei bis fünf Jahren anzusetzen sein.[50]

dd) Suche nach einem geeigneten Zielunternehmen beim MBI

39 Bei jedem MBI[51] muss ein geeignetes Zielunternehmen identifiziert werden. Dabei sollte für den MBI-Kandidaten am Anfang seiner Überlegungen die Erstellung eines **Suchprofils** für das Zielunternehmen stehen. Zunächst sollte festgelegt werden, ob sich die Suche auf einen Handelsbetrieb, einen produzierenden Betrieb oder auf ein Dienstleistungsunternehmen erstrecken soll. Bei der Auswahl der in Betracht kommenden **Branchen** ist es sinnvoll, sich zunächst auf eigene Branchenerfahrungen zu stützen bzw. diejenigen Branchen auszuschließen, zu denen der MBI-Kandidat keinen Zugang besitzt. Abhängig von der eigenen Berufserfahrung sollte der MBI-Kandidat aber auch solche Wirtschaftsbereiche in Erwägung ziehen, die er zwar nicht speziell kennengelernt hat, die aber Ähnlichkeiten zum bisherigen beruflichen Umfeld aufweisen. Vorausset-

---

[49] DIHK-Report zur Unternehmensnachfolge 2011, S. 2, abrufbar unter www.dihk.de/ressourcen/downloads/nachfolgereport-11.pdf/at_download/file?mdate=1318575226354.

[50] Nach dem DIHK Report zur Unternehmensnachfolge 2011 unterschätzen mehr als 46% der Senior-Unternehmer die Dauer des Nachfolgeprozesses.

[51] Suchen hingegen Investoren ein MBO-geeignetes Unternehmen, sind relevante Kriterien vor allem: das bestehende Management, die Möglichkeit, Wertsteigerungspotentiale zu heben sowie die Option, aus dem Investment auszusteigen. Dazu *Weber/Hohaus*, S. 15f.

zung dafür ist selbstverständlich, dass sich der MBI-Kandidat befähigt fühlt, innerhalb kurzer Zeit mit den Spezifika der betreffenden Branche vertraut zu werden.

Im nächsten Schritt gilt es, abhängig von dem im Einzelfall vorhandenen Finanzie- **40** rungsspielraum, die **Größe** des Zielunternehmens zu definieren. In den meisten Fällen werden die MBI-Interessenten neben (in der Regel eher geringen) eigenen Mitteln auf die staatlichen Eigenkapitalprogramme[52] als wesentliche persönliche Finanzierungsquelle zurückgreifen. Außerdem sollte man davon ausgehen, dass das Zielunternehmen kein Sanierungsfall ist, sondern eine gewisse Performance aufweist. Aufgrund der zwangsläufigen Interdependenzen zwischen Umsatz, Ertragskraft, Bewertung bzw. Kaufpreis sowie Finanzierbarkeit, wird die Umsatzobergrenze des Zielunternehmens, je nach Branche und Wertschöpfungstiefe, bei ca. 30 bis 50 Mio. € liegen.

Der Wechsel vom Manager zum Unternehmer gelingt regelmäßig nur, wenn Le- **41** benspartner und/oder Familie diesen Schritt mit tragen. Daher spielen auch „weiche" Faktoren wie der **Standort** des Zielunternehmens eine wichtige Rolle. Dieser Gesichtspunkt sollte bei der Erstellung des Suchprofils nicht außer Acht gelassen werden.

Für mittelständische Unternehmen und Spin Off-Projekte von Konzernen gibt es **42** keinen transparenten Markt. In der Praxis kann die Suche über *M&A*-Berater[53] und die Nachfolgebörsen verschiedener Organisationen erfolgen.[54]

3. Transaktionsstruktur

a) Finanzierungsbausteine

Buy-Out-Transaktionen zeichnen sich durch verfeinerte Techniken der Akquisitions- **43** finanzierung aus, die meist aus einer Kombination von Eigen-, Mezzanine- und Fremdkapital besteht.

aa) Einsatz von Private Equity

Eigenkapital wird von Beteiligungsgesellschaften oder speziellen Buy-Out-Fonds **44** bereitgestellt. Insoweit spricht man auch von **Private Equity.** Dies bezeichnet den vor- oder außerbörslichen *(private)* Einsatz von Eigenkapital *(equity)* im Unterschied zum *„Public Equity",* das sich ein Unternehmen durch den Börsengang *(Going Public)* am öffentlichen Kapitalmarkt erschließt. Anders als Fremdkapital, das als Darlehen rückzahlbar, zu besichern und zu verzinsen ist, stellt Private Equity haftendes **Eigenkapital** dar, das unbesichert längerfristig zur Verfügung gestellt wird.

Der Eigenkapitalgeber geht als Partner des Unternehmers mit an „Bord" des Un- **45** ternehmens und übernimmt somit auch das Risiko des Verlustes seines Kapitaleinsatzes. Er gleicht dies in der Regel dadurch aus, dass er sich in einer Gesellschaftervereinbarung[55] weitgehende Kontroll- und Mitspracherechte sichert. Durch sein Netzwerk, seine Management-Unterstützung und seinen unternehmerischen Rat verschafft der Private Equity-Geber dem Unternehmen über den Kapitalbeitrag hinaus weitere wert-

---

[52] Hierzu noch unten Fn. 63.
[53] Eine entsprechende Vermittlungsvereinbarung findet sich im Anhang 2.
[54] Bspw. www.nexxt-change.org.
[55] Muster im Anhang 5.

volle Unterstützung **(Added Value)**. Über den Exit sucht der Private Equity-Geber seine geplante Rendite zu erzielen.

Parameter von Private Equity

- voll haftendes Eigenkapital/Mezzanine
- Einsatz vor- bzw. außerbörslich
- keine Sicherheiten, aber Kontroll- und Zustimmungsrechte
- längerfristige Finanzierung („Ehe auf Zeit")
- Rendite durch Exit

---

bb) Mezzanine-Finanzierung

46 Eine Zwischenform zwischen Eigenkapital und echtem Fremdkapital stellt **Nachrangkapital,** auch **Mezzanine-Finanzierung**[56] genannt, dar. Mezzanine-Finanzierungsinstrumente sind

- Gesellschafterdarlehen, i. d. R. verbunden mit einem Rangrücktritt
- Stille Beteiligungen gem. §§ 230 ff. Handelsgesetzbuch *(HGB)*
- Partiarische Darlehen, also Darlehen mit Gewinnbeteiligung[57]
- Genussrechte
- seitens der Altgesellschafter gestundete Kaufpreisforderung **(vendor loan)**[58].

47 Seinen Namen hat das Mezzanine- oder Nachrangkapital deshalb, weil es nach dem Fremdkapital, aber noch vor dem Eigenkapital bedient wird.[59]

48   Das Nachrangkapital dient der Liquiditätsstärkung des Unternehmens, ohne dass die Sicherheitenbasis geschmälert wird oder es zu einer Verwässerung der Anteilsquoten der Altgesellschafter kommt. Denn es wird − anders als Fremdkapital − in der Regel **ohne Sicherheiten** begeben. Anders als Eigenkapital verschafft die Mezzanine-Finanzierung aber keine Beteiligung am Gesellschaftsvermögen und auch keine gesellschafterlichen Stimm- und Informationsrechte. Je nach der rechtlichen Ausgestaltung der Mezzanine-Finanzierung, insbesondere je nach dem, ob eine Verlustbeteiligung vorgesehen wird oder eine unbedingte Rückzahlungspflicht besteht, ist es handelsbilanziell als Eigen- oder Fremdkapital zu behandeln.

Zusatzrechte ähnlich denen eines Gesellschafters können durch **vertragliche Vereinbarung** begründet werden, bspw. als ein Recht auf Teilhabe am Gewinn oder am Liquidationserlös oder aber auf Zustimmung zu bestimmten außergewöhnlichen Geschäftsführungsmaßnahmen, ggf. auch der jährlichen Unternehmensplanung oder grundlegenden gesellschaftsrechtlichen Veränderungen des finanzierten Unternehmens (bspw. Wechsel der geschäftsführenden Organe, Kapitalerhöhung).[60] Vor allem auch

---

[56] Hierzu näher unten B 53 ff. und D 48 ff.

[57] Zur Abgrenzung zur stillen Gesellschaft (dort steht vor allem die Verfolgung eines gemeinsamen Zwecks an Stelle bloß eigener, in der Kreditaufnahme bzw. -gewährung bestehender Interessen im Vordergrund) *Baumbach/Hopt,* § 230 HGB Rdnr. 4.

[58] Hierzu unten B 32 ff.

[59] *„Mezzanine"* bedeutet italienisch Zwischengeschoss.

[60] Hierzu auch näher unten B 60 f.

mittelständische Beteiligungsgesellschaften bedienen sich dieser Finanzierungsform (meist mit stillen Beteiligungen).

cc) Einsatz von Fremdkapital beim Leveraged Buy-Out

LBOs haben einen Vorfahren in den sogenannten *Bootstrap*-Akquisitionen in England **49** und in den USA nach dem zweiten Weltkrieg. Hierbei ging es stets darum, die eigenen Vermögenswerte des Unternehmens oder seinen Cash Flow zu nutzen, um einen hohen Grad an Fremdkapitalfinanzierung zu sichern; das Unternehmen zieht sich also gleichsam an den eigenen Haaren aus dem „Schuldensumpf". Durch den hohen Grad an Verschuldung wurde es auch Managern mit bescheideneren Mitteln ermöglicht, Inhaber des Unternehmens zu werden. Voraussetzung waren stets die Vorhersehbarkeit eines Cash Flows, der nicht nur für den Schuldendienst, sondern auch für die Rückführung der Schuld genügt, ferner die andauernde Loyalität des vorhandenen Managements.

Auf dieser Basis wurden in den 1980er Jahren die Buy-Out-Techniken verfeinert. **50** Wesentlich hierbei waren die **künftige Gesellschafterfunktion des Managements** und die **Kontrollfunktion der Kapitalgeber.** Die Disziplin, die die „Fesseln" der Schuldenfinanzierung und des eigenen vom Management geleisteten Kapitalbeitrags allen Beteiligten auferlegen, veränderte auch die Unternehmensführung entscheidend: Denn ihr muss es nun darum gehen, mehr Cash Flow zu erzeugen, vorhandene Ressourcen effektiver einzusetzen und gezielter zu investieren. Als Faustregel wurden LBO-Transaktionen mit 10 bis 20% Eigenkapital und 80 bis 90% Fremdkapital finanziert, wobei die Rückzahlung des Fremdkapitals innerhalb eines Zeitraums von fünf bis sieben Jahren geplant wurde.

Eine überwiegende **Fremdkapitalfinanzierung** der Transaktion bietet sich dann **51** an, wenn der Zins für das Fremdkapital bis zur Rückführung der Verbindlichkeiten unter der Gesamtkapitalrendite der damit durchgeführten Investition liegt, d.h. der Leverage-Effekt zum Einsatz kommt. In diesem Fall kann der Einsatz von Fremdkapital gerade auch im Interesse eines Private Equity-Gebers liegen. Da diese Fremdfinanzierung wegen der beschränkten Eigenmittel des erwerbenden Managements als Sicherheit letztlich wieder nur auf das zu übernehmende Unternehmen zurückgreifen kann, erklärt es sich, dass Gegenstand eines LBO nicht jedes Unternehmen werden kann, sondern nur ein solches Unternehmen, dessen Ertragskraft auch eine zusätzliche Fremdfinanzierungsbelastung verkraftet. Dies setzt in der Regel einen ausreichend hohen, langfristig erzielbaren **Cash Flow,** einen geringen Verschuldungsgrad und stille Reserven in nicht unmittelbar betriebsnotwendigen Wirtschaftsgütern voraus; ferner sollte das Unternehmen, eben im Hinblick auf das Erfordernis eines stetigen Cash Flows, nicht in einer Branche tätig sein, die erheblichen saisonalen oder konjunkturellen Schwankungen unterliegt. Letztlich bedeutet der LBO somit bildlich – ähnlich wie bei einem Hauskauf im privaten Bereich, der in der Regel auch im wesentlichen fremdfinanziert wird – die Aufnahme einer „Hypothek" auf das zu erwerbende Unternehmen.

Dabei kann eine hohe **Eigenkapitalrendite** auch ohne Steigerung des Unternehmens-werts erzielt werden. Am **Beispiel:** Ein fremdkapitalfreies Unternehmen wird für **52** 100 Millionen € gekauft. Vor dem Erwerb erwirtschaftet das Unternehmen 10 Mio. € Cash Flow und ermöglicht so den Gesellschaftern eine 10% Rendite. Wird die Akquisition mit 90 Mio. € Fremdkapital und 10 Mio. € Eigenkapital finanziert und schafft es das Unternehmen dann, durch eine verbesserte Unternehmensführung und verbesserten Kapitaleinsatz den Cash Flow von 10 auf 20 Mio. € p.a. zu steigern, ohne dass der Wert des Unternehmensvermögens verändert wird, kann das Unternehmen das aufgenommene Fremdkapital von 90 Mio. € bei einem Zinssatz von 10% in sechs Jahren zurückführen, sofern es keine Dividenden ausschüttet und den Cash Flow von 20 Mio. € ausschließlich für den Schuldendienst verwendet. Am Ende der sechs Jahre ist das Unternehmen immer noch 100 Mio. € wert, aber nun frei von Schulden. Mit anderen Worten ist dann das ursprüngliche Eigenkapitalinvestment von 10 Mio. € am Ende 100 Mio. € wert, was einer jährlichen Rendite von 47% entspricht.

b) Unmittelbare/mittelbare Übernahme

53 Bei der **unmittelbaren Übernahme** erwerben die Manager im Verbund mit dem Private Equity-Investor die Anteile am Zielunternehmen **selbst.** In der Praxis begegnet diese Form des Erwerbs bei einfacheren, durch die Manager gesteuerten MBO/MBI-Konstellationen. Die Manager finanzieren die Übernahme persönlich durch Aufnahme eines Kredits. Sie sind selbst zur Rückführung der eingegangenen Kreditverbindlichkeiten verpflichtet und haften hierfür, vorbehaltlich abweichender Abrede mit dem Fremdkapitalgeber, mit ihrem gesamten privaten Vermögen. Gegebenenfalls kann die Besicherung auf die Verpfändung der erworbenen Anteile beschränkt werden *(non recourse).* Im Fall der Anteilsverpfändung erhält der Fremdkapitalgeber keinen unmittelbaren Zugriff auf das Vermögen der Zielgesellschaft; er kann sich nur durch eine Verwertung der Gesellschaftsanteile befriedigen und befindet sich somit in einer Nachrangposition gegenüber den Gläubigern der Gesellschaft.[61]

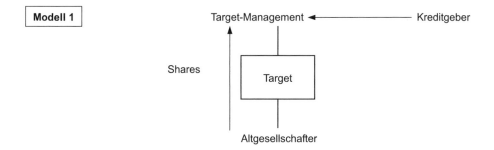

54 Bei der **mittelbaren Übernahme** beteiligen sich die Manager und (Private-Equity-) Kapitalgeber, letztere meist nur auf Zeit, an einer Akquisitionsgesellschaft, der New-Co. Sie erwirbt die Anteile an der Zielgesellschaft oder deren Vermögen *(Assets)* und nimmt die Finanzierung hierfür auf. Anschließend kann im Wege **postakquisitorischer Umstrukturierungsmaßnahmen** – sei es durch Ausschüttung von Vermögen der Zielgesellschaft, Verschmelzung oder Abschluss eines Gewinnabführungsvertrags – versucht werden, den Cash Flow bzw. Gewinne der Zielgesellschaft zur Bedienung der Schulden der aufnehmenden Gesellschaft heranzuziehen.[62] Dabei werden neben den

---

[61] Zum strukturellen Nachrang unten D 52.
[62] Hierzu im Einzelnen Teil F; zu den rechtlichen Grenzen unten D 77 ff.

Anteilen an der Zielgesellschaft von der NewCo dann auch die Vermögenswerte der Zielgesellschaft als Sicherheit für die Finanzierung eingesetzt.

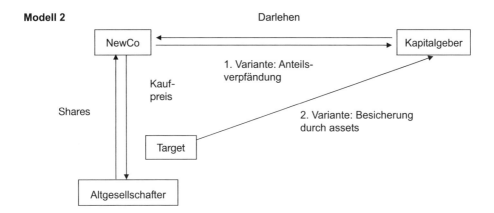

Modell 2

Beim Modell 1 (unmittelbare Übernahme) gleicht die Transaktionsstruktur eher der **55** eines „normalen" Unternehmenskaufs. Diese vereinfachte Übernahmestruktur wird insbesondere bei der Übernahme kleinerer und mittlerer mittelständischer Unternehmen, bei der sich das Management auch der Unterstützung durch **öffentliche Fördermittel**[63] bedienen wird, zur Anwendung kommen. Demgegenüber ist die Finanzierungsstruktur bei Beteiligung eines Private Equity-Gebers wie im Modell 2 (mittelbare Übernahme) aufgrund der Rendite-Optimierungserwägungen des Private Equity-Gebers komplizierter und vollzieht sich der Erwerb über verschiedene Stufen, beginnend mit der Gründung und Ausgestaltung der Akquisitionsgesellschaft.[64]

c) Bedeutung der Post-Buy-Out-Phase

In allen Fällen gilt es jedoch eines zu beachten: Mit dem Abschluss der Buy-Out- **56** Transaktion ist es nicht getan. Die eigentliche Arbeit beginnt erst in der Post-Buy-Out-Phase[65], wenn sich das Management in der Unternehmensleitung bewähren und das Transaktionskonzept umsetzen muss. Auf diese Phase werden auch die Private Equity-Geber Einfluss nehmen, indem sie sich, selbst wenn sie nur eine Minderheitsbeteiligung, wie häufig beim MBO/MBI, übernehmen, vertraglich über ihre gesetzli-

---

[63] Diese Mittel werden über die Hausbank beantragt und ausgereicht. Als Existenzgründung gilt auch die Übernahme einer tätigen Beteiligung. Insoweit ist zu verweisen auf die aktuellen Angebote bspw. der *KfW* oder von Landesförderanstalten. Hervorzuheben sind diesbezüglich das Gründerkredit-Programm aus dem ERP-Fonds (European Ressource Planning), der *KfW-Gründerkredit* und das Förderprogramm für Gründer der *LfA Förderbank Bayern* (entsprechende Angebote in anderen Bundesländern vorhanden). Für einen ausführlichen Überblick über die Fördermöglichkeiten, vgl. das Existenzgründungsportal des BMWi www.existenzgruender.de und das Angebot des BayStMWiVT, www.startup-in-bayern.de. Zu Förderkrediten vgl. auch *Gerz/Bradt*, DStR 2011, 876 ff.

[64] Hierzu unten D 1 ff.

[65] Zu diesem Themenkomplex ausführlich unten Teil F.

chen Gesellschafterrechte hinaus weitergehende Mitsprache- und Kontrollrechte einräumen lassen.[66] Der Private Equity-Geber wird durch seine Kapitalbeteiligung am Risiko des Unternehmens mit beteiligt, muss dieses Risiko dann aber auch im gewissen Umfang mit steuern können.

57 Da den Investoren Gewinne nicht quartalsweise oder jährlich, sondern erst viele Jahre nach Verkauf der Beteiligung zufließen, ist **Geduld** gefragt. Der Leverage ist unausweichlich an den unternehmerischen Erfolg in der Post-Buy-Out-Zeit geknüpft. Unter dem Druck der Verschuldung das Unternehmen zu führen, verlangt vom Management andere Fähigkeiten als unter normalen Verhältnissen. Dabei geht es auch um die Einführung von **Kontrollsystemen** und eine klare Führungsstruktur im Unternehmen. Das Management muss **transparent** werden und die Investmentmanager müssen als Kontrollinstanz an der Seite akzeptiert werden. Die Kontrollrechte der Buy-Out-Investoren ändern freilich im Prinzip nichts daran, dass die tägliche Arbeit vom Management des Unternehmens zu erledigen ist. Wichtig ist es, den ständigen Informationsfluss vom Unternehmen zu den Investoren durch standardisierte Erfassung und Reporting von finanziellen und betrieblichen Daten sicherzustellen. Managementtentscheidungen sind zu hinterfragen und zu debattieren, aber nicht vorzugeben.

58 Erst im Fall des Exits fährt der Private Equity-Geber seine Rendite ein, weshalb der weitere Erfolg des Unternehmens nach dem Closing für ihn von entscheidender Bedeutung ist. Oder wie *Henry Kravis* von *Kohlberg Kravis Roberts (KKR)* es einmal ausdrückte: *„Don't congratulate me, when we buy it. Congratulate me, when we sell it."*[67]

4. Private Equity und Mittelstandsfinanzierung

59 Die Banken in Deutschland haben sich in den letzten Jahren aus verschiedenen Gründen als Kreditgeber von Unternehmertransaktionen stark zurückgezogen.[68] Sie hinterlassen bzw. vergrößern eine Lücke auf dem Finanzmarkt. Große Veränderungen hatte vor allem **Basel II**[69] für die Kreditlandschaft gebracht.

60 Die Attraktivität der Kreditvergabe ist für Banken vor allem aufgrund der sich verstärkenden Eigenkapitalanforderungen gesunken. Banken müssen Kundenkredite mit Eigenkapital unterlegen, um die Sicherheit von Einlagen und die Existenz einer Bank bei Kreditausfällen nicht zu gefährden. Die Eigenkapitalanforderungen nach Säule I

---

[66] Hierzu noch D 5 ff.

[67] *Baker/Smith*, S. 90.

[68] *DIW-Studie* 2008, S. 59.

[69] Hierbei handelt es sich um das in 2001 vom *Baseler Ausschuss für Bankenaufsicht* vorgelegte 2. Konsultationspapier zur Neuregelung der Eigenkapitalübereinkunft von 1988 **(Basel I).** Der *Baseler Ausschuss für Bankenaufsicht* wurde 1975 durch die Präsidenten der Zentralbanken der G 10-Staaten gegründet und ist mit hochrangigen Vertretern der Zentralbanken und der Bankenaufsichtsbehörden besetzt. Neben die Eigenkapitalanforderungen von „Basel I" (nunmehr **Säule I**) treten zwei neue „Säulen", nämlich das bankaufsichtliche Überprüfungsverfahren **(Säule II)** und Offenlegungsanforderungen **(Säule III).** Die neuen Regeln müssen gemäß den EU-Richtlinien 2006/48/EG und 2006/49/EG seit dem 1. 1. 2007 angewendet werden. Die Umsetzung in Deutschland erfolgt durch das Kreditwesengesetz, die Solvabilitätsverordnung und die Mindestanforderungen an das Risikomanagement (MaRisk).

erfassen zusätzlich zu den bereits nach Basel I berücksichtigten Kredit- und Markt-preisrisiken auch operationelle Risiken. Das Kreditrisiko, das die Banken hinsichtlich der kreditnehmenden Unternehmen trifft, wird anhand einer **Bonitätseinstufung per Rating** ermittelt, sei es bankintern oder extern durch staatlicher Aufsicht unter-liegende Rating-Agenturen, in Deutschland etwa *Creditreform*. Dieses Rating-System führt zu einer **Diversifizierung der Kreditkonditionen,** je nach der Risikobewer-tung des Kreditnehmers. Dies kann für kleinere Unternehmen zu einer Verschlechte-rung der Finanzierungskonditionen führen, da hier häufig höhere Risiken, vor allem wegen ihrer **geringen Eigenkapitalausstattung** und damit geringeren Bonität, aber auch aufgrund „weicher Faktoren" unterstellt werden, wie bspw. des Risikos eines Ausfalls des den Unternehmenserfolg prägenden Unternehmers und Managers. Die Eigenkapitalausstattung deutscher mittelständischer Unternehmen ist in den vergange-nen Jahren allerdings stetig gestiegen und lag nach einer Erhebung der *KfW* in 2009 bei 26,4%[70]. Damit haben die mittelständischen Unternehmen binnen fünf Jahren den Wert um knapp vier Prozentpunkte gesteigert und auf die strengere Rating-Kultur bei der Kreditvergabe reagiert. Gerade im Vergleich zu den USA ist der Eigenkapitalanteil aber immer noch niedrig und eine weitere Steigerung der Eigenkapitalquote ist nötig.[71] Anzumerken ist aber auch, dass die vergleichsweise niedrige Eigenkapitalbasis deutscher mittelständischer Unternehmen nicht zuletzt in den **steuerlichen Rahmenbedingun-gen** zu suchen ist, die die Thesaurierung von Gewinnen körperschaftsteuerlich seit 2000 nicht mehr privilegieren.[72]

Hinzu kommt, dass in Reaktion auf die Finanz- und Wirtschaftskrise die Bankenre-gulierung durch Einführung von **Basel III** im Zeitraum 2013 bis 2019 erneut refor-miert werden soll. Die Eigenkapitalunterlegung der Banken für durchschnittliche Kre-ditnehmer soll von derzeit 8% auf bis zu 10,5%, ggf. sogar 13% erhöht werden, wodurch es insbesondere für den Mittelstand noch schwieriger wird, eine Fremdfinan-zierung zu erlangen.[73] **61**

Der Buy-Out-Markt hilft, diese Lücke auf dem Finanzmarkt zu füllen.[74] Buy-Out-Firmen können als Arrangeure von Eigen- und Fremdkapitalfinanzierungen eine **62**

---

[70] *Handelsblatt* 16. 11. 2010 „Mittelstand legt beim Eigenkapital zu".

[71] Vgl. zu allem auch ausführlich *Kinne/Kottmann* in Praxishandbuch des Mittelstands, Teil III, S. 261 ff.

[72] Steuersenkungsgesetz vom 23. 10. 2000. Das zu versteuernde Einkommen unterliegt nach § 23 Abs. 1 KStG einer einheitlichen Körperschaftbesteuerung in Höhe von heute 15%. Der Körperschaftsteuersatz wurde durch die Unternehmensteuerreform 2008 gesenkt.

[73] Zu **Basel III** *Becker/Böttger/Ergün/Müller,* DStR 2011, 375. Zur Kritik des Mittelstands daran FTD 11. 10. 2011 „Bankenregulierung schadet Mittelstand mehr als Zockern". Zur Mit-telstandsfinanzierung mit staatlichen Förderprogrammen *Gerz/Bradt,* DStR 2011, 876 ff.

[74] Als Finanzierungsinstrument wurden auch sog. *Asset-Backed-Securities (ABS)* eingesetzt. Hierbei werden Finanzaktiva, üblicherweise Kundenforderungen *(asset),* zum Zweck der Liqui-ditätsbeschaffung an eine Zweckgesellschaft (strukturierter Forderungspool) verkauft, die den für die Forderungen zu zahlenden Kaufpreis durch die Begebung von Wertpapieren *(securities)* auf dem Kapitalmarkt refinanziert und das Ausfallrisiko übernimmt, ohne dass der Kunde/Schuldner – anders als beim Factoring – etwas vom Forderungsverkauf erfährt. Diese **Securitization,** also der Wandel von bilanziellen Buchforderungen in verbriefte Forderungen und damit Liquidität, war in den USA seit Beginn der 1980er Jahre ein verbreitetes Finanzierungsmittel. Amerikani-sche ABS wurden allerdings für die globale Finanzkrise ab 2007 mitverantwortlich gemacht, der

Komplementärfunktion zum Bankensektor einnehmen.[75] Eine Verstärkung der Eigenkapitalbasis in Verbund mit einer Nachfolgelösung durch MBO/MBI mag sich daher künftig noch mehr auch aus Finanzierungszwängen des Unternehmens heraus anbieten und so den „Nachfolgestau" im deutschen Mittelstand auflösen.

II. Die Entwicklung des Buy-Out-Geschäfts

1. Die Entwicklung in den USA

a) Die Vorgeschichte

63 Der Buy-Out berührt das Grundthema, wie das Verhalten und die **Interessen des Unternehmensmanagements** mit den **Interessen der Gesellschafter** in **Einklang** zu bringen sind. Der Konflikt dieser beiden Interessensphären kam in den USA erstmals im 19. Jahrhundert auf, als man aufgrund der enormen Kapitalbedürfnisse der Eisenbahngesellschaften und der Telekommunikationsindustrie (beispielhaft: *AT & T*) das Wachstum dieser Unternehmen über den öffentlichen Kapitalmarkt zu finanzieren begann und die Geschäftsführung nun nicht mehr in der Regel in der Hand der Unternehmensinhaber selbst, sondern in der von Fremden lag. Die ersten großen Industrieimperien entstanden, als in den Jahren 1897 bis 1905 insgesamt 4277 amerikanische Unternehmen in 257 Gesellschaften aufgingen. Bestes Beispiel für die wirtschaftliche Bedeutung dieses Fusionsprozesses ist die unter dem maßgeblichen Einfluss von *J. P. Morgan* finanzierte Fusion von acht Stahlunternehmen in der *U. S. Steel Corporation* in 1901, die eine Gesamtkapitalisierung von 1,2 Milliarden US $ aufwies, was seinerzeit 7% des gesamten US-Bruttosozialprodukts entsprach. Hierbei ging es im Wesentlichen um eine Bereinigung von Überkapazitäten durch Zusammenschlüsse auf **horizontaler** Ebene. In einer zweiten Zusammenschlusswelle, die 1916 einsetzte und bis zur Weltwirtschaftskrise von 1929 dauerte, ging es dann maßgeblich um die **vertikale Konzentration,** indem Unternehmenseinheiten geschaffen wurden, die Entwicklung, Produktion und Vertrieb eines Produkts umfassten; hierdurch wurde es regionalen Unternehmen ermöglicht, eine Rolle auf nationaler Ebene einzunehmen. Auch diese **M & A-Welle**[76] wurde maßgeblich von Investmentbankern gesteuert, die Zweitmärkte für Unternehmensanleihen schufen.

64 In diesen größeren Unternehmenseinheiten kam es mehr und mehr auf einen neuen Typ von Manager an, den **professionellen Technokraten,** der nicht mehr am Unternehmen selbst beteiligt war, sondern **entlohnt** wurde und dessen primäres Motiv folglich nicht mehr das der Gewinnerzielung im Interesse der Gesellschafter war.

ABS-Markt brach in den vergangenen Jahren ein. Die Europäische Zentralbank möchte ihn ausweislich einer Pressemitteilung vom 20. 11. 2009 wieder zum Leben erwecken, ihn aber zugleich transparenter gestalten.

[75] *DIW-Studie* 2008, S. 59.

[76] Der gebräuchliche Terminus *M & A* steht engl. für *Mergers and Acquisitions,* also Zusammenschlüsse und Übernahmen von Unternehmen.

Während der Zeiten der Depression und des New Deal wurden Bankbeteiligungen in Unternehmen ebenso beschränkt wie finanzielle Anreize für ihre Vertretung in Leitungs- und Aufsichtsgremien; Investmentbanker konzentrierten sich nun mehr auf die Rolle der Transaktionsvermittlung als auf die Ausübung finanzieller Kontrolle in Unternehmen. Dies ließ dem Management Freiheiten, die Geschäfte nach eigenen Opportunitätserwägungen zu führen und die Gewinnerzielung als Triebfeder des Handelns zu vernachlässigen. Dafür, dass aber das Ziel der Wertschöpfung zugunsten der Gesellschafter von entscheidender Bedeutung für unternehmerischen Erfolg sein kann, ist die Geschichte von *Henry Ford* und *Alfred Sloan* ein gutes Lehrbeispiel: *Ford,* der Geldverdienen als zufälliges Nebenprodukt der Produktion guter *Model Ts* bezeichnete, kaufte seine Minderheitsgesellschafter Anfang der 20er aus, um sich nicht mehr ihren Gewinnforderungen ausgesetzt zu sehen, sondern das Unternehmen nach eigenem Gutdünken führen zu können. Die Folge war, dass er, da nur noch durch sich selbst gesteuert, Veränderungen der Marktnachfrage versäumte und die Herausforderungen des Wettbewerbs unterschätzte. *Sloan* hingegen reorganisierte *General Motors,* betrieb die Produktdiversifikation, um den finanziellen Möglichkeiten und Vorlieben möglichst vieler Kunden gerecht zu werden, und hielt sein Managementteam zur ständigen Überarbeitung der Produkte an, dies im dauerhaften Bestreben, Gewinne für seine Gesellschafter zu erzielen, und überflügelte so in wenigen Jahren mit *General Motors* die Marktposition von *Ford*.

Die **Zeit nach dem 2. Weltkrieg** war im Wesentlichen dadurch geprägt, dass Ge- **65** sellschafter ihr Risiko durch eine Diversifizierung ihrer Portfolios zu reduzieren suchten, hingegen das Unternehmensmanagement auf die Aushandlung besserer Anstellungsverträge bedacht war. In den 50er Jahren war der US-Markt so stark und dominierend, dass die ausländische Konkurrenz überhaupt nicht wahrgenommen wurde. Genau dies war aber die Wurzel für die nun folgenden Übel des Systems. Die hohe Staatsverschuldung, für die nicht zuletzt auch der Vietnamkrieg verantwortlich war, erwies sich als schwere Bürde für die US-Wirtschaft; zugleich gerieten die USA mit ihrem unerschöpflichen Energiebedarf in immer größere Abhängigkeit von ausländischem Öl. Die Folge waren hohe Inflationsraten und Arbeitslosigkeit in den 70er Jahren. Mitte der 70er befand sich die Profitabilität der US-Unternehmen in einem stetigen und lang andauernden Abschwung. Große amerikanische Unternehmen, wie *General Motors, US Steel* oder *RCA* wurden zu selbstzufriedenen Oligopolen, die mehr vom Wunsch nach Stabilität als durch das Streben nach Profitmaximierung und Preiswettbewerb getrieben wurden. Auch die Gesellschafterseite sah sich einem ähnlichen Strukturwandel ausgesetzt: An die Stelle reicher Privatinvestoren traten institutionelle Investoren, wie bspw. **Pensionskassen.** Diese sahen sich durch den Employment Retirement Security Act *(ERISA)* aus dem Jahr 1974 weitreichenden Diversifikationsauflagen ausgesetzt, um das Anlagerisiko zu minimieren. Mit der Reduzierung ihres Anteilsbesitzes am Unternehmen ließ in gleichem Maße aber auch die Möglichkeit des Kontrolleinflusses durch institutionelle Investoren nach.

Im Jahr 1963 setzte eine weitere M & A-Welle ein, die wiederum vor allem durch **66** kartellrechtliche Sachzwänge gesteuert wurde. Da das Kartellrecht wettbewerbsbeschränkende Fusionen untersagte, wurden expansionshungrige Manager dazu getrieben, ihr Geld in nicht miteinander zusammenhängenden Industriebereichen anzulegen. Es kam zu **Konglomeratbildungen,** die typischerweise mit eigenem Aktienbesitz finanziert und mit **Synergieeffekten** begründet wurden. Diese Fusionswelle erreichte die Spitze von über 6000 Transaktionen in 1969, ehe sie in Folge der internationalen Ölkrise in 1974 wieder abzuflauen begann. Es ging nun um Wachstum durch **Diversifikation,** insbesondere in der Ölindustrie, die sich hierbei freilich durch Investments mit zweifelhaftem Wert auszeichnete (bspw. Erwerb von *Reliance Electric* durch *Exxon* oder von *Montgomery Ward* durch *Mobil*). In der abnehmenden Phase der Konglomeratbildung traten vermehrt sogenannte **Tender Offers** auf, mit denen Käufer unter Umgehung des Unternehmensmanagements Gesellschaftern öffentliche Angebote zum Kauf der Aktien gegen einen Kursaufschlag machten, dies meist in Zusammenhang feindlicher Übernahmen. Durch den *Williams Act* 1968 wurde das Verfahren für öffentliche Übernahmeangebote geregelt. Hierdurch wurden öffentliche Anbieter verpflichtet, ihren Beteiligungsbesitz und ihre Absicht offenzulegen, sobald sie eine 5% Kapitalbeteiligung erreichten, und das Angebot 20 Werktage offenzuhalten. Dies ermöglichte Zielgesellschaften, Abwehrstrategien gegen eine unerwünschte Übernahme einzuleiten. Im Rahmen der folgenden Übernahmeschlachten wurden die Abfindungsangebote an die Altgesellschafter oft in derartige Höhen getrieben, dass eine Kaufpreisfinanzierung in hohem Maße durch Fremdkapital erfolgen musste, das dann anschließend durch die Auflösung von im Unternehmen schlummernden Reserven zurückgeführt wurde. Auf diese Weise wurde der verfügbare **Cash Flow** mit einer dem LBO vergleichbaren Technik der Wertrealisierung zugunsten der Gesellschafter eingesetzt und kanalisiert. Der LBO begann sich als **freundliche Alternative** zu einem feindlichen Übernahmeangebot herauszubilden.

b) Das LBO-Zeitalter ab den 80er Jahren

67 Das eigentliche **LBO-Zeitalter** begann nach der Rezession der Jahre 1981/82, als der Zins auf langfristige Anleihen zu sinken begann, und wurde zunächst durch den Börsencrash des Oktobers 1987 beendet. LBOs haben generell das Grundverständnis der Wirtschaft von Fremdfinanzierung, Unternehmensführung und Wertschöpfung verändert. Über LBOs wurden etablierte Gesellschaften mit vorhersehbaren Umsatz- und Cash Flow-Strömen erworben, wobei der Erwerb fast vollständig über Darlehen finanziert wurde. Die Kosten für den Einsatz von Eigenkapital (Equity) wurden durch einen hohen Verschuldungsgrad, also den Leverage-Effekt, minimiert.[77] Als Voraussetzung für den Erfolg einer solchen Transaktion erwies sich die Kombination von zeitgerechter Schuldenreduzierung und längerfristigem unternehmerischem Erfolg; Firmen mit hohen Kapitalerfordernissen, Überspezialisierung, zyklischen Märkten und daher unregelmäßigen Cash Flows und unverhältnismäßig hohen Verbindlichkeiten oder Haftungsrisiken stellten sich als ungeeignete Übernahmeobjekte von LBOs dar.

68 Die LBO-Welle der 80er Jahre in den USA lief parallel mit der Aufarbeitung der wirtschaftlichen Folgen des Rückzugs der USA aus Vietnam, der begleitet wurde von einer Rezession der US-Wirtschaft. Es ging nun darum, durch eine **Restrukturierung** der Unternehmenslandschaft Gewinne zu erzielen. Dies war das Zeitalter klassischer Buy-Out-Firmen, wie beispielhaft *Kohlberg Kravis Roberts (KKR).* Gestützt auf die Allianz mit *Drexel Burnham Lambert,* die unbesicherte und entsprechend hoch verzinsliche Risikoanleihen **(Junk Bonds)** auf dem Markt platzierten, gelang es *KKR* eine

---

[77] Zu diesem Hebeleffekt schon oben A 1 und 51.

Reihe größerer Unternehmen durch verfeinerte Fremdkapitalstrukturen zu erwerben. Den Höhepunkt bildete die 31 Milliarden US $-Akquisition von *RJR Nabisco* Ende 1988, die mit einem 90% Fremdkapitalanteil finanziert wurde. Das Vertrauen der Investoren gewann *KKR* durch ihre Reputation, **langfristigen Unternehmenswert** zu schaffen. Größeres Gewicht als auf die anfängliche Finanzierungsstruktur der Transaktion wurde auf das Geschehen **nach Abschluss** der Transaktion gelegt. *KKR*-Partner hielten das Management der erworbenen Unternehmen unter ständiger und enger Kontrolle. Nach Abschluss der *RJR Nabisco*-Transaktion besaß *KKR* Anteile an 35 Unternehmen mit einem Gesamtwert von 59 Milliarden US $. „Corporate Raiders" und Übernahmekünstler, die *Michael Milkens* und *Carl Icahns* der realen Wall Street und *Gordon Gekkos* und *Sherman McCoys* der Kino- und Romanwelt, wurden prägende Charaktere der 80er Jahre.

Eine weitere Transaktionswelle ab 1992 beinhaltete einen höheren Anteil der **Un-** **69** **ternehmensrestrukturierung** am Buy-Out-Geschäft als jemals zuvor. Der Gesamtwert von *M&A*-Transaktionen erreichte in 1997 nie da gewesene 1 Billion US $. Mitte der 90er Jahre waren Buy-Outs Standardbestandteile institutioneller Private Equity-Portfolios geworden. Eine früher exotische Finanzierungstechnik hatte sich zu einem Corporate Finance-Standard entwickelt. Dabei war indes der typische Grad des Leverage im Vergleich zu den 80er Jahren stark **gesunken.** Leverage-Quoten lagen eher bei 60 bis 75% im Vergleich zu früheren 80 bis 95%. Angesichts der zunehmenden Konkurrenz wurden aber auch gute Transaktionsmöglichkeiten seltener. LBO-Häuser begannen sich daher zu spezialisieren, etwa *Clayton, Dubelier & Rice* auf Spin-Offs von Großkonzernen; andere konzentrierten sich auf spezielle Industriebereiche, denen sie mit konzentrierter Management- und Finanzierungserfahrung halfen. Wieder andere – wie bspw. *KKR* – verfolgten **Build-up-Strategien** (auch *Buy-and-Build*-Strategie genannt), indem sie erfahrenem Management die Chance zum Neuaufbau eines Unternehmens boten und dann über „Unternehmens-Flaggschiffe" kleinere Unternehmen oder Produktlinien aufkauften. Durch diese neu entstehenden wirtschaftlichen Einheiten konnten erhebliche Wertzuwächse allein wegen des größeren Markteinflusses und -anteils und des gesteigerten Bekanntheitsgrads, also nicht nur durch Rationalisierungs- und Kosteneinspareffekte erzielt werden. So begannen bspw. *KKR*, nachdem sie 1988 beim Versuch die *Macmillan*-Gruppe zu übernehmen, von *Robert Maxwell* überboten worden waren, mit Hilfe von Topmanagern der *Macmillan*-Gruppe, die man für sich hatte gewinnen können, innerhalb mehrerer Jahre ein völlig neues Medienunternehmen aufzubauen und aufzukaufen. 1997 hatte die Gruppe 63 Unternehmen aus dem Medien-, Verlags- und Kommunikationsbereich für insgesamt 2,8 Mrd. $ aufgekauft, darunter den Fernsehsender *Channel One;* die *K III Communications Corp.* mit einer der *Macmillan*-Gruppe vergleichbaren Ertragskraft entstand für weniger als die Hälfte des von *Maxwell* hierfür gebotenen Preises.

c) Entwicklung ab 2001

Parallel zum Platzen der sogenannten „Dot-com-Blase" kam ab 2000/01 auch der **70** amerikanische (leveraged) Buy-Out-Markt in eine Phase der **Stagnation,** insbesondere wegen des Einbruchs der Buy-Outs im Telekommunikations- und Technologie-Segment. Dem schloss sich ab 2003 jedoch ein erneuter **Private-Equity-Boom** an, der bis 2007 anhielt. In dieser Zeit wurden die meisten der größten LBOs überhaupt getätigt. Dabei hatte sich der Fokus verschoben: Während früher häufig Firmen gekauft und anschließend wertsteigernd zerschlagen wurden, konzentrierte sich der Markt nun auf sogenannte *Underperformers,* also solche Unternehmen, die nach einer Restrukturierung eine größere Gewinnerzielung versprachen. Als Beispiele für die **„Mega-Buy-Outs"** können etwa der Erwerb der Autovermietung *The Hertz Corporation* von *Ford* durch *Carlyle Group, Clayton Dubilier & Rice* und *Merrill Lynch* in 2005 (15 Mrd. $), der Erwerb des Immobilienunternehmens *Equity Office Properties* durch die *Blackstone*-Gruppe in 2006 (39 Mrd. $) sowie der Buy-Out des Versorgungsunternehmens *TXU* durch *KKR, TPG Capital* und ein Konsortium in 2007 (45 Mrd. $) genannt werden. Großen Einfluss auch auf den Buy-Out-Markt hatte die **Finanz- und Wirtschaftskrise** ab 2007. Da Fremdkapital nur schwierig zu beschaffen war, kam der LBO-Markt nahezu zum Erliegen. Seitdem sind die Fremdkapitalquoten regelmäßig auf maximal 50% geschrumpft.

2. Die Situation in Deutschland und Europa

71 Die sich in den 70er Jahren in den USA entwickelnde Buy-Out-Welle schwappte erst Mitte der 80er Jahre nach Europa über und zwar zunächst nach Großbritannien. Erst Ende der 80er Jahre bzw. Anfang der 90er Jahre wurden auch in Kontinentaleuropa Buy-Out-Aktivitäten verzeichnet.[78]

72 Zunehmende Bedeutung erlangten Buy-Outs in Deutschland vor allem durch Unternehmensverkäufe der **Treuhandanstalt** bzw. der Bundesanstalt für vereinigungsbedingte Sonderaufgaben *(BVS).* Soweit sich bei deren Unternehmensverkäufen auf Erwerberseite Manager beteiligten, wurden diese Transaktionen als MBOs bezeichnet, obwohl sie angesichts der Anforderungen an ein MBO-Zielobjekt und dessen betriebswirtschaftliche Eignungskriterien keine Buy-Outs im klassischen Sinne waren. Mangels aussagekräftiger Vorjahresbilanzen war es bei diesen Unternehmensverkäufen regelmäßig nicht möglich, eindeutige Cash-Flow-Prognosen zu erstellen; außerdem fehlte es in der Regel an der erforderlichen Marktetablierung und Ertragskraft.[79] Als Finanzgeber fungierten demzufolge eher industrielle als Finanzinvestoren und auch die Finanzierungsstrukturen waren eher Venture Capital-Finanzierungen vergleichbar als klassischen Buy-Outs.[80] Dessen ungeachtet führte die Praxis der *Treuhandanstalt* zu einer Etablierung von Buy-Outs auf dem deutschen Markt.

73 Besondere Bedeutung erlangten Buy-Out-Aktivitäten indes im Zuge der zunehmenden Bedeutung von **Private Equity** zur Finanzierung innovativer Unternehmen.[81] Nach den Zahlen des Bundesverbands Deutscher Kapitalbeteiligungsgesellschaften e.V. *(BVK)* wiesen in den 1990er Jahren MBO/MBI-Finanzierungen einen relativ stabilen Anteil von etwa 20% der Bruttoinvestitionen aus. In den Jahren 1999

---

[78] Zu einer Frühform von Eigenkapitalfinanzierung in der Wilhelminischen Zeit (Aktienbanken) *DIW-Studie* 2008, S. 17.

[79] *Otto* in *Assmann/Schütze,* Handbuch des Kapitalanlagerechts, § 26 Rdnr. 17.

[80] *Otto,* a. a. O., § 26 Rdnr. 18.

[81] Zur Entwicklung bis 1999 *Becker,* S. 15 f.

und 2000 sank der Anteil der Buy-Out-Neuinvestitionen auf 14,1% bzw. 16,4%[82]. Damit einher ging ein Höhenflug der Investitionen in frühen Phasen mit dem Höhepunkt der **Venture-Capital-Euphorie** im Jahr 2000, dem jedoch ein ebenso schneller Niedergang bis 2003 folgte.[83] Ab dem Jahr 2001 stieg der Anteil der *Later-Stage*-Finanzierungen[84] erheblich, Buy-Outs wurden zum **dominierenden Segment** im deutschen Beteiligungsmarkt. Dabei gewannen vor allem LBOs, also sehr große, überwiegend fremdkapitalfinanzierte Übernahmen an Bedeutung. In 2001 machten Buy-Out-Finanzierungen aufgrund einzelner großer Transaktionen mit 37,3% den größten Teil der Bruttoinvestitionen aus.[85] Dieser Trend setzte sich 2002 fort. Der Anteil der Buy-Out-Finanzierungen in 2002 erreichte 45,7%.[86] Darüber hinaus wurden weitere große Buy-Out-Transaktionen durch ausländische Gesellschaften getätigt, die in den deutschen Statistiken nicht berücksichtigt wurden. Gerade in den Zeiten des wirtschaftlichen Abschwungs gab es für Investoren günstige Gelegenheiten für Unternehmensübernahmen, zumal viele Konzerne Randaktivitäten abstießen. In den Jahren 2003 und 2004 erreichten Buy-Outs einen Anteil von fast 71% an den gesamten Private-Equity-Investitionen, 2005 immerhin noch 58%.[87] Zwar ging das Investitionsvolumen im Buy-Out-Bereich gegenüber dem Rekordjahr 2004 von fast 2,69 Mrd. € auf fast 1,77 Mrd. € zurück, die Zahl der Buy-Outs stieg aber aufgrund mehrerer kleiner und mittlerer Transaktionen an (50 in 2003, 60 in 2004, 82 in 2005). Seit dem Jahr 2004 hat das **Secondary-Buy-out-Segment** einen immensen Aufschwung erlebt. Erfreulicherweise öffnete sich zunehmend auch der **Mittelstand** gegenüber Private-Equity-Finanzierungen. In 2006, also auf dem Höhepunkt der sogenannten **„Heuschreckendebatte"**[88] in deren Verlauf die Arbeitsweise von Private Equity-Investoren[89] (insbesondere auch im Zusammenhang mit Buy-Out-Transaktionen) Gegenstand teils harscher öffentlicher Kritik wurden, kamen die Buy-Out-Investitionen auf 2,6 Mrd. € in 92 Transaktionen.[90] Der Markt für Buy-Outs wird – neben dem Sektor Real Estate – stark von „traditionellen" **Sektoren** wie Maschinenbau geprägt. Der Gegensatz zwischen einer überwiegend industriell geprägten deutschen Wirtschaft und etwa einer überwiegend serviceorientierten Wirtschaft im Vereinigten Königreich

---

[82] *BVK*-Statistik 2000, S. 9 f., abrufbar unter *www.bvkap.de*.

[83] Zu dieser Entwicklung ausführlich *Weitnauer*, Handbuch Venture Capital, Rdnr. A 86 ff.

[84] Zum Begriff *Weitnauer*, Handbuch Venture Capital, Rdnr. A 14 ff.

[85] *BVK*-Statistik 2001, S. 7, abrufbar unter *www.bvkap.de*.

[86] *BVK*-Statistik 2002, S. 7, abrufbar unter *www.bvkap.de*.

[87] *BVK*-Teilstatistiken Buy-Outs 2003, S. 1; Buy-Outs 2004, S. 1; Buy-Outs 2005 in Zahlen, S. 2; jeweils abrufbar unter *www.bvkap.de*.

[88] Ausgelöst durch ein Interview des damaligen SPD-Parteivorsitzenden Franz Müntefering in der *Bild am Sonntag* vom 17. 4. 2005, in dem dieser die Arbeitsweise von Private Equity-Investoren mit Heuschreckenschwärmen in metaphorischer Weise verglich. Vgl. ebenfalls zur Diskussion: *Spiegel Online* vom 31. 1. 2008: „Gute Heuschrecken, böse Heuschrecken", abrufbar unter http://www.spiegel.de/wirtschaft/private-equity-gute-heuschrecken-boese-heuschrecken-a-532147.html.

[89] Als Auslöser dieser Debatte (jedenfalls als häufig bemühtes Beispiel) gilt mitunter der Buy-Out des Badarmaturenherstellers *Friedrich Grohe AG* im Jahr 2004 durch ein Konsortium um die Texas Pacific Group. Im Einzelnen zu dieser Transaktion siehe *Kußmaul/Pfirmann/Tcherveniachki*, DB 2005, 2533 ff.

[90] *BVK*-Statistik Buy-Outs 2006, S. 2, abrufbar unter *www.bvkap.de*.

ist heute nicht mehr so ausgeprägt, da Serviceunternehmen in Deutschland an Bedeutung gewinnen[91].

74 Doch dieses insgesamt günstige Marktumfeld sollte sich im Verlauf der folgenden Jahre substantiell verschlechtern: Der durch eine Niedrigzinspolitik der amerikanischen Federal Reserve Bank in der Zeit nach dem 11. September 2001 ausgelöste Immobilienboom in den USA endete im Sommer des Jahres 2007 aufgrund steigender Zinsen auf dem Kreditsektor und eines Konjunktureinbruchs in Form der sogenannten „**Subprimekrise**"[92]. Diese setzte sich durch einsetzende Zahlungsausfälle von Immobilienkreditnehmern, vor allem durch die Weiterreichung der entsprechenden Kreditrisiken in Form von neuartigen Kreditderivaten, in einer **weltweiten Finanz- und Wirtschaftskrise** fort, die ihren vorläufigen Höhepunkt in der Insolvenz der amerikanischen Investmentbank *Lehman Brothers* im September 2008 erlebte. Nach einer Studie des Internationalen Währungsfonds[93] aus dem April des Jahres 2009 wurden die bis dato aufgelaufenen krisenbedingten Wertpapierverluste auf ca. 4 Billionen US-Dollar geschätzt.

75 Dieses krisenhafte Marktumfeld wirkte sich auch in erheblicher Weise, vor allem bedingt durch die Verwerfungen an den internationalen Kapitalmärkten, auf den Sektor der Buy-Out-Transaktionen aus: Ab dem Jahr 2007 sank insbesondere die Zahl sehr großer Transaktionen ab dem zweiten Halbjahr 2007[94]. Für die Buy-Out-Gesellschaften, die zwar über ausreichend Kapital in ihren Fonds verfügten, wurde es schwieriger, Fremdmittel bei Banken zu mobilisieren. So sank das Buy-Out-Investitionsvolumen der deutschen Beteiligungsgesellschaften von 6,17 Mrd. € in 2007 um 22% auf 4,83 Mrd. € in 2008. Diese Entwicklung setzte sich 2009 verstärkt fort. Insbesondere im ersten Quartal 2009 kamen die großen Transaktionen so gut wie zum Erliegen. Das Volumen der Buy-Out-Investitionen fiel um gut 80% auf 1,14 Mrd. €.[95] Die Zahl der Buy-Outs sank, von 168 in 2008 auf nur 78 in 2009.[96] Allerdings war seit dem vierten Quartal 2009 wieder ein **Aufwärtstrend** festzustellen, der zu einer Erholung des Buy-Out-Segments führte. Im Jahr 2010 gab es wieder mehr größere Transaktionen; das in Buy-Outs investierte Kapital stieg um mehr als die Hälfte im Vergleich zum Vorjahr auf etwa 3 Mrd. €.[97] Im Jahr 2011 lagen die Buy-Out-Investitionen bei 4,6 Mrd. € und machten damit rund 78% der Gesamtinvestitionen aus.[98] Aufgrund dieser stabilen Investitionszahlen und der sich erholenden gesamtwirtschaftlichen Rahmenbedingungen ist für die weitere Entwicklung des Private-Equity-Marktes also nicht nur Hoffnung, sondern auch vorsichtiger Optimismus erlaubt. Gleichwohl sind seit der Finanzkrise vor allem die Zeiten hoher Fremdkapitalquoten vorbei; heute finden sich bei

---

[91] Dazu *Weber/Hohaus*, S. 48.

[92] Vgl. Spiegel Online, 11. 9. 2009: „Absturz der Weltbörsen: Hauptursachen der Finanzmarktkrise." Abrufbar unter http://www.spiegel.de/wirtschaft/unternehmen/absturz-der-weltboersen-hauptursachen-der-finanzmarktkrise-a-648271.html; Süddeutsche Zeitung vom 17.5. 2010: „Kollaps aus dem Nichts – Ursachen der Krise." Abrufbar unter http://www.sueddeutsche.de/wissen/ursachen-der-krise-kollaps-aus-dem-nichts-1.694423.

[93] IMF Global Financial Stability Report, April 2009, Ch. 1, Tabelle 1.3, abrufbar unter http://www.imf.org/external/pubs/ft/gfsr/2009/01/pdf/chap1.pdf.

[94] *BVK*-Teilstatistik Buy-Outs 2007, S. 1, abrufbar unter *www.bvkap.de*.

[95] Pressemitteilung des *BVK* vom 8. 3. 2010, abrufbar unter *www.bvkap.de*.

[96] *BVK*-Jahresbericht 2009, S. 2, abrufbar unter *www.bvkap.de*.

[97] *BVK*-Jahresbericht 2011, S. 12, abrufbar unter *www.bvkap.de*.

[98] *BVK*-Jahresbericht 2011, S. 12, abrufbar unter *www.bvkap.de*.

Buy-Outs kaum Fremdkapitalquoten von mehr als 50%. Zudem bleibt festzustellen, dass sich der Buy-Out-Markt in Deutschland erst in einer frühen Reifephase befindet. Buy-Outs machen nur einen relativ geringen Anteil am Bruttoinlandsprodukt aus und ausländische Fonds spielen nach wie vor eine wichtige Rolle.[99]

III. Regulierung von Private Equity Fonds

Für das Investitionsverhalten von Private Equity-Fonds ist entscheidend, ob und welchen **76** aufsichtsrechtlichen Grenzen sie unterliegen. Diese Grenzen werden derzeit neu gezogen.

1. Derzeitige rechtliche Rahmenbedingungen

Eine Regulierung des außerbörslichen Kapitalanlagemarktes ist in Deutschland bislang **77** nur bruchstückhaft erfolgt. Die vom deutschen Gesetzgeber für die Unternehmens-finanzierung außerhalb des Bankensektors bereitgestellten Strukturen der Unterneh-mensbeteiligungsgesellschaften (UBG)[100] und der von sog. Kapitalanlagegesellschaften verwalteten Investmentvermögen und Investmentaktiengesellschaften (InvAG) nach dem *Investmentgesetz (InvG)*[101] konnten sich in der Private Equity-Beteiligungsbranche als praktikable Instrumente kaum durchsetzen. Zwar bietet das InvG, das im Jahr 2003 in Umsetzung der OGAW-RL *(engl.: UCITS-Directive)*[102], begleitet vom Investmentsteuer-gesetz (InvStG) eingeführt wurde, einen umfassenden Regelungsrahmen für offene Fondsgestaltungen, auch über solche der OGAW-RL hinaus, die sog. *„Non-UCITS"*, erlaubt aber aufgrund seines formellen, d.h. nur an bestimmte Kriterien anknüpfenden Investmentfondsbegriffs, auch Strukturen außerhalb der investmentrechtlichen Vor-schriften zu wählen. Das InvG erfasst aber schon nach der Gesetzesbegründung Private Equity Fonds nicht. Auch ihrer formellen Struktur nach unterfallen Private Equity Fonds dem InvG regelmäßig nicht. Dies liegt zum einen daran, dass das InvG Fondsmodelle etabliert, die als Kapitalgesellschaften und als offene Fonds organisiert sein müssen, Private Equity Fonds aus haftungs- und steuerlichen Gründen aber im Regelfall als Personenge-sellschaft und geschlossene Fonds strukturiert werden. Zum anderen legt das InvG erheb-

---

[99] *DIW-Studie* 2008, S. 59 f.

[100] Offene und integrierte Unternehmensbeteiligungsgesellschaften nach dem Gesetz über Unternehmensbeteiligungsgesellschaften *(UBGG)*.

[101] Die Regelungen des früheren Gesetzes über Kapitalanlagegesellschaften (KAGG) sowie des Auslandsinvestmentgesetzes *(AuslInvmG)* wurden zum 1. 1. 2004 im Investmentgesetz (InvG) zusammengefasst. Die steuerlichen Regelungen finden sich parallel im Investmentsteuergesetz (InvStG).

[102] Richtlinie 85/611/EWG vom 20. Dezember 1985 zur Koordinierung der Rechts- und Verwaltungsvorschriften betreffend bestimmte Organismen für gemeinsame Anlagen in Wertpa-pieren (OGAW).

liche Anlagerestriktionen fest, ohne deren Einhaltung keine Tätigkeitserlaubnis der *Bundesanstalt für Finanzdienstleistungsaufsicht (BaFin)* erfolgt. Diese Anlagerestriktionen entsprechen nicht der üblichen Anlagepolitik von Private Equity Fonds.

78 Der „Graue Kapitalmarkt", d.h. der Bereich der geschlossenen Fonds, ist seit dem 1. 6. 2012 durch das *Gesetz zur Novellierung des Finanzanlagenvermittler- und Vermögensanlagenrechts (FinAnlVG)* erfasst. Insbesondere wurde das *Vermögensanlagegesetz (VermAnlG)* eingeführt, das Prospektpflicht und Prospekthaftung für geschlossene Fonds erheblich verschärft hat. Allein Privatplatzierungen geschlossener Fonds sind nach derzeit noch gültiger Rechtslage unreguliert. Auch eine **Erlaubnispflicht** der Fondsgesellschaft nach § 32 KWG schied bislang im Ergebnis aus.[103] Weder betreibt die Private Equity Gesellschaft die bis zum FinAnlVG für die Anknüpfung der Erlaubnispflicht einzig in Betracht kommenden Bank- bzw. Finanzdienstleistungsgeschäfte in Form des Finanzkommissionsgeschäfts, der Finanzportfolioverwaltung oder der Anlageverwaltung nach § 1 KWG.[104] Mit einer Erlaubnispflicht des Fonds selbst nach den durch das FinAnlVG modifizierten Vorschriften muss aber wohl jedenfalls dann gerechnet werden, wenn der Manager in die Fondsgesellschaft und damit die Tätigkeiten der Anlagenvermittlung und -beratung in den Fonds selbst integriert sind.[105]

2. Die AIFM-Richtlinie

79 Am 11. 11. 2010 hat das Europäische Parlament im Zuge der Regulierung des Finanzmarkts die *Richtlinie für Alternative Investment Fund Managers (AIFM-RL*[106]*)* verabschiedet, die sich in erster Linie an die Verwaltungsgesellschaften jedweder Fondsgestaltungen richtet, welche nicht schon von der OGAW-RL erfasst sind, und die in den Mitgliedstaaten bis Mitte Juli 2013 umgesetzt sein muss. Der deutsche Gesetzgeber nutzt diese europäische Vorgabe, ausweislich des bereits im vom Bundeskabinett verabschiedeten Entwurf vorliegenden AIFM-RL-Umsetzungsgesetzes (AIFM-RL-UmsG[107]), als Gelegenheit, eine umfassende aufsichtsrechtliche Regulierung von offenen und geschlossenen Fonds zu schaffen. Im Gleichlauf hierzu sollen die steuerrechtlichen Maßgaben per Gesetz zur Anpassung des Investmentsteuergesetzes und anderer Gesetze an

---

[103] Vermögensanlagen i. S. d. VermAnlG und damit geschlossene Fondsanteile werden als Finanzinstrumente i. S. d. KWG und WpHG qualifiziert, mit der Folge, dass Berater und Vermittler dieser Vermögensanlagen grundsätzlich der Erlaubnis nach § 32 KWG bedürfen. Finanzanlagenvermittler und -berater unterfallen subsidiär, d. h. wenn sie nicht schon vom KWG erfasst sind, der gewerberechtlichen Erlaubnispflicht nach § 34 f und § 34 g GewO, die gemäß FinAnlVG neu gefasst und auf sämtliche Vermittler von Anteilen an geschlossenen Fonds erweitert wurden. § 34 f GewO erfasst die Fälle, die den Bereichsausnahmen für Anlageberater- und Vermittler nach § 2 Abs. 6 S. 1 Nr. 8 KWG unterliegen.

[104] Zur Frage, ob die Gewährung von Gesellschafterdarlehen durch Private Equity-Fonds ein erlaubnispflichtiges Kreditgeschäft darstellt, unten D 55.

[105] Vgl. auch *Weiser/Jang*, BB 2011, 1219, 1224.

[106] Richtlinie 2011/61/EU des Europäischen Parlaments und des Rates vom 8. Juni 2011 über die Verwalter alternativer Investmentfonds und zur Änderung der Richtlinien 2003/41/EG und 2009/65/EG und der Verordnungen (EG) Nr. 1060/2009 und (EU) Nr. 1095/2010.

[107] Vgl. BT-Drs. zum AIFM-UmsG – 17/12294.

das AIFM-UmsG (AIFM-Steuer-Anpassungsgesetz – AIFM-StAnpG[108]), das mittlerweile als Gesetzentwurf der Bundesregierung[109] vorliegt, dieser umfassenden aufsichtsrechtlichen Regulierung angeglichen werden.[110]

a) Geltungsbereich der AIFM-Richtlinie

Die AIFM-RL, die sich ursprünglich an Private Equity- und Hedgefonds richten sollte, 80 also an den „Schattenbankensektor"[111] erfasst nun letztlich sämtliche Anlageverwalter jedweder Fondsstrukturen, die nicht bereits eine Zulassung nach der OGAW-RL besitzen. Sie soll den gesetzlichen und insbesondere aufsichtsrechtlichen Rahmen für Manager aller Arten alternativer Investmentfonds (AIF) innerhalb der EU vereinheitlichen.

Ein **AIF** ist nach der Richtlinie jeder Organismus für gemeinsame Anlagen, der sich 81 von einer Anzahl von Anlegern Kapital beschafft, um es einer bestimmten Anlagestrategie entsprechend zugunsten der Investoren anzulegen und der kein Organismus i. S. d. OGAW-RL ist, Art. 4 Abs. 1 a) AIFM-RL. Auch ein **OGAW** nach der OGAW-RL, d. h. ein Organismus für gemeinsame Anlagen in Wertpapiere[112], richtet sich an alle Organismen, die auf eine gemeinsame Anlage zuvor gesammelten Kapitals gerichtet sind. Im Unterschied zum AIF sammelt der OGAW sein Kapital aber beim breiten Publikum, wobei die Einlagen jederzeit zurückgenommen oder ausgezahlt werden können müssen, und investiert außerdem nach dem Grundsatz der Risikostreuung in Wertpapiere und liquide Finanzmittel, wie es auch im InvG vorgesehen ist.[113]

Die AIFM-RL richtet sich also an geschlossene und die OGAW-RL an offene 82 Fondsgestaltungen, wobei die OGAW-RL auch auf die Fonds- und Produktebene durchgreift, sich die AIFM-RL aber mit wenigen Ausnahmen nur an die **Manager** von geschlossenen Fonds richtet. Die Regulierung des AIF selbst bleibt den einzelnen Mitgliedstaaten überlassen.

Ein solcher AIF-Manager (AIFM) ist jede juristische Person, deren Geschäft die 83 Erbringung von Portfolio- und/oder Risikomanagement für einen oder mehrere AIF ist, Art. 4 AIFM-RL. Insbesondere legt die AIFM-RL Vorgaben für die Zulassung und die Aufsicht über AIFM fest.

Neben der AIFM-RL existieren auf europäischer Ebene Vorschläge für Verordnun- 84 gen des Europäischen Parlaments und des Rates vom 7. Dezember 2011 einmal über **Europäische Risikokapitalfonds**[114] **(VC-VO)** und dann über Europäische Fonds für soziales Unternehmertum[115] (SU-VO).

---

[108] Gesetzentwurf abrufbar unter: http://www.bundesfinanzministerium.de/Content/DE/Pressemitteilungen/Finanzpolitik/2013/01/2013-01-30-PM10.html.

[109] Siehe hierzu auch Pressemitteilung Nr. 10 des BMF vom 30. 1. 2013.

[110] Vgl. hierzu *Elser/Stadler*, DStR 2012, 2561 ff.; *dies.*, DStR 2013, 225 ff.

[111] *Weber* NJW 2013, 275 ff.; sowie Begründung zum Gesetzentwurf, Allgemeiner Teil, 348 f.

[112] Zur Begriffsbestimmung eines OGAW siehe Art. 1 der OGAW-RL.

[113] Vgl. auch *Bußalb/Unzicker*, BKR 2012, 309 ff.

[114] Vorschlag für eine Verordnung des Europäischen Parlaments und des Rates über Europäische Risikokapitalfonds, 2011/0417 (COD).

[115] Vorschlag für eine Verordnung des Europäischen Parlaments und des Rates für soziales Unternehmertum, 2011/0418 (COD).

b) Regelungsinhalt der AIFM-RL

85 Kern der Regelung der AIFM-RL ist ein **Tätigkeitsverbot mit Erlaubnisvorbehalt,** Art 6 ff. AIFM-RL. AIFM benötigen für die Verwaltung eines AIF die Zulassung durch die nationale Aufsichtsbehörde ihres Herkunftslandes, anderenfalls ist ihnen ihre Tätigkeit untersagt. Voraussetzung für die Zulassung des AIFM ist die Vorhaltung eines bestimmten Mindestkapitals des AIFM sowie der Nachweis eines geeigneten Risikomanagements, insbesondere durch dessen Trennung vom operativen Portfoliomanagement, Art. 15 AIFM-RL.

86 Für den Vertrieb von Fondsanteilen müssen sie zusätzliche Meldeverfahren durchlaufen. Für den EU-weiten Vertrieb ist ein sog. **EU-Pass** vorgesehen. Ein Vertrieb ist nur an professionelle Anleger zulässig, wobei die Mitgliedstaaten einen Vertrieb an Kleinanleger auf nationaler Ebene zulassen können. Der Fonds kann ein EU- oder Drittstaatenfonds sein. Auch nicht in der EU ansässigen AIFM wird unter bestimmten Voraussetzungen der EU-Pass für die Verwaltung und den Vertrieb von EU-AIF erteilt.

87 Auf Produktebene finden sich Spezialvorschriften nur an zwei Stellen. Diese richten sich an Private Equity- und Hedgefonds. Danach sind Fonds, die Leverage einsetzen, verpflichtet, ein angemessenes **Liquiditätsmanagement** einzuführen, Art. 16 AIFM-RL. Erlangt ein AIF eine erhebliche Beteiligung an oder die Kontrolle über ein Unternehmen, was bei Private Equity Fonds üblich ist, obliegt den AIFM, die zuständigen Behörden binnen 10 Werktagen zu **unterrichten,** Art. 26 AIFM-RL. Ferner gelten qualifizierte Informationspflichten gegenüber den zuständigen Behörden, dem Zielunternehmen sowie gegenüber dessen Gesellschaftern und Arbeitnehmern, Art. 28 AIFM-RL. Um eine Zerschlagung von Unternehmen zu verhindern, ist die Ausschüttung oder Entnahme gebundenen Eigenkapitals innerhalb der ersten zwei Jahre nach einem Kontrollerwerb verboten, Art. 30 AIFM-RL.

88 Darüber hinaus sieht die AIFM-RL ein risikoaverses Vergütungssystem, die Verwahrung und Kontrolle des Fondsvermögens durch eine unabhängige Depotbank sowie Offenlegungs- und Sorgfaltspflichten vor.

89 Erleichterungen gelten nach Art. 3 AIFM-RL für AIFM, die bestimmte Schwellenwerte des durch sie verwalteten Vermögens unterschreiten und Vorgaben hinsichtlich des Einsatzes von Leverage durch den AIF und Rückgaberechten einhalten[116] (**„Klein-AIFM"**). Es besteht dann für die AIFM keine Erlaubnis-, sondern nur eine **Registrierungspflicht** mit reduzierter fortlaufender Aufsicht, außerdem erleichterte Prospektpflichten. Die Klein-AIFM können dann allerdings nicht von den Vorteilen des EU-Passes profitieren. Es ist ihnen aber nicht verwehrt, sich den Regelungen der AIFM-RL voll zu unterwerfen (**„Opt-in"**).

90 Leverage bzw. Hebelfinanzierung ist nach Art. 4 Abs. 1 lit. v AIFM – RL jede Methode, mit der ein AIFM das Risiko eines von ihm verwalteten AIF durch Kreditauf-

---

[116] Nach Art. 3 Abs. 2 AIFM-RL gelten diese Erleichterungen konkret für AIFM, die ein AIF-Portfolio verwalten, (i) dessen Vermögenswerte, einschließlich der über Leverage erworbenen Vermögenswerte, insgesamt Euro 1000 Mio. nicht überschreiten oder (ii) dessen Vermögenswerte insgesamt Euro 500 Mio. nicht überschreiten, sofern die jeweiligen AIF kein Leverage einsetzen und für die Dauer von fünf Jahren ab der Erstinvestition kein Rückgaberecht gewähren.

nahme, Wertpapierleihe, in Derivate eingebettete Hebelfinanzierungen oder auf andere Weise erhöht.[117]

c) Verfahren zur Umsetzung der AIFM-RL

Die AIFM-RL wird im Rahmen des 4stufigen sog. *Lamfalussy-Verfahrens*[118] umgesetzt. **91** Dabei stellt die AIFM-RL als Rahmenrichtlinie die erste Ebene (Level 1) dar. Auf einer zweiten Ebene (Level 2-Maßnahmen) erlässt die EU-Kommission delegierte Rechtsakte und Durchführungsmaßnahmen, darunter auch technische Regulierungs- und Durchführungsstandards; von Bedeutung ist insbesondere die sog. **Level II-Verordnung**[119]. Vorbereitet und entworfen werden die Level II-Maßnahmen von der *Europäischen Wertpapier- und Marktaufsichtsbehörde (ESMA)*[120]. Auf einer dritten Ebene erlässt die ESMA selbst Leitlinien und Empfehlungen, die allerdings nicht bindend sind (Level 3-Maßnahmen). Die vierte Ebene (Level 4) stellt die Kontrolle der einheitlichen Anwendung des EU-Rechts durch die EU-Kommission dar.

Auf Level 4 wird also die Umsetzung der AIFM-RL in nationale Gesetze der Mitglied- **92** staaten relevant.[121] Die VC-VO und SU-VO werden als EU-Verordnungen unmittelbar gelten und bedürfen daher einer Abstimmung mit den AIFM-Umsetzungsgesetzen.

---

[117] Diese Definition ist auch bei der Auslegung der Schwellenwertbestimmungen von Art. 3 Abs. 2 AIFM-RL zugrunde zu legen. Einzig sinnvolle Interpretation dieser Vorschriften ist ein Einsatz von Leverage auf Portfolioebene, d. h. der Einsatz von Fremdkapital zur Finanzierung der Transaktionen in Bezug auf die Zielgesellschaften, unabhängig davon, wie viele Erwerbergesellschaften (NewCos) zur optimalen Strukturierung des Hebeleffektes zwischengeschaltet sind. Ein Fremdkapitaleinsatz auf Ebene der Zielgesellschaften selbst zum Betrieb des Tagesgeschäfts kann hier nicht gemeint sein, da ein solcher Einsatz von Fremdkapital das Risiko des AIF nicht im Sinne einer Hebelfinanzierung erhöhen würde. Vgl. auch *Möllers/Harrer/Krüger*, WM 2011, 1537 f. sowie unten A 120 und D 73 f.

[118] Bezeichnet ein Verfahren, das der Beschleunigung der Rechtsetzungsprozesse auf EU-Ebene dienen soll. Entwickelt vom sog. „Ausschuss der Weisen" unter dem Vorsitz Baron Alexandre v. Lamfalussys, sollte das Verfahren zunächst nur für den Wertpapiersektor Anwendung finden, wurde jedoch mit Beschluss des Rates vom Dezember 2002 auf den gesamten Finanzsektor ausgedehnt und auch im Rahmen der Schaffung der AIFM-RL durchgeführt. Näheres zu Entstehung, Ablauf dieses Verfahrens, vgl. http://www.bundesbank.de/Navigation/DE/Kerngeschaeftsfelder/Bankenaufsicht/CEBS/Lamfalussy_Verfahren/lamfalussy_verfahren.html.

[119] Delegierte Verordnung (EU) der Kommission vom 19. 12. 2012 zur Ergänzung der Richtlinie 2011/61/EU des Europäischen Parlaments und des Rates im Hinblick auf Ausnahmen, die Bedingungen für die Ausübung der Tätigkeit, Verwahrstellen, Hebelfinanzierung, Transparenz und Beaufsichtigung; C(2012) 8370 final vom 19. 12. 2012.

[120] Die ESMA ging am 1. 1. 2011 aus dem Ausschuss der europäischen Wertpapierregulierungsbehörden hervor, soll den Handel mit Wertpapieren innerhalb der EU regulieren und ist Teil des Europäischen Finanzaufsichtssystems (ESFS). Überblick über diese Institution unter www.esma.europe.eu.

[121] Zum aktuellen Stand des Gesetzgebungsverfahrens, vgl. http://gesetzgebung.beck.de/news/aifm-umsetzungsgesetz.

3. Das Kapitalanlagegesetzbuch (KAGB)

93 Am 20. 7. 2012 hat das Bundesfinanzministerium (BMF) einen Entwurf des AIFM-UmsG) vorgelegt, den das Bundeskabinett am 12. 12. 2012 beschlossen hat. Das Gesetz soll am 22. 7. 2013 in Kraft treten. Kernstück des AIFM-UmsG ist die Einführung eines Kapitalanlagegesetzbuches (KAGB), das, unter Aufhebung, Übernahme und Neustrukturierung des InvG, ein geschlossenes Regelwerk im Kapitalanlagebereich bilden und dabei sämtliche Fonds samt ihren Verwaltern erfassen soll[122].

94 Der KAGB-E geht weit über die mit der AIFM-RL intendierte Regulierung von Managern alternativer Investmentfonds hinaus. Über die strukturell-organisatorischen Vorgaben an die Fondsmanagementebene hinaus übernimmt der KAGB-E mit der Integration des InvGs die Produkt- und Anlageregulierung für OGAWs und Non-UCITS und führt außerdem, neben den Spezialvorschriften zu Leverage- und Asset-Stripping der AIFM-RL, eine umfassende Produkt- und Anlageregulierung für die geschlossenen Fondsgestaltungen ein.

95 Für Buy-Out-Transaktionen sind vor allem die Vorgaben für die Produkt- und Anlageregulierung von Bedeutung, da diese die Vorgänge zwischen der Erwerber- und der Zielgesellschaft direkt betreffen.

a) Anwendungsbereich

96 Der KAGB-E sieht eine Abkehr vom formellen Investmentfondsbegriff des InvG vor und normiert einen materiellen Investmentfondsbegriff, d.h. ein **Verbot mit Erlaubnisvorbehalt.** Entspricht ein Investmentvehikel zukünftig nicht den vom KAGB-E begründeten Fallgruppen, so ist dessen Verwaltung und Gründung ein unerlaubtes Investmentgeschäft.

97 Ausgangspunkt auf **Fondsebene** ist der Begriff des Investmentvermögens nach § 1 Abs. 1 KAGB-E, der sowohl OGAW als auch AIF erfasst und rechtsformunabhängig ist. Der Begriff ist materiell zu verstehen, d.h. jeder Organismus für gemeinsame Anlagen mit einer Anzahl von Anlegern, der Geld einsammelt, um dies gemäß einer festgelegten Anlagestrategie zum Nutzen der Anleger anzulegen, ist ein Investmentvermögen. Eine formelle Zulassung ist unerheblich.[123] Hat das Investmentvermögen seinen Sitz im EWR, wird es als EU-Investmentvermögen bezeichnet.

98 Die das Investmentvermögen verwaltende Einheit, d.h. die **Managerebene,** wird als Verwaltungsgesellschaft bezeichnet. Differenziert und unterschiedlichen Regulungen unterworfen werden OGAW- oder AIF-Verwaltungsgesellschaften, § 1 Abs. 14 KAGB-E. Hat die Verwaltungsgesellschaft Sitz und Hauptverwaltung im Inland, handelt es sich um AIF- oder OGAW Kapitalverwaltungsgesellschaften (KVG). Hat die Verwaltungsgesellschaft ihren Sitz im EWR, aber außerhalb von Deutschland, spricht man von einer EU-Verwaltungsgesellschaft, wobei auch hier zwischen EU-OGAW- bzw. AIF-Verwaltungsgesellschaften differenziert wird.

---

[122] Siehe Begründung des Regierungsentwurfs (RegE) zum KAGB, BR-Drs. 791/12, A. Allgemeiner Teil, II, S. 346.

[123] *Loff/Klebeck,* BKR 2012, 353, 357.

b) Fondskategorien

aa) AIF und OGAW

AIF und OGAW sind, wie dargestellt, beide Investmentvermögen, wobei sich die **99** Definition der OGAW-Investmentvermögen, d. h. von Organismen für Gemeinsame Anlagen in Wertpapiere, nach der OGAW-RL richtet und AIF, also Alternative Investmentfonds, alle Investmentvermögen sind, die keine OGAW sind, vgl. § 1 Abs. 1 ff. KAGB-E.

bb) Offene und geschlossene Investmentvermögen

Investmentvermögen können offen oder geschlossen organisiert sein. Ein offenes In- **100** vestmentvermögen kann ein OGAW sein oder aber ein offener AIF. Ein AIF gilt als offen, wenn seine Anleger das Recht haben, ihre Anteile mindestens einmal pro Jahr **zurückzugeben.** Geschlossene Investmentvermögen kann es nur als AIF geben, wobei alle AIF, die nicht offen sind, als geschlossen gelten, vgl. § 1 Abs. 4 und 5 KAGB-E. Der typische Private Equity Fonds, der in illiquide Vermögensgegenstände investiert und daher keine Rückgabemöglichkeit von Anteilen einräumt, wird als **geschlossener** AIF qualifizieren.[124]

cc) Publikums-AIF und Spezial-AIF

Nach § 1 Abs. 6 KAGB-E sind Spezial-AIFs AIFs, deren Anteile ausschließlich von **101** professionellen oder semi-professionellen Anlegern gehalten werden, was entweder satzungsmäßig oder schriftlich mit der Verwaltungsgesellschaft festgehalten sein muss. Alle übrigen Investmentvermögen sind Publikumsinvestmentvermögen, im Fall von AIF also Publikums-AIF.

Professioneller Anleger ist nach § 1 Abs. 19 Nr. 32 KAGB-E jeder Anleger, der im **102** Sinne von Anhang II der Richtlinie 2004/39/EG (MiFID)[125] als ein professioneller Kunde angesehen oder auf Antrag als ein solcher behandelt wird. Dies sind

- Institutionelle Anleger, einschließlich geschlossener Fonds („geborene" Anleger, vgl. § 31a Abs. 2 WpHG) sowie
- natürliche Personen („gekorene" Anleger, vgl. § 31a Abs. 7 WpHG), die:
  - eine Bankbestätigung darüber erhalten haben, dass sie das Investitionsrisiko abschätzen können und
  - eine schriftliche Warnung über den mit der Qualifikation als Professioneller Anleger verbundenen Rechtsverlust akzeptiert haben und
  - zwei der drei folgenden Kriterien erfüllen:
    - (i) 10 durch sie ausgeführte Transaktionen je Quartal des letzten Jahres

---

[124] Vgl. auch *Herring/Loff,* DB 2012, 2029, 2035; DechertOnPoint August 2012/Special Alert, S. 4.

[125] Richtlinie 2004/39/EG des Europäischen Parlaments und des Rates vom 21. April 2004 über Märkte für Finanzinstrumente, zur Änderung der Richtlinien 85/611/EWG und 93/6/ EWG des Rates und der Richtlinie 2000/12/EG des Europäischen Parlaments und des Rates und zur Aufhebung der Richtlinie 93/22/EWG des Rates.

(ii) Besitz eines Finanzanlagenportfolios über € 500 Tsd.
(iii) mindestens 1 Jahr Beruf im Finanzsektor.

Nach § 1 Abs. 19 Nr. 33 KAGB-E ist *semi-professioneller Anleger*

- jeder Anleger, mit
  - einer Mindestinvestmentverpflichtung von € 200 Tsd.,
  - eigener schriftlicher Bestätigung darüber, dass er sich der Investmentrisiken bewusst ist,
  - schriftlicher Bestätigung des AIFM über
    - Bewertung von Sachverstand, Erfahrungen und Kenntnissen des Anlegers durch den AIFM, unter der Annahme, dass er kein professioneller Anleger ist und
    - Überzeugung des AIFM darüber, dass der Anleger „tauglich" ist
  sowie
- jeder Geschäftsleiter oder Mitarbeiter des AIFM, sofern er in vom AIFM verwaltete AIF investiert ist.

103 *Privatanleger* sind alle Anleger, die weder professionelle noch semi-professionelle Anleger sind. Sofern also ein Privatanleger in einem AIF investiert ist, qualifiziert dieser als Publikums-AIF.

104 Vor dem Hintergrund der Kategorie des erst in einer späteren Entwurfsphase des KAGB eingeführten semi-professionellen Anlegers ist davon auszugehen, dass typische Buy-Out-Investoren, insbesondere also Private Equity Fonds nun regelmäßig als **geschlossener Spezial-AIF** qualifizieren. Über den semi-professionellen Anleger werden auch solche AIFM erfasst, in deren AIF nicht nur institutionelle Anleger wie Banken und Versicherungen (professionelle Anleger), sondern auch Family Offices und andere qualifizierte (vermögende) Privatpersonen investiert sind. Damit werden auch die Private Equity Fonds von der sogleich zu behandelnden De-minimis-Regelung profitieren.

c) Fondsgestaltung und Typenzwang

105 Ein Fonds kann grundsätzlich in Vertragsform, d.h. als von einer Kapitalverwaltungsgesellschaft verwaltetes Sondervermögen oder in Gesellschaftsform, organisiert sein.[126]

106 Inländische offene Investmentvermögen, d.h. offene OGAW- bzw. AIF Publikums- oder Spezialfonds, dürfen zukünftig nur noch als Sondervermögen oder als Investment-AG mit variablem Kapital vorgesehen werden. Inländische offene Spezial-AIF dürfen außerdem als offene Investment-KG errichtet werden, § 91 Abs. 1 und 2 KAGB-E.

107 Nach § 139 KAGB-E können inländische geschlossene AIF zukünftig nur noch als geschlossene Investmentaktiengesellschaften mit fixem Kapital oder als geschlossene Investment-KGs errichtet werden.

108 Für Private Equity Fonds ist der Typenzwang unproblematisch, da die typische Strukturierung als **GmbH & Co. KG** danach weiter möglich ist. Sofern die geschlossene Investment-KG die Geschäftsführung nicht an einen Dritten, d.h. Nicht-Gesellschafter übertragen hat, ist sie eine sog. interne Investment-KG, d.h. sie hat keine externe Ver-

---

[126] Das sind die Varianten, die das Gesellschaftsrecht zur Verfügung stellt und die schon das InvG und jetzt auch der KAGB-E aufgegriffen haben, vgl. § 1 Abs. 10 und § 92 KAGB-E.

waltungsgesellschaft bestellt (§ 17 Abs. 2 Nr. 2 KAGB-E). Die Geschäftsführung kann von einem Komplementär oder von Kommanditisten übernommen werden. Vorgesehen ist allein, dass die Geschäftsführung aus mindestens zwei Personen bestehen muss, § 153 KAGB-E. Die intern verwaltete, geschlossene Investment-KG muss zwingend einen Beirat einrichten.

Externe AIFM, d.h. vom AIF bestellte externe Verwaltungsgesellschaften (§ 17 Abs. 2 **109** Nr. 1 KAGB-E), dürfen als GmbH, als AG oder als GmbH & Co. KG errichtet werden, § 18 Abs. 1 KAGB-E.

d) Erlaubnispflicht und „kleine" AIFM

Eine inländische Verwaltungsgesellschaft, die ein Investmentvermögen, sei es ein AIF **110** oder ein OGAW verwalten und vertreiben möchte, darf dies nicht ohne die **Erlaubnis** der *BaFin*, § 20 KAGB-E. Die Erlaubnis wird nur bei Einhalten sämtlicher Vorschriften des KAGB-E erteilt, wobei für OGAW und AIF gesonderte Vorschriften gelten. Für Anbieter, die bislang unregulierte geschlossene Fonds aufgelegt haben, ist die Einführung der Erlaubnispflicht neu, wogegen OGAWs und Non-UCITS bereits nach InvG eine Erlaubnis benötigt haben.

Allerdings eröffnet der KAGB-E über De-minimis-Klauseln bestimmten deutschen **111** „kleinen" AIFM und ihren AIF die Möglichkeit einer Regulierung „light", sofern sie bestimmte Schwellenwerte an verwaltetem Vermögen nicht überschreiten. Über eine **Opt-in**-Regelung können sich solche „kleinen" AIFMs auch den Vorschriften des KAGB-E in seiner Gesamtheit unterwerfen. Die von den De-minimis-Klauseln profitierenden AIFM sind solche, die Spezial-AIF oder geschlossene Publikums-AIF verwalten; es sind also die für Buy Out-Transaktionen relevanten Fondsgestaltungen erfasst.

aa) Kleine AIFM, die nur Spezial-AIF verwalten

Als **„klein"** gilt ein AIFM nach § 2 Abs. 4 KAGB-E dann, wenn **112**

- der AIFM und alle mit ihm verbundenen Unternehmen ausschließlich Spezial-AIF verwalten,
und
- die verwalteten Vermögensgegenstände[127] der vom AIFM verwalteten Spezial-AIF insgesamt € 100 Mio., einschließlich der durch den Einsatz von Leverage erworbenen Vermögensgegenstände, nicht überschreiten
oder
- das in den Spezial-AIF verwaltete Vermögen € 500 Mio. nicht überschreitet, kein Leverage für die Spezial-AIF eingesetzt wird **und**
- deren Anleger keine Rückgaberechte innerhalb von 5 Jahren nach Tätigung der ersten Anlage haben.

---

[127] Berechnet nach dem jeweils aktuellen Wert des verwalteten Vermögens *(„assets under management")*. Zum Begriff vgl. auch die englische Sprachfassung der RL 2011/61, Art. 3, Abs. 2 (b). Zur Berechnung siehe Level II-Verordnung v. 19. 12. 2012 – C (2012) 8370, Kap. II, Art. 2 ff.

113 Solche, nur Spezial-AIF verwaltende „kleine" AIFM unterliegen lediglich Registrie-
rungs- und Berichtspflichten nach § 44 KAGB-E. Sie unterliegen nicht dem Übernahmesonderrecht für den Kontrollerwerb gemäß §§ 287 ff. KAGB-E.[128] Diese Variante wird in Buy-Out-Transaktionen kaum relevant sein, da die Beteiligungen hier meist
einen höheren Wert haben.

bb) Kleine AIFM, die auch Publikums–AIF verwalten

114 Als „klein" gilt ein AIFM nach § 2 Abs. 5 KAGB-E auch dann, wenn

- der AIFM und alle mit ihm verbundenen Unternehmen ausschließlich inländische
geschlossene AIF verwalten

und

- das in diesen AIF verwaltete Vermögen € 100 Mio., einschließlich der durch den
Einsatz von Leverage erworbenen Vermögensgegenstände, nicht überschreitet.

115 Für diese AIFM gelten die Registrierungs- und Berichtspflicht, die Verwahrstellenre-
gelung, Produktregelungen (nicht aber das Sonderübernahmerecht), die Vertriebsvorschriften für geschlossene Publikums-AIF sowie die Rechnungslegungsvorschriften des
VermAnlG. Hierdurch ist der Zugang von Fonds auch mit nicht (semi-)professionellen
Anlegern zu den De-minimis-Klauseln gewährleistet. Diese Ausnahmeregelung wird
für als geschlossene Publikums-AIF strukturierte Buy-Out-Investoren wegen des niedrigen Schwellenwerts aber kaum Bedeutung haben.

e) Produktregulierung

116 Von besonderer Bedeutung für eine Buy-Out-Transaktion ist der Teil des KAGB-E,
der die Produktebene und die Anlagestrategie der Investmentvermögen, im Buy-Out-
Fall also der Private Equity Fonds, reguliert. Relevant sind daher insbesondere die Vorgaben für geschlossene Spezial-AIF.[129]

aa) Spezial-AIF

117 Inländische Spezial-AIF unterliegen aufgrund ihrer Anlegerklasse der (semi)-profes-
sionellen Anleger grundsätzlich weniger Einschränkungen hinsichtlich ihrer Vermögensanlage als Publikums-AIF, insbesondere wird kein Katalog von zulässigen Vermögensgegenständen aufgestellt.[130] Ob offen oder geschlossen, muss allerdings bei einem
Spezial-AIF eine schriftliche Vereinbarung zwischen AIFM und Anleger darüber bestehen, dass die Anteile nur an (semi-)professionelle Anleger übertragen werden dürfen,
§ 277 KAGB-E. Dem AIFM ist damit kein Zustimmungsvorbehalt mehr, wie ursprünglich vorgesehen, eingeräumt, was der Qualifizierung der Anteile im Sinne einer freien
Übertragbarkeit für Investorenvorgaben entgegenkommt.

118 Die Vermögensgegenstände von offenen und geschlossenen Spezial-AIF müssen mindestens **einmal jährlich bewertet** werden, § 286 i.V.m. § 272 und § 278 f KAGB-E.
Damit eine Bewertung möglich ist, darf jedoch nur in solche Vermögensgegenstände in-

---

[128] Siehe unten D 144, D 83.
[129] Zu den rechtlichen Implikationen siehe ausführlich *Zetsche*, NZG 2012, 1164 ff.
[130] Begründung RegE zu §§ 282 Abs. 1, 285 KAGB-E.

vestiert werden, deren Verkehrswert ermittelt werden kann, §§ 282 Abs. 2 und 285 KAGB-E.

Der Einsatz von **Leverage** ist Spezial-AIF erlaubt, wobei der AIFM der *BaFin* an- **119** zeigen muss, dass der Umfang des von ihm eingesetzten Leverage angemessen ist und er ihn stets einhält, § 274 i. V. m. § 215 KAGB-E. Die BaFin bewertet nach den Berechnungsvorgaben von Art. 112 der Level-II-Verordnung die Risiken, die aus dem Einsatz von Leverage erwachsen können. Wenn die *BaFin* es zur Gewährleistung der Stabilität und Integrität des Finanzsystems als nötig erachtet, kann sie den Umfang des Leverage einschränken oder/und andere Maßnahmen ergreifen.

Nach § 1 Abs. 19 Nr. 25 KAGB-E ist Leverage jede Methode, mit der die Verwal- **120** tungsgesellschaft den Investitionsgrad eines von ihr verwalteten Investmentvermögens durch Kreditaufnahme, Wertpapierdarlehen, in Derivate eingebettete Hebelfinanzierungen oder auf andere Weise erhöht. Der Begriff ist damit weitgehend deckungsgleich zum Leverage-Begriff der AIFM-RL, die allerdings von Risiko bzw. in der englischen Fassung von *„exposure"* spricht. Die Kriterien zur Festlegung von Methoden für Leverage und zu seiner Berechnung ergeben sich für die AIFM-RL und den KAGB-E aus Artt. 6 bis 10 sowie Art. 112 der Level II-Verordnung.[131]

Auch die Belastung der von den AIFs gehaltenen Vermögensgegenständen ist er- **121** laubt, kann aber durch die *BaFin* beschränkt werden, § 275 KAGB-E.

(i) Geschlossene Spezial-AIF

Einer weiteren Beschränkung der Anlageobjekte unterliegen Private Equity-Spezial- **122** AIFs nicht. Vielmehr sind ursprünglich vorgesehene Beschränkungen aufgehoben worden. So ist auch ein Investment in Finanzinstrumente unbeschränkt möglich. Abgrenzungsprobleme zwischen typischen Private Equity-Beteiligungen d. h. insbesondere ungelisteten Unternehmensbeteiligungen und Finanzinstrumenten sind damit hinfällig.

Der Hauptvorwurf gegenüber LBOs ausführenden Private Equity Fonds ist, dass sie **123** nur durch schnelle Gewinne motiviert und ihre Zielunternehmen aus dieser Motivation heraus als herkömmliche Handelsware behandeln, d. h. sie zerschlagen und dadurch entstehende Verluste bei Arbeitnehmern und Gemeinwesen abladen.[132] Für die typischen, und in Buy-Out-Transaktionen relevanten Private Equity-AIF sieht der KAGB-E daher, in Umsetzung der Spezialvorschriften der AIFM-RL, für AIFM oberhalb der Schwellenwerte[133] ein **Übernahmesonderrecht** vor, §§ 287 ff. KAGB-E.

Danach müssen Verwaltungsgesellschaften, die AIF verwalten, die allein oder gemein- **124** sam mit anderen die Kontrolle an nicht börsennotierten Unternehmen erwerben, die keine kleinen oder mittleren Unternehmen oder Immobilienzweckgesellschaften sind, bei Erreichung, Überschreitung oder Unterschreitung der Beteiligungsschwellenwerte von 10%, 20%, 30%, 50% und 75% **Mitteilungspflichten** gegenüber der *BaFin*, § 289 KAGB-E einhalten. Ab Erlangen der Kontrolle sind darüber hinaus auch das nicht bör-

---

[131] Zur Problematik der Begriffsbestimmung von Leverage siehe bereits oben A 90 und ausführlich Teil D 73 f.

[132] Siehe hierzu *Zetsche,* NZG 2012, 1164 ff. und unten D 77 f.

[133] Siehe oben A 112 f.

sennotierten Unternehmen selbst, die Anteilseigner und die Arbeitnehmer unter Beachtung von detaillierten Offenlegungspflichten, darunter auch die Erstellung von Jahresabschluss und Lagebericht, zu informieren, §§ 289 ff. KAGB-E. Kontrolle bedeutet dabei die Erlangung von mehr als 50% der Stimmrechte, § 288 KAGB-E.

125 Um die frühzeitige Rückzahlung von Schulden aus dem Gesellschaftsvermögen und damit einen die Existenz der Gesellschaft gefährdenden Vermögensentzug zu verhindern, müssen nach Kontrollerwerb Regelungen, die sich gegen ein Ausschlachten der Unternehmen, das sog. **„Asset-Stripping"** richten, beachtet werden, § 292 KAGB-E. Danach darf die Verwaltungsgesellschaft des die Kontrolle innehabenden AIF weder Ausschüttungen, Kapitalherabsetzungen, die Rücknahme von Anteilen oder den Ankauf eigener Anteile durch das Unternehmen zulassen.[134]

(ii) Offene Spezial-AIF

126 Den offenen inländischen Spezial-AIF gibt es zukünftig in zwei Varianten, einmal als allgemeinen offenen Spezial-AIF, worunter mit besonderen Vorgaben auch Hedgefonds fallen, § 282 f KAGB-E, und dann als offenen Spezial-AIF mit festen Anlagebedingungen, § 284 KAGB-E.

127 *Allgemeine offene Spezial-AIFs ohne feste Anlagebedingungen* werden aber wie bereits nach dem aufzuhebenden InvG dem Grundsatz der **Risikomischung** unterworfen[135], § 282 KAGB-E. Darüber hinaus muss die Zusammensetzung der Vermögensgegenstände bei offenen Spezial-AIF den Regelungen des AIF zur Rücknahme der Anteile oder Aktien Rechnung tragen, was bedeutet, dass die Vermögensgegenstände in ihrer Zusammensetzung so liquide sein müssen, dass sie die von dem offenen Spezial-AIF vorgesehenen Rücknahmen der Anteile oder Aktien erlauben. Auch eine nur überwiegende, nicht ausschließliche Investition in illiquide Vermögenswerte wie ungelistete Unternehmensbeteiligungen dürfte dem kaum Rechnung tragen.

128 Für *offene Spezial-AIFs mit festen Anlagebedingungen* gelten grundsätzlich die Regelungen für offene Publikumsfonds.[136] Auch bei ihren Investments muss der Grundsatz der Risikomischung eingehalten werden. Sie dürfen, im Gegensatz zu allgemeinen offenen Spezial-AIF ohne feste Anlagebedingungen nur bis zu 20% in Beteiligungen an nichtbörsennotierten Unternehmen investieren, § 284 KAGB-E.

129 Selbst wenn aber die für die Qualifikation als offenes Investmentvermögen mit einem mindestens jährlichen Rückgaberecht erforderliche Liquidität dargestellt werden könnte, was jedenfalls beim allgemeinen offenen Spezial-AIF ohne feste Anlagebedingungen in Betracht kommt, so ist zu beachten, dass in beiden Fällen ein Kontrollerwerb an nicht börsennotierten Unternehmen unzulässig ist, §§ 282, 284 KAGB-E.

bb) Geschlossene Publikums-AIF

130 Die Vorgaben für einen AIF, in den auch Privatanleger investiert sind, sind wesentlich strenger. Die Vermögensgegenstände, in die ein geschlossener Publikums-AIF zulässigerweise investieren darf, bestimmen sich abschließend nach § 261 Abs. 1 KAGB-E. Zu-

---

[134] Zu den rechtlichen Implikationen und zum Begriff „Asset-Stripping" siehe *Zetsche*, a.a.O. sowie D 79 ff., 87.
[135] Siehe RegE, Begründung zu § 282, Abs. 1 KAGB-E.
[136] Diese werden hier nicht näher behandelt, da sie für Buy-Out-Transaktionen irrelevant sind.

lässig sind danach auch Direktinvestitionen in ungelistete Beteiligungen sowie die Investition in Anteile an geschlossenen Publikums- und Spezial-AIF, weshalb auch der geschlossene Publikums-AIF grundsätzlich eine Gestaltungsvariante für Buy-Out-Investoren darstellt. Daneben darf der geschlossene Publikums-AIF bspw. in bestimmte Sachwerte, Wertpapiere und ÖPP-Projektgesellschaften investieren. Bei Investments in Private Equity-Beteiligungen sind die Spezialvorschriften für Kontrollübernahmen und das Zerschlagungsverbot gemäß §§ 287 ff., denen auch die geschlossenen Spezial-AIF unterliegen, einzuhalten.

Geschlossene Publikums-AIF müssen außerdem den Grundsatz der **Risikomischung** 131 einhalten, § 262 KAGB-E. Danach muss der Fonds entweder

(i) in drei Sachwerte investiert sein, wobei die Anteile jedes Sachwertes am Wert des gesamten AIF im Wesentlichen gleichmäßig verteilt sein müssen

oder

(ii) es muss bei wirtschaftlicher Betrachtungsweise eine Streuung des Ausfallrisikos gewährleistet sein.

Da der Begriff Sachwerte nur körperliche Gegenstände umfasst und nicht Beteili- 132 gungen an nicht-börsennotierten Unternehmen, sind Private Equity-Publikums-AIF auf die Erfüllung der zweiten, weniger klaren Alternative verwiesen.

Nach Absatz 4 dürfen die für Rechnung eines geschlossenen Publikums-AIF gehal- 133 tenen Vermögensgegenstände nur insoweit einem Währungsrisiko unterliegen, als der Wert dieser Vermögensgegenstände 30% des Wertes des AIF nicht übersteigt. Die Vermögensgegenstände müssen im Fall des geschlossenen Publikums-AIF bereits vor Erwerb bewertet werden. Der Verwahrstelle (siehe sogleich) sind bei geschlossenen Publikums-AIF weitgehende Zustimmungsvorbehalte eingeräumt, § 84 KAGB-E, nicht aber hinsichtlich einer Transaktion über ungelistete Unternehmensbeteiligungen.

Nach §§ 263 i.V.m. 215 KAGB-E darf der geschlossene Publikums-AIF Kredite zu 134 marktüblichen Bedingungen bis zu 60% seines Nettoaktivvermögens aufnehmen. Er muss dies in seinen Anlagebedingungen vorsehen und hat diesbezügliche Informationspflichten gegenüber der *BaFin*. Diese ist befugt, den Einsatz von Leverage zu beschränken.

Ohne Einhaltung des Grundsatzes der Risikomischung dürfen geschlossene Publi- 135 kums-AIF nach § 262 Abs. 2 KAGB-E investieren, wenn (i) sie nicht in ungelistete Unternehmensbeteiligungen investieren und (ii) die Anleger verpflichtet sind mindestens € 20 Tsd. zu investieren und sie im Übrigen die Voraussetzungen eines semiprofessionellen Anlegers erfüllen. Wegen (i) ist diese Gestaltungsvariante für Private Equity Fonds nicht von Belang.

f) Sonstige Regelungen

Die folgenden Regelungen betreffen die Strukturierung der Fonds-/Management- 136 ebene und haben daher nur eine indirekte Auswirkung auf die Buy-Out-Transaktionen selbst, sollen aber dennoch kurz geschildert werden.

aa) Allgemeine Pflichten des AIFM

Die Verwaltungsgesellschaften unterliegen allgemeinen Verhaltens- und Organisations- 137 pflichten, §§ 26 ff. KAGB-E. Sie dienen insbesondere der Vermeidung von Interessenkonflikten. Von zentraler Bedeutung sind die Bestimmungen für **Risiko- und Liquiditätsmanagement** und außerdem zur Auslagerung von Geschäften. Für die Erlaubniserteilung gelten hohe Eigenmittelanforderungen, § 25 KAGB-E.

bb) Verwahrstelle

138 Für jedes Investmentvermögen ist eine Verwahrstelle zu bestellen, §§ 68, 80 KAGB-E. Die Verwahrstelle hat in erster Linie die Aufgabe, die Vermögensgegenstände des AIF zu verwahren sowie die allgemeine Einhaltung der Vorschriften zu kontrollieren. Bei Private Equity Fonds, also geschlossenen AIF, die überwiegend in nicht verwahrfähige Vermögensgegenstände investieren, wird die Verwahrstelle schwerpunktmäßig eine **Kontrollstelle** sein, die den AIFM überwacht. Insbesondere hat sie dabei den wirksamen Erwerb von Eigentum an den Vermögensgegenständen zu überprüfen sowie die Zahlungsströme zu überwachen. Bei geschlossenen AIF sind als Verwahrstelle neben Kreditinstituten und einer staatlichen Aufsicht unterliegenden Wertpapierfirmen alternativ sog. „Treuhänder", nämlich bestimmte Dienstleister, die einer Berufsstandordnung unterliegen und ausreichend finanzielle Garantien geben können (z.B. Notare und Anwälte), zugelassen, § 80 Abs. 3 KAGB-E.[137]

cc) Vergütungsregelungen

139 Für AIF-Kapitalverwaltungsgesellschaften sieht der KAGB-E die Festlegung eines Vergütungssystems vor, das mit einem soliden und wirksamen Risikomanagementsystem vereinbar ist und keine Anreize zur Eingehung von Risiken setzt, die nicht dem Risikoprofil des verwalteten AIF entsprechen. § 37 KAGB-E verweist dabei auf die Bestimmungen in Anhang II der AIFM-RL. Konkretisiert werden die Vergütungsregelungen durch technische Standards auf Level 2. Darüber hinaus ist eine Verordnungsermächtigung des BMF vorgesehen.

dd) Vertrieb

140 Der deutsche Gesetzgeber hat von seinen Umsetzungsmöglichkeiten hinsichtlich der Vertriebsvorschriften umfassend Gebrauch gemacht und geht beim Vertrieb an Privatanleger über den durch die AIFM-RL vorgegebenen Mindeststandard hinaus.[138]

141 Nach § 20 iVm § 1 Abs. 19 Nr. 24 KAGB-E umfasst die Erlaubnis zum Geschäftsbetrieb der Verwaltungsgesellschaft auch den Vertrieb der Fondsanteile, wobei die Vorschriften über die Zulassung des Vertriebs und die Aufsicht über ihn eingehalten werden müssen. Vertrieb nach § 293 Abs. 1 Satz 1 KAGB-E ist jedes direkte oder indirekte Anbieten oder Platzieren von Anteilen oder Aktien an Investmentvermögen sowie das Werben für Investmentvermögen. Eine Abgrenzung zwischen öffentlichem Vertrieb und Privatplatzierung wird nicht mehr vorgenommen. Das über die Ausnahmeregelungen des § 2 Nr. 3 VermAnlG, § Abs. 2 WpPG und § 2 Abs. 11 InvG bislang unreguliert ge-

---

[137] Vgl. hierzu auch *Kobbach/Anders,* NZG 2012, 1170 ff.

[138] Für den Vertrieb von Publikums-AIF macht die AIFM-RL keine Vorgaben, sondern überlässt dies den nationalen Gesetzgebern, wobei die Anforderungen an einen Vertrieb an professionelle Anleger vom deutschen Gesetzgeber als Mindeststandard für den Vertrieb an Privatanleger verstanden werden. Der EU-Vertriebspass kann für den Vertrieb an Privatanleger nicht genutzt werden.

bliebene Privatplatzierungsregime ist damit abgeschafft und wird vom KAGB-E erfasst. Stattdessen wird in Bezug auf AIF zwischen dem Vertrieb an Privatanleger und dem Vertrieb an (semi-)professionelle Anleger unterschieden. Hinsichtlich (semi-)professioneller Anleger von inländischen oder EU-AIF wird der Vertriebsbegriff dahingehend eingeschränkt, dass ein Vertrieb an sie nur dann gegeben ist, wenn er auf Initiative der Verwaltungsgesellschaft oder in deren Auftrag erfolgt. Entsprechend des verringerten Schutzniveaus von (semi-)professionellen Anlegern gelten für die sie verwaltenden AIFM nur eingeschränkte Pflichten.

Das KAGB-E gibt Vertriebsregeln für AIF weitgehend in Form einer Einzelfallkasuis- **142** tik vor, die nach dem angesprochenen Kundenkreis (Spezial-AIF und Publikums-AIF), der Art des AIF (inländisch, EU/EWR, ausländisch) und dem Manager (inländisch, EU/EWR, ausländisch) unterscheiden. Je nach Konstellation müssen teilweise unterschiedliche Regelungen beachtet werden.

Anzeigepflichten gegenüber der *BaFin* gelten in unterschiedlicher Ausgestaltung für **143** alle Verwaltungsgesellschaften, die Anteile an Investmentvermögen vertreiben wollen. Bei einem Vertrieb an Privatanleger, d.h. von Anteilen an offenen Publikumsinvestmentvermögen, müssen den Anlegern ein **Verkaufsprospekt,** der letzte Jahres-/ Halbjahresbericht sowie weitere wesentliche Informationen zur Verfügung gestellt werden, §§ 164 ff., 297 KAGB-E. Bei einem Vertrieb an (semi-)professionelle Anleger müssen den Anlegern wesentliche Informationen nach § 307 Abs. 1 und 2 KAGB-E, die entweder gesondert oder als ergänzende Angaben im Wertpapierprospekt nach WpPG offenzulegen sind, sowie der letzte Jahresbericht zur Verfügung gestellt werden[139]. Darüber hinaus unterliegen Verwaltungsgesellschaften detaillierten laufenden Berichtspflichten.

Ausnahmen von den Vertriebsvorschriften des KAGB-E bestehen nur noch für **144** „Klein-AIFM", teilweise mit Einschränkungen, wobei der Vertrieb von EU- und Drittstaaten-AIF von den Ausnahmeregelungen nicht erfasst ist.

Das **Wertpapierprospektgesetz** (WpPG) soll parallel zum KAGB gelten, wobei es **145** keine Anwendung auf Anteile oder Aktien offener Investmentvermögen i.S.d. KAGB-E findet, aber auf geschlossene AIF, sofern diese in Form von übertragbaren Wertpapieren i.S.d. § 2 WpPG vertrieben werden[140]. Das *VermAnlG* wird in seinem Anwendungsbereich völlig vom KAGB-E verdrängt, da Anteile an Investmentvermögen i.S.d. § 1 Abs. 1 KAGB-E nicht als Vermögensanlagen i.S.d. VermAnlG, das entsprechend geändert wird, gelten. Vom VermAnlG erfasst werden damit zukünftig nur noch Genussrechte, stille Beteiligungen oder Namensschuldverschreibungen[141].

ee) Sanktionen

Bei einem Verstoß gegen Bestimmungen des KAGB-E drohen der Entzug der Zulas- **146** sung des AIFM, strafrechtliche Sanktionen sowie Verwaltungsmaßnahmen gegen die

---

[139] Nach VermAnlG mussten Anbieter von geschlossenen Fondsanteilen neben einem von der BaFin zu billigenden und auf Kohärenz und Verständlichkeit zu prüfenden Verkaufsprospekt, §§ 6, 8 VermAnlG ein Vermögensanlagen-Informationsblatt mit allen wesentlichen Anlegerinformationen erstellen, § 13 VermAnlG.

[140] Das kommt bspw. in Betracht, wenn der AIF als InvAG aufgelegt ist, wobei hier regelmäßig die Ausnahme des § 3 Absatz 2 WpPG greifen wird.

[141] Ausführlich zum Vertrieb *Loff/Klebeck,* BKR 2012, 353 ff. und *Volhard/Jang,* DB 2013, 273 ff.

verantwortlichen Personen, wobei die Maßnahmen geeignet und erforderlich sein sollen. Insbesondere sollen die Sanktionen öffentlich bekannt gemacht werden, sofern dadurch die Stabilität der Finanzmärkte und die Interessen der Anleger nicht zu stark gefährdet werden, §§ 5 f., 39 ff., 339 ff. KAGB-E

ff) Bestandsschutz und Übergangsregelungen

147 AIFM, die ausschließlich geschlossene AIF verwalten, die nach dem 21. Juli 2013 keine zusätzlichen Anlagen tätigen, können ihre AIF weiterhin ohne Erlaubnis oder Registrierung verwalten, § 353 Abs. 1 KAGB-E.[142]

148 AIFM, die geschlossene AIF verwalten, deren Zeichnungsfrist vor dem 22. Juli 2013 abgelaufen ist, die aber danach noch Anlagen tätigen, müssen ab Eingang des Erlaubnisantrags nur die zwingend erforderlichen Vorgaben der AIFM-RL, d. h. nicht des KAGB-E, einhalten, womit sie mit ihrer ursprünglichen Rechtsform und Anlagestrategie fortbestehen können, § 353 Abs. 4 KAGB-E. Dies gilt auch für „Klein-AIFM" unterhalb der € 100 Mio.-Schwelle.

149 Inländische AIFM, die vor dem 22. Juli 2013 AIF verwalten, haben vor Ablauf des 21. Juli 2014 einen Antrag auf Erlaubnis bzw. Registrierung zu stellen, § 343 Abs. 1 KAGB-E. Bereits vor Erteilung der Erlaubnis dürfen inländische AIFM, die keine „Klein-AIFM" sind, neue AIF vertreiben und auflegen, sofern sie die Vorgaben des KAGB-E einhalten, § 343 Abs. 3 KAGB-E. Sie müssen dann nachweisen, dass sie vor Ablauf der Jahresfrist einen Erlaubnisantrag stellen oder gestellt haben. EU-AIFM hingegen dürfen ab dem 22. Juli 2013 in Deutschland Fondsanteile so lange nicht vertreiben, bis ihr Heimatmitgliedstaat ihnen eine Erlaubnis erteilt hat.

150 Für AIFM, die offene AIF verwalten und die bereits nach dem Investmentgesetz reguliert waren, sowie für solche, die nicht nach dem InvG reguliert waren, gelten eigene Übergangsvorschriften. Sie haben ihre Anlagebedingungen und ggf. ihre Satzung bis zum 21. Juli 2014 an das KAGB-E anzupassen, die dann, sofern es sich nicht nur um redaktionelle Änderungen handelt, von der *BaFin* genehmigt werden müssen. Bis zum Eingang des Erlaubnisantrags, spätestens aber bis zum 21. Juli 2014, gilt das InvG für nach dem InvG regulierte AIFM weiter, ansonsten gilt ab Eingang des Erlaubnisantrags das KAGB-E, §§ 345, 351 KAGB-E. Für OGAW gilt ihre Erlaubnis nach InvG in der bis zum 21. Juli 2013 geltenden Fassung fort und iSd KAGB-E als erteilt, allein ihre Anlagebedingungen müssen an das KAGB-E angepasst werden, ihre Verwahrstelle bedarf keiner Genehmigung nach KAGB-E, vgl. § 355 KAGB-E.

g) Anwendungsbereich der VC-VO

151 Im KAGB-E finden sich auch Vorschriften zur Anwendung der VC-VO[143]. Die VC-VO soll mittelständischen Unternehmen den Zugang zu Wagniskapital erleichtern und damit zur Verbesserung der Mittelstandsfinanzierung beitragen. Insbesondere ist beab-

---

[142] Zu den Übergangsbestimmungen der AIFM-RL siehe *Jesch/Geyer*, BKR 2012, 359 ff.

[143] Oben A 84. Der Anwendungsbereich der VC-VO soll hier im Ansatz skizziert werden, da Venture Capital Fonds den auf die Frühphasenfinanzierung von Unternehmen bezogenen Teil von Private Equity darstellen. Die Fonds für soziales Unternehmertum und damit die SU-VO sind für Buy-Out-Sachverhalte irrelevant.

sichtigt, eine Benachteiligung von Venture Capital AIFs durch die AIFM-RL zu verhindern. Da Venture Capital Fonds typischerweise mit geringeren Volumina als Private Equity Fonds ausgestattet sind, werden sie regelmäßig von den De-minimis-Klauseln der AIFM-RL bzw. des KAGB-E erfasst werden und auch hierfür optieren. Sie kommen dann allerdings nicht in den Genuss des EU-Vertriebspasses. Über die Möglichkeit, sich dem Regime der VC-VO zu unterwerfen, sollen auch Venture Capital AIFs von den Vorteilen eines entsprechenden EU-Vertriebspasses profitieren. Im Gegensatz zur AIFM-RL trifft die VC-VO schon nicht mehr nur Regelungen für die Manager von AIF, sondern auch detaillierte Produktregelungen für die Fonds-Ebene.[144]

Bei der Unterwerfung von Verwaltern von Europäischen Risikokapitalfonds (EVCF) **152** unter die VC-VO handelt es sich um ein freiwilliges Opt-In-Verfahren. Sofern sich ein AIFM nicht als EVCF-Verwalter registrieren lässt, was ihm überlassen ist, kommen § 2 Abs. 6 KAGB-E i. V. m. § 337 KAGB-E nicht zur Anwendung und es verbleibt bei den Vorschriften des KAGB-E in seiner Gesamtheit.

So gelten nach § 2 Abs. 6 KAGB-E i. V. m. § 337 KAGB-E für AIFM, die sich **153** nach der VC-VO als EVCF-Manager haben registrieren lassen und deren verwaltete Vermögenswerte nicht über den in § 2 Abs. 4 Satz 1 Nr. 2b KAGB-E genannten Schwellenwert von 500 Mio. Euro hinausgehen, neben der ohnehin die Produktebene regelnden VC-VO nur bestimmte Vorschriften des KAGB-E (insb. Begriffsbestimmungen, Anwendungsbereich, zuständige Aufsichtsbehörde, Registrierung von „Kleinen AIFM"). Wird der Schwellenwert von § 2 Abs. 4 Satz 1 Nr. 2b KAGB-E überschritten und möchte der EVCF-Verwalter aber die Bezeichnung EVCF für seine(n) AIF weiterführen, so gelten neben den Vorschriften des KAGB-E die in Art. 2 Abs. 1b VC-VO genannten Artikel. Die Vermögensgegenstände von anderen Fonds als den von den Verwaltungsgesellschaften verwalteten EVCFs sind nicht mit einzurechnen.

Ein Venture-AIF qualifiziert als EVCF, wenn er mindestens 70% des eingezahlten **154** und noch nicht abgerufenen Kapitals in von KMU[145] ausgegebene Eigenkapital- oder eigenkapitalähnliche Instrumente investiert und nicht hebelfinanziert ist.

Sofern sich EVCF-Verwalter gemäß VC-VO registrieren lassen, unterliegen sie be- **155** stimmten operativen Anforderungen sowie Informationspflichten und Regeln zur Bewertung der Vermögensgegenstände. An sie werden weniger strenge Eigenkapitalanforderungen als nach der AIFM-RL gestellt. Sie müssen außerdem weder das Erfordernis einer Verwahrstelle noch eines Risikomanagements erfüllen.

Die Aufsicht über die EVCF-Verwalter führt die zuständige Behörde seines Heimat- **156** mitgliedstaats. Die Registrierung des EVCF-Verwalters ist dann in der gesamten EU gültig und erlaubt es dem EVCF-Verwalter, den EVCF als EVCF EU-weit zu vertreiben.

---

[144] Ausführlich zur VC-VO siehe *Jesch/Aldiger,* Recht der Finanzinstrumente 4.2012, 217 ff., *Volhard/Kruschke,* EWS Heft 1–2, 2012, 21 ff.; außerdem die Erwägungsgründe in der Änderungsfassung des Europäischen Parlaments vom 14. 9. 2012.

[145] KMU steht für „Kleine und mittlere Unternehmen" und bedeutet im Fall der VC-VO konkret, dass die Portfolio-Gesellschaften solche sein müssen, die (i) ungelistet sind und (ii) weniger als 250 Arbeitnehmer beschäftigen und (iii) entweder einen jährlichen Umsatz von maximal 50 Mio. Euro oder eine Bilanzsumme von maximal 43 Mio. Euro aufweisen sowie (iv) kein Organismus für gemeinsame Anlagen nach VC-VO sind.

157   Die Anlegerkategorien entsprechen im Grundsatz denen des KAGB-E. EVCF dürfen nur an professionelle Anleger im Sinne der MiFiD-RL vertrieben werden oder an Privatpersonen, die mindestens € 100 Tsd. investieren bzw. in der Lage sind, ihre Anlageentscheidung unter Berücksichtigung der damit verbundenen Risiken sachgerecht zu beurteilen.

Auch die VC-VO, soll ab dem 22. 7. 2013 gelten.[146]

Zusammenfassung:

158
- Prinzipiell zu unterscheiden ist der durch das Management initiierte und gesteuerte Buy-Out in Form des **MBO/MBI** vom rendite- und exitorientierten **IBO,** der von Finanzinvestoren betrieben wird.
- Der MBO/MBI ist ein Unternehmenskauf durch das alte oder neue Management. Durch die eigene Beteiligung am Unternehmen übernimmt das Management selbst Risiko und Erfolgschancen seiner Tätigkeit.
- Je nach Höhe des aufzubringenden Kaufpreises bedarf es einer Eigen- und/oder Fremdkapitalfinanzierung durch Finanzinvestoren. Eine Renditeoptimierung bezweckt der **LBO** durch eine Kombination mit Fremdfinanzierungsmitteln.
- Als potentielle Quelle und Triebfeder für MBOs/MBIs stellen sich vor allem die **Nachfolgeproblematik** bei Familienunternehmen und Übernahmen im deutschen **Mittelstand** dar. Für IBOs sind der Spin Off von **Konzernteilen,** aber auch die **Restrukturierung** von Unternehmen, insb. im Fall der übertragenden Sanierung, oder **Public-to-Private** Transaktionen wesentliche Anwendungsfälle. Die Behandlung und Strukturierung all dieser Transaktionen unterliegt eigenen Gesetzmäßigkeiten, die im folgenden Kapitel näher dargestellt werden.
- Private Equity Fonds werden als **geschlossene Spezial-AIF** im KAGB reguliert werden. Ihre Verwaltungsgesellschaften werden daher, da die Fonds meist aufgrund ihrer Größe nicht als „kleine" AIF qualifizieren, für die Verwaltung und den Vertrieb des Fonds einer **Erlaubnis** durch die *BaFin* bedürfen und gesetzlichen Vorgaben an den Grad des Leverageeinsatzes, einem Übernahmesonderrecht (Mitteilungspflicht bei Kontrollerwerb, Verbot des Asset Stripping) und allgemeinen Organisationspflichten (Risikomanagement, Verwahrkontrolle, Vergütung, Vertrieb) unterliegen.

---

[146] Zum aktuellen Stand des Gesetzgebungsverfahrens, vgl. http://www.europarl.europa.eu/sides/getDoc.do?pubRef=-//EP//TEXT+TA+P7-TA-2012-0346+0+DOC+XML+V0//DE.

Teil B. Die Finanzierung des Buy-Out

Übersicht

I. Strukturierung einer Buy-Out Finanzierung

1. Allgemeine Rahmenbedingungen und Einflussfaktoren für die Strukturierung

1 Die **Strukturierung** der Finanzierung ist einer der wesentlichen Aspekte bei dem Erwerb eines Unternehmens im Rahmen eines Buy-Out. Die Struktur beeinflusst maßgeblich die jeweilige Rendite des oder der Kapitalgeber und hat eine entscheidende Auswirkung auf die künftigen Liquiditätsbedürfnisse, die das Unternehmen für die Bedienung der aufgenommenen Finanzierung zu erbringen hat. Die Tatsache, dass ein Unternehmenserwerb zum Teil auch durch das Unternehmen selbst „erwirtschaftet" wird und eine finanzielle Belastung darstellen kann, hat in den Jahren 2004 bis zum heutigen Tage die vom damaligen SPD-Vorsitzenden Müntefering geprägte *„Heuschreckendebatte"* beeinflusst.

2 Die Ausgestaltung der Finanzierung muss gewährleisten, dass das Unternehmen in seinen Kapitalbedürfnissen für das operative Geschäft, wie z.B. die weitere Finanzierung des Wachstums in Form von Investitionen in Maschinen und Anlagen oder auch für die Finanzierung von Umlaufvermögen nicht beeinträchtigt wird.

3 Kernfragestellungen – zwischen denen es vielfältige Interdependenzen gibt – beeinflussen die Finanzierungsstruktur:

Hähnel

a) Höhe des Kaufpreises

Ausgangspunkt sämtlicher Strukturüberlegungen ist primär der **Kaufpreis** in Verbin- 4
dung mit der Ertrags- und Liquiditätskraft des Unternehmens. Ein ambitionierter
Kaufpreis erfordert einen höheren Eigenkapitalbetrag und einen höheren prozentualen
Anteil des Eigenkapitals, da die Aufnahme externer Mittel limitiert ist[1].

b) Renditeerwartung und Sicherheitsbedürfnis des Investors

Grundsätzlich hat ein Investor bzw. das Management die Wahl, einen Unternehmens- 5
erwerb vollständig mit Eigenkapital **(All-Equity)** oder mit Hilfe der Aufnahme von
Fremdkapital zu finanzieren. All-Equity Finanzierungen erweisen sich jedoch in der
Praxis als selten – vergleichbar zur gängigen Erwerbspraxis bei Immobilien.

Der jeweilige Investor kann durch die Aufnahme von Fremdkapital seine Rendite 6
erhöhen und mit Hilfe des **Leverage**-Effektes[2] einen Hebel auf das eingesetzte Kapital
erzielen. Der Hebel greift, sobald die Rendite auf das eingesetzte Kapital höher ist, als
die Kosten der Fremdfinanzierung. Somit gilt, dass sich mit geringerem Eigenmittel-
einsatz die Rendite auf das eingesetzte Kapital erhöhen kann, wie das nachfolgende
Beispiel verdeutlicht.

Fall A: 100% Eigenkapital

Jahr	Transaktion	1	2	3	4
angenommener Unternehmenswert	100,0	110,0	121,0	133,1	146,4
jährlicher Cash Flow		10	10	10	10
Nettoverschuldung	0	10	20	30	40
Wert des Eigenkapitals	100,0	120,0	141,0	163,1	186,4
Eigenkapitalmultiplikator		1,2	1,4	1,6	1,9

unter Vernachlässigung von Guthabenzinsen

---

[1] Bezüglich der Kaufpreisermittlungsmethodiken sei hier auf Kapitel B III verwiesen.
[2] Vgl. zum Begriff A 1, 10.

Fall B: 50% Eigenkapital

Jahr	Transaktion	1	2	3	4
angenommener Unternehmenswert		100,0	110,0	121,0	133,1	146,4
jährlicher Cash Flow			10	10	10	10
Zinsaufwand	7%		3,5	3,0	2,6	2,0
Nettoverschuldung		– 50	– 43,5	– 36,5	– 29,1	– 21,1
Wert des Eigenkapitals		50,0	66,5	84,5	104,0	125,3
Eigenkapitalmultiplikator			1,33	1,7	2,1	2,5

* Wert des Eigenkapitals als Differenz des Unternehmenswertes abzüglich Fremdkapital

7 Die Aufnahme von Fremdkapital lässt sich jedoch nicht beliebig erhöhen bzw. der Einsatz von Eigenmitteln nicht vollständig reduzieren – dies ist von den weiteren Kernfragen (siehe sogleich) abhängig.

8   Der All-Equity Erwerb ist dann sinnvoll oder notwendig, wenn Fremdmittel nicht zur Verfügung stehen, z. B. bei Unternehmen, die als besonders krisenanfällig gelten und nicht das Vertrauen der Fremdkapitalgeber genießen. Zudem werden Transaktionen mit All-Equity in Fällen finanziert, in denen der Investor durch jährliche Ausschüttungen eine Dividendenrendite anstrebt oder bewusst die mit einer Fremdfinanzierung verbundenen Risiken und vertraglichen Verpflichtungen, wie z. B. Tilgungsverpflichtungen und sonstige vertragliche Zusicherungen, die sog. **Covenant**-Auflagen,[3] vermeiden will.

9   Eine weitere Begründung für eine All-Equity Transaktion kann auch in zukünftigen Wachstumsschritten des Unternehmens liegen, für die zusätzliches Fremdkapital aufgenommen werden muss, sofern der Investor dies bereits bei Unternehmenserwerb einplant. Hierfür agiert der Investor bewusst mit einer hohen Eigenmittelquote, um bei dem Unternehmen gesunde Bilanzrelationen ausweisen zu können und von den Fremdkapitalgebern positiv beurteilt zu werden.

10   Es bleibt jedoch festzuhalten, dass All-Equity Transaktionen die Ausnahme sind und die Aufnahme von Fremdkapital gängige Praxis bei einem Buy-Out ist.

11   Der Investor hat die Aufgabe zu prüfen, wie viel Fremdkapital für den Erwerb des Unternehmens aufgenommen werden kann, ohne durch die damit einhergehenden Verpflichtungen die Unternehmensentwicklung zu gefährden. Dies ist mit der individuellen Risikoeinschätzung sowie der Renditeerwartung abzugleichen.

12   Dabei ist zu beachten, dass sich mit der Aufnahme von Fremdkapital das betragsmäßig „absolute" Risiko bei einem Totalverlust reduziert – im Beispiel oben riskiert der Investor einmal 100 Einheiten ohne Verschuldung und einmal 50 Einheiten mit Verschuldung – jedoch bedeutet die Aufnahme von Fremdkapital ein nicht zu vernachlässigendes Risiko. Dies ist in den vertraglichen Verpflichtungen der Finanzierungsvereinbarungen begründet, die dem Unternehmen bzw. der Erwerbergesellschaft verschiedene Bedingungen – wie z. B.: Zins- und Tilgungsverpflichtungen – auferlegen. Bei Nichteinhaltung der Bedingungen droht durch die Kündigung der Finanzierungsvereinbarung der Gesellschaft die Insolvenz und dem Investor somit ein Kontroll- und Eigentumsverlust.[4]

---

[3] Siehe näher zum Begriff unten B 76, D 62.
[4] Ausführlich hierzu B 84.

c) Nachhaltigkeit des vom Unternehmen erwirtschafteten Cash Flows

Der Investor wird das Volumen des aufzunehmenden Fremdkapitals sorgfältig prüfen 13
und auf die **Kapitaldienstfähigkeit** des Unternehmens abstimmen. Hierfür bedarf es
einer eingehenden Analyse der ergebnis- und liquiditätsbeeinflussenden Geschäftspa-
rameter und einer präzisen Planung bzw. Beurteilung der Geschäftsentwicklung über
den Finanzierungszeitraum. Kernpunkt ist dabei, mit Hilfe der Evaluierung der Er-
trags- und Aufwandspositionen sowie der Entwicklung der Bilanzrelationen eine **be-
lastbare Planung des Cash Flows** zu erhalten, die die Liquiditätsentwicklung der
zukünftigen Perioden präzise abbildet. Anhand der zur Verfügung stehenden liquiden
Mittel kann die jeweilige Zins- und Tilgungsstruktur definiert werden. Die Finanzierungsstruktur muss dabei so gestaltet sein, dass Zins- und Tilgungsverpflichtungen
auch bei einer Abweichung von der ursprünglich geplanten Geschäftsentwicklung
gewährleistet sind. Hierfür werden zusätzliche Sicherheitsabschläge in die Planung eingebaut, um möglichen Planungsverfehlungen und deren Auswirkungen auf den Cash
Flow Rechnung zu tragen.

Die Evaluierung der nachhaltigen Cash Flows und die Abschätzung der notwen- 14
digen Planungsreserven erfolgt im Rahmen der transaktionsvorbereitenden Due Diligence[5] und stellt − neben der Produkt, Markt- und Wettbewerbsbeurteilung − eine
wesentliche Aufgabe dar.

Die Nachhaltigkeit der Cash Flows wird zudem u. a. von folgenden weiteren Fragen 15
beeinflusst:

- Wie zyklisch ist der Markt?
- Welches Wachstum und welcher daraus resultierender Kapitalbedarf für Investitionen
  wird erwartet?
- Benötigt das Unternehmen für die Finanzierung des Umlaufvermögens weitere Li-
  quidität?
- Gibt es Einflussfaktoren, die die Geschäftsentwicklung signifikant stören können?

Die genaue Planung der Geschäftsentwicklung und die präzise Abstimmung der 16
Finanzierungsstruktur auf diese Planung hat deshalb eine hohe Bedeutung, weil eine
fremdkapitalfinanzierende Bank bei einer nicht vertragskonformen Bedienung der fest-
geschriebenen Zins- und Tilgungsmodalitäten oder bei einer Nicht-Einhaltung bestimmter verschuldungs-, liquiditäts- oder ergebnisbasierter Vertragskennziffern (den
bereits genannten Covenants) über **Kündigungsrechte** verfügt.[6] Der Investor riskiert
folglich für den Fall, dass die Planannahmen nicht erreicht werden, und bei einer nicht
adäquaten Finanzierungsstruktur eine Kreditkündigung und somit einen Verlust seines
Investments durch eine Insolvenz oder eine zwangsweise Übernahme durch die finanzierende Bank, indem diese auf Darlehen gegen Übernahme von Gesellschaftsanteilen
verzichtet *(Debt-to-Equity-Swap)*.

---

[5] Zum Begriff siehe D 156 ff.
[6] Vgl. B 84.

d) Verfügbarkeit von Fremdkapitalmitteln von Banken, Mezzaninegebern oder Verkäufern

17 Die Höhe der verfügbaren Fremdmittel wird im Wesentlichen von der Finanzierungsbereitschaft von Banken, Mezzaninegebern und ggf. auch von Verkäufern bestimmt.

18   Finanzierende Banken und Mezzaninegeber werden ebenfalls die Struktur und Kapitaldienstfähigkeit einer Unternehmung sorgfältig prüfen und hierfür – neben eigenen
Analysen – die erstellten Due Diligence-Berichte auswerten. Die Finanzierungsbereitschaft der finanzierenden Banken richtet sich ähnlich wie die Strukturüberlegungen
des Investors an der **Ertrags- und Liquiditätskraft** der Zielunternehmung aus. Zudem spielen noch Branchen- und Markterfahrungen sowie grundsätzliche Konjunk-
tureinschätzungen wesentliche Rollen.

19   Die Finanzierungsbereitschaft wird branchenüblich an dem Grad der Verschuldung
(Senior Debt/Net Debt)[7] im Verhältnis zum EBITDA einer Unternehmung bestimmt.

Die folgende Grafik zeigt die Entwicklung der Finanzierungsbereitschaft über die
letzten 12 Jahre und den deutlichen Rückgang der Relationen während der Finanz-
und Wirtschaftskrise in 2008 und 2009.

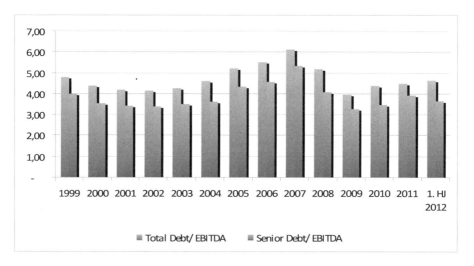

Quelle: S&P Capital IQ LCD or Standard & Poor's Capital IQ Leveraged Commentary & Data.

2. Strukturierungselemente

20 Folgende **Kaufpreisfinanzierungselemente** stehen bei einem Buy-Out zur Verfügung:

---

[7] Net Debt meint bei einem Unternehmen in der Regel die kurz- und mittelfristigen Finanzverbindlichkeiten abzüglich der liquiden Mittel; d.h. die Nettoverschuldung.

Kapitalgeber	Management	Investor	Verkäufer			Mezzanine	Fremdkapital
Form	Direktbeteiligung und Gesellschafterdarlehen/Mezzanine		Verkäufer-darlehen	Earn Out	Rück-beteiligung	Stille Beteiligung/ Mezzanine	Senior Finanzierung
Rendite	>> 20% sowie Überrendite Unternehmenswertbasiert	> 20%	6%–10%	n. n.	> 20%	12%–17%	5%–7%
			Jährlich oder endfällig	Ergebnisab-hängig	Unterneh-mensbasiert	laufende/ endfällige Verzinsung/ Erfolgs-vergütung/ Kicker	laufende Verzinsung
Sicherheiten Quote (indikativ)	keine 5–15%	40–50%	nachrangig 0–10%	nachrangig 0–10%	keine 0–25%	nachrangig 0–15%	besichert 0–50%

a) Management- und Investorenmittel

Das Management und die Investoren stellen grundsätzlich **nachrangige Mittel** zur 21 Verfügung. Dies kann in Form von Eigenkapital und somit in Form von Stammkapital und Agio erfolgen oder auch mit Hilfe von Gesellschafterdarlehen bzw. Mezzanine-darlehen.

Hierfür gründen die Gesellschafter eine gemeinsame Holding als Erwerberholding, 22 die NewCo, in die Gesellschaftermittel einfließen und die weitere Mezzanine- und Fremdfinanzierungsmittel aufnimmt.

Die Zusammensetzung dieser drei Strukturelemente wird von den folgenden Über- 23 legungen geleitet:

- Die Strukturierung der Managementbeteiligung erfolgt über asymmetrische Einzah-lungen des Managements und des Investors in Stammkapital, Agio und Mezzanine-oder Gesellschafterdarlehen. Um ein typisches Management Incentive-Programm aufzusetzen, werden durch den Investor in der Regel überproportional viele Mittel in das Agio oder in die Gesellschafterdarlehen eingezahlt. Dadurch bringt das Mana-gement in Summe weniger Mittel pro Anteil auf als der Investor. Diese für das Ma-nagement vorteilhafte Disproportionalität wird als **Sweet Equity** bezeichnet[8].

in t €	Stammkapital	Anteile	Agio	Gesellschafter-darlehen	Gesamtinvest-ment	Investment pro € Stammkapital
Management	10,0	10,0%	40,0	500,0	550,0	55,0
Investoren	90,0	90,0%	200,0	15 000,0	15 290,0	169,9
Summe	100,0	100,0%	240,0	15 500,0	15 840,0	
					Sweet Equity Faktor	3,1

Im nachfolgenden Beispiel werden rund 15,8 Mio. € Eigenkapitalfinanzierung stru- 24 kuriert, wobei das Management 10% an der neuen Gesellschaft erwirbt, der Investor aber mehr Mittel und zwar zu einem Faktor über 3,1 aufwendet. Der Investor erhält also 90% der Anteile, obwohl er in Summe rund 97% der Mittel aufbringt.

Bei einem Exit würden dann die Exit-Erlöse unter der Annahme eines Kaufpreises 25 von 100 Mio. € und einer noch existierenden Fremdfinanzierung von 45 Mio. € wie folgt verteilt werden:

---

[8] Näher zu den asymmetrischen Managagementbeteiligungsmodellen mit der Unterscheidung zwischen disquotalen und disproportionalen Einzahlungen in D 27 und ausführlich zur dispro-portionalen Mangementbeteiligung Teil E.

Exiterlösverteilung

		in € k
Exiterlös		100 000,00
Rückführung Fremdfinanzierung		– 45 000,00
Rückführung Gesellschafterdarlehen*		– 15 500,00
Davon Management		– 500,00
Davon Investoren		– 15 000,00
Rückzahlung Investment		– 340,00
Davon Management		– 50,00
Davon Investoren		– 290,00
Verbleibender Exiterlös		39 160,00
Davon Management	10%	3 916,00
Davon Investoren	90%	35 244,00
Gesamterlös Management		4 466,00
Gesamterlös Investoren		50 534,00

* ohne Zinseffekt
die Rückzahlung der Gesellschafterdarlehen erfolgt bevorzugt

- Zudem lassen sich die Mezzanine- oder Gesellschafterdarlehen bei einer erfolgreichen Unternehmensentwicklung und nach Tilgung der Bankdarlehen vergleichsweise einfach an die Investoren und das Management zurückführen. Möglich ist dies im Rahmen einer **Rekapitalisierung,** bei der nach Tilgung der ursprünglichen Finanzierung erneut Bankmittel aufgenommen werden, um die Gesellschafterdarlehen zurückzuführen.
- Ein weiterer Grund für die Verwendung von Mezzanine- oder Gesellschafterdarlehen liegt in der **steuerlich** wirksamen Abzugsmöglichkeit der **Zinsaufwendungen**[9] zur Reduzierung der Steuerlast.

26 Aus den vorgenannten Gründen gibt es keine „typische" Struktur der Investorenmittel. Die Praxis zeigt, dass die Rolle des „echten" Eigenkapitals an Bedeutung verloren hat. Transaktionen, bei denen die Eigenmittel zu 10% in Stammkapital und zu 90% in Gesellschafterdarlehen strukturiert werden, sind nicht unüblich.

27 Die jeweilig aufzubringenden Eigenmittel der Investoren belaufen sich in der Regel auf ca. 40–50% der Transaktionssumme.

b) Verkäufermittel

28 Ein weiteres Element der Kaufpreisstrukturierung sind im weiteren Sinne Verkäufermittel, die vor allem in Form von **gestundeten Kaufpreisen, Verkäuferdarlehen, Rückbeteiligungen** oder **Earn outs** in Erscheinung treten.

29 Diese Mittel stellen ebenfalls nachrangige Finanzierungsbeiträge dar und werden – zumal sie den Finanzierungsspielraum erweitern – aus diesem Grund von den finanzierenden Banken positiv bewertet. Des Weiteren werden Verkäufermittel auch dafür eingesetzt, um vertragliche Garantieansprüche der Erwerber gegenüber dem Veräußerer abzusichern.

30 Zudem dienen Verkäufermittel in der Praxis dazu, Differenzen bei der Kaufpreiserwartung zu überbrücken. Kaufpreisbeträge, die das Management und die Investoren

---

[9] Vgl. C 69 ff.

nicht aufbringen können, werden somit von dem Verkäufer gestellt. Die Praxis zeigt, dass Verkäufermittel vornehmlich bei einem Unternehmensverkauf von Privatpersonen zum Einsatz kommen und weniger bei Unternehmensverkäufen aus Konzernen heraus.

Schließlich sind Verkäufermittel auch für einen Investor eine wichtige Bestätigung, **31** da der Verkäufer hiermit sein Zutrauen in die weitere erfolgreiche Unternehmensentwicklung demonstriert.

aa) Verkäuferdarlehen

Kaufpreisstundungen und Verkäuferdarlehen sind grundsätzlich ähnliche Instru- **32** mente. In diesen Fällen stellt der Verkäufer Kapitalbeträge für einen zeitlich befristeten Umfang zur Verfügung; im Falle eines Verkäuferdarlehens erhält er hierfür eine Verzinsung.

Ein Verkäuferdarlehen hat in der Regel eine **Laufzeit,** die der aufgenommenen **33** Finanzierung von fünf bis sieben Jahren entspricht.

Die **Rückzahlungs- bzw. Tilgungsmodalitäten** sind von der Finanzierungsver- **34** einbarung mit den oder der finanzierenden Bank(en) abhängig. In der Regel gilt, dass auf Grund der Nachrangigkeit der Verkäuferdarlehen zuerst sämtliche Bankenmittel zurückgeführt werden müssen und erst dann die Kaufpreisstundungen bzw. die Verkäuferdarlehen. Dies bedeutet, dass die Vertragslaufzeit der Verkäuferdarlehen in der Regel **länger** ist als die Kreditlaufzeit.

Die Rückführung der Mittel ist, wenn dies die Zustimmung der finanzierenden **35** Bank findet, in Form von Regeltilgungen möglich oder erfolgt durch eine endfällige Rückführung nach Tilgung der vorrangigen Bankenmittel. Zudem können die Tilgungsleistungen auf die Verkäuferdarlehen seitens der finanzierenden Bank noch an Vorbehalte, wie z.B. die Einhaltung von Verschuldungsrelationen oder von Ertragskennziffern[10] geknüpft sein. Die Finanzierungsvereinbarungen zwischen Verkäufer, Bank(en) und Unternehmen werden entsprechend verknüpft[11].

Die **Zinsbeträge** für Verkäuferdarlehen werden ebenfalls meist nachrangig gestellt. **36** In der Praxis finden sich Fälle, in denen Zinsen zur jährlichen Auszahlung kommen, die Auszahlung von Zinsbeträgen an die Einhaltung von Covenants geknüpft ist oder die Zinsen erst mit Darlehenstilgung zu leisten sind.

Marktübliche Zinskonditionen für dieses nachrangige Kapital sind zwischen 6–10% **37** p.a.; die Zinsspanne ist u.a. davon abhängig, ob die Zinsen jährlich zur Auszahlung kommen oder über die Laufzeit des Verkäuferdarlehens akkumuliert werden. Für viele Verkäufer ist die Bereitschaft, ein Verkäuferdarlehen zu gewähren, nicht nur ein Zeichen des weiteren Commitments, sondern auch ein Instrument der Vermögensanlage in ein ihnen bestens vertrautes Investmentobjekt.

bb) Earn out

Ein **Earn out** stellt eine Kaufpreiskomponente dar, die mit der Einhaltung oder Errei- **38** chung bestimmter vereinbarter Kenngrößen verknüpft ist. Vornehmlich werden hierfür im Rahmen der Unternehmensakquisition zukünftige Umsatz- und Ertragsgrößen

---

[10] Vgl. zu Covenants B 77.
[11] Vgl. auch D 61.

als Zielwerte definiert, bei deren Erreichung der Verkäufer einen zusätzlichen Kaufpreisbetrag erhält. Der Earn out-Anspruch entsteht dann, wenn ein oder mehrere dieser Zielwerte in dem definierten Zeitraum erreicht werden. Dabei kann es sich auch um Zeiträume von mehreren Jahren handeln.

39　Der Earn out dient dazu, **differierende Vorstellungen** von Verkäufer und Käufer über den weiteren Unternehmenserfolg zu überbrücken. In der Regel verfügt der Verkäufer über eine bessere Transparenz bzw. ein größeres Zutrauen in die künftige Entwicklung und verbindet damit eine monetäre **Erwartungshaltung,** die der Käufer aufgrund einer geringeren Visibilität sowie seiner geringeren Erfahrung nicht teilen kann.

40　Das Instrument des Earn outs wird oft in Fällen verwendet, in denen ein Unternehmen eine signifikante Steigerung der Geschäftsentwicklung (wie z.B. des Ergebnisses) erwartet, der Käufer aber aufgrund der unzureichenden Planungssicherheit eine Vergütung dieser Erwartung nicht durch die primäre Kaufpreiszahlung vornehmen will.

41　Der Veräußerer hat den Abschluss einer Earn out-Vereinbarung genau zu bedenken. Vor allem bei einem ergebnisbasierten Earn out ist zu reflektieren, dass die Kontroll- und Einflussmöglichkeiten des Veräußerers nach einem Verkauf in der Regel deutlich reduziert sind. Dies kann zur Folge haben, dass erwartete Entwicklungen nicht vollständig realisiert werden können. Hierzu kann sich der Veräußerer zwar begrenzte vertragliche **Mitspracherechte** zum Schutz seines Earn outs einräumen lassen, dennoch werden diese möglichen Mechanismen kein abschließendes Instrumentarium darstellen.

42　Bei der **Ausgestaltung von Earn out-Zahlungen** gibt es erneut zahlreiche Varianten, die analog zu den Regelungen bezüglich der Kaufpreisstundungen und des Verkäuferdarlehens ebenfalls eine Einbindung in das Konzept der finanzierenden Bank erfordern.

43　So lässt es die allgemeine Vertragsfreiheit zu, dass der Earn out mit Entstehung des Anspruchs zur Auszahlung kommt oder dass er in ein Darlehen gewandelt wird, welches nachrangig bedient wird.

44　Oberstes Interesses des Käufers und des Unternehmens wird sein, mit dem Earn out nur eine **durchfinanzierte** Verpflichtung einzugehen, d.h. eine entstandene Zahlungsverpflichtung darf nicht eine Liquiditätsnot auslösen, sondern muss aus vorhandenen Mitteln bedient werden können. Das ist nur möglich, wenn die dafür erforderlichen Mittel entweder im Unternehmen bereitstehen und im Sinne einer „*Pay if you can*"-Bezahlung erbracht oder von Seiten der Investoren oder der finanzierenden Bank zugeführt werden können.

45　Seitens der Private Equity-Investoren besteht in der Regel wenig Interesse, für die Bezahlung einer Earn out-Verpflichtung zusätzliches Geld bereitzustellen, vor allem, wenn der Zeitpunkt ein oder mehrere Jahre nach dem ursprünglichen Investment liegt. Es ist die gängige Praxis, dass Beteiligungsfonds zukünftige Verpflichtungen für den Fonds und die Investoren ausschließen bzw. nicht eingehen dürfen.

46　Seitens der finanzierenden **Bank** ist diese Bereitschaft höher, wobei es auch hier vertragliche Auflagen gibt, die als Bedingung einer Auszahlung erfüllt sein müssen. Hierbei wird es sich vornehmlich um die weitere positive Entwicklung der Unternehmung handeln, so dass vermieden wird, dass eine Bank eine Earn out-Zahlung finanziert und fast zeitgleich das Unternehmen durch eine sich abzeichnende wirtschaftliche Verschlechterung in eine Zwangslage kommt. Somit muss auch bei einer Finanzierung des Earn outs durch eine Bank ein Finanzierungsvorbehalt vertraglich vereinbart werden.

cc) Rückbeteiligung

Ein weiteres Kaufpreisfinanzierungsinstrument ist eine **Rückbeteiligung** durch den 47
Veräußerer. Dabei behält oder erwirbt der Veräußerer einen Anteil am Unternehmen
zurück, in der Regel zu den gleichen Konditionen wie die erwerbenden Investoren.
Dies bedeutet, dass der Veräußerer vollständig von der weiteren Wertentwicklung der
Unternehmung profitiert.

Eine Rückbeteiligung wird vor allem dann verwendet, wenn der Erwerber noch ein 48
gesteigertes Interesse am Verbleib des Veräußerers im Gesellschafterkreis hat, bspw.
wenn das Wissen des Veräußerers über das Unternehmen bzw. das Geschäftsmodell
weiterhin eine wichtige Rolle für die zukünftige Entwicklung spielt, eine Nachfolgeregelung noch nicht abgeschlossen ist oder mit Hilfe eines gesellschaftsrechtlichen
Wettbewerbsverbots eine erneute wettbewerbliche Tätigkeit des Veräußerers unter-
bunden werden soll.

Eine Rückbeteiligung impliziert, dass der Veräußerer weiter mit **Informations-** 49
und Gesellschafterrechten eingebunden ist. Sie beinhaltet auch, dass er den Invest-
menthorizont des Erwerbers teilt und für diesen Zeitraum, ohne eine garantierte
Verkaufsmöglichkeit seiner restlichen Anteile zu haben, als Gesellschafter beteiligt
bleibt.

Eine separate Veräußerung seiner Anteile wird dem Minderheitsgesellschafter gesell- 50
schaftsvertraglich verwehrt sein, damit der Kreis der Gesellschafter nicht um für den
Mehrheitsinvestor unbekannte Dritte erweitert wird. Die Beteiligung wird in der Regel zu analogen Konditionen wie zu denen des Finanzinvestors erfolgen und nur in
Ausnahmefällen eine Sweet Equity-Komponente enthalten.

Der weiterhin beteiligte Veräußerer wird gewisse vertragliche Schutzbedürfnisse 51
– wie Veräußerungsschutzrechte (**Drag-along** und **Tag-along**-Rechte[12]) und Informationsrechte – verlangen, um bei einer Veräußerung der Anteile des Mehrheitsgesellschafters nicht selbst als Gesellschafter zurückgelassen zu werden.

Eine weitere Einflussnahme des Verkäufers kann über eine **Beiratsposition** erfol- 52
gen, die auch für den Investor von Nutzen sein kann, da er das operative Wissen des
Veräußerers durch eine beratende Beiratstätigkeit weiter nutzen kann.

c) Mezzaninekapital

aa) Begriff und Struktur

Bei Mezzaninekapital handelt es sich in der Regel um ein **nachrangiges Finanzie-** 53
rungsmittel, welches typischerweise von den finanzierenden Banken oder spezialisier-
ten Mezzanine-Anbietern, aber auch den klassischen Beteiligungsgesellschaften bereitgestellt wird. Wie der Begriff „Mezzanine" nahe legt, rangiert dieses Finanzierungsinstrument in seiner Ausgestaltung zwischen den Eigenmitteln des Investors und dem

---

[12] Vgl. D 11 ff., 16.

Fremdkapital der finanzierenden Bank. Die Nachrangigkeit besteht gegenüber der Senior-DebtFinanzierung. Gegenüber den Gesellschaftermitteln der Investoren jedoch besteht Vorrangigkeit. Der Mezzanine-Geber erhält für seine Finanzierung keine Sicherheiten.[13]

54 Die **Laufzeit** einer Mezzaninefinanzierung richtet sich nach der Laufzeit der Akquisitionsfinanzierung und weist in der Regel eine um ein Jahr längere Laufzeit auf.

55 Das mögliche mezzanine **Finanzierungsvolumen** richtet sich an der Ertrags- und Cash Flow-Stärke des Unternehmens aus. Als Daumenregel kann gelten, dass das **Ein- bis Anderthalbfache des EBITDA** an Mezzanine aufgenommen werden kann.

56 Mezzanine Finanzierungsmittel kommen in der Regel bei **höheren Kaufpreisen** zum Einsatz und/oder wenn die klassische Seniorfinanzierungsbereitschaft der Bank an ihre Grenzen stößt. Sie werden auch dann eingesetzt, wenn z.B. aufgrund des weiteren Wachstumskurses des Unternehmens zukünftige Investitionen notwendig sind, die den verfügbaren Cash-Flow der Gesellschaft reduzieren und die Fremdkapitalmöglichkeiten einschränken. Eine Mezzaninefinanzierung ermöglicht es dem Erwerber, ein zusätzliches nachrangiges Instrument auszuwählen, welches aufgrund der Nachrangigkeit ein zusätzliches Sicherheitspolster in der Krise darstellt. Jedoch ist der Einsatz des Mezzanines mit der Eigenkapitalverzinsung des Investors in Einklang zu bringen, da dieses Kapital vergleichsweise teuer ist.

bb) Ausgestaltung

57 Folgende **Ergebniskomponenten** kann eine Mezzaninefinanzierung aufweisen:
  (i)   eine fixe Verzinsung, die jährlich zur Auszahlung kommt,
  (ii) eine fixe Verzinsung, die jedoch **endfällig** oder dann wenn es die Liquiditätssituation des Unternehmens erlaubt (*„Pay if you can"/„payment in kind – pik"*) zur Auszahlung kommt,
  (iii) eine ergebnisabhängige Verzinsung, die sich z.B. am EBITDA oder am EBIT[14] bemisst,
  (iv) eine an der Entwicklung des Unternehmenswertes orientierte Vergütung (**virtueller Equity Kicker**[15]).

58 Die **Zielrendite** eines Mezzanine-Gebers liegt – da er nicht über Sicherheiten verfügt – aufgrund der Nachrangigkeit und der sich daraus ableitenden höheren Risikoposition bei 12–20%. Bei der Strukturierung der Ergebniskomponenten gibt es in der Praxis kein vorherrschendes Model; vielmehr ist es von der jeweiligen Transaktionsstruktur und dem jeweiligen Investitionsfall abhängig. Zudem ist es möglich, dass der Mezzanine-Geber über den Equity Kicker eine unlimitierte Zusatzrendite erhält. Der (virtuelle) Equity Kicker kann sich z.B. als Prozentsatz des Stammkapitals bemessen oder als Prozentsatz der erzielten Wertsteigerung, die durch eine vertraglich festzulegende Berechnungsmethodik zu bestimmen ist. Auch hier gilt, dass es keine festgelegten Werte oder Beträge für den Equity Kicker gibt.

59 Neben den Ergebniskomponenten erhält der Mezzanine-Geber meist eine **Strukturierungsvergütung** von 1–2% des Mezzaninebetrages.

---

[13] Zum Begriff schon A 48 und näher D 48 ff.
[14] Zum Begriff B 208.
[15] Vgl. auch unten D 51.

cc) Rechtliche und vertragliche Aspekte

Der **handelsbilanzielle Ausweis** des Mezzaninekapitals erfolgt in der Regel nicht als 60
Eigenkapital, da üblicherweise eine Verlustteilnahme ausgeschlossen ist und überdies
dem Mezzanine-Geber Kündigungsrechte zustehen (und somit keine Langfristigkeit
gewährleistet ist).

Über folgende **Rechte** verfügt der Mezzaninegeber: 61

* übliche **Informationsrechte** (z.B. monatliches Reporting, Erhalt der Unternehmensplanung, ggf. Teilnahmerechte bei Beiratssitzungen oder Gesellschafterversammlungen);
* **Zustimmungsrechte** für Maßnahmen, die eine Auswirkung auf die Rückführbar-
  keit des Mezzaninekapitals haben können (z.B. bezüglich bestimmter Investitionen,
  die über die geplanten Volumina hinausgehen, bei wesentlichen Änderungen hinsichtlich der Finanzierungs- oder der Unternehmensstruktur);
* **Kündigungsrechte:**
  – bei einem Mehrheitsverkauf an einen neuen Gesellschafter (Change of Control-
    rechte);
  – bei der Verletzung von gegebenen Garantien oder vereinbarten Kennziffern bzw.
    Covenants;
  – bei Vertragsverletzungen, wie z.B. Nichtbezahlung der Zinsen.

Aufgrund der Nachrangigkeit des Mezzanines ist es möglich, dass die Kündigungs- 62
rechte in ihrer Ausübung durch ein mit den finanzierenden Banken vereinbartes **Intercreditor Agreement** eingeschränkt sind.[16] Dieses wird zwischen den finanzierenden Banken, den Mezzanine-Gebern sowie dem Unternehmen abgeschlossen und
regelt das Zusammenwirken der Finanzierungen. Dabei wird vornehmlich auf den
Krisenfall abgestellt. Regelinhalt ist unter anderem die Einschränkung der Kündigungsrechte eines Mezzanine-Gebers im Krisenfall für eine zeitlich definierte Periode,
die mit Hilfe einer sog. **Stand-still-Regelung** dem Unternehmen und den Anteilsinhabern die Möglichkeit einer Restrukturierung oder Neuordnung der Finanzierung
einräumen soll.

d) Fremdfinanzierung durch Bankmittel

aa) Begriff und Struktur

Wesentliches Element der Buy-Out-Finanzierung ist die **Aufnahme von Fremd-** 63
kapital über Banken. Der Kreditnehmer ist die erwerbende NewCo, in die ebenfalls
die Gesellschaftermittel geflossen sind. Im Gegensatz zur Mezzaninefinanzierung handelt es sich um eine vorrangige Verbindlichkeit – deshalb auch Senior-Darlehen – mit
einer laufenden Verzinsung, die zu den vereinbarten Terminen zur Auszahlung kommt.

Um ein abgestimmtes und integriertes Gesamtfinanzierungskonzept für das Unter- 64
nehmen zu erhalten, stellt die finanzierende Bank neben der Akquisitionsfinanzierung
zudem die Finanzierung des **Umlaufvermögens** der operativen Zielgesellschaft zur
Verfügung. Dies verschafft der finanzierenden Bank den direkten Zugriff auf die operative Ebene des Zielunternehmens und damit die vorhandenen Sicherheiten. Ferner

---

[16] Siehe auch D 48.

vermeidet dies einen strukturellen Nachrang, der durch die Finanzierung lediglich auf Ebene der NewCo begründet wird.

65　Der finanzierenden Bank stehen folglich die **Sicherheiten** der operativen Gesellschaft wie Sachanlagen, Forderungen und Vorräte zur Verfügung. Zudem erhält sie die Anteile der NewCo an der operativen Gesellschaft als Sicherheit verpfändet.

66　Die Finanzierungsvereinbarung sieht eine Tilgung der aufgenommenen Bankmittel über die **Laufzeit** des Senior-Kreditvertrags vor.

Die Senior Finanzierung wird in der Regel in folgenden Tranchen strukturiert:

　A-Tranche: Laufzeit von 5 bis 6 Jahren, jährliche Tilgung
　B-Tranche: Laufzeit von 6 bis 7 Jahren, Tilgung erfolgt endfällig
　C-Tranche: Laufzeit von 7 bis 8 Jahren, Tilgung erfolgt endfällig.[17]

67　Die **Rückführung** der Darlehen kann neben den vertraglich vereinbarten festen bzw. Regel-Tilgungen auch durch freiwillige oder pflichtmäßige Sondertilgungen, letztere auch **Cash Sweep-Tilgung** genannt, erfolgen.

68　Über die freiwillige Sondertilgung entscheidet das Unternehmen je nach Liquiditätssituation (in der Regel einmal pro Jahr). Hierzu wird anhand einer Liquiditätsplanung geprüft, welche Mittel nicht für operative Zwecke benötigt werden und mithin entbehrlich sind.

69　Für die Cash Sweep-Tilgung wird in der Regel zum Jahresabschluss der erwirtschaftete Cash Flow nach Finanzierungsleistungen ermittelt, somit die über die Regel-Tilgung hinausgehende Entschuldung bzw. die erwirtschaftete Liquidität, die in diesem Jahr nicht für operative Zwecke, wie für Investitionen oder für den Aufbau des Umlaufvermögens und die vertragskonforme Bedienung der Finanzierung verwendet wurden. Die Cash Sweep-Klausel verpflichtet das Unternehmen, ca. 30%-50% der dann freien Liquidität als Sondertilgung zu leisten. Vielfach sieht die Cash Sweep-Klausel die Anrechnung dieser Sondertilgungen auf die folgenden Pflichttilgungen oder auf die B- oder C-Tranchen vor.

70　Das **Volumen** der aufzunehmenden Fremdfinanzierung bemisst sich an verschiedenen Faktoren. Generell lässt sich eine Bandbreite des Fremdfinanzierungsvolumens für mittelständische Unternehmen anhand des EBITDA analog zur Mezzaninefinanzierung ableiten, die je nach Geschäftsmodell und Transaktionsstruktur zwischen dem **Drei- bis Vierfachen des EBITDA** liegt.

bb) Ausgestaltung

71　Die **Konditionen** für Akquisitionsfinanzierungen haben sich – auch bedingt durch die massiven Kreditausfälle in den Krisenjahren 2008–2009 – signifikant verteuert.

Folgende Betragsbandbreiten sind aufzubringen:

　A Tranche: 325–400 Basispunkte plus EURIBOR[18]
　B Tranche: 350–425 Basispunkte plus EURIBOR
　C Tranche: 375–450 Basispunkte plus EURIBOR

---

[17] Ein Verhältnis von A zu B-Tranche von 70:30 bis 50:50 je nach Struktur des Investments kann als marktüblich angesehen werden. Die Verwendung von C-Tranchen war in den letzten Jahren bei Mittelstandsfinanzierungen deutlich rückläufig.

[18] Euro InterBank Offered Rate (EURIBOR) ist der Zinssatz für Termingelder in Euro im Interbankengeschäft.

Eine Working Capital-Finanzierung liegt in der Regel bei 200–300 Basispunkten über **72** dem EURIBOR.

Neben der laufenden Vergütung erhält die finanzierende Bank eine Einmalvergü- **73** tung in Form einer **Arrangement Fee,** die zwischen 2% und 4% der Kreditsumme beträgt.

Des Weiteren wird die finanzierende Bank dem Unternehmen Zinsabsicherungsge- **74** schäfte für einen Teil des Darlehens auferlegen.

cc) Vertragliche und rechtliche Aspekte

Die Ausgestaltung von Kreditverträgen hat in den letzten Jahren deutlich an **Umfang** **75** gewonnen. Prägend hierfür sind die Entwicklungen der englischen Standards für Kreditverträge der Loan Market Association **(LMA-Standard),** die Schritt für Schritt ihren Einzug in deutsche Vertragswerke gefunden haben. So ist zu konstatieren, dass die Komplexität wie auch der Regelungsumfang von Kreditverträgen deutlich zugenommen haben. Dies hat zur Folge, dass es innerhalb der rechtsberatenden Berufe mittlerweile Spezialisten für Kreditverträge gibt, die in einem engen Austausch mit den jeweiligen Investoren und Buy-Out Managern während und nach einer Transaktion stehen. Dies ist vielfach notwendig, da die Regelungsmechanismen und Einfluss- bzw. Kontrollinstrumente der finanzierenden Banken an Bedeutung gewonnen haben.

Wesentliche Vertragselemente sind die folgenden Punkte[19]: **76**

(i) **Auszahlungsregelungen**
Bevor eine Akquisitionsfinanzierung zur Auszahlung kommt, müssen verschiedene Auflagen erfüllt sein. Dies sind z.B. Abtretung oder Verpfändung von Sicherheiten, Einzahlung der Gesellschaftermittel in die NewCo, der Abschluss sämtlicher Erwerbs- und Gesellschaftervereinbarungen, das Erfüllen sämtlicher Erwerbsbedingungen (z.B. der Erhalt der Kartellgenehmigung).

(ii) **Garantien**
Das finanzierende Institut lässt sich in der Regel verschiedene Garantien einräumen, die dazu dienen, in der Due Diligence behandelte Themen oder rechtliche oder strukturelle Aspekte der NewCo, die für eine Kreditvergabe mit entscheidend sind, gewährleistet zu bekommen.

(iii) Informationspflichten/**Information Covenants:**
Der Kreditnehmer ist verpflichtet, die finanzierende Bank zeitnah und turnusgemäß im Rahmen von konsolidierten Monats- und Quartalsberichten über die **wirtschaftliche Entwicklung** und **wesentliche Ereignisse** zu unterrichten. Zudem hat das Unternehmen Jahresabschlüsse auf Basis der Einzelgesellschaften sowie einen konsolidierten Jahresabschluss offenzulegen. Des Weiteren sind die wesentlichen Kennzahlen und Daten der unten aufgeführten Financial Covenants zu übermitteln. Am Ende eines Geschäftsjahres ist zudem eine aktualisierte Ein- oder auch Mehrjahresplanung vorzulegen, die eine Gewinn- und Verlustrechnung, eine Bilanzplanung, eine Cash-Flow Planung und eine Investitionsplanung umfasst.

(iv) Grundsätzliche Verpflichtungen und Kontrollrechte/**General Covenants:**
Bei den General Covenants handelt es sich um **Auflagen,** die wesentliche Kreditrahmenbedingungen betreffen, die es während der Laufzeit einzuhalten gilt. Dabei

---

[19] Siehe hierzu auch D 62 f.

kann es sich z.B. um eine Change-of-Control-Klausel handeln, die einen Gesellschafterwechsel von der Zustimmung des finanzierenden Bank abhängig macht, ein Verbot der Veräußerung wesentlicher Vermögensgegenstände oder die Untersagung nachteiliger Strukturänderungen, die die Zugriffsmöglichkeiten der Banken auf Sicherheiten im Krisenfall einschränken. Zudem ist es untersagt, dass das Unternehmen zusätzliche Finanzierungsmittel aufnimmt und dadurch gegebenenfalls die Vorrangigkeit der bestehenden Finanzierung beeinträchtigt.

77 (v) **Financial Covenants:**

Financial Covenants sind **spezifische Verpflichtungen** des Kreditnehmers, die zwischen dem Unternehmen bzw. dem Investor und der finanzierenden Bank vereinbart werden. Dabei handelt es sich im Wesentlichen um Auflagen, die die Kapitalstruktur betreffen und bestimmte Kennzahlen zum Eigenkapital, der Verschuldung, der Ertragssituation und der Liquidität festlegen. Mit diesen als Ober- oder Untergrenzen definierten Kennzahlen sollen die wirtschaftliche und finanzielle Situation der Unternehmung überwacht und mögliche negative Entwicklungen frühzeitig erkannt werden.

Die Festlegung erfolgt in der Regel nach Vorlage der Due Diligence Berichte abgestimmt auf die Unternehmensplanung und entsprechende Sensitivierungsrechnungen. Dabei werden die Covenants die erwartete Entschuldung mit abbilden und somit progressiv verlaufen.

78 Die Überprüfung erfolgt zu vertraglich festgelegten Zeitpunkten quartalsweise oder jährlich im Rahmen des Reportings. Dabei kann die Einhaltung stichtagsbezogener oder zeitraumbezogener Kennzahlen geprüft werden, was in der Regel durch eine konsolidierte Betrachtung der operativen Gesellschaft(en) und der Akquisitionsgesellschaft erfolgt. Bei zeitraumbezogenen Kennzahlen wird in der Regel auf einen Zwölfmonatszeitraum (**LTM** – *last twelve months*) zurückgegriffen. Es ist üblich, dass die Einhaltung der Kennzahlen und die Berechnungsmethodik einmal im Jahr durch den Wirtschaftsprüfer des Unternehmens bestätigt werden.

79 Der Umgang mit den Financial Covenants erfordert vom Unternehmen ein aktuelles Reporting sowie eine präzise Planung, und insbesondere bei einer sich abzeichnenden Verschlechterung ein proaktives Gegensteuern bzw. eine aktive Kommunikation mit der finanzierenden Bank.

80 Die in der Praxis wesentlichen Financial Covenants sind:

- **Zinsdeckungsgrad/EBITDA Interest Cover:** Hier wird das Verhältnis des EBITDA zu dem Finanzierungs-Zinsaufwand (ohne den möglichen Zinsaufwand für Gesellschafterdarlehen) eines Zwölfmonatszeitraumes geprüft.
- **Cash Flow Deckungsgrad/Debt Service Cover Ratio (DSCR):** Hier wird das Verhältnis des freien Cash Flows des Unternehmens vor Zins- und Tilgungsleistungen zu den vertraglich vereinbarten Zins- und Tilgungsleistungen geprüft. Kernfrage ist hierbei, ob das Unternehmen die vertraglich vereinbarten Zins- und Tilgungsleistungen auch erwirtschaftet. Dies erfolgt auf Basis eines Zwölfmonatszeitraumes. Der freie Cash Flow ist das EBITDA abzüglich der tatsächlich zu entrichtenden Steuerzahlungen, der positiven oder negativen Veränderung des Working Capitals, anderer zahlungswirksamer Veränderungen weiterer Bilanzpositionen, die nicht ertragswirksam waren, sowie abzüglich der Investitionen.

- Nettoverschuldungsgrad/Leverage Ratio: Dies ist das Verhältnis der Nettover-schuldung am Stichtag zum EBITDA der Zwölfmonatsperiode.
- Investitionen/Capex: Der Kreditvertrag sieht in der Regel Höchstgrenzen für Investitionen vor, die – abgestimmt auf die Unternehmensplanung – nicht überschritten werden dürfen. Dabei handelt es sich sowohl um immaterielle als auch um materielle Vermögensgegenstände sowie Finanzvermögen.
- Eigenmittelcovenant: Hierbei handelt es sich um die Verhältniszahl zwischen Eigenmitteln des Investors (und somit Nachrangkapital) zur Bilanzsumme. Die Bedeutung dieses Covenants kann in der Praxis als gering angesehen werden.

Abb: **Beispiel Financial Covenants**

Financial Covenants	Zins-deckungs-grad	Cash Flow Deckungs-grad	Netto-verschul-dungs-grad	Höhe der autorisierten Investitionen p. a.
am 30. 6. 2002 sowie am 31. 12. 2002	> 3,5	> 1	< 3,0	Euro 3,5 Mio.
am 30. 6. 2003 sowie am 31. 12. 2003	> 3,8	> 1	< 2,8	Euro 3,5 Mio.
am 30. 6. 2004 sowie am 31. 12. 2004	> 4,2	> 1	< 2,4	Euro 3,8 Mio.
am 30. 6. 2005 sowie am 31. 12. 2005	>4,5	> 1	< 2,0	Euro 3,8 Mio.
am 30. 6. 2006 sowie am 31. 12. 2006	> 5,0	> 1	< 1,5	Euro 4,0 Mio.
am 30. 6. 2007 und darüber hinaus	> 5,0	> 1	< 1,0	Euro 4,0 Mio.

dd) Folgen einer Verletzung der Covenants

Eine **Verletzung der Covenants** signalisiert grundsätzlich eine Risikoverschlechte- **81** rung für die finanzierende Bank und wird deshalb mit großer Aufmerksamkeit ver-folgt.

Eine Verletzung der Covenants kann **weitreichende Folgen** haben – im Extremfall **82** kann dies zu einer Kündigung des Kreditvertrages führen. Mit Verletzung der Cove-nants tritt ein Sanktionsmechanismus in Kraft, der der finanzierenden Bank zusätzliche Verhandlungsmacht gibt.

Folgende Konsequenzen können eintreten:

(i) **Forderung einer Nachbesicherung:** Das Kreditinstitut (sofern nicht die in der Praxis übliche Globalabtretung stattgefunden hat) kann bei einer verschlechterten Bonitätslage zusätzliche Sicherheiten verlangen,

(ii) **Einfrieren der Working Capital-Linien:** Das Kreditinstitut kann in Krisenfäl-len den Handlungsspielraum des Unternehmens mit Entzug der Finanzierungs-möglichkeiten weiter einschränken,

(iii) **Anpassung der Konditionen:** Die finanzierende Bank kann bei gestiegenem Risiko bzw. einer verschlechterten Bonität eine Erhöhung der Kreditkonditionen verlangen,

(iv) **Kündigung:** Eine Verletzung von Covenants zieht grundsätzlich ein Kündigungsrecht nach sich – wenn auch als ultimatives Instrument – und reflektiert die
Wichtigkeit dieser Vertragsbedingungen und ihrer Überwachung.

Die Verletzung von Covenants kann wie folgt **geheilt** werden:

(i) Erteilung eines **Waivers** (Verzicht oder Aussetzen eines Kündigungsrechtes oder
einer Bedingung): Dies kann mit einer Gebühr, Konditionenanpassung oder einer
Forderung nach Gegenmaßnahmen verbunden sein.
(ii) **Neuverhandlung** von Covenants für den Fall, dass diese unangemessen geplant
waren.
(iii) **Heilung durch zusätzliche Eigenkapital (Equity Cure):** Für bestimmte Covenants besteht die Möglichkeit, dass der Investor zusätzliche Mittel bereitstellt,
um einer Verletzung der Covenants zu begegnen.

83 Zudem ist es möglich, dass nach einer Verletzung der Covenants und einer nachhaltigen Bonitätsverschlechterung die Betreuung durch das Kreditinstitut intensiviert
wird und das Kreditengagement in eine **spezielle Risikoabteilung (Work-out De-
partment)** abgegeben wird oder auch zusätzlich externe Berater dem Unternehmen
auferlegt werden. Einer wirtschaftlich bedingten Covenant-Verletzung folgen in der
Regel intensive Verhandlungen über die zukünftige Ausrichtung des Unternehmens
sowie über Gegenmaßnahmen bei wirtschaftlichen Fehlentwicklungen. Nicht zuletzt
entscheidet sich in Verhandlungen und Gesprächen, ob der Finanzinvestor weiterhin
die Kontrolle über die Beteiligungsgesellschaft behält oder ob die finanzierende Bank
im Rahmen eines Debt-to-Equity-Swaps die Beteiligung übernimmt bzw. einen Not-
verkauf initiiert.

84   Die **Kündigungsmöglichkeiten** der finanzierenden Bank richten sich an der wirtschaftlichen Verschlechterung der Bonität des Unternehmens aus. Folgende Kündigungsgründe können vorliegen:

• Nichterbringung vertraglich vereinbarter Zins- oder Tilgungsleistungen **(Default)**
• Verstoß gegen die Covenants
• Verstoß gegen Vereinbarungen des Kreditvertrages.

85 Die Praxis zeigt, dass vor allem bei Leistungsstörungen – d. h. wenn das Unternehmen
Zins und Tilgungsleistungen nicht erbringen kann – das Kündigungsrecht ausgeübt
wird. Da dies in der Regel die Insolvenz des Akquisitionsunternehmens nach sich
zieht, kann dies nur als Ultima Ratio betrachtet werden.

ee) Besondere Auswirkungen der Wirtschaftskrise

86 Die Wirtschafts- und Finanzkrise in den Jahren 2008 und 2009 hat massive Auswirkungen auf die Finanzmärkte gehabt, die bis heute andauern.

87   Zum einen hat die verschlechterte wirtschaftliche Entwicklung dazu geführt, dass
zahlreiche Buy-Out finanzierte Unternehmen ihren Zins- und Tilgungsverpflichtungen nicht mehr nachkommen konnten, was wiederum zu den oben beschriebenen
Konsequenzen, nämlich eine Nachverhandlung oder Kündigung der Kreditverträge,
geführt hat. Zahlreiche Beteiligungshäuser mussten Totalverluste realisieren und die finanzierenden Banken hatten Kreditausfälle zu verzeichnen. Zum anderen hat sich eine
massive Zurückhaltung der Finanzierungsbereitschaft der Banken aufgrund der höhe-

ren unsicheren Zukunftsaussichten und der Ausfälle ergeben. Die Zurückhaltung hat sich sowohl in der grundsätzlichen Bereitschaft Buy-Outs zu finanzieren – verschiedene Institute haben dieses Geschäft eingestellt oder deutlich zurückgefahren, andere stellen nur noch selektiv Finanzierungen bereit – als auch in den zur Verfügung gestellten Volumina gezeigt. Damit verbunden waren und sind deutliche Erschwerungen der Kreditkonditionen und damit auch komplexere Vertragsstrukturen zu Lasten der Darlehensnehmer.

In Summe bleibt festzuhalten, dass sich die Finanzierungsmöglichkeiten für Buy- **88** outs deutlich und nachhaltig verschlechtert haben[20].

Zusammenfassung:

- Die Struktur einer Buy-Out-Finanzierung wird zunächst durch allgemeine Einflussfaktoren, wie etwa der Höhe des Kaufpreises, der unternehmensspezifischen Renditeerwartung des jeweiligen Investors oder der Verfügbarkeit von Fremdkapital mitbestimmt.
- In einem nächsten Schritt stehen dann zur Ausgestaltung eben dieser Finanzierungstruktur im Einzelnen folgende Elemente zur Verfügung:
  - **Management- oder Investorenmittel,** die in Form von eingebrachtem Stammkapital, Agio oder dem klassischen Gesellschafterdarlehen in Erscheinung treten. Diese sind grundsätzlich nachrangig.
  - **Verkäufermittel,** bspw. Darlehen bzw. gestundete Kaufpreisforderungen, die Ausgestaltung des Kaufpreises in Form eines sog. Earn outs oder schließlich die Möglichkeit der Rückbeteiligung des Veräußerers.
  - Insbesondere **Mezzaninekapital,** das in der Regel bei höheren Kaufpreisen zum Einsatz kommt und eine Hybridform von Eigen- und Fremdkapital darstellt (Vorrangigkeit gegenüber Investorenmitteln, Nachrangigkeit aber der klassischen Senior Finanzierung gegenüber).
  - Schließlich die **Fremdfinanzierung** durch Bankmittel. Diese bringt wiederum Besonderheiten bzgl. ihrer (vertraglichen) Ausgestaltung mit sich, wie z.B. die Einräumung von weitreichenden Informations- und Kontrollrechten bzw. schließlich die Vereinbarung von Financial Convenants.
- Die letztendliche Finanzierungsstruktur, d.h. die Wahl der genannten Strukturierungselemente bzw. deren Gewichtung untereinander, entscheidet sich dann in der Praxis anhand der konkreten Konstellation der jeweiligen Buy-Out-Transaktion, der einschlägigen Spielart dieser Transaktion (MBO, MBI, IBO, LBO etc.) sowie des allgemeinen Marktumfelds, in dem diese durchgeführt wird.

---

[20] Vgl. auch A 73 f.

II. Finanzierung und Management in der Praxis: Nachfolge und andere Konstellationen

1. Besonderheiten bei der Finanzierung eines Management gesteuerten Buy-Out

89   Wie bereits dargestellt, ist die Unternehmensnachfolge ein Hauptanwendungsfall des MBO bzw. MBI[21]. Ihre Gestaltung soll im Folgenden ausführlich behandelt werden.

a) Abgrenzung zu häufig vorkommenden anderen Arten der Unternehmensnachfolge

90   In der Praxis stehen einige Gestaltungsalternativen zur Verfügung, wenn der unternehmerische Generationswechsel innerhalb der Familie nicht funktioniert oder ausgeschlossen werden soll. Sieht man einmal von den Möglichkeiten ab, das Unternehmen in eine Stiftung einzubringen oder an einen internationalen Finanzinvestor zu verkaufen (beide spielen bei kleineren Familienunternehmen in der Praxis kaum eine Rolle), so wird man im Allgemeinen folgende Wege in Erwägung ziehen können:

– einen **strategischen Verkauf** (Trade Sale)[22] an ein anderes Unternehmen der gleichen oder einer verwandten Branche,

– die Fortführung mit **angestellten Geschäftsführern,** das heißt der bisherige Unternehmer zieht sich auf die Rolle eines vielleicht auch in Zukunft aktiven Gesellschafters zurück (in der Praxis häufig verbunden mit der Funktion eines Beirats- bzw. Aufsichtsratsmandates) oder

– **ein Management gesteuerter Buy-Out oder Buy-In,** also der Verkauf an leitende Mitarbeiter der eigenen Firma (MBO) oder an externe Branchenfachleute (MBI), ggf. mit Hilfe von Finanz- oder institutionellen Investoren.

91   Bevor das Nachfolgemodell MBO/MBI im Einzelnen näher dargestellt wird, hier einige Anmerkungen zu den beiden anderen Möglichkeiten.

aa) Strategischer Verkauf

92   Der strategische Verkauf kann aufgrund der deutlichen Professionalisierung des M&A-Marktes[23] in Deutschland in den letzten Jahren eine zunehmende Tendenz verzeichnen. Die M&A-Berater sind als mandatierte Dienstleister daran interessiert, Unternehmen für ihre Klienten schnellst- und dabei bestmöglich zu verkaufen. Durch die üblichen Abläufe von Bieterverfahren auf der Käuferseite werden Wettbewerbssituationen unter den Kaufinteressenten hergestellt, um so Kaufpreise zu maximieren.

---

[21] Siehe A 30 ff.
[22] Zum Begriff vgl. A 10.
[23] Zur Entwicklung A 71 f.

Die **Schattenseiten** dieser Nachfolgevariante liegen erfahrungsgemäß darin, dass 93
bei einer großen Zahl von strategischen Käufen (ebenso bei Fusionen börsennotierter
Unternehmen) der letzten Jahre Werte vernichtet wurden. Diese Transaktionen müssen rückblickend als gescheitert angesehen werden. Als wesentliche Ursachen sind aus-
zumachen:

- falsche Akquisitionsstrategien
- mangelhafte „handwerkliche" Handhabung der der Akquisition nachfolgenden Integration
- **Fehleinschätzungen** hinsichtlich des Verhältnisses zwischen Synergien und Folge-
  kosten aus dem tatsächlich bezahlten Unternehmenswert.

Künftig zu erwartende Synergien werden in der Regel zu hoch, mit ihnen einherge- 94
hende Kosten tendenziell zu niedrig eingeschätzt. Es ist zu beobachten, dass sich diese
Erkenntnisse mittlerweile auch bei akquisitionsfinanzierenden Banken durchgesetzt
haben, so dass die Bereitschaft, einen „strategischen Aufschlag" auf den Unterneh-
menspreis mit zu finanzieren, sinkt.

Da für mittelständische Familienunternehmen keine Informationspflichten über Un- 95
ternehmenskäufe und Fusionen bestehen, gibt es folglich für diese auch keine gesicherten Erkenntnisse. Beobachtungen aus dem Tagesgeschäft lassen jedoch mit großer
Wahrscheinlichkeit erwarten, dass sich die Ergebnisse nicht wesentlich von denen der
börsennotierten Unternehmen unterscheiden.

Dazu kommt bei strategischen Verkäufen die gerade für Familienunternehmen nicht 96
zu unterschätzende Konsequenz, dass beim Verkauf an einen Wettbewerber in vielen
Fällen Struktur und Identität des Unternehmens verloren gehen oder bewusst verändert werden. Damit wird meist auch die Existenz bisheriger Arbeitsplätze gefährdet.

bb) Etablierung einer Fremd-Geschäftsführung

Die Fortführung mit angestellten Geschäftsführern hat den wesentlichen Nachteil, dass 97
sie für den Unternehmer keinen **klaren Schnitt** einer neuen Lebensphase mit sich
bringt. Als Haupt-Gesellschafter, in vielen Fällen auch als Aufsichtsrats- oder Beirats-
vorsitzender, bleibt er in der Verantwortung, nicht selten auch in der persönlichen
Haftung. Da er in diesen Funktionen meist auch regelmäßig vor Ort im verkauften
Unternehmen ist, besteht die Gefahr, dass die bisherigen Hierarchie- und Kommuni-
kationsstrukturen informell fortgelebt werden. **Konflikte zwischen offizieller und
damit geschaffener „inoffizieller" Geschäftsführung** sind in diesen Gestaltungen
vorprogrammiert.

Nicht zu unterschätzen sind die Probleme bei der Suche nach dem angestellten 98
Fremd-Manager. Nach der Vorstellung mancher Unternehmer sollte er ihr eigenes
„Alter Ego" sein; er sollte möglichst die gleiche Ausbildung haben, denken, führen,
entscheiden wie sie selbst. Dass dies nur in den seltensten Fällen funktionieren kann,
liegt auf der Hand.

cc) Nachfolgeregelung durch Management gesteuerten MBO

Führt man sich die oben skizzierten Schwierigkeiten mit den beiden dargestellten 99
Nachfolgevarianten strategischer Verkauf und Etablierung einer Fremdgeschäftsfüh-

rung vor Augen, so ergeben sich schon daraus positive Aspekte, die im Einzelfall durchaus gewichtig für einen MBO bzw. MBI sprechen können.

Praxisanmerkung:

Für die meisten MBI-Gestaltungen gilt das Gleiche wie für den Management gesteuerten MBO. Sollten methodisch zu beachtende oder sonst wesentliche Abweichungen zwischen diesen beiden Techniken der Unternehmensübernahme bestehen, wird im Folgenden darauf verwiesen.

100 In der Regel bleiben die Eigenständigkeit und Identität des Unternehmens gewahrt; Gleiches gilt meist auch für Standorte und Arbeitsplätze. Schon mancher Unternehmer konnte auf diesem Weg einen familienexternen Generationswechsel gezielt gestalten und dabei sowohl seine eigenen als auch die Interessen des Unternehmens und seiner Mitarbeiter weitgehend wahren. Von Vorteil sind dabei die vielfältigen Varianten, die an die Anforderungen der jeweiligen Ausgangssituation angepasst werden können. Die Neugestaltung des Gesellschafterkreises bietet die Möglichkeit, auch die Interessenlagen von Mitarbeitern zu berücksichtigen. Gerade einzelne, für das Unternehmen wichtige **Know-how-Träger** können so enger an das Unternehmen gebunden werden. Es kann darüber hinaus sinnvoll sein, durch eine Kombination von MBO und MBI dem Unternehmen neues Know-how zu erschließen.

101 Angesichts der vielen positiven Aspekte scheint die Frage gerechtfertigt, ob MBO und MBI sogar **Königswege** der familienexternen Unternehmensnachfolge sind. Aus langjähriger Erfahrung mit einer Vielzahl von praktischen Fällen lautet die Antwort eindeutig „*Ja, wenn die Rahmenbedingungen stimmen*". Zum einen geht es um die Bedingungen, die beim abzugebenden Unternehmen herrschen und die im Rahmen einer langfristigen Nachfolgeplanung gestaltbar sind.

102 Zum anderen erfordert die Entwicklung von Finanzierungskonzepten für MBO-Situationen in der praktischen Umsetzung in der Regel deutlich **längere Projektstandzeiten** als strategische Unternehmensverkäufe. Dies liegt tendenziell schon deshalb auf der Hand, weil die Beteiligten an strategischen Verkäufen direkte Entscheider sind, während es in einem MBO-/MBI-Prozess mehrere involvierte „Player" mit durchaus unterschiedlichen Interessen gibt.

103 Bei strategischen Verkäufen von Unternehmen kommen nach Abschluss des Kaufs bisherige Gesellschafter und ihre Dienstleister oft viel schneller zu den ihnen vertraglich zustehenden Kaufpreisbestandteilen, Courtagen für M&A- und Beratungsleistungen, manchmal sogar bei höher taxierten Kaufpreisen, eben wenn doch strategische Aufschläge in den Verhandlungen durchgesetzt werden konnten. Hieraus leitet sich auch die in der Praxis häufig anzutreffende Auffassung der M&A-Berater ab, bei einem Management gesteuerten Buy-Out werde grundsätzlich nicht der – aus ihrer Sicht – maximal denkbare Kaufpreis gezahlt. Dahinter steckt erfahrungsgemäß ein Auseinanderklaffen von rechnerisch dargestellten Unternehmenswerten und den letztendlich gezahlten Preisen für die Unternehmen.

104 Der Grund für die längere für den Verkauf benötigte Projektzeit liegt beim MBO/MBI insbesondere in der **Strukturierung der Akquisitionsfinanzierung.** Das Management-Team oder einzelne MBO-/MBI-Manager haben meist relativ geringe Eigenmittel, die sie für den von Banken erwarteten Eigenmittelanteil am Gesamtkaufpreis einsetzen können. Daneben sind auch Potentiale an Sicherheiten, die vom künftigen Management gestellt werden können, und die Bereitschaft zur Übernahme von persönlicher Haftung oder Bürgschaften in der Praxis eher gering.

Im Gegensatz zu den Einschränkungen bei der Finanzierung findet man häufig die **105** Erwartung der MBO-/MBI-Manager vor, als künftige Inhaber eine möglichst komfortable, mehrheitliche Gesellschafterstellung zu erhalten, was beim Unternehmenserwerb zusammen mit Private Equity Gesellschaften in der Regel grundsätzlich nicht möglich ist. Diese verzichten aufgrund ihres Kapitaleinsatzes zumeist nicht auf Mehrheitspositionen und räumen dem Management bis zum gemeinsamen Exit allenfalls Minderheitenanteile an der Erwerbergesellschaft ein, diese allerdings zu Vorzugskonditionen, also zu einem günstigen Einstiegsbetrag, wenn nicht gar zum Nominalbetrag. Dieses Vorgehen hat den Charme, dass die Manager von der eigentlichen Kaufpreisfinanzierung des operativen Unternehmens unberührt bleiben.

Einen eher „technischen", aber im Zweifel zeitaufwändigen Aspekt stellt die **Struk-** **106** **turierung** des Erwerbsvorgangs selbst dar. Man gründet zum Erwerb der Anteile am zu kaufenden Unternehmen (dem Target bzw. operativen Zielunternehmen) eine **Erwerbergesellschaft** (die NewCo). Diese muss durch Einlagen, Gesellschafterdarlehen, mezzanines Kapital und Bankkredite so ausgestattet werden, dass sie im Erwerbsvorgang den vereinbarten Kaufpreis für die Übernahme des Eigenkapitals (Preis für das sog. *„equity-value"*, nämlich *cash-and-debt-free,* also ohne zinstragende Verbindlichkeiten und ohne Kasse) und die anfallenden Erwerbsnebenkosten (Notargebühren, Eintragungskosten, Kosten der Due-Diligence u.a.) finanzieren kann[24]. Um den laufenden Wertschöpfungsprozess der nunmehr operativen Tochtergesellschaft weiterführen zu können, ist zusätzlich zur Kaufpreisfinanzierung bei ihr bereits vor dem Kauf eine hinreichende Betriebsmittelausstattung zu planen.

Alle Beteiligten müssen sich darüber im Klaren sein, dass der freie Cash Flow dieser **107** operativen Tochter dafür zu verwenden ist, den **Kapitaldienst** (also Zins und Tilgung) für die Akquisitionsfinanzierung der Erwerbergesellschaft zu tragen. Hierzu sind Lösungen gefordert, die das **Hochschleusen** des freien Cash Flows von der operativen Gesellschaft in die Erwerbergesellschaft gestatten (beispielsweise Darlehensablösung, Ergebnisabführung, Verschmelzung).[25]

Ein nicht zu unterschätzender kritischer Aspekt im Akquisitionsprozess ist ein **Per-** **108** **sonenrisiko,** das sich aus der Person des oder der übernehmenden Manager ergibt (beim MBO-Kandidaten weniger, da dieser ja in der Regel im Unternehmen bekannt ist, wenn auch nicht unter dem Druck, die Geschäftsführungsverantwortung selbst tragen zu müssen). Gerade Erwerber von bislang mittelständisch geführten Familienunternehmen, vor allem wenn diese wesentlich auf das Familienoberhaupt zugeschnitten waren, erleiden häufig einen Kulturschock in Sachen „Unternehmensführung". Die Gründe hierfür sind vielschichtig. So kann sich ein zur Übernahme von Führungsaufgaben designiertes Familienmitglied als fachlich ungeeignet erweisen, selbst wenn ihm ein bisher schon länger im Unternehmen tätiger, erfahrener Manager beiseite stand. Kommt zudem statt des MBO ein MBI-Kandidat von außen in das Unternehmen, erhöht sich das Personenrisiko in jedem Fall deutlich, da dieser „Neue" zunächst nicht nur kritisch betrachtet wird, sich gleichwohl vor allem bei der Wahrung

---

[24] Vgl. hierzu A 43 f. sowie ausführlich D 1 ff.
[25] Vgl. D 77 ff.

der Unternehmensinteressen beweisen und gegebenenfalls in der Belegschaft und bei den übrigen Führungskräften durchsetzen muss.

109 **Extrem kritisch** sind Nachfolgesituationen, die durch persönliche **Notfälle** im Target (bspw. plötzlich auftretende, schwere Erkrankungen oder sogar Tod des bisherigen Inhabers) ausgelöst werden oder sich aus bereits länger abzeichnenden unternehmerischen Notwendigkeiten ergeben (strategische Defizite, altersbedingt nachlassende unternehmerische Impulse oder massiver Investitionsstau), die im Tagesgeschäft bislang vernachlässigt wurden. Solche Feststellungen lassen einen MBO-/MBI-Prozess, wenn es zu diesem überhaupt noch kommt, hinsichtlich der Beteiligungsfähigkeit des Targets fragwürdig erscheinen. Im Rahmen der verschiedenen Due Diligence Untersuchungen ist die **Beteiligungsfähigkeit** daher permanent zu hinterfragen.

Praxisanmerkung:

1.) Management gesteuerte Buy-Outs genauso wie Buy-Ins erfordern unabdingbar Targets mit nachhaltiger Cash-Flow-Stärke. Gemeint ist dabei der frei zur Verfügung stehende Cash-Flow, der nicht durch Investitionen in Wachstum, Steuerzahlungen oder Entnahmen für den persönlichen Bedarf verbraucht wird, sondern vollumfänglich für Zins- und Tilgungszahlungen – vielleicht auch Sondertilgungen – der Kaufpreisfinanzierung verwendet werden kann.

2.) Die Akquisitionsfinanzierung kann nur in Verbindung mit der Betriebsmittelfinanzierung des Targets gesehen und beurteilt werden. Die finanzierenden Kreditinstitute dürfen im Hinblick auf die Verschuldungskapazität des Gesamtkonstrukts (Erwerbergesellschaft und Target sind für finanzierende Partner meist eine Schuldnereinheit) nicht an die Grenzen ihrer eigenen, hausinternen Entscheidungsmöglichkeiten bei ihren Gremien stoßen.

3.) Es kommt immer wieder vor, dass MBI-Kandidaten in Konzernstrukturen perfekt praxiserprobt sind. An direkte Entscheidungswege in kleineren Mittelstands- oder Familienunternehmen sind sie aber in der Tagespraxis nicht gewöhnt und können folglich damit „Hands on" nicht umgehen. Die Gefahren daraus und damit die Wahrscheinlichkeit des Scheiterns der Übernahme sind in derlei gelagerten Fällen groß.

b) Idealprofil eines Zielunternehmens

110 Immer wenn es darum geht, „Ideale" zu suchen, wird man sich im Ergebnis mit Annäherungen zufrieden geben müssen, so auch bei Targets, die im Rahmen eines MBO oder MBI erworben werden sollen.

111 Die oberste und gleichsam abstrakteste Anforderung stellt die **„Beteiligungsfähigkeit"** und damit die **„Übernahmefähigkeit"** dar. Sie zu beurteilen, stellt im Tagesgeschäft selbst erfahrene Projektmanager und Berater manchmal vor schwierige Aufgaben. Hierzu gehören zunächst folgende grundsätzliche Fragen:

- zur Abhängigkeit des Tagesgeschäfts von den bisherigen geschäftsführenden Inhabern und Gesellschaftern und deren jeweiliger Bereitschaft, sich überhaupt von ihren Anteilen zu trennen,
- zu grundsätzlich realistischen Vorstellungen von Kaufpreisen und
- zu einer Darstellbarkeit der Gesamtfinanzierung, die gerade unter diesem Blickwinkel nicht nur auf das Target, sondern auch auf die Finanzierung der Erwerbergesellschaft vollumfänglich abstellt.

Werden von den am Prozess beteiligten Entscheidern die grundsätzlichen Fragen – **112** teilweise zunächst auch nur „nach Bauchgefühl" – positiv eingeschätzt, werden sie sich intensiv um die Strukturierung der Finanzierung des Vorhabens bemühen. Diese setzt Annahmen über die wirtschaftliche Entwicklung voraus, die für einen Gesamtfinanzierungsplan[26] getroffen und somit auch projektfremden Dritten plausibel vermittelt werden. Empfänger solcher Unterlagen können sein:

- bisherige und evtl. neue Hausbanken,
- Förderbanken (KfW Kreditanstalt für Wiederaufbau, LfA Förderbank Bayern, Bayerische Garantiegesellschaft mbH für mittelständische Beteiligungen und einige andere),
- mittelständische Beteiligungsgesellschaften (BayBG, mbg Baden Württemberg und weitere Gesellschaften aus anderen Bundesländern),
- Private Equity Gesellschaften (inkl. in letzter Zeit stark zunehmender Zahl von Single Family Offices, privaten Initiatorengruppen, Multi Family- und Private Family Offices[27]),
- Strategische Investoren und Industrieholdings,
- Joint-Venture-Investoren[28],
- Fonds-Investoren und Dachfonds-Konstruktionen,
- gegebenenfalls andere Investoren, die sich strategisch mitunter nicht trennscharf den Vorgenannten zuordnen lassen und ggf.
- weitere Gesellschafter, sofern diese nicht an der Erstellung der oben genannten Unterlagen selbst mitgewirkt haben.

Praxisanmerkung:

*Es wird von allen Vertretern von Kreditinstituten und Investoren, die einen MBO/MBI begleiten, erwartet, dass der Kandidat die Erarbeitung grundsätzlicher strategischer Maßnahmen oder die Erstellung eines Businessplans **nicht** an außen stehende Berater delegiert. Von allen am Prozess Beteiligten wird ein solches Verhalten des Kandidaten als dessen Selbst-Disqualifikation für unternehmerische Befähigung angesehen werden.*

Unerheblich ist dabei, ob die Erwerber mit Investoren zu tun haben, die eher erwerbswirtschaftlich orientiert sind, oder mit solchen, die mit ihrer Beteiligung wirtschaftspolitische Interessen verfolgen. Beide sind am Ende des Tages gleich kritisch, denn beide wollen letztlich auch ihr investiertes Geld mit entsprechender Rendite zurück bekommen.

Die Investoren untersuchen genau, wie sich die Kostenstrukturen im Target nach **113** Übernahme beeinflussen lassen, welche Potentiale der Innenfinanzierung sich möglicherweise aus der Freisetzung von Liquidität aus dem Betriebsmittelumlauf generieren lassen, welche zusätzliche Markterschließung nach Übernahme möglich sein könnte und was künftig zusätzlich zum Erhaltungsaufwand investiert werden kann und vielleicht sogar muss.

---

[26] Mindestens integrierter Business-Plan mit geplanten Gewinn- und Verlustrechnungen, Liquiditätsbedarfsrechnungen und sich daraus bedingt ergebenden – sozusagen als systemische „Abfallprodukte" – Planbilanzen, gern genutzt zur Einschätzung der Entwicklung der Eigenkapitalquote.

[27] Unter Family Office werden idR. Organisationsformen und Dienstleistungen verstanden, die sich mit der Verwaltung privater Großvermögen befassen.

[28] Ein Joint Venture ist eine gemeinsame Unternehmung.

114 Die folgende Aufzählung soll – ohne Anspruch auf Vollständigkeit und aus der Tagespraxis abgeleitet – aufzeigen, welche Aspekte vor einem Kauf in jedem Fall untersucht werden sollten, auch wenn sie natürlich nicht alle in jedem Einzelfall anzutreffen sein werden:

- Die **Finanzstrukturen** in der Erwerbergesellschaft und in der operativen Gesellschaft, also im Target, sind **konservativ** gehalten, d. h. die errechnete Gesamtverschuldung ist von Beginn des Erwerbsprozesses an optimiert.

- Target und Erwerbergesellschaft setzen zeitnah zur Verfügung stehende und zuverlässige **Steuerungs- und Controlling-Instrumente** (Materialwirtschaft, Buchhaltungssystem, Kosten- und Leistungsrechnung, Betriebskostenerfassung und Vor- und Nachkalkulation, Debitoren- und Kreditorenmanagement u. ä.), ein. Diese sind unverzichtbar.

- Das Target agiert in **reifen Märkten** mit **für sich abgesteckten Marktpositionen.** Die Geschäftsführung ist sich der strategischen Ausrichtung der Marktsegmente ihres Unternehmens bewusst (bspw. Kosten-, Qualitäts- oder Technologieführerschaft).

- Der in den nächsten Jahren als erzielbar erwartete **Cash Flow ist vergleichsweise hoch** und nachhaltig und deckt gut bis komfortabel den Bedarf für Ersatzinvestitionen, Steuern, Zinsen und Tilgungen, die geleistet werden müssen. Verlustfinanzierungen oder konsumorientierte Ausschüttungen auf Gesellschafterebene werden im Stadium der Rückführung der Akquisitionsfinanzierung von keiner akquisitionsfinanzierenden Bank akzeptiert. Als Ausnahme gelten hier ausdrücklich vertraglich ausbedungene Kapitaldienstzahlungen für privat geliehene Eigenmittel der Gesellschafter oder ein handelsrechtlicher Verlustausweis, der durch gesetzlich vorgeschriebene Geschäftswertabschreibungen entsteht. Derzeit regeln Kreditinstitute die Verwendung von freiem Cash Flow im Rahmen von mittlerweile deutlich strenger gefassten Rangrücktrittsvereinbarungen und Darlehensbelassungserklärungen als in früheren Jahren.

Praxisanmerkung:

Wenn durch das Transaktionsmodell künftig Firmen- oder Geschäftswertabschreibungen zu erwarten sind, beispielsweise bei einem Asset-Deal, empfiehlt es sich für die Investoren im Vorfeld entsprechende vertragliche Regelungen bezüglich erfolgsabhängiger Vergütungen zu treffen, um zu verhindern, dass durch bilanzpolitische Maßnahmen – gerade bei stillen Beteiligungen – ein Jahresfehlbetrag in der Gewinn- und Verlustrechnung des Unternehmens entsteht bzw. erhöht wird.

- Es bestehen möglicherweise **weitere Potentiale** zur Schaffung von Working Capital (z.B. Lagerabbau „zum Atmen" in der Betriebsmittelfinanzierung, Factoring oder Skontierfähigkeit).

- Das Unternehmen verfügt vielleicht auch über **nicht betriebsnotwenige Vermögenswerte** oder Randaktivitäten, die veräußert oder beliehen werden können.

- Es liegen auch sonst keine wesentlichen „offenen Baustellen" vor wie z.B. größere unsichere und nicht hinreichend finanzierte Projekte in der Produktentwicklung und Forschung.

- **Organisationsstrukturen** sind klar definiert und das operative Geschäft läuft im Wesentlichen reibungslos, auch (und vielleicht gerade besonders gut) auf der zweiten Ebene.

Schroeder

- Das **soziale Klima** stimmt; die Mitarbeiter sind motiviert und ab Bekanntwerden offen für den geplanten Inhaberwechsel. Bisweilen freuen sich Mitarbeiter auf neue Perspektiven und Anschub nach dem Generationswechsel.
- **Vertragliche Regelungen** wie beispielsweise Gesellschaftsverträge und Testament sowie andere Abreden zur Abgrenzung der Privatsphäre, Geschäftsführungs- und Beiratsordnung, Mitgliedschaften u. ä. sind auf aktuellem Stand und rechtlich wie inhaltlich schlüssig aufeinander abgestimmt.

Diese und sicherlich im Einzelfall weitere Aspekte erfordern spätestens unmittelbar **115** nach der Übergabe des Unternehmens Anpassungen an die nunmehr neuen Strukturen (MBI, MBO, deren Familien – soweit betroffen –, Investoren und Kreditgeber).

c) Spezifische Risikofaktoren

aa) Transaktionsbedingte Risikoelemente

Zu jedem Prozess der Unternehmensnachfolge gibt es neben den allgemeinen wirt- **116** schaftlichen auch transaktionsspezifische Risiken. Diese sind bei einem MBI in den allermeisten Fällen wegen des Personenrisikos höher als bei einem MBO. Auf folgende Aspekte sollte besonders geachtet werden:

(i) Der Kaufpreis für das Target muss jederzeit aus dem künftigen freien Cash Flow des Unternehmens dargestellt und aus erwirtschaftetem, freiem Cash Flow bedient werden können.

(ii) Maximale oder optimale Kaufpreise aus der Sicht des Verkäufers – also mit einem sogenannten strategischen Aufschlag versehene Unternehmenswerte – können vielleicht von einem Investor unter Zuhilfenahme des meist angeführten Arguments der „Synergie" geboten werden. Im Rahmen von Buy-Out- oder Buy-In-Transaktionen sind um den **strategischen Faktor** höhere Kaufpreise in der Regel aber **nicht finanzierbar,** da der künftige freie Cash Flow in der Regel diese finanzielle Mehrbelastung nicht tragen kann. Denn ob der Mehrpreis aufgebracht werden kann, hängt vom Erfolg des Targets selbst ab.

Praxisanmerkung:

Grundsätzlich sollte dem MBO-Kandidaten bewusst sein, dass wirtschaftlich betrachtet das im Target „künftig Verdiente" zwingend bei der Erwerbergesellschaft ankommen muss, da es für diese (und aufgrund der Sicherheitsstruktur damit auch für das Target) existenznotwendig ist!

In den letzten Jahren ist bei denjenigen Kreditinstituten, die gegenwärtig noch Bereitschaft zu Akquisitionsfinanzierungen zeigen, als wesentliche Voraussetzung für eine Finanzierungszusage die Erwartung zu beobachten, dass Kaufpreisbestandteile für „Synergieeffekte" aus Eigenmitteln des Erwerbers darzustellen sind, also im Kaufprozess in der Regel nicht mehr bankfinanziert werden. Mit Recht: Diese strategischen Aufschläge sind, wenn sie überhaupt gerechtfertigt sein sollten, zwingend auf der Gesellschafterebene zu finanzieren. Hintergrund ist, dass sich der tatsächliche Nutzen eines strategischen Aufschlags im Kaufpreis in den allerwenigsten Fällen nach Erwerb weder aus Controllingberichten noch aus Abschlüssen ableiten lässt und damit nachweisbar wird.

Die nach dem MBO/MBI neue Geschäftsführung bzw. das Management-Team sollte der künftigen Situation durch Übernahme unternehmerischer Verantwortung in jeder Hinsicht gerecht werden. **Personenrisiken** sind Unwägbarkeiten, die sich auf der persönlichen Ebene aus dem Wechsel im Management ergeben, wie z. B. Know-how-Übergang, persönlicher Kontakt („Chemie") zu den wesentlichen Mitarbeitern, Investoren und Kreditinstituten und Anderen.

117 Beobachtungen bzw. Prüfungen dieser Management-Fähigkeiten sind besonders für beteiligte Investoren – neben den üblichen Due Diligence-Prozessen – ein wesentlicher Teil ihrer Aufgabenstellung im Prüfungsprozess. Das Vertrauen in das künftige Management und dessen fachliche und persönliche Qualifikation ist für jedes einzelne Engagement unabdingbare Voraussetzung. Trotzdem bleibt gerade die Einschätzung der Eignung der Kandidaten immer ein fallbezogenes, nicht zu unterschätzendes Restrisiko. Nicht jeder bisher erfolgreiche leitende Angestellte hat das Zeug zu einem künftig guten Unternehmer. Nicht selten trifft man auch auf „Schönwetterkapitäne", bei denen erst gerade in Existenz gefährdenden Krisensituationen fachliche und/oder persönliche Defizite zu Tage treten.

Praxisanmerkung:

Ein „Schönwetterkapitän" wird dann erfahrungsgemäß zu einem „fatal error" nach dem Übernahmeprozess, wenn sein Agieren im Bereich direkter und fundierter Entscheidungen mehr an hektische Betriebsamkeit erinnert, als an wohl überlegtes, strukturiertes kaufmännisches Verhalten. Über kurz oder lang ist wahrscheinlich mit einem solchen Kandidaten der Prozess zum Scheitern verurteilt und dies mit erheblichen wirtschaftlichen Folgen für alle Beteiligten!

(iii) Man hat systembedingt **zusätzlichen Zinsaufwand** aus der Finanzierung des Kaufpreises, zwar in der Erwerbergesellschaft, der aber aus dem Ergebnis des Targets erwirtschaftet werden muss.[29]

(iv) Häufig treten **Restrukturierungsrisiken** ans Tageslicht, die sich aus den Begleiterscheinungen des fortgeschrittenen Lebensalters des Unternehmers erklären. Das Target ist dann strategisch nicht oder schon länger nicht mehr optimal im Markt positioniert.

Praxisanmerkung:

Sehr häufig sind altersbedingte Investitionsstaus anzutreffen. „Ach, was soll ich für die paar Jahre noch investieren?" oder „Ging's bislang damit, wird's auch weiter gehen …" sind für den Prozess gefährliche Sätze, die man in der Tagespraxis leider häufig zu hören bekommt.

118 In Übersichtsform stellen sich die Risiken im Vorfeld eines MBO/MBI folgendermaßen dar:

---

[29] Erhöhung der Aufwendungen durch Fremdkapitalkosten im Gesamtprojekt; diese Art von zusätzlichem Risiko wird auch als „leverage-risk" bezeichnet, was besagt, dass es durch erhöhte Fremdkapitalzinsen zu einer deutlichen Abnahme der Eigenkapitalrentabilität im Gesamtprojekt kommen kann.

Abb.: **Risikoelemente im Vorfeld zum MBO/MBI**

bb) Risiken infolge der mittelständischen Struktur des Zielunternehmens

Wenngleich sich kleine und mittlere Unternehmen gegenüber größeren Gesellschaften 119 in der Regel durch eine Reihe von Vorteilen im Tagesgeschäft abheben, ergeben sich gerade infolge der mittelständischen Strukturen in strategischen Fragen, also auch zum Thema „Nachfolge" oftmals erhebliche **Defizite,** die sich zu massiven Risiken auswachsen können:

(i) Über anstehende Nachfolgeregelungen wird kaum bis gar nicht gesprochen. Weder in der Familie noch gegenüber den engsten Mitarbeitern wird dieses Thema angeschnitten.

(ii) Die Lösung der Nachfolgefrage im Wege eines MBO/MBI ist aus der Sicht des Verkäufers häufig nicht die „erste Option". Bei vielen mittelständischen Unternehmern, die vor der Nachfolgefrage stehen, ist dieser Lösungsweg immer noch zu wenig bekannt. Und selbst diejenigen, die schon davon gehört haben, ziehen ihn zunächst nicht näher in Betracht, weil sie ihn für nicht gangbar halten.

(iii) Bevor ein MBO/MBI zur Lösung des Generationswechsels im Unternehmen ernsthaft ins Kalkül gezogen wird, sind nicht selten andere Lösungsversuche, wie die Weitergabe innerhalb der Familie, fehlgeschlagen. Das Unternehmen wurde dann nicht darauf ausgerichtet, auf einen familienfremden Eigentümer überzugehen. Das bedeutet z. B., dass Entscheidungen eher zentralisiert als delegiert wurden und die Organisationsstrukturen ohne klar definierte Führungsebenen auf den Prinzipal zulaufen. Da dieses „Organisationsprinzip" von einem Nachfolger in der Regel so nicht fortgeführt werden kann, sollten in diesen Fällen Machbarkeit und Konsequenzen einer organisatorischen Neustrukturierung genau geprüft werden.

(iv) Eine zu späte Regelung der Nachfolgefrage kann auch bedeuten, dass der abgebende Unternehmer – in Einzelfällen weit – über die übliche Altersgrenze hinaus aktiv ist. In dieser Phase fehlen oft Impulse und unternehmerische Tatkraft, so dass die Entwicklung des Unternehmens in vielfacher Hinsicht stagniert. Dann können sich Defizite bezüglich strategischer Entscheidungen, neuer Produkte, fortschrittlicher Verfahren, insbesondere in den Bereichen Marketing und Vertrieb einstellen. Diese Art der Unternehmensführung hinterlässt ihre Spuren auch im Personalbereich; nicht selten ist das Durchschnittsalter überdurchschnittlich hoch.

Praxisanmerkung:

Häufig werden Marktentwicklungen und Positionierungen im Lebenszyklus von bestimmten Produkten vom Unternehmer altersbedingt nicht mehr richtig eingeschätzt. Die Einstellung des Prinzipals gefährdet das zur Übergabe anstehende Unternehmen nicht nur, sondern lässt fraglich erscheinen, ob es überhaupt noch zur Übergabe kommen kann, also es praktisch beteiligungsfähig ist oder in vertretbarer Zeit dazu gemacht werden kann.

Die immer wieder einmal anzutreffende Einstellung „Ich bin doch erst 75, also fünf Jahre geh'n noch ...“ lässt vielleicht so manchen Leser schmunzeln, ist aber ein anschauliches Beispiel für enorme Risiken im Übernahmeprozess, falls der bei dieser Ausgangslage überhaupt noch möglich ist. Das „Nicht-loslassen-können“ des Unternehmers ist häufig der Tod seines Unternehmens.

120 Im Zuge der Due Diligence und der notwendigen kritischen Auseinandersetzung mit den evtl. vorhandenen Risiken ist zwingend zu prüfen, welche Defizite durch das neue Management kurzfristig behoben werden können. Zu einem erheblichen Teil werden sich aus den bestehenden Problempunkten auch Chancen ergeben, die nach der Transaktion realisiert werden können.

2. Entwicklung des Finanzierungskonzepts in der Praxis

a) Vorüberlegungen und Struktur

121 Als Voraussetzung für die Inangriffnahme des Übergabeprozesses haben beide Seiten – Übergeber wie Nachfolger – ihre Vorstellungen jeder für sich weitestgehend durchdacht und auch mit ihrem jeweiligen Umfeld abgestimmt.

Praxisanmerkung:

Dringend zu empfehlen ist an dieser Stelle, dass nicht nur die rechtlich-technischen Hürden gemeinsam überwunden werden. Auch und gerade emotionale Themen, wie „Loslassen“ oder „Verantwortung übernehmen, Risiko tragen“ müssen zwingend aktiv bearbeitet werden. Eine grundsätzliche Akzeptanz des Vorhabens besonders im familiären Umfeld der von der Nachfolgeregelung Betroffenen muss vorhanden sein.

122 Der oder die Verkäufer und Inhaber des Unternehmens haben im Wesentlichen

- gemeinsam mit den Mitgesellschaftern und/oder Familienmitgliedern eine MBO/MBI-Lösung dem Grunde nach als Nachfolgeregelung akzeptiert und diese werden sie aktiv unterstützend mittragen,
- akzeptiert, dass kein strategischer Verkauf als Alternative in Frage kommen soll,
- ihre Unternehmenswertvorstellungen befriedigend mit dem Käufer durchverhandelt und

- erkannt, dass das Unternehmen bei dieser Form der Nachfolgeregelung bis auf weiteres in der bisherigen Form fortgeführt wird.

Den MBO-Kandidaten als Erwerber ist (hoffentlich) bewusst, **123**

- dass sie künftig auch die strategische Zukunft der neuen wirtschaftlichen Einheit aus Target und Erwerbergesellschaft eigenverantwortlich zu gestalten, also das unternehmerische Risiko selbst vollständig zu tragen haben,
- dass sie auch dann die emotionale Mehrbelastung der finanziellen Verpflichtungen aus der Kaufpreisfinanzierung ertragen müssen, wenn der wirtschaftliche Erfolg des Targets sich nicht so einstellt, wie sie erwartet hatten, und
- dass ihre Bereitschaft zur Mehrleistung von ihrem privaten Umfeld vollumfänglich unterstützt werden muss.

Auch diese beiden Aufzählungen haben keinen Anspruch auf Vollständigkeit als Vor- **124** aussetzung, um eine technische Strukturierung des Übernahmeprozesses[30] zu beginnen. Es können weitere Hürden oder persönliche Vorbehalte auftreten, die im Vorfeld zwingend auszuräumen sind.

Weiterhin ist eine Erwerbergesellschaft zu etablieren und die Finanzierung des aus- **125** gehandelten Kaufpreises auf deren Passivseite darzustellen. Der Ablauf der Transaktion könnte so skizziert werden:

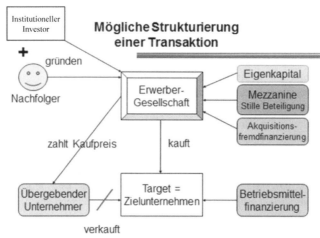

Schematische Darstellung eines möglichen Ablaufs einer MBO-Übergabe

Im Fall der Abbildung **126**

- gründen ein Nachfolger und ein institutioneller Investor eine Erwerbergesellschaft;
- diese wird dann von Beiden ausgestattet mit gezeichnetem Kapital und ggf. Rücklagen (= Eigenkapital), mezzaninem, also wirtschaftlichem Eigenkapital (vielleicht auch in Form einer stillen Beteiligung);
- eine Kreditfinanzierung ergänzt die zur Akquisition nötigen Mittel, also Kaufpreis zuzüglich Transaktionskosten;

---

[30] Zu den Begrifflichkeiten des Übernahmeprozesses vgl. im Einzelnen D 141 ff.

- sodann wird das Target gekauft und der Verkäufer bleibt gegebenenfalls über ein Verkäuferdarlehen, eine Earn-out Regelung und/oder einen Beratervertrag dem Target verbunden.

127 Dann ist das **Closing** erreicht, also der eigentliche Vollzug des Vertrages[31].

Praxisanmerkung:

1. Die o. a. Skizze macht deutlich, dass man bei der Verhandlung der Gesamtfinanzierung zwingend den Betriebsmittelbedarf der erworbenen operativen Gesellschaft mit in die Gesamtfinanzierung des Vorhabens einbeziehen muss, denn das erwarten auch die Kreditgeber. Erfahrungsgemäß sind die meisten übergebenen Unternehmen vor der Transaktion zunächst bankschuldenfrei. Wenn im Zuge der Transaktion keine Liquidität (Kasse) „mit gekauft" wird, führt dies sehr bald nach der Übernahme zu einer Unterdeckung im Bereich des Working Capital.

2. Den Übernehmern fehlt aus ihrer privaten Vermögenssituation meistens das Potenzial an Sicherheiten, um die Finanzierung des Erwerbs komplett zu stemmen. Hier gilt es, geeignete Maßnahmen zu ergreifen, um alle Beteiligten an der Transaktion, ggf. aber auch öffentliche Kreditgeber und Förderinstanzen, in die Risikoabdeckung mit einzubinden.

3. Im Vorfeld der Transaktion ist zu klären, wie die Kapitaldienstfähigkeit der Erwerbergesellschaft dargestellt werden soll. Das operative Geschäft läuft in der gekauften Zielgesellschaft. Es gilt also, den freien Cash-Flow der operativen Gesellschaft technisch in die Erwerbergesellschaft zu bekommen, um hier den Zahlungsverpflichtungen aus dem Erwerbsvorgang nachkommen zu können. Dazu gibt es beispielsweise folgende in der Praxis anzutreffende Lösungsansätze:

- *Darlehensmodell zwischen Target und Erwerbergesellschaft*
- *Ausschüttungen oder Vorabausschüttungen von Target auf Erwerbergesellschaft, auch in Verbindung mit einem Darlehensmodell*
- *Verschmelzung von Target auf Erwerbergesellschaft oder umgekehrt*
- *organschaftliche Verbindung mit Gewinnabführung von Target auf Erwerbergesellschaft.*
- *Erfahrungsgemäß sind dabei nicht immer nur steuerliche Argumente zielführend. Wichtig ist, dass für alle außen stehenden Partner plausibel wird, in welcher Form die Erwerbergesellschaft künftig den Kapitaldienst für den Kaufpreis erbringen wird[32].*

4. Die (hoffentlich vertraglich genau geregelte) künftige innerbetriebliche Rolle des abgebenden Unternehmers ist erfahrungsgemäß ein „zweischneidiges Schwert". Es gilt Führungskonflikte gegenüber der Belegschaft zu vermeiden. Es muss für jedermann klar sein, wer „Herr im Haus" ist. Ein unbesichertes Verkäuferdarlehen bietet i. d. R. keine Mitspracherechte, ein Beratervertrag ebnet dagegen in der Praxis und besonders im Tagesgeschäft den Weg zur Mitsprache, ja sogar zur Einmischung! Oftmals sind damit überflüssige Konflikte vorprogrammiert.

---

[31] Vgl. zum Begriff des Closing auch D 18 f. sowie zur Transaktionsstrukturierung D 167 ff.
[32] Vgl. hierzu D 77 ff.

b) Fallgestaltungen der Praxis

aa) Praxisbeispiel 1: MBO und Akquisitionsdarlehen

(i) Vorgeschichte

Der Steuerberater eines kleinen Metallbearbeitungsbetriebs der Elektroindustrie sucht **128** für seine Mandantin **A–GmbH** eine Lösung für deren **Unternehmensnachfolge.** Die A–GmbH wird geführt von ihrem Gründer-Ehepaar Vater (59), Mutter (2007 bereits schwer erkrankt), Tochter 1 (aktiv in einem Teilbereich, anstelle der Mutter mit kaufmännischen Tätigkeiten betraut), Tochter 2 und Sohn (beide nicht im Unternehmen tätig), je mit einem Stammkapitalanteil von 20%. Vater und Mutter sind jeweils allein zur Vertretung berechtigt.

Die A–GmbH ist ein **Nischenanbieter.** Strategisch ist sie als Kostenführer im Markt unterwegs. Das beschert ihr besonders lukrative Margen in Kleinserien für zahlreiche kleinere Abnehmer. Lediglich ein Kunde beauftragt mehr als 40% des jährlichen Umsatzes. Die Abhängigkeit ist beiderseitig.

Daneben gibt es neun Mitarbeiter, einer davon ist der vom Vater für seine Nach- **129** folge angedachte Produktionsleiter. Er wird vom Vater kurz und knapp über dessen Vorstellungen in Kenntnis gesetzt und reagiert darauf ziemlich nervös. Er sieht es als Überforderung für sich und seine Familie an, im Rahmen eines Buy-Outs nicht nur die gesamte unternehmerische Verantwortung zu übernehmen, sondern auch den Kaufpreis allein zu finanzieren und künftig vollumfänglich persönlich dafür zu haften.

Dem Gespräch lag weder ein auch nur rudimentäres Übergabekonzept noch eine **130** Stellungnahme des Steuerberaters der Familie zugrunde. Bei der Unternehmerfamilie macht sich Enttäuschung breit.

Praxisanmerkung:

Es stellt sich die Frage, wie und warum kam unsere Beispiel-Familie auf die eher selten im Mittelstand anzutreffende Idee, eine MBO-Lösung mit ihrem Produktionsleiter anzustreben? – Nur, weil er gut war? – Nicht nur deshalb! Man hat ihn kennen gelernt in Situationen, in denen die Krankheit der Mutter den Tagesablauf stark beeinflusste. Er hat sich mittlerweile unstreitig zum führenden Kopf des Unternehmens entwickelt und vertritt den Vater-Geschäftsführer, wann immer dieser nicht anwesend sein kann oder will. Für Kunden ist er ein wichtiger Ansprechpartner, gerade wegen seiner Problemlösungskompetenz.

Der Vater hat mit dieser faktisch neuen Rollenverteilung keine erkennbaren Schwierigkeiten. Offensichtlich empfindet er weder Macht- noch Kontrollverluste.

Aber beinahe hätte der überfallartige Vorschlag des Vaters, ihn zum MBO-Nachfolger zu machen, noch vor Beginn des Nachfolgeprozesses dazu geführt, diesen als geeignete Führungskraft und Leistungsträger zu verlieren. Für den Mitarbeiter ist der plötzliche Vorschlag eher belastend als ein Vertrauensbeweis des Prinzipals. Die privaten finanziellen Belastungen aus Hausbau und Versorgung seiner Familie wiegen für ihn schwer. Weiteren Belastungen möchte er sich und seiner Familie nicht aussetzen.

Der Produktionsleiter könnte ohne weiteres die Notsituation der Familie und damit seine Machtstellung ausnutzen, um geschickt Modalitäten zur Nachfolgeregelung zu seinen Gunsten zu gestalten. Sein Weggang vom Unternehmen wäre ein herber Verlust.

Der Prinzipal hätte gut daran getan, von seinem Leistungsträger langsam und in mehreren, vorsichtig angelegten Gesprächen zu erfahren, ob dieser sich überhaupt und wenn ja, in welcher Form, vorstellen kann, in die gesamte unternehmerische Verantwortung hinein zu wachsen und eine Nachfolgelösung mitgestalten zu wollen.

(ii) Problemstellung

131 Es geht um eine Nachfolgeregelung in der A-GmbH, in

- der die bisherigen Gesellschafter möglichst vollständig abgelöst werden,
- die der bisherige Produktionsleiter unbedingt einzubinden ist und
- neue Gesellschafter als Investoren eintreten und eine neue Geschäftsführung etablieren.

132 Ein Verkauf an einen strategischen Übernehmer wird mehrfach versucht, kommt aber aufgrund der Größenverhältnisse nicht zustande. Strategisch ist eine Übernahme durch eine größere Unternehmenseinheit nicht sinnvoll, da es sich bei den Aufträgen der A-GmbH stets um Kleinserienproduktionen mit Problemlösungskompetenz für einen weitgestreuten Kundenkreis handelt.

Praxisanmerkung:
*Auf Empfehlung des Steuerberaters der Familie wird ein Berater eingeschaltet, der im Rahmen einer Art **Vendor Due Diligence** (eine von Verkäuferseite initiierte Due Diligence[33]) erstellt.*

(iii) Due Diligence-Prozess

133 Die Branchenrecherchen ergeben ein kleines, kontinuierlich wachsendes Marktumfeld mit vier leistungsmäßig vergleichbaren Unternehmen im süddeutschen Raum und einem weiteren in Österreich. Alle Unternehmen sind typisch mittelständisch geprägte Familienpersonengesellschaften und neben ihren sonstigen Aktivitäten grundsätzlich in der gleichen Nische tätig.

134 Der Umsatz der A-GmbH hat sich zwischen 2003 und 2007 kontinuierlich von € 1,5 Mio. auf 2,4 Mio. entwickelt. Die Eigenkapitalquote liegt nachweislich bei ca. 63% mit selten in Anspruch genommenen Banklinien im Betriebsmittel- und geringster Inanspruchnahme im Avalbereich. Sicherheiten brauchen die Gesellschafter schon seit vielen Jahren nicht mehr zu stellen. Das dafür in Frage kommende bebaute Betriebsgrundstück ist ohnehin seit längerem schuldenfrei.

135 Die laufenden Erhaltungsinvestitionen liegen bei etwa € 135 Tsd. jährlich. Ein Investitionsstau ist im Due Diligence-Prozess nicht erkennbar, obwohl zwei größere Produktionsmaschinen mit wenig Lasertechnologie und überwiegendem mechanischen Fertigungseinsatz bereits älteren Datums sind. Bekannt ist, dass mit aktueller Lasertechnik deutlich effizienter produziert werden könnte.

Praxisanmerkung:
Zwei der fünf industriellen Adressaten, unter anderem der anerkannt strategische Technologieführer, haben interne Abteilungen, die, wenn überhaupt gefragt, die Produktionsleistun-

---

[33] Vgl. hierzu auch D 160.

gen der A-GmbH selbst erstellen und mengenmäßig aufgrund ihrer Kapazität mühelos übertreffen könnten. Es besteht somit kein Interesse, die A-GmbH zu übernehmen und/ oder an den dann für die Adressaten neuen Standort der A-GmbH die bisherigen Leistungen der eigenen Abteilungen auszulagern.

Übrig bleiben somit drei Wettbewerber mit deutlich kleinerem Produktionsumfang und anderer strategischer Ausrichtung als die der A-GmbH (umsatz- wie absatzmäßig) mit Standorten im süddeutschen Raum und angrenzendem Salzburger Land. Alle haben ähnliche familiäre Gesellschafterstrukturen. Die Erwartungen ihrer Kunden und damit ihr Leistungsangebot unterscheiden sich erheblich voneinander. Die EBIT-Margen[34] der Wettbewerber werden als deutlich niedriger als die der A-GmbH eingeschätzt. Alle Wettbewerber winken jedoch bei der ersten Anfrage des Beraters ab. Ein strategischer Verkauf kommt somit nicht zustande. Genau deshalb präferiert die Familie eine wie auch immer ausgestaltete MBO-Lösung mit ihrem Produktionsleiter.

(iv) Kaufpreisverhandlungen

Der Berater wendet sich an eine bayerische Initiatorengruppe, die ein **Multi-Family-** **Office** vertritt. Dabei handelt es sich um eine offene Gruppe von vermögenden Personen, die ihrerseits von den Initiatoren projektbezogen angesprochen werden, ob sie sich mit ihren privaten Mitteln an den gerade anstehenden Investments in der vom Initiator vorgeschlagenen Struktur beteiligen wollen.   **136**

Darüber hinaus ist eine Bank bereit, einen Teil des Kaufpreises als Akquisitionsfinanzierung auszureichen, wenn der Eigenanteil der Gesellschafter am Kaufpreis mindestens 25% beträgt.

Praxisanmerkung:

Der EBIT beläuft sich in den Jahren 2006 und 2007 vor der Übergabe auf € 600 Tsd. bzw. 670 Tsd. bei Zahlungen an die Gesellschafter von € 370 Tsd. jährlich. Bei etlichen Produkten in Kleinserienfertigung liegt die EBIT-Marge bei fast 40% ihres Umsatzes, ein Wert, den wohl nur wenige Unternehmen erreichen.

Die Verhandlungen zur konkreten Übernahme der A-GmbH werden mit einem Vertreter dieses Family-Office geführt und verlaufen konstruktiv, da die Einsicht und der Wunsch zur Abgabe des Betriebs die Familiensituation vorrangig beherrscht. Daneben hat für die Gesellschafter die Tatsache Charme (gerade oft gewünscht), dass der Betrieb künftig in der Form und Art und mit den bisherigen Mitarbeitern fortgeführt wird und in diesem Fall besonders auch mit dem Produktionsleiter.   **137**

Praxisanmerkung:

Eine DCF-Plausibilisierung der Kaufpreisvorstellungen existiert nicht [Verbreitete Bewertungsmethode bei anglo-amerikanischen Investoren auf der Basis des Discounted Cash Flow[35], also des Barwerts der abgezinsten freien Cash Flow Beträge der zukünftigen Perioden]. Es wurde in den Verhandlungen mit den Gesellschaftern auf eine EBIT-Faktor-Berechnung abgestellt. Der EBIT-Faktor für die Findung des Kaufpreises liegt bei (für ei-

---

[34] Zum Begriff EBIT vgl. B 208.
[35] Vgl. hierzu auch die Ausführungen in B 192, 200 f.

nen institutionellen Investor, wie eine mittelständische Beteiligungsgesellschaft, sehr hohen Faktor von) ca. 8, also

2007 mit einem korrigierten EBIT von ca. € 670 Tsd. × 8 ≈ € 5350 Tsd.

Daneben zeichnen sich etwa weitere € 370 Tsd. Erwerbsnebenkosten (sog. Transaktionskosten) ab. Insgesamt beläuft sich somit das zu gestaltende Finanzierungsvolumen für den Erwerb auf € 5720 Tsd.

(v) Neue Gesellschafterstruktur in der Erwerbergesellschaft

138 Die Bilanz des „Erwerbervehikels" ist im Prozess so zu strukturieren, dass der Kaufpreis inkl. der Transaktionskosten in Höhe von € 5720 Tsd. finanziert werden kann.

Im Zuge der Verhandlungen um die Höhe der Eigenkapitalquoten einigen sich die Investoren auf folgende Aufteilung zwischen gezeichnetem Kapital und Nachrangdarlehen (Eigenkapitalkomponenten):

[Angaben in €]	Stammkapital		persönliche Nachrangdarlehen	
Produktionsleiter	20550	10,28%	20000	3,63%
Initiatoren des Family Office	30000	15,00%	0	0,00%
Anleger des Family Office	128100	64,04%	454500	82,60%
Institutioneller Investor	21350	10,68%	75750	13,77%
Eigenkapital	200000	100,00%	550250	100,00%

Mit dem Akquisitionsdarlehen des Kreditinstituts erhält die Erwerbergesellschaft (GmbH) folgende Kapitalstruktur, um den Erwerb zu finanzieren [Angaben in €]:

Stammeinlagen (s. o., tatsächliches Eigenkapital)	200000	3,50%
Stille Beteiligung des institutionellen Investors	750000	13,11%
Nachrangige Gesellschafterdarlehen der Anleger und Investoren	550250	9,62%
Eigenmittel insgesamt	**1500250**	**26,23%**
Bank: Akquisitionsdarlehen (Laufzeit 7 Jahre)	4220000	73,77%
Gesamtfinanzierung	**5720250**	**100,00%**

Mit einem Eigenmittelanteil von 26,23% an den Anschaffungskosten der Anteile der A-GmbH wird auch die Vorgabe der Hausbank von mindestens 25% eingehalten.

Praxisanmerkung:

Nunmehr sei am konkreten Beispiel nochmals darauf verwiesen, dass der Finanzbedarf der operativen Gesellschaft und der Erwerbergesellschaft zusammen betrachtet werden müssen, um eine Beurteilung der Gesamtfinanzierung sinnvoll plausibilisieren zu können, da kein Kassenbestand mit gekauft wird. Bislang gab es in der A-GmbH kaum Finanzierungsbedarf im Bereich des Working Capital. Mussten bislang für einen Finanzierungsbedarf der Gesellschaft Sicherheiten gestellt werden, stand dafür notfalls das firmeneigene Grundstück mit Produktionsgebäude zur Verfügung.

Die neuen Anteilseigner sollten beachten, dass das Firmengebäude künftig von den Altgesellschaftern angemietet wird. Damit scheidet es gegenüber Kreditgebern bei zusätzlichem Finanzierungsbedarf als Potenzial für Sicherheiten aus. Bei derlei Fallgestaltungen sollten Erwerber bei Verhandlung der Gesamtfinanzierung stets den Umfang des ihnen zur Verfügung stehenden Sicherheitenpotenzials im Auge haben.

(vi) Die weitere Entwicklung

Nach dem Erwerb des Unternehmens entwickelt sich dieses **zunächst Erfolg ver-** 139 **sprechend.** Der Produktionsleiter konnte dafür geworben werden, die Nachfolgere-gelung nunmehr in der Funktion des technischen Geschäftsführers mit zu tragen, und erweist sich als wahrer „Glücksgriff". Die kaufmännische Geschäftsführung übernimmt einer der Initiatoren des Family Office. Beide kommen gut miteinander aus.

Die **Wirtschaftskrise 2008/2009** geht nicht spurlos an dem Unternehmen vor- 140 über. Der Großkunde mit etwa 40% Umsatzanteil in den Jahren 2006 und 2007 fällt völlig unerwartet aufgrund seiner eigenen Auftragslage komplett aus und kann durch andere Akquisitionen nur in geringem Umfang ersetzt werden. Ebenso fällt Anfang 2009 eine von beiden Großmaschinen irreparabel aus. Dies führt mehrfach hinterein-ander zu Lieferverzug.

Zahlenmäßig stellt sich die Entwicklung folgendermaßen dar:

Operative A-GmbH	[in T€]	2008	2009	2010	2011
Umsatzerlöse		2421	1915	2055	2188
Jahresüberschuss nach Steuern		168	237	346	416
Abschreibungen		173	105	109	119
Free Cash Flow vor Ersatzinvestitionen aber nach Ertragsteuern		341	342	455	535

Es ist der neuen Geschäftsführung bislang nicht gelungen, das alte Umsatzpotential bei 141 Übernahme des Unternehmens wieder zu erlangen. Der Großkunde, der während der Krise in 2009 ausgefallen ist, konnte bis 2011 umsatzmäßig nicht ersetzt werden. Den-noch konnte die Ertragskraft einzelner Kleinserien besonders durch Maßnahmen auf der Kostenseite konsequent weiter ausgebaut werden. Darüber hinaus zeichnet sich ab, dass nach durchgeführter Ersatzinvestition der Break-even-Umsatz[36] noch nicht er-reicht ist. Bei unveränderter Kostenstruktur sind somit noch deutliche Steigerungen im Absatz, Umsatz und damit im Rohertrag möglich.

(vii) Strategische Nachlese

• Der Ersatz der in 2009 zusammen gebrochenen Großmaschine durch einen moder- 142 nen Laser hat einen zusätzlichen, unerwarteten Investitionsbedarf zur Folge. Auf ei-ner Gesellschafterversammlung beschließen die Anleger des Family Office, für die Ersatzinvestition in Höhe von € 206 Tsd. ein Gesellschafterdarlehen mit minimaler Verzinsung auszureichen, um nicht teure Kontokorrentmittel von der Hausbank be-anspruchen zu müssen.

Praxisanmerkung:

Ein institutioneller Investor, wie in diesem Fall eine mittelständische Beteiligungsgesell-schaft, kann diese Art der Gesellschafterfinanzierung mit dem ihm zugedachten Anteil von ca. € 22 Tsd. auf keinen Fall mitgehen, da der Verwaltungsaufwand zur Einbindung sei-ner Entscheidungsgremien nicht vertretbar wäre. Es würde in dieser Situation zudem der Ein-druck entstehen, dass es sich um eine „Nachbesserung" des Erstinvestments handelt. Dies

---

[36] Für Erreichen der Gewinnschwelle erforderlicher Umsatz.

wäre schon allein für weitere Entscheidungen über möglichen Finanzierungsbedarf zu Wachstumszwecken gegenüber den eigenen Gremien des Investors taktisch absolut kontraproduktiv.

• Vorzugsweise wird von Investoren die Entwicklung der Nachfolgeszenarien der übrigen drei Wettbewerbsunternehmen am Markt beobachtet. Hier besteht eine strategisch aussichtsreiche Option darauf, ein „Buy & Build-Konzept" (also Umsatzerweiterung durch Zukauf von Unternehmen mit ähnlichem Produktportfolio) zu entwickeln, da in dieser Branche keine wettbewerbsrechtlichen Beschränkungen einer Konzentration im Markt entgegenstehen. Ein derartiges strategisches Vorhaben würde sich für jeden (institutionellen) Investor eignen und damit für alle derzeit Beteiligten der Erwerbergesellschaft der A-GmbH letztendlich eine lukrative Exit-Chance aufzeigen. Dieses strategische Vorgehen lässt sich ohne weiteres den Gremien institutioneller Investoren vermitteln.

bb) Praxisbeispiel 2: MBI und Verkäuferdarlehen

(i) Vorgeschichte

143 Ein **Unternehmen des Spezialmaschinenbaus** für eine Grundindustrie bietet als wesentlicher Arbeitgeber von einer mittelgroßen fränkischen Stadt aus weltweit seine Produkte an. Mit einem **Weltmarktanteil von mehr als 60%** in vier von sieben Produktsparten ist dieses Unternehmen strategisch gesehen Technologieführer.

144 Die **Gesellschafter-Geschäftsführer** halten je 50% der Anteile und sind Brüder. Die beiden sind je allein zur Vertretung berechtigt und zum Zeitpunkt der Nachfolgeverhandlungen 73 und 64 Jahre alt. Sie wollen unbedingt das Unternehmen zum Ablauf des Geschäftsjahres 2004 altersbedingt abgeben und haben, besonders der Ältere, sich schon seit Jahren aus dem Tagesgeschäft zurück gezogen.

145 Mitarbeiter der gut etablierten zweiten Ebene des Unternehmens leisten die operative Arbeit und kümmern sich insbesondere um Neuentwicklungen. Seit gut fünf Jahren werden rund 140 Mitarbeiter von einem angestellten Geschäftsführer, zu diesem Zeitpunkt 43 Jahre alt, geführt. Er ist ein technisch versierter, vertrieblich orientierter Fachmann mit speziellen Sprachkenntnissen, was dem Unternehmen vor allem in der jüngeren Vergangenheit wichtige osteuropäische Märkte erschlossen und ein deutliches und stabiles Umsatzwachstum beschert hat.

146 Dieser Geschäftsführer würde das Unternehmen gern weiter entwickeln, schafft es aber aus diversen Gründen nicht, eine Unternehmensnachfolge durch MBO allein zu stemmen. Die zweite Ebene lehnt eine solche Idee ab. Das Unternehmen bräuchte nach Übergang kaufmännische Geschäftsführungskompetenz, um die technisch-vertriebliche Kapazität des angestellten Geschäftsführers konsequenter als bisher nutzen und ausbauen zu können.

Praxisanmerkung:

Gewollt waren von beiden Brüdern eine geräuschlose Übergabe und der Erhalt des Unternehmens am Standort mit den ihnen bekannten und bewährten Mitarbeitern. Leider haben die Altgesellschafter bei ihren Kaufpreisvorstellungen keinerlei Abstriche vornehmen wollen. Vielleicht haben sie sich auch schlicht reich gerechnet. Sie haben damit die von ihnen zunächst selbst angestrebte Unternehmensidentität im Prozess gefährdet.

Weder der angestellte Geschäftsführer noch einer der Prokuristen der sogenannten zweiten Ebene wollte das Finanzierungsrisiko eingehen, das sich aus dem geforderten Kaufpreis der Anteile ergeben hätte. Aber keiner der Angestellten hat versucht, aus dem Wunsch nach schneller Übergabe einen persönlichen Vorteil für sich zu ziehen und Druck auf die Geschäftsleitung auszuüben, sei es durch Androhung von Kündigung oder durch den Versuch, den Unternehmenswert negativ zu beeinflussen. Vor derlei Verhalten in ähnlich gelagerten Fällen wird von Unternehmensmaklern in der Praxis immer wieder gewarnt.

Bemerkenswert ist, dass die Brüder den Vorschlag zum MBO zunächst völlig von sich wiesen. Sie waren zunächst nicht bereit, sich auch nur einmal mit einer solchen Nachfolgeregelung überhaupt auseinander zu setzen. Das trifft man in der Tagespraxis relativ häufig an. Die Mehrheit der Prinzipale traut ihren Führungskräften so einen Schritt grundsätzlich nicht zu, bzw. kommt gar nicht auf eine solche Nachfolgelösung. Dabei minimiert eine MBO-Lösung das Personenrisiko, da die künftig handelnden Personen ja bekannt sind, und kann sogar den Nachfolgeprozess etwas beschleunigen.

(ii) Problemstellung

Es geht um eine, wie auch immer gestaltete Nachfolgeregelung, bei der   **147**

- die bisherigen Gesellschafter gern ihre Anteile vollständig abgeben würden,
- der angestellte Geschäftsführer und ggf. andere Führungskräfte voll verantwortlich eingebunden sein sollten und
- eine neue Geschäftsführung so etabliert wird, dass klare Kompetenzstrukturen eingezogen werden, um das Unternehmen operativ und vertrieblich noch besser für den Weltmarkt aufzustellen.

Die **Eigenkapitalquote** der B-GmbH & Co. KG ist **größer als 60%;** es gibt keine **148** nennenswerten Bankschulden, außer gelegentlicher geringfügiger Inanspruchnahmen einer Betriebsmittellinie und für die Ausreichungen von Avalen.

Da der angestellte Geschäftsführer allein die Kaufpreisvorstellungen der Altgesell- **149** schafter nicht finanzieren kann, gilt es, mindestens einen geeigneten Investor zu finden. Man denkt mit einem Berater an ein Bieterverfahren. Der beauftragte M&A-Berater kann keinen strategischen Interessenten ausmachen. Das daneben durchgeführte Bieterverfahren verläuft für die Altgesellschafter allein mangels Nachfrage nicht befriedigend. Der M&A-Berater versucht es daher mit Einzelansprache aller von ihm vermuteten Interessenten. Das erstellte Investment-Memorandum weckt das Interesse des Gesellschafter-Geschäftsführers eines kleineren Family Offices in München.

Praxisanmerkung:

Es gibt im Tagesgeschäft der M&A-Berater beim Verkauf eines Unternehmens eine „Long-List" mit vielen, in Frage kommenden Interessenten der Branche, die einzeln auf mögliches Interesse am Erwerb abgeprüft werden. Nach Abarbeitung durch ein Ausschlussverfahren (meist Direktansprache durch den M&A-Berater) und einer gründlichen, gemeinsamen Auswahl mit den Verkäufern bleiben etwa fünf Interessenten auf einer „Short-List", die nach Auffassung der Verkäuferseite wirklich potentielle und interessante Kaufinteressenten enthält. Aber Vorsicht: Zu viele Informationen über einen beabsichtigten Verkauf des Unternehmens können in der Branche schnell zu Unruhe und Gerüchten führen, bei Wettbewerbern wie auch bei Kunden!

Ein Verkauf der B-GmbH & Co. KG an einen strategischen Übernehmer ist bei Ausgangsszenarien wie in diesem Fall aufgrund der Marktstellung eher unwahrscheinlich. Dem Un-

ternehmen steht weltweit in den genannten vier Sparten kein größeres Unternehmen mit ähnlicher, auch nur annähernder technischer Kompetenz gegenüber. Kleinere Unternehmen interessieren sich im Prozess vielleicht gerade noch für einzelne Unternehmensteile bzw. Sparten.

Die tatsächliche strategische Ausrichtung seines Unternehmens sollte jeder Unternehmer lang vor Beginn des Nachfolgeprozesses bedenken und sehr genau und selbstkritisch einschätzen. Hier werden erfahrungsgemäß für den Nachfolgeprozess folgenschwere Fehler gemacht und dabei geht viel Geld bereits im Vorfeld verloren, bevor sich strategisch gangbare Lösungsansätze überhaupt abzeichnen.

(iii) Recherchen und Due Diligence

150 Das Family-Office startet seine Markt- und Branchenrecherche und erhält folgendes Wettbewerbsszenario:

Ein amerikanischer Konzern (zweistelliger Milliardenumsatz in der Grundindustrie mit mehreren tausend Mitarbeitern) unterhält eine „Reparaturabteilung" mit 55 Mitarbeitern, die förmlich in Handarbeit bei innerbetrieblichem Bedarf des Konzerns ähnliche Maschinen wie die der B-GmbH & Co. KG in einer der vier Sparten bauen. Daneben ist die B-GmbH & Co. KG bisweilen auch Lieferant für den Konzern entweder bei größeren Stückzahlen, bei dessen Ersatzteilversorgung oder in zwei weiteren Sparten. Jedenfalls im US-Konzern kennt und schätzt man die Technologie aus „Good old Germany".

151 In einem kleinen zentraleuropäischen Land gibt es einen sehr fähigen „Tüftler", der in seinem Kleinbetrieb mit rund 15 Mitarbeitern weltweit dafür bekannt ist, einzelne, ganz spezielle Sonderlösungen – Losgröße meist nur ein Stück – für die Grundindustrie zu fertigen, und damit sein Auskommen hat. In zwei Sparten gewinnt dieses Unternehmen immer wieder Ausschreibungen gegen die B-GmbH & Co. KG. Dieser Wettbewerber tut im Tagesgeschäft nicht wirklich weh. Man hat ihm in der Vergangenheit seitens der Altgesellschafter von Franken aus wenig Bedeutung beigemessen, obwohl doch regelmäßig Kontakt gehalten wurde; man kennt sich also.

152 Die übrigen Unternehmen, die in diese Branche liefern, werden ausschließlich als Hersteller von Komponenten, allenfalls noch von Teilsystemen, wahrgenommen. Keiner von ihnen bietet weltweit Komplettlösungen an.

153 Die vorgefundenen wirtschaftlichen Eckwerte der B-GmbH & Co. KG belaufen sich zum Beginn der Verkaufsverhandlung auf:

B-GmbH & Co. KG (historisch)	per 30. 9. 2004		2003		2002	
	Tsd. €	%	Tsd. €	%	Tsd. €	%
Umsatzerlöse	18 860	100,0	17.493	100,00	17 371	100,00
Betriebsergebnis	1 227	6,5	2 366	13,4	3 059	17,6
EE-Steuern	535	2,8	965	5,5	675	3,9
Jahresüberschuss	904	4,8	1.549	8,9	1 919	11,0
Cash Flow	1 265	6,7	2.124	12,1	2 459	14,2

154 Es ist kein Investitionsstau erkennbar, weder vor Ort noch bei Durchsicht der Unterlagen. Vermutet werden aber aktuell rückläufige Vertriebserfolge und Umsätze. Würde eine weitere Steigerung des Marktanteils weltweit angestrebt, müsste vermutlich mehr als bislang angenommen investiert werden.

Praxisanmerkung:

Um solche in einer Due Diligence aufkommenden Vermutungen zu überprüfen, empfiehlt es sich, neben Markt und Wettbewerb vorab auch innerbetriebliche Verhältnisse in einem kurzen Cross-Check zu hinterfragen. Viel Aufschluss gibt dabei die Durchsicht der wichtigsten Kundenrechnungen auf ihre auftragsbezogenen Margen und Zahlungsziele. Dies kann sich dann als sehr nutzdienlich erweisen, wenn man vorab ein Gefühl dafür entwickeln möchte, in welchem Umfang im Rahmen des Gesamtvorhabens nach Erwerb die Betriebsmittelfinanzierung auf neue Füße gestellt werden muss, denn die Erwerbergesellschaft wird in der Regel nicht über das Vertrauenspotential der Altgesellschafter verfügen und damit keine Zusagen für beliebige Kontokorrentlinien erhalten.

In Nachfolgesituationen erweist sich oft die Material- und Warenwirtschaft eines Unternehmens als verbesserungsbedürftig und lässt Einsparmöglichkeiten erahnen. Daneben geben Forderungsbestand und Management der Lieferantenschulden weitere Aufschlüsse. Genau ansehen kann man sich bei der Gelegenheit gleich, ob und in welcher Weise die vorhandene Rechnungswesen-Software genutzt wird.

Natürlich helfen solche Fragen im Vorfeld des Kaufs, um mit etwas Erfahrung ein Gefühl für die grundsätzliche Machbarkeit des Vorhabens zu bekommen. Sie ersetzen aber keine Due Diligence, egal mit welchem fachlichen Schwerpunkt (Commercial, Financial, Tax, Legal, Environmental u. evtl. a.).[37]

(iv) Kaufpreisverhandlungen

Unter Überlegungen zur Einbeziehung des angestellten Geschäftsführers in ein MBO/ MBI-Konzept zur Übernahme der B-GmbH & Co. KG bekundet das bereits erwähnte, in München ansässige Family-Office sein Interesse. Das als Holding-GmbH geführte Unternehmen verwaltet persönliches Vermögen seines Gesellschafter-Geschäftsführers durch eine Handvoll sehr erfahrener und praxiserprobter Führungskräfte, die ihre Arbeitskraft in eingegangene Investments einbringen und sich selbst auch direkt an der Finanzierung der Gesellschaftsanteile beteiligen. **155**

Im Family-Office steigen während der Verhandlungen im Herbst 2004 die Vorbehalte, dass der Rest des Geschäftsjahres der B-GmbH & Co. KG möglicherweise nicht plangemäß verlaufen könnte, die Entwicklung bei Umsatz und Überschuss sogar als rückläufig erwartet werden muss. Der geforderte Kaufpreis wird als historisch abgeleitet eingeschätzt und spiegelt sehr wahrscheinlich nicht die gegenwärtige wirtschaftliche Ertragskraft zum Verhandlungszeitpunkt wider. **156**

Neben der Planung aus dem Investment-Memorandum erstellt das Team aus dem Family-Office eine weitere, eigene Planung, um die Machbarkeit der Transaktion auch unter angenommener schlechterer wirtschaftlicher Entwicklung des Unternehmens zu plausibilisieren. **157**

Eigene Planung der Erwerber (operative B-GmbH & Co. KG)	2004		2005		2006	
	Tsd. €	%	Tsd. €	%	Tsd. €	%
Umsatzerlöse	24 576	100,0	22 000	100,00	20 000	100,00
Betriebsergebnis	2 573	10,5	2 369	10,8	2 209	11,0
AFA	456	1,9	456	2,1	456	2,3
Jahresüberschuss (wg. Organschaft ab 2005 Null)	1 613	6,6	0	0,0	0	0,0

---

[37] Zur Due Dilligence siehe auch D 156 ff.

158 Die eher konservativ angesetzten Planzahlen lassen unter Berücksichtigung der Finanzierung der Erwerbergesellschaft einen auskömmlichen freien Cash Flow zur Darstellung des künftig zu leistenden Kapitaldienstes erwarten. Dabei wird unterstellt, dass das erwirtschaftete Ergebnis im Rahmen einer Gewinnabführung aus der operativen Gesellschaft ab 2005 in die Erwerbergesellschaft geschleust wird.

159 Die **kritische Kaufpreisvorstellung** der beiden Brüder, letztlich scheinbar in Stein gemeißelt, liegt bei € 12 Mio.

160 Die **Transaktionskosten,** also Erwerbsnebenkosten in Form von beispielsweise Notargebühren, Grunderwerbsteuer, Maklercourtage, vorzufinanzierende Umsatzsteuer, Damnen[38] u. ä., wird ein Betrag in Höhe von € 500 Tsd. erwartet.

161 Die Kaufpreisverhandlungen verlaufen unerwartet emotional und zunächst wenig konstruktiv. Sie werden mehrfach unterbrochen. Auf beiden Seiten wird hart verhandelt. Die Brüder sind nicht bereit die Erwerbergesellschaft durch die Gewährung eines Verkäuferdarlehens aus ihrem Verkaufserlös mit zu finanzieren.

Praxisanmerkung:

Da sich die Verhandlungen bis Ende November 2004 hinzogen, wurde im operativen Geschäft klar, dass das angestrebte Ergebnis im laufenden Geschäftsjahr nicht erreicht werden kann. Dies mussten letztlich auch die Brüder einräumen.

Ferner vermittelte der ältere der beiden Brüder den Eindruck, dass er für seinen Geschäftsanteil so viel zu erlösen erwartete, dass nach Steuern ein gehobener Lebensstil mit neuer Yacht im Mittelmeer gewährleistet sein würde. Der jüngere Bruder zog natürlich gleich. Solche Erwartungen als Basis für eine Unternehmenswert- und damit Kaufpreisfindung sind inakzeptabel und realitätsfern, unabhängig davon, was vielleicht ein Unternehmensmakler im Vorfeld des Prozesses vielleicht in Aussicht gestellt hat.

(v) Neue Gesellschafterstruktur und Errichtung einer Erwerbergesellschaft

162 Die Bilanz der Erwerbergesellschaft ist finanziell so zu strukturieren, dass der Kaufpreis zuzüglich Transaktionskosten der Akquisition mit Eigenmitteln der Gesellschafter und mit Akquisitionsdarlehen von Kreditinstituten dargestellt werden kann. Das gezeichnete Kapital der Erwerbergesellschaft soll folgendermaßen aufgeteilt werden:

Erwerbergesellschaft	(in €)	Stammkapital
Gesellschafter-Geschäftsführer des Family-Offices	225 000	45,0 %
Kaufmännischer Geschäftsführer (MBI) auch Family-Office	225 000	45,0 %
Bisheriger angestellter Geschäftsführer (MBO)	50 000	10,0 %
Gezeichnetes Kapital der Erwerbergesellschaft	500 000	100,0 %

Damit erhält die Bilanz der Erwerbergesellschaft (GmbH) folgende Kapitalstruktur, um den Erwerb der Anteile an der B–GmbH & Co. KG zu finanzieren:

	(in €)	Stammkapital
Stammkapital	500 000	4,0 %
Gesellschafterdarlehen Family-Office	1 500 000	12,0 %
Stille Beteiligung eines institutionellen Investors	3 000 000	24,0 %

[38] *Damnum,* Abzug vom Nennwert eines Darlehens als Vergütung für die Darlehensgewährung.

	(in €)	Stammkapital
Eigenmittel insgesamt	5 000 000	40,0%
Akquisitionsdarlehen einer Bank	5 000 000	40,0%
Verkäuferdarlehen der beiden Altgesellschafter über 3 Jahre	1 500 000	20,0%
Gesamtfinanzierung der Anteile an der B-GmbH & Co. KG	12 500 000	100,0%

Die Vorstellungen der die Akquisition finanzierenden Bank von einer Eigenmittelaus- **163** stattung in Höhe von mehr als 35% sind mit 40% erfüllt.

Nach einigem Hin- und Her kommt es letztendlich zum **Zuschlag für den Ver-** **164** **kauf** der Anteile an das Family-Office. Im Rahmen der Endverhandlungen stimmen die Altgesellschafter auch der Gewährung eines Gesellschafterdarlehens zu.

Praxisanmerkung:

Damit ist die Passiv-Seite der Erwerbergesellschaft hinreichend ausgestattet für den Erwerb der Anteile an der operativen B-GmbH & Co. KG.

*Der Ansatz eines **Verkäuferdarlehens** in der Finanzierungsstruktur der Erwerbergesell-schaft mag nach der bisherigen Schilderung des Verlaufs der Verhandlungen hier zunächst verwundern, wird aber im Allgemeinen zunehmend als selbstverständlich von Investoren und Banken erwartet und gilt seit einigen Jahren als üblicher Finanzierungsbaustein. Glei-ches gilt für einbehaltene Kaufpreisbestandteile oder sogenannte **Earn out-Modelle**[39], bei denen weitere Kaufpreisraten nur dann bezahlt werden, wenn sich bestimmte Erfolgswerte in der Zukunft einstellen.*

(vi) Die weitere Entwicklung

Zunächst stellt sich das Jahr 2004 folgendermaßen dar: **165**

Gegenüber der BWA[40], die für die Verhandlung zum 30. 9. 2004 vorgelegt worden war, stellten sich zum Jahresende folgende Fakten ein:

B-GmbH & Co. KG (in T€)	2004
Umsatzerlöse	23 359
Betriebsergebnis	1 132
Jahresüberschuss	1 000
Personalaufwand	6 802
Abschreibungen	465
Cash Flow vor Ersatzinvestitionen	1 465

Der Umsatz ist im letzten Quartal leicht unterproportional um ca. 23,9% gestiegen. **166** Das Betriebsergebnis ist deutlich um ca. 8,4% gesunken, der Jahresüberschuss ist im letzten Quartal nur noch um ca. 10,6% gestiegen.

Praxisanmerkung:

Damit bleibt eine Erfolgsgröße, die Bestandteil der Bepreisung der Anteile und damit Ge-schäftsgrundlage war, deutlich hinter der Hochrechnung/Planung von € 1,613 Mio. zurück (s. o.). Dies wirft natürlich die Frage auf, ob die Altgesellschafter diese Entwicklung ahnen konnten oder sogar kannten. Die Antwort bleibt offen.

---

[39] Zum Begriff siehe B 38 ff., D 179.
[40] Betriebswirtschaftliche Auswertung.

Aber, so gründlich und intensiv der Due Diligence-Prozess auch aufgesetzt sein mag, ähnliche Entwicklungen können nicht vollständig ausgeschlossen werden, selbst wenn ein MBO-Kandidat, der das zu erwerbende Unternehmen genau kennt, es mit den neu hinzukommenden Gesellschaftern gemeinsam erwirbt. In der Praxis kommen solche „unangenehmen Überraschungen" in irgendeiner Form fast bei jeder Transaktion vor. Das heißt im Zweifel für die Käufer: „Ärmel hochkrempeln, Augen zu und durch ..." und konsequent Zukunftschancen heben.

167 In den Geschäftsjahren nach dem Erwerb des Unternehmens entwickelt sich dieses sehr erfreulich.

168 Nach Abschluss des Erwerbsvorganges beginnen die neuen Gesellschafter umgehend damit, zunächst den amerikanischen Großkonzern dafür zu gewinnen, seine „Reparaturabteilung" aufzulösen sowie die Ersatzteilversorgung auf eine operative amerikanische Tochtergesellschaft der deutschen Erwerbergesellschaft der B-GmbH & Co. KG zu übertragen. Entsprechend weitreichende Verträge sichern beide Partner ab. Ausnahmslos alle vom amerikanischen Kunden benötigten Maschinen werden nunmehr (zunächst in dieser vertraglichen Konstellation bis 2012) aus Franken bezogen. Dann soll neu verhandelt werden.

169 Daneben gelingt es den Gesellschaftern, den zentraleuropäischen „Tüftler" und seine Mannschaft dafür zu gewinnen, über die Vertriebswege der deutschen operativen Gesellschaft weltweit Speziallösungen anzubieten und so ihr Knowhow zu vermarkten. Die sehr individuellen Produkte dieses Unternehmens werden den bestehenden und einer neuen Produktlinie zugeordnet, vor Ort produziert und vertrieblich vom Standort in Franken aus betreut. Das kleine Unternehmen wird mehrheitlich aus freiem Cash Flow erworben und über eine eigenständige, örtliche Holdinglösung in den deutschen Konzern integriert. Der ehemalige Eigentümer ist jetzt Geschäftsführer vor Ort.

170 Der bisherige in der B-GmbH & Co. KG angestellte Geschäftsführer konzentriert sich nach dem Gesellschafterwechsel ausschließlich auf seine vertrieblichen Aufgaben. Die kaufmännische und strategische Neuausrichtung wird durch den neu eingetretenen, kaufmännisch orientierten Geschäftsführer (MBI) übernommen, der die Interessen des Family-Office vertritt. Der Gesellschafter-Geschäftsführer des Münchener Family-Office wird nicht operativ in der B-GmbH & Co.KG tätig. Er hält seine Geschäftsanteile an der Erwerbergesellschaft.

171 Zahlenmäßig stellt sich die Entwicklung aller inzwischen integrierten operativen Einheiten konsolidiert folgendermaßen dar:

Konzernweit (in Tsd. €)	2007	2008	2009	2010	2011
Umsatzerlöse	67 931	62 728	27 358	36 358	39 960
Jahresüberschuss	5 056	2 606	686	2 587	3 029
Abschreibungen	1 806	1 824	1 856	1 812	1 808
Firmenwertabschreibung	813	807	807	833	807
Cash Flow vor Ersatzinvestitionen	7 675	5 237	3 346	5 232	5 644

Praxisanmerkung:

Auch an der B-GmbH & Co. KG geht die wirtschaftliche Entwicklung des Jahres 2009 mit seiner Krise nicht spurlos vorüber – im Gegenteil. Der Umsatz in 2009 bricht im Vergleich zum Vorjahr um über 56% ein. Die Zurückhaltung bei Investitionsgütern hält bei allen wesentlichen Kunden weltweit auch 2010 an und selbst in 2011 wird das alte Niveau noch nicht wieder erreicht.

Bemerkenswerterweise gelingt es der Geschäftsführung in 2010, den für den Kapitaldienst in der Erwerbergesellschaft notwendigen freien Cash Flow vor Ersatzinvestitionen durch vertriebliche Maßnahmen wieder auf das Niveau von 2008 anzuheben.

Die neu hinzugekommenen internationalen Aktivitäten werden als ausländische Kon- **172** zernteile systematisch eingegliedert und leistungsmäßig neu aufgestellt. Damit kommt es zu einer völlig neuen Unternehmensstruktur. Die Ertragskraft der einzelnen wirtschaftlichen Einheiten wird dabei konsequent ausgebaut. Hier dargestellt ist die Konzernstruktur im Jahr 2012:

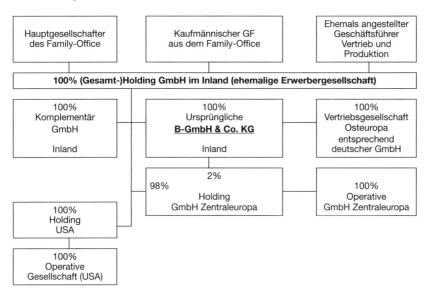

(vii) Strategische Nachlese

Nach allen Anstrengungen konzernweit, besonders im Krisenjahr 2009 und danach ist **173** dieser MBO/MBI äußerst zufriedenstellend verlaufen. Er wird unstreitig sehr professionell geführt. Aus einer Nachfolgelösung für eine GmbH & Co. KG ist ein weltweit agierender, sauber strukturierter Konzern geworden.

Die Unternehmensgruppe ist auf dauerhafte Weiterentwicklung angelegt. Die Gesellschafter stellen nicht auf einen kurzfristigen Exit ab (= Überlegungen zum Ausstieg der Erwerber, also Weiterverkauf der Unternehmensgruppe). Das setzt jedoch voraus, dass alle Partner, die Eigenkapital oder Eigenmittel investiert haben, sich über eine mittel- bis langfristige Ausrichtung von vornherein im Klaren sind. Natürlich gibt es einen institutionellen Partner als stillen Gesellschafter oder Mezzanine-Investor nur auf Zeit, aber dennoch sind diese in der Regel nicht „exitgetrieben". Die Zeitstrecke ihrer meist endfälligen Engagements beträgt in der Praxis zwischen sieben und zehn Jahren. Damit können sich die in der Erwerbergesellschaft langfristig verbleibenden Gesellschafter rechtzeitig auf eine Rückzahlung einstellen. Sie sollten in jedem Fall ein Vorkaufsrecht haben. Weitere vertragliche Abreden über Call- und Put-Optionen[41] können den Zeitpunkt des Ausstiegs der institutionellen Investoren regeln.

---

[41] Vgl. zu den Begriffen D 13 f.

Praxisanmerkung:

Die beiden Altgesellschafter mussten im Verlauf des Veräußerungsprozesses bezüglich ihrer Kaufpreisvorstellungen letztlich einsehen, dass ein Lebenswerk eben das Werk ist, von dem man ein Leben lang wirtschaftlich gelebt hat, das aber in der bisherigen Form nicht in die Zukunft wirkt und damit nicht ernsthaft dafür geeignet ist, Kaufpreise auf Basis dieser Überlegungen durchzusetzen. Für alle Unternehmensverkäufe gilt, dass folgende oftmals anzutreffende, emotional geprägte Vorstellungen grundsätzlich nicht von einem professionell agierenden Erwerber bezahlt werden:

- *bisher im Unternehmen gelebte Traditionen, die man sich möglicherweise geleistet und gepflegt hat,*
- *für ein – eventuell auch nur fiktives – Lebenswerk;*
- *der Finanzbedarf, den die abgebenden Gesellschafter für ihren künftigen Lebensunterhalt lebenslang erwarten und*
- *unternehmerische Erfolge der Vergangenheit.*

Letztlich verkauften die Brüder ihre Anteile für € 11 Mio. und haben sich überdies verpflichtet, jeder ein sehr niedrig verzinstes Verkäuferdarlehen bis zur Tilgung der Akquisitionsfinanzierung in der Erwerbergesellschaft zu belassen. Die stille Beteiligung des institutionellen Investors wurde nur mit € 2 Mio. in Anspruch genommen. Damit reduzierten sich die Finanzierungskosten deutlich.

Aktuelle Laufzeiten von Akquisitionsfinanzierungen der Kreditinstitute betragen erfahrungsgemäß zwischen (eher seltener gewordenen) vier und (eher häufiger anzutreffenden) sieben Jahren, abhängig von der Bonität der Käufer, dem Rating der Zielgesellschaft (Target) und der im Businessplan von den Erwerbern plausibel gemachten Entwicklungschancen bzw. Risiken. MBO-/MBI-Kandidaten sollten darauf achten, dass Sondertilgungen aus ihren Erwerbergesellschaften an akquisitionsfinanzierende Banken während der Laufzeit eines Kreditvertrages grundsätzlich jederzeit ohne Vorfälligkeitsentschädigung geleistet werden können.

Ein institutioneller Investor orientiert sich bei den Konditionen seiner stillen Gesellschaft (oder Mezzanine-Finanzierung) an Renditeerwartungen, die marktüblich und risikoadäquat eingepreist sind. Dabei darf nicht vergessen werden, dass bilanzielles wie auch wirtschaftliches Eigenkapital volles Risiko tragen und über ihre gesamte Laufzeit ohne Sicherheiten ausgereicht sind.

Der institutionelle Investor war im vorliegenden Fall vom Family-Office zunächst auf sieben Jahre angefragt. Mittlerweile hat sich die Zusammenarbeit beiderseitig so gut entwickelt, dass eine Verlängerung angestrebt und von den Gremien des Investors bewilligt wurde. Die Mittel werden inzwischen dafür eingesetzt, kontinuierliches Wachstum institutionell und nachhaltig zu unterstützen.

3. Fazit für das Vorhaben eines MBO/MBI-Managers und die Finanzierung

a) Persönliche Situation der MBO/MBI-Manager

174 Bei den meisten für einen MBO/MBI in Frage kommenden Angestellten stellt die **private Vermögenssituation** den **Engpass für** eine – aus ihrer Sicht – **auskömm-**

liche Vorhabensfinanzierung dar. Aber auch, wenn MBO-Kandidaten nur wenige Eigenmittel zur Verfügung haben, gibt es meist Wege zur Durchfinanzierung eines Vorhabens.

Die MBO-/MBI-Kandidaten werden stets versuchen, trotz geringer Eigenmittel **175** eine wesentliche, wenn nicht sogar mehrheitliche Beteiligung an der Erwerbergesellschaft zu erhalten.

Wie es der einzelne MBO-Kandidat letztlich schafft, auf privater Seite Eigenmittel **176** darzustellen, ist allein seine Sache. Bedenken sollte er dabei, dass selbst die geduldigsten Familienmitglieder, Bekannten und Freunde irgendwann einmal mit Recht Zinsen und Rückzahlungen erwarten. Je nach Konstruktion müssen diese Kapitaldienstkomponenten aus versteuertem Einkommen des MBO-Kandidaten zurückgezahlt werden. Demzufolge ist es ein systemisches Erfordernis, dass der Manager von Target und Erwerbergesellschaft so viel laufende Einnahmen aus Gehalt, Tantieme und Verzinsung von Gesellschafterdarlehen erhält, dass er die Lebenshaltung für sich und seine Familie und darüber hinaus den Kapitaldienst darstellen kann.

Praxisanmerkung:

Auf zeitnahe Ausschüttungen sollte der Kandidat nicht bauen, denn bis zur Tilgung der Akquisitionsfinanzierung der Kreditinstitute werden diese darüber wachen, dass keine Ausschüttungen an den neuen Gesellschafterkreis von diesem beschlossen werden und anschließend tatsächlich erfolgen.

Auf die Inanspruchnahme von Starthilfe-Finanzierungen öffentlicher Banken wie der KfW in Frankfurt sei hier nur verwiesen[42]. Bei unterstelltem Willen des MBO-Kandidaten zur Übernahme von persönlicher Haftung, lässt sich im Einzelfall eine ansehnliche Größenordnung von Eigenmitteln darstellen.

b) Auswahl der Finanzierungspartner im Finanzierungsmix

Am Anfang, also wenn sich Chancen bieten, dass das Vorhaben realisiert werden kann, **177** sollte das vertrauensvolle Gespräch mit der eigenen Bank oder eines weiteren Kreditinstitutes des Vertrauens des MBO-Kandidaten gesucht werden. Relativ zeitnah wird er dabei merken, ob hinreichende Erfahrung und Bereitschaft des Instituts vorhanden sind, die Übernahme eines Unternehmens zu begleiten. Daneben stellt sich die Frage, ob seitens der Bank dem MBO-/MBI-Kandidaten zugetraut wird, das Projektrisiko zu tragen.

Praxisanmerkung:

Wenn diese Punkte dem Grunde nach positiv beschieden werden, braucht der Kandidat viel Geduld für den kommenden „Papierkrieg". Möglicherweise wird das Kreditinstitut versuchen, öffentliche Risikoentlastungen in Form von öffentlichen Haftungsfreistellungen oder Bürgschaften zu erhalten.

Zur Entscheidungsfindung benötigt das Kreditinstitut hinreichendes Material vom Target (beispielsweise die letzten drei, möglichst testierten Jahresabschlüsse, eine aktuelle betriebswirtschaftlich Auswertung, einen Prospekt zum Produkt- oder Leistungsprogramm und einen ausgearbeiteten, plausiblen Businessplan).

---

[42] Siehe hierzu sogleich B 179 und oben A 55.

Nach der Entscheidung durch Gremien der Kreditinstitute ist eine ständige Berichterstattung über die wirtschaftliche Entwicklung der Krediteinheit als vertrauensbildende Maßnahme äußerst empfehlenswert. Dies kann durch periodisch regelmäßige Übersendung betriebswirtschaftlicher Auswertungen und Jahresabschlüsse erfolgen und vielleicht sogar durch jährlich abzuhaltende Bankenpräsentationen im Unternehmen vor Ort.

178 Neben Kreditinstituten finden sich andere Finanzierungspartner, die eine Nachfolgeregelung in Form eines MBO/MBI gern begleiten. Hier findet man, je nach Größe des Projekts und des Finanzierung

- Private Equity Investoren, die nach Geldanlage bis zu einem geeigneten Exit suchen,
- Family-Offices und Initiatoren für Multi-Family-Offices zur längerfristigen Geldanlage überwiegend privater Einzelpersonen und von Familienvermögen,
- Institutionelle Investoren wie mittelständische Beteiligungsgesellschaften und besondere Abteilungen staatlicher Förderbanken sowie institutionelle Vermögensmassen wie in- und ausländische Pensionsfonds u. ä.
- vermögende Privatpersonen, wenn sie sich aktiv in das Tagesgeschäft mit einbringen, auch „Business Angels" genannt.

179 Auf keinen Fall soll an dieser Stelle der Hinweis auf die **staatlichen Fördermöglichkeiten** fehlen, die stets auf dem aktuellen Stand zu finden sind unter *„Förderdatenbank des BMWi"* im Internet unter (www.foerderdatenbank.de). Dabei ist im Einzelfall die Anwendung des strengen Hausbankprinzips zur Erlangung von Förderkrediten und evtl. die von einzelnen Förderbanken geforderte Eigenkapitalparität zu beachten.

Praxisanmerkung:

Selbstverständlich gilt es für den MBO/MBI-Manager im Vorfeld abzuklären, wie es um die Seriosität und Dauerhaftigkeit des Engagements der Finanzierungspartner im Einzelnen steht. Es sind für die gemeinsame Zukunft Aspekte zu klären, die für den Erfolg des Vorhabens absolut entscheidend sind:

- *Gibt der Partner „echtes" Eigenkapital, wirtschaftliches Eigenkapital, Rangrücktritts- und Darlehensbelassungserklärungen oder Gesellschafterdarlehen*[43]*? Welche Auswirkung hat das auf die Eigenkapitalquote?*
- *Welches Investmentprofil wird vom Partner verfolgt? Gibt es eine Branchenorientierung?*
- *Hat der Partner sich für das Geschäftsmodell des Targets interessiert und es verstanden?*
- *Für wie lange kann mit der Begleitung durch den Partner gerechnet werden? Ist er vielleicht exitgetrieben und möchte deshalb sein Engagement schnell mit Gewinn wieder beenden?*
- *Gibt es eine Optimierung der Finanzierungsstruktur oder versucht der Partner, seinen Anteil zu maximieren?*
- *Welche Renditeerwartung treibt den Investmentpartner?*
- *Wie verhält er sich bei Bedarf zur Finanzierung des Unternehmenswachstums?*
- *Hat der Partner ein hinreichendes Netzwerk, von dem das Target und die Erwerbergesellschaft im Zweifel profitieren können?*

---

[43] Hierzu ausführlich B 20 ff. und D 42 ff.

c) Fazit

Die Erfahrung zeigt, dass die vorstehende Aufzählung nicht den Anspruch auf Voll- **180** ständigkeit erfüllen kann. Selbst in fast dreißigjähriger, praktischer Erfahrung im Umgang mit Fragestellungen rund um Buy-Out-Prozesse (für Buy-Ins gilt erfahrungsgemäß meist dasselbe) gab es immer wieder neue Fallgestaltungen, für die individuelle Lösungsansätze gefunden werden mussten. Keine Gestaltung gleicht einer zweiten.

Die persönliche Entscheidung für einen MBO/MBI ist daher von Grund auf umfas- **181** send zu bedenken, möglichst unter Zuhilfenahme **kompetenter Beratung.** Wunschvorstellungen und falsche Emotionen bereits am Anfang des Prozessablaufes sind bei der Gestaltung keine guten Ratgeber. Aber ohne persönlichen Willen, Herzblut und Engagement in der Sache wird der MBO-/MBI-Kandidat den für ihn möglichen Königsweg vom Angestellten zum Unternehmer nicht beschreiten können.

III. Bewertung

1. Wert und Preis

Ein Buy-Out-Prozess ist komplex; es sind diesbezüglich viele erfolgskritische Faktoren **182** zu beachten und zu managen. Für die erfolgreiche Umsetzung ist oftmals eines der größten Hemmnisse die **Preisfindung.** So ist in der Praxis bei Buy-Outs als Nachfolgestrategie, also dem typischen MBO, beobachtbar, dass gerade im Mittelstand der Senior-Unternehmer mit sehr hohen Erwartungen in die Preisverhandlungen geht. Grund dafür mag eine „emotionale Prämie" des veräußernden Unternehmers sein.[44]

Eine geeignete Basis für eine rational begründete Preisfindung ist daher die Durch- **183** führung einer Unternehmensbewertung. Der ökonomische Gedanke einer Unternehmensbewertung besteht darin, dass sich der Wert eines Unternehmens durch den Nutzen bestimmt, den das Unternehmen für den Verkäufer bzw. den Kaufinteressenten haben kann. Der Nutzen eines Unternehmenseigentümers resultiert nach ökonomischen Prinzipien aus den finanziellen Überschüssen, die sich aus diesem Unternehmen erwirtschaften lassen. Unternehmen sind dabei ein komplexes Bündel zusammenwirkender Faktoren, insbesondere von Wirtschaftsgütern, Know-how bzw. den handelnden Personen und Rechten. Nicht monetäre Aspekte wie z.B. die Verbesserung von Lebensqualität oder Ästhetik werden bei einer solchen Nutzendefinition (und damit bei einer Unternehmensbewertung) prinzipiell nicht beachtet.

Der Preis selbst bildet sich in freien Kapitalmärkten aus **Angebot und Nachfrage.** **184** Bei M&A-Transaktionen ist der Preis demnach das Ergebnis einer Verhandlung.

---

[44] Nach dem DIHK-Report zur Unternehmensnachfolge 2011 gehen mehr als 41% der Senior-Unternehmer mit zu hohen Vorstellungen des Unternehmenswertes in die Nachfolgeverhandlungen. Vgl. hierzu auch den vorangegangenen Teil B II.

Rationale Käufer und Verkäufer mit Gewinnerzielungsabsicht werden dabei – so der theoretische Grundgedanke – versuchen, ein aus der jeweiligen Perspektive optimales Ergebnis zu erzielen.

185 Demnach ist ein rationaler Käufer eines Unternehmens nur dann bereit, das Unternehmen zu erwerben, wenn der Preis unter dem von ihm geschätzten Wert (einschließlich bewerteter Synergien) liegt bzw. diesen Schwellenwert nicht übersteigt **(Preisobergrenze).** Für einen rationalen Verkäufer dagegen muss der Preis dem Wert des Eigentums (einschließlich Transaktionskosten und entgangener Vorteile) mindestens entsprechen bzw. er sollte höher sein **(Preisuntergrenze).**

186 In M&A-Transaktionen sind somit subjektive Werte aus der Sicht der jeweiligen Vertragspartei zu ermitteln. Der subjektive Wert setzt sich aus mehreren Komponenten zusammen. Ausgangspunkt ist der so genannte **Stand-alone-Wert** des zu erwerbenden Unternehmens bzw. der Anteile. Dieser ergibt sich unter Anwendung von anerkannten Bewertungsmethoden und durch den Ansatz bestimmter (subjektiver) Prämissen. Dieser Wert wird durch Opportunitätskosten und Transaktionskosten aus Sicht der jeweiligen Vertragspartei ergänzt. Die Bewertungsarbeit im M&A-Prozess soll sich somit nicht auf den isolierten Wert des Zielunternehmens beschränken, sondern beinhaltet auch die Bewertung weiterer Komponenten. Der gedachte Verhandlungsspielraum zwischen den Vertragsparteien ergibt sich im Ergebnis aus der Wertobergrenze des Erwerbers als maximaler Wert bzw. der Mindesterwartung für die Höhe des Kaufpreises durch den Verkäufer.

187 In der Realität wird das Ergebnis im Rahmen eines Verhandlungsprozesses nicht nur durch die Wertvorstellung auf monetärer Basis, sondern auch durch verhandlungstaktische und psychologische Faktoren bestimmt. Die Preisbildung in der Praxis wird somit neben der reinen Bewertungsfrage auch noch von anderen Faktoren abhängen.

188 In M&A-Transaktionen werden oftmals über den reinen Kaufpreis hinaus weitere Vereinbarungen getroffen, wie z. B. die Übernahme bestimmter Gewährleistungen, der Bezug weiterer Dienstleistungen, Abschluss eines Mietvertrags, eine Beschäftigungsgarantie oder die Übernahme von Verpflichtungen (stille Lasten, Nießbrauch etc.). Erst eine umfängliche Quantifizierung von zusätzlichen Leistungen bzw. Gegenleistungen ergeben ein vollständiges Bild für den Wert einer Transaktion im Vergleich zu dem tatsächlich gezahlten Preis.

2. Methoden der Unternehmensbewertung

a) Überblick über die Verfahren und Bewertungsprinzipien

189 Die Ermittlung eines Unternehmenswertes kann über verschiedene Methoden erfolgen. In der Betriebswirtschaftslehre werden **drei wesentliche Ansätze** unterschieden: die Gesamtbewertungsverfahren, die Substanzwertverfahren und die Vergleichswertverfahren (siehe Abbildung).

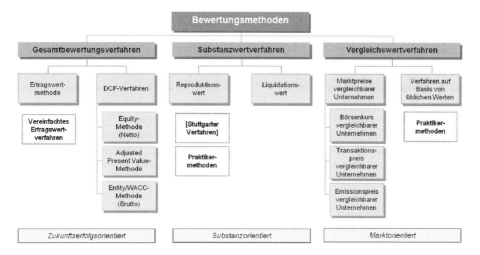

Unternehmen sind komplexe Gebilde, die durch Zusammenwirken von verschiedenen **190** Vermögensgegenständen, Know-how und Prozessen Cash Flows produzieren. Bei den **Gesamtbewertungsverfahren** wird das Unternehmen in diesem Sinne als ganzheitliche Einheit angesehen. Der Eigentümer eines Unternehmens bewertet damit das Unternehmen insgesamt nach seinem Output in Form von Cash Flows. Bei diesen Verfahren stehen dabei die erwarteten Cash Flows im Vordergrund. Diese Verfahren werden daher auch als zukunftserfolgsorientierte Bewertungsverfahren bezeichnet.

Bei den **Substanzwertverfahren** steht die Substanz des Unternehmens, also die **191** Input-Faktoren in Form von Vermögensgegenständen und unter der Berücksichtigung der Schulden, im Vordergrund. Es handelt sich somit im Vergleich zu den Gesamtbewertungsverfahren um eine eher statische Betrachtung.

Die **Vergleichswertverfahren** beruhen auf dem Gedanken, dass sich aus beobacht- **192** baren Marktpreisen Rückschlüsse auf den Wert eines Unternehmens ziehen lassen. Man spricht daher auch von marktorientierten Bewertungsmethoden.

Im Rahmen von M&A-Transaktionen - und damit auch für Buy-Outs - werden vor **193** allem zwei Verfahren angewendet:

- Die **anerkannte Vorgehensweise** zur Bewertung von Unternehmen sind die zukunftserfolgsorientierten Verfahren. Hierzu zählen die **Discounted Cash Flow-Methode** *(DCF-Methode)* **und das Ertragswertverfahren.** Bei diesen Methoden werden prognostizierte Zahlungsströme mit einem geeigneten Kapitalisierungszins auf den Bewertungsstichtag diskontiert. Bei M&A-Transaktionen findet sich in der international geprägten M&A-Praxis fast ausschließlich die DCF-Methode. Hingegen wird das Ertragswertverfahren in der deutschen Bewertungspraxis eher bei aktienrechtlichen Restrukturierungen (z. B. im Rahmen von Bewertungsgutachten für Squeeze-Out-Verfahren) oder bei steuerrechtlichen Bewertungsanlässen (z. B. Bewertung bei Erbschaft und Schenkung bzw. konzerninternen Transaktionen) herangezogen.
- Neben dem DCF-Verfahren basieren Wert- bzw. Preisfindungen in M&A-Transaktionen auf **marktpreisorientierten Verfahren.** Diese Methode wird auch als **Multiplikatorverfahren** bezeichnet. Bei dieser Methode werden die Werte durch

den Vergleich von Marktpreisen für andere, vergleichbare Unternehmen im Rahmen eines Analogieschlusses bewertet. Ein Multiplikatorverfahren wird in der Praxis meistens parallel zu einem Discounted Cash Flow-Modell herangezogen, um vor allem ein Gespür für das aktuelle „Preisniveau" auf dem Markt zu entwickeln.

In Ausnahmefällen werden in der Transaktionspraxis auch die sog. **substanzorientierten Verfahren** herangezogen. Solche Anwendungsfälle sind z. B. Unternehmen, die hohe Verluste aufweisen oder die bereits in Liquidation sind, Non-profit Unternehmen oder auch neu gegründete Gesellschaften. Eine substanzorientierte Bewertung kann ggf. auch für die Transaktion einzelner Vermögenswerte herangezogen werden.

194   Bei einer Bewertung sind einige grundlegende Prinzipien zu beachten (siehe Abbildung).

Bewertungsprinzipien

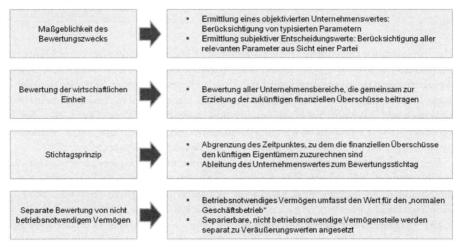

195 Ausgangspunkt ist der **Zweck** einer Bewertung. Der jeweilige Bewertungsanlass bestimmt die wertrelevanten Parameter und angesetzten Prämissen. Daher werden Bewertungen immer für einen bestimmten Zweck erstellt. Die Werte können dann nicht ohne weiteres für andere Zwecke herangezogen werden. Typische Bewertungsanlässe sind z. B. Wertfindung bei Erbschaft und Schenkungen, Bestimmung eines Emissionspreises bei einem Börsengang, Bewertung im Rahmen von M&A-Transaktionen, bei Schadensersatzforderungen und eben auch im Buy-Out. Bei steuerlich induzierten Bewertungsanlässen bestimmen z. B. die rechtlichen Vorgaben bzw. Verlautbarungen der Finanzverwaltung die Wertermittlung. Eine solche Bewertung ist dann nicht unbedingt geeignet, sie einer M&A-Transaktion zugrunde zu legen. Je nach Bewertungszweck kann es erforderlich sein, einen sog. objektivierten Unternehmenswert nach dem Bewertungsstandard der Wirtschaftsprüfer *(IDW S 1)* zu ermitteln. Der objektivierte Unternehmenswert nach *IDW S 1* berücksichtigt typisierte Parameter und enthält sehr spezifische Annahmen. Demgegenüber werden bei einer subjektiven Bewertung Entscheidungswerte aus der Perspektive einer bestimmten Partei abgeleitet.

196   Darüber hinaus ist im Rahmen einer Bewertung die **wirtschaftliche Unternehmenseinheit** zu bewerten. Durch die Analyse des Geschäftsmodells sind die wesentlichen Werttreiber zu identifizieren, wobei auf Vollständigkeit zu achten ist. Besondere Schwierigkeiten ergeben sich bei der Abgrenzung der Bewertungseinheit bei einem sog. **Carve Out**[45]. Bei einem Carve Out wird ein Teil eines Geschäftsbetriebes ausgegründet, d. h. Bewertungsgegenstand ist nur ein Teilbereich. Eine solche Transaktion wird in der Regel als **Asset-Deal** vollzogen. Die besondere Problematik besteht hierbei darin, dass alle für das Geschäftsmodell relevanten Bestandteile einbezogen werden müssen. Sind wertkritische Teile des Geschäftsmodells nicht Bestandteil des Carve-Out, weil sie im Konzern verbleiben sollen (z. B. eine Marke), sind die entsprechenden Verträge bezüglich ihrer Nutzung (bspw. ein Markenlizenzvertrag) zu schließen.

Ein ganz wesentliches Bewertungsprinzip ist das **Stichtagsprinzip:** Werte können **197** danach nur auf einen ganz bestimmten Stichtag bezogen ermittelt werden. Der Stichtag ist dabei der Tag der Erkenntnis zur Einschätzung der zukünftigen Entwicklung. Ab diesem Zeitpunkt werden die finanziellen Überschüsse dem neuen Anteilseigner zugerechnet.

Schließlich gilt bei Bewertungen das Prinzip der Trennung von **betriebsnotwen-** **198** **digem** und **nicht betriebsnotwendigem Vermögen.** Der Unternehmenswert wird zunächst nur für das betriebsnotwendige Vermögen abgeleitet. Vermögensgegenstände, die keine Werttreiber für das operative Geschäft sind und ohne Beeinträchtigungen frei veräußert werden können, gelten als nicht betriebsnotwendig (z. B. Reservegrundstücke, Kunstwerke, überschüssige Liquidität). Diese Vermögensgegenstände werden separat mit ihrem Veräußerungswert angesetzt.

Die Vorgehensweise und Prinzipien der für Buy-Out-Transaktionen relevanten **199** Methoden (DCF-Verfahren und Multiplikatormethode) werden in den folgenden beiden Abschnitten detaillierter erläutert. In einem weiteren Abschnitt wird auf den Einsatz sonstiger Bewertungsmethoden eingegangen.

b) Discounted Cash Flow-Verfahren

Bei den Gesamtbewertungsverfahren wird der Unternehmenswert durch Diskontie- **200** rung als Barwert zukünftiger finanzieller Überschüsse ermittelt. Das bedeutet, dass zukünftig zu erzielende Cash Flows mit einem geeigneten Kapitalisierungszins auf den Bewertungsstichtag abgezinst werden. Der Unternehmenswert entspricht daher dem Barwert der zukünftig erwarteten Cash Flows aus dem Unternehmen.

Bei den DCF-Verfahren lassen sich **zwei Wege der Wertermittlung** unterschei- **201** den: die sogenannte Equity-Methode und die Entity- oder WACC-Methode.

aa) Equity-Methode

Bei der **Equity-Methode** wird der Marktwert des Eigenkapitals bzw. der Wert des **202** Unternehmens für die Eigenkapitalgeber direkt berechnet. Man bezeichnet dieses Bewertungsverfahren auch als Nettomethode. Der Equity-Ansatz bewertet daher das anteilig fremdfinanzierte Unternehmen. Als bewertungsrelevante Cash Flows werden nur die den **Eigenkapitalgebern** zustehenden Zahlungen einbezogen, die Fremdkapitalzinsen sind bereits aus diesen Cash Flows eliminiert. Als Kapitalisierungszins wird pas-

---

[45] Siehe hierzu schon die Ausführungen in A 15.

send zu der zu diskontierenden Größe die Renditeforderung der Eigenkapitalgeber verwendet, d. h. Eigenkapitalkosten werden herangezogen.

bb) Entity-Methode

203 Bei der **Entity-Methode** (in der Praxis oft gleichgesetzt mit der **WACC-Methode**) wird der Unternehmenswert in zwei Stufen berechnet. Zunächst wird der Unternehmensgesamtwert durch Abzinsung der Cash Flows ermittelt, die **allen** Kapitalgebern, also Eigen- und Fremdkapitalgeber, zur Verfügung stehen. Dieser Unternehmensgesamtwert wird auch als Enterprise-Value bezeichnet. Die Cash Flows sind eine Größe vor dem Abzug von Zins- und Tilgungszahlungen. Der Unternehmensgesamtwert ist ein Bruttowert und unabhängig von der Finanzierungsstruktur des Unternehmens. Er repräsentiert sowohl die Ansprüche der Eigenkapitalgeber als auch der Fremdkapitalgeber. Um den Marktwert des Eigenkapitals und somit den eigentlichen Unternehmenswert zu ermitteln, wird im zweiten Schritt der Marktwert des Fremdkapitals abgezogen (siehe auch Abbildung). Im Ergebnis stellt diese Größe den Marktwert des Eigenkapitals bzw. den sogenannten Equity-Value dar. Dieser Unternehmenswert entspricht dem Gegenwert der Anteile aller Eigenkapitalgeber, also der Anteilseigner.

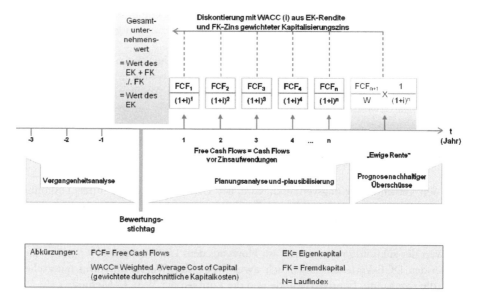

cc) Anwendung des WACC-Ansatzes

204 **In der Transaktionspraxis,** die durch Finanzinvestoren geprägt ist, hat sich weitgehend die **WACC-Bewertung durchgesetzt.** Der Investor kann durch diesen Ansatz die Zielgesellschaft unabhängig von der aktuellen Verschuldungssituation beurteilen und die gesamten Cash Flows in Betracht ziehen. Diese Perspektive spielt in der Praxis eine große Rolle, da es oft Teil einer Akquisitionsstrategie ist, eine andere Finanzierungsstruktur zu realisieren.

205 Die Vorgehensweise beim WACC-Ansatz lässt sich in verschiedene Schritte unterteilen (siehe Abbildung):

Identifikation nicht betriebsnotwendiger Vermögenswerte und Eliminierung aus der Datenbasis

Analyse der prognostizierten Cashflows, die den Eigen- und Fremdkapitalgebern zur Verfügung stehen („Free Cashflows")

Ableitung des gewichteten Kapitalkostensatzes (WACC)

Berechnung des Barwertes der Free Cashflows durch Diskontierung zum Stichtag

Abzug des verzinslichen Fremdkapitals und Hinzurechnung des Wertes des nicht betriebsnotwendigen Vermögens

Die in die Bewertung einzubeziehenden Cash Flows umfassen nur die **operativen** 206
Cash Flows, d.h. diejenigen aus dem betriebsnotwendigen Vermögen. Das **nicht
betriebsnotwendige Vermögen** ist separat zu bewerten und anschließend dem Barwert der operativen Cash Flows hinzuzurechnen. Diese nicht betriebsnotwendigen Vermögenswerte sind aus der vorliegenden Datenbasis zu eliminieren. Wird z.B. eine Immobilie als nicht betriebsnotwendig klassifiziert, sind für Analysezwecke und für die Ableitung der zu diskontierenden geplanten Cash Flows alle in diesem Zusammenhang stehenden Effekte heraus zu rechnen (z.B. entsprechende Mieteinnahmen, Abschreibungen, Finanzierungen).

In einem nächsten Schritt sind aus der Geschäftsplanung die **Free Cash Flows** ab- 207
zuleiten (siehe Abbildung). Die Geschäftsplanung sollte drei bis fünf Planjahre umfassen. Wesentliche Bestandteile eines Businessplans für eine fundierte Bewertung sind integrierte, d.h. miteinander verknüpfte Plan-Gewinn- und Verlustrechnung, Plan-Bilanz und Plan-Cash Flow-Berechnung.

	Operatives Ergebnis vor Zinsen und Steuern (EBIT)
–	Adaptierte Steuern auf das EBIT
=	Operatives Ergebnis vor Zinsen und nach adaptierten Steuern (NOPLAT)
+/–	Abschreibungen/Zuschreibungen
+/–	Erhöhung / Verminderung der Rückstellungen
=	(Operativer) Brutto-Cash Flow
–	Investitionen in das Anlagevermögen
–/+	Erhöhung/Verminderung des Working Capital
=	Operativer Free Cash Flow

Ausgangspunkt der Ableitung der Free Cash Flows ist das **EBIT.** Zunächst werden 208
davon die sogenannten adaptierten Steuern auf das EBIT abgezogen. Die adaptierten Steuern sind definiert als die fiktiven Ertragsteuern, die unter der Annahme des rein mit Eigenkapital finanzierten Unternehmens ohne außerordentliche (nicht operative) Aufwendungen und Erträge ermittelt werden. Zu ihrer Berechnung ist der Unternehmenssteuersatz auf das EBIT zu beziehen. Ergebnis dieser Berechnung ist ein fiktives operatives Ergebnis des Unternehmens unter der Annahme der reinen Eigenkapitalfinanzierung (**„NOPLAT"**).

Dem NOPLAT werden die nicht zahlungswirksamen Aufwendungen hinzugerech- 209
net und die nicht zahlungswirksamen Erträge abgezogen. Nicht zahlungswirksame Aufwendungen sind z.B. Abschreibungen oder Aufwendungen aus der Rückstellungsbil-

dung. Nicht zahlungswirksame Erträge sind beispielsweise Zuschreibungen oder Rückstellungsauflösungen. Es ergibt sich der **operative Brutto-Cash Flow.**

210   Der operative Brutto-Cash Flow ist um Investitionen in Sachanlagen und Working Capital zu kürzen und um Verminderungen des Working Capital zu erhöhen. Das **Working Capital** umfasst im Wesentlichen Vorräte, Forderungen aus Lieferungen und Leistungen und vergleichbare Posten abzüglich Verbindlichkeiten aus Lieferungen und Leistungen bzw. vergleichbare Posten.

211   Als Ergebnis wird so der Free Cash Flow ermittelt, berechnet nach Steuern und ohne Berücksichtigung des sogenannten Tax Shields, also der steuerlichen Abzugsfähigkeit von Zinsaufwendungen.

212   Da es sich bei den Free Cash Flows um prognostizierte Größen handelt, müssen die der Bewertung zugrunde liegenden Planungsrechnungen der Zielgesellschaft umfassend plausibilisiert werden. Die **Plausibilisierung** der Planung ist ein wesentlicher Bestandteil einer Bewertung. Ein Unternehmenswert ist nur dann aussagekräftig, wenn sinnvolle und nachvollziehbare Annahmen über die weitere Entwicklung des Unternehmens getroffen werden. Bei der Analyse der prognostizierten Cash Flows handelt es sich somit nicht nur um eine Ableitung eines Betrages, sondern vor allem auch um die Plausibilisierung der eingehenden Daten und der erwarteten Entwicklung des Unternehmens.

213   Als Grundlage für die Datenplausibilität sollte der Bewerter ein tiefes Verständnis des Geschäftsmodells und des Markt- und Wettbewerbsumfeldes zum Zeitpunkt der Transaktion haben. Wesentlicher Bestandteil ist hier auch die **Analyse der bisherigen Geschäftsentwicklung** (Vergangenheitsanalyse) sowie die Bildung von Kennzahlen für Ist- und Planzahlen. Weiterhin sollten die wesentlichen Werttreiber sowie Chancen und Risiken und ihre Auswirkungen auf die Zukunft identifiziert werden. Oft bietet sich an, die Ergebnisse in einem **Stärken-Schwächen-Chance-Risikomodell** zusammen zu fassen.[46] Die Qualität der Planung ist entscheidend für den Aussagegehalt des daraus ermittelten Wertes.[47]

214   Die prognostizierten Free Cash Flows umfassen die erste Phase des Bewertungsmodells, den sogenannten Detailplanungszeitraum. Die Daten beruhen somit hier auf der Geschäftsplanung der Gesellschaft. Da bei der Unternehmensbewertung von der Fortführung des Unternehmens (sog. Going-concern-Prämisse) ausgegangen wird, ist der Wert der nach dieser Phase erwirtschafteten Cash Flows hinzuzurechnen. Dieser Wertbeitrag wird als **„Ewige Rente"** (bzw. *Terminal Value*) bezeichnet. Es handelt sich um die jährlich erzielbaren Cash Flows in einem sogenannten unveränderten, und damit „eingeschwungenen" Zustand, den das Zielunternehmen am Ende der Detailplanungsphase erreicht haben sollte. Modelliert wird ein normalisierter, „repräsentativer" Wert ohne Beeinflussung durch Einmaleffekte, Erweiterungsinvestitionen (nur notwendiger Ersatz) oder Zinsgewinne.

215   Die Ewige Rente wird fortgeschrieben, indem pauschal ein konstantes Wachstum unterstellt wird. Meistens werden in der Praxis Wachstumsraten zwischen 0% und 2% angenommen. Ausnahmen sind aber bei sehr wachstumsstarken Branchen durchaus

---

[46] Zur Analyse der Datengrundlage siehe *Hölscher/Nestler/Otto,* Handbuch Financial Due Diligence, 2007.

[47] Es empfiehlt sich, die Grundsätze ordnungsgemäßer Planung (GOP) des Bundesverbandes Deutscher Unternehmensberater BDU e. V. zu beachten.

möglich. Die Höhe dieser Wachstumsrate hat einen erheblichen Effekt auf die Höhe des Wertes. Sie wird bewertungstechnisch in den Kapitalkosten, also im Nenner, dargestellt.

Nach der Ableitung plausibler Free Cash Flows, die die zu diskontierende Zählergröße **216** darstellen, sind in einem nächsten Schritt die gewichteten Kapitalkosten (WACC) abzuleiten. Die Diskontierung der Free Cash Flows erfolgt im WACC-Modell mit einem Mischzinssatz, dem sogenannten **Weighted Average Cost of Capital** *(WACC)*. Im WACC sind sowohl die Renditeansprüche der Eigenkapitalgeber als auch diejenigen der Fremdkapitalgeber berücksichtigt. Dabei erfolgt eine Gewichtung mit den jeweiligen Anteilen am Gesamtkapital des Unternehmens auf der Basis von Marktpreisen.

Der WACC berechnet sich nach folgender Formel (siehe Abbildung).

$$WACC = r_{EK} \cdot \frac{EK_{MW}}{EK_{MW} + FK_{MW}} + r_{FK} \cdot (1-t) \cdot \frac{FK_{MW}}{EK_{MW} + FK_{MW}}$$

mit r_{EK} Eigenkapitalkosten
EK_{MW} Marktwert des Eigenkapitals
r_{FK} Fremdkapitalkosten
t Steuersatz des Unternehmens
FK_{MW} Marktwert des Fremdkapitals

Die **Fremdkapitalkosten** müssen die Bonität des Zielunternehmens, abhängig von **217** seiner Gewinnsituation, Verschuldung und Risikoeinordnung am Kapitalmarkt zum Bewertungszeitpunkt, abbilden. Fremdkapitalkosten mindern die Steuerlast eines Unternehmens aufgrund ihrer Abzugsfähigkeit. Die Minderung der Steuerlast wird durch das sogenannte **Tax Shield** berücksichtigt. In der Berechnung des Diskontierungszinssatzes erfolgt dies durch die Verminderung der Fremdkapitalkosten.

Die **Eigenkapitalkosten** werden üblicherweise mit Rückgriff auf das **Capital 218 Asset Pricing Model** *(CAPM)* ermittelt. Das CAPM geht von einer (quasi) risikofreien Anlage am Kapitalmarkt (z. B. in Anleihen öffentlicher Emittenten) aus. Aus dem Vergleich der risikofreien Anlage mit dem Marktrisiko, also dem nicht diversifizierbaren Risiko einer Anlage am Kapitalmarkt (z. B. in den DAX), lässt sich die Marktrisikoprämie ableiten. Dies ist die Differenz zwischen der Rendite, die vom Kapitalmarkt für das erhöhte Risiko einer Anlage in ein diversifiziertes Aktiendepot verlangt wird **(r_M)**, zur risikofreien Rendite öffentlicher Anleihen **(r_f)**. Für das Zielunternehmen ist sie in dem Verhältnis von Bedeutung, in dem das Risiko des Zielunternehmens zum Risiko des Gesamtmarktes steht. Dieses Verhältnis wird im **Risikobeitragsmaß Beta (β)** abgebildet. Ein Beta größer Eins bedeutet, dass die Rendite des Unternehmens überproportional zu der des Marktes schwankt. Ein Beta kleiner Eins gibt an, dass das Unternehmen eine unterproportionale Volatilität zum Markt aufweist.

Während bei börsennotierten Unternehmen historische Beta-Faktoren direkt ermit- **219** telt werden können, müssen sie für nicht börsennotierte Unternehmen indirekt über den Vergleich mit einer sogenannten **Peer Group**[48] hergeleitet werden. Die Eigenkapitalkosten nach dem CAPM ergeben sich aus folgender Formel:

---

[48] Vergleichsgruppe hinsichtlich bestimmter Merkmale (bei Unternehmen in der Regel Anknüpfung an Branche, Größe, Tätigkeit etc.).

$$r_{EK} = r_f + \beta \, [r_M - r_f]$$

mit r_{EK} Eigenkapitalkosten

         r_f risikofreier Zinssatz

         ß   Risikobeitragsmaß Beta

         r_M Marktüberrendite

220   Zur Gewichtung der Eigen- und Fremdkapitalkosten dient als Ausgangspunkt die Ist-Kapitalstruktur des Zielunternehmens im Transaktionszeitpunkt; es kann aber auch eine Soll-Kapitalstruktur (sogenannte **Zielkapitalstruktur**) herangezogen werden. Die Gewichtung der Kapitalkostenanteile muss zu Marktwerten erfolgen. Der Gesamtunternehmenswert ergibt sich nach dem WACC-Ansatz, indem die prognostizierten Free Cash Flows mit dem WACC diskontiert werden.

221   Im letzten Schritt wird das **verzinsliche Fremdkapital** vom ermittelten Gesamtunternehmenswert abgezogen, um den Marktwert des Eigenkapitals zu ermitteln. Aufgrund von Kapitalinstrumenten, die sowohl Fremd- als auch Eigenkapitalmerkmale haben, lässt sich das verzinsliche Fremdkapital in der Praxis nicht immer eindeutig abgrenzen. Diese Abgrenzung ist daher in der M&A-Praxis häufig ein intensiv diskutierter Gegenstand in Vertragsverhandlungen.

222   Die Ableitung eines Unternehmenswertes anhand des WACC-Ansatzes entspricht dem betriebswirtschaftlich anerkannten Stand, da auf zukunftserfolgsorientierten Daten aufgesetzt wird. Anhand eines integrierten Bewertungsmodells, das aus Plan-Gewinn- und Verlustrechnung, Plan-Bilanz sowie Plan-Cash Flow-Berechnung besteht, kann die zukünftige Entwicklung der Gesellschaft modelliert werden. Die Auswirkungen kritischer Faktoren auf den Unternehmenswert lassen sich im Rahmen von Sensitivitäten darstellen. Andererseits ist das Ergebnis nur so gut wie die Datenbasis und die zugrundeliegende Einschätzung unsicherer Entwicklungen. Letztlich ist der ermittelte Unternehmenswert als qualifizierte Schätzgröße zu sehen.

c) Multiplikatorverfahren

223   Den Multiplikatorverfahren kommt eine große Bedeutung im M&A-Transaktionsgeschäft zu. Sie sind **vergleichsweise schnell** zu berechnen und die Vorgehensweise ist **transparent.** Bei M&A-Transaktionen werden sie daher insbesondere zu **Beginn** des Transaktionsprozesses verwendet. Zu diesem Zeitpunkt liegen oftmals noch nicht die nötigen Daten für eine DCF-Bewertung vor. Trotzdem versuchen die Parteien schon frühzeitig zu eruieren, wie die Kaufpreisvorstellungen sind und ob sich die Preisvorstellungen in einem realistischen Korridor bewegen. Ansonsten werden Multiplikatorbewertungen zur **Plausibilisierung** von dezidiert ermittelten Werten nach den zukunftserfolgsorientierten Verfahren herangezogen.

224   Bei der Multiplikatormethode wird der Unternehmenswert aus verfügbaren Marktpreisen für möglichst vergleichbare Unternehmen abgeleitet. Marktpreise lassen sich aus dem Marktpreis vergleichbarer, börsennotierter Unternehmen ablesen **(Trading Multiples).** Alternativ können Multiplikatoren auf der Basis von Marktpreisen, die im Rahmen von anderen M&A-Transaktionen vergleichbarer Unternehmen gezahlt wurden, ermittelt werden **(Transaction Multiples).** Entscheidend für die Aussagekraft dieser Methode ist die Vergleichbarkeit der Peer-Unternehmen (oder Peer Group) zu dem Unternehmen, das bewertet werden soll. Die Vergleichbarkeit zielt auf die für die Eigner durch das Unternehmen generierten Zahlungsströme ab. Maßgebliche Kriterien für die Vergleichbarkeit der Zahlungsströme sind v. a. die langfristige Wachstumsrate, die Größe sowie die Rentabilität der Unternehmen. Beim Multiplikatoransatz wird somit implizit unterstellt, dass sich aus beobachtbaren Marktpreisen vergleichbarer Unternehmen Rückschlüsse auf den Wert des betreffenden Unternehmens ziehen lassen.

Bei der Ableitung und Berechnung der Multiplikatoren werden aktuelle Transak- **225** tionspreise bzw. Börsenpreise ins Verhältnis zu zukünftig erwarteten Bezugsgrößen gesetzt. Als Bezugsgrößen werden in der Praxis üblicherweise Umsatz, EBITDA, EBIT, der Cash Flow oder eine Ergebnisgröße herangezogen. Die verschiedenen Multiplikatoren der Vergleichsunternehmen müssen auf einen angemessenen Wert aggregiert werden. Am häufigsten wird für die Aggregation der Beobachtungswerte zu einer Bandbreite das arithmetische Mittel oder der Median angewendet.

Equity-Multiplikatoren

$$\frac{\text{Kurs je Aktie}}{\text{Gewinn je Aktie}} = \text{Kurs-Cashflow-Verhältnis (KCFV)}$$

$$\frac{\text{Kurs je Aktie}}{\text{Cashflow (to equity) je Aktie}} = \text{Kurs-Cashflow-Verhältnis (KCFV)}$$

Equity-Multiplikatoren

$$\frac{\text{Unternehmensgesamtwert}}{\text{Umsatz}} = \text{Umsatzmultiplikator}$$

$$\frac{\text{Unternehmensgesamtwert}}{\text{EBIT}} = \text{EBIT-Multiplikator}$$

$$\frac{\text{Unternehmensgesamtwert}}{\text{EBITDA}} = \text{EBITDA-Multiplikator}$$

Für die Ableitung der Multiplikatoren wird zwischen Equity- und Entity-Multi- **226** plikatoren unterschieden (siehe Abbildung). Bei **Equity-Multiplikatoren,** wie z.B. dem Kurs-Gewinn-Verhältnis (KGV) oder dem Kurs-Cash Flow (to Equity)-Verhältnis (KCFV), ergibt sich der Marktwert des Eigenkapitals direkt aus dem Produkt des Multiplikators der Peer Group und der korrespondierenden Bezugsgröße des Bewertungsobjektes. Equity-Multiplikatoren beziehen sich somit auf Größen, die den Anspruch der Fremdkapitalgeber nicht mehr enthalten. **Entity-Multiplikatoren,** wie z.B. Unternehmensgesamtwert/Umsatz, Unternehmensgesamtwert/EBITDA oder Unternehmensgesamtwert/EBIT hingegen beziehen sich auf den Marktwert des Gesamtkapitals (Entity-Value), der den Marktwert des Eigen- und Fremdkapitals abzüglich der liquiden Mittel umfasst.

Die Datenbasis sollte sich idealerweise nicht nur an Ist-Daten, sondern auch an **227** prognostizierten Größen orientieren. Der Unternehmenswert ermittelt sich bei der Multiplikatormethode in verschiedenen Schritten (siehe Abbildung).

Ableitung geeigneter Multiplikatoren		

$\downarrow$

Multiplikator der Peergroup	×	Kennzahl des Bewertungsobjekts	=	Unternehmens-wert
z. B. EBIT-Multiplikator	×	EBIT des Zielunternehmens	=	Unternehmens-gesamtwert

$\downarrow$

Bei Equity-Multiplikatoren: keine weiteren Schritte erforderlich
Bei Entity-Multiplikatoren: Abzug der Nettofinanzverbindlichkeiten

228 Die Multiplikatormethode gibt insgesamt eine recht pragmatische und damit praktikable Indikation für einen Preis, der zum Bewertungsstichtag realisierbar wäre. Es ist ein schnelles, unkompliziertes Verfahren und die benötigten Daten sind öffentlich verfügbar. Das Konzept ist **leicht verständlich** und **gut kommunizierbar.**

229 **Problematisch** an dieser Methode ist, dass bei der Bewertung von mittelständischen Unternehmen gerade Trading Multiples eher nicht so gute Anhaltspunkte liefern, da sie selten gut vergleichbar sind. Auch können Bezugsgrößen unterschiedlich definiert sein. Eine ausführliche Analyse kann dieses Problem zwar beheben, doch geht dies wieder zu Lasten der Schnelligkeit und Verständlichkeit. Schließlich ist als wesentlicher Effekt zu nennen, dass mit dieser Methode zwar die aktuelle Markteinschätzung für Preise von vergleichbaren Unternehmen in die Bewertung einfließt, damit aber möglicherweise nicht fundierte Entscheidungsvorlagen entstehen. Wenn beispielsweise am Kapitalmarkt Überbewertungen bestehen oder Kaufpreisspekulationen M&A-Transaktionen beeinflussen, können beobachtbare Marktpreise überhöht sein. Dies lässt sich nur feststellen, wenn parallel mit den eigenen Plandaten der Gesellschaft gerechnet und modelliert wird. Letztlich ist die Multiplikatormethode daher weniger eine Bewertungsmethode als eine Methode der Preisfindung.

d) Sonstige Bewertungsmethoden

230 Eine bisweilen in der Praxis angesprochene Methode ist das sogenannte **Substanzwertverfahren.** Der Substanzwert des Eigenkapitals wird verstanden als Verkehrswert aller materiellen, immateriellen, betriebsnotwendigen und nicht-betriebsnotwendigen Vermögensgegenstände, abzüglich der Schulden und Verbindlichkeiten des Unternehmens. Dieses Substanzwertverfahren ist jedoch keine in der Betriebswirtschaftslehre anerkannte Bewertungsmethode.

231 In abgewandelter Form kann die Substanz für Bewertungen allerdings eine Rolle spielen, nämlich unter der Annahme der Auflösung der Gesellschaft als sog. Liquidationswert. Der **Liquidationswert** ist ein (fiktiver) Zerschlagungswert. Ausgangspunkt ist der erwartete Verkaufserlös der bilanzierten und nicht bilanzierten Vermögensgegenstände, wenn sie einzeln veräußert werden. Dabei sind auch die zu erwartenden Veräußerungskosten sowie ggf. Steuern einzubeziehen. Weiterhin sind sonstige Liquidationskosten zu ermitteln. In der Regel sind die Abfindungen für den Personalbestand der größte Kostentreiber einer Liquidation. Der Unternehmenswert ergibt sich dann aus dem Netto-Liquidationserlös des betrieblichen Vermögens abzüglich der bei der Unternehmensauflösung zu berücksichtigenden Schulden und der Liquidationskosten. Angewendet wird der Liquidationswert daher, um eine absolute Wertuntergrenze des Unternehmens darzustellen.

Als alternative Bewertungsmethode gilt auch der **Reproduktionskostenansatz.** 232
Der Reproduktionswert ist ein Wiederbeschaffungswert und repräsentiert den Betrag, den man objektiv aufwenden müsste, um das Unternehmen von Grund auf neu zu errichten. Praktisch wie eine Wiedererrichtung „auf der grünen Wiese". Im angloamerikanischen Raum findet sich daher auch bisweilen der Begriff der „Greenfield method". Diese Fiktion des vollständigen Nachbaus ist in der Regel allenfalls für neu gegründete Unternehmen ein vertretbarer Bewertungsansatz. Bei Unternehmen, die schon länger operativ sind, können gewachsene wertbildende Faktoren wie z.B. Image, Standort, Prozesse oder Unternehmenskultur nicht ohne weiteres reproduziert bzw. deren Reproduktion beziffert werden. Die Methode wird daher eher selten eingesetzt.

Sowohl beim Liquidationswert als auch beim Reproduktionskostenansatz ist meis- **233** tens die größte Schwierigkeit, den Wert für die **immateriellen Vermögensgegenstände** zu ermitteln. Selbst erstellte immaterielle Vermögensgegenstände wie z.B. Marken oder Patente sind oft wesentliche Werttreiber von Unternehmen, unterliegen aber grundsätzlich – bis auf wenige Ausnahmen – einem Bilanzierungsverbot. Für die Ableitung eines aussagekräftigen Wertes ist es von wesentlicher Bedeutung, mit anerkannten Methoden diese Werte losgelöst vom Unternehmenskontext zu ermitteln.[49]

Im Mittelstand ist häufig das sogenannte **Stuttgarter Verfahren** in den Köpfen **234** präsent. Das Stuttgarter Verfahren ist ein recht einfaches Berechnungsschema für die Ermittlung von nicht börsennotierten Anteilswerten, das im Bewertungsgesetz geregelt war. Das Verfahren entspringt somit einem steuerlichen Kontext. Zum 1. Januar 2009 wurde das Bewertungsgesetz durch das Erbschaftsteuerreformgesetz geändert und das Stuttgarter Verfahren nicht länger im Bewertungsgesetz genannt, sondern durch neue Verfahren ersetzt. Als Basis für eine Kaufpreisfindung ist dieses Verfahren nach betriebswirtschaftlichen Grundsätzen eher nicht geeignet.

Im Rahmen von unternehmerischen Nachfolgen gerade im mittelständischen Be- **235** reich finden sich oftmals sogenannte **Praktikerverfahren.** Dabei handelt es sich nicht um bestimmte Bewertungsmethoden, sondern eher um verschiedene Varianten der Kaufpreisbestimmung mit einfachen Parametern (z.B. Durchschnitt des Gewinns der letzten drei Geschäftsjahre bezogen auf einen branchenüblichen Multiplikator). Letztlich sind die Parteien auch frei in der Wahl der zugrundeliegenden Bewertungsmethode und der Kaufpreisfindung. Bei solchen Methoden sollte aber ggf. ein Anwalt bzw. ein Steuerberater im Hinblick auf mögliche rechtliche oder steuerliche Konsequenzen hinzugezogen werden, falls die Kaufpreisvereinbarungen nicht einen üblichen Verkehrswert widerspiegeln.

3. Preisfindung

Die Preisverhandlungen in der **M&A-Praxis** werden **üblicherweise** von verschiede- **236** nen Parametern bestimmt, die nicht nur finanzieller Natur sind:

---

[49] Vgl. *Kasperzak/Nestler,* Bewertung von immateriellem Vermögen, 2010.

- **Verteilung der Informationen** über die Zielgesellschaft zwischen Verkäufer und potentiellem Erwerber, vor allem im Hinblick auf Marktentwicklung sowie Stärken und Schwächen des Unternehmens
- **Verhandlungstaktik** der jeweiligen Parteien und Entscheidungsfreude
- **Verhandlungsspielraum** des **Verkäufers** bzw. Druck zum Verkauf (Alternativen)
- Verhandlungsspielraum des Erwerbers bzw. Druck zur Investition (Alternativen)
- **Anzahl** der interessierten **Erwerber** und Art des Verfahrens (z. B. Bieterprozess)
- **Kommunikationsstrategie**
- Wirtschaftliche **Ziele** und Risikopräferenzen
- **Zusätzliche Synergien** des Erwerbers durch den Erwerb des Unternehmens z. B. durch eine Finanzierungsstrategie oder Integration in ein bestehendes Unternehmen.

Weitere Determinanten der Preisbildung sind oftmals der Umfang der Einflussmöglichkeiten des Anteilseigners auf das Unternehmen und die **Flexibilität** zur Veräußerung der Anteile, also deren Fungibilität. Je stärker die Verfügung über den Anteil begrenzt ist, umso höher wird in der Regel ein Preisabschlag sein.

237 Tritt das **Management** bei einem **Buy-Out** nicht nur als Informations- und Entscheidungsträger auf, sondern zusätzlich auch als Bieter bzw. potentieller Erwerber, verstärkt sich der ohnehin bereits bestehende Interessenkonflikt zwischen Altgesellschaftern, Kaufinteressenten und Management:

- Der Verkäufer ist daran interessiert, dass das Management gegenüber Dritten die Finanzsituation der Gesellschaft **möglichst positiv** darstellt. Das MBO-Management hat aber gegenläufige Interessen und kann dies bei der Informationsweitergabe einfließen lassen.
- In einem **Bieterprozess** mit mehreren Bietern besteht in der Regel ein Wettbewerbsprozess, der den Kaufpreis optimal entwickeln soll. Für ein MBO-Management ist ein aktiver Bieterprozess hingegen gegenläufig zu den eigenen Interessen.

Die Doppelrolle des Managements kann aber in einem solchen Prozess auch die Verhandlungen vereinfachen. Insbesondere führt die **Kenntnis** des Managements über das Zielunternehmen selbst zu einer deutlich besseren Informationslage als bei einem fremden dritten Kaufinteressenten. Die Phase der Analyse und Plausibilisierung der Geschäftsplanung, die üblicherweise einen wesentlichen Teil einer Bewertung ausmacht und sehr zeitaufwändig ist, fällt somit eher kurz aus. In den Fällen, in denen es sich um einen nachfolgebedingten MBO handelt, werden sich Eigentümer und Management oftmals zusammensetzen und den Businessplan (sowie ein geeignetes Finanzierungskonzept) gemeinsam erarbeiten. Der Prozess kann dann an diesem schwierigen Punkt oftmals schneller vorangetrieben werden, da die Parteien sich quasi im Zuge dieser Vorbereitung über die weitere mögliche Entwicklung der Gesellschaft schon verständigt haben. Aber auch bei einem **LBO,** bei dem für die Verhandlungsspielräume die Hebelwirkung von Fremdkapitalstrukturen simuliert wird (sog. Leveraged Buy Out-Bewertungsmodelle), ist die Detailkenntnis des Managements besonders wertvoll, da für die Fremdfinanzierung auf zukünftige, möglichst stabile Cash Flows abgestellt wird.

Zusammenfassung

- Ein wesentlicher Aufsatzpunkt für die Preisfindung im Buy-Out-Prozess ist die **Erstellung** einer **fundierten Unternehmensbewertung.** Das anerkannte und betriebswirtschaftlich richtige Verfahren ist ein **Gesamtbewertungsverfahren.** Wesentlich ist, dass zukunftsorientierte Zahlungsströme in die Wertfindung eingehen. Alternativ werden in der Praxis auch **Multiplikatorverfahren** herangezogen. Bei dieser Methode sind der Multiplikator und die Bezugsgröße der zu bewertenden Gesellschaft mit Augenmaß auszuwählen, um eine vernünftige und passende Bewertung zu erhalten.

- Substanzwerte bzw. einfache „**Praktikermethoden**" sind in der Betriebswirtschaftslehre nur begrenzt anerkannt. Es besteht das Risiko, dass die abgeleiteten Werte nicht angemessen sind bzw. den Wert des Unternehmens nicht hinreichend wiederspiegeln.

- Fundierte Bewertungen müssen verschiedene allgemein anerkannte Prinzipien beachten, insbesondere müssen sie **zweckgebunden** erstellt werden und es ist ein bestimmter **Stichtag** als Tag der Erkenntnis zugrunde zu legen. Nicht betriebsnotwendige Vermögensbestandteile sind separat zu bewerten.

- **Ausgehend vom Wert** ist ein **Preis abzuleiten.** Preise sind das Ergebnis von **Verhandlungen** zwischen zwei Parteien, die in der Regel vom ermittelten Wert abweichen. Die Preisfindung ist beeinflusst von subjektiven Kaufpreiskomponenten, nicht finanziellen Faktoren wie z.B. Verhandlungsmacht oder Kommunikationsstrategien und der Fungibilität der Anteile.

Teil C. Steuerliche Gestaltung eines Buy-Out

Übersicht

I. Steuerliche Zielsetzung bei Buy-Outs

1 Die **steuerliche Gestaltung einer Buy-Out-Transaktion** setzt bei den typischen Interessen von Veräußerer und Erwerber von Unternehmen an.

2 Während der Buy-Out-Veräußerer eines Unternehmens seinen Veräußerungsgewinn mit **möglichst niedriger Steuerbelastung** vereinnahmen will, hat der Buy-Out-Erwerber in erster Linie das steuerliche Ziel, seine Erwerbskosten in Form des Kaufpreises und der entsprechenden Finanzierungskosten **steuermindernd** geltend zu machen. Buy-Out-typisch sind darüber hinaus in einigen Fällen notwendige Umstrukturierungsmaßnahmen zur steuerlichen Optimierung, so dass es auch insoweit im Erwerberinteresse liegt, diese Maßnahmen möglichst steuergünstig durchzuführen und die dabei anfallenden Kosten steuerlich geltend zu machen. Zusätzlich ist dem Erwerber einer Kapitalgesellschaft regelmäßig daran gelegen, sowohl das gegebenenfalls noch auf bereits versteuerten Rücklagen lastende Körperschaftsguthaben zu mobilisieren als auch zukünftige Gewinne der erworbenen Gesellschaft in Gestalt von Dividenden steuergünstig zu vereinnahmen.

3 Der bei Unternehmenskäufen schließlich sonst noch häufig erwerberseits anzutreffende Aspekt, Verlustvorträge der Zielgesellschaft nutzbar zu machen, spielt bei Buy-Out-Gestaltungen grundsätzlich keine Rolle, da sich eine mit Verlustvorträgen belastete Zielgesellschaft aufgrund der speziellen, auf hohem Fremdkapitaleinsatz beruhenden Finanzierungstechnik (LBO) und dem dadurch bedingten Erfordernis einer hohen Ertragsstärke der Zielgesellschaft regelmäßig nicht als geeigneter Buy-Out-Kandidat erweisen dürfte[1].

4 Die angesprochenen Kosten des Erwerbers sind zum einen seine unmittelbaren Investitionskosten zum Erwerb des Unternehmens in Form des Kaufpreises sowie seine Kosten für die Buy-Out-typische hohe **Fremdfinanzierung.** Bei den unmittelbaren Investitionskosten geht es darum, diese möglichst in Form von Abschreibungsvolumen steuerlich geltend zu machen, während hinsichtlich der Finanzierungskosten ein direkter steuerlicher Abzug erstrebenswert ist.

5 Die **grundsätzlich gegenläufigen steuerlichen Interessen** von Veräußerer und Erwerber müssen in der Praxis bei der steuerlichen Gestaltung eines Buy-Out in die Planung beider Vertragspartner mit einbezogen und berücksichtigt werden, da nicht zuletzt auch der gemeinsam auszuhandelnde Kaufpreis häufig von der steuerlichen Position des Vertragspartners abhängt[2].

---

[1] Oben A 51.
[2] *Holzapfel/Pöllath,* Unternehmenskauf in Recht und Praxis, Rz. 138.

II. Konkrete Besteuerung von Buy-Out-Transaktionen

Da die **konkreten steuerlichen Auswirkungen** einer Buy-Out-Gestaltung rechts- **6** formabhängig sind, werden im Folgenden die einzelnen steuerlichen Auswirkungen eines Buy-Out jeweils abhängig von der Rechtsform des Veräußerers und des Erwerbers sowie ebenfalls abhängig von der Rechtsform des Zielunternehmens (Personen- oder Kapitalgesellschaft) dargestellt werden. Damit werden sämtliche bereits genannten Buy-Out-Gestaltungen im Wege des LBO, nämlich MBO, MBI, IBO, EBO, OBO als auch Buy-Out-Fonds[3] erfasst. Aufgezeigt werden ausschließlich die Steuerwirkungen von Buy-Outs mit inländischem Bezug.

Darüber hinaus richtet sich die nachfolgende Darstellung danach, dass sich eine **7** Buy-Out-Transaktion – wie jeder Unternehmenskauf – in den bekannten zwei Grundformen durchführen lässt: Zum einen in Form des Erwerbs der einzelnen Wirtschaftsgüter des Unternehmens **(Asset Deal),** zum anderen in Gestalt des Erwerbs der Anteile an diesem Unternehmen **(Share Deal),** weshalb diese Unterscheidung auch in der folgenden steuerlichen Darstellung nachvollzogen werden soll.

1. Asset Deal

a) Buy-Out-Veräußerer

aa) Einzelunternehmen/Personengesellschaft

Sofern ein Einzelunternehmer oder eine Personengesellschaft, an der ausschließlich **8** natürliche Personen als gewerbliche Mitunternehmer i. S. d. § 15 Abs. 1 Nr. 2 oder Abs. 3 EStG (gewerblich geprägte Mitunternehmerschaft) beteiligt sind, das Unternehmen durch Veräußerung sämtlicher einzelner Wirtschaftsgüter an einen Buy-Out-Erwerber veräußert, stellt dies die Veräußerung des gesamten Betriebes dar, so dass der jeweils auf den Einzelunternehmer bzw. auf den beteiligten Mitunternehmer entfallende (anteilige) Veräußerungsgewinn seiner persönlichen Einkommensteuer unterliegt. Zu beachten ist jedoch für Personengesellschafter, dass auch alle Wirtschaftsgüter ihres Sonderbetriebsvermögens, die wesentliche Betriebsgrundlage sind, aufgrund der steuerlichen Eigenschaft als Betriebsvermögen der Personengesellschaft Gegenstand der Veräußerung sein müssen, da es sich anderenfalls nicht um die Veräußerung des gesamten (steuerlichen) Betriebes handelt.[4]

Unter den **Voraussetzungen der §§ 16, 34 EStG** (55. Lebensjahr des Veräuße- **9** rers/Mitunternehmers oder dauernde Berufsunfähigkeit) besteht für den Veräußerungsgewinn des Buy-Out-Veräußerers die Tarifermäßigung nach § 34 Abs. 1 EStG. Der Veräußerungsgewinn des Buy-Out-Veräußerer wird entweder durch die Fünftel-

---

[3] Dazu näher oben A 6, wobei hinsichtlich Buy-Out-Fonds die steuerlichen Auswirkungen nicht auf Anlegerseite dargestellt werden.
[4] Vgl. *Wacker* in Schmidt, EStG, § 16 Rdnr. 407.

regelung des § 34 Abs. 1 EStG oder auf Antrag (§ 34 Abs. 3 Satz 1, 5 EStG) mit 56% des durchschnittlichen Steuersatzes ermäßigt besteuert. Darüber hinaus besteht ein Veräußerungsfreibetrag gemäß § 16 Abs. 4 EStG. Der **Freibetrag** wird nur auf Antrag gewährt und kann von dem Steuerpflichtigen nur einmal im Leben beantragt werden. Der Freibetrag beträgt € 45 000,00 und verringert sich ab einem Veräußerungsgewinn von € 136 000,00 um den überschießenden Betrag. Demnach wird ab einem Gewinn von € 181 000,00 kein Freibetrag mehr gewährt.

10   Es besteht auch die Möglichkeit, dass der Einzelunternehmer bzw. der Mitunternehmer die Versteuerung des auf ihn hinsichtlich bestimmter Wirtschaftsgüter entfallenden Veräußerungsgewinns unter den **Voraussetzungen des § 6 b EStG** zeitlich nach hinten verlagert, indem er entweder diesen Gewinn in bestimmte neue Wirtschaftsgüter seines Betriebsvermögen reinvestiert oder zunächst eine entsprechende gewinnmindernde Reinvestitionsrücklage bildet. Die Tarifermäßigung wird damit jedoch ausgeschlossen, § 34 Abs. 1 Satz 4 EStG.

11   Es besteht **grundsätzlich keine Gewerbesteuerpflicht** hinsichtlich der Veräußerung sämtlicher Wirtschaftsgüter des Unternehmens eines Einzelunternehmers oder seitens einer Personengesellschaft, soweit an der Personengesellschaft ausschließlich natürliche Personen unmittelbar beteiligt sind, was sich aus § 7 Satz 2 GewStG ergibt. Soweit nur eine mittelbare Beteiligung gegeben ist (Verkauf der assets durch die Untergesellschaft im Rahmen einer doppelstöckigen Personengesellschaft) fällt Gewerbesteuer hingegen an.

12   Zudem gelten für Personengesellschaften als Veräußerer noch zwei weitere **Ausnahmen** von der grundsätzlichen Gewerbesteuerfreiheit. Zum einen besteht die Gewerbesteuerpflicht, soweit die Personengesellschaft im Zeitraum von 5 Jahren vor der Betriebsveräußerung durch Umwandlung (Formwechsel, Verschmelzung) aus einer Kapitalgesellschaft hervorgegangen ist, § 18 Abs. 3 Satz 1 UmwStG. Diese ist nicht nach § 35 EStG anrechenbar, § 18 Abs. 3 Satz 3 UmwStG.

13   Zum anderen entsteht dann ein gewerbesteuerpflichtiger Veräußerungsgewinn, soweit dieser auf die Beteiligung einer Kapitalgesellschaft an der Personengesellschaft entfällt, § 7 Satz 2 GewStG. Im letzteren Fall ist zu beachten, dass die Personengesellschaft selbst Steuersubjekt für die Gewerbesteuer ist und dass aus diesem Grund die durch eine Kapitalgesellschaft als Gesellschafter einer Personengesellschaft verursachte Gewerbesteuer letztlich über den allgemeinen Gewinnverteilungsschlüssel von allen Gesellschaftern, auch soweit dies natürliche Personen sind, zu tragen ist. Soweit diese die auf sie entfallende Gewerbesteuer nicht nach § 35 EStG im Wege einer pauschalen Anrechnung bei ihrer persönlichen Einkommensteuer in Ansatz bringen können[5], sollte auf eine entsprechende zivilrechtliche Ausgleichsregelung geachtet werden[6].

---

[5] Siehe BMF-Schreiben v. 15. 5. 2002, IV A5 – S. 2296a – 16/02 (DB 2002, 1076 ff.); siehe weiterführend: *Förster*, DB 2002, 1394 ff.; nach h. M. gilt die Anrechnung auch für Veräußerungsgewinne, siehe auch: *Orth*, DB 2001, 1108 ff.; *Wienands/Schneider*, FR 2001, 1081 ff.

[6] Gewerbesteuerpflicht entsteht auch – was in Buy-Out-Fällen fast nie der Fall ist –, soweit auf Veräußerer- und Erwerberseite dieselben Personen Unternehmer bzw. Mitunternehmer sind (= laufender Gewinn).

bb) Kapitalgesellschaft

Soweit das gesamte Unternehmen in Gestalt sämtlicher Wirtschaftsgüter von einer **14** Kapitalgesellschaft veräußert wird, gilt der Veräußerungsgewinn als laufender Gewinn gemäß den Vorschriften des KStG. Der **Körperschaftsteuersatz** beträgt dann **15%**. Zudem unterliegt der Veräußerungsgewinn der Gewerbesteuer. Diese Ertragsteuerbelastung macht – abhängig vom Hebesatz bei der Gewerbesteuer – rund 30% aus.

Bei Weiterausschüttung dieses Gewinns an den Anteilseigner wird dieser bei privat **15** beteiligten natürlichen Personen durch die **Abgeltungssteuer** erfasst und pauschal mit **25%** (zuzüglich Solidaritätszuschlag) besteuert. Außerdem ist ein Werbungskostenabzug ausgeschlossen[7]. Auf Antrag kann bei einer Beteiligung ab 25% oder einer Beteiligung ab 1% und beruflicher Betätigung für die Kapitalgesellschaft gemäß § 32d Abs. 2 Nr. 3 EStG nach den Grundsätzen der betrieblichen Beteiligung besteuert werden.

Befinden sich die Anteile im Betriebsvermögen oder wurde das oben genannte **16** Optionsrecht wahrgenommen führt die Ausschüttung zu gewerblichen Einkünften gemäß § 15 EStG, die im Teileinkünfteverfahren zu 60% besteuert werden.[8] Bei Kapitalgesellschaften als Gesellschafter sind die Dividenden hingegen zu 95% steuerfrei, § 8b Abs. 1 und 3 KStG.

b) Buy-Out-Erwerber

Rechtsformunabhängig ist zunächst der Erwerb sämtlicher Wirtschaftsgüter eines Un- **17** ternehmens seitens des Erwerbers zu bilanzieren, wobei der Kaufpreis anteilig auf die einzelnen Wirtschaftsgüter bis zur Höhe deren Verkehrswertes zu verteilen ist und ein darüber hinausgehender Betrag als Firmenwert[9] anzusetzen ist. Soweit Verbindlichkeiten vom Veräußerer übernommen werden, erhöhen diese die anzusetzenden Anschaffungskosten. Im Rahmen der **gesetzlichen Abschreibungsregelungen** kann daher der Kaufpreis im Laufe der Zeit **steuermindernd** geltend gemacht werden. Diese Steuerminderungen erhöhen den Cash Flow des Buy-Out-Erwerbers und können somit für die Bedienung der Akquisitionsdarlehen zu Nutze gemacht werden. Gegebenenfalls bietet sich bei einem Asset Deal an, den Kaufpreis teilweise auch als Gegenleistung für besondere Zusatzleistungen des Veräußerers auszuweisen, damit dieser Teil dann als steuermindernde Betriebsausgabe sofort abgezogen werden kann[10].

Grundsätzlich können sämtliche **Finanzierungskosten** des Erwerbers rechtsformunabhängig als Betriebsausgaben in Abzug gebracht werden. Allerdings bestehen hier im Rahmen der Zinsschranke der §§ 4h EStG, 8a KStG Einschränkungen.[11]

Gewerbesteuerlich handelt es sich bei den Darlehenszinsen des Erwerbers für die **18** Akquisitionsdarlehen in der Regel um sog. Dauerschuldzinsen i.S.d. § 8 Nr. 1 Buchst. a GewStG, für die ab Überschreitung des Freibetrages von € 100 000 Abzugsbeschränkungen gelten. Soweit der Erwerber eine natürliche Person ist oder eine solche an einer Personen-Erwerbergesellschaft (NewCo) beteiligt ist, kommt für diese

---

[7] *Strahl,* DStR 2008, 9.

[8] Vgl. zur Steuerreform: *Melchior,* DStR 2009, 4ff.

[9] Abschreibungsdauer: 15 Jahre.

[10] *Weigl,* BB 2001, 2188ff.

[11] BMF v. 4. 7. 2008, DStR 2008, 1427.

jedoch steuermindernd die (pauschale) Gewerbesteueranrechnung gemäß § 35 EStG sowie die Geltendmachung der Gewerbesteuer als Betriebsausgabe in Betracht.

19   Ein etwaiger Verlustvortrag des Veräußerers geht – rechtsformunabhängig – nicht auf den Erwerber über, gleiches gilt für einen etwaigen Zinsvortrag.[12]

c) Verkehrssteuern

20   Rechtsformunabhängig hinsichtlich Veräußerer- und Erwerberseite stellt sich der Asset Deal **umsatzsteuerlich** als Geschäftsveräußerung im Ganzen dar, die gemäß § 1 Abs. 1a UStG nicht umsatzsteuerbar ist. Zu beachten ist, dass regelmäßig weitere im Zusammenhang mit dem Asset Deal vereinbarte Entgelte zwischen Veräußerer und Erwerber, wie z. B. für Beratungsleistungen oder für die Vereinbarung eines Wettbewerbsverbotes, als gesonderte umsatzsteuerpflichtige Leistungen angesehen werden.

21   Soweit bei den zu veräußernden Vermögenswerten Grundbesitz auf den Erwerber übertragen wird oder Beteiligungen von zumindest 95% einer Grundbesitz haltenden Gesellschaft mit verkauft werden, unterliegt der Transfer des Grundbesitzes der **Grunderwerbssteuer, § 1 Abs. 1, 2a, 3 GrEStG**[13].

2. Share Deal mit Personengesellschaften als Zielgesellschaft

22   Beim Share Deal sind bekanntermaßen die Anteilsrechte an der Zielgesellschaft Gegenstand der Veräußerung. Aus steuerlicher Sicht werden dabei Anteile an Personengesellschaften anders behandelt als Anteile an Kapitalgesellschaften, weshalb auch insoweit nachfolgend nochmals unterschieden wird.

23   Da insbesondere bei einem Beteiligungserwerb an einer Kapitalgesellschaft dem Erwerber als Gesellschafter der Zielgesellschaft grundsätzlich nur der ausschüttungsfähige Gewinn zur Bedienung seiner aufgenommenen Akquisitionsdarlehen zur Verfügung steht, aber auch aufgrund des Problems der Besicherung von Gesellschafterverbindlichkeiten mit dem Vermögen der Zielgesellschaft ist es für den Erwerber regelmäßig sinnvoll, durch **postakquisitorische Umstrukturierungsmaßnahmen** unmittelbar das Vermögen der Zielgesellschaft auf das Erwerberunternehmen zu transferieren (z. B. im Wege der Verschmelzung) und damit auch Zugriff auf den unmittelbaren Cash Flow des erworbenen Unternehmens zu nehmen. Auch diese Restrukturierungsmaßnahmen im Zusammenhang mit einem vorherigen Erwerb des Zielunternehmens sind naturgemäß rechtsformabhängig und werden deshalb ebenfalls unter einem gesonderten Punkt behandelt.

24   Da aus Haftungsgründen die Rechtsform der OHG nur äußerst selten im Wirtschaftsleben anzutreffen ist, soll von der am häufigsten anzutreffenden Rechtsform bei Personengesellschaften, nämlich der KG, ausgegangen werden, und zwar in der speziellen, zur Haftungsbegrenzung eingesetzten Form der GmbH & Co. KG. Da in diesen Fällen regelmäßig die GmbH als Komplementärin der KG nicht am Vermögen

---

[12] *Schmidt*, a. a. O., § 4h, Rdnr. 32.
[13] Bemessungsgrundlage ist der sog. „Bedarfswert" nach § 138 BewG; der Steuersatz beträgt 3,5%, § 11 GrEStG.

der KG beteiligt ist, soll es sich bei der folgenden Darstellung ausschließlich um eine **GmbH & Co. KG** als Buy-Out-Zielunternehmen und um die Veräußerung sämtlicher Kommanditanteile und damit steuerlich sämtlicher Mitunternehmeranteile an der KG handeln.

Der Einfachheit halber wird daher an dieser Stelle der zum Unternehmenserwerb **25** notwendige Erwerb auch aller Anteile an der Komplementär-GmbH nicht besonders dargestellt.

a) Buy-Out-Veräußerer

aa) Natürliche Person

Zunächst ist festzustellen, dass steuerlich die Veräußerung von Mitunternehmeranteilen **26** nicht – wie im Zivilrecht – wie die Veräußerung von Rechten behandelt wird, sondern steuerlich anteilig die im Gesellschaftsvermögen enthaltenen Wirtschaftsgüter veräußert werden, so dass im Grundsatz aus steuerlicher Sicht ein **Asset Deal** gegeben ist.

Bei der Veräußerung des gesamten Mitunternehmeranteils an einer Personengesell- **27** schaft – einschließlich der Wirtschaftsgüter des Sonderbetriebsvermögens – durch eine natürliche Person unterliegt daher der Veräußerungsgewinn – wie beim oben dargestellten Asset Deal – ihrer **persönlichen Einkommensteuer**, gegebenenfalls[14] mit den Privilegien eines Freibetrages und des ermäßigten Steuersatzes bzw. der Fünftelregelung gemäß §§ 16, 34 EStG. Dies gilt allerdings nur, sofern kein Fall der §§ 16 Abs. 2 S. 3 oder Abs. 3 S. 6 EStG gegeben ist, also auf Erwerber- und Veräußererseite nicht dieselben Personen vertreten sind und kein Umlaufvermögen mitveräußert wird. Soweit, wie bei manchen Buy-Out-Gestaltungen üblich, der Veräußerer noch zu einem geringen Teil an der Zielgesellschaft beteiligt bleiben soll, ist lediglich eine als laufender Gewinn zu qualifizierende und nicht begünstigte Veräußerung eines Teil-Mitunternehmeranteils gegeben, § 16 Abs. 1 Satz 2 EStG.

Soweit im Vermögen der zu veräußernden Zielgesellschaft ebenfalls Anteile an einer **28** weiteren Personengesellschaft enthalten sind und damit der Fall einer **doppelstöckigen Personengesellschaft** gegeben ist, wird teilweise vertreten, dass die Begünstigungen der §§ 16, 34 EStG (Freibetrag und Tarifvergünstigung) nicht greifen, soweit der Veräußerungsgewinn auf die Untergesellschaft entfällt[15]. Jedoch wird zu Recht dagegen eingewandt, dass Gegenstand der Veräußerung lediglich der Anteil an der Ziel-Obergesellschaft ist, und dass die Vermögenszusammensetzung dieser Gesellschaft keinen Einfluss auf die Begünstigungen für die Anteilsveräußerung an der Ziel-Obergesellschaft haben kann[16]. Bei teilentgeltlicher Veräußerung werden nach der Rechtsprechung die Begünstigungen des Freibetrages und der Tarifvergünstigung ebenfalls gewährt[17].

Ebenso wie beim reinen Asset Deal entsteht **Gewerbesteuer** nach herrschen- **29** der Meinung dann, wenn entweder nur eine Teilanteilsveräußerung gegeben ist,[18] oder

---

[14] Zu den Voraussetzungen siehe oben C 9.

[15] *Wacker* in Schmidt, EStG, § 16 Rdnr. 582.

[16] *Förster*, DB 2002, 1394 ff.

[17] *BFH*, Urteil v. 6. 12. 2000, in: BFH/NV 2001, 548 ff.; sowie Urteil v. 5. 2. 2002, in: DStR 2002, 848.

[18] *Neumayer/Obser*, EStB 2008, 445.

wenn nach Maßgabe des § 18 Abs. 3 UmwStG eine innerhalb der vorangegangenen 5 Jahre vollzogene Umwandlung einer Kapital- in eine Personengesellschaft erfolgt ist, oder soweit der Mitunternehmeranteil seitens einer Kapitalgesellschaft veräußert wird, § 7 Satz 2 GewStG[19]. Für an der Personengesellschaft beteiligte natürliche Personen gilt jedoch grundsätzlich die pauschale Anrechnungsmöglichkeit der Gewerbesteuer (§ 35 EStG), mit Ausnahme in den Fällen der vorherigen Umwandlung, § 18 Abs. 3 UmwStG, sowie die Geltendmachung der Gewerbesteuer als Betriebsausgabe. Auf die Notwendigkeit einer zivilrechtlichen Ausgleichsregelung für die auch von natürlichen Personen als Gesellschafter verbleibende Gewerbesteuerlast sei nochmals hingewiesen[20].

bb) Personengesellschaft

30 Soweit der Veräußerer selbst eine Personengesellschaft (Mitunternehmerschaft) ist und damit der Fall einer doppelstöckigen Personengesellschaft gegeben ist, bei dem nunmehr die Obergesellschaft sämtliche Kommanditanteile an der Ziel-Untergesellschaft veräußert, gelten für die Einkommensteuerpflichten der an der veräußernden Obergesellschaft beteiligten Gesellschafter, auf die für einkommensteuerliche Zwecke aufgrund des steuerlichen Transparenzprinzips bei Personengesellschaften abzustellen ist, die Ausführungen unter aa) entsprechend. Dies bedeutet, dass Freibetrag und Tarifvergünstigung nach den §§ 16, 34 EStG hinsichtlich des Veräußerungsgewinns bezogen auf die Ziel-Untergesellschaft Anwendung finden.

31 Hinsichtlich der **Gewerbesteuer** ist zu beachten, dass nach § 7 Satz 2 Nr. 2 GewStG eine Gewerbesteuerfreiheit bei Anteilsveräußerungen nur insoweit Anwendung findet, als der Veräußerungsgewinn auf eine unmittelbar an der veräußernden Personengesellschaft beteiligte natürliche Person entfällt. Da jedoch für die vorliegende Variante der Veräußerung seitens einer Personengesellschaft natürliche Personen nur mittelbar an dieser beteiligt sein können, entsteht bezüglich des Veräußerungsgewinns seitens der veräußernden Personengesellschaft Gewerbesteuerpflicht, die jedoch bei den natürlichen Personen als Gesellschafter gem. § 35 EStG anrechenbar ist. Nach der Gesetzesbegründung[21] ist es bei mehrstufigen Personengesellschaften für das Betriebsfinanzamt der veräußerten Untergesellschaft nur unter unverhältnismäßigen Schwierigkeiten feststellbar, ob und in welchem Umfang am Veräußerungsgewinn auf höherer Stufe natürliche Personen beteiligt sind.

32 Dies gilt ohnehin, soweit nicht eine Teil-Anteilsveräußerung vorliegt, eine vorherige Umwandlung aus einer Kapitalgesellschaft erfolgt oder an der veräußernden Obergesellschaft Kapitalgesellschaften als Gesellschafter beteiligt sind.

33 In sämtlichen Fällen der Anteilsveräußerung kommt im Gegensatz zu einem Asset Deal die Bildung einer steuermildernden **Reinvestitionsrücklage** gem. § 6b EStG, auch soweit sie auf die dort erwähnten privilegierten Wirtschaftsgüter entfällt, nicht in Betracht[22].

---

[19] Zur Verfassungsmäßigkeit des § 7 S. 2 GewStG: *BFH*, Urteil v. 22.7.2010, in: DStR 2010, 2123 ff.

[20] Vgl. oben C 13.

[21] BT-Drucks. 14/344, S. 29; vgl. auch die Hinweise des Steuerfachausschusses des IDW in: WPg 2001, 1265.

[22] *Glanegger* in Schmidt, EStG, § 6b Rdnr. 7.

Einkommensteuerliche **Verlustvorträge** gehen bei der Veräußerung von Anteilen 34
an Personengesellschaften in allen Fällen rechtformunabhängig nicht auf den Erwerber
über.[23] Gewerbesteuerlich verfallen sie vollständig, da die von § 10a GewStG für die
Fortführung eines Verlustvortrages geforderte Unternehmeridentität durch die Veräußerung der Anteile verloren geht; entsprechendes gilt für etwaige Zinsvorträge gemäß § 4h EStG[24].

cc) Kapitalgesellschaft

Der **Veräußerungsgewinn** einer Kapitalgesellschaft, den sie hinsichtlich eines Anteils 35
an einer Personengesellschaft als Zielgesellschaft erzielt, unterliegt bei ihr – wie beim
Asset Deal – der Körperschaftssteuer mit 15% sowie der Gewerbesteuer, § 7 Satz 2
GewStG.

Soweit jedoch im Vermögen der zu veräußernden Zielpersonengesellschaft Anteile 36
an Kapitalgesellschaften enthalten sind, greift hinsichtlich der Körperschaftsteuer die
Regelung des § 8b Abs. 6 KStG. Danach findet die Steuerfreistellung des Veräußerungsgewinn bis auf 5% der Ausgaben Anwendung, welche als solche gelten, die nicht
als Betriebsausgaben abgezogen werden dürfen; nach § 8b Abs. 2 KStG gilt dies auch
für **mittelbare** Veräußerungen im Wege der Veräußerung von Anteilen an einer Personengesellschaft, in deren Vermögen sich Anteile an Kapitalgesellschaften befinden.

Auf Ebene der Personengesellschaft fällt zudem **Gewerbesteuer** an. Dies ergibt sich 37
im Umkehrschluss aus § 7 Satz 2 GewStG. Jeder Veräußerungsgewinn eines Gesellschafters, der keine natürliche Person ist, gilt demnach als Gewerbeertrag und ist
steuerlich in Ansatz zu bringen. Ist der Veräußerer also eine Kapitalgesellschaft, unterliegt der Veräußerungsgewinn auf Ebene der Personengesellschaft der Gewerbesteuer[25].

Auf Ebene der Kapitalgesellschaft unterliegt der Gewinn gemäß § 9 Nr. 2 GewStG 38
hingegen nicht der Gewerbesteuer.

Im Ergebnis sollte dieser Umstand im Rahmen der Kaufkonstruktion beachtet wer- 39
den, so dass die Gewerbesteuer mittelbar vom verursachenden, veräußernden Gesellschafter getragen wird.

b) Buy-Out-Erwerber

aa) Rechtsformneutralität

Wie beim Asset Deal stellt der Erwerb von Anteilen an Personengesellschaften steuer- 40
lich den Erwerb von anteiligen Wirtschaftsgütern dar, so dass ebenfalls der Erwerber
rechtsformunabhängig eine Abschreibung seines Kaufpreises über die Aufstockung der
anteilig erworbenen Wirtschaftsgüter erreichen kann. Technisch geschieht dies regelmäßig nicht in der Gesamthandsbilanz, sondern in der sog. **Ergänzungsbilanz,** die
dann zusammen mit dem in der Gesamthandsbilanz ausgewiesenen Wert auf dem Kapitalkonto das vollständige steuerliche Kapitalkonto des Gesellschafters darstellt. Auf-

---

[23] *Otto* in Knott/Mielke, Rdnr. 228.
[24] *Rodewald/Pohl*, DStR 2008, 724 ff.
[25] *Scheifele*, DStR 2006, 253 ff.

grund der umfänglichen Geltendmachung des Kaufpreises über die Abschreibungen und aufgrund der dadurch bedingten Steuerminderungen steht auch in dieser Variante des Buy-Out dem Erwerber ein erhöhter Cash Flow zur Bedienung seiner Akquisitionsdarlehen zur Verfügung.

41 Die **Finanzierungskosten** stellen beim Erwerber vollständig abzugsfähige Sonderbetriebsausgaben dar. **Gewerbesteuerlich** liegen hinsichtlich der Vergütungen für Akquisitionsdarlehen regelmäßig Dauerschuldzinsen nach § 8 Nr. 1 GewStG vor, so dass die Zinsen zu einem Viertel der – bei natürlichen Personen nach Maßgabe des § 35 EStG anrechenbaren – Gewerbesteuer unterliegen.

bb) Umstrukturierung der Zielgesellschaft

42 Wie bereits oben erwähnt, hat der Beteiligungserwerber als neuer Gesellschafter der Zielgesellschaft zum einen nur eingeschränkten Zugriff auf den Cash Flow der Zielgesellschaft, zum anderen können sich auf Dauer Besicherungsprobleme hinsichtlich des Vermögens der Zielgesellschaft für die vom Gesellschafter als Erwerber aufgenommenen Akquisitionsdarlehen ergeben. Aus diesem Grund wird in der Praxis häufig ein postakquisitorischer Vermögenstransfer seitens der Zielgesellschaft auf den Erwerber durchgeführt.

43 Neben den umwandlungsrechtlichen Möglichkeiten der Verschmelzung oder des Formwechsels[26] kann diese Umwandlung am einfachsten – im vorliegenden Fall einer erworbenen Personengesellschaft als Zielgesellschaft – auch im Wege der **Anwachsung** vollzogen werden. Dabei scheidet die in der Regel ohne Vermögensbeteiligung an der Personengesellschaft als Komplementär fungierende GmbH ohne Abfindung aus der Personengesellschaft aus, so dass sämtliche Vermögensgegenstände im Wege der Anwachsung (§§ 738 BGB, 142 HGB) auf den Erwerber als einzig verbliebenen Gesellschafter übergehen und die erworbene KG damit erlischt. Im Ergebnis stellt sich der Erwerber so, als wenn er die gesamten Vermögensgegenstände, wie beim Asset Deal, einzeln nach den jeweiligen Vorschriften übertragen erhalten hätte. Insoweit kann es sich für den Erwerber anbieten, an Stelle eines Asset Deals den Weg über einen vorherigen Beteiligungserwerb mit anschließender Anwachsung zu gehen, um sich die teilweise aufwändige Übertragung der einzelnen Wirtschaftsgüter sowie die sonst beim Asset Deal notwendige Zustimmung der Gläubiger und Vertragspartner hinsichtlich der zu übertragenden Verbindlichkeiten und Vertragsverhältnisse zu ersparen.

44 Ertragsteuerlich hat diese Umwandlung der Zielgesellschaft auf ihren Erwerber im Wege des entgeltlosen Ausscheidens der Komplementär-GmbH durch Anwachsung nur dann Auswirkungen auf den Erwerber, wenn dieser eine Kapitalgesellschaft ist. In diesem Fall ist wohl von einer **verdeckten Einlage** in die Kapitalgesellschaft unter Verdrängung der Vorschrift des § 6 Abs. 3 EStG auszugehen[27].

45 Der Vermögenstransfer seitens der Ziel-Personengesellschaft im Wege einer **Verschmelzung** auf eine Erwerber-Kapital- oder Personengesellschaft wird jeweils steuerlich wie eine Einbringung nach den entsprechenden Vorschriften des § 20 bzw. § 24 UmwStG behandelt und ist zwar steuerlich ebenfalls ohne Gewinnrealisierung möglich, erfordert jedoch eine aufwändigere und kostenintensivere (notarielle Beurkundung) Dokumentation.

---

[26] §§ 3 bzw. 214 UmwG.
[27] So auch *Glanegger* in *Schmidt,* a. a. O., § 6 Rdnr. 473 m. w. N.

c) Verkehrssteuern

Der Share Deal insgesamt, ungeachtet ob Anteile an Kapital- oder Personengesellschaf- **46** ten veräußert werden, ist zwar umsatzsteuerbar, jedoch gem. § 4 Nr. 8 UStG nicht umsatzsteuerpflichtig.

Soweit die zu veräußernden Anteile an der Ziel-Personengesellschaft mindestens **47** 95% betragen und die Ziel-Personengesellschaft Grundbesitz hält, unterliegt die Anteilsveräußerung der Grunderwerbsteuer, § 1 Abs. 2a GrEStG.

3. Share Deal mit Kapitalgesellschaften als Zielgesellschaft

a) Buy-Out-Veräußerer

aa) Natürliche Person/Personengesellschaft

(i) Privatvermögen

Soweit sich die Anteile an der zu veräußernden Kapitalgesellschaft im Privatvermögen **48** des Veräußerers als natürlicher Person befinden, entsteht grundsätzlich ein dem **Teileinkünfteverfahren** (§ 3 Nr. 40 Buchst. a)) unterliegender Veräußerungsgewinn, wenn die Anteile in den letzten 5 Jahren eine mindestens 1%-ige Beteiligung an der Kapitalgesellschaft darstellten, § 17 EStG. Bei der Veräußerung von Anteilen, die weniger als 1% an der Kapitalgesellschaft darstellen, findet § 20 Abs. 2 Satz 1 Nr. 1 EStG Anwendung mit der Folge, dass der Veräußerungsgewinn im Wege der Abgeltungssteuer mit pauschal 25% besteuert wird. Gewinne aus der Veräußerung von unter 1%-Beteiligungen, die vor dem 1. Januar 2009 erworben wurden, sind beim Veräußerer steuerfrei. Das Gleiche gilt, soweit sich die Anteile im Gesamthandsvermögen einer (privaten) Vermögensverwaltungsgesellschaft oder einer Personenhandelsgesellschaft ohne Betriebsvermögen befinden und deshalb den Gesellschaftern über § 39 Abs. 2 Nr. 2 AO die Beteiligungen an Kapitalgesellschaften anteilig zugerechnet werden.

Im Fall des § 17 EStG ist die erweiterte Steuerpflicht auch bei einer unter 1% be- **49** stehenden Beteiligung zu beachten, wenn der Rechtsvorgänger innerhalb der vorherigen 5 Jahre wesentlich an der Kapitalgesellschaft beteiligt war.

Zudem kommt nach § 17 Abs. 3 EStG ein **Freibetrag** von € 9060 zur An- **50** wendung, der aber ab einem Veräußerungsgewinn von € 45060 nicht mehr gewährt wird.

Eine Tarifermäßigung nach § 34 EStG kommt aufgrund der im Rahmen des Teil- **51** einkünfteverfahrens bereits verminderten Besteuerung nicht mehr in Betracht.

Veräußerungsverluste sind nur unter den besonderen Voraussetzungen des § 17 **52** Abs. 2 Satz 6 EStG[28] in Ansatz zu bringen, und zwar nunmehr im Rahmen des Teileinkünfteverfahrens ebenfalls nur noch zu 60%.

---

[28] Grds.: Entgeltlicher Erwerb der Anteile sowie Behaltedauer von 5 Jahren vor Veräußerung; zu weiteren Einzelheiten: *Weber-Grellet* in Schmidt, aaO, § 17 Rdnr. 196 ff.

53 Die Veräußerung von ursprünglich als **„einbringungsgeboren"** bezeichneten Anteilen, die aus Vorgängen gemäß §§ 20, 21 UmwStG entstanden sind,[29] richtet sich ausschließlich nach § 22 UmwStG. Grundsätzlich sind die Veräußerungsgewinne hieraus in vollem Umfang steuerpflichtig.

54 Liegen bei der Veräußerung von *„im Privatvermögen"* gehaltener Anteile jedoch ausnahmsweise die Voraussetzungen eines gewerblichen Beteiligungshandels[30] vor, handelt es sich hinsichtlich der steuerlichen Folgen tatsächlich um die Veräußerung von Anteilen aus dem Betriebsvermögen.

(ii) Betriebsvermögen

55 Werden entsprechende Veräußerungsgewinne, und zwar nunmehr auch hinsichtlich Organgesellschaften, im Betriebsvermögen natürlicher Personen oder seitens gewerblicher Personengesellschaften realisiert, unterliegen diese grundsätzlich ebenfalls dem **Teileinkünfteverfahren,** es sei denn, es wurde eine steuerlich wirksame Teilwertabschreibung in der Vergangenheit vorgenommen, § 3 Nr. 40 Buchst. a) Satz 2 EStG.

56 Soweit eine Kapitalgesellschaft an der veräußernden (betrieblichen) Personengesellschaft beteiligt ist, gilt vorrangig die Steuerfreistellung des § 8b KStG.[31]

57 Auch auf die Veräußerung von Anteilen, die aus der **Einbringung** von Unternehmensteilen in eine Kapitalgesellschaft **(§ 20 UmwStG)** oder aus einem **Anteilstausch** (§ 21 UmwStG) entstanden sind, findet das Teileinkünfteverfahren Anwendung. Die Veräußerung löst beim Buy-Out-Veräußerer allerdings nach § 22 Abs. 1 Satz 1, Abs. 2 Satz 1 UmwStG innerhalb der Sperrfrist von sieben Jahren ab dem Einbringungsstichtag eine rückwirkende Besteuerung aus. Der Einbringungsgewinn nach §§ 22 Abs. 1 Satz 3 bzw. Abs. 2 Satz 3 UmwStG des Anteilseigners aus dem ursprünglichen Einbringungsvorgang wird dann rückwirkend einer Besteuerung zugeführt.

58 Natürliche Personen können, auch als Mitglieder an gewerblichen Personengesellschaften, unter den näheren Voraussetzungen des § 6b EStG auch die Besteuerung von Gewinnen bei der Veräußerung von Anteilen an Kapitalgesellschaften zeitlich durch Bildung einer Reinvestitionsrücklage oder Übertragung des Gewinns auf bestimmte andere Wirtschaftsgüter hinausschieben, § 6b Abs. 10 EStG.

59 Der im Rahmen des Teileinkünfteverfahrens entstehende Gewinn im Betriebsvermögen unterliegt ebenfalls mit 60% der Gewerbesteuer, wobei diese jedoch nach Maßgabe des § 35 EStG grundsätzlich anrechenbar ist.

bb) Kapitalgesellschaft

60 Veräußerungen von Anteilen an in- und ausländischen Kapitalgesellschaften durch Kapitalgesellschaften sind im Grundsatz vollumfänglich sowohl von der Körperschaftssteuer, § 8b Abs. 2 Satz 1 KStG, als auch von der Gewebesteuer befreit[32]. Parallel dazu

---

[29] Dazu ausführlich unter C 61f.

[30] Zur Abgrenzung von privater Vermögensverwaltung und betrieblicher Beteiligungshandel im Einzelnen die Rspr.: BFHE 182, S. 567ff. = BStBl. II 1997, S. 399ff.; BFHE 187, S. 287ff. = BStBl. II 1999, S. 448ff.; sowie *Kessler,* FR 1991, 318ff.

[31] Siehe ausführlich unten C 60f.

[32] Bei mittelbarer Veräußerung über eine zwischengeschaltete Personengesellschaft, siehe oben C 29.

sind jedoch sämtliche beteiligungsbezogene Gewinnminderungen gemäß § 8b Abs. 3 KStG, wie insbesondere eine Teilwertabschreibung[33], ausgeschlossen.[34] Der Grundsatz der Steuerbefreiung wird jedoch durch § 8b Abs. 3 Satz 1 KStG teilweise durchbrochen. Gemäß dieser Vorschrift gelten 5% des an sich steuerbefreiten Veräußerungsgewinns als Ausgaben, die nicht als Betriebsausgaben abgezogen werden dürfen. Demnach sind letztendlich **95%** des Veräußerungsgewinns steuerbefreit.

Auch Gewinne aus der Veräußerung von früher **„einbringungsgeboren"** genannten Anteilen sind seit Inkrafttreten des SEStEG in 2006 von der Steuerbefreiung des § 8b Abs. 2 Satz 1 KStG erfasst. **61**

Zu berücksichtigen ist die **rückwirkende** Besteuerung des Einbringungsgewinns bei einer Veräußerung innerhalb von 7 Jahren nach der Einbringung.[35] Die Steuerbelastung verringert sich dabei jeweils um $1/7$ für jedes zwischen Einbringung und Veräußerung verstrichene Jahr. **62**

Die Steuerbefreiung gemäß § 8b Abs. 2 Satz 1 KStG findet keine Anwendung, wenn in der Vergangenheit hinsichtlich der veräußerten Anteile eine gewinnmindernde Teilwertabschreibung vorgenommen wurde, die nicht zwischenzeitlich durch eine entsprechende Wertaufholung ausgeglichen wurde, § 8b Abs. 2 Satz 4 KStG. **63**

Im Falle von vorangegangenen Einbringungstatbeständen, aus denen die zu veräußernden Anteile stammen, werden gemäß § 22 Abs. 7 UmwStG auch weitere Anteile, die aus einer Gesellschaftsgründung oder Kapitalerhöhung stammen und auf die stille Reserven, die durch den Einbringungsvorgang entstanden sind, verlagert werden von der Rechtsfolge der rückwirkenden Besteuerung des Einbringungsgewinns erfasst. **64**

Aufgrund möglicher Gewinnrealisierungen im Nachhinein kann dem Veräußerer daher nur geraten werden, die Historie der zu veräußernden Anteile, gerade auch im Zusammenhang mit vergangenen Kapitalerhöhungen und Umstrukturierungen, zu verfolgen. Entsprechende **Garantien** über den steuerlichen Status der entsprechenden Anteile sollte sich korrespondierend der Erwerber im Kaufvertrag geben lassen, um nicht später, bei etwaigem Exit der Buy-Out-Beteiligung durch Weiterveräußerung der Anteile an der Zielgesellschaft, unliebsame steuerliche Überraschungen zu erleben. **65**

b) Buy-Out-Erwerber

Der Buy-Out-Erwerber hat grundsätzlich steuerlich das Ziel, den Kaufpreis und seinen Fremdfinanzierungsaufwand in Abzug zu bringen. Während beim Asset Deal die steuerliche Verwertung des Kaufpreises in Form steuerlicher Abschreibungen möglich ist, bestehen beim Share Deal für den Erwerber weitgehend keine steuerlichen Möglichkeiten, den Kaufpreis zu Abschreibungszwecken zu nutzen. Eine volle Abschreibung des Kaufpreises ist grundsätzlich nicht möglich, da es sich bei der erworbenen Beteiligung um ein nicht abnutzbares Wirtschaftsgut im Sinne des § 6 Abs. 1 Nr. 2 Satz 1 EStG handelt. In Betracht kommt unter bestimmten sehr eingeschränkten Voraussetzungen lediglich eine Teilwertabschreibung, § 6 Abs. 1 Nr. 2 Satz 2 EStG.[36] **66**

---

[33] Dazu ausführlicher unten C 85.

[34] Dies gilt unabhängig von der Höhe der Steuerfreiheit nach § 8b Abs. 2 KStG, vgl. *Funk*, BB 2002, 1231, 1233.

[35] Vgl. oben C 53.

[36] Siehe hierzu: *Kulosa*, DStR 2010, 2344.

Diese wirkt sich im Fall, dass die Beteiligung von einer Kapitalgesellschaft gehalten wird, allerdings gemäß § 8 b Abs. 2, 3 KStG nicht aus.

aa) Grds. keine Erhaltung von Verlustvorträgen

67 Auch wenn dies im Rahmen von Buy-Out Transaktionen, die grundsätzlich nur für Zielgesellschaften mit hohem Cash-Flow geeignet sind, keine große Rolle spielt sei hier noch erwähnt, dass etwaige Verlustvorträge der Zielgesellschaft nur sehr eingeschränkt nutzbar sind. Gemäß § 8 c Abs. 1 Satz 2 KStG erlischt ein Verlustvortrag der Zielgesellschaft bei einem Kauf von über 50% ihrer Anteile innerhalb von 5 Jahren. Bei einem schädlichen Beteiligungserwerb in Höhe von 25% bis 50% erlischt der Verlustvortrag anteilig, § 8 c Abs. 1 Satz 1 KStG. Danach noch verbliebene Verlustvorträge erlöschen bei einer Verschmelzung der Ziel- auf die Erwerbergesellschaft gänzlich.[37] Eine Ausnahme hiervon besteht[38] unter besonderen Voraussetzungen gemäß § 8 c Abs. 1 a KStG in Sanierungsfällen.

68 Aufgrund der in MBO-Fällen fast gänzlich ausgeschlossenen Erhaltung von Verlustvorträgen kann es unter Umständen sinnvoll sein, die vorhandenen Verlustvorträge vor der Transaktion bei der Zielgesellschaft auszunutzen. Dies kann beispielsweise im Wege der Veräußerung von Anlagegütern mit einhergehender Auflösung stiller Reserven und Rückanmietung der Anlagegüter erreicht werden.[39] Auch die Überführung von Wirtschaftsgütern in ausländische Betriebsstätten mit Schlussbesteuerung der stillen Reserven kann hier eine Gestaltungsvariante sein. Bei solchen Gestaltungen können die laufenden Verluste insgesamt und der Verlustvortrag in den Grenzen des § 10 d Abs. 2 EstG in Ansatz gebracht werden.

bb) Abzugsfähigkeit von Fremdfinanzierungsaufwand

(i) Einzelunternehmer/Personengesellschaft

69 Der Fremdfinanzierungsaufwand des Erwerbers bei Erwerb von Kapitalgesellschaftsanteilen in Privatvermögen ist grundsätzlich mit Ausnahme des Werbungskostenpauschbetrags von € 801 gemäß §§ 2 Abs. 2 Nr. 2, 20 Abs. 9 Satz 1 EStG seit dem 1. Januar 2009 nicht mehr abziehbar.[40]

70 Anderes gilt nur, insbesondere im Falle des MBO, bei Wahrnehmung der **Option** gemäß § 32 d Abs. 2 Nr. 3 EStG. Optionsberechtigt ist der Erwerber, wenn seinerseits eine Beteiligung von mindestens 25% oder 1% bei gleichzeitiger Geschäftsführer- oder Arbeitnehmertätigkeit an der Zielgesellschaft besteht.[41] Die Option soll eine Regelbe-

---

[37] Vgl. Sistermann/Brinkmann, DStR 2008, 897, 899.

[38] Mit Beschluss vom 1. 8. 2011 hat die EU-Kommission § 8 c Abs. 1 a als eine mit dem gemeinsamen Binnenmarkt unvereinbare Beihilfe beurteilt (Beschluss vom 1. August 2011, Az. 9 V 357/11 K, G). Gegen diese Entscheidung hat die Bundesregierung bereits Klage vor dem EuG erhoben, die jedoch keine aufschiebende Wirkung entfaltet, so dass es vorerst bei einer **Anwendungssperre** bzgl. dieser Norm verbleibt (Az. beim EuG: T-205/11 u. T-287/11); siehe auch *Brandis* in Blümich, § 8 c Abs. 1 a KStG, Rdnr. 4.

[39] Vgl. Sistermann/Brinkmann, DStR 2008, 897, 903.

[40] *Klumpp* in Beisel/Klumpp, Der Unternehmenskauf, 6. Auflage, München 2009, 15. Kapitel, Rdnr. 147.

[41] *Fischer,* DStR 2007, 1899.

steuerung im Falle des Erwerbs einer Beteiligung aus unternehmerischem Interesse, also z. B. gerade auch im Falle des MBO ermöglichen.[42] Mit Ausübung der Option nach § 32d Abs. 2 Nr. 3 EStG ist der Finanzierungsaufwand des Erwerbers über § 43 Abs. 5 Satz 2, 1. Alt. EStG und § 3c Abs. 2 EStG im Rahmen des Teileinkünfteverfahren zu 60% abziehbar.

Beim Erwerb in sonstiges Betriebsvermögen ist der Fremdfinanzierungsaufwand zu **71** 60% im Rahmen des Teileinkünfteverfahrens abzugsfähig, § 3c Abs. 2 EStG. Im Rahmen **gewerbesteuerlicher Nutzungsmöglichkeiten** ist jedoch zu beachten, dass Zinsaufwendungen gemäß § 8 Nr. 1 Buchst. a) GewStG nur zu 75% abzugsfähig sind.

Zu Einschränkungen der Abzugsfähigkeit des Fremdfinanzierungsaufwandes kann **72** jedoch die sog. **Zinsschranke** nach § 4h EStG führen.

(ii) Kapitalgesellschaft

Der Fremdfinanzierungsaufwand beim Erwerb durch eine Kapitalgesellschaft ist **73** grundsätzlich voll abzugsfähig, da § 3c Abs. 1 EStG aufgrund von § 8b Abs. 5 Satz 2 KStG keine Anwendung findet.[43]

Zu beachten ist jedoch auch bei sämtlichen Fallgestaltungen, in denen der Buy- **74** Out-Erwerber eine Kapitalgesellschaft ist, die **Zinsschranke** gemäß §§ 4h EStG, 8a KStG.

Dies gilt für den Erwerber auch bezüglich der anzutreffenden Buy-Out-Gestaltung, **75** dass der Erwerber die Akquisitionsdarlehen von der **Zielgesellschaft** gewährt bekommt und diese sich am Markt refinanziert.

Bei dieser Gestaltung ist die **Gefahr einer verdeckten Gewinnausschüttung 76 (vGA)**[44] zu beachten, wenn der Darlehensanspruch der Zielgesellschaft gegenüber dem Erwerber nicht werthaltig ist. Dies ist insbesondere deshalb risikobehaftet, weil der einzige Vermögenswert einer neuen Erwerbergesellschaft (NewCo) regelmäßig in der Beteiligung an der Zielgesellschaft besteht, die ihrerseits Darlehensgeber ist. Ebenso müssen zur Vermeidung einer vGA die Kreditbedingungen einem Fremdvergleich standhalten können. Unter vGA-Aspekten ist überhaupt jeglicher Einsatz des Vermögens der Zielgesellschaft zur Besicherung von Akquisitionsdarlehen problematisch[45]; lediglich die Buy-Out-Gestaltung in Form der Besicherung der Akquisitionsdarlehen durch Verpfändung der Anteile an der Zielgesellschaft ist aus vGA-Sicht unbedenklich.

Darüber hinaus ist steuerlich bei der vorgenannten Buy-Out-Gestaltung (Darlehen **77** von Zielgesellschaft) zu berücksichtigen, dass die seitens der Zielgesellschaft an ein Kreditinstitut zu zahlenden Refinanzierungszinsen zusätzlich zu einem Viertel der Gewerbesteuer unterliegen, während die seitens des Erwerbers an die Zielgesellschaft gezahlten Zinsen zunächst ebenfalls seitens der Zielgesellschaft der Gewerbesteuer un-

---

[42] *Weber-Grellet* in Schmidt, aaO, § 32d Rdnr. 12.

[43] *Mach,* Steuerliche Risiken bei der Übertragung von Anteilen an Kapitalgesellschaften unter besonderer Berücksichtigung von Auslandsbezügen, Hamburg 2008, S. 180.

[44] Zu weiteren vGA-Risiken im Zusammenhang mit den speziellen LBO-Finanzierungstechniken D 77 f.

[45] Zu weiteren vGA-Problemen beim MBO (zur Rechtslage vor Änderung von § 8b KStG): *Streck/Schwedhelm,* BB 1992, 792 ff.

terliegen. Aufgrund des genannten vGA-Risikos sowie bedingt durch gewerbesteuerliche Nachteile ist daher von dieser Buy-Out Gestaltung aus steuerlicher Sicht eher abzuraten.

cc) Gewinnausschüttungen nach Erwerb der Kapitalgesellschaft

(i) Einzelunternehmer/Personengesellschaft

78 Soweit der Erwerber eine natürliche Person ist (unmittelbar oder mittelbar über eine Personengesellschaft), wird eine Gewinnausschüttung zu 60% mit seinem persönlichen Steuersatz besteuert.

(ii) Kapitalgesellschaft

79 Gewinnausschüttungen seitens der Zielgesellschaft an eine Erwerber-NewCo in Form einer Kapitalgesellschaft, die regelmäßig zur Bedienung der Akquisitionsdarlehen notwendig sind, sind grundsätzlich zu 95% steuerfrei gemäß § 8b Abs. 1 Satz 1, Abs. 3 Satz 1 KStG.

80   Des weiteren ist zu beachten, dass die grundsätzliche Steuerbefreiung des § 8b Abs. 1 KStG bei Dividenden nur dann gemäß § 8 Nr. 5 GewStG auf die Gewerbesteuer durchschlägt, wenn die Voraussetzungen des § 9 Nr. 2a GewStG zu Beginn des Geschäftsjahres bei der Zielgesellschaft vorliegen[46]. Dies bedeutet insbesondere, dass zum einen der Erwerb eine Beteiligung von über 15% an der Zielgesellschaft erfassen muss, was bei Buy-Out-Transaktionen regelmäßig der Fall sein dürfte. Aber auch bei größeren Beteiligungserwerben erfolgt eine Gewerbesteuerbefreiung bei Dividenden der Zielgesellschaft nur dann, wenn die Beteiligung zu Beginn des Erhebungszeitraumes erworben wird. Dies bedeutet, dass der Übergangsstichtag der 1. 1. eines Kalenderjahres sein muss. Gelingt nur ein unterjähriger Buy-Out-Erwerb, sollte zur Vermeidung einer gewerbesteuerlichen Belastung von Dividenden entweder eine Gewinnausschüttung erst im Folgejahr stattfinden[47] oder es muss sich bei der NewCo um eine neu gegründete Gesellschaft handeln.

dd) Gestaltungsmodelle zur Herstellung der Abschreibungsmöglichkeit

81 Der Käufer erwirbt beim Share Deal lediglich ein **nichtabschreibbares** Wirtschaftsgut. Zudem bestehen Risiken wegen der Besicherung seiner Akquisitionsdarlehen mit dem Vermögen der Zielgesellschaft[48] sowie wegen des auf von Gewinnausschüttungen beschränkten Zugriffs auf ihren Cash flow und der damit eingeschränkten Möglichkeit, die Akquisitionsdarlehen zu bedienen.

82   Zur Vermeidung dieser Nachteile, insbesondere zur Herstellung der Abschreibungsmöglichkeit des Kaufpreises beim Erwerb von Anteilen an Kapitalgesellschaften, sind in der Vergangenheit verschiedene Gestaltungsmodelle entwickelt worden, die jedoch durch Eingreifen des Gesetzgebers weit überwiegend ihre praktische Anwendungsmöglichkeit verloren haben oder zumindest an Attraktivität verloren haben.

---

[46] Zur Gewerbesteuer bei Dividenden: *Watermeyer*, GmbH-StB 2002, 200 ff.

[47] Dies erfordert eine entsprechende Abstimmung mit der Bedienung der Akquisitionsdarlehen, für die regelmäßig die Gewinnausschüttungen herangezogen werden.

[48] Siehe unten D 69 und D 108 ff.

(i) Ursprüngliche Modelle zur Herstellung der Abschreibungsmöglichkeit, die ihre Bedeutung für die Praxis verloren haben

Die **Unternehmenskaufmodelle,** die unter den Bezeichnungen **Umwandlungs-** 83
modell,[49] **Kombinationsmodell,**[50] **Mitunternehmermodell**[51] und **Downstream-
Merger-Modell**[52] als Gestaltungsmöglichkeiten zur Herstellung einer Abschreibungsmöglichkeit aus Seiten des Buy-Out-Erwerbers diskutiert wurden, haben allesamt mit
den Änderungen von § 4 Abs. 6 UmwStG (wonach nunmehr ein Übernahmeverlust
außer Ansatz bleibt) und/oder des § 8 b Abs. 3 KStG (Verbot der steuerwirksamen
Teilwertabschreibung) ihre Grundlage verloren.

Im Rahmen des **Kombinationsmodells** wurde der Share Deal mit einem nach- 84
folgenden (internen) Asset Deal kombiniert. Der nachfolgende Asset Deal zwischen
Zielgesellschaft und Erwerber führte zur Realisierung der stillen Reserven, was die
Einbuchung der Wirtschaftsgüter beim Erwerber mit ihren Anschaffungskosten be-
wirkte, so dass entsprechend Abschreibungsvolumen in voller Höhe des Kaufpreises
geschaffen wurde. Die Zielgesellschaft schüttete sodann den Veräußerungsgewinn an
den Erwerber aus, der wiederum in der Folge aufgrund des gesunkenen Wertes der
Zielgesellschaft eine entsprechende steuerlich wirksame Teilwertabschreibung vor-
nahm.

Jetzt kann aufgrund der Regelungen des § 8 b Abs. 3 KStG[53] für Kapitalgesellschaf- 85
ten als Erwerber sowie des § 3 c Abs. 2 EStG für natürliche Personen/Personen-
gesellschaften als Erwerber der durch den internen Asset Deal entstehende Veräußerungsgewinn entsprechend nicht mehr oder nur noch im Rahmen des Teileinkünfteverfahrens mittels Gewinnausschüttung der Zielgesellschaft auf den Erwerber verlagert
und dort durch eine Teilwertabschreibung neutralisiert werden. Da das Kombinationsmodell eine steuerwirksame Teilabschreibung vorsah und demnach von § 8 Abs. 3
KStG erfasst wird, ist es seit dessen Änderung nicht mehr praktikabel.

Das **Mitunternehmermodell** baute auf dem Kombinationsmodell auf und hatte 86
die Vermeidung der nach dem Kombinationsmodell noch bestehenden Gewerbesteuerpflicht zum Ziel. Dies wurde – mit dem Risiko des Gestaltungsmissbrauchs gemäß
§ 42 AO – dadurch erreicht, dass sämtliche Wirtschaftsgüter gemäß § 24 UmwStG
a. F. steuerfrei in eine Tochter-Personengesellschaft gegen Gewährung von Gesell-
schaftsrechten eingebracht wurden. Sodann veräußerte die Zielgesellschaft ihre Anteile
an dieser neu geschaffenen Personengesellschaft an den Erwerber, wodurch dieselben
Effekte wie beim Kombinationsmodell erreicht wurden. Die Veräußerung eines Mitunternehmeranteils durch eine Kapitalgesellschaft war zudem gewerbesteuerfrei.

Die eingeführten Beschränkungen in Form des (teilweisen) Wegfalls einer Teilwertab- 87
schreibung (§ 8 b Abs. 3 KStG und § 3 c Abs. 2 EStG) und die Einführung der Gewerbe-

---

[107] Zu den Einzelheiten dieses Modells: *Knopf/Söffing,* BB 1995, 850 ff.; *Rödder,* DStR 1993,
1349 ff.; *Thiel,* DB 1995, 1196 ff.; *Blumers/Marquard,* DStR 1994, 1869 ff.

[50] Zu den Einzelheiten der ertragsteuerlichen Effekte dieses Modells: *Koenen/Gohr,* DB 1993,
2541 ff.; *Streck,* BB 1992, 685 ff.; *Otto,* DB 1994, 2121.

[51] Vgl. *Blumers/Beinert/Witt,* DStR 2001, 233 ff.; *Pluskat,* DB 2001, 2216 ff.

[52] Zu den Einzelheiten dieses Modells: *Hannemann,* DB 2000, 2497 ff.; *Bruski,* FR 2002, 181,
184; *Dieterlen/Schaden,* BB 2000, 2552 ff.

[53] Zur möglichen Geltung bis im VZ 2002: *Ackermann,* DB 2002, 237.

steuerpflicht bei Veräußerungen von Mitunternehmeranteilen durch Kapitalgesellschaften (§ 7 Satz 2 GewStG) haben auch diesem Modell die Anwendungsgrundlage entzogen.

88   Das **Umwandlungsmodell** beruhte auf dem gesetzlichen step-up des § 4 Abs. 6 UmwStG a. F., welcher sowohl bei der Verschmelzung als auch beim Formwechsel einer Kapital- auf bzw. in eine Personengesellschaft zur Anwendung gelangte. Im ersten Schritt erwarb auch hier der Erwerber zunächst die Anteile an der (Kapital-) Zielgesellschaft. Sodann erfolgte in der Formwechselvariante ein Formwechsel der Zielgesellschaft in eine Personengesellschaft und in der Verschmelzungsvariante eine Verschmelzung der Zielgesellschaft auf den Erwerber, soweit dieser eine natürliche Person oder eine Personengesellschaft war. Da der Buchwert beim Erwerber hinsichtlich des Erwerbs der Anteile an der Kapitalgesellschaft dem Verkehrswert entsprach, erlitt der Erwerber durch den Formwechsel bzw. durch die Verschmelzung einen entsprechenden Umwandlungsverlust, der aufgrund der Regelung des § 4 Abs. 6 UmwStG a. F. dazu führte, dass der Erwerber in seiner Ergänzungsbilanz diesen Umwandlungsverlust durch Aufstockung *(step-up)* der Buchwerte der in der Zielgesellschaft vorhandenen Wirtschaftsgüter in Höhe des Umwandlungsverlustes[54] ausgleichen konnte. Es verblieb zwar aufgrund § 18 Abs. 2 UmwStG a. F. die Gewerbesteuerpflicht, jedoch barg dieses Modell aufgrund der Norm des § 4 Abs. 6 UmwStG a. F. kein Missbrauchsrisiko. Dadurch, dass mit der Änderung des § 4 Abs. 6 UmwStG ein Umwandlungsverlust steuerlich irrelevant ist, verlor auch dieses Modell seine Anwendungsgrundlage.

89   Durch das **Downstream-Merger-Modell** wurde versucht, durch eine Verschmelzung einer Kapital- auf eine Personengesellschaft den Verschmelzungsverlust außerhalb der Regelung des § 4 Abs. 6 UmwStG a. F. und nach dessen Neufassung für einen step-up nutzbar zu machen. Dieses Modell sah vor, dass in einem ersten Schritt der Erwerber eine Käufer-Tochter-Kapitalgesellschaft gründet und diese mit dem zum Erwerb der Zielgesellschaft notwendigen Kaufpreis in Form von Eigenkapital ausstattet, so dass der Buchwert dieser Tochtergesellschaft beim Erwerber die Höhe des gesamten (zukünftigen) Kaufpreises darstellte. Sodann erwarb diese Erwerber-Tochtergesellschaft die Anteile an der Zielgesellschaft, die dann ebenfalls in der Bilanz der Tochtergesellschaft durch den erfolgten Aktivtausch in Höhe des gesamten Kaufpreises zu Buche stand. Anschließend wurde die Ziel-Kapitalgesellschaft in eine Personengesellschaft im Wege des Formwechsels umgewandelt und die Tochtergesellschaft auf die Zielgesellschaft verschmolzen.

90   Nach Neufassung des § 4 Abs. 6 UmwStG a. F. blieb der entstehende Umwandlungsverlust und dementsprechend eine Aufstockung der Buchwerte außer Betracht. Die anschließende Verschmelzung der Tochtergesellschaft auf die Zielgesellschaft hatte zunächst zur Konsequenz, dass die Tochtergesellschaft untergeht und dass der Erwerber anstelle des Beteiligungsansatzes hinsichtlich der Tochtergesellschaft nunmehr die Buchwerte der Wirtschaftsgüter der Zielgesellschaft fortführte[55] und konsequenterweise einen entsprechenden Verschmelzungsverlust erlitt. Nach Auffassung der Finanzver-

---

[54] Abzüglich eines etwaig gegebenen Sperrbetrages gem. § 50 c EStG und eines etwaig existierenden Körperschaftsguthabens; siehe auch: *Seibt,* DStR 2000, 2061; *Benkert* in Haritz/Benkert, UmwStG 2000, § 4 Rdnr. 200 ff.; *Blumers/Beinert/Witt,* DStR 2001, 233 ff.

[55] Dies folgt den Regeln zur sog. „Spiegelbildtheorie"; *Dieterlen/Schaden,* BB 2002, 2552 ff.

waltung[56] waren allerdings auch in diesem Fall die §§ 4 ff. UmwStG anwendbar. Selbst wenn man der Ansicht der Finanzverwaltung nicht folgen sollte, stehen dem Downstream-Merger-Modell zum einen das Verbot von Gewinnminderungen gem. § 8 Abs. 3 KStG bei Kapitalgesellschaften als Erwerber bzw. § 3 c EStG bei natürlichen Personen, wonach der Verschmelzungsverlust außer Ansatz bleibt[57] und zum anderen die Einlagefiktion des § 5 UmwStG entgegen. Damit ist auch diesem Modell – völlig abgesehen vom auch noch bestehenden Risiko des § 42 AO – die Grundlage für eine rechtssichere Erreichung einer Abschreibungsmöglichkeit genommen.

(ii) Organschaftsmodell[58]

Auch das **Organschaftsmodell,** welches auf dem Kombinationsmodell aufbaute und **91** auf dem Kerngedanken einer abführungsbedingten Teilwertabschreibung im Rahmen einer Organschaft und einer dadurch bewirkten Neutralisation des Veräußerungsgewinnes beruhte, ist dadurch, dass **§ 3 c Abs. 2 Satz 2 EStG** auch für Wertminderungen des Anteils aus einer Organgesellschaft Anwendung findet, die nicht auf Gewinnausschüttungen zurückzuführen sind, nicht mehr in der Lage, einen steuerunbelasteten step up im Rahmen eines MBO herbeizuführen.[59]

Bei diesem Modell kamen von vornherein als Erwerber nur natürliche Personen **92** oder Personengesellschaften, an denen wiederum nur natürliche Personen beteiligt sind, in Betracht, da, wie noch zu zeigen sein wird, eine abführungsbedingte Teilwertabschreibung, auf der das Modell wesentlich beruht, für Kapitalgesellschaften bereits an § 8 b Abs. 3 KStG scheitert.

Diese natürliche Person gründete als Kommanditistin zusammen mit einer (nicht **93** am Vermögen der KG beteiligten) GmbH eine Kommanditgesellschaft, die die Anteile an der Zielgesellschaft zum Verkehrswert erwarb. Zwischen dieser KG und der erworbenen Ziel-Kapitalgesellschaft wurde sodann eine körperschaft- und gewerbesteuerliche Organschaft durch Abschluss eines Ergebnisabführungsvertrages begründet, wozu in beiden Fällen lediglich die finanzielle Eingliederung erforderlich ist. Anschließend veräußerte die Zielgesellschaft ihre sämtlichen Wirtschaftsgüter an die Organträger-KG, wodurch bei letzterer der erwünschte step-up erreicht wurde. Aufgrund der Organschaft wurde der auf Seiten der Zielgesellschaft (= Organgesellschaft) entstehende Veräußerungsgewinn unmittelbar der Organträger-KG zugerechnet, die diesen Gewinn mittels einer abführungsbedingten Teilwertabschreibung zu neutralisieren suchte. Zuletzt veräußerte die natürliche Person ihren Kommanditanteil und ggf. ihren Anteil an der Komplementär-GmbH.

Im Gegensatz zur vollständigen Nichtberücksichtigung eines Umwandlungsverlustes **94** im Umwandlungsmodell bietet das Organschaftsmodell jedoch nach derzeitiger Rechtslage eine Berücksichtigung von 60% der Teilwertabschreibung bei Beteiligung

---

[56] Tz 4.12 i. V. m. Tz. 3.10 des BMF-Schreibens v. 25. 3. 1998 („Umwandlungssteuererlass"), BStBl. I 1998, S. 268 ff.

[57] *Blumers/Beinert/Witt,* DStR 2001, 233, 234; *Beinert/van Lishaut,* FR 2001, 1137, 1150; *Bruski,* FR 2002, 181, 185.

[58] Zu Einzelheiten: *Blumers/Beinert/Witt,* DStR 2001, 233 ff. sowie DStR 2001, 1741 ff.; *Bruski,* FR 2002, 181, 185; *Funk,* BB 2002, 1231 ff.; *Pluskat,* DB 2001, 2216 ff.; *Zipfel* in Ernst & Young, a. a. O., S. 294.

[59] Vgl. *Klumpp* in Beisel/Klumpp, aaO, 15. Kapitel, Rdnr. 142.

natürlicher Personen auf Erwerberseite, womit eine Restattraktivität des Organschafts-modells verbleibt.

(iii) Modifiziertes Umwandlungsmodell[60]

95 Im Rahmen des **modifizierten Umwandlungsmodells** führt noch der Buy-Out-Veräußerer einen steuerneutralen Formwechsel der Ziel-Kapitalgesellschaft gemäß § 3 UmwStG in eine Personengesellschaft durch. Es entsteht zumeist ein Übernahme-gewinn, der beim Buy-Out-Veräußerer, wenn er Einzelunternehmer ist (oder die An-teile der Zielgesellschaft in einer Personengesellschaft gehalten werden) im Wege des Teileinkünfteverfahren zu versteuern ist. Die Anteile an der umgewandelten Ziel-gesellschaft können dann durch den Buy-Out-Veräußerer ohne die Haltefrist von fünf Jahren veräußert werden. Zu beachten ist hier jedoch die Gewerbesteuerbelastung. Der Formwechsel gemäß § 3 UmwStG ist zwar grundsätzlich gewerbesteuerfrei. Je-doch löst die Veräußerung der umgewandelten Personengesellschaft innerhalb von 5 Jahren nach der Umwandlung nachträglich Gewerbesteuer aus (§ 18 Abs. 4 Satz 1 UmwStG). Diese kann im Falle von natürlichen Personen/Personengesellschaften als Veräußerer auch nicht im Rahmen von § 35 EStG angerechnet werden, § 18 Abs. 4 Satz 2 UmwStG. Trotz dieser Gewerbesteuerbelastung kann das modifizierte Um-wandlungsmodell in Fällen, in denen der Buy-Out-Veräußerer eine natürliche Per-son/Personengesellschaft ist, und der Veräußerer hierbei einen gemäß §§ 16, 34 EStG steuerlich begünstigten Veräußerungsgewinn erzielt, in Einzelfällen zu steuerlich vor-teilhaften Ergebnissen führen, die für die Anwendung des Modells sprechen.

(iv) KGaA-Modell[61]

96 Das **KGaA-Modell** beruht allgemein auf der steuerlichen „*Zwitterstellung*" der Rechtsform der KGaA, bei der der Komplementär wie ein Mitunternehmer behan-delt wird[62], und im besonderen auf der Umwandlung einer Beteiligung an einer Kapitalgesellschaft (Kommanditkapital) in eine steuerliche Beteiligung an einer Personengesellschaft (Komplementärkapital), die im Ergebnis dazu führt, dass seitens des Komplementärs ein Anschaffungsvorgang vorliegt, der wiederum über eine zu erstellende Ergänzungsbilanz zum entsprechenden Abschreibungsvolumen (step-up) führt.

97   Im ersten Schritt wandelt der Erwerber nach Akquisition der Zielgesellschaft diese formwechselnd in eine KGaA um, so dass er als Kommanditaktionär an der KGaA beteiligt ist. Dieser Formwechsel ist unbestrittenermaßen steuerneutral[63]. Im Rahmen des Formwechsels tritt der Erwerber gleichzeitig als (weiterer) persönlich haftender Komplementär der KGaA bei und erbringt dabei eine Einlage, die zum Teil als Kapi-talanteil, zum anderen Teil als – nicht an der Gewinnverteilung teilnehmende – Rück-

---

[60] *Beinert/van Liskaut*, FR 2001, 1137ff., 1050; *Altendorf/Vosen*, GmbHR 2001, 1146; *Mai-terth/Müller/Semler*, DStR 2003, 1313.

[61] Dazu: *Beinert/van Lishaut*, a.a.O.; *Bruski*, FR 2002, 181ff., 187.

[62] Vgl. grundlegend dazu: BFH, Urteil v. 21. 6. 1989, BStBl. II 1989, S. 881ff.; sowie Urteil v. 23. 10. 1985, BStBl. II 1986, S. 72ff.; *Mathiak*, DStR 1989, 661ff., 667.

[63] Es liegt ein sog. „nicht-kreuzender" Formwechsel einer Kapital- in eine Kapitalgesellschaft anderer Rechtsform vor.

lage gebucht wird. Diese Einlage wird dabei aus dem Einziehungsentgelt[64] aufgebracht, das dem Erwerber als gleichzeitigem Kommanditaktionär im Rahmen einer mittels einer vereinfachten Kapitalherabsetzung durchzuführenden Einziehung seiner Aktien zusteht[65]. Dieser Vorgang ist auf der Ebene der KGaA nach herrschender Ansicht steuerneutral[66].

Auf Ebene des Erwerbers stellt dieser Tausch seiner Aktien gegen die Vermögens- **98** einlage zwar zunächst einen Gewinnrealisierungstatbestand dar; dieser ist jedoch als Veräußerung von Anteilen an einer Kapitalgesellschaft gem. § 8b Abs. 2 KStG ebenfalls zu 95% steuerfrei. Gleichzeitig hat der Erwerber durch diese Umwandlung seiner Aktienbeteiligung in eine Vermögensbeteiligung an der KGaA Anschaffungskosten in Höhe des Einziehungsentgelts als Gegenleistung für die hingegebenen Aktien, die nach allgemeinen Grundsätzen im Rahmen einer für den Erwerber zu bildenden Ergänzungsbilanz zu aktivieren sind und entsprechend zu dem gewünschten Abschreibungsvolumen (step-up) führen.

Unsicherheiten für dieses Modell bestehen zunächst deshalb, weil möglicherweise **99** der Einwand greifen könnte, dass die AfA-Berechtigung grundsätzlich auf Seiten der KGaA liegt und dies einem step-up beim Komplementär entgegenstehen könnte[67]. Ebenso muss diese Gestaltung auch unter dem Blickwinkel des Gestaltungsmissbrauchs gem. § 42 AO gesehen werden, obwohl sich insbesondere die strukturell sehr unterschiedliche Stellung des Komplementärs gegenüber einem Kommanditaktionär in einer KGaA als außersteuerlicher Grund sinnvoll anführen lässt.

Zu bedenken ist jedoch vom Grundsatz her, dass im Erfolgsfall dieses Modells Ab- **100** schreibungsmasse geschaffen würde, obwohl keine steuerpflichtige Veräußerung auf Seiten der Kapitalgesellschaft stattgefunden hat. Damit würde gegen den elementaren Besteuerungsgrundsatz verstoßen werden[68], dass **stille Reserven** zumindest **einmal** der Besteuerung unterworfen werden müssen. Da die Anteilsveräußerung bereits steuerprivilegiert (Steuerfreistellung oder Teileinkünfteverfahren) durchgeführt wurde, würden tatsächlich stille Reserven unversteuert bleiben. Es würde daher grundsätzlich die Frage bestehen bleiben, ob man nicht im Wege teleologischer Reduktion der betroffenen Vorschriften letztlich doch zu einer Einmalbesteuerung der stillen Reserven kommen wird, auch wenn eine weitere Analyse zukünftig dieses Modell für gangbar erklärt. Diese Frage ist auf Grund fehlender steuerlicher Anerkennung durch Finanzverwaltung und Rechtsprechung bis jetzt nicht geklärt[69].

---

[64] Zu den gesellschaftsrechtlichen Auswirkungen dieses Vorgangs: *Bruski,* FR 2002, 181ff., 188.

[65] Die Einziehung erfolgt jedoch nur, soweit eine Verrechnung mit freien Rücklagen möglich ist, damit das Grundkapital der Gesellschaft nicht angetastet wird.

[66] Vgl. Tz. 22 des BMF-Schreibens v. 2. 12. 1998, BStBl. I 1998, S. 1509ff., 1510, bei der jedoch wörtlich von Aktien an einer AG – und nicht an einer KGaA – die Rede ist.

[67] So *van Lishaut,* FR 2001, 1137ff., 1151.

[68] Dazu: *Maiterth/Müller,* BB 2002, 598ff., 600.

[69] Vgl. *Holzapfel/Klumpp* in Beisel/Klumpp Der Unternehmenskauf, 6. Auflage 2009, Rdnr. 145.

(v) GmbH-Einziehungsmodell[70]

101 Aufbauend auf der Grundüberlegung des KGaA-Modells lässt sich eine ähnliche Wirkungsweise durch das sogenannte **GmbH-Einziehungsmodell** im Fall einer Umwandlung einer Beteiligung an einer GmbH über eine Ergänzungsbilanz in eine (steuerliche) Beteiligung an einer Personengesellschaft durch Begründung einer atypisch stillen Beteiligung an der GmbH herbeiführen.

102 Auch in diesem Modell findet nach Erwerb der Anteile an der Zielgesellschaft eine Einziehung von Anteilen statt, wobei als Gegenleistung das Einziehungsentgelt in Form der Einräumung einer atypisch stillen Gesellschaftsbeteiligung gewährt wird.

103 Wie beim KGaA-Modell stellt die Einziehung von Geschäftsanteilen auf Seiten der Gesellschaft einen steuerfreien Tatbestand und seitens des Gesellschafters (= Erwerbers) zunächst einen (steuerprivilegierten) Gewinnrealisierungstatbestand in Gestalt eines Tausches dar, dem ein entsprechender Anschaffungsvorgang hinsichtlich des Erwerbs der atypisch stillen Beteiligung über eine entsprechende Ergänzungsbilanz gegenüber steht. Die Höhe der Anschaffungskosten, und damit des zukünftigen Abschreibungsvolumens richtet sich nach dem Wert der hingegebenen GmbH-Anteile, so dass auch hier der gewünschte step-up in Höhe (fast[71]) des gesamten Kaufpreises für die GmbH-Anteile zustande kommt.

104 Da jedoch auch in diesem Fall Abschreibungsvolumen ohne entsprechende Besteuerung von stillen Reserven geschaffen würde, bleiben auch hier die oben bereits erwähnten Risiken bestehen. Zudem sind außersteuerliche Gründe im Hinblick auf § 42 AO für den Tausch von GmbH-Anteilen in eine atypisch stille Beteiligung schwerer darzustellen als beim Wechsel in eine Komplementärstellung bei einer KGaA.

ee) Fazit

105 Die durch den Buy-Out-Erwerber erworbenen **Anteile** an einer Kapitalgesellschaft sind ein gemäß § 6 Abs. 1 Nr. 2 Satz 1 EStG nicht abnutzbares Wirtschaftsgut, sodass es insoweit kein Abschreibungspotential beim Buy-Out-Erwerber gibt. Das Ziel des Buy-Out-Erwerbers eine Abschreibbarkeit des Kaufpreises durch Gestaltungsmaßnahmen herzustellen, ist nach aktueller Gesetzeslage kaum oder zumindest nur unter erheblichen rechtlichen Risiken zu erreichen.

106 Dies ist darauf zurückzuführen, dass die in der Vergangenheit diskutierten **Unternehmenskaufmodelle,** die über die Transaktionsgestaltung zur Herstellung von Abschreibungspotential, wenn auch schon damals – mit wenigen Ausnahmen – zumeist mit Risiken des Missbrauchs gemäß § 42 AO behaftet, genutzt werden konnten, weitgehend durch die Änderungen bzw. Neufassungen der §§ 4 Abs. 6 UmwStG, 8b Abs. 3 KStG und 3c Abs. 2 Satz 2 EStG gegenstandslos geworden sind.

107 Das **Kombinations- bzw. Mitunternehmermodell** lässt sich mangels der Möglichkeit einer Teilwertabschreibung aufgrund der §§ 8b Abs. 3 KStG, 3c Abs. 2 Satz 2

---

[70] *Bruski,* FR 2002, 181 ff., 189.

[71] Zu beachten ist, dass die Einziehung nur mit freien Rücklagen und nicht mit gebundenem Stammkapital verrechnet werden kann und deshalb nicht der gesamte Kaufpreis für die Anteile in AfA-Volumen überführt werden kann.

EStG nicht mehr unter (vollständiger) Neutralisierung der bei der Zielgesellschaft entstehenden Steuerbelastung durchführen. Ein Anwendungsbereich verbleibt für diese Modelle jedoch, wenn man die verbleibende, nicht zu neutralisierende Steuerlast auf Seiten der erworbenen Zielgesellschaft akzeptiert.

Das **Umwandlungsmodell** ist, da ein Umwandlungsverlust aufgrund § 4 Abs. 6 **108** UmwStG steuerlich außer Betracht bleibt, heute ohne Anwendungsbereich.

Das **Downstream-Merger-Modell** kann nicht mehr zur Herstellung von Ab- **109** schreibungspotential herangezogen werden; dies erscheint zumindest entsprechend der herrschenden Meinung von Finanzverwaltung und Literatur, wonach auch ein Verschmelzungsverlust in dieser Gestaltung von § 4 Abs. 6 UmwStG erfasst wird, ausgeschlossen.

Das **Organschaftsmodell** eignet sich nicht mehr zur steuerunbelasteten Herstel- **110** lung von Abschreibungspotential, da § 3 c Abs. 2 Satz 2 EStG auch für Wertminderungen des Anteils aus einer Organgesellschaft, die nicht auf Gewinnausschüttungen zurückzuführen sind, anwendbar ist. Aufgrund der Berücksichtigung von 60% der Teilwertabschreibung bei Beteiligung einer natürlichen Person/Personengesellschaft auf der Erwerberseite verbleibt für das Organschaftsmodell jedoch in diesem Rahmen ein Anwendungsspielraum.

Ebenso verhält es sich mit dem **modifizierten Umwandlungsmodell,** für das **111** weiterhin ein Anwendungsbereich besteht, sofern auf Seiten des Buy-Out-Veräußerers eine natürliche Person/Personengesellschaft steht, die einen nach den §§ 16, 34 EStG begünstigten Veräußerungsgewinn aus dem Buy-Out erzielt. Dies kann insbesondere im Falle von eigentümergeführten Unternehmen in der Rechtsform der Personengesellschaft eine Variante sein, die im Rahmen des Einzelfalles unter diesem Gesichtspunkt auf die steuerliche Vorteilhaftigkeit zu untersuchen ist.

Für das **KGaA-Modell** und das **GmbH-Einziehungsmodell** besteht nach wie **112** vor keine eindeutige Stellungnahme aus der Rechtsprechung oder von Seiten der Finanzverwaltung. Demgemäß sind beide Unternehmenskaufmodelle nach wie vor mit erheblichen rechtlichen Unsicherheiten behaftet, was die Transaktionsgestaltung unter Nutzung der Modelle erheblich erschwert. Aus Beratersicht ist es schwierig, eine solche Lösung anzuraten, wenn diese Unsicherheiten bestehen. Das Einholen einer verbindlichen Auskunft bietet in den Fällen einer in Vorbereitung befindlichen Transaktion häufig aufgrund des dafür notwendigen Zeitbedarfs und auch der dadurch ausgelösten Kosten keine Lösung. Grundsätzlich aber besteht bei Anwendung dieser Modelle noch die Möglichkeit – wenn auch mit erheblichen Risiken, insbesondere des Gestaltungsmissbrauchs gemäß § 42 AO behaftet –, ein Abschreibungspotential für den Buy-Out-Erwerber zu schaffen.

Insgesamt bleibt festzuhalten, dass die Herstellung von Abschreibungspotential ins- **113** gesamt kaum oder nur mit **erheblichen Risiken** im Rahmen der dargestellten Unternehmenskaufmodelle zu erreichen ist.

Im Rahmen der steuerlichen Gestaltung von Buy-Out-Transaktionen ist es daher **114** umso mehr von Bedeutung, dass die **Fremdfinanzierungsaufwendungen** des Buy-Out-Erwerbers in der Rechtsform der Kapitalgesellschaft jedoch in voller Höhe abzugsfähig sind. Dennoch drohen auch hier steuerliche Risiken, insbesondere wenn die Werthaltigkeit der zur Finanzierung des Erwerbs durch die Zielgesellschaft an die Erwerbergesellschaft gewährten Darlehen in Frage steht und damit ein Risiko hinsichtlich des Vorliegens einer **verdeckten Gewinnausschüttung** besteht.

115   Die damit im Ergebnis fast ausgeschlossene und zumindest weitgehend eingeschränkte Möglichkeit der Herstellung von Abschreibungspotential führt dazu, dass die
Steuerbelastung auf Seiten des Buy-Out-Erwerbers im Vergleich zu früheren Szenarien
höher ist. Diese Situation wird bei der Gestaltung von Buy-Outs vorwiegend bei der
Verhandlung des Kaufpreises vom Buy-Out-Erwerber mit einzubeziehen sein. Grundsätzlich hat mit den zurückliegenden Gesetzesänderungen, insbesondere der genannten
§§ 4 Abs. 6 UmwStG, 8b Abs. 3 KStG und 3c Abs. 2 EStG, eine **Verschiebung der
Steuerbelastung** auf den Buy-Out-Erwerber stattgefunden. Vor dieser Verschiebung
erfolgte bei Anwendung der Unternehmenskaufmodelle und damit erfolgender Herstellung des Abschreibungspotentials auf Seiten des Buy-Out-Erwerbers auf der Seite
des Buy-Out-Veräußerers eine korrespondierende Besteuerung des Veräußerungsgewinns aus der Veräußerung der Anteile an der Zielgesellschaft. Die in solchen Ge-
staltungsszenarien vereinbarten Kaufpreise würden heute unter Einbeziehung der
(weitgehend) nicht mehr gegebenen Möglichkeit, den Kaufpreis auf Seiten des Buy-
Out-Erwerbers in Abschreibungssubstrat zu wandeln, geringer ausfallen. Während
demzufolge beim Buy-Out-Veräußerer die Steuerbelastung geringer ausfällt, ist die
Steuerbelastung beim Buy-Out-Erwerber höher geworden.[72]

116   Insgesamt stellt sich aus steuerlicher Sicht der Share Deal für den Buy-Out-
Erwerber damit als steuerlich unvorteilhafter im Vergleich zum Asset Deal dar. Der
Buy-Out-Erwerber wird sich daher nur bei entsprechender Berücksichtigung der
Steuerbelastung im Kaufpreis auf einen Share Deal einlassen wollen. Denn im Rah-
men eines Asset Deals bietet sich für den Buy-Out-Erwerber die Möglichkeit, durch
Abschreibungen die Gesamtsteuerbelastung zu verringern.

117   **Aus Sicht des Buy-Out-Veräußerers** wird ein für ihn in höherem Maße steuerpflichtiger Asset Deal nur dann akzeptabel sein, wenn sein Nachsteuerergebnis
durch einen entsprechend höheren Kaufpreis zumindest annähernd dem bei einem
Share Deal entspricht oder die Voraussetzungen für die Tarifbegünstigung nach §§ 16,
34 EStG beim ihm vorliegen. Ein weiterer Fall, in dem ein Asset Deal für den Buy-
Out-Veräußerer sich nicht als grundsätzlich nachteiliger gegenüber dem Share Deal
darstellen muss, liegt vor, wenn beim Buy-Out-Veräußerer aufgrund der Veräußerung
von aus einer Einbringung oder aus einem Anteilstausch entstandenen Anteilen eine
rückwirkende Besteuerung nach § 22 Abs. 1 Satz 1, Abs. 2 Satz 1 UmwStG stattfindet.

118   Letztendlich sind in jedem Einzelfall zur steuerlichen Gestaltung einer Buy-Out-
Transaktion die steuerlichen Vor- und Nachteile von Buy-Out-Veräußerer und Buy-
Out-Erwerber gegenüberzustellen. Unter Berücksichtigung sämtlicher Umstände des
Einzelfalls ist dabei festzustellen, welche Gestaltung zu welchen Steuerfolgen führt.
Insbesondere ist dabei Wert darauf zu legen, dass auf Seiten des Buy-Out-Veräußerers
die Historie der zu veräußernden Anteile eingehend und lückenlos untersucht wird,
um *„böse Überraschungen"* in Form einer rückwirkenden Besteuerung aufgrund von
zurückliegenden Einbringungsvorgängen zu verhindern. Darüber hinaus ist festzustellen, ob beim Buy-Out-Veräußerer die Voraussetzungen für eine Tarifermäßigung vorliegen und ob ggf. bei weitgehendem Ausschluss der rechtlichen Risiken nicht doch
eine zumindest teilweise Herstellung von Abschreibungspotential beim Buy-Out-
Erwerber im Rahmen eines Share Deals erreicht werden kann.

---

[72] Vgl. *Beisel* in Beisel/Klumpp, aaO, 13. Kapitel, Rdnr. 17.

Eisen

Zumeist wird jedoch die Möglichkeit einer Anwendung der Unternehmenskauf- **119** modelle zur Herstellung von Abschreibungspotential aufgrund der rechtlichen Unsicherheiten (insbesondere auch des Gestaltungsmissbrauchs, § 42 AO) bzw. deren nunmehr mit diesen nicht mehr zu erreichenden Rechtsfolgen nicht möglich oder zumindest nicht empfehlenswert sein.

Das Ergebnis dieser Untersuchung der steuerlichen Folgen wird daraufhin meist in **120** die Kaufpreisverhandlungen erheblichen Eingang finden, wo der Ausgleich der steuerlichen Interessen von Buy-Out-Veräußerer und Buy-Out-Erwerber wird stattfinden wird.

Historisch betrachtet hat sich damit zwar auf Seiten der einschlägigen Gesetze und **121** der technischen Umsetzung der steuerlichen Gestaltung von Buy-Outs Grundlegendes verändert. Das letztendlich Entscheidende bleibt jedoch gleich: Die steuerlichen Folgen der Gestaltung eines Buy-Outs finden (unter Berücksichtigung der sonstigen Gegebenheiten des Marktes und des Kräfteverhältnisses der Parteien) ihren Ausdruck in der Höhe des Kaufpreises.

c) Verkehrssteuern

Der Share Deal ist zwar umsatzsteuerbar, aber nach § 4 Nr. 8 UStG umsatzsteuerbe- **122** freit, die Optierung zur Umsatzsteuer richtet sich nach § 9 UStG.

Der Share Deal unterliegt der Grunderwerbsteuer, soweit die Ziel-Kapitalgesell- **123** schaft Grundbesitz hält und mindestens 95% der Anteile an dieser Gesellschaft auf den Erwerber übertragen werden, § 1 Abs. 3 GrEStG. Hält die erwerbende Gesellschaft bereits eigene Anteile, so ist das Nennkapital bei der Ermittlung der Quote um diese Anteile zu kürzen, so dass unter Umständen schon früher Grunderwerbsteuer anfällt. Gestaltbar wäre zur **Vermeidung von Grunderwerbsteuer,** dass zunächst eine Beteiligung an der Ziel-Kapitalgesellschaft von 94,9% erworben und hinsichtlich der restlichen 5,1% zunächst lediglich eine Kaufoption für den Erwerber eingeräumt wird. Alternativ dazu könnte auch ein Altgesellschafter mit einer Beteiligung in entsprechender Höhe verbleiben oder eine unabhängige dritte Person die 5,1% erwerben. Soll der Anteil der dritten Person oder des Altgesellschafters zudem weiter verwässert werden, ohne dass Grunderwerbsteuer anfällt, kann der Erwerber die verbliebenen 5,1% über eine zwischengeschaltete Personengesellschaft halten, an der er wiederum 94,9% und der Dritte 5,1% der Anteile hält.

Zur grunderwerbsteuerlichen Anerkennung von Regelungen insbesondere in der **124** Satzung, die die Einflussmöglichkeit von Altgesellschafter oder Investor weiter beschränken, bestehen keine gesicherten Erkenntnisse, weshalb von diesen abzuraten ist. Bemessungsgrundlage für die Grunderwerbsteuer beim Share Deal ist der sog. Bedarfswert gem. § 8 Abs. 2 GrEStG. Hier bieten sich steuerliche Vorteile gegenüber einem Asset Deal, da der Bedarfswert regelmäßig unter dem Verkehrswert des entsprechenden Grundbesitzes liegt.

125 | **Zusammenfassung:**

- Die steuerliche Gestaltung von Buy-Out-Transaktionen basiert auf den steuerlichen Folgen, die **in Abhängigkeit von der Rechtsform** von Buy-Out-Veräußerer und Buy-Out-Erwerber unterschiedlich ausfallen.
- Bei einem Buy-Out im Wege des **Asset Deals** entsteht für einen Veräußerer in der Form einer natürlichen Person oder einer Personengesellschaft eine Steuerbelastung in Höhe des persönlichen Steuersatzes, wobei hier in bestimmten Fällen die Tarifermäßigung der §§ 16, 34 EStG eingreifen kann. Bei Buy-Out-Veräußerern in der Rechtsform einer Kapitalgesellschaft fallen Körperschaftsteuer in Höhe von 15% sowie Gewerbesteuer an. Auf Buy-Out-Erwerberseite entsteht rechtsformunabhängig durch Ansatz der erworbenen Assets zum Verkehrswert und des Firmenwertes Abschreibungspotential in Höhe des vollen Kaufpreises. Fremdfinanzierungsaufwand ist in den Grenzen der Zinsschranke abzugsfähig. Gewerbesteuerlich ist die Abzugsfähigkeit über EUR 100 000,00 begrenzt.
- Ein **Share Deal mit einer Personengesellschaft als Zielgesellschaft** als Buy-Out-Gestaltung führt grundsätzlich zu identischen Steuerfolgen wie ein Asset Deal auf Seiten von Buy-Out-Veräußerer und Buy-Out-Erwerber. Zu berücksichtigen ist hier der Sonderfall, dass die Zielgesellschaft in Form der Personengesellschaft Anteile an einer Kapitalgesellschaft hält. Dann kommt es bei einem Buy-Out-Veräußerer in der Rechtsform einer Kapitalgesellschaft auch hier über § 8b Abs. 6 Satz 1 KStG dazu, dass der Veräußerungsgewinn dem Buy-Out-Veräußerer zu 95% steuerfrei zufließt.
- Bei einem Buy-Out als **Share Deal mit einer Kapitalgesellschaft als Zielgesellschaft** unterliegt der Veräußerungsgewinn des Buy-Out-Veräußerers, der die veräußerten Anteile im Privatvermögen hielt, entweder dem Teileinkünfteverfahren (§§ 17 Abs. 1 Satz 1, 3 Nr. 40 Buchst. a) EStG), mit einer Besteuerung von 60% des Veräußerungsgewinns zum persönlichen Steuersatz oder, wenn der Veräußerer nur eine Beteiligung von weniger als 1% hielt, einer Steuerbelastung von 25% gemäß § 20 Abs. 2 Satz 1, 32d Abs. 1 Satz 1 EStG. Soweit die Anteile im Betriebsvermögen gehalten wurden, gilt das Teileinkünfteverfahren. Im Falle von Kapitalgesellschaften als Buy-Out-Veräußerer sind die Veräußerungsgewinne zu 95% gemäß § 8b Abs. 2 KStG steuerfrei.
- **Verlustvorträge** gehen regelmäßig in Buy-Out-Transaktionen (zumindest teilweise) unter. Nach den erfolgten Gesetzesänderungen und Neufassungen ist ein Abschreibungspotential für den Buy-Out-Erwerber im Rahmen eines Share Deals mit einer Kapitalgesellschaft als Zielgesellschaft zumindest in einer umfassend steuerentlastenden Variante nicht mehr erreichbar. Die §§ 4 Abs. 6 UmwStG, 8b Abs. 3 KStG und 3c Abs. 2 EStG haben der Verwendung von Umwandlungsverlusten und Teilwertabschreibungen als Mechanismen zur Herstellung von Abschreibungspotential den Boden entzogen, sodass diese **Unternehmenskaufmodelle,** wenn überhaupt heute nur mit einer gewissen Steuerentlastung auf der Seite des Buy-Out-Erwerbers zum Einsatz kommen können. Zudem ist insoweit immer das **Risiko des Gestaltungsmissbrauchs** zu berücksichtigen.

- Die **Abzugsfähigkeit von Fremdfinanzierungsaufwand** ist hingegen bei Kapitalgesellschaften als Buy-Out-Erwerber vollständig gegeben. Darüber hinaus ist der Vorteil des Erwerbs der Buy-Out-Beteiligung mit einer Kapitalgesellschaft im Hinblick auf einen zukünftigen Exit in Betracht zu ziehen. Für Fälle, in denen die veräußerten Anteile im Privatvermögen einer natürlichen Person gehalten wurden, ist der Abzug von Werbungskosten insoweit über den Sparerfreibetrag nicht möglich. Anders stellt sich die Lage nur dar, wenn der Betreffende die Option gemäß § 32 d Abs. 2 Nr. 3 EStG wahrnimmt. Dann ist der Fremdfinanzierungsaufwand zu 60% abziehbar. Gleiches gilt dann, wenn die Anteile im Betriebsvermögen einer natürlichen Person bzw. über eine Personengesellschaft gehalten wurden.

- Insgesamt stellt sich die **Belastungsverteilung** im Rahmen von Buy-Out Gestaltungen im Falle des Share Deals mit einer Kapitalgesellschaft als Zielgesellschaft so dar, dass die Steuerbelastung auf Seiten des Buy-Out-Erwerbers stärker ausfällt, als auf Seiten des Buy-Out-Veräußerers.

- Dieses Spannungsverhältnis ist im Rahmen von Buy-Out-Transaktionen grundsätzlich im Rahmen der **Kaufpreisfindung** aufzulösen, wobei sich nicht-rechtliche und nicht-steuerliche Einflüsse immer neben diesen Erwägungen auswirken werden.

- Nach derzeitigem Stand der aktuell im Gesetzgebungsverfahren befindlichen Gesetzesvorhaben, insbesondere auch im Hinblick auf den vorliegenden Referentenentwurf zum AIFM-Steuer-Anpassungsgesetz, ist in unmittelbarer Zukunft nicht mit Gesetzesänderungen zu rechnen, die neue Gestaltungsmöglichkeiten eröffnen oder die derzeitigen Gestaltungsmöglichkeiten positiv oder negativ beeinflussen werden.

- Abschließend ist festzuhalten, dass ein erheblicher Gestaltungsspielraum für Buy-Out-Transaktionen in steuerlicher Hinsicht verbleibt; jedoch immer auch behaftet mit rechtlichen Unsicherheiten. Voraussetzung für eine steuerlich wirksame Durchführung wäre jedoch eine sehr langfristige Planung, die in den meisten Buy-Out-Szenarien nicht durchführbar sein wird, sodass eine Lösung der gegenläufigen Veräußerer- und Erwerberinteressen demgemäß bei der Verhandlung des Kaufpreises berücksichtigt werden muss.

Teil D. Rechtliche Gestaltung eines Buy-Out

Übersicht

I. Gründung und Ausgestaltung eines gemeinsamen Akquisitionsvehikels

Wie eingangs schon dargelegt,[1] erfolgt der Erwerb des Zielunternehmens meist über **1** eine Akquisitionsgesellschaft (NewCo), und zwar letztlich aus zwei grundlegenden Erwägungen:

- Beschränkung der persönlichen Haftung der Investoren und des sich beteiligenden Managements;
- Regelung und Austarierung der wechselseitigen Interessen, Rechte und Pflichten beider Initiatorengruppen.

1. Wahl der Gesellschaftsform

Allein der Zweck der Haftungsbegrenzung lässt die Personengesellschaft – mit Aus- **2** nahme der GmbH & Co. KG[2] – als Rechtsform für die Akquisitionsgesellschaft ausscheiden. Dem Zweck der Beschränkung der Haftung auf das Gesellschaftsvermögen werden hingegen AG, § 1 Abs. 1 S. 2 AktG, bzw. GmbH, § 13 Abs. 2 GmbHG, gerecht:

Bei der Auswahl der geeigneten Rechtsform mögen vor allem folgende Überlegun- **3** gen eine Rolle spielen:

- Beschränkungen der Nutzung des Gesellschaftsvermögens als Sicherheitenbasis für die Kaufpreisfinanzierung durch die **Kapitalerhaltungsregeln:** stärker bei AG, schwächer bei GmbH und GmbH & Co. KG[3];

---

[1] Oben A 54.

[2] Die GmbH & Co. KG ist eine Kommanditgesellschaft, bei der keine natürliche Person als Komplementär die volle Haftung übernimmt, sondern eine GmbH, die nur bis zur Höhe ihres eigenen Vermögens haftet, § 13 Abs. 2 GmbHG. Sofern die Anteile der Komplementär-GmbH von der KG selbst gehalten werden, spricht man von einer sogenannten „Einheitsgesellschaft".

[3] Hierzu unten D 104 ff.

- bei geplanter Finanzierung über den **Kapitalmarkt** (bspw. Ausgabe von Wandelschuldverschreibungen oder Genussrechten) oder geplantem Börsengang ist die AG die geeignetere Rechtsform, jedoch ist auch die Umwandlung einer Personengesellschaft (oder GmbH) in eine AG nach dem Umwandlungsgesetz möglich;

- **Agio** auf Anteile der Finanzinvestoren muss bei der AG bei Handelsregisteranmeldung bezahlt sein, § 36a Abs. 1 AktG, bei GmbH ist spätere Fälligkeit möglich, § 7 Abs. 2 GmbHG;

- **Handlungsfreiheiten** für die Geschäftsleitung sind größer bei der AG, da der Vorstand eigenverantwortlich handelt, § 76 Abs. 1 AktG, und nur der Kontrolle durch den Aufsichtsrat unterliegt, § 111 Abs. 1 AktG, hingegen geringer bei GmbH und GmbH & Co. KG aufgrund Weisungsrechts der Gesellschafter, § 37 GmbHG;

- Restriktionen in der **Unternehmensverfassung:** größere Gestaltungsmöglichkeiten bei der GmbH & Co. KG und der GmbH; zwingender Aufsichtsrat bei der AG und Satzungsstrenge, § 23 Abs. 5 AktG; Beachtung größerer Förmlichkeiten im Umgang der Gesellschaftsorgane bei der AG.

- Die GmbH & Co. KG ist **steuerlich transparent,** d. h. der ermittelte Gewinn oder Verlust wird den Gesellschaftern unmittelbar zugerechnet[4]. Verluste, die Kommanditisten aus ihrer Beteiligung an der KG zugerechnet erhalten, können gem. § 15a EStG nur mit anderen Einkünften ausgeglichen oder von diesen nach § 10d EStG abgezogen werden, soweit hierdurch kein negatives Kapitalkonto entsteht. Demgegenüber sind Akquisitionsgesellschaften in Form einer GmbH und AG **körperschaftsteuerpflichtig;** der Körperschaftsteuersatz für thesaurierte und ausgeschüttete Gewinne beträgt einheitlich 15%, § 23 Abs. 1 KStG. Dividenden und Veräußerungsgewinne aus Beteiligungen an anderen Kapitalgesellschaften sind nach § 8b Abs. 1 KStG zu 95% steuerfrei. Dividenden, die aus Anlass einer Veräußerung der NewCo-Beteiligung an direkt beteiligte Manager ausgeschüttet werden, unterliegen der Abgeltungssteuer von 25%, § 20 Abs. 1 Nr. 1 i.V.m. § 43a Abs. 1 S. 1 Nr. 1, § 43 Abs. 1 Nr. 1 EStG.

- Bei der AG besteht ein **Auskunftsrecht** der Aktionäre nur im Rahmen der Hauptversammlung, § 131 AktG, bei der GmbH besteht hingegen ein jederzeitiges und unabdingbares Auskunfts- und Einsichtsrecht des Gesellschafters gem. § 51a) GmbHG. Bei der KG sind die Rechte der Kommanditisten nach § 166 HGB beschränkt auf Erhalt und Kontrolle des Jahresabschlusses.

- Aufgrund ihrer Stellung als Mitunternehmer unterliegt die Geschäftsführungstätigkeit einzelner Gesellschafter bei der GmbH & Co. KG nicht der **Sozialversicherungspflicht;** Vergütungen für Geschäftsführungsleistungen sind nach § 15 Abs. 1 Nr. 2 EStG zu versteuern. Der Geschäftsführer einer GmbH unterliegt grds. der Sozialversicherungspflicht, es sei denn, er würde über eine mehrheitliche Kapitalbeteiligung verfügen. Hingegen gilt der Vorstand einer AG, da nicht weisungsgebunden, § 76 Abs. 1 AktG, als Unternehmer mit der Folge, dass seine Einkünfte nicht sozialversicherungspflichtig sind.

- Statt der Gründung kommt gerade in Fällen, in denen rasch rechtsgeschäftlich gehandelt werden soll, zur Vermeidung der persönlichen Handelndenhaftung zwischen Gründung und Eintragung, § § 11 Abs. 2 GmbHG, 41 Abs. 1 S. 2 AktG, auch der

---

[4] Überdies können nach § 34a EStG gewerbliche Gewinne steuerbegünstigt thesauriert werden.

Erwerb einer **Vorratsgesellschaft** in Betracht, d. h. einer schon bestehenden, aber noch nicht operativen GmbH; hierbei hat der Geschäftsleiter den Umstand der „wirtschaftlichen Neugründung" dem zuständigen Register offenzulegen und entsprechend §§ 8 Abs. 2 GmbHG, § 37 Abs. 1 AktG die Erbringung der Kapitaleinlage zu versichern.[5]

Diese Entscheidungskriterien werden in der Regel die **GmbH** als Rechtsform der 4 Wahl für die NewCo erscheinen lassen. Dies zeigt sich auch in der Praxis, in der die GmbH die vorherrschende Form einer NewCo ist. Auch eine **ausländische Rechtsform,** bspw. eine Ltd. nach englischem Recht[6], ist denkbar. Doch ändert dies nichts daran, dass das Personalstatut der Zielgesellschaft, d. h. das Recht ihres Gründungsstaats, für die Haftung ihrer Organe und Gesellschafter, aber auch für die Voraussetzungen und Rechtsfolgen eines grenzüberschreitenden Beherrschungsvertrags, sofern ein solcher abgeschlossen werden sollte[7], anwendbar bleibt.[8]

2. Gesellschaftervereinbarung

Investoren und Management haben ohne Zweifel das gemeinsame Ziel den Wert des- 5 sen zu steigern, was sie erworben haben, also den Wert des Zielunternehmens. Während aber das Management gleichsam den Platz hinter dem Lenkrad einnimmt, sind die Finanzinvestoren in der Regel auf den Beifahrersitz verwiesen. Sie wollen häufig so rasch wie möglich den Ausstieg mit einer bestimmten Zielrendite erreichen, wozu sie auf das das Steuer haltende Management angewiesen sind. Es muss also dazu gebracht werden, die Finanzinvestoren an gewünschter Stelle „aussteigen" zu lassen. Dies setzt voraus:

- Information und weitestgehende Kontrolle über den Verlauf der Unternehmensentwicklung in der Post-Buy-Out-Phase;
- Einigung auf bestimmte Ausstiegsregeln;
- darüber hinaus Anreize für das Management, die Zielvorgaben der Finanzinvestoren zu erreichen.[9]

Dies alles werden Management und Finanzinvestoren im Zusammenhang mit der Ak- 6 quisition im Rahmen einer **Gesellschaftervereinbarung**[10]**,** in der Regel außerhalb

---

[5] Unterbleibt dies, haften die Gesellschafter im Umfang einer Unterbilanz, die im Zeitpunkt der Offenlegung, sei es durch Anmeldung oder Aufnahme der Geschäftsaktivität, besteht; *BGH* NZG 2012, 539 ff. = GWR 2012, 215 *(Wolfer/Tögel)*.

[6] Für die Ltd. sprach häufig, dass sie einfach und kostengünstiger zu gründen ist als eine GmbH und auch keine Mindestkapitalerfordernisse stellt. Seit Inkrafttreten des MoMiG (Gesetz zur Modernisierung des GmbH-Rechts und zur Bekämpfung von Missbräuchen) zum 1. 11. 2008 stellt nun § 5a GmbHG eine Unternehmergesellschaft (haftungsbeschränkt) zur Verfügung, die ein Stammkapital von lediglich mindestens EUR 1 aufweisen muss. Damit hat die Ltd. stark an Attraktivität verloren.

[7] Hierzu unten D 94 f.

[8] *Palandt/Thorn,* Anh. zu EGBGB 12 Rdnrn. 6 ff., 14, 18. Bei grenzüberschreitenden Verschmelzungen ist das Recht beider beteiligten Gesellschaften anwendbar.

[9] Dazu unten D 18 ff. und Teil E.

[10] Muster Anh. 5.

der Satzung, regeln. Hier können dann auch, zusätzlich zum Anstellungsvertrag, Wettbewerbsverbote oder Tätigkeitsverpflichtungen zu Lasten der Manager-Gesellschafter vereinbart werden. Diese nur das wechselseitige Verhältnis zwischen Finanzinvestoren und Management berührenden Regelungen sind nicht zwingender notarieller Satzungsinhalt. Vielmehr können sie als schuldrechtliche Nebenabreden getroffen werden, die dann auch nur im Verhältnis der beteiligten Parteien, also nicht automatisch für oder gegen alle später beitretenden Gesellschafter, wirken und die nicht den Formbedingungen der Satzung unterliegen[11]. Daher sind diese Abreden auch nicht, anders als die Satzung, beim Handelsregister einzureichen und damit für jedermann offenzulegen. Dies wird dem regelmäßig bestehenden Vertraulichkeitsinteresse der beteiligten Parteien eher gerecht, weshalb sie es vorziehen werden, solche Abreden in einer separaten Gesellschaftervereinbarung zu treffen.

a) Informations- und Zustimmungsrechte

7   Um ihr Investment unter ständiger Kontrolle zu halten, werden sich die Finanzinvestoren über ihre gesetzlichen Gesellschafterrechte hinaus **spezielle Sonderrechte** ausbedingen. So hat der GmbH-Gesellschafter – und um eine GmbH wird es sich bei der Erwerbergesellschaft regelmäßig handeln[12] – zwar ein jederzeitiges Auskunftsrecht gegenüber der Geschäftsführung über die Angelegenheiten der Gesellschaft, § 51a GmbHG, und sind die GmbH-Gesellschafter auch zur Erteilung von Weisungen gegenüber der Geschäftsführung, § 37 GmbHG, berechtigt. Das Bestreben der Finanzinvestoren wird aber sein, ihre gesetzlichen Rechte als Gesellschafter nicht jeweils einzufordern oder von Fall zu Fall dem Management Vorgaben für die Geschäftsführung zu machen. Vielmehr werden die Finanzinvestoren auf einer regelmäßigen, bspw. quartalsweisen oder gar monatlichen Berichterstattung durch die Geschäftsführung und auf dem Erfordernis der Einholung ihrer Zustimmung vor Durchführung strategischer Maßnahmen durch die Geschäftsführung bestehen.[13] Da die Investoren im Fall der Einschaltung einer Erwerbergesellschaft als Zwischenholding diese Rechte nicht unmittelbar im Rahmen der Zielgesellschaft ausüben können, sind diese Rechte entsprechend auf die Angelegenheiten der Zielgesellschaft zu erstrecken.[14] Ohnehin wird in der Regel die Geschäftsführung der Erwerbergesellschaft zumindest teilweise personenidentisch mit dem Management der Zielgesellschaft und somit zu entsprechender Informationserteilung imstande sein. Ferner ist hinsichtlich besonderer **Zustimmungsrechte** gesellschaftsrechtlich zu regeln, dass die Geschäftsführung der Erwerbergesellschaft ihre Zustimmung zu einem zustimmungspflichtigen Geschäft bei der Zielgesellschaft nur auf Grundlage eines zustimmenden Gesellschafterbeschlusses bei der Erwerbergesellschaft

---

[11] Allenfalls für Verpflichtungen zu Geschäftsanteilsübertragungen oder für diesbezügliche Optionen gilt es die durch § 15 GmbHG bestimmte notarielle Form zu beachten; zur Abgrenzung materieller und formeller Satzungsinhalte auch *Baumbach/Hueck/Fastrich*, § 3 GmbHG Rdnr. 56 f.; *Hüffer*, § 23 Rdnr. 45 f.; *Semler/Volhard/Weber-Rey*, § 14 Rdnrn. 60 ff.

[12] Siehe oben D 4.

[13] Hierzu im Einzelnen *Weitnauer*, Handbuch Venture Capital, Rdnr. D 177 f.

[14] Auch nach § 51a GmbHG kann ein Gesellschafter einer herrschenden GmbH Auskunft über die Angelegenheiten einer Tochtergesellschaft in gleicher Weise wie über die Angelegenheiten seiner eigenen GmbH verlangen, *Lutter/Hommelhoff*, § 51a GmbHG Rdnr. 14.

erteilen darf, der zu seiner Wirksamkeit die Stimmen der Finanzinvestoren erfordert. Alternativ können auch solche Zustimmungsrechte auf einen **Beirat** verlagert werden, für den der Finanzinvestor Entsendungsrechte eingeräumt erhält. Um auch die Gesellschaft selbst an diese Informations- und Zustimmungsrechte zu binden, wird diese meist auch selbst **Partei** der Gesellschaftervereinbarung.

b) Wettbewerbsverbot

Die Manager werden sich in der Regel vertraglich verpflichten, nur für die Erwerber- 8
gesellschaft bzw. die Zielgesellschaft tätig zu werden und jeglichen Wettbewerb zu unterlassen, solange sie als Gesellschafter beteiligt sind. Ein ungeschriebenes, auf die allgemeine Treuepflicht gestütztes Wettbewerbsverbot wird bei der GmbH für einen **beherrschenden Mehrheitsgesellschafter** oder den **geschäftsführenden Gesellschafter** angenommen.[15] Da es gerade auf den Einsatz der Manager ankommt, hält sich ein Wettbewerbsverbot regelmäßig in den Grenzen der §§ 1 GWB, 138 BGB.

An einer Sittenwidrigkeit dieser Bindung im Sinne von **§ 138 BGB** fehlt es in der 9
Regel dann, wenn das Wettbewerbsverbot auf die Dauer der Beteiligung und auf den konkreten Tätigkeitsbereich der Gesellschaft beschränkt ist, auch soweit es zu Lasten nur kapitalistisch beteiligter Gesellschafter wirkt[16]. Nach **§ 1 GWB** sind wettbewerbsbeschränkende Abreden zu Lasten von Gesellschaftern, die keinen maßgebenden Einfluss auf die Geschäftsführung haben, sei es aufgrund der Höhe ihrer Beteiligung oder aufgrund von Sonderrechten, grundsätzlich nicht durch das Bestandsinteresse der Gesellschaft gedeckt.[17] In den Buy Out-Fällen haben aber typischerweise gerade die Manager maßgeblichen Einfluss auf die Geschäftsführung.

c) Garantien

In der Regel wird sich die Erwerbergesellschaft mit Garantien der Altgesellschafter im 10
Rahmen des Unternehmenskaufvertrags[18] begnügen. Denkbar ist aber auch, dass sich die Finanzinvestoren intern vom Buy Out-Management bestimmte essentielle Punkte des operativen Geschäftsbetriebs der Zielgesellschaft garantieren lassen.[19] Dies wird vor

---

[15] *Scholz / Emmerich,* § 3 Rdnr. 92 ff.

[16] Zu den allgemeinen Anforderungen des § 138 BGB *Palandt / Ellenberger,* § 138 BBG Rdnr. 104. Eine geltungserhaltende Reduktion ist bei unzulässigen Wettbewerbsverboten aber nur in zeitlicher, nicht in gegenständlicher Hinsicht möglich, *BGH* GWR 2009, 70 (Podszun). Bei der Formulierung des Wettbewerbsverbots ist daher darauf zu achten, in den Grenzen des zeitlich räumlich und inhaltlich Notwendigen zu bleiben.

[17] *Loewenheim / Meessen / Riesenkampf / Nordemann,* § 1 GWB Rdnr. 170; *BGH* NJW 1988, 2737. Weitere ungeschriebene Voraussetzung des § 1 GWB ist – anders als bei § 138 BGB – die **Spürbarkeit** der Wettbewerbsbeschränkung, wobei es nicht auf den Grad der Einschränkung der Handlungsfreiheit der Gesellschafter ankommt, sondern auf die Außenwirkung auf dem betroffenen Markt. *Loewenheim / Meessen / Riesenkampf / Nordemann,* a. a. O., § 1 GWB Rdnr. 142; *Langen / Bunte,* § 1 GWB Rdnrn. 227 ff.

[18] Hierzu unten D 199 f.

[19] Im Einzelnen *Münchow / Striegel / Jesch,* S. 114 ff. und die dortigen Regelungsvorschläge, ferner Anhang 5, dort § 2.

allen Dingen dann in Betracht kommen, wenn die Altgesellschafter die Abgabe von Garantien mit dem Argument ablehnen, selbst keinen genauen Einblick in die operativen Verhältnisse gehabt zu haben und das Management es ohnehin besser wisse als sie selbst. Als Sanktion für die Verletzung einer solchen Garantie kann alternativ oder ergänzend zu einem finanziellen Schadensausgleich auch ein Recht zur Einziehung der von den Managern übernommenen Geschäftsanteile oder zur fristlosen Kündigung ihrer Anstellungsverträge aus wichtigem Grund vorgesehen werden[20].

d) Ausstiegsregeln

aa) Beim IBO

(i) Vinkulierung, Vorkaufsrecht

11 Grundsätzlich haben alle Gesellschafter ein starkes Interesse daran, sich vor dem Eindringen unerwünschter Gesellschafter zu schützen. Diesen Zweck verfolgen Regelungen, die die Übertragung von Anteilen an Dritte bis zur Realisierung eines Exits möglichst einschränken. So kann beispielsweise vorgesehen werden, dass die Anteile grundsätzlich nicht an Dritte übertragen werden dürfen, wenn nicht vorher die Gesellschafter dem durch Beschluss zugestimmt haben **(Vinkulierung).** Dies ist mit dinglicher Wirkung bei der GmbH möglich, § 15 Abs. 5 GmbHG, bei der Aktiengesellschaft dinglich hingegen nur für Namensaktien, § 68 Abs. 2 Satz 1 AktG; folglich hat der Verstoß gegen ein Zustimmungserfordernis bei Inhaberaktien nur schuldrechtliche Bedeutung, hindert also die Wirksamkeit der Aktienübertragung nicht. Ferner kann der Gesellschafter, der sich von seinen Anteilen trennen will, dazu verpflichtet werden, seine Anteile vorab, d. h. vor Abschluss des Kaufvertrags, den Mitgesellschaftern im Verhältnis ihrer Beteiligung an der Gesellschaft zum Erwerb anzubieten **(Andienungspflicht).** Verkauft ein Gesellschafter seine Beteiligung ganz oder teilweise, ohne diesen Voraussetzungen genügt zu haben, kann zugunsten der übrigen Gesellschafter gemäß §§ 463 ff. BGB ein nachwirkendes **Vorkaufsrecht** im Verhältnis ihrer Beteiligung an der Gesellschaft vereinbart werden.

(ii) Exit-Absprachen

12 Insbesondere bei einem IBO ist es vorteilhaft, wenn sich die Gesellschafter über die Zeitdauer ihrer gesellschafterlichen Verbundenheit, den Exit-Zeitpunkt und die Art des angestrebten Exits des Finanzinvestors verständigen. Der Zeitraum bis zum Exit sollte dem Unternehmen ausreichend Zeit für seinen Reifeprozess lassen und nicht nur durch die Renditeüberlegungen des Finanzinvestors bestimmt sein. Hilfreich ist es unter Umständen auch, statt eines festen Zeitrahmens Alternativszenarien zu bilden, die die Bandbreite der voraussichtlichen Entwicklungen mit den jeweils geeigneten Exit-Szenarien in Verbindung bringen, so dass im Verlauf der Unternehmensentwicklung der Zeitpunkt und die Art des Exits zwischen den Parteien bereits im Grundsatz vereinbart sind.

---

[20] Zu diesen Rechtsfolgen *Münchow/Striegel/Jesch,* S. 122 ff.

In besonderen Fällen kann es auch angezeigt sein, für bestimmte Fallkonstellationen **13** (bspw. Nichterreichen von Meilensteinen, grundlegender Dissens über die Geschäftspolitik) eine wechselseitige **Put/Call-Option** vorzusehen, die den Ausstieg einer der Parteien herbeiführt. Diese Regelung sieht das Recht jeder Seite vor, der jeweils anderen Partei alle ihre Anteile zu einem vom Anbieter frei zu bestimmenden Preis anzubieten; nimmt die andere Partei dieses Angebot nicht innerhalb einer festzulegenden Frist an, ist sie ihrerseits verpflichtet, ihre Anteile zu dem von der Gegenseite genannten Preis an diese zu verkaufen[21].

(iii) Liquidationspräferenz

Die Liquidationspräferenz ist eine Vereinbarung, die die vermögensrechtliche Besser- **14** stellung des Investors im Falle eines Exits für seine Eigenkapitalbeteiligung bezweckt.[22] Da sich der Exit bei indirekter Beteiligung über eine Akquisitionsgesellschaft meist nicht auf ihrer Ebene, sondern auf Ebene der Zielgesellschaft vollzieht (es werden nicht die Anteile an der NewCo, sondern deren Beteiligung an der Zielgesellschaft verkauft), bezieht sich die Präferenzregelung grundsätzlich nicht auf die Verteilung eines von den NewCo-Gesellschaftern vereinnahmten Kaufpreises, sondern auf die Ergebnisverwendung bzw. Vermögensverteilung in der NewCo. Daher bedürfte es hierfür einer **satzungsmäßigen** Regelung, §§ 29 Abs. 3 Satz 2, 72 Satz 2 GmbHG, §§ 60 Abs. 3, 271 Abs. 2 AktG. Doch ist für die **GmbH** (für die AG gilt das Gebot der Satzungsstrenge, das hier keine Ausnahme vorsieht) anerkannt, dass mit Zustimmung **aller** Gesellschafter auch außerhalb der Satzung ein keiner notariellen Form bedürftiger abweichender Verteilungsmaßstab vereinbart werden kann.[23] Für die Gewinnverwendung ist ein vertraglicher Verzicht der übrigen Gesellschafter auf ihre Auszahlungsforderung zugunsten der Erlösbevorrechtigten denkbar, der auflösend bedingt wird durch den Erhalt des gesamten Vorzugsbetrags aus laufenden Gewinnen; dieser „Gewinnvorab" wird dann regelmäßig auf den Erlösvorzug im Fall des Verkaufs angerechnet.[24]

Die Liquidationspräferenz wird in der Regel so vereinbart, dass der Investor vorab **15** seine Einlage, einschließlich aller Zuzahlungen, und der in Eigenkapital gewandelten Forderungen, ferner etwaige in der Vergangenheit beschlossene, aber nicht ausgeschüt-

---

[21] *Weitnauer,* Handbuch Venture Capital, Rdnr. F 165.

[22] Insoweit ist der Begriff „Liquidationspräferenz" *(Liquidation Preference)* irreführend eng. Erfasst werden üblicherweise alle Fälle eines mehrheitlichen Verkaufs der Anteile oder der Vermögenswerte sowie einer Verschmelzung, bei der die übertragenden Gesellschafter nicht mehr die Mehrheit an dem übernehmenden Rechtsträger halten. Im Einzelnen *Weitnauer,* Handbuch Venture Capital, Rdnr. F 168 ff.

[23] *Baumbach/Hueck/Haas,* § 72 GmbHG Rdnr. 2; *Ulmer/Habersack/Paura,* § 72 GmbHG Rdnr. 12.

[24] Vgl. hierzu auch das Muster 5, dort § 19. Zwar kann die Gewinnverteilung nur in der Satzung oder im jeweiligen Gewinnverwendungsbeschluss abweichend geregelt werden, doch kann **vorab** über den Dividendenauszahlungsanspruch, der erst mit dem Verwendungsbeschluss entsteht, verfügt werden; *Baumbach/Hueck/Fastrich,* § 29 GmbHG Rdnr. 58. Durch diese Vorausverfügung gelangt ein Auszahlungsanspruch des Gesellschafters erst gar nicht zur Entstehung, vgl. *Hüffer,* § 174 AktG Rdnr. 5. Zu vereinbaren ist der Verzicht mit der Gesellschaft, die regelmäßig auch Partei der Gesellschaftervereinbarung wird, *MüKo-*AktG*/Hennrichs/Pöschke,* § 174 AktG Rdnr. 26.

tete Dividenden, die auf die bevorzugte Beteiligung entfallen, erhält. Erst nach der Bedienung dieser Präferenz wird ein den Erlösvorzug übersteigender Mehrerlös auf sämtliche Gesellschafter, also einschließlich des Investors, meist ohne Anrechnung des Vorab, im Verhältnis ihrer Beteiligungen verteilt.[25] Die Liquidationspräferenz sollte allerdings richtigerweise nicht als Mittel der Renditeoptimierung, sondern nur als Investmentschutz verstanden werden. Daher sollte vorgesehen werden, dass sie dann entfällt, wenn der Investor bereits aus der quotalen Erlösverteilung seinen Investmenteinsatz, rechnerisch verzinst mit seiner Zielrendite, zugewiesen erhält.[26]

bb) Beim MBO/MBI

(i) Mitveräußerungsrechte und -pflichten

16 Die Parteien können das Ziel eines gemeinsamen Ausstiegs aus der Zielgesellschaft auf verschiedenen Wegen realisieren: Ein **Mitveräußerungsrecht (take/tag along-Klausel)** verpflichtet die Mehrheitsgesellschafter im Interesse der Minderheit dazu, im Falle eines Verkaufs von Anteilen außerhalb des bestehenden Gesellschafterkreises es auch den Minderheitsgesellschaftern zu ermöglichen, zu den gleichen Konditionen zu verkaufen. Die **Mitveräußerungspflicht (drag along-Klausel)** der Minderheitsgesellschafter gibt der Mehrheit den Hebel in die Hand, auch 100% der Anteile verkaufen zu können. Derartige Klauseln mögen vor allem im Falle eines IBO von den Finanzinvestoren gefordert werden, um die Voraussetzungen für einen Trade Sale, d.h. einen Verkauf an einen strategischen Investor, zu schaffen. Allerdings wird es oft gerade auch im Interesse eines potentiellen Erwerbers liegen, dass das Management am Unternehmen zumindest für eine bestimmte Zeit beteiligt bleibt, um sich sein Knowhow zu sichern[27].

(ii) Call-Optionen

17 Speziell bei einem MBO/MBI zur Lösung der Nachfolge bei einem mittelständischen Unternehmen wird das Management in der Regel daran interessiert sein, langfristig die Anteile der investierenden Beteiligungsgesellschaft, die hier meistens eine Minderheitsbeteiligung hält, zu übernehmen. Vor allem sollte es aus der Sicht der geschäftsführenden Gesellschafter ausgeschlossen sein, dass die Beteiligungsgesellschaft ihre Anteile frei veräußert. Um die gegenseitigen Interessen der MBO/MBI-Manager und der Beteiligungsgesellschaft in Einklang zu bringen, sind verschiedene Modelle denkbar. Im Folgenden werden einige Regelungsbeispiele aus der Praxis vorgestellt:

(1) Die Beteiligungsgesellschaft verpflichtet sich, ihre Anteile über einen bestimmten Zeitraum (z.B. 5 Jahre) nicht zu veräußern; danach kann sie freihändig veräußern, die Management-Partner erhalten ein **Vorkaufsrecht**.

---

[25] Zu Gestaltungsvarianten und Regelungssystematik ausführlich *Weitnauer*, Handbuch Venture Capital, Rdnr. F 171 ff.

[26] Zu einer denkbaren Berücksichtigung des Managements in einer gestuften Liquidationspräferenz unten D 41.

[27] *Semler/Volhard/Weber-Rey*, § 14 Rdnrn. 188 f.

Beurteilung: Für das Management relativ ungünstig, weil keine Möglichkeit für eigene Initiativen besteht, die Anteile zu übernehmen. Weder der Zeitpunkt der Transaktion noch die Höhe des Finanzierungsbedarfs sind planbar.

(2) **Call-Option** des Managements – evtl. auch für einen vom Management zu benennenden Dritten – nach einer bestimmten Frist (z. B. 3 bis 5 Jahre); d. h. die Management-Partner können nach dieser Frist verlangen, dass die Beteiligungsgesellschaft ihre Anteile auf sie oder auf eine andere Person, die von ihnen benannt wird, überträgt. Die Bewertung erfolgt nach einem bei Beginn der Beteiligung festgelegten Bewertungsverfahren[28].

Beurteilung: Für die Management-Partner interessant, weil sie durch die Call-Option das Initiativrecht haben und damit den Zeitpunkt und in gewissem Umfang evtl. auch die Bewertung steuern können. Für die Beteiligungsgesellschaft ungünstig, da sie selbst keine Handlungsmöglichkeit hat und die Anteile evtl. zu einem niedrigen Wert abgeben muss.

(3) Variante von (2) mit **Preisuntergrenze,** d. h., der Kaufpreis ist mindestens so hoch, dass die Beteiligungsgesellschaft über die Gesamtzeit der Beteiligung eine Mindestrendite p. a. erzielt. Für die Ermittlung der **Mindestrendite** sind wiederum verschiedene Modelle denkbar:
– nur bezogen auf den Kapitaleinsatz der Beteiligungsgesellschaft im haftenden Kapital der Erwerbergesellschaft;
– bezogen auf den Kapitaleinsatz im haftenden Kapital der Erwerbergesellschaft und eine etwaige stille Beteiligung;
– ohne oder mit Einbeziehung von Vergütungen/Ausschüttungen während der Laufzeit der Beteiligung[29].

Beurteilung: Für das Management interessant, weil es über den Zeitpunkt der Transaktion entscheidet; die Beteiligungsgesellschaft ist durch die Mindestrendite nach unten abgesichert.

(4) Variante von (2) mit **Preisobergrenze,** d. h. der Kaufpreis ist durch eine Maximalrendite der Beteiligungsgesellschaft begrenzt. Für die Definition der Rendite sind wieder die unter (3) genannten Alternativen denkbar.

---

[28] Zu empfehlen ist, sich auf ein in der Praxis übliches, standardisiertes Bewertungsverfahren zu einigen, z. B. durchschnittlicher EBIT von Vorjahr, laufendem Jahr und einem oder zwei Planjahren, multipliziert mit einem branchenüblichen Multiplikator. Andererseits ist zu berücksichtigen, dass sich der Standard von Unternehmensbewertungen im Laufe der Zeit weiterentwickelt und Verfahren, die zum Zeitpunkt des Vertragsabschlusses üblich sind, nach Ablauf der Beteiligung als überholt gelten können. Aus diesem Grund kann es sinnvoll sein, sich nicht auf ein bestimmtes Verfahren festzulegen, sondern einen Wirtschaftsprüfer nach einem zum Zeitpunkt der Transaktion nach WP-Standard üblichen Verfahren bewerten zu lassen. Denkbar ist auch der Grundsatz, dass die Bewertung am Ende der Beteiligung nach den gleichen Maßstäben und Verfahren erfolgt wie bei Beginn der Beteiligung. In der Praxis durchgesetzt hat sich die Bewertungsgruppe der sog. Gesamtbewertungsverfahren, vgl. Teil B III. Das Institut der Wirtschaftsprüfer stellt die Ertragswertmethode und die Discounted Cash-Flow-Methode gleichberechtigt nebeneinander, „IDW S 1", IDW-Fachnachrichten 7/2008, S. 271 ff.

[29] Die Größenordnung der Mindestrendite wird sich am Chancen-/Risiko-Profil des Einzelfalles orientieren, wird in der Regel aber nicht unter 20% liegen, bei Projekten mit hohem Ausfallrisiko deutlich höher.

Beurteilung: Für das Management interessant, weil es über den Zeitpunkt entscheiden kann und der Kaufpreis gedeckt ist.

(5) Varianten von (2)–(4) mit **zeitlicher Begrenzung,** d.h. wenn das Management die Call-Option nicht bis zu einem bestimmten Zeitpunkt ausübt, kann die Beteiligungsgesellschaft ihre Anteile frei veräußern.

Beurteilung: Vorteile liegen im Wesentlichen beim Management, da es das Initiativrecht hat. Die Möglichkeit eines Ausstiegs muss für die Beteiligungsgesellschaft bestehen, weil in der Regel keine Beteiligungsgesellschaft bereit sein wird, zeitlich unlimitiert zu investieren. Zu berücksichtigen ist aber, dass Minderheitsanteile schwer veräußerbar sind.

(6) Varianten von (2), (3) und (5) mit fester Verpflichtung des Managements, nach Ablauf einer bestimmten Frist die Anteile der Beteiligungsgesellschaft zu **übernehmen.**

Beurteilung: Klare Entscheidungsparameter, allerdings für das Management dann evtl. problematisch, wenn zum Zeitpunkt der Transaktion die Finanzierung nicht dargestellt werden kann.

(7) Varianten von (2)–(4): Wenn die Beteiligungsgesellschaft nach Ablauf der Frist für die Call-Option veräußert, muss das Management seine Anteile entweder in vollem Umfang oder insoweit **mit veräußern,** dass ein Käufer die Mehrheit erwerben kann.

Beurteilung: Da Minderheitsbeteiligungen an kleinen und mittleren Unternehmen üblicherweise kaum veräußerbar sein werden und für die Beteiligungsgesellschaft allenfalls dann unter diesen Rahmenbedingungen die Möglichkeit eines sinnvollen Exits besteht, ist diese Forderung der Beteiligungsgesellschaft grundsätzlich nachvollziehbar. Von Seiten des Managements, das immerhin vorher das Initiativrecht hatte, muss dem dann entsprochen werden, es sei denn, es besteht eine sehr gute Verhandlungsposition oder der Erwerber wünscht den Verbleib der Manager als Gesellschafter.

(8) **Call-Option** des Managements – **Put-Option** der Beteiligungsgesellschaft nach Ablauf einer bestimmten Frist bzw. innerhalb eines bestimmten Zeitfensters, also z.B. nach frühestens 6 und spätestens 8 Jahren. Innerhalb dieser Zwei-Jahres-Frist kann die Beteiligungsgesellschaft dem Management ihre Anteile andienen, d.h. das Management ist verpflichtet, sie zu übernehmen oder jemand zu benennen, der die Anteile übernimmt. Andererseits kann das Management von der Beteiligungsgesellschaft den Verkauf verlangen. Für die Bewertung sind die Alternativen aus (2) und (3) denkbar.

Beurteilung: Faires Verfahren, da die Handlungsoptionen bei beiden Seiten liegen.

II. Rechtliche Gestaltung von Managementbeteiligungen

1. Interessenlage

18 Institutionelle Investoren haben ein großes Interesse, das Management mit seinem Know-how im Unternehmen zu halten. Zwischen Investor und Management besteht dabei ein sog. **Principal–Agent-Konflikt:**[30] Die Investoren sind vorrangig an einer Steigerung des Unternehmenswertes interessiert. Diese Wertsteigerung kann nur gemeinsam mit dem Management erreicht werden. Das Management wiederum ist vorrangig an der Erhaltung einer sicheren Einkunftsquelle interessiert,[31] und unterliegt weiteren, mehrseitigen Ziel- und Interessenkonflikten: Diese können resultieren zum einen aus Anreizen des Verkäufers in Form von Transaktionsboni und andererseits Anreizen des Finanzinvestors durch das Angebot einer Beteiligung an der NewCo, zum anderen aus daraus resultierenden dienstvertraglichen und organschaftlichen Pflichten gegenüber der NewCo, aber auch den bestehenden entsprechenden Pflichten gegenüber der Zielgesellschaft, sofern der Manager, wie beim MBO, dort bereits leitend tätig ist.

Wenn das Management in den Buy-Out investiert (MBO/MBI oder beim IBO mit   **19** Managamentbeteiligung), wird es regelmäßig einen Großteil seines verfügbaren Kapitals aufwenden,[32] während ein Finanzinvestor seine Risiken durch diversifizierte Investitionen abschwächt und in der Regel, anders als das Management, haftungsbeschränkt strukturiert ist. Um der Risikoaversion des Managements entgegenzuwirken, wird ihm in der Regel eine überproportionale Beteiligung an Rückflüssen aus dem Investment gewährt.[33]

Gerade beim IBO sind derartige **Managementbeteiligungen** die Regel. Man un-   **20** terscheidet verschiedene Formen der Managementbeteiligung. Im Wesentlichen sind das die echte Kapitalbeteiligung, die virtuelle Kapitalbeteiligung und Bonuszahlungen.[34] Die Beteiligung wird in der Regel mit der Erreichung bestimmter Zielvorgaben verknüpft, um einen Anreiz beim Management zu schaffen **(Incentivierung).**

Anders als bei breit gestreuten Mitarbeiterbeteiligungsprogrammen sollten bei der   **21** Managementbeteiligung nur die wichtigen Entscheidungsträger beteiligt werden, um die Wirkung nicht bereits durch die Anzahl der beteiligten Personen verpuffen zu lassen.[35]

2. Beteiligung als Gesellschafter

Die **Eigenkapitalbeteiligung** ist die praktisch wichtigste Form der Managament-   **22** beteiligung. Das Management erwirbt dabei meist einen Anteil von bis zu 20% des Stammkapitals der NewCo.[36] Der Kapitaleinsatz wird beim Einstiegszeitpunkt fällig. Da das Management häufig nicht in der Lage ist, den Kaufpreis der Beteiligung zu leisten, ist es auf Fremdfinanzierung angewiesen. Neben der Finanzierung durch eine

---

[30] Dazu schon oben A 9. Ausführlich zu dem Interessenkonflikt des Managements *Rhein,* S. 14 ff. sowie auch *Jesch/Striegel/Boxberger/Hohaus,* S. 208 f.

[31] *Hohaus/Koch-Schulte* in FS 10 Jahre P+P, 93, 94.

[32] Regelmäßig ein bis zwei Jahresgehälter, *Kästle/Heuterkes,* NZG 2005, 289.

[33] *Weber/Hohaus,* DStR 2008, 104, 116 f. Dazu auch sogleich.

[34] Zur Begrifflichkeit (Management Equity Program/Management Participation Program) bereits oben A 9 und E 12 ff.

[35] *Hohaus/Inhester,* DStR 2003, 1765.

[36] *Hohaus/Koch-Schulte* in FS 10 Jahre P+P, 93, 95.

externe Bank kommt auch eine Darlehensgewährung durch den Finanzinvestor in Betracht. Helfen können auch **öffentliche Förderprogramme**.[37]

a) Bündelung der Managerbeteiligungen

23 Insbesondere wenn mehrere Manager beteiligt sind, wird in der Praxis das Investment des Managements häufig über eine (GmbH & Co.) KG **(Manager-KG)**[38] gebündelt, an der die Manager als Kommanditisten beteiligt werden **(indirekte Beteiligung)**.[39] Ziel ist die Bündelung der Managerbeteiligungen im Interesse einer rascheren Willensbildung der Gesellschafter. In diesem Fall der indirekten Beteiligung würden die im folgenden beschriebenen Beschränkungen bzw. Regeln der Managementbeteiligung im Rahmen des Gesellschaftsvertrags der Manager-KG vorgesehen, ebenso wie sonstige tätigkeitsbezogene Pflichten der Manager, wie ein Wettbewerbsverbot oder die Verpflichtung zu einem ausschließlichen Tätigwerden für die Erwerber- bzw. Zielgesellschaft **(Konzentrationsgebot)**.

24 Anders als der Erwerb von GmbH-Geschäftsanteilen (§ 15 Abs. 3 GmbHG), bedarf der Erwerb einer Kommanditbeteiligung keiner notariellen Form. Steuerlich werden die Geschäftsanteile wegen der steuerlichen Transparenz der KG-Struktur den Managern direkt zugerechnet. Im Fall einer GmbH & Co. KG ist jedenfalls darauf zu achten, die Gewerblichkeit mit der Folge der Gewerbesteuerpflicht durch „Entprägung" (Übertragung der Geschäftsführungsbefugnis von der Komplementärin auf eine geschäftsführende Kommanditistin) zu vermeiden, § 15 Abs. 3 Nr. 2 Satz 1 EStG. Bei nur wenigen beteiligten Managern kann die Beteiligung auch über eine **Treuhand** erfolgen; hierbei erwirbt meist eine GmbH die Beteiligung auf jeweilige Rechnung der Manager, denen, bei Vereinbarung insbesondere entsprechender Weisungsrechte, der jeweils treuhänderisch gehaltene Anteil auch steuerlich zuzurechnen ist, § 39 Abs. 2 Nr. 1 AO.[40]

b) Sweet und Sweat Equity

25 Die Kapitalbeteiligung kann entweder als sog. **sweet equity** oder als sog. **sweat equity** ausgestaltet werden:

aa) Sweet Equity

(i) Ausgestaltung

26 Ein Anreiz des Managements für das Erreichen von Zielvorgaben besteht im Wertzuwachs der **eigenen** Anteile. Da das Management freilich im Zeitpunkt des Buy-Out in der Regel nicht über die erforderlichen Mittel verfügt, um bei gleichen Einstiegskonditionen eine seiner Bedeutung adäquate und gegenüber der Anteilsquote der Finanzinvestoren nicht verschwindende Beteiligungsgröße zu erwerben, ist zunächst

---

[37] Oben A 55 mit Fn. 63.

[38] Möglich sind auch andere Gesellschaftsformen, etwa eine GbR. Üblich sind aber vor allem Kommanditgesellschaften.

[39] *Jesch/Striegel/Boxberger/Hohaus*, S. 210; *Eilers/Koffka/Mackensen*, S. 351.

[40] Dazu *Hohaus*, DB 2002, 1233 ff.

ein denkbarer Gestaltungsweg die **unterschiedliche** Ausgestaltung **der Einstiegs-konditionen** *(„sweet equity"*[41]*)*. Dies ist denkbar, indem die Finanzinvestoren

- bei Ausgabe der Anteile der Erwerbergesellschaft ein im Vergleich zum Management höheres Aufgeld, § 272 Abs. 2 Nr. 1 HGB, oder, insb. bei Erwerb einer Vorrats-GmbH, eine höhere Zuzahlung, § 272 Abs. 2 Nr. 4 HGB, leisten und/oder

- weitere Mezzanine-Finanzierungsmittel gewähren, bspw. in Form von Gesellschafterdarlehen (mit Rangrücktritt) oder einer stillen Beteiligung.

Der Investor erbringt somit in diesen Fällen entweder ein höheres Investment, als er aufgrund der ihm eingeräumten Beteiligungsquote am Stamm-/Grundkapital der NewCo an sich erbringen müsste, d.h. er investiert auf Grundlage einer höheren Bewertung als das Management, das seinerseits in Relation zur Bewertung weniger leistet **(„disquotale Beteiligung")**, oder aber er erbringt zusätzliche (mezzanine) Finanzierungsleistungen über das Eigenkapital hinaus, d.h. sein Anteil am gesamten wirtschaftlichen Eigenkapital ist trotz gleicher Bewertung höher als der des Managements **(„disproportionales Investment")**.[42] 27

(ii) Korrektur durch Vesting-Regeln

Jedoch gilt es in diesem Fall der anfänglichen Einräumung von Vorzugskonditionen zu Gunsten des Managements Vorkehrungen dagegen zu treffen, dass das Management als „Vorschusslorbeeren" Anteilsquoten zugewiesen erhält, die sich später an Hand des tatsächlichen Geschäftsverlaufs als überhöht erweisen, oder dass das Management später trotz seiner Beteiligung das Unternehmen vorzeitig verlässt. Dies geschieht dadurch, dass das Management für den Fall seines vorzeitigen Ausscheidens als Geschäftsführer oder des Verfehlens von Unternehmenszielen den Finanzinvestoren Rückübertragungsoptionen oder den Mitgesellschaftern ein Einziehungsrecht bezüglich seiner Anteile einräumt **(negatives Vesting)**, wodurch es zu einem Abschmelzen des Anteilsbesitzes des Managements kommen kann.[43] Meist wird insoweit geregelt, dass je nach zeitlicher Dauer seiner Tätigkeit dem Manager Anteile im bestimmten quotalen Umfang unentziehbar zuwachsen **(gevestete Anteile)**. Insoweit sollte darauf geachtet werden, dass die vorgesehene Vestingperiode möglichst nicht über die Laufzeit eines Geschäftsführervertrags hinaus geht, da dessen Ende, auch aufgrund einer Befristung, zu einem den Anteilsentzug auslösenden „Leaver-Fall" führen würde. Steuerlich könnte die Einziehung bzw. die Übertragung des Anteils an einen Dritten, bspw. einen Nachfolger im Geschäftsführungsamt, einen durch das Gesellschaftsverhältnis begründeten Vorteil zugunsten der Gesellschaft darstellen **(verdeckte Einlage)**, § 8 Abs. 3 Satz 3 KStG, was zu einer Besteuerung des wahren Anteilswerts beim ausscheidenden Gesellschafter unabhängig von der Höhe der Gegenleistung führen könnte[44]. Eine verdeckte Einlage setzt aber voraus, dass das Vermögen der Gesellschaft durch Ansatz oder Erhöhung eines Aktivpostens bzw. durch Wegfall oder Minderung eines 28

---

[41] In Abgrenzung zu „sweat equity", welches erst mit „Schweiß" erarbeitet werden muss, dazu sogleich D 38 ff.

[42] Hierzu unten noch näher Teil E.

[43] Muster im Anh. 5, dort § 20.

[44] *Schmidt,* § 17 EStG Rdnr. 139. Die verdeckte Einlage wird der entgeltlichen Veräußerung gleichgestellt, § 17 Abs. 1 S. 2 EStG.

Passivpostens erhöht wird. Dies ist bei Eintritt des negativen Vesting jedoch nicht der Fall, insbesondere nicht bei der Einziehung, die entweder mit einer Kapitalherabsetzung, der Neubildung eines Geschäftsanteils oder einer Aufstockung der bestehenden Anteile verbunden ist.[45]

29   Für die verschiedenen möglichen Ausscheidensgründe eines Managers **(good/bad leaver)** kann eine unterschiedliche Quote des zu übertragenden oder einzuziehenden Anteils vorgesehen werden[46]; es kann also danach differenziert werden, ob das Management selbst „verschuldet" *(bad leaver),* bspw. aufgrund einer ordentlichen Eigenkündigung oder außerordentlichen Kündigung der Gesellschaft, oder „unverschuldet" *(good leaver)* aufgrund einer ordentlichen Kündigung durch die Gesellschaft oder wegen Berufsunfähigkeit oder Todes ausscheidet. Ferner ist ein entsprechend sachgerechter Bewertungsmodus für den Abfindungsanspruch zu finden (meist Buchwert, höchstens Verkehrswert im bad leaver-Fall, Verkehrswert im good leaver-Fall).

30   Nach gefestigter Rechtsprechung[47] sind freie **Hinauskündigungsklauseln,** bei denen also kein wichtiger Grund vorliegen muss, um den Manager aus seiner Gesellschafterposition hinaus zu „kündigen"[48], in Gesellschaftsverträgen grundsätzlich wegen Verstoßes gegen § 138 BGB **(Sittenwidrigkeit)** verboten. Ausnahmsweise kann eine Hinauskündigungsklausel nur dann wirksam sein, wenn sie wegen besonderer außergewöhnlicher Umstände sachlich gerechtfertigt ist. In den Fallgestaltungen des **„Managermodells"**[49] (Pflicht zur Rückübertragung des im Hinblick auf die Geschäftsführungserstellung zum Nennwert eingeräumten Geschäftsanteils bei Beendigung des Geschäftsführeramts) und auch des **„Mitarbeitermodells"**[50] (Pflicht zur Rückübertragung bei Beendigung des Arbeitsverhältnisses) hat der BGH einen Verstoß wegen der legitimen hiermit verbundenen Anreiz-, Motivations- und Bindungszwecke verneint.

31   **Steuerlich** wird aber der auf dem Ausscheiden eines Gesellschafters beruhende Anteilsübergang nach § 7 Abs. 7 ErbStG als **Schenkung** fingiert, soweit der Verkehrswert höher ist als der Abfindungsanspruch.[51]

(iii) Lohnsteuerliche Risiken

32   Steuerlich besteht die Gefahr, dass das „sweet equity" in Form einseitiger Aufgeld- oder sonstiger Zuzahlungen des Finanzinvestors als **geldwerter Vorteil** des Managements angesehen werden könnte, der, sofern er seine Grundlage im Geschäftsführervertrag findet[52], als **verdeckter Arbeitslohn** voll zu versteuern wäre; denn auch der von einem Dritten gezahlte Arbeitslohn, der auch in Gesellschaftsanteilen bestehen kann, unterliegt

---

[45] *Baumbach/Hueck/Fastrich,* § 34 GmbHG Rdnr. 20.

[46] *Weitnauer,* Handbuch Venture Capital, Rdnr. F 178; *ders.* NZG 2001, 1065, 1072.

[47] Seit BGHZ 68, 212.

[48] Aus der Gesellschafterstellung, nicht etwa des Geschäftsführervertrages.

[49] BGHZ 164, 98 ff.

[50] BGHZ 164, 107 ff. Dazu *Sikora,* MittBayNot 2006, 292 ff. Zuvor divergierend *OLG Düsseldorf,* ZIP 2004, 1804 f. (Wirksamkeit) und *OLG Frankfurt,* NZG 2004, 914 f. (Verstoß gegen § 138 BGB) in der Frage der Rückverkaufsverpflichtung eines Geschäftsführers. Hierzu *Hohaus,* NZG 2005, 961 ff.

[51] *Neumayer/Imschweiler,* DStR 2010, 201 ff.; *Meincke,* § 7 ErbStG, Rdnrn. 142 ff.

[52] Insoweit ist nicht entscheidend, ob dies im Geschäftsführervertrag oder gesondert geregelt ist; maßgeblich ist der Bezug zum Arbeitsverhältnis.

gem. § 38 Abs. 1 EStG dem Lohnsteuerabzug[53]. Dieses Risiko kommt allerdings von vornherein nur bei einer **disquotalen** Beteiligung in Betracht, nicht bei einem disproportionalen Investment, sofern die Investoren, wie in der Regel der Fall, das weitere mezzanine Kapital zu marktüblichen Konditionen gewähren.[54] Denn dann kann von einem Vorteil des Managements durch diese weitere Finanzierung keine Rede sein. Im Gegenteil kann es gerade im Interesse der Finanzinvestoren liegen, sich durch nicht in Eigenkapital bestehenden und damit strukturell vorrangigen Finanzierungsbeiträgen für den Fall eines schlechter als geplant verlaufenden Investments abzusichern.[55]

Im Fall der disquotalen Beteiligung käme es für die lohnsteuerliche Behandlung dar- **33** auf an, worin der Grund für die Einräumung von Vorzugskonditionen des Managements zu sehen ist, nämlich ob dieser gesellschaftsrechtlicher oder arbeitsvertraglicher Natur ist. Auch wenn der systematische Regelungskontext als solcher nicht allein ausschlaggebend sein kann, so spricht doch gerade beim MBO auch sachlich viel für die **gesellschaftsrechtliche Wurzel** solcher Vorzugskonditionen, da es ohne ein gesellschafterliches Zusammenwirken von Management und Finanzinvestoren im Rahmen der Erwerbergesellschaft zu überhaupt keiner Transaktion käme. Der Gesellschafterbeitrag der Finanzinvestoren für das Gelingen des Buy-Out liegt in der Bereitstellung der Finanzierung für den Buy-Out, der des Managements in der Geschäftsführung der Zielgesellschaft. Diese Beiträge sind dann auch bestimmend für die Bemessung der Anteilsquoten. Dieses wechselseitige Bezugsverhältnis ist aber eindeutig gesellschafterbezogen und demgemäß auch im Rahmen der Erwerbergesellschaft als Gesellschafterabsprache zu regeln; das dienstvertragliche Tätigwerden im Rahmen der Zielgesellschaft wäre demgegenüber nur als Folge dieser grundlegenden Absprache zu bewerten.[56]

Im Rahmen der Ausgestaltung der direkten Managementbeteiligung ist weiterhin zu **34** beachten, dass die Einräumung einer Gesellschafterstellung auch zu **wirtschaftlichem Eigentum** im Sinne von § 39 AO führen muss, um zu vermeiden, dass die Differenz zwischen den Anschaffungskosten der Beteiligung und einem Veräußerungserlös wiederum als **steuerpflichtiger Arbeitslohn** nach § 19 EStG eingestuft wird. Denn nur wenn der Gesellschafter auch wirtschaftlicher Eigentümer seiner Anteile ist, unterfällt die Anteilsveräußerung der Abgeltungsbesteuerung mit 25% gemäß §§ 20 Abs. 2 Satz 1 Nr. 1, 32d EStG, sofern die im Privatvermögen gehaltene Beteiligung weniger als 1% des Kapitals der Kapitalgesellschaft beträgt, und gilt bei einer Beteiligung von 1% oder mehr das Teileinkünfteverfahren, §§ 17, 23 Abs. 1 Nr. 2, 3 Nr. 40 lit. a) EStG. Der *BFH* geht von einer Übertragung auch des wirtschaftlichen Eigentums an den Erwerber von Gesellschaftsanteilen aus, wenn der Neugesellschafter aufgrund des zivilrechtlichen Rechtsgeschäftes eine Rechtsposition erlangt, die ihm gegen seinen Willen nicht mehr entzogen werden kann, und er am Gewinn und Verlust der Gesellschaft gleichermaßen beteiligt ist[57]. Am wirtschaftlichen Eigentum des Managements fehlt es demzufolge etwa dann, wenn **zu starke schuldrechtliche Bindungen** in Gesellschaftervereinbarungen (Verfügungsbeschränkungen, strenge Drag-Along-Rechte u.ä.) zu einer Ein-

---

[53] *von Braunschweig*, DB 1998, 1831, 1834; *Schmidt/Krüger*, § 38 EStG Rdnrn. 9 ff.

[54] Zu dem Begriffsverständnis disquotale Beteiligung und disproportionales Investment oben D 27.

[55] Hierzu unten E 27 f.

[56] Zu den schenkungsteuerlichen Folgen sogleich.

[57] *BFH* DB 1988, S. 1832.

schränkung der Nutzungs- und Verwertungsrechte bzw. Stimm- und Gewinnbezugsrechte führen. Auch im Rahmen des „vesting schedule" muss daher gewährleistet sein, dass für die hierdurch betroffenen Gesellschaftsanteile zumindest eine Chance auf Teilnahme an etwaigen Wertsteigerungen besteht, da ansonsten nicht davon ausgegangen werden kann, dass der Gesellschafter nicht nur rechtlicher, sondern auch wirtschaftlicher Eigentümer der jeweiligen Gesellschaftsanteile ist.

(iv) Schenkungsteuerliche Risiken

35 Mit Wirkung zum 14. 12. 2011 ist § 7 Abs. 8 ErbStG in Kraft getreten. Dadurch wird der Grundtatbestand der Schenkung unter Lebenden um die **Fiktion einer Schenkung** für den Fall der Werterhöhung von Anteilen an einer Kapitalgesellschaft ergänzt, die eine hieran unmittelbar oder mittelbar beteiligte natürliche Person oder Stiftung (Bedachte) durch die Leistung einer anderen Person (Zuwendender) an die Gesellschaft erlangt (§ 7 Abs. 8 Satz 1 ErbStG); im Fall freigebiger Zuwendungen zwischen Kapitalgesellschaften, die nicht miteinander in einem Konzernverbund stehen, verlangt § 7 Abs. 8 Satz 2 ErbStG weitergehend eine Bereicherungsabsicht.[58]

36   Das wirft viele Fragen auf, für den Buy-Out namentlich die Frage, ob es bereits als Schenkung anzusehen ist, wenn der Investor bei Gründung der Erwerbergesellschaft disquotal ein höheres Agio oder eine höhere Zuzahlung in die Kapitalrücklage als das Management leistet. Eine überschießende Anwendung der Norm auf Fälle, die nicht dem gesetzgeberischen Zweck der Missbrauchsvermeidung entsprechen, widerspräche den Anforderungen an eine dem Gleichheitssatz genügende gesetzliche Typisierung.[59] Die Bedeutung der auch von den Finanzbehörden betonten Gesamtbetrachtung und des, zumindest bei gegenseitigen Leistungen, subjektiven Elements muss in den Fokus der **Auslegung** gerückt werden.[60] Je nach Situation sollten in der Praxis Zusatzabreden getroffen werden, die verhindern, dass eine überproportionale Einlage zu einer endgültigen Vermögensverschiebung zugunsten von Mitgesellschaftern führt (so etwa durch Vereinbarung einer **Liquidationspräferenz**)[61], bzw. die klarstellen, worin Leistung und Gegenleistung der Beteiligten bestehen und weshalb sie als ausgewogen betrachtet werden.

---

[58] Der gleichlautende Erlass der Obersten Finanzbehörden der Länder vom 14. 3. 2012 betreffend Schenkungen unter Beteiligung von Kapitalgesellschaften oder Genossenschaften (BeckVerw. 259243) hat zu Klarstellungen dieser weit gefassten und in ihrem Wortlaut missverständlichen Regelung geführt; hierzu *Weitnauer,* GWR 2012, 259 ff. Gedacht war bei der gesetzlichen Regelung an den „klassischen" Umgehungsfall, bei dem, bei je hälftiger Beteiligung eines Vaters und seines Sohnes an einer GmbH, der Vater bspw. einen Betrag von € 200 000 einlegt und hierdurch der Sohn, vergleichbar einer Direktzuwendung, einen Vermögensvorteil von € 100 000 erlangt. Mangels substantieller Vermögensverschiebung zwischen Vater und Sohn führte dies nach früherer Rechtslage zu keiner Schenkungsteuerpflicht.

[59] Vgl. bspw. *BFH* GWR 2012, 257 *(Mayer-Theobald).*

[60] So auch Ziff. 3.4.3 des Ländererlasses. Danach soll keine Steuerbarkeit nach § 7 Abs. 8 Satz 1 EStG vorliegen, wenn die Parteien bei wechselseitigen Leistungen an die Gesellschaft in nachvollziehbarer Weise und unter fremdüblichen Bedingungen davon ausgegangen sind, dass die Leistungen insgesamt ausgewogen sind; nur bei einem offensichtlichen Missverhältnis (Wertdifferenz von mindestens 20%) sei die Ausgewogenheit der Gesellschafterbeiträge regelmäßig nicht mehr zu belegen.

[61] Hierzu oben D 14 f.

Beispielsfall: An einer GmbH als Akquisitionsvehikel zeichnen Manager Ge- 37
schäftsanteile zu nominal und ein Private-Equity-Investor seine Geschäftsanteile gegen
ein Aufgeld. Im Verhältnis zur Gesellschaft liegt keine schenkungsteuerpflichtige Zuwendung vor, da die Zuwendung des Eigenkapitalinvestments seitens des Private Equity-
Investors in Verfolgung des Geschäftsförderungszwecks geleistet wurde. Im Verhältnis
zu den Managern käme § 7 Abs. 8 Satz 1 ErbStG zur Anwendung, sofern die Zuwendung als freigebig, also nicht durch die *„causa societatis"* gedeckt anzusehen wäre. Eine
solche Freigebigkeit könnte insbesondere dann ausgeschlossen sein, wenn sich die
Manager bspw. verpflichten, für einen Zeitraum von drei Jahren als Manager des Zielunternehmens tätig zu werden und, zur Absicherung dieses Engagements, für den Fall
einer früheren Beendigung ihrer Managementtätigkeit Anteile nach Maßgabe eines
Vesting-Plans zurückzuübertragen, oder wenn den Investoren für den Fall des Unter-
nehmensverkaufs ein Erlösvorab für ihr Investment (Liquidationspräferenz) eingeräumt
wird.[62]

bb) Sweat Equity

Der umgekehrte Weg besteht darin, dem Management Options- oder Bezugsrechte 38
auf den Erwerb von Anteilen zu einem bestimmten Anteilspreis (**„strike price"**) bei
Erreichen vorgegebener Erfolgsziele (bspw. Erreichen eines bestimmten operativen
Ergebnisses oder einer bestimmten Eigenkapital-/Umsatzrendite) einzuräumen, so dass
sich hier das Management das Anteilsrecht erst von Null an mit seinem „Schweiß"
erarbeiten muss (**„sweat equity"**). Hierdurch kommt es im Nachhinein zu Anteils-
verschiebungen zwischen Investoren und Management im Rahmen eines sogenannten
Ratchet[63]. Die zusätzlich an das Management zu übertragenden Anteile (positives
Ratchet) können entweder aus dem bestehenden Anteilsbesitz der Finanzinvestoren
oder aus im Wege einer Kapitalerhöhung neu zu schaffenden Anteilen (Bezugsrecht)
bedient werden[64].

Hier stellt sich die steuerliche Frage, ob der Zuwachs des Marktwerts der Options- 39
rechte zwischen Einräumung und Ausübung der Option im Verhältnis zum (gleich
bleibenden) Ausübungspreis vom Management nach Maßgabe des Teileinkünfteverfahrens, §§ 17, 3 Nr. 40 Satz 1 lit. c EStG bzw. bei Beteiligungen unter 1% über die Abgeltungsteuer zu besteuern ist oder ob diese Wertdifferenz als geldwerter Vorteil der
Lohnsteuer unterliegt. Dafür wird auch hier maßgeblich sein, ob das Optionsrecht
seinen **kausalen Grund** im Dienstverhältnis zur Zielgesellschaft findet oder ob nicht
eine anders geartete Grundlage, nämlich die **gesellschafterlichen Absprachen** im
Rahmen der Erwerbergesellschaft dominieren. Hierzu muss Gleiches wie zum sweet
equity gelten, da negatives wie positives Vesting letztlich dasselbe Ziel einer **Austarierung der Gesellschafterstruktur** verfolgen. Wie dargetan, steht bei Buy-Out-
Transaktionen, anders als bei klassischen Mitarbeiterbeteiligungsmodellen, der Bezug
zu den Finanzinvestoren auf Gesellschafterebene im Vordergrund. Denn ohne die bin-

---

[62] *Weitnauer,* GWR 2012, 259, 262, 264 sowie Ziff. 3.3.5 des o. g. Ländererlasses. Zur Liquidationspräferenz oben D 14 f.

[63] Vom englischen Wort *ratchet* für Sperrklinke.

[64] Daneben kommt die Bedienung solcher Bezugsrechte auch mit eigenen Anteilen der Gesellschaft in Betracht, deren Erwerb gesetzlichen Beschränkungen, § 71 Abs. 1 Nr. 8 AktG, § 33
GmbHG unterliegt.

dende Verpflichtung des Managements hätten auch die Finanzinvestoren nicht den Buy-Out unternommen. Letztlich wird man das erfolgsbezogene „vesting schedule" somit als Instrumentarium für die Bewertung dieses Gesellschafterbeitrags anzusehen haben. Käme man zu dem Ergebnis, dass Grundlage doch das Dienstverhältnis ist, wäre zumindest für die Besteuerung nicht der Zeitpunkt der Optionseinräumung, sondern der der Ausübung des Optionsrechts maßgeblich, und dies unabhängig davon, ob es sich um eine handelbare oder nicht handelbare Option handelt.[65]

3. Tantiemen und Phantom Stock

40 Manager müssen für die echte Kapitalbeteiligung erhebliches Kapital investieren, zudem erhalten sie durch die Beteiligung ein Mitspracherecht in der Gesellschaft. Soll das verhindert werden, bietet sich als alternativer oder weiterer Leistungsanreiz die Gewährung einer in ihren Erfolgsparametern frei gestaltbaren **Tantieme** an.[66] Sie ist bei der Gesellschaft Personalaufwand, führt aber beim Management als variabler Gehaltsbestandteil unzweifelhaft zur Lohnsteuerpflicht gem. § 19 Abs. 1 Nr. 1 EStG. Um als Personalaufwand und nicht als **verdeckte Gewinnausschüttung** an Management-Gesellschafter gewertet zu werden, dürfen Tantiemen allerdings insgesamt nicht 50% des Jahresüberschusses der Gesellschaft übersteigen und darf, bezogen auf den einzelnen Vorstand/Geschäftsführer, der zugleich Gesellschafter ist, die ihm gewährte Tantieme nicht mehr als 25% seines Gesamtgehalts ausmachen.[67] Üblicherweise wird die Tantieme am Jahresüberschuss der Gesellschaft ausgerichtet; auch eine Mindest- oder Garantietantieme ist zulässig[68], doch muss ein Verlustvortrag zur Vermeidung einer verdeckten Gewinnausschüttung jedenfalls dann in die Bemessungsgrundlage der Tantieme einbezogen werden, wenn der tantiemeberechtigte Geschäftsführer für den Verlust zumindest mitverantwortlich war[69].

41 Eine so ausgestaltete Tantieme ist jedoch nicht geeignet, die Wertsteigerung des Unternehmens selbst, wie dies Anteile in Form eines höheren Veräußerungserlöses tun, abzubilden. Dies ist nur bei sog. **Phantom Stocks** (auch *„virtuelle Kapitalbeteiligung"*)[70] möglich, die daher in der Praxis vorgezogen werden. Dieses Modell sieht eine Erlösteilhabe des Managers im Fall des Exits vor, als ob er mit einem bestimmten Geschäftsanteil als Gesellschafter beteiligt worden wäre. Auch diese virtuellen Anteile können vertraglich einem Vesting analog den Regeln bei einer echten Kapitalbeteiligung unterworfen werden.[71] Der Anspruch aus den Phantom Stocks richtet sich gegen die Gesellschaft und trifft damit wirtschaftlich grundsätzlich alle Gesellschafter entsprechend ihrer Beteiligung. Doch können sich im Innenverhältnis einzelne Gesellschafter

---

[65] *Schmidt/Drenseck,* § 19 EStG Rdnr. 50 „Ankaufsrecht".

[66] Zur Vereinbarung von Tantiemen im Arbeitsvertrag *Hümmerich/Reufels/Borgmann,* Rdnr. 157 ff.

[67] *BFH* 5. 10. 1994 DB 1995, 957 = BStBl. II 1995, 549.

[68] *Weber/Rey* in *Semler/Volhard,* § 14 Rdnrn. 221 ff.

[69] *BFH,* DStR 2004, 906 f.

[70] Dazu auch weiterführend *Weitnauer,* Handbuch Venture Capital, Rdnrn. G 125 ff.

[71] Hierzu oben D 28.

verpflichten, die Gesellschaft von diesen Phantom Stock-Ansprüchen freizustellen.[72] Da Phantom Stocks vertraglich zwischen Gesellschaft und Manager, in Zusammenhang mit dem Anstellungsverhältnis, geregelt werden, wird insoweit aber eine **Lohnbesteuerung** nach § 19 EStG bei Zufluss unvermeidlich sein. Insoweit erschiene es daher sinnvoller, einen Leistungsanreiz für das am Buy Out beteiligte Management über eine abgestufte Erlösverteilung **(Liquidationspräferenz)**[73] im Falle eines Exits zu schaffen, etwa indem dem Management nach Bedienung einer Liquidationspräferenz zugunsten der Investoren ein bestimmter Betrag auf einer weiteren Verteilungsebene vor der abschließenden Erlösverteilung quotal nach Anteilen eingeräumt wird. Sofern dieser **„Carve Out"** zugunsten des Managements nicht vom Fortbestand seiner Tätigkeit abhängig gemacht wird, wird man ihn nicht als Lohnzufluss bei den Managern zu bewerten, sondern ihn im Hinblick auf die dann vorrangige „causa societatis" in die Veräußerungsgewinn- bzw. die Dividendenbesteuerung einzubeziehen haben. Allenfalls für das im Zielunternehmen beschäftigte Management, das für das Gelingen der Post Buy Out-Phase entscheidend ist, mögen sich Phantom Stock-Beteiligungen als Anreiz, zu einem erfolgreichen Exit beizutragen, eignen.

Zusammenfassung:
- Investoren und Manager werden sich in der Regel an der Zielgesellschaft über eine **Akquisitions-GmbH** beteiligen, in deren Rahmen sie ihre Beziehungen regeln und Interessen austarieren, insbesondere für den Verkaufsfall durch Ausstiegsregeln (Call Optionen) oder auch durch die Vereinbarung eines Wettbewerbsverbots zu Lasten der Manager
- Die Beteiligung der Manager als Gesellschafter der Erwerbergesellschaft kann als **„Sweet"** oder **„Sweat Equity"** ausgestaltet werden. Im Fall der gleich in voller Höhe erfolgenden Beteiligung der Manager (Sweet Equity) werden meist Korrekturen dieser Beteiligung für die Fälle eines (vorzeitigen) Ausscheidens der Manager (Good/Bad Leaver) durch ein **„negatives Vesting"** vorgesehen.
- Eine disproportionale Beteiligung (die Investoren erbringen einen höheren Anteil des wirtschaftlichen Eigenkapitals) führt zu keinen lohnsteuer- oder schenkungsteuerlichen Risiken der Manager. Eine **disquotal** höhere Beteiligung der Manager (Ansatz einer günstigeren Einstiegsbewertung für sie) kann dann zu einer Lohnbesteuerung des geldwerten Vorteils führen, wenn man nicht das Beteiligungsverhältnis als Grund dieses Vorteils, wie richtigerweise, ansieht, sondern das Dienstverhältnis. Schenkungsteuerliche Folgen werden durch Zusatzabreden vermieden, die, etwa in Form einer Erlösvorzugsabrede (Liquidationspräferenz), eine endgültige Vermögensverschiebung zugunsten der Manager ausschließen.
- Im Fall von **Sweat Equity** werden dem Management Bezugsrechte für den Fall des Erreichens bestimmter Erfolgsziele eingeräumt.

---

[72] Diese befreiende Übernahme führt, bei entsprechender gesellschaftsvertraglicher Begründung und nach Entstehen einer Verbindlichkeit zunächst auf Ebene der Gesellschaft, als verdeckter Einlage zu nachträglichen Anschaffungskosten, die den Veräußerungsgewinn im Sinne des § 17 Abs. 2 EStG mindern können; *Schmidt/Weber-Grellet*, § 17 Rdnrn. 174, 132, 156.

[73] Siehe hierzu oben D 14f.

III. Die Finanzierung

42 Die Finanzierung des Buy-Outs setzt sich aus unterschiedlichen Bausteinen zusammen, nämlich aus (i) Eigenkapital, (ii) Nachrangkapital (Mezzanine-Finanzierung) und (iii) (besichertem) Fremdkapital[74]. Bei der Besicherung der Fremdfinanzierung stellt sich vor allem die Frage, inwieweit hierfür auch die Vermögenswerte des kaufgegenständlichen Unternehmens als Sicherheitenbasis verwendet werden können. Bei der Mezzanine-Finanzierung steht vor allem die Rechtsqualität des Nachrangkapitals im Zentrum. Diese Fragen sollen nun vertieft werden.

1. Eigenkapital

a) Bedeutung

43 Eigenkapital stellt das Fundament für die gesamte Finanzierungsstruktur des Unternehmens dar. Als Haftungsmasse des Unternehmens dient es dem Bestands- und Gläubigerschutz und ist dem Verlustrisiko voll ausgesetzt. Handelsbilanziell, § 266 Abs. 3 A HGB, setzt es sich aus dem gezeichneten Kapital, Kapital- und Gewinnrücklagen sowie Gewinn- bzw. Verlustvortrag und Jahresüberschuss bzw. -fehlbetrag zusammen. Zwar ist es – aus Sicht der Gesellschafter – steuerlich die teuerste Form der Finanzierung, da es anders als Zinsaufwand für Fremdkapital den steuerlichen Gewinn nicht mindert, § 8 Abs. 1 KStG i. V. m. § 4h EStG, § 8a KStG, § 4 Abs. 4 EStG, und da es überdies bei der GmbH im Rahmen des Stammkapitals, § 30 GmbHG, und bei der AG insgesamt, § 57 AktG, gebunden ist. Doch ist die ausreichende Eigenkapitalausstattung des Unternehmens **Grundlage** seiner weiteren Finanzierungswürdigkeit und -fähigkeit.

44 Eigenkapital wird, sei es im Fall der Neugründung einer Akquisitionsgesellschaft oder ihrem Erwerb als Vorratsgesellschaft[75], neben der Zahlung der Nominaleinlage durch ein **Agio** (§ 272 Abs. 2 Nr. 1 HGB) oder in Form anderer **Zuzahlungen** in die Kapitalrücklage (§ 272 Abs. 2 Nr. 4 HGB) zugeführt. Entsprechendes gilt bei einer Kapitalerhöhung. Die Einbringung einer Gesellschafterforderung (dann Erlöschen durch Konfusion) oder der Verzicht hierauf anstelle einer Barzuzahlung, etwa im Rahmen eines *Debt/Equity-Swaps*[76], ist allerdings steuerlich nur dann als Einlage zu werten, wenn die Forderung gem. § 6 Abs. 1 Nr. 5 EStG werthaltig ist.[77] Andernfalls führt dies zu einem steuerpflichtigen Ertrag auf Ebene der Gesellschaft (Sanierungsgewinn).

---

[74] Dazu einführend A 43 ff.
[75] Siehe oben A 3.
[76] Hierzu D 50.
[77] *BFH* DB 1998, 237, 238; *Eilers/Wienands,* GmbHR 1998, 618.

Weitnauer

b) Bestimmender Faktor für die Finanzierungsstruktur

Das Verhältnis von Eigenkapital zur Bilanzsumme **(Eigenkapitalquote)** ist, ebenso **45** wie das Verhältnis von Eigenkapital zu Fremdkapital **(Verschuldungsgrad),** für die Finanzierungsentscheidung und das Ausfallrisiko von Fremdkapitalgebern entscheidend, da dies den Grad der Deckung ihrer Ansprüche zum Ausdruck bringt. Inwieweit die Erwerbergesellschaft für die Finanzierung des Erwerbs mit Eigenkapital im Verhältnis zu (verzinslichem) mezzaninen und Fremdkapital ausgestattet wird, d. h. inwieweit sie sich einer Zinslast ausgesetzt sieht, ist auch im Hinblick auf das steuerrechtliche Strukturierungsziel, den Finanzierungsaufwand bei der Erwerbergesellschaft möglichst mit Gewinnen aus der Zielgesellschaft verrechnen zu können, um den Leverage Effekt zu nutzen, von Bedeutung. Denn dieser Verrechenbarkeit steht die **Zinsschranke** entgegen, § 8a Abs. 1 KStG i. V. m. § 4h Abs. 1 EStG, die zu einer zeitlichen und betragsmäßigen Beschränkung der Abzugsfähigkeit von Zinsaufwendungen führt.

Nach den Regeln der Zinsschranke sind die Zinsaufwendungen eines Betriebs nur **46** noch in Höhe des Zinsertrags unbegrenzt steuerlich abziehbar, darüber hinaus nur bis zur Höhe von 30% des steuerlichen Gewinns vor Zinsen und Abschreibungen (EBITDA), es sei denn es greift eine der normierten Ausnahmen. § 4h Abs. 3 S. 2 EStG definiert die Zinsaufwendungen als Vergütung für die Überlassung von Fremdkapital, die den maßgeblichen Gewinn gemindert haben müssen. Hierunter fallen, da auch sie den Gewinn mindern, auch Zinsen (Festvergütungen) für mezzanines Kapital, wie Gesellschafterdarlehen oder typisch stille Beteiligungen.[78] Da die NewCo zumindest mehrheitlich an der Zielgesellschaft beteiligt sein wird, greift die Ausnahme des § 4h Abs. 2b EStG nicht ein, wonach die Zinsschranke nicht gilt, wenn der Betrieb nicht oder nur anteilsmäßig zu einem Konzern gehört **(Konzernklausel).**[79] Doch gilt in jedem Fall die **Freigrenze** des § 4h Abs. 2a EStG, wonach die Zinsschranke bei einem negativen Zinssaldo (Zinsaufwand abzüglich Zinsertrag) von weniger als € 3 Mio. im jeweiligen Wirtschaftsjahr nicht anzuwenden ist. Geht der negative Zinssaldo über diese Grenze von über € 3 Mio. hinaus, unterliegen die gesamten Zinsen der Zinsschranke, sofern nicht wiederum die weitere Ausnahme der **Escape-Klausel** in § 4h Abs. 2 Satz 1 lit. c EStG, dies i. V. m. § 8a Abs. 3 KStG[80] greift. Hiernach unterliegt ein konzernangehöriger Betrieb gleichwohl nicht der Zinsschranke, wenn seine Eigenkapitalquote, also das Verhältnis von Eigenkapital zur Bilanzsumme, die des Konzerns am Schluss des vorangegangenen Abschlussstichtags nicht oder nur um bis zu 2 Prozentpunkte unterschreitet. Ob diese Escape-Klausel zur Anwendung gebracht werden kann, hängt somit von der Gestaltung des Einzelfalles ab. Wichtig ist aber zu beachten, dass Mezzaninekapital nicht unter den Eigenkapitalbegriff fällt.

Zinsaufwendungen, die der Zinsschranke unterliegen, sind allerdings nicht rechtlich **47** verloren, sondern können ohne zeitliche Begrenzung in spätere Wirtschaftsjahre vor-

---

[78] *Schmidt/Loschelder,* § 4h EStG Rdnr. 24.

[79] Der Konzernbegriff wird in § 4h Abs. 3 Satz 5 und 6 definiert und erfasst die Fälle der Konsolidierung, der möglichen Konsolidierung oder eines Beherrschungsverhältnisses.

[80] Die Ausnahmeregelung ist nicht anwendbar, wenn mehr als 10% des negativen Zinssaldos an einen zu mehr als 25% beteiligten Anteilseigner, eine ihm nahestehende Person oder einen rückgriffsberechtigten Dritten fließen.

getragen werden, § 4h Abs. 1 Satz 5 EStG; tatsächlich genutzt werden können sie somit in der Folgezeit nur dann, wenn sich die Finanzierungssituation des Betriebs in späteren Wirtschaftsjahren wesentlich ändert bzw. zusätzliche Zinserträge generiert werden. Da vorgetragene Zinsaufwendungen in Folgejahren den Zinsaufwand erhöhen, § 4h Abs. 1 Satz 6, 1 HS. EStG, kann dies dazu führen, dass die Freigrenze von € 3 Mio. überschritten wird, obwohl die Zinsaufwendungen des betreffenden Wirtschaftsjahres ihrerseits unter diesem Betrag liegen.

2. Mezzanine-Finanzierung

a) Allgemeines

48 Mezzanine-Kapital steht – wie der Name sagt – zwischen Eigenkapital *(Equity)* und Fremkapital *(Senior Loan)* und schließt Finanzierungslücken. Typische mezzanine Finanzierungsinstrumente sind Nachrangdarlehen, Wandel- oder Optionsanleihen, Genussrechte und stille Gesellschaften.[81] Sie sind nachrangig gegenüber Senior-Kreditgebern und sonstigen Gläubigern *(Junior Debt; Subordinated Debt),* jedoch vorrangig gegenüber haftendem Eigenkapital. Die Nachrangigkeit wird in der Regel hergestellt durch vertragliche Nachrangabreden mit dem Unternehmen und/oder zwischen den einzelnen Kapitalgebern **(Intercreditor Agreement)**. Das mezzanine Kapital ist frei ausgestaltbar und kann, je nachdem, ob es auch am Verlust beteiligt ist oder ob ein Rückzahlungsanspruch besteht, eigenkapitalähnlich *(Equity Mezzanine)* oder fremdkapitalnah *(Debt Mezzanine)* ausgestaltet werden. Selbst wenn häufig der Mezzanine-Kredit auch vom Senior-Kreditgeber bereit gestellt wird, geschieht dies doch aufgrund getrennter Verträge, da der Mezzanine-Kredit wegen seines höheren Risikos anderweitig syndiziert wird.

49 Außer der Nachrangigkeit zeichnet sich Mezzanine-Kapital durch folgende weitere generelle Eigenschaften aus:

– **Längere Laufzeit** als bei Fremdkapital (in der Regel sechs bis zehn Jahre);
– Rückführung erst am **Laufzeitende** (folglich keine Belastung des Unternehmens mit laufenden Tilgungsleistungen und Steigerung des operativen Cash Flows), jedenfalls nicht vor dem Senior Loan;
– grundsätzlich **keine Sicherheiten** erforderlich, jedenfalls aber nur nachrangig gegenüber den Senior-Kreditgebern;
– **höhere laufende Verzinsung** als bei Fremdkapital im Ausgleich für das höhere Risiko (Referenzzinsatz, bspw. EURIBOR, zzgl. Bar-Marge) sowie einer zu kapitalisierenden *PIK-Marge*.[82]

---

[81] Hierzu weiterführend *Bösel/Sommer,* Mezzanine Finanzierung, 2006; *Häger/Elkemann-Reusch,* Mezzanine Finanzierungsinstrumente, 2. Aufl., 2007 sowie *Weitnauer,* Handbuch Venture Capital, Teil D. II.

[82] PIK steht für „*payment in kind*". Soll diese Zinsmarge wiederum unter die Verzinsung fallen, verstößt dies allerdings gegen das Zinseszinsverbot des § 248 BGB, wenn deutsches Recht maßgeblich ist. Zu Gestaltungsvarianten im Einzelnen *Diem,* § 38 Rdnrn. 16 ff.

b) Equity Kicker

Zugunsten des Mezzanine-Gebers kann auch das Recht zur Wandelung des Mezzanine- **50** Kapitals in Eigenkapital (Gesellschaftsanteile) vorgesehen werden **(Equity Kicker)**. Hierdurch soll eine Teilhabe am (weiteren) Unternehmenserfolg bzw. an einer Unternehmenswertsteigerung ermöglicht werden[83]. Das Wandelungsrecht wird, da es auch erst dann zu einer Drittbewertung kommt, meist auf den Verkaufszeitpunkt bezogen werden, wenn ein solcher Verkauf während der Vertragslaufzeit des Mezzanine-Kapitals stattfindet. Für die Wandelung in Geschäftsanteile bedarf es bei der GmbH, da das GmbH-Recht eine durch bedingtes Kapital unterlegte Wandelschuldverschreibung nicht kennt, § 192 Abs. 2 Nr. 1 AktG, § 221 AktG, einer vertraglichen Abrede zwischen den Gesellschaftern, dass die Forderung in Zusammenhang mit einer Barkapitalerhöhung zu nominal als sonstige Zuzahlung in das Eigenkapital, § 272 Abs. 2 Nr. 4 HGB, eingebracht werden darf. Durch die Ausübung eines solchen Equity Kickers verschiebt sich dann allerdings die zu Beginn vereinbarte Erlösverteilung, die sich nach dem quotalen Anteilsverhältnis bestimmt.

Ein Equity Kicker kann aber auch **virtuell** („als ob"-Beteiligung) als Sonderzahlung **51** vereinbart werden, durch die der Mezzanine-Geber in bestimmten Fällen, etwa einem Exit, an einer Wertsteigerung des Unternehmens in der Vergangenheit beteiligt wird **(Virtueller Equity-Kicker)**[84]; ein solcher virtueller Equity Kicker kann auch nachwirkend vereinbart werden, wenn der Exit in einem bestimmten Zeitfenster nach Ende der Vertragslaufzeit des Mezzanine-Kapitals erfolgt. Als **Non Equity Kicker** wird üblicherweise eine einmalige, meist auf die Nominaleinlage bezogene Sondervergütung am Laufzeitende *(back end fee)* **bezeichnet**.

c) Nachrang

(i) Struktureller Nachrang

Werden die Finanzierungsmittel von der nicht operativen Erwerbergesellschaft aufge- **52** nommen, stehen ihre Gläubiger gegenüber den Gläubigern der Zielgesellschaft in einem strukturellen Nachrang, da das Vermögen der Zielgesellschaft zunächst der Befriedigung ihrer eigenen Gläubiger dient. Wird über die Erwerbergesellschaft eine weitere, nicht operative **Holdinggesellschaft** gesetzt, die ihrerseits Fremd- oder Mezzanine-Kapital aufnimmt, das sie dann an die Erwerbergesellschaft (NewCo) weiterleitet, befinden sich die Kreditgeber der NewCo aufgrund dieser mehrstufigen Akquisitionsstruktur in einem strukturellen Vorrang gegenüber den Kreditgebern der Holdinggesellschaft.[85]

---

[83] Da die bei Laufzeitende bestehenden Forderungen zu der dann aktuellen Bewertung gewandelt werden, bedeutet der Equity Kicker nur eine sequenzielle Teilhabe an einer weiteren Unternehmenswertsteigerung. Daher kann er auch nicht als Grund für eine Umqualifizierung einer ansonsten typisch stillen Beteiligung in eine atypische dienen.

[84] Hierzu auch oben B 38 ff.

[85] Zu dieser Finanzierungsstruktur im Einzelnen *Schrell/Kirchner*, BKR 2004, 212, 215; *Diem*, § 40 Rdnrn. 7 f.

(ii) Vertragliche Nachrangvereinbarung

53 Der Nachrang hinter allen anderen Fremdkapitalgebern bzw. Gläubigern kann vertraglich separat zwischen dem (mezzaninen) Nachranggläubiger und der Gesellschaft vereinbart werden *(Subordination Agreement)*. Derartiges langfristig gewährtes mezzanines Kapital, dessen Nachrang insbesondere nicht auf den Insolvenzfall beschränkt ist, sondern für die gesamte Laufzeit wirkt, kann beim **Rating** des Unternehmens als wirtschaftliches Eigenkapital angesetzt werden, ohne dass dies allerdings irgendwelche Auswirkungen auf seine handelsbilanzielle Behandlung als Fremdkapital und der Zinsen (Festvergütung) als Zinsaufwand und nicht Gewinnverwendung hätte. Vom Nachrang ausgenommen wird von der Zahlungssperre in der Regel die Rückzahlung der Verbindlichkeit aus zukünftigen Gewinnen, einem Liquidationsüberschuss oder aus anderem freien Vermögen der Gesellschaft, was meist wie folgt geregelt wird:

„Hiermit tritt …… mit seinen Forderungen aus …… im Rang hinter alle anderen gegenwärtigen künftigen Gläubiger der Gesellschaft zurück; eine Rückzahlung der Verbindlichkeit hat nur dann zu erfolgen, wenn die Gesellschaft hierzu aus zukünftigen Gewinnen, aus einem Liquidationsüberschuss oder aus anderem freien Vermögen in der Lage ist".[86]

54 **Steuerrechtlich** ist darauf zu achten, dass die Zahlungssperre nicht nur in einzelnen dieser Ausnahmefälle aufgehoben wird, sondern dass insbesondere auch eine Zahlung aus sonstigem freien Vermögen zugelassen wird, da die Verbindlichkeit andernfalls nach § 5 Abs. 2a EStG erfolgswirksam aufzulösen wäre.[87] Die Nachrangvereinbarung hätte andernfalls die Wirkung eines Verzichts mit Besserungsschein.

55 Der vertragliche Nachrang schließt auch die unbedingte Rückzahlbarkeit aus, die Voraussetzung für das Vorliegen eines genehmigungsbedürftigen **Bankgeschäfts** im Sinne von § 1 Abs. 1 Satz 2 Nr. 1 KWG *(Einlagengeschäft)* ist. Es überwiegt dann der gesellschaftsrechtliche Charakter der Kapitalzufuhr.[88] Dies gilt auch für den Tatbestand des § 1 Abs. 1 Satz 2 Nr. 2 KWG *(Kreditgeschäft)*. Bei einer gesellschaftsrechtlichen Beteiligung bzw. Zielsetzung handelt es sich nicht um ein Gelddarlehen im Sinne dieser Bestimmung[89]. Die mezzanine Finanzierung durch einen Private Equity-Investor stellt sich nur als **Annex** seiner offenen Beteiligung dar. Kapitalverwaltungsgesellschaften werden in Zusammenhang mit dem AIFM-Umsetzungsgesetz (dort Art. 18) in § 2 Abs. 1 Nr. 3b KWG und § 2 Abs. 6 Satz 1 Nr. 5a KWG aus dem Anwendungsbereich des KWG ganz ausgenommen werden, so wie dies jetzt schon für Unternehmens- und Wagniskapitalbeteiligungsgesellschaften der Fall ist, § 2 Abs. 1 Nr. 6, 6a KWG.

---

[86] So das BMF Schreiben vom 8. 9. 2006 zur Rücktrittsvereinbarung (IV B 2-S 2133-1006 BStl. I 2006, 497 = DStR 2006, 1700.

[87] *BFH* DStR 2012, 450 = GWR 2012, 167 *(Bay); Weitnauer*, GWR 2012, 193, 196.

[88] *Boos/Fischer/Schulte-Mattler/Schäfer*, § 1 KWG Rdnrn. 40, 42; *BaFin*, Merkblatt-Hinweise zum Tatbestand des Einlagengeschäfts, Stand 3/2011, S. 4 und 5.

[89] *Boos/Fischer/Schulte-Mattler/Schäfer*, § 1 KWG Rdnr. 51. Dies verdeutlicht auch der Charakter des Finanzplandarlehens, hierzu sogleich D 56. Dies wird verstärkt durch eine vertragliche Regelung, dass die Darlehensforderung nicht geltend gemacht werden darf, wenn dies zu einem Insolvenzgrund bei der Gesellschaft führen würde.

(iii) Nachrang von Gesellschafterdarlehen

Üblicherweise treten die Gesellschafter der Erwerbergesellschaft mit ihren Forderun- **56** gen aus Darlehen oder mezzaniner Finanzierung in vertraglichen Abreden mit den sonstigen Fremdkapitalgebern hinter diese dergestalt zurück, dass sie eine Zahlung erst dann beanspruchen dürfen, wenn Forderungen der übrigen Fremdkapitalgeber (insoweit zunächst Senior-Darlehen und dann Junior-Darlehen) vollständig ausgeglichen sind. Unabhängig davon, ob sich die Gesellschafter ausdrücklich gegenüber den Fremdkapitalgebern dazu verpflichten, ihre Fremdkapitalbeiträge auf Dauer der Gesellschaft zu belassen, folgt dies aus der Rechtsnatur des **Finanzplandarlehens**[90]. Das sind im Fall des Buy-Outs Gesellschafterdarlehen, die einer Akquisitionsgesellschaft (NewCo) neben Eigenkapital zum Zweck der Finanzierung des Buy-Outs unbesichert gewährt werden. Sie sind fester Bestandteil der Finanzplanung der Gesellschaft hinsichtlich der Kapitalausstattung für die Aufnahme der Geschäfte. Je nach vertraglicher Ausgestaltung können sie einlageähnlichen Charakter haben **(gesplittete Einlage)** und in diesem Fall eine Auszahlungsverpflichtung unter Ausschluss des außerordentlichen Kündigungsrechts nach § 490 BGB, also auch bei einer Verschlechterung der Vermögensverhältnisse der NewCo, begründen.

Forderungen von Gesellschaftern aus Darlehen oder einem Darlehen wirtschaftlich **57** entsprechenden Finanzierungsleistungen sind seit dem 1. 11. 2008[91] in der Insolvenz gesetzlich, § 39 Abs. 1 Nr. 5 InsO, **nachrangig.** Wirtschaftlich einem Darlehen entsprechende Finanzierungsformen sind insbesondere auch die mezzaninen Finanzierungsmittel, wie bspw. **stille Beteiligungen** oder auch Genussrechtskapital[92]. Außerhalb der Insolvenz sind Gesellschafterdarlehen in ihrer Rückzahlbarkeit nicht mehr gesellschaftsrechtlich, sei es durch das Verbot der Einlagenrückgewähr nach § 57 AktG oder durch den Schutz des Stammkapitals gem. § 30 GmbHG, gesperrt. Dies ist durch § 57 Abs. 1 S. 4 AktG und § 30 Abs. 1 S. 3 GmbHG ausdrücklich klargestellt. Allerdings können Rückzahlungen auf Gesellschafterdarlehen oder stille Beteiligungen, die im letzten Jahr vor dem Eröffnungsantrag oder danach erfolgt sind, nach § 135 Abs. 1 Nr. 2 InsO bzw. § 136 InsO **angefochten** werden.

Die früheren **Sanierungs- und Kleingesellschafterprivilegien** des § 32a Abs. 3 **58** S. 2 und S. 3 GmbHG gelten, in angepasster Form, für alle Kapitalgesellschaften und die

---

[90] Der *BGH* hat in seinem Urteil vom 28. 6. 1999 (II ZR 272/98, DStR 1999, S. 1198 m. Anm. *Goette*) entschieden, dass es sich dabei um keine eigenständige Kategorie des Eigenkapitalersatzrechts handelt; die Verpflichtung zur Darlehensgewährung ergebe sich aus Satzung, Gesellschafterbeschluss oder schuldrechtlicher Abrede. Nach dem MoMiG *BGH* ZIP 2010, 1078.

[91] Inkrafttreten des Gesetzes zur Modernisierung des GmbH-Rechts und zur Bekämpfung von Missbräuchen v. 23. 10. 2008, BGBl. I, S. 2026ff. (MoMiG). Nach der früheren Regelung des § 32a Abs. 1 Satz 1 GmbHG a. F. war ein Gesellschafterdarlehen „eigenkapitalersetzend", wenn ein Gesellschafter in einem Zeitpunkt, in dem ordentliche Kaufleute Eigenkapital zugeführt hätten, stattdessen ein Darlehen gewährte. Der Rückforderungsanspruch des Gesellschafters konnte dann im Insolvenzverfahren nur nachrangig geltend gemacht werden. Ferner bejahte die Rechtsprechung (sog. „*BGH-Regeln*") eine Zahlungs- bzw. Verwertungssperre auch außerhalb der Insolvenz, soweit durch die Zahlung auf ein eigenkapitalersetzendes Darlehen in das Stammkapital, § 30 GmbHG, eingegriffen wurde. Diese Regeln haben heute nur noch dann Geltung, wenn das Insolvenzverfahren vor dem 1. 11. 2008 eröffnet worden ist.

[92] *Baumbach/Hueck/Fastrich,* Anh. § 30 GmbHG Rdnrn. 43, 55.

GmbH & Co. KG fort, § 39 Abs. 4 S. 2, Abs. 5 GmbHG. Forderungen eines nicht-geschäftsführenden Gesellschafters aus Darlehen oder sonstigen mezzaninen Finanzierungen, der mit 10% oder weniger am Haftkapital der Gesellschaft beteiligt ist, werden generell vom Nachrang und damit vom Risiko der Anfechtbarkeit einer Rückzahlung in der Insolvenz ausgenommen, § 39 Abs. 5 InsO.

(iv) Qualifizierter Rangrücktritt zur Abwendung der Überschuldung

59 Nachrangkapital stellt handels- und, sofern der Nachrang nicht als Verzicht mit Besserungsschein vereinbart wird, steuerbilanziell eine zu passivierende Verbindlichkeit dar. Gesellschafterdarlehen bleiben trotz ihres gesetzlichen Nachrangs auch in der Überschuldungsbilanz zu **passivieren,** sofern nicht gem. § 39 Abs. 2 InsO für diese Forderungen der Nachrang im Insolvenzverfahren hinter die in § 39 Abs. 1 Nr. 1 bis 5 bezeichneten Forderungen vereinbart worden ist, § 19 Abs. 2 S. 2 InsO. Dieses Erfordernis besteht selbstverständlich nur dann, wenn überhaupt eine bilanzielle Überschuldung festzustellen ist, was insbesondere etwa dann der Fall sein könnte, wenn der Buchwertansatz des Beteiligungsbesitzes der Erwerbergesellschaft wegen einer Verschlechterung der Vermögensverhältnisse der Zielgesellschaft wertzuberichtigen wäre. Die bilanzielle Überschuldung ist allerdings nach § 19 Abs. 2 Satz 1, 2. Halbsatz InsO allein kein Insolvenzgrund, sofern eine **positive Fortführungsprognose** besteht, d. h. die Fortführung des Unternehmens nach den Umständen überwiegend wahrscheinlich ist. Dieser zunächst nur bis Ende 2013 vorgesehene gemilderte Überschuldungsbegriff gilt nun **unbefristet.**

60 Nach bisheriger Rechtsprechung[93] vor dem MoMiG war für die Nichtpassivierung in der Überschuldungsbilanz ein sog. **„qualifizierter Rangrücktritt"** erforderlich, nämlich die Erklärung, dass der Gesellschafter wegen seiner Darlehensforderungen *„erst nach der Befriedigung sämtlicher Gesellschaftsgläubiger und – bis zur Abwendung der Krise – auch nicht vor, sondern nur zugleich mit den Einlagenrückgewähransprüchen seiner Mitgesellschafter berücksichtigt"* werden wolle. Notwendig war also ein Rücktritt auf den letztmöglichen Rang des § 199 Satz 2 InsO (anteilige Befriedigung bei Überschuss nach Schlussverteilung). Dadurch wird die Forderung mit statutarischem Eigenkapital gleichgestellt. Obwohl es nach dem Wortlaut des § 19 Abs. 2 Satz 2 InsO nun nur noch der Erklärung bedarf, für den Fall der Insolvenz im Rang hinter die Insolvenzforderungen gem. § 39 Abs. 1 Nr. 1 bis 5 InsO zurückzutreten, wird man doch auch für den vorinsolvenzlichen Zeitraum eine entsprechende Rangrücktrittserklärung verlangen müssen, um von einer Passivierung in der Überschuldungsbilanz absehen zu können.[94] Das Erfordernis eines qualifizierten Rangrücktritts gilt jedenfalls für solche Gläubiger, die nicht zugleich Gesellschafter sind, wegen der vorrangigen Maß-

---

[93] Seit BGHZ 146, 264 = NJW 2001, 1280.

[94] Im Widerspruch zur Nichtberücksichtigung im Überschuldungsstatus wäre die Forderung dann für die Zeit vor Insolvenzeröffnung durchsetzbar; aus diesem Grund wurde diese zeitliche Einschränkung mit einem Redaktionsversehen des Gesetzgebers erklärt; *Haas,* DStR 2009, 326, 327; *Weitnauer,* GWR 2012, 193, 195. Auch der BGH scheint dahin zu tendieren, einen Rücktritt auf die Ebene des § 199 Satz 2 InsO nicht mehr zwingend zu fordern, jedoch zumindest einen Rücktritt auf die letzte Stelle der Klasse des § 39 Abs. 2 InsO (also nach dem Rang der § 39 Abs. 1 Nrn. 1 bis 5 InsO, aber auch nach einfachen Nachrangforderungen) für erforderlich zu halten; vgl. etwa *BGH* NZG 2010, 701.

geblichkeit der positiven Fortführungsprognose aber nur noch dann, wenn diese zweifelhaft erscheint.

3. Fremdkapital

a) Allgemeines

Wesentliche Regelungspunkte einer Kreditfinanzierung sind Verwendungszweck, Lauf- **61** zeit, Verzinsung, Tilgung, Auszahlungsvoraussetzungen, Garantien, vertragliche Handlungs- und Unterlassungspflichten *(Covenants),* Kündigungsgründe, Darlehenshöhe, Rang des Darlehens und Währung.[95] Neben den planmäßigen **Tilgungen** werden sowohl zwingende als auch (verhandelbare) freiwillige Tilgungen vereinbart. Sondertilgungen *(Mandatory Prepayments)* fallen dann an, wenn ein positiver Cash Flow bspw. durch die Veräußerung von nicht betriebsnotwendigen Vermögensgegenständen erzielt wird; ferner sieht der Kreditgeber in der Regel das Recht auf vorzeitige Tilgung bei einem Ausscheiden des Private Equity Investors *(Change of Control-Klausel)* vor. Zusicherungen und **Garantien** zur Richtigkeit der vorgelegten Informationen und Dokumente[96] müssen von den Buy Out-Initiatoren, also Management und Private Equity-Investor regelmäßig abgegeben werden. Für die zu bestellenden Sicherheiten wird im Fall einer Syndizierung der Finanzierung, für die die beteiligten Banken dann, unter Einbezug der Erwerbergesellschaft als Kreditnehmer und der Garanten, sog. *Intercreditor Agreements* abschließen, meist die federführende Bank *(Facility Agent oder Mandated Lead Arranger)* als **Sicherheitentreuhänder** *(Security Agent)* eingesetzt.

b) Covenants in Kreditverträgen

(i) Financial and Corporate Covenants

Die aus dem angloamerikanischen Gebrauch kommenden Covenants[97] halten mehr **62** und mehr Einzug in das deutsche Kreditgeschäft. Sie sehen zum einen die Verpflichtung des Kreditnehmers zur künftigen Einhaltung von bestimmten Finanzkennzahlen, verbunden mit der Pflicht zur Informationserteilung in regelmäßigen Abständen, vor **(Financial Covenants)** oder begründen generell Restriktionen für die künftige Geschäfts- und Unternehmensführung **(Corporate Covenants).**

Bei den **Financial Covenants** steht das Ziel der Risikofrüherkennung, d.h. der **63** Vorwarneffekt vor Eintritt einer Insolvenzsituation wegen Überschuldung oder Zahlungsunfähigkeit im Vordergrund[98]. Solche das Kreditrisiko beeinflussenden Krisenindikatoren werden typischerweise wie folgt vertraglich definiert:

---

[95] Bereits oben B 75 ff. Zum Zweck der Syndizierbarkeit von LBO Kreditfinanzierungen wurden Vertragsstandard von der *Loan Market Association (LMA)* geschaffen. Siehe http://www.loan-market-assoc.com. Hierzu eingehend und für Einzelheiten empfohlen *Diem,* Teil B; ferner *Weber/Hohaus,* S. 195 ff.

[96] Häufig fordert die Bank auch noch von den Beratern, die den Due-Diligence-Bericht erstellt haben, eine Haftungsvereinbarung *(Reliance Letter)* und ferner noch eine Legal Opinion zur Wirksamkeit und Durchsetzbarkeit der abgeschlossenen Verträge.

[97] Zum Begriff bereits oben B 76 ff.

[98] Vertiefend *Diem,* § 22 Rdnr. 8 ff.; vgl. bereits oben B 80 auch zu weiteren Financial Covenant-Gestaltungen.

Covenant	Bedeutung	Zweck
Eigenkapitalausstattung *(net worth requirement)*	Eigenkapital des Kreditnehmers darf einen bestimmten Betrag nicht unterschreiten	Schutz der Kapitalrückzahlung vor Überschuldung durch ausreichenden Eigenkapital-„Puffer"
Verschuldung *(gearing ratio)*	Verhältnis von Fremd- und Eigenkapital darf eine vereinbarte Obergrenze nicht übersteigen	Schutz vor Überschuldung durch Zinslast
Zinsdeckung *(interest cover ratio)*	Gewinn vor Zinsen, Steuern und Abschreibungen (EBITDA) darf im Verhältnis zum gesamten Zinsaufwand nicht unter einen bestimmten Grenzwert fallen	Sicherung der wiederkehrenden Zinszahlungen
Liquidität *(current ratio)*	Die kurzfristig realisierbaren Mittel müssen um eine bestimmte Verhältniszahl die kurzfristigen Verbindlichkeiten übersteigen	Schutz vor Zahlungsunfähigkeit

64 Die **Corporate Covenants** regeln spiegelbildlich zu vergangenheitsbezogenen *„representations and warranties"* (Garantien) bestimmte **künftige** Verhaltenspflichten des Kreditnehmers, die mehr oder weniger weit gehen. Sie umfassen **negative Covenants,** bspw. die Pflicht, nicht über bestimmte Unternehmenswerte zu verfügen, keine Investitionen oder Betriebsausgaben außerhalb des von einem Wirtschaftsprüfer geprüften, der Finanzierung zugrunde gelegten Unternehmensplans *(Audited Banking Base Case)* einzugehen, ohne Zustimmung der Banken keine Unternehmensverträge (Spaltung, Verschmelzung, Beherrschungs-/Gewinnabführungsverträge) abzuschließen, keine Ausschüttungen von Dividenden vorzunehmen oder Gesellschafterdarlehen zurückzuzahlen, bis hin zu **positiven Covenants,** wie bspw. die Pflicht, alle erforderlichen Betriebsgenehmigungen, Lizenzen, Schutzrechte und Versicherungen aufrecht zu erhalten, wesentliches Betriebsvermögen pfleglich zu behandeln, Ansprüche der Banken mit anderen Gläubigern gleichrangig zu halten (*„pari passu"*-Klausel) oder nur qualifiziertes Führungspersonal zu beschäftigen etc.

(ii) AGB-Konformität

65 Da es sich bei den Covenants und den hieran anknüpfenden Kündigungsregeln um Standardregelungen des jeweiligen Kreditinstituts bzw. um auf internationalen Standardvertragswerken beruhende Regelungen handelt, stellt sich dann, wenn sie nicht ausverhandelt worden sind, die Frage nach der **AGB-Konformität.** Die Bereichsausnahme des § 310 Abs. 4 BGB gilt, bei Anwendbarkeit deutschen Rechts, hier nicht. Covenants, die Informationspflichten begründen, sind regelmäßig wegen des Sicherungsinteresses des Kreditgebers – in Abwägung zu dem Autonomieinteresse des Kreditnehmers – wirksam, hingegen nicht solche Klauseln, die weitreichende Mitwirkungsrechte des Kreditgebers an Geschäftsführungs- oder Gesellschafterentscheidungen begründen. Je höher das Risiko des Kreditgebers zu bewerten ist (z.B. wegen Fehlens von sonstigen Sicherheiten), desto höher ist allerdings auch sein Kontrollinteresse, das sich dann auch in weiterreichenden Corporate Covenants niederschlagen kann. Die Entscheidungsfreiheit des Kreditnehmers im Tagesgeschäft muss aber jedenfalls unangetastet bleiben.[99]

(iii) Verstoß gegen Covenants als Event of Default und Rechtsfolgen

Weitergehend als die Generalklausel von Nr. 19 Abs. 3 der Banken-AGB, die den **66** wichtigen Kündigungsgrund definiert, der der Bank, *„auch unter angemessener Berücksichtigung der berechtigten Belange des Kunden"*, die Fortsetzung der Geschäftsbeziehung *„unzumutbar"* werden lässt,[100] wird im Finanzierungsvertrag häufig vorgesehen, dass bereits der nicht innerhalb einer bestimmten Karenzfrist geheilte oder unheilbare Verstoß gegen ein Covenant als Grund *(Event of Default)* für eine fristlose Kündigung oder den Widerruf der Zusage einer weiteren Darlehensvergabe genügen soll.

Jedoch wird der Verstoß gegen einen Covenant oder auch die Verletzung vergangen- **67** heitsbezogener Garantien nur dann – gemessen an dem Gerechtigkeitsgehalt des § 490 BGB[101] – einen wichtigen Kündigungsgrund darstellen können, wenn dies einen **„Material Adverse Effect"**[102] auf die Kreditentscheidung oder die Vermögenslage des Kreditnehmers hat oder so gewichtig ist, dass die weitere Vertragsfortsetzung für den Kreditgeber unzumutbar wird (wie bspw. im Fall wiederholter Verstöße gegen Informationspflichten). Andernfalls verstößt das nicht ausgehandelte, undifferenziert an die Verletzung eines beliebigen Covenant oder einer beliebigen Representation anknüpfende standardisierte Kündigungsrecht gegen § 307 Abs. 2 Nr. 1 BGB. Besteht der Covenant-Verstoß in einem Verfehlen von **Finanzkennzahlen**[103] bedeutet dies noch nicht zwangsläufig, dass sich die Vermögenslage des Kreditnehmers so verschlechtert hat, dass das Kreditengagement gefährdet wäre. Der Erfolg des Kreditnehmers wird vielmehr oft auch von nicht mathematisch erfassbaren Faktoren, wie Vermarktbarkeit von Produkten, Fertigungs-Know-how und Innovationskraft, Managementqualität etc. abhängen und durch diese geprägt. Daher werden insoweit meist auch bestimmte Heilungsmöglichkeiten vereinbart.[104]

Eine Regelung, die bei veränderten wirtschaftlichen Verhältnissen zu einem einseiti- **68** gen Recht des Kreditgebers auf Konditionenanpassung führt, wäre nur dann, wenn sie der Bank ein **freies** Abänderungsrecht verschafft, auch im kaufmännischen Geschäfts-

---

[99] *Weitnauer,* ZIP 2005, 1443, 1444 ff.

[100] Als solche Gründe sind konkret (i) unrichtige Angaben des Kunden über seine Vermögenslage, die für die Kreditgewährungsentscheidung von erheblicher Bedeutung waren, (ii) der Eintritt oder das Drohen einer wesentlichen Verschlechterung der Vermögenslage des Kunden und die hierdurch bedingte Gefährdung der Erfüllung seiner Verbindlichkeiten und schließlich (iii) der Verstoß gegen eine Nachbesicherungspflicht des Kunden geregelt.

[101] Wiederum vorausgesetzt, dass deutsches Recht auf den Kreditvertrag anwendbar und kein ausländisches Recht vereinbart ist; vgl. Rom I-VO Art. 3.

[102] Dies kann bspw. wie folgt beschrieben werden: *„Material Adverse Effect means a material adverse effect on the business, operations, property or condition (financial or otherwise) of the Borrower which affects or threatens to affect the ability of the Borrower to perform its obligations under this Finance Document."*

[103] Der *„material adverse change"* sollte jedenfalls auf eine konkrete Messgröße, bspw. das EBITDA, bezogen werden.

[104] Hierzu oben B 82.

verkehr gemäß §§ 307 Abs. 2 Nr. 1, 310 Abs. 1, 308 Nr. 4 BGB unwirksam.[105] Insoweit wird aber regelmäßig bei komplexeren Finanzierungsstrukturen ohnehin individualvertraglich ein ausgefeilter Anpassungsmechanismus vereinbart werden, bspw. indem eine bestimmte Zinsmarge *(margin rate),* die je nach dem Verhältnis einzelner Finanzkennzahlen oder je nach Vertragsstadien (bspw. durch Event of Default gestörtes oder störungsfreies Vertragsverhältnis) variiert, auf die eigenen Kreditvergabekosten *(mandatory cost rate)* und den Refinanzierungszinssatz (bspw. EURIBOR) aufgeschlagen wird.

c) Die Besicherung der Fremdfinanzierung

69 Wird der Kaufpreis durch Fremdkapitalgeber, insbesondere Banken, mitfinanziert, so werden für die Vergabe **konventioneller Darlehen**, §§ 607 ff. BGB (sog. **„Senior Debt"**), **Sicherheiten** verlangt, durch die sich der Fremdkapitalgeber eine Vorrangstellung vor anderen (unbesicherten) Kapitalgebern zu verschaffen sucht.

70 Als Sicherheitengrundlage für die Fremdfinanzierung des Kaufpreises werden in der Regel nur die erworbenen **Anteile** am Zielunternehmen **(Target)** oder dessen **Vermögenswerte** in Betracht kommen. Die Anteile am Zielunternehmen eignen sich freilich deshalb nur in seltenen Fällen, weil der Fremdkapitalgeber hiermit das wirtschaftliche Risiko einer Insolvenz des Zielunternehmens übernimmt. Denn der Gesellschafter steht bei der Vermögensverteilung in der Insolvenz an allerletzter Stelle und geht in der Regel völlig leer aus; in gleicher Weise gilt dies dann auch für den Inhaber eines Pfandrechts an den Gesellschaftsanteilen. Dieser hat daher einen **strukturellen Nachrang** hinzunehmen, da er nicht besser steht als der Gesellschafter. [106]

71 In allen anderen Fällen wird der Fremdkapitalgeber als Sicherheit (bspw. durch Verpfändung, Sicherungsübereignung oder -abtretung, Grundschuldbestellung) auf das **Anlage-** und ggf. **Umlaufvermögen der Zielgesellschaft** zugreifen wollen. Dabei wird freilich darauf zu achten sein, dass das Zielunternehmen nicht in seiner Freiheit zur Führung seines gewöhnlichen Geschäftsbetriebs unangemessen beschränkt wird. Insbesondere wird darauf zu achten sein, dass genügend Haftungsmasse auch für erforderliche **Betriebsmittelkredite** verbleibt. Die Sicherheitenbestellung darf nicht zu einer sittenwidrigen und damit nichtigen (§ 138 BGB) **Knebelung** des Zielunternehmens führen. Daher muss darauf geachtet werden, dass das Zielunternehmen uneingeschränkt im Stande bleiben muss, auch andere Gläubiger zu befriedigen und insbesondere im gewöhnlichen Geschäftsbetrieb über sein Umlaufvermögen, wie insb. Forderungen aus Lieferungen und Leistungen und Vorräte, zu verfügen[107].

72 In der Kreditpraxis wird im Hinblick auf denkbare Haftungsfolgen für das Management der Zielgesellschaft[108] häufig für diese Fälle aufsteigender, also von der Zielgesellschaft gewährter Sicherheiten vereinbart, dass die Sicherheit nicht in Anspruch genommen werden darf, sofern und soweit dies zu einer Unterbilanz bei der Zielgesellschaft führt; alternativ wird die Verwertung zugelassen, aber der Sicherungsnehmer verpflichtet, den Verwertungserlös in Höhe des zum Ausgleich der Unterbilanz benö-

---

[105] Zur sog. Market-Flex-Klausel *Diem,* a. a. O., § 2 Rdnr. 8.

[106] Hierzu *Schrell/Kirchner,* BKR 2004, 212 ff., 215. Siehe auch B 52.

[107] *K. Schmidt/Uhlenbruck/Wittig,* Rdnrn. 1.289 ff.

[108] Hierzu unten D 137 f.

tigten Verwertungserlöses an den Sicherungsgeber auszukehren (**„Limitation Language"**).[109] Es werden dann auch detaillierte Regelungen zur Feststellung einer solchen Unterbilanzlage getroffen. Diese Regelungen führen zu einer deutlichen Entwertung der Sicherheit und werden daher allenfalls mit erheblichen Kostenaufschlägen verhandelbar sein.[110]

d) Aufsichtsrechtliche Grenzen der Hebelfinanzierung

Die Kapitalverwaltungsgesellschaft eines inländischen Spezial-AIF trifft nach § 274 **73** KAGB-E eine gleiche Informationspflicht im Hinblick auf das eingesetzte Leverage, das dann von der *BaFin* begrenzt werden kann, wie dies § 215 KAGB-E für offene inländische Publikums-AIF vorsieht. Danach hat die AIF-Kapitalverwaltungsgesellschaft der *BaFin* zu zeigen, dass die von ihr für den Umfang des eingesetzten Leverage angesetzte Begrenzung angemessen ist und dass sie diese Begrenzung stets einhält, § 215 Abs. 1 KAGB-E. Die *BaFin* bewertet die Risiken des Einsatzes von Leverage durch die AIF-Kapitalverwaltungsgesellschaft und beschränkt den Umfang des durch die AIF-Kapitalverwaltungsgesellschaft einsetzbaren Leverage nach Maßgabe der von der Europäischen Kommission am 19. 12. 2012 erlassenen delegierten Verordnung zur Ergänzung der AIFM-Richtlinie *(Level II-Verordnung)*.[111] Nach § 1 Abs. 19 Nr. 25 KAGB-E ist *„Leverage"* jede Methode, mit der die Verwaltungsgesellschaft den Investitionsgrad eines von ihr verwalteten Investmentvermögens durch Kreditaufnahme, Wertpapierdarlehen, in Derivate eingebettete Hebelfinanzierung oder auf andere Weise erhöht. Die Kriterien zur Festlegung der Methoden für Leverage und seine Berechnung werden durch Artt. 6 bis 10 der Level II-Verordnung vorgegeben. Nach dem Verständnis der AIFM-Richtlinie[112] geht es dabei um die Begrenzung von Hebelfinanzierungen auf Ebene des AIF einschließlich solcher Rechtsstrukturen, bei denen Dritte beteiligt sind, die von dem AIF kontrolliert werden, sofern diese Strukturen für direkte oder indirekte Hebelfinanzierungen auf Ebene des AIF geschaffen wurden.

Dies bedeutet insbesondere für Private Equity-Fonds, dass eine Hebelfinanzierung **74** auf Ebene einer **Erwerbergesellschaft** (NewCo) in die Risikoermittlung des Leverage einzubeziehen ist, wenn der Private Equity-Fonds an der NewCo, die die Akquisitionsfinanzierung aufnimmt, mehrheitlich beteiligt ist, wie typischerweise in IBO-Fällen. Dementsprechend bestimmt Art. 6 Nr. 3 Satz 1 der Level II-Verordnung, dass Finanzierungen auf Ebene von Zwischengesellschaften, welche eigens dafür geschaffen wurden, das Risiko auf Ebene des AIF direkt oder indirekt zu erhöhen, auch als Hebelfinanzierung auf AIF-Ebene gelten sollen. Dort wird weiter ausgeführt, dass bei

---

[109] *Erne,* GWR 2012, 503 ff.; *Diem,* § 43 Rdnrn. 94 ff.

[110] Nach der unten vertretenen Auffassung, dass es für die Frage des Entstehens einer Unterbilanz nicht auf den Zeitpunkt der Verwertung, sondern der Bestellung der Sicherheit ankommt, scheint die Vereinbarung einer solchen „Limitation Language" allerdings nicht zwingend geboten; hierzu unten D 112.

[111] Zur AIFM-Richtlinie (Richtlinie 2011/61/EU des Europäischen Parlaments und des Rates vom 8. 6. 2011, ABl. L 174/1, 11) und zur Umsetzung durch das KAGB bereits eingangs A 76 ff.

[112] Erwägungsgrund (78) der AIFM-Richtlinie, ebenso der ESMA-Abschlussbericht, der auf die Richtliniendefinition von Hebelfinanzierung verweist, S. 19 und S. 188.

AIF, deren Anlagestrategie im Wesentlichen im Kontrollerwerb über nicht börsennotierte Unternehmen besteht (wie bei den hier behandelten Buy Out-Konstellationen), Risiken auf Ebene dieser **Zielgesellschaft** nicht in die Berechnung der Hebelfinanzierung einbezogen werden, wenn der AIF oder die für ihn handelnde Kapitalverwaltungsgesellschaft für potentielle Verluste nicht aufkommen muss, die über das Investment hinausgehen, Art. 6 Nr. 3 Satz 2 Level II-Verordnung. Ein solches weitergehendes Haftungsrisiko ist, wenn das Haftungsrisiko durch den Einsatz einer Erwerberkapitalgesellschaft begrenzt wird, ausgeschlossen.

75　Ohnehin wird in typischen Buy Out-Fällen eine Hebelfinanzierung auf Ebene der Zielgesellschaft nicht erfolgen, da hier gesellschaftsrechtliche Grenzen nach den unten noch zu behandelnden Kapitalerhaltungsvorschriften gesetzt sind, die in jedem Fall zu beachten sind.[113] Auch ergeben sich zumindest mittelbare Grenzen einer Hebelfinanzierung auf Ebene des AIF durch diejenigen Obergrenzen, die einer möglichen **Ausschüttung** aus der Zielgesellschaft an die Erwerbergesellschaft durch § 292 KAGB-E gezogen sind[114]; denn die Erwerbergesellschaft muss ihre Akquisitionsfinanzierung an dem Cash Flow der Zielgesellschaft ausrichten, der dann auch den Umfang der tragbaren Zinslast bestimmt.

76　Die Frage, wie weit die in den Leverage einzubeziehenden Strukturen reichen, hat auch Auswirkungen auf die Anwendung der Ausnahmevorschriften in §§ 2 (4) Nr. 2 litt. a und b bzw. 2 (5) Nr. 9 KAGB-E sowie die Melde- und Informationspflichten der AIF-Kapitalverwaltungsgesellschaft gegenüber der *BaFin* gemäß § 35 KAGB-E.

Zusammenfassung:
- Bausteine der Finanzierung der Transaktion sind das **Eigenkapital,** mit dem die Erwerbergesellschaft ausgestattet wird, **Mezzanine-Kapital** *(Junior Loan)* und schließlich das vorrangig zu bedienende **Fremdkapital** *(Senior Loan)*.
- Zu beachten ist, dass der Verrechenbarkeit von Zinsaufwand für die Fremdfinanzierung bei der Erwerbergesellschaft mit Gewinnen aus der Zielgesellschaft durch die **Zinsschranke** des § 4h Abs. 1 EStG i.V.m. § 8 Abs. 1 KStG Grenzen gesetzt sind.
- Die LBO-Finanzierung wird meist auf Grundlage für den internationalen Kapitalmarkt geeigneter Musterverträge vergeben. Diese sehen u.a. detaillierte Zins- und Tilgungsregelungen, aber auch Verpflichtungen des Kreditnehmers zur Einhaltung bestimmter Finanzkennzahlen **(Financial Covenants)** und positive bzw. negative Verhaltenspflichten **(Corporate Covenants)** vor.
- Zur Überwindung des strukturellen Nachrangs der Kreditgeber der Erwerbergesellschaft wird meist eine Besicherung aus dem Vermögen der Zielgesellschaft vorgesehen. Insoweit können auch Beschränkungen der Kreditgeber für die Verwertung dieser Sicherheiten vereinbart werden **(Limitation Language)**.
- Für unter das KAGB fallende Private Equity-Fonds wird es die aufsichtsrechtlichen Grenzen einer **Hebelfinanzierung** zu beachten gelten, die **§ 274 KAGB-E** in Verbindung mit der Level II-Verordnung vorschreibt.

---

[113] Hierzu unten im Einzelnen D 104 ff.
[114] Auch hierzu unten D 83 f.

IV. Rechtliche Grenzen von Umstrukturierungsmaßnahmen

1. Problemstellung

Bereits vor der Finanzkrise waren Private Equity-Fonds als *„Heuschrecken"* in Verruf **77** geraten. Ihr Einstieg sei nicht auf eine langfristige Ertragsteigerung und Sicherung des Zielunternehmens ausgerichtet, sondern es gehe ihnen gerade auch im Hinblick auf den zeitlich engen Beteiligungshorizont, der auf einen *„Exit"* durch einen weiteren Verkauf angelegt ist, nur um die kurzfristige Rendite zu Lasten des Zielunternehmens. Gerade im Fall von mit Fremdkapital gehebelten LBOs liegt die Gefahr nahe, dass die Private Equity-Investoren ihre Mehrheitsmacht dazu nutzen, durch dem Erwerb nachfolgende Umstrukturierungsmaßnahmen dem Zielunternehmen zum Zwecke der Erzielung eines *„Superreturns"* Kapital zu entziehen und hierdurch das Eigenkapital zu schwächen oder aber das Zielunternehmen mit den Finanzierungslasten des Anteilserwerbs zu beschweren. Diese Gefahr mag sich durch die Finanzkrise und den damit verbundenen erschwerten Zugang zu einer Fremdfinanzierung sogar noch erhöht haben. Das öffentliche Bild von Private Equity wurde geprägt durch sog. *„Corporate Raiders"*, die nach dem Motto *„Cash in and run"* maßgeblich darauf aus waren, Vermögen oder stille Reserven des Zielunternehmens zu heben, um hiermit ihre eigene Rendite zu optimieren.[115] Die hierfür in der Praxis häufigsten Gestaltungswege sind:

- Auskehr von Gesellschaftsvermögen über eine **Dividende,** die nicht aus operativen Gewinnen, sondern aus der Auflösung von Rücklagen oder **Realisierung** stiller Reserven resultiert, bspw. durch konzerninterne Umschichtungen oder Veräußerung von nicht betriebsnotwendigen Aktiva an Dritte, auch in Form von Sale and Lease Back-Gestaltungen (bspw. Verkauf und anschließende Anmietung von Immobilien), oder auch durch Kostensenkungsmaßnahmen, bspw. Kürzung von Forschungsausgaben.
- Verschmelzung der Erwerbergesellschaft auf das Zielunternehmen **(Down Stream Merger),** wodurch die zum Zweck des Anteilserwerbs eingegangenen Darlehensschulden der Zielgesellschaft auferlegt werden **(Debt-Push-Down)** oder umgekehrt die Verschmelzung der Ziel- auf die Akquisitionsgesellschaft **(Upstream Merger** oder Umwandlungsmodell).
- Abschluss eines **Beherrschungs- und/oder Gewinnabführungsvertrags** zwischen der Erwerbergesellschaft als beherrschendem Unternehmen und der Zielgesellschaft als beherrschtem Unternehmen, wodurch eine Verrechnung des von der Zielgesellschaft erzielten Jahresüberschusses mit den Verlusten aus der Fremdfinanzierung auf Ebene der Erwerbergesellschaft ermöglicht wird.

Auch durch Beraterhonorare oder *„Termination Fees"*[116] an Investoren kann es zu er- **78** heblichen Liquiditätsabflüssen bei der Zielgesellschaft kommen, die steuerrechtlich

---

[115] Hierzu kritisch *Schneider,* NZG 2007, 888 ff., der verschiedene Beispiele anführt.

[116] *Schneider,* a. a. O., S. 889 führt als Beispiel die Übernahme von *Celanese* durch *Blackstone* an. Hier hatte *Celanese* mit *Blackstone* einen längerfristigen entgeltlichen Beratervertrag abgeschlossen, der dann im Jahr der Übernahme 2004 gegen eine Abfindung von USD 35 Mio. aufgehoben wurde.

zumindest in die Nähe einer **verdeckten Gewinnausschüttung** kommen können.[117]

2. Dividendenausschüttung

a) Beschlusskompetenz

79 Die Gewinnverwendung einer Kapitalgesellschaft liegt in der allgemeinen Entscheidungskompetenz der Gesellschafter, §§ 29, 46 Nr. 1 GmbHG bzw. § 58 Abs. 3 und 4 AktG, sofern kein Gewinnabführungsvertrag besteht.[118] Nach § 29 Abs. 1 GmbHG besteht grundsätzlich ein Vollausschüttungsanspruch der Gesellschafter, sofern nicht dieser Anspruch durch den Gesellschaftsvertrag oder einfachen Gesellschafterbeschluss reduziert oder sogar ganz ausgeschlossen wird, also eine Thesaurierung des ganzen oder teilweisen Gewinns beschlossen wird. Bei der AG haben nach § 58 Abs. 2 AktG vor der Entscheidung der Hauptversammlung über die Verwendung des Bilanzgewinns Vorstand und Aufsichtsrat in dem Regelfall, dass der Jahresabschluss durch sie festgestellt wird, vorbehaltlich einer abweichenden Satzungsregelung, einen Teil des Jahresüberschusses, höchstens jedoch die Hälfte, in andere Gewinnrücklagen einzustellen, wodurch sich der an die Aktionäre zu verteilende Bilanzgewinn deutlich schmälern kann. Da die **Vollausschüttung** bei der GmbH dem gesetzlichen Regelfall entspricht, wird sich dort ein entsprechender Gewinnverwendungsbeschluss im gesetzlichen Rahmen halten und daher grds. nicht entsprechend § 243 Abs. 1 AktG anfechtbar sein. Entsprechendes gilt für den Beschluss über die **Auflösung von Rücklagen,** die Teil der Entscheidungskompetenz über die Gewinnverwendung nach § 46 Nr. 1 GmbHG ist, da hiermit, wie umgekehrt mit der Rücklagenbildung, über die Eigenkapitalausstattung der Gesellschaft entschieden wird.[119] Bei der AG darf eine Kapitalrücklage nur im Rahmen des § 150 Abs. 3 oder AktG zum Ausgleich eines Jahresfehlbetrags oder eines Verlustvortrags oder zur Kapitalerhöhung aus Gesellschaftsmitteln aufgelöst werden; Zuzahlungen in die Kapitalrücklage gem. § 272 Abs. 2 Nr. 4 HGB sind hier aber nicht erfasst, die daher nicht gebunden sind. Für die GmbH bestehen, mit Ausnahme der vereinfachten Kapitalherabsetzung, § 58b GmbHG, keine besonderen Beschränkungen der Auflösung einer Kapitalrücklage. Entnahmen aus der Kapitalrücklage sind als Ergebnisverwendung anzusehen[120].

---

[117] *BFH* 24. 1. 1989, BStBl. II, 419; *Förschle/Büssow* im *BeckBil Komm.* § 278 Rdnrn. 101 ff., 102. Das steuerliche Einkommen der Kapitalgesellschaft ist um die vGA außerbilanziell gem. § 8 Abs. 3 S. 2 KStG zu erhöhen; auf Ebene der Gesellschafter gelten die jeweiligen Besteuerungsregeln.

[118] In diesem Fall ist die Verpflichtung zur Gewinnabführung bereits bei der Aufstellung des Jahresabschlusses zu passivieren und dann entsprechend festzustellen. Ist die volle Ergebnisabführung vereinbart (so die Regel des § 291 Abs. 1 S. 1, 2. Alt. AktG, anders als beim Teilgewinnabführungsvertrag, § 292 Abs. 1 Nr. 2 AktG), gibt es zur Gewinnverwendung nichts mehr zu beschließen.

[119] *Lutter/Hommelhoff,* § 29 GmbHG Rdnr. 27.

[120] *MüKo-HGB/Reiner,* § 272 HGB Rdnr. 65; *Beck'scher Bilanz Komm./Förschle,* § 270 HGB Rdnrn. 10 f.

b) Gesellschaftsrechtliche Grenzen

Aus Gründen des Minderheiten- und auch Gläubigerschutzes sind aber dem Verwen- **80** dungsentscheid sowohl nach unten (Schutz gegen *„Hungerdividende"*) als auch nach oben Grenzen dergestalt gesetzt, dass durch Ausschüttungen an die Gesellschafter die **Existenz** der Gesellschaft **nicht gefährdet** werden darf; ein dennoch gefasster Beschluss wäre **anfechtbar.**[121] Entsprechendes gilt für die AG: Machen die Aktionäre von ihrer Befugnis, über den festgestellten Bilanzgewinn zu disponieren, gemäß § 58 Abs. 3, 4 AktG Gebrauch, so trägt dieser Beschluss grundsätzlich die Rechtfertigung in sich.[122] Auch das Absehen von der Rücklagenkompetenz nach § 58 Abs. 2 AktG ist eine **unternehmerische** und grundsätzlich nicht justiziable Entscheidung des Vorstands und des Aufsichtsrats. Die Entscheidung, freie Rücklagen in Bilanzgewinn zu transferieren, ist dem Vorstand freigestellt, ebenso wie die Ausschüttungsentscheidung Sache der Aktionäre ist.[123] Doch gibt es auch hier, wenn auch weitgezogene, **Ermessensschranken** zu beachten: So erschiene es nicht mehr mit einer pflichtgemäßen *„Vorschlagsverantwortung"* von Vorstand und Aufsichtsrat vereinbar, wenn ein Dividendenvorschlag des Vorstands und des Aufsichtsrats die Existenz der Gesellschaft aufs Spiel setzt oder wenn der Vorstand Rücklagen auflöst und zur Ausschüttung freigibt, die an sich für bereits in die Wege geleitete Investitionen benötigt werden.[124] Hiermit würden sich Vorstand und Aufsichtsrat dem Risiko einer Haftung nach §§ 93 Abs. 2, 116 AktG aussetzen. Mit einem sorgfaltsgemäßen Handeln des Vorstands erschiene es im Übrigen auch unvereinbar, wenn eine nur auf einem Buchgewinn basierende Dividende mangels freier Liquidität der Zielgesellschaft durch Aufnahme eines Darlehens finanziert würde und damit die Zielgesellschaft mit Zinsen für einen allein der Erwerbergesellschaft zu Gute kommenden Kredit belastet wird[125].

In den Fällen existenzgefährdender Ausschüttungen kommt auch eine **Insolvenzan-** **81** **fechtung** nach § 133 InsO (vorsätzliche Gläubigerbenachteiligung) bei einer während der nächsten 10 Jahre nachfolgenden Insolvenz der Zielgesellschaft in Betracht, die, greift sie durch, zu einer Rückgewährpflicht gem. § 143 InsO führt. Fraglich könnte erscheinen, ob man im Hinblick auf die Kompetenz der Gesellschafter, über die Gewinnverwendung zu entscheiden, überhaupt von einer *„Rechtshandlung"* des Schuldners im Sinne von § 129 Abs. 1 InsO sprechen kann, die dann nach Maßgabe der §§ 130 ff. InsO der Anfechtung unterliegt. Jedoch ist dieser Begriff weit auszulegen und erfasst alle eine rechtliche Wirkung auslösenden bewussten Willensbetätigungen.[126] Selbst Beschlüsse eines Gesellschaftsorgans kommen daher als anfechtbare Rechtshand-

---

[121] *Lutter/Hommelhoff,* § 29 GmbHG Rdnr. 22 und 28. Zur Haftung wegen existenzvernichtendem Eingriff auch noch unten D 132 f.

[122] *Habersack,* Festschrift Karsten Schmidt, S. 523, 532, auch hier wieder abgesehen vom Extremfall der ausschüttungsbedingten Existenzgefährdung, a. a. O. S. 537.

[123] *Habersack,* a. a. O., S. 538, 539.

[124] So die Beispielsfälle bei *Habersack,* a. a. O., S. 541, 542.

[125] So auch *Habersack,* a. a. O., S. 539.

[126] *MüKo-InsO/Kirchhoff,* § 129 InsO Rdnr. 7. Daher lassen auch *Eidenmüller/Engert,* S. 305, 317 hierunter ohne weiteres jede Vermögensverschiebung der Gesellschaft zu ihren Anteilseignern und folgerichtig auch eine Ausschüttung fallen.

lung in Betracht.[127] Doch setzt der **Benachteiligungsvorsatz,** § 276 Abs. 1 BGB, voraus, dass die Gesellschaft (und damit zugleich die den Beschluss fassende und durch die Ausschüttung begünstigte Erwerbergesellschaft) erkennt und billigend in Kauf nimmt, dass durch die Ausschüttung die Ausfallwahrscheinlichkeit für ihre Gläubiger ernstlich und unangemessen erhöht wird.[128] Letztlich wird daher eine Insolvenzanfechtung wegen vorsätzlicher Gläubigerbenachteiligung nur dann in Betracht kommen, wenn zugleich auch die Voraussetzungen für eine deliktische Gesellschafterhaftung aus existenzvernichtendem Eingriff gegeben sind.[129]

82   Allein dass die Dividende zum Zweck der Kaufpreisfinanzierung durch die Zielgesellschaft beschlossen wird, verstößt aber nicht gegen das Verbot der finanziellen Unterstützung des Aktenerwerbs nach **§ 71 a Abs. 1 AktG,** da dieses Verbot auf gesetzlich erlaubte Zahlungen und insbesondere auf die Leistung einer ordnungsgemäß beschlossenen Dividende, selbst wenn sie wegen des Zusammenhangs mit dem Erwerb von Aktien außergewöhnlichen Charakter hat, keine Anwendung findet.[130]

c) Aufsichtsrechtliche Grenzen

83   Durch § 292 KAGB-E[131] wird nun solchen Private Equity-Fonds bzw. ihren Verwaltungsgesellschaften, die unter den Anwendungsbereich des KAGB fallen, verboten, innerhalb von 24 Monaten nach dem Kontrollerwerb, also nach dem Erwerb einer Stimmenmehrheit, § 288 KAGB-E, an der Zielgesellschaft, Ausschüttungen, eine Kapitalherabsetzung, die Rücknahme von Anteilen oder den Ankauf eigener Anteile durch die Zielgesellschaft[132] zu gestatten, zu ermöglichen, zu unterstützen oder anzuordnen (§ 292 Abs. 1 Nr. 1 KAGB-E) oder hierfür zu stimmen (Nr. 2), wenn die weiteren durch § 292 Abs. 2 KAGB-E gezogenen Grenzen überschritten werden. Hiernach sind Ausschüttungen an Anteilseigner verboten, wenn entweder das im Jahresabschluss der Zielgesellschaft ausgewiesene **Netto-Aktivvermögen** bei Abschluss des letzten Geschäftsjahres den Betrag des gezeichneten Kapitals zuzüglich der nicht ausschüttbaren Rücklagen unterschreitet bzw. infolge der Ausschüttung unterschreiten würde (§ 292 Abs. 2 Nr. 1 KAGB-E) oder die Ausschüttung den Betrag des **Ergebnisses** des letzten abgeschlossenen Geschäftsjahres zuzüglich des Gewinnvortrags und der Entnahmen aus verfügbaren Rücklagen, jedoch vermindert um die Verluste aus früheren Geschäftsjahren sowie um die nach Gesetz oder Satzung eingestellten Rücklagen überschreiten würde (§ 292 Abs. 2 Nr. 2 KAGB-E).

84   Das **Netto-Aktivvermögen** erfasst die Aktiva vermindert um Verbindlichkeiten (inklusive Rückstellungen für ungewisse Verbindlichkeiten) und gesetzliche Rücklagen, z. B. § 5 a Abs. 3 EStG; nicht abzuziehen sind hingegen Rücklagen ohne Ausschüttungsbegrenzung, wie bspw. Gewinnrücklagen oder freie Kapitalrücklagen gem. § 272 Abs. 2 Nr. 4 HGB. Da auf das Netto-Aktivvermögen abgestellt wird, wie es bei Abschluss des letzten Geschäftsjahres vor dem Kontrollerwerb ausgewiesen worden ist, sind anschließenden Strukturmaßnahmen durch Veräußerung von Aktiva, die zu einem

---

[127] *MüKo*-InsO/*Kirchhoff,* a. a. O. Rdnr. 19.

[128] *Eidenmüller/Engert,* S. 305, 322 f.

[129] Hierzu unten D 132 f.

[130] *Habersack,* a. a. O., S. 543 m. w. M.

[131] Vgl. eingangs A 125.

[132] Zielgesellschaft ist hier rechtsformunabhängig zu verstehen.

Buchgewinn führen und der anschließenden Dividendenausschüttung Grenzen gesetzt, denn damit wird das Netto-Aktivvermögen im Vergleich geschmälert. Darüber hinaus ist aber auch die zweite Schranke des um Gewinn- und Verlustvorträge saldierten letzten Jahresergebnisses in Nr. 2 zu beachten.

Folge eines Verstoßes ist ein aufsichtsrechtliches Vorgehen der *Bundesanstalt für Finanzdienstleistungsaufsicht (BaFin),* die nach § 11 KAGB-E zunächst gegen den Verstoß vorzugehen hat und dann im Falle eines nachhaltigen Verstoßes gegen die Bestimmungen des Gesetzes die der Kapitalverwaltungsgesellschaft erteilte Erlaubnis nach § 39 Abs. 3 Nr. 5 KAGB-E aufheben oder stattdessen nach § 40 KAGB-E auch die Abberufung der verantwortlichen Geschäftsleiter verlangen und ihnen die Ausübung ihrer Tätigkeit untersagen kann. **85**

Zu klären wird sein, ob § 292 KAGB-E zugunsten von Gläubigern der Zielgesellschaft als **Schutzgesetz** im Sinne des § 823 Abs. 2 BGB zu verstehen ist. Insoweit erschiene es naheliegend, dies entsprechend den bestehenden gesetzlichen Regeln des Kapitalerhalts zu beantworten. Insoweit ist anerkannt, dass das sich gegen die Geschäftsführer richtende Auszahlungsverbot des § 30 GmbHG kein Schutzgesetz zugunsten der Gesellschaft und ihrer Gläubiger im Sinne von § 823 Abs. 2 BGB ist, da es nur reflexartig dem Gläubigerschutz dient.[133] Allerdings ist ersichtlicher Zweck des § 292 KAGB-E, die Entscheidungsorgane der Zielgesellschaft vor einer eigennützigen Einflussnahme der Kapitalverwaltungsgesellschaft zum Zweck einer den vorgegebenen Rahmen überschreitenden Ausschüttung zu bewahren. Daher wird man § 292 KAGB-E zumindest als Schutzgesetz zugunsten der Gesellschaft anzusehen haben.[134] Nicht erfasst von § 292 KAGB-E werden hingegen die eingangs genannten Vergütungen für Beratungsleistungen an Investoren. **86**

Als *„Ausschüttung"* bezeichnet § 292 Abs. 3 Nr. 1 KAGB-E beispielhaft insbesondere die Zahlung von Dividenden. Unter den Begriff *„Ausschüttung"* fällt die Bestellung einer **Sicherheit** am Vermögen der Zielgesellschaft zur Absicherung einer Kaufpreisfinanzierung hingegen nicht.[135] Eine Gleichstellung schiene allenfalls im Hinblick auf den angestrebten Vermögensschutz der Zielgesellschaft denkbar, da die Sicherheitenbestellung das Vermögen der Zielgesellschaft zum Vorteil des Neugesellschafters belastet. Führt die Bestellung der Sicherheit aber zu keinen bilanziellen Auswirkungen bei der Zielgesellschaft, weil bei ihr keine Rückstellung wegen zu erwartender Inanspruchnahme der Sicherheit zu bilden ist, § 249 HGB,[136] kann auch rechnerisch das im Vorjahr bilanziell ausgewiesene Netto-Aktivvermögen hierdurch nicht unterschritten werden. Die zweite am Jahresergebnis ausgerichtete Schranke (Vergleich der Ausschüttung mit dem Betrag des saldierten Vorjahresergebnisses) kann allein schon wegen der hier gewählten Vergleichsgröße nur auf die Gewinnverwendung, also die explizit genannte Dividende, nicht auf sonstige Leistungen aus dem Gesellschaftsvermögen bezogen sein. Ersichtlich hat § 292 KAGB-E, wie auch der Titel *„Zerschlagen von Unternehmen"* deutlich macht oder sich auch in dem Begriff *„Asset Stripping"* widerspiegelt, nur die Auf- **87**

---

[133] *BGH* GmbHR 2001, 771, 772; *BGHZ* 110, 342, 359; *Lutter/Hommelhoff,* § 30 GmbHG Rdnr. 1.

[134] Ebenso *Zetzsche,* NZG 2012, 1164, 1168.

[135] So auch, wenn auch ohne weitere Begründung *Hesse/Lamsa,* Corporate Finance Law 2011, 39, 46.

[136] Hierzu noch näher unten D 113 f.

lösung stiller Reserven oder Erzielung von Buchgewinnen durch Veräußerung von Aktivvermögen als *„Ausschüttung"* im Auge. Auch insoweit erscheint ein gleiches Interpretationsverständnis wie bei §§ 30 GmbHG, 57 AktG[137] angezeigt.

3. Verschmelzung

a) Gesellschaftsrechtliche Grenzen

aa) Downstream Merger

88   Wird die Trennung zwischen Erwerbergesellschaft und Zielgesellschaft nach dem Erwerb durch eine Verschmelzung aufgehoben, hätte dies im Fall der Downstream-Verschmelzung zur Folge, dass die bei der Erwerbergesellschaft bestehenden Finanzierungsverbindlichkeiten in die Tochtergesellschaft hineinverschmolzen werden (**„Debt Push Down"**). Hat diese Übernahme der Bankverbindlichkeiten durch die Zielgesellschaft zur Folge, dass ihr Stammkapital nicht mehr gedeckt ist, so ist dieser Vorgang nach herrschender Meinung so zu werten, als hätte die Zielgesellschaft eine verbotswidrige Auszahlung (Einlagenrückgewähr) an den gemäß § 20 Abs. 1 Nr. 3 UmwG eintretenden Gesellschafter der übertragenden Muttergesellschaft (NewCo) geleistet.[138] Dem wird allerdings zurecht entgegengehalten, dass der verschmelzungsrechtlich bedingte (negative) Vermögensübergang nicht als Auszahlung im Sinne von § 30 Abs. 1 Satz 1 GmbHG verstanden werden kann.[139] Für diese Auffassung spricht, dass auch nach der im Aktienrecht herrschenden Ansicht durch die Verschmelzung nicht gegen die Kapitalerhaltungsvorschrift des § 57 Abs. 1 S. 1 AktG bzw. die Verbotsbestimmung des § 71 a AktG verstoßen wird.[140] Insoweit haben die Vorschriften des UmwG Vorrang, die die Interessen der Zielgesellschaft und der Gläubiger schützen.

bb) Upstream Merger

89   Umgekehrt ginge im Fall des **Upstream Merger** das besicherte Anlagevermögen der Zielgesellschaft durch die Verschmelzung auf die Erwerbergesellschaft über. § 24 UmwG gewährt der aufnehmenden Gesellschaft grundsätzlich ein Wahlrecht zwischen dem Ansatz der übernommenen Aktiva mit den Buchwerten der Schlussbilanz des übertragenden Rechtsträgers oder mit einem anderen als Anschaffungskosten zulässigen Wert. Hierdurch kann das Entstehen eines Verschmelzungsverlusts und damit einer Unterbilanz vermieden werden. Sofern der Nettowert des auf die Erwerbergesellschaft übergegangenen Vermögens den Beteiligungsbuchwert übersteigt, entsteht dort ein Verschmelzungsgewinn. Da die Tochter wirtschaftlich gesehen ihr gesamtes

---

[137] Hierzu unten D 108 f., D 125.

[138] *MüKo/Ekkenga,* § 30 GmbHG Rdnr. 193.

[139] *Widmann/Mayer,* § 5 UmwG Rdnr. 40.1 mit einem ausführlichen Beispiel; ebenso *Diem,* § 49 Rdnr. 35; *Söhner,* ZIP 2011, 2085, 2089.

[140] *MüKo-AG/Oechsler,* § 71 a Rdnr. 21; *LG Düsseldorf* ZIP 2006, 516 ff. und *OLG Düsseldorf* NZG 2007, 273 ff, im Babcock Borsig/HDW-Fall; *Seibt,* ZHR 171 (2007) 283, 304; *Habersack,* Festschrift Röhricht, S. 155, 169 f., 174; *Oechsler,* ZIP 2006, 1661, 1664; kritisch *Kerber,* NZG 2006, 50, 53.

Vermögen an die Muttergesellschaft auskehrt, könnte dies wiederum als nach § 30 GmbHG verbotene Auszahlung zu werten sein.[141] Hier gilt aber Gleiches wie für den Down Stream Merger.[142] Die Verschmelzung kann nicht als Auszahlung im Sinne der Kapitalerhaltungsvorschriften verstanden werden. In jedem Fall, selbst bei Verstoß gegen § 30 Abs. 1 Satz 1 GmbHG, der nach herrschender Meinung kein Verbotsgesetz im Sinne des § 134 BGB ist[143], ist aber die Verschmelzung wirksam.

cc) Verschmelzungsrechtliche Folgen

Verschmelzungsrechtlich können die **Gläubiger** der Zielgesellschaft nach § 22 Abs. 1 UmwG binnen sechs Monaten nach Bekanntmachung der Verschmelzung **Sicherheit** für ihre Forderungen verlangen. Ferner besteht eine **Schadensersatzpflicht** der Verwaltungsträger der übertragenden Gesellschaft, die über einen besonderen Vertreter auch von Gläubigern verfolgt werden kann, die von dem übernehmenden Rechtsträger keine Befriedigung erlangen konnten, §§ 25, 26 Abs. 1 Satz 3 UmwG. Eine **Beschlussanfechtung** nach § 14 Abs. 2 UmwG ist denkbar, wenn die Verschmelzung nicht auf unternehmensorganisatorischen sachlichen Gründen beruht, sondern nur der Finanzierung der Übernahme dient.[144] Doch setzt dies voraus, dass anfechtungsberechtigte Minderheitsgesellschafter überhaupt verblieben; eine Anfechtung scheidet also im Fall des vorausgegangenen käuflichen Erwerbs aller Anteile an der Zielgesellschaft durch die NewCo als Schutzmechanismus aus.

dd) Anwachsung statt Verschmelzung

Ist die Zielgesellschaft eine KG, typischerweise in Form der GmbH & Co. KG (oder wird sie in eine solche in Zusammenhang mit dem Erwerb umgewandelt)[145], lässt sich der unmittelbare Zugriff auf ihren Cash Flow statt in Form der Verschmelzung auch durch das **Anwachsungsmodell** realisieren. Hierfür bestehen grundsätzlich zwei Alternativen:

- Die NewCo erwirbt sämtliche Kommanditanteile und die Anteile an der Komplementär-GmbH. Anschließend scheidet die Komplementär-GmbH aus der KG aus, worauf sämtliche Wirtschaftsgüter der KG durch Anwachsung auf den einzig verbliebenen Gesellschafter, die NewCo, übergehen.
- Die Buy-Out-Initiatoren erwerben selbst oder über eine NewCo die Anteile an der Komplementär-GmbH zunächst nur gegen einen geringen Kaufpreis (die Komplementär-GmbH ist in der Regel nicht am Vermögen der KG beteiligt). Die Komplementär-GmbH wird dann mit dem Kaufpreis für die Kommanditanteile ausgestattet. Sodann scheiden die Altgesellschafter gegen Abfindungszahlung aus der KG aus. Wiederum fallen sämtliche Wirtschaftsgüter der KG dem einzig verbliebenen Gesellschafter, in diesem Fall der ehemaligen Komplementär-GmbH, im Wege der Anwachsung zu.

---

[141] So wohl ohne weitere Begründung *MüKo/Ekkenga*, § 30 GmbHG, Rdnr. 193.

[142] Siehe zuvor D 88; *Schäffler*, BB Special 009 zu BB 2006, Heft 48, S. 1, 7.

[143] *Diem*, § 43 Rdnr. 56.

[144] *Schneider*, NZG 2007, 888, 892; *Kerber*, DB 2004, 1027, 1029; a. A. *Habersack*, Festschrift Röhricht, S. 155, 175 f.

[145] Dieses Modell lag der Übernahme im HDW-Fall zugrunde; hierzu die Düsseldorfer Urteile in Fn. 140.

92 Der Gläubigerschutz wird in diesem Fall durch die Haftung der übernehmenden Gesellschaft erreicht.[146]

b) Aufsichtsrechtliche Grenzen

93 § 292 KAGB-E erfasst als verbotenes Geschäft nicht nur die Ausschüttung und die Kapitalherabsetzung, sondern auch die *„Rücknahme von Anteilen oder den Ankauf eigener Anteile"* durch die Zielgesellschaft. Der Gesetzgeber hat hierbei ersichtlich die gleichen Fallgestaltungen im Blick, wie die gesetzlichen Beschränkungen des § 33 GmbHG bzw. § 71 AktG. Sie ordnen den Erwerb eigener Aktien dem Kapitalschutz zu, da die Zahlung des Erwerbspreises grundsätzlich wie eine Einlagenrückgewähr wirkt, da sie den Gesellschaftern außerhalb der Gewinnverwendung zufließt. Der Fall der Verschmelzung, insbesondere in Form der Debt-Push-Down-Gestaltung kann allerdings zu einer noch höheren Gefährdung der Gläubigerinteressen führen, da die Zielgesellschaft nach dem Down-Stream Merger nun selbst die von der Erwerbergesellschaft aufgenommene Finanzierungslast zu tragen hat. Im Hinblick auf die hiermit verbundene Erhöhung des Verschuldungsgrads, die dem operativen Geschäft der Zielgesellschaft liquide Mittel entzieht, mag es naheliegend erscheinen, diesen Fall auch unter § 292 KAGB-E zu erfassen. Doch gibt dies der Wortlaut nicht her. Überdies sieht das Verschmelzungsrecht keine Grenzen des Kapitalerhalts vor und ist auch der verschmelzungsrechtliche Gläubigerschutz nach § 22 UmwG schwächer ausgebildet als etwa die Gläubiger schützenden Regelungen der Kapitalherabsetzung in §§ 225 Abs. 2 AktG und 58 GmbHG. Denn er sieht keine Ausschüttungssperre für durch die Verschmelzung frei gesetztes Kapital vor, ehe den Gläubigern, die ihre Forderungen angemeldet haben, Sicherheit geleistet ist.[147] Dies bedeutet im Vergleich, dass auch im Rahmen des § 292 KAGB-E eine Gleichstellung der Verschmelzung mit der in § 292 KAGB-E ausdrücklich erwähnten Kapitalherabsetzung über den Gesetzeswortlaut hinaus nicht geboten erscheint.

4. Abschluss eines Beherrschungs- oder Gewinnabführungsvertrags

94 Hierbei geht es um zwei Ziele: Zum einen die unternehmerische Leitung der Zielgesellschaft und zum anderen das (steuerliche) Ziel, Gewinne der Zielgesellschaft mit Verlusten auf Ebene der Erwerbergesellschaft zu verrechnen, ohne, wie im Fall der Verschmelzung, die rechtliche Selbständigkeit beider Gesellschaften aufzugeben.

a) Konzernierung durch Unternehmensverträge

aa) Zustandekommen und Inhalte

95 Durch den Abschluss eines Beherrschungsvertrags verschafft sich die Obergesellschaft das Recht zur Leitung der Untergesellschaft, § 291 Abs. 1 S. 1, 1. Alt. AktG; wesentliches Element ist die durch das in § 308 AktG geregelte **Weisungsrecht** vermittelte

---

[146] Vgl. die Urteile Fn. 140.
[147] Eine Angleichung dieser gesetzlichen Regelungen regt u. a. *Schneider*, NZG 2007, 888, 892 an.

Leitungsmacht der herrschenden Gesellschaft. Es können auch Weisungen erteilt werden, die für die beherrschte Gesellschaft nachteilig sind, sofern sie nur den Belangen der herrschenden Gesellschaft oder anderer konzernverbundener Gesellschaften dienen, § 308 Abs. 1 Satz 2 AktG. Der Vorstand der beherrschten Gesellschaft darf die Befolgung einer Weisung nicht verweigern, weil er dies anders beurteilt, es sei denn, es wäre offensichtlich, dass diesen Belangen nicht gedient wird, § 308 Abs. 2 Satz 2 AktG. Existenzgefährdende Weisungen sind unzulässig.[148]

Durch den Gewinnabführungsvertrag, § 291 Abs. 1 Satz 1, 2. Alt. AktG verpflichtet **96** sich die abhängige Gesellschaft zur Abführung ihres ganzen Gewinns[149] an die Obergesellschaft. Das Gesetz sieht insoweit als Untergesellschaft nur die Rechtsform der AG und der KGaA vor. Doch ist der Abschluss dieser Unternehmensverträge auch mit einer Untergesellschaft in der Rechtsform einer **GmbH** möglich.[150] Dort ergibt sich das Weisungsrecht der Gesellschafter bzw. eines Mehrheitsgesellschafters allerdings bereits aus § 37 GmbHG, weshalb hier bei einer mehrheitlichen Beteiligung der NewCo der Abschluss eines Beherrschungsvertrags zum Zwecke der Erlangung der Leitungsmacht nicht unbedingt erforderlich ist.[151] Gewinnabführungs- und Beherrschungsvertrag können gemeinsam, aber auch isoliert voneinander abgeschlossen werden. In beiden Fällen befreit § 291 Abs. 3 AktG von den Beschränkungen des § 57 (keine Rückgewähr von Einlagen) sowie §§ 58 und 60 AktG (Gewinnverwendung und -verteilung).[152] Aufgrund der Pflicht zur Abführung des gesamten Gewinns hat es somit die Zielgesellschaft nicht mehr in der Hand, selbst über die Verwendung dieses Gewinns zu entscheiden und ihn für die eigene Eigenkapitalbildung bei sich zu thesaurieren.

Der Abschluss des Unternehmensvertrags setzt, soweit die Satzung nicht eine höhere **97** Mehrheit erfordert, einen Hauptversammlungsbeschluss bei der Untergesellschaft mit einer **Dreiviertelmehrheit** des vertretenen Grundkapitals voraus; für die Obergesellschaft gilt Gleiches, wenn sie ebenfalls eine AG oder KGaA ist, § 293 Abs. 1, 2 AktG; der Unternehmensvertrag bedarf der schriftlichen Form, § 293 Abs. 3 AktG. Ferner sind die Bestimmungen der §§ 293 a ff. AktG über die **Berichts- und Prüfungspflicht** zu beachten, sofern nicht alle Anteilsinhaber der beteiligten Unternehmen hierauf verzichten, §§ 293 a Abs. 3, 293 b Abs. 2, 293 e Abs. 2 AktG. Der Unternehmensvertrag bedarf der Eintragung im Handelsregister, § 294 AktG.

bb) Schutzregeln

Der Abschluss des Beherrschungsvertrags führt dazu, dass die **gesetzlichen Vertreter** **98** des herrschenden Unternehmens dem beherrschten Unternehmen gem. § 309 AktG dafür haften, dass sie bei der Erteilung einer Weisung die Sorgfalt eines ordentlichen und gewissenhaften Kaufmanns angewendet haben. Auch die Vorstandsmitglieder und der Aufsichtsrat des beherrschten Unternehmens haften gem. § 310 AktG für die An-

---

[148] *Hüffer*, § 308 AktG Rdnr. 19.

[149] Fiktiver Bilanzgewinn, jedoch unter Berücksichtigung der höheren Dotierung der Rücklage nach § 300 Nr. 1 AktG und des Höchstbetrags von § 301 AktG.

[150] *Hüffer*, § 291 AktG Rdnr. 6.

[151] Anders verhält es sich bei der AG wegen der dortigen Eigenverantwortlichkeit des Vorstands nach § 76 Abs. 1 AktG.

[152] Dies gilt jedoch nicht für den Teilgewinnabführungsvertrag gem. § 292 Abs. 1 Nr. 2 AktG, bspw. einen stillen Beteiligungsvertrag.

wendung der erforderlichen Sorgfalt, jedoch nicht, wenn die schädigende Handlung auf einer Weisung beruhte, § 310 Abs. 3 AktG.

99 Zur Sicherung der Untergesellschaft und ihrer **Gläubiger** sieht § 302 AktG die Verpflichtung der Obergesellschaft vor, während der Vertragsdauer den bei der Untergesellschaft entstehenden Jahresfehlbetrag auszugleichen (**Verlustübernahme**); ferner hat die Obergesellschaft bei Beendigung eines Beherrschungs- oder Gewinnabführungsvertrags den Gläubigern der Untergesellschaft, die ihre Forderungen binnen sechs Monaten nach der Bekanntmachung der Eintragung anmelden, **Sicherheit** zu leisten, § 303 AktG.

100 Den **außenstehenden,** also nicht am Vertrag beteiligten Aktionären der durch die Gewinnabführung betroffenen Gesellschaft ist im Gewinnabführungsvertrag ein angemessener **Ausgleich** in Form einer jährlichen Zahlung zuzusichern, die der bisherigen Ertragslage entspricht, und im Beherrschungsvertrag in Form eines entsprechenden jährlichen Gewinnanteils, § 304 AktG; hiervon kann nur abgesehen werden, wenn es keinen außenstehenden Aktionär gibt, § 304 Abs. 1 Satz 3 AktG. Über die Verpflichtung zum Ausgleich hinaus muss ein Beherrschungs- oder ein Gewinnabführungsvertrag die Verpflichtung der Obergesellschaft enthalten, auf Verlangen eines außenstehenden Aktionärs dessen Aktien gegen eine im Vertrag bestimmte angemessene **Abfindung** zu erwerben, § 305 Abs. 1 AktG.

cc) Besonderheiten bei der GmbH

101 Im Fall des Abschlusses eines Beherrschungs- oder Gewinnabführungsvertrags mit einer GmbH bedarf es wegen des Eingriffs in das Unternehmensgefüge auf Ebene der abhängigen GmbH zumindest eines satzungsändernden Beschlusses mit einer Dreiviertelmehrheit und auf Ebene der Obergesellschaft eines Zustimmungsbeschlusses entsprechend § 293 Abs. 2 AktG[153]. Der Unternehmensvertrag bedarf nur dann der notariellen Form, § 15 Abs. 4 GmbHG, wenn er ein Umtausch- oder Abfindungsangebot für Geschäftsanteile außenstehender Gesellschafter enthält; in jedem Fall bedarf er aber der Eintragung im Handelsregister der abhängigen GmbH.[154] Die Schutzregeln der §§ 302 ff., 309, 310 AktG gelten zumindest analog.[155]

b) Steuerliche Organschaft

102 Im Fall des Abschlusses und der Durchführung eines **Ergebnisabführungsvertrags** für die Dauer von fünf Jahren[156] sowie einer **finanziellen Eingliederung,** die zumindest eine Stimmenmehrheit erfordert, erlaubt § 14 Abs. 1 Satz 1 KStG eine Kon-

---

[153] *BGHZ* 105, 332 ff. (Supermarkt), und *BGH* GmbHR 1992, 253 (Siemens). Darüber hinaus fordert die heute wohl h. M. sogar die Zustimmung **aller** GmbH-Gesellschafter, vgl. *Baumbach/Hueck/Zöllner,* a. a. O., SchlAnh KonzernR Rdnr. 54; a. A. *Lutter/Hommelhoff,* Anh. Zu § 13 GmbHG Rdnrn. 65 f.

[154] *Lutter/Hommelhoff,* Anh. zu § 13 GmbHG Rdnrn. 50, 61.

[155] Nach *Roth/Altmeppen,* § 30 GmbHG, Rdnrn. 93, 100 soll die Weisungsgebundenheit der abhängigen GmbH unter dem Vorbehalt stehen, dass der Verlustausgleichsanspruch analog § 302 AktG vollwertig ist.

[156] *BFH* NZG 2011, 596 Tz. 11 ff.; die fünf Jahre sind nach Kalender-, nicht nach Wirtschaftsjahren zu bemessen, weshalb Rumpfgeschäftsjahre nicht mitgerechnet werden können.

solidierung der Ergebnisse und Umsätze auf Ebene des Organträgers (Obergesellschaft) **(steuerliche Organschaft).** Der wirtschaftlichen und organisatorischen Eingliederung bedarf es somit, anders als bei der umsatzsteuerlichen oder gewerbesteuerlichen Organschaft, § 2 Abs. 2 Satz 2 GewStG, für die körperschaftsteuerliche Organschaft nicht. Bei Ergebnisabführungsverträgen mit GmbHs verlangt § 17 S. 2 Nr. 2 KStG die explizite Vereinbarung der Verlustübernahme entsprechend den Vorschriften des § 302 AktG.[157]

c) Aufsichtsrechtliche Grenzen

Das KAGB-E sieht keine weiteren Pflichten der Kapitalverwaltungsgesellschaft im Fall **103** des Abschlusses eines Unternehmensvertrags vor. Die Schutzbestimmungen des Konzernrechts erscheinen ausreichend.

Zusammenfassung:

- Die Erwerbergesellschaft stellt nicht nur in ihrer Finanzplanung auf die Ertragsstärke der Zielgesellschaft und den dort erwirtschafteten Cash Flow ab, sondern wird durch nachfolgende Umstrukturierungsmaßnahmen versuchen, sich dies zur Kaufpreisfinanzierung unmittelbar zu nutze zu machen. Dies kann durch **Dividendenausschüttungen** geschehen, die nicht aus operativen, sondern Buchgewinnen resultieren, insb. aus der Realisierung stiller Reserven, ferner über den Weg einer **Verschmelzung** (Upstream oder Downstream) oder über den Abschluss eines **Beherrschungs- und/oder Gewinnabführungsvertrags.**
- Wenngleich dem gesellschaftsrechtlich keine weiteren Schranken gesetzt sind als sich dies aus den allgemeinen Regeln der Gewinnverwendung, dem Umwandlungsrecht oder dem Konzernrecht ergibt, gilt es für AIF-Verwaltungsgesellschaften mit Inkrafttreten des KAGB zu beachten, dass Ausschüttungen an Anteilseigner innerhalb von 24 Monaten nach dem Kontrollerwerb enge Grenzen gesetzt sind **(Verbot des „Asset Stripping"),** § 292 KAGB-E.
- Im Übrigen liegen allgemeine Grenzen dort, wo durch die Ausschüttung die **Existenz** der Gesellschaft **gefährdet** würde. Dies macht einen Ausschüttungsbeschluss anfechtbar, kann aber in einer späteren Insolvenz auch zu einer Rückgewährpflicht nach erfolgreicher **Insolvenzanfechtung** wegen vorsätzlicher Gläubigerbenachteiligung führen.

---

[157] Eine Verweisung auf § 302 AktG genügt, wenn nicht ein erkennbarer Ausschluss bestimmter Teile dieser Vorschrift gegeben ist; BMF-Schreiben v. 19. 10. 2010, BMF IV C2 – S. 2770/08/10004 BStBl. I, 836. Hier ist gerade bei Verwendung von Vertragsmustern auf eine Aktualisierung der Verweistechnik zu achten, da andernfalls die Verlustübertragung auf die Muttergesellschaft vom Finanzamt nicht anerkannt wird.

V. Rechtliche Grenzen von Eingriffen in das Vermögen der Zielgesellschaft

1. Haftung der Gesellschafter nach Kapitalerhaltungsregeln

a) Kapitalerhaltung bei der GmbH

104 Die zentrale Bestimmung für Kapitalschutz und Kapitalerhaltung bei der GmbH ist § 30 GmbHG. Hiernach sind **Auszahlungen an Gesellschafter,** durch die das Gesellschaftsvermögen unter den Betrag des Stammkapitals vermindert wird, verboten und der Gesellschaft durch die Begünstigten im Umfang dieses Eingriffs zu erstatten, § 31 Abs. 1 GmbHG. Dieser Anspruch richtet sich nur gegen die Gesellschafter, **nicht** aber gegen den **Dritten,** also etwa die **Bank,** der gegenüber die Einräumung der Sicherheit rechtlich **wirksam** ist.[158] Ein Vorrang **konzernrechtlicher Haftungsnormen** (Verlustausgleichspflicht gem. § 302 AktG, Nachteilsausgleichspflicht gem. § 311 AktG) gilt bei der GmbH nicht.[159]

aa) Auszahlung

105 Der Begriff der „Auszahlung" ist weit zu verstehen und umfasst Leistungen aller Art, die **wirtschaftlich** das Gesellschaftsvermögen vermindern.[160] Daher fiele hierunter insbesondere eine **Brückenfinanzierung,** bei der die Zielgesellschaft das Darlehen nach dem Erwerb durch die Akquisitionsgesellschaft aufnimmt und dann an diese weiterleitet, die hiermit den Akquisitionskredit zurückzahlt.[161] Ferner fielen hierunter auch ein **Schuldübernahmevertrag** zwischen Banken, Akquisitionsgesellschaft und Zielgesellschaft, durch den die Zielgesellschaft den von der Akquisitionsgesellschaft aufgenommenen Kredit übernimmt, aber auch ein **Schuldbeitritt** oder eine Sicherheitenbestellung, sei es eine Bürgschaft für den Akquisitionskredit oder eine dingliche Sicherheit, die weitergehend nach §§ 49, 50 InsO ein **Absonderungsrecht** in der Insolvenz der Zielgesellschaft gewährt. Die Frage, ob **bilanziell** das zur Erhaltung des Stammkapitals erforderliche Vermögen der Zielgesellschaft angegriffen wird, ist gesondert zu prüfen.[162]

bb) Kein Drittgeschäft

106 Von § 30 GmbHG erfasst sind nur Geschäfte mit Gesellschaftern, nicht aber normale Austauschgeschäfte zwischen Gesellschafter und Gesellschaft (**„Drittgeschäft"**).[163]

---

[158] Hierzu noch D 121.

[159] Hierzu unten D 128.

[160] *Baumbach/Hueck/Fastrich,* § 30 GmbHG Rdnr. 33.

[161] *Schäffler,* BB Special 009 zu BB 2006, Heft 48, S. 1, 2.

[162] Hierzu sogleich D 113 f.

[163] Unter einem Drittgeschäft versteht man ein solches Geschäft, das ein gewissenhafter, nach kaufmännischen Grundsätzen handelnder Geschäftsführer unter sonst gleichen Umständen zu gleichen Bedingungen auch mit einem Nichtgesellschafter abgeschlossen hätte, *Diem,* § 43 Rdnr. 8 f. Die Abgrenzung erfolgt nach objektiven Kriterien.

Empfänger der Leistung muss grds. ein Gesellschafter sein, doch erfasst § 30 Abs. 1 Satz 1 GmbHG auch Leistungen an einen Dritten (bei der Besicherung der Kaufpreisfinanzierung der Kreditgeber), die dem Gesellschafter indirekt zugute kommen[164], wie bspw. die Besicherung einer Schuld des Gesellschafters, der ohne diese Sicherheit keinen Kredit oder Kredit nur zu ungünstigeren Konditionen erhielte. Auch der Erwerber eines Geschäftsanteils ist Adressat des § 30 GmbHG, wenn ihm als künftigem Gesellschafter die Auszahlung zugute kommt.[165]

Eine **Sicherheitenstellung** durch die Zielgesellschaft gegenüber Kreditgebern des 107 Anteilserwerbers, durch die die Kaufpreisfinanzierung ermöglicht wird, stellt in der Regel kein aus dem Anwendungsbereich des § 30 Abs. 1 GmbHG fallendes Drittgeschäft dar, weil ein fremder Dritter die Besicherung zugunsten einer Gesellschaft, die selbst über kein operatives Geschäft verfügt, nicht vorgenommen hätte.[166]

cc) Eingriff in das Stammkapital durch Besicherung

Auch die Besicherung des von den (künftigen) Gesellschaftern für den Anteilserwerb 108 (Share Deal) aufzubringenden Kaufpreises durch die Zielgesellschaft bedeutet einen Eingriff in deren Vermögensbereich, der nur im Rahmen der für den jeweiligen Gesellschaftstyp anwendbaren **Kapitalerhaltungsvorschriften** zulässig ist.[167] Die Besicherung von Schulden der Erwerber- bzw. Muttergesellschaft durch Vermögenswerte des Zielunternehmens bezeichnet man als aufsteigende Darlehen bzw. **aufsteigende Sicherheiten.** Demgegenüber besteht im Fall der **Verpfändung der Buy-Out-Anteile,** also der Gesellschaftsanteile an dem Zielunternehmen, durch die NewCo (oder durch die jeweiligen Erwerber persönlich bei Verzicht auf ein gemeinsames Akquisitionsvehikel) für die Kaufpreisfinanzierung Deckungsgleichheit zwischen dem Schuldner des Kaufpreises und des Finanzierungsdarlehens sowie dem Inhaber des Sicherungsvermögens: Es sind dies jeweils die Investoren oder die NewCo, nicht aber wird das Vermögen der Zielgesellschaft für Gesellschafterschulden belastet. Daher fällt dieser Weg der Besicherung von vornherein **nicht** unter die im Folgenden behandelten rechtlichen Grenzen des Kapitalschutzes[168].

(i) Maßgeblichkeit der Sicherheitenbestellung oder -verwertung?

In den Fällen der Sicherheitenstellung durch die Zielgesellschaft ist umstritten, ob für 109 die Anwendung von § 30 Abs. 1 GmbHG und die Beurteilung, ob in das Stammkapital eingegriffen wird, auf die Bestellung oder die Inanspruchnahme der Sicherheit abzustellen ist.[169] Vor Rückkehr zur bilanziellen Betrachtungsweise durch das MoMiG war überwiegend die Ansicht vertreten worden, dass maßgeblicher Beurteilungszeit-

---

[164] *Roth/Altmeppen,* § 30 GmbHG Rdnr. 29.

[165] *Baumbach/Hueck/Fastrich,* § 30 GmbHG Rdnr. 23.

[166] *Bunnemann/Zirngibl/Desch,* § 7 Rdnr. 118.

[167] Im Fall eines **Asset Deals** würde sich diese Frage der Kapitalerhaltung mit Bezug auf die Erwerbergesellschaft stellen.

[168] A.A. *Kerber,* WM 1989, 513, 514f., der für diesen Fall §§ 30, 31 GmbHG analog anwenden will; dagegen zu Recht *Wittkowski,* GmbHR 1990, 544, 550f.

[169] Der BGH NZG 2007, 704 hat diese Frage dort ausdrücklich offen gelassen, hingegen hat er, bei der GmbH & Co. KG, bereits in der Sicherheitenbestellung, und nicht erst in ihrer Verwertung, eine Rückgewähr der Einlage gesehen, NJW 1976, 751ff.; hierzu noch unten D 122f.

punkt für den Eingriff in das Stammkapital durch die Sicherheitenbestellung derjenige der Inanspruchnahme der Sicherheit und nicht ihrer Bestellung sei.[170] Doch berücksichtigt dies nicht die Gleichwertigkeit von Sicherheitenbestellung und Darlehensgewährung. Auch wenn beim LBO zwar in der Regel nicht die Zielgesellschaft, sondern Banken den Kredit gewähren, so doch nur wegen der von der Zielgesellschaft bestellten Sicherheiten, zumal überdies hinsichtlich der Frage der Rückzahlbarkeit des Darlehens darauf abgestellt wird, ob die operative Zielgesellschaft zur Erwirtschaftung des benötigten Cash Flows imstande sein wird. Gerade im Fall einer nicht dem Gesellschafter, sondern einem **Dritten** gewährten Sicherheit erscheint der Zeitpunkt der Bestellung auch deshalb als der maßgebliche, weil nur die rechtsgeschäftliche Bestellung der Sicherheit von den Transaktionsbeteiligten willentlich gesteuert wird. Andernfalls bliebe zwar die Bestellung der Sicherheit haftungsrechtlich folgenlos, doch blieben die Gesellschafter bis zur vollständigen Tilgung des Kredits dem ungewissen Risiko ausgesetzt, aus Kapitalerhaltungsgrundsätzen in Anspruch genommen zu werden.

110 Auch im Rahmen des § 43a GmbHG (Kreditgewährung aus Gesellschaftsvermögen)[171] hat der *BGH* inzwischen entschieden, dass für die Frage des Eingriffs in das Stammkapital der Zeitpunkt der Ausreichung des Darlehens entscheidend ist und das spätere Entstehen einer Unterbilanz nicht zu einem sofortigen Fälligwerden des Darlehens führt.[172] Und ebenso ist im Aktienrecht anerkannt, dass es für die parallelen Bestimmungen der §§ 57, 71a AktG[173] allein auf die Bestellung der Sicherheit zum Zweck des Aktienerwerbs und nicht ihre Verwertung ankommt; trotz der stärkeren Vermögensbindung bei der AG (nach § 57 AktG ist grundsätzlich jede Auskehr des AG-Vermögens außerhalb der ordentlichen Gewinnverwendung verboten) erscheint es aber doch nur konsequent, die Frage, welche Rechtshandlung als Vermögenseingriff zu werten ist, in gleicher Weise zu beantworten. Daher entspricht es der heute h.M., dass für die Frage, ob durch die Sicherheitenbestellung ein Eingriff in das Stammkapital erfolgt, auf den **Zeitpunkt der Bestellung** abzustellen ist.[174]

111 Dann kann aber auch die spätere **Verwertung** der Sicherheit nicht als zusätzliche Auszahlung im Sinne von § 30 Abs. 1 GmbHG zu qualifizieren sein.[175] Denn greift die Auszahlung im Leistungszeitpunkt (hier die Bestellung der Sicherheit) nicht in das Stammkapital ein, führt dies grundsätzlich zu keiner fortwährenden haftungsrechtlichen Verantwortung der Gesellschafter, sondern geht die künftige Verschlechterung der wirtschaftlichen Situation der Gesellschaft zu Lasten der Gläubiger.[176]

112 Aus diesem Grund bedürfte es auch einer **„Limitation Language"** in Kreditsicherheitenverträgen nicht[177], durch die die Bank verpflichtet wird, die Sicherheiten nicht zu verwerten, sofern und soweit die Fähigkeit der Zielgesellschaft zur Erfüllung

---

[170] So insb. auch die obergerichtlichen Entscheidungen KG NZG 2000, 479, 481 sowie OLG München, 1998, 1438 = GmbHR 1998, 986.

[171] Hierzu noch unten D 135f.

[172] BGH ZIP 2012, 1071, 1075.

[173] Hierzu noch unten D 124f.

[174] *MüKo-GmbH/Ekkenga,* § 30 GmbHG Rdnr. 138; *Diem,* § 43 Rdnr. 31ff.

[175] So offenbar *Lutter/Hommelhoff,* § 30 GmbHG Rdnr. 8.

[176] So der BGH für den im Verhältnis zu § 30 GmbHG „strengeren" § 43a GmbHG; vgl. unten Fn. 236.

[177] A.A. *Winkler/Becker,* ZIP 2009, 2361, 2364f.

ihrer Verpflichtungen gegenüber Gesellschaftsgläubigern beeinträchtigt wird oder dies zu einer Unterbilanz bei der sicherungsgebenden GmbH führt. Ist die Sicherheit wirksam bestellt (ohne dass die Bestellung ihrerseits nicht etwa wegen inkongruenter Deckung oder vorsätzlicher Gläubigerbenachteiligung anfechtbar ist, §§ 131, 133 InsO), unterliegt diese Verwertung der Sicherheit wegen des insoweit bestehenden Absonderungsrechts auch nicht der Vorsatzanfechtung des § 133 InsO.[178]

(ii) Unterbilanz

Weitere Voraussetzung des § 30 GmbHG ist, dass es sich um eine unzulässige Auszahlung von Vermögen handelt, das zur Erhaltung des Stammkapitals erforderlich ist. Das ist der Fall, wenn dadurch eine **Unterbilanz** (oder sogar eine Überschuldung) entstehen oder vertieft würde. Eine Unterbilanz entsteht, wenn aufgrund der Auszahlung das nach allgemeinen Bilanzierungsgrundsätzen, also nach fortgeschriebenen Buchwerten ohne Berücksichtigung stiller Reserven berechnete Reinvermögen unter die Stammkapitalziffer sinkt. Ist somit eine Verbindlichkeit zu passivieren, wie bspw. im Fall der Schuldübernahme, oder erfolgt gar ein Abfluss liquider Mittel von der Zielgesellschaft an die Akquisitionsgesellschaft, ist dies nur gestattet, wenn entsprechend freies Vermögen bei der Ziel-GmbH verbleibt. Die Bestellung der Sicherheit ist zwar insoweit für die Zielgesellschaft nachteilig, als das belastete Vermögen nicht mehr als Sicherheit für andere Gläubiger verwendet werden kann, belastet aber die Zielgesellschaft bilanziell solange nicht, als bei Bestellung der Sicherheit nicht mit ihrer Inanspruchnahme zu rechnen und daher insoweit eine **Rückstellung** nach § 249 Abs. 1 HGB nicht zu bilden ist[179]. Droht die Inanspruchnahme nicht, so ist die Sicherheit nach § 251 Satz 1 HGB nur *„unter der Bilanz"* zu vermerken. Für die Frage, ob mit einer Inanspruchnahme der Sicherheit zu rechnen sein wird, ist nach allgemeinen Bilanzierungsgrundsätzen der Maßstab einer sorgfältigen und gewissenhaften kaufmännischen Entscheidung maßgeblich,[180] deren Grundlagen sorgfältig dokumentiert sein sollten und regelmäßig auch durch den *„Investment Case"* dokumentiert sind. Droht die Inanspruchnahme, wie regelmäßig der Fall, nicht ernsthaft oder ist eine Inanspruchnahme nicht überwiegend wahrscheinlich, ist keine Rückstellung zu bilden. Dies würde bedeuten, dass eine Sicherheitenbestellung, die zu keinem Rückstellungsbedarf bei der Zielgesellschaft führt, nicht unter das Verbot des § 30 Abs. 1 Satz 1 GmbHG fiele.

Im Zeitpunkt der Sicherheitenbestellung werden die Transaktionsbeteiligten in der Regel nicht mit einer Inanspruchnahme der Sicherheit rechnen, da sich Investoren auf eine Buy-Out-Transaktion von vornherein nur dann einlassen werden, wenn sie aufgrund der von ihnen erstellten Finanzplanung davon ausgehen können, dass die Zielgesellschaft genügend Mittel generiert, um den Akquisitionskredit zurückführen zu können, und wenn sie somit eine Inanspruchnahme der Sicherheit ausschließen. Führt die Bestellung der Sicherheit aber mangels Erfordernisses einer Rückstellung zu keinem Eingriff in das Stammkapital, kommt es auch nicht darauf an, ob ein Aus-

113

114

---

[178] So der BGH WM 2013, 48 zu einem Pfandrecht an einem Kontoguthaben.
[179] *Kozikowski/Schubert* in *Beck Bil-Komm.*, § 249 Rdnr. 43; *Baumbach/Hopt/Merkt* § 249 HGB Rdnr. 2f.
[180] Wie Fn. 179.

gleich durch einen vollwertigen Rückgriffsanspruch gegenüber der NewCo erfolgen kann.[181] Im Interesse eines effektiven Kapitalschutzes wird daher zum Teil gefordert, dass die Inanspruchnahme der Sicherheit zu fingieren sei[182] oder dass die Inanspruchnahme „zu 100%" ausgeschlossen erscheinen müsse.[183] Für alle diese Meinungen ergibt sich aber aus dem Gesetzeswortlaut, sei es von § 30 GmbHG oder § 249 Abs. 1 HGB, nichts.[184]

(iii) Ausnahme des vollwertigen Rückgriffsanspruchs

115 Durch die im Zuge des MoMiG erfolgte Neufassung des § 30 Abs. 1 Satz 2 GmbHG hat sich der Gesetzgeber in Abkehr von dem früheren „*November-Urteil*" des *BGH*[185] wieder der bilanziellen Betrachtungsweise angeschlossen, wonach das Auszahlungsverbot des § 30 Abs. 1 Satz 1 GmbHG bei Bestand eines vollwertigen Gegenleistungs- oder Rückgewähranspruchs gegen den Gesellschafter nicht gilt, § 30 Abs. 1 Satz 2, 2. Alt. GmbHG. Insoweit geht es um den zu aktivierenden Anspruch der Zielgesellschaft gegen den Erwerber (NewCo) auf **Befreiung** von den Verpflichtungen aus der Sicherheit gemäß §§ 670, 257 BGB, der bereits daraus folgt, dass die Zielgesellschaft auf Weisung der Erwerbergesellschaft in deren wirtschaftlichem Interesse die Sicherheit bestellt.[186] Hinsichtlich der Höhe dieses Aktivpostens ist zu prüfen, inwieweit dieser Anspruch gegen die Muttergesellschaft werthaltig ist. Die Erwerbergesellschaft wird allerdings als „*special purpose vehicle*" regelmäßig nur mit den für die Bezahlung des Kaufpreises erforderlichen Mitteln ausgestattet. Daher wird im Zeitpunkt der Bestellung der Sicherheit ein vollwertiger Rückgriffsanspruch ihr gegenüber in der Regel auszuschließen sein. Denn sie ist zur Bedienung der Kaufpreisschuld gerade auf die Aufnahme der Fremdfinanzierungsmittel mit Hilfe der Sicherheitenbestellung angewiesen.

116 Fraglich ist, ob ein nur **teilweise werthaltiger** Gegenanspruch auch zu berücksichtigen ist. Nach dem Gesetzeswortlaut kommt es darauf an, ob die Leistung durch einen

---

[181] So *Baumbach/Hueck/Fastrich*, § 30 GmbHG Rdnr. 62, die eine Sicherheitenbestellung nur dann als zulässig im Sinne von § 30 GmbHG annehmen wollen, wenn ein vollwertiger Aufwendungsersatz- bzw. Rückgriffsanspruch bei Einräumung der Sicherheit besteht. Weitergehend fordert *MüKo-GmbH/Ekkenga*, § 30 GmbHG Rdnr. 141, dass zusätzlich zu einem solchen vollwertigen Aufwendungsersatzanspruch noch eine angemessene Gegenleistung des Begünstigten, etwa in Form einer Avalprovision, vereinbart sein müsse.

[182] *Lutter/Hommelhoff*, § 30 GmbHG Rdnr. 35.

[183] *Roth/Altmeppen*, § 30 GmbHG Rdnr. 137.

[184] So auch *Habersack* in *Ulmer/Habersack,* Erg.bd. MoMiG § 30 GmbHG Rdnr. 17; so wie hier auch *Theusinger/Kapteina*, NZG 2011, 881, 884; *Michalski/Heidinger*, § 30 GmbHG Rdnrn. 87 ff., 95; *Diem*, § 43 Rdnrn. 31 f.; *Bork/Schäfer/Thiessen*, § 30 GmbHG Rdnr. 86 empfehlen wegen dieser ungeklärten Grenzen des Konzepts von § 30 GmbHG als für die Praxis „risikolosen" Weg, den Sicherungsnehmer mit der „*Limitation Language*", oben D 72, zu einem Verzicht auf die Verwendung gebundenen Vermögens zu bewegen.

[185] BGHZ 157, 72. Der BGH hat diese Rechtsprechung dann nach dem MoMiG auch für Altfälle aufgegeben in BGHZ 179, 71 Rdnr. 12 (MPS); dazu *Mülbert/Leuschner*, NZG 2009, 281 ff.

[186] Würde das Management der Zielgesellschaft auf diesen Rückgriffsanspruch verzichten, würde dies nicht nur einen groben Verstoß gegen seine allgemeine Sorgfaltspflicht bedeuten, sondern auch als Untreue im Sinne von § 266 StGB zu werten sein.

„vollwertigen" Gegenanspruch *„gedeckt"* ist.[187] Es erschiene mit einer konsequenten Befolgung der bilanziellen Betrachtungsweise nicht vereinbar, wollte man einen auch nur teilweise werthaltigen Rückgriffsanspruch vollständig ausblenden. Richtigerweise käme es daher darauf an, ob der Differenzbetrag zwischen passivierter Rückstellung und aktiviertem Befreiungsanspruch gegenüber dem Erwerber das ungebundene Vermögen übersteigt.[188] In diesem Falle verstieße die Bestellung der Sicherheit gegen § 30 Abs. 1 Satz 1 GmbHG und wäre daher verboten. Stellt man für die Beurteilung des Eingriffs ins Stammkapital auf den Zeitpunkt der Bestellung der Sicherheit ab, so muss man auch konsequenterweise für die Beurteilung der Vollwertigkeit eines Rückgriffsanspruchs auf diesen Zeitpunkt abstellen. Insoweit verbietet sich somit eine **prognostische** Bejahung der Vollwertigkeit für den Zeitpunkt des vertraglich vorgesehenen Fälligwerdens des Kredits.[189] Denn ist in diesem Fall ernsthaft mit der Inanspruchnahme des Kredits zu rechnen, wird eben auch damit zu rechnen sein, dass die Planung der Erwerber für die Post Buy Out-Phase auf unsicheren Füßen steht, und wird daher aus diesem Grunde schwerlich von einer Vollwertigkeit des Rückgriffsanspruchs ausgegangen werden können. Nochmals betont sei aber, dass dann, wenn bei Bestellung der Sicherheit nicht ernsthaft mit der Inanspruchnahme der Sicherheit zu rechnen ist, es nach allem auch nicht auf den Ausnahmetatbestand des Bestehens eines vollwertigen Rückgriffsanspruchs ankommt.

(iv) Ausnahme des Beherrschungs- oder Gewinnabführungsvertrags

Dies gilt auch für die weitere Ausnahme des Verbots von § 30 Abs. 1 Satz 1 GmbHG, **117** die Satz 2, 1. Alt. vorsieht, nämlich dass die in das Stammkapital eingreifende Leistung *„bei Bestehen eines Beherrschungs- oder Gewinnabführungsvertrags"* erfolgt. Fraglich erscheint im Hinblick auf diesen Wortlaut, ob der Beherrschungs- oder Gewinnabführungsvertrag im Zeitpunkt der Leistung, also etwa der Sicherheitenbestellung bereits wirksam, also im Handelsregister der Zielgesellschaft eingetragen sein muss. Insoweit erscheint es im Hinblick darauf, dass auch der Anteilerwerber als künftiger Gesellschafter in das Verbot des § 30 GmbHG einbezogen wird, folgerichtig, es auch für diese Ausnahme genügen zu lassen, wenn der Abschluss des Beherrschungs- oder Gewinnabführungsvertrags **vereinbarter Bestandteil** der Erwerbstransaktion ist. Die Schutzregeln, wie sie bei Bestehen eines Beherrschungs- oder Gewinnabführungsvertrags gelten,[190] treten dann an die Stelle der Kapitalerhaltungsvorschriften.

Das Gesetz verlangt nach seinem Wortlaut nichts anderes als das bloße **Bestehen** **118** eines solchen Beherrschungs- oder Gewinnabführungsvertrags. Auf einen Ursachenzusammenhang zwischen Sicherheitenbestellung und Unternehmensvertrag kommt es hiernach ebenso wenig an wie darauf, ob ein Verlustausgleichsanspruch gegenüber der Erwerbergesellschaft werthaltig[191] oder ob die Weisung im Sinne von § 308 AktG

---

[187] Daher vertreten *Lutter/Hommelhoff,* § 30 GmbHG Rdnr. 27 die Ansicht, dass nur bei voller Deckung die Schranke des § 30 GmbHG überwunden werden kann.

[188] So wie hier *Mülbert/Leuschner,* NZG 2009, 281, 284.

[189] So aber *Erne,* GWR 2012, 503, 504.

[190] Siehe oben D 95 f.

[191] Dennoch erkennt ein Teil der Literatur diese Begünstigung bei Bestehen eines Ergebnisabführungsvertrags dann nicht an, wenn das herrschende Unternehmen nicht leistungsfähig und

rechtmäßig ist.[192] Der Verlustausgleichsanspruch kommt aber ohnehin nur dann zum Tragen, wenn die Zielgesellschaft einen Jahresfehlbetrag erzielt; dies scheidet aus, wenn sie, wie in der Praxis wohl regelmäßig der Fall, nachhaltige Erträge erzielt.[193]

(v) Verpflichtete

119 Der **Empfänger** der verbotenen Leistung ist zur Erstattung verpflichtet, § 31 Abs. 1 GmbHG. Dies setzt seine **Gesellschafterstellung** bei Zahlung voraus, doch werden, um Umgehungen des Auszahlungsverbots des § 30 GmbHG zu vermeiden, so wie dort auch ehemalige oder **künftige** Gesellschafter einbezogen. Auch wenn das Management bzw. die NewCo im Zeitpunkt der Zahlung noch nicht Gesellschafter sind, da sie die Anteile in der Regel erst aufschiebend bedingt aufgrund der Kaufpreiszahlung erwerben, gebietet doch dieser nur um eine „juristische Sekunde" verschobene Zusammenhang die rechtliche Gleichbehandlung.[194]

120 Darüber hinaus droht aber auch dem **ausscheidenden** Gesellschafter die Haftung gem. § 31 GmbHG, wenn ihm der Kaufpreis aus dem Gesellschaftsvermögen zufließt.[195] Die auf der Erwerber- bzw. Verkäuferseite jeweils durch den einheitlichen unzulässigen Zahlungsvorgang begünstigten Personen haften für die Erstattung gem. § 31 Abs. 1 GmbHG als Gesamtschuldner.[196]

121 Die besicherte **Bank** ist hierdurch aber nicht betroffen, da sich das Verbot des § 30 GmbHG nicht an Dritte, sondern nur an Gesellschafter richtet.[197] Bei Bestellung einer **Sicherheit** ist Auszahlungsempfänger der durch die Sicherheitsleistung begünstigte Anteilserwerber, nicht die Bank.[198] Eine Ausnahme kann allenfalls in Fällen kollusiven Zusammenwirkens angenommen werden, wenn also der Kreditgeber an einem solvenzgefährdenden Eingriff in das Stammkapital wissentlich mitwirkt.[199]

---

der Verlustausgleichsanspruch nicht voll werthaltig ist; *Altmeppen* in *Roth/Altmeppen,* § 30 Rdnr. 99; *ders.,* NZG 2010, 361, 364; *Baumbach/Hueck/Fastrich,* § 30 GmbHG Rdnr. 45; a. A. *Michalsky/Heidinger,* § 30 GmbHG Rdnr. 213 f.; *MüKo/Ekenga,* § 30 GmbHG, Rdnr. 270; *Saenger/Inhester/Greitemann,* § 30 GmbHG Rdnr. 110; *Lutter/Hommelhoff,* § 30 GmbHG Rdnr. 48: Grenze ist nur das Verbot existenzgefährdender Weisungen, nicht aber die Leistungsfähigkeit des herrschenden Unternehmens.

[192] *Hüffer,* § 57 AktG Rdnr. 17; a. A. *Roth/Altmeppen,* § 30 GmbHG Rdnr. 100.

[193] Ob die herrschende Gesellschaft verpflichtet ist, bei unterjähriger Zahlungsunfähigkeit der Zielgesellschafter dieser die erforderliche Liquidität vorzeitig zur Verfügung zu stellen, ist umstritten; vgl. hierzu *Söhner,* ZIP 2011, 2085, 2090, der seinerseits entsprechend dem Wortlaut das Bestehen des Beherrschungs- oder Gewinnabführungsvertrags für den Ausschluss des § 30 Abs. 1 Satz 1 GmbHG genügen lässt.

[194] *Scholz/H. P. Westermann,* § 30 GmbHG Rdnrn. 32, 42; *Wittkowski,* GmbHR 1990, 547.

[195] So BGHZ 173, 1, 5 = DStR 2007, 1874 Anm. *Götte; Weitnauer,* ZIP 2005, 790, 791; a. A. *MüKo-GmbH/Ekkenga,* § 30 GmbHG Rdnr. 177.

[196] *Bork/Schäfer/Thiessen,* § 31 Rdnr. 18.

[197] BGH ZIP 1998, 793, 795 = BGHZ 138, 291, 298.

[198] *MüKo-GmbH/Ekkenga,* § 30 GmbHG Rdnr. 176.

[199] *Seibt,* ZHR 171 (2007), 283, 310; *Schäffler,* BB Special 009 zu BB 2006 Heft 48, 1, 9 f., der eine Ausnahme auch für den Fall eines der Bank bekannten Missbrauchs der Vertretungsmacht annehmen will.

b) Kapitalerhaltung bei der GmbH & Co. KG

Die Kapitalerhaltungsregeln der §§ 30, 31 GmbHG gelten jeweils auch für die GmbH **122** & Co. KG, soweit durch die Auszahlung aus dem Vermögen der KG – und nur hierum wird es gehen – das Stammkapital der Komplementär-GmbH angegriffen wird. Bilanziell ist dies der Fall, wenn entweder die Beteiligung der über kein weiteres Vermögen verfügenden Komplementär-GmbH an der KG unter den Einlagennennwert sinkt oder wenn der Freistellungsanspruch der GmbH für ihre Komplementärhaftung wegen des **Vermögensabflusses** bei der KG nicht mehr voll auf der Aktivseite eingestellt werden kann. In diesen Fällen ist der Kommanditist nach ständiger Rechtsprechung des *BGH* unabhängig davon, ob er zugleich GmbH-Gesellschafter ist, zur Rückerstattung der aus dem Vermögen der KG erhaltenen Leistungen verpflichtet, soweit das Vermögen der GmbH unter den Nennwert des Stammkapitals abgesunken ist[200]. Überdies kommt dann die Haftung des Geschäftsführers der Komplementär-GmbH gem. § 43 Abs. 3 GmbHG zum Tragen. Da freilich das Stammkapital der Komplementär-GmbH in der Regel niedriger sein wird, da das eigentliche Haftkapital das der KG ist, ist bei der GmbH & Co. KG dieses aus den Kapitalerhaltungsregeln folgende **Risiko eines Stammkapitaleingriffs** durch Fremdfinanzierung des Buy-Outs eher **geringer** einzuschätzen.

Die Finanzierung oder auch Sicherung des Kaufpreises mit Mitteln der KG kann **123** schließlich zu einer **Einlagenrückgewähr** gem. § 172 Abs. 4 HGB führen. Insoweit genügt bereits die **Besicherung** des Darlehens gegenüber Dritten, also die Belastung von Aktiva der GmbH & Co. KG zugunsten von Fremdkapitalgebern, die den Kaufpreis zugunsten der Erwerber (Gesellschaft) finanzieren. Unerheblich ist also, ob das Darlehen über die Ziel-GmbH & Co. KG oder die Neugesellschafter aufgenommen wird. Der *BGH* sieht nämlich bereits in der Sicherheitenbestellung (und nicht erst in ihrer Verwertung) die **Rückgewähr** der Einlage, da der Drittgläubiger mit dem gewährten Sicherungsrecht die Zugriffsmöglichkeit der übrigen Gesellschaftsgläubiger schmälert[201]. Daher kann bereits die Besicherung der Kaufpreisfinanzierung mit Mitteln der GmbH & Co. KG zu einem **Wiederaufleben der Haftung** gegenüber den Gläubigern der Gesellschaft in Höhe der Hafteinlage führen.

c) Kapitalerhaltung bei der AG

aa) Rückgewährpflicht gem. §§ 57, 62 AktG

Die Kapitalbindung bei der AG geht sehr viel weiter als bei der GmbH. Während bei **124** der GmbH Auszahlungen (und als solche gilt auch die Sicherheitenbestellung[202]) an Gesellschafter insoweit verboten sind, als sie das Stammkapital angreifen, ist bei der AG das **gesamte Gesellschaftsvermögen** über das Grundkapital hinaus gebunden, so-

---

[200] *BGH* NJW 1978, 160 ff.; *BGH* NJW 1990, 1725 ff.; *Scholz/Westermann,* Nachtrag MoMiG § 30 GmbHG, Rdnrn. 54 ff.
[201] *BGH* NJW 1976, 751 ff.; *Baumbach/Hopt,* § 172 HGB, Rdnr. 6.
[202] Vgl. oben D 109 f.

weit nicht ein ausschüttungsfähiger Gewinn ordnungsgemäß festgestellt worden ist, § 57 Abs. 1, 3 AktG[203]. Vorauszahlungen auf Dividenden oder die Gewährung ungesicherter Darlehen an Aktionäre fallen daher unter das Verbot der Einlagenrückgewähr.[204] Die Bestellung der **Sicherheit** gilt als Leistung im Sinne von § 57 Abs. 1 AktG.[205] Erfolgt die Leistung an **Dritte,** so ist dies der Leistung an Aktionäre gleichzustellen, wenn die Leistung wegen einer früheren oder **künftigen** Aktionärseigenschaft erfolgt[206]. Wird das Management oder die NewCo somit gerade wegen der Leistung der Zielgesellschaft Aktionär, ist § 57 Abs. 1 AktG hierauf unmittelbar anwendbar.

125   Eine **Ausnahme** gilt wiederum, entsprechend § 30 Abs. 1 Satz 2 GmbHG, dann, wenn ein Beherrschungs- oder Gewinnabführungsvertrag im Sinne von § 291 AktG oder ein vollwertiger Gegenleistungs- oder Rückgewähranspruch gegen den Aktionär besteht, § 57 Abs. 1 Satz 3 AktG. Die Ausnahme eines vollwertigen Rückgriffsanspruchs gegenüber dem Gesellschafter macht nur dann Sinn, wenn die Bestellung der Sicherheit nicht schlechthin durch § 57 Abs. 1 AktG verboten ist, sondern im Sinne der bilanziellen Betrachtungsweise nur dann, wenn sie sich **bilanziell auswirkt,** was dann der Fall ist, wenn mit ihrer Inanspruchnahme zu rechnen ist, § 249 Abs. 1 HGB. Ist dies nicht der Fall, verstößt somit die Sicherheitenbestellung nicht gegen § 57 Abs. 1 AktG.[207]

126   Im Fall eines Verstoßes gegen § 57 Abs. 1 AktG ist zwar, so wie bei der GmbH, die **dingliche** Bestellung der Sicherheit zugunsten der Bank grundsätzlich **wirksam**[208], da diese nicht Verbotsadressat ist, doch besteht gem. **§ 62 AktG** ein **Rückgewähranspruch** der Ziel-AG gegenüber dem Aktionär bzw. im Fall der Sicherheitenbestellung ein Freistellungsanspruch,[209] der allerdings ohnehin aus den allgemeinen Rechtsgrundsätzen der §§ 670, 257 BGB zu bejahen ist.

bb) Vorrangigkeit des § 311 AktG

127   In Buy Out Fallgestaltungen wird regelmäßig ein faktischer Konzern zwischen Erwerber– und Zielgesellschaft anzunehmen sein. Dieser setzt ein Abhängigkeitsverhältnis im Sinne der §§ 17, 18 AktG voraus, das regelmäßig vorliegt, da die Erwerbergesellschaft meist 100%, zumindest aber die erforderliche Mehrheit an der Zielgesellschaft erwirbt; weitere Voraussetzung ist eine wirtschaftliche Interessenbindung, die einen nachteiligen Einfluss auf die abhängige Gesellschaft ernsthaft besorgen lässt.[210] Nach § 311 AktG darf ein herrschendes Unternehmen außerhalb des Vertragskonzerns, also wenn **kein Beherrschungsvertrag** besteht, seinen Einfluss nicht dazu benutzen, eine abhängige AG zu einem für sie nachteiligen Rechtsgeschäft zu veranlassen, sofern ihre

---

[203] *Baumbach/Hueck/Fastrich,* § 30 GmbHG, Rdnr. 3 ff.; *Hüffer,* § 57 AktG Rdnr. 1.

[204] *Hüffer,* § 57 AktG Rdnr. 5.

[205] *Großkomm AG – Henze,* § 57 Rdnr. 51; *BGH* AG 1981, 227.

[206] *Hüffer,* § 57 AktG, Rdnr. 14.

[207] So auch *Diem,* a.a.O., § 45 Rdnr. 23.

[208] Ausgenommen Fälle eines kollusiven Zusammenwirkens oder Bösgläubigkeit der Bank; *Diem,* § 45 Rdnrn. 29 ff., 34; siehe schon oben D 121.

[209] *Lutter/Wahlers,* AG 1989, 1, 10. Der *BGH* BeckRS 2013, 06514 hält auch das Verpflichtungsgeschäft trotz Verstoßes gegen das Verbot des § 57 AktG für nicht gem. § 135 BGB nichtig und schließt so eine Konkurrenz von § 62 AktG mit dem Bereicherungsrecht aus.

[210] *BGHZ* 95, 330, 337 – Autokran sowie *BGHZ* 148, 123, 125 – MLP.

Nachteile nicht ausgeglichen werden.[211] Nach Auffassung des *BGH* verdrängt § 311 AktG im faktischen Konzern als Spezialregelung die allgemeinen Bestimmungen der §§ 57, 62 AktG.[212] Dies bedeutet, dass Maßnahmen zum Nachteil der abhängigen Gesellschaft, die an sich unter § 57 AktG fallen, keinen sofortigen Rückgewähr- bzw. Freistellungsanspruch nach § 62 AktG auslösen, sondern dass den beherrschenden Aktionär die Pflicht zu einem zeitlich gestreckten **Nachteilsausgleich** trifft. „Nachteil" stellt jede Minderung oder konkrete Gefährdung der Vermögens- oder Ertragslage der Gesellschaft ohne Rücksicht auf ihre Quantifizierbarkeit dar, soweit sie als Folge der Abhängigkeit eintritt.[213] Ein Verstoß gegen § 57 AktG indiziert einen Nachteil im Sinne von § 311 AktG. Dies bedeutet, dass ein auszugleichender Nachteil dann besteht, wenn mit der Inanspruchnahme der Sicherheit zu rechnen ist, allerdings nicht beschränkt auf den Zeitpunkt der Bestellung, sondern für die gesamte Dauer, während derer die Sicherheit besteht.

Die Vorrangigkeit des § 311 AktG gilt jedoch nur für die (faktisch) abhängige AG, **128** **nicht** für die faktisch abhängige **GmbH** analog.[214] Richtigerweise wird auch die die Finanzierung des Aktienerwerbs speziell betreffende Verbotsnorm des § 71 a AktG durch § 311 AktG nicht verdrängt.[215]

cc) Verbot der Finanzierungshilfe für den Aktienerwerb

Nach § 71 a AktG ist jedes Rechtsgeschäft, durch das die AG zum Zweck des Erwerbs **129** ihrer Aktien einem anderen ein Darlehen gewährt oder Sicherheit leistet, **nichtig**. Primär bezweckt § 71 a AktG einen Schutz vor der Umgehung der den Erwerb eigener Aktien beschränkenden Regelung des § 71 AktG.[216] Der Fall der **Sicherheitsleistung** ist in § 71 a AktG explizit genannt und erfasst alle Rechtsformen einer Sicherheit, sei es Bürgschaft, Grundschuld oder Hypothek.[217] Insoweit kommt es nach dem Gesetzeswortlaut auch nicht darauf an, welche bilanziellen Auswirkungen die Sicherheitsleistung hat. Eine Ausnahme, wie in § 57 Abs. 1 Satz 3, 2. Alt. AktG, für den Fall des Bestehens eines vollwertigen Gegenleistungs- oder Rückgriffsanspruch ist hier nicht vorgesehen. § 57 AktG tritt hinter § 71 a AktG als Sonderregelung zurück.[218]

Zwar ist streitig, ob § 71 a AktG auch Finanzierungsgeschäfte **nach** Erwerb erfasst; **130** doch wird in den typischen Buy-Out-Fällen die Fremdfinanzierung unverzichtbarer

---

[211] In seinem Anwendungsbereich verdrängt § 311 AktG auch die Schadensersatzpflicht wegen vorsätzlich schädigender Ausnutzung eines Einflusses auf die Gesellschaft nach § 117 AktG; *Hüffer*, § 117 AktG Rdnr. 14.

[212] *BGHZ*, 179, 71 = NZG 2009, 107, 109 – MPS. In seinem MPS-Urteil ging es um die Gewährung mehrerer unbesicherter, kurzfristig rückforderbarer „Upstream-Darlehen" durch eine abhängige AG an ihren Mehrheitsaktionär.

[213] *Habersack* in *Emmerich/Habersack*, Aktien- und GmbH-Konzernrecht, § 311 Rdnr. 39.

[214] *Hüffer*, § 311 Rdnr. 51; *BGHZ* 122, 123, 127 f.; *Habersack* in *Emmerich/Habersack*, Anh. § 318 Rdnr. 26; *Baumbach/Hueck/Zöllner*, SchlAnhKonzernR Rdnr. 113.

[215] So auch *Söhner*, ZIP 2011, 285, 291 zum weiteren diesbezüglichen Meinungsstreit.

[216] Hiernach ist der Erwerb eigener Aktien nur in den in § 71 Abs. 1 bestimmten Fällen zugelassen und nach Abs. 2 in den dort genannten Fällen auf insgesamt 10% des Grundkapitals begrenzt.

[217] *Hüffer*, § 71 a AktG Rdnr. 2.

[218] *Hüffer*, § 71 a Rdnr. 3 a; *Oechsler*, ZIP 2006, 1661, 1665.

Bestandteil der Gesamttransaktion sein, weshalb das Finanzierungsgeschäft mit Hilfe der AG-Vermögenswerte jedenfalls auf den Erwerb der Aktien abzielen wird, was zur Anwendbarkeit des § 71a AktG genügt[219]. Die Nichtigkeitsfolge des § 71a AktG erfasst freilich nur das **Kausal-,** nicht aber das Erfüllungsgeschäft[220], d.h. die Sicherheitenbestellung bleibt wirksam. Der Gesellschaft steht ein bereicherungsrechtlicher Rückforderungsanspruch[221] gegenüber dem Aktionär, nicht dem Dritten zu, da die Bestellung der Sicherheit nur eine Leistung an den Aktionär darstellt.

131   Eine **Ausnahme** sieht § 71a Abs. 1 Satz 3 AktG allerdings für den Fall des Bestehens eines **Beherrschungs-** oder **Gewinnabführungsvertrags** vor.[222] Daher müsste in diesen Fällen, in denen das Vermögen einer Ziel-AG als Sicherheit herangezogen werden soll, zumindest ein Gewinnabführungsvertrag zwischen Erwerber- und Zielgesellschaft abgeschlossen sein.[223] In diesem Fall bliebe es aber bei der Anwendbarkeit des § 311 AktG (Nachteilsausgleichspflicht), sofern nicht auch ein Beherrschungsvertrag abgeschlossen wird. Als weiterer Ausweg käme ein **Rechtsformwechsel** einer Ziel-AG, etwa in eine GmbH, vor Durchführung der Buy Out-Transaktion in Betracht. Beim allgemeinen Schutz vor existenzgefährdenden oder gar –vernichtenden Eingriffen verbleibt es aber in jedem Fall.

2. Deliktische Gesellschafterhaftung aus existenzvernichtendem Eingriff

132 Die Kapitalerhaltungsvorschriften in §§ 30, 31 GmbHG sind zum Schutz des Gesellschaftsvermögens nicht ausreichend.[224] Um das Gesellschaftsvermögen vor Entzug von Haftungsmasse zu schützen, hat die Rechtsprechung deshalb die Haftung wegen **existenzvernichtenden Eingriffes** entwickelt.[225] Danach haftet der Gesellschafter einer GmbH ausnahmsweise für Gesellschaftsschulden persönlich, wenn er auf die Zweckbindung des Gesellschaftsvermögens keine Rücksicht nimmt und der Gesellschaft Vermögenswerte entzieht, die sie zur Erfüllung ihrer Verbindlichkeiten benötigt, ohne für angemessenen Ausgleich zu sorgen.[226] Diese Rechtsfigur wurde im Anschluss an die Entscheidung *„Bremer Vulkan"* bestätigt und in dem Urteil *„KBV"* als verschuldensunabhängige und (zunächst) in der Höhe unbeschränkte persönliche Außenhaf-

---

[219] So auch *Hüffer,* § 71a AktG Rdnr. 3; *Lutter/Wahlers,* AG 1989, 1, 9; *Seibt,* ZHR 171 (2007), 283, 303 will einen solchen Zusammenhang *("zum Zweck des Aktienerwerbs")* regelmäßig verneinen, wenn die *„Leveraged Recapitalization"* mehr als sechs Monate nach dem Aktienerwerb erfolgt.

[220] *Habersack,* Festschrift Röhricht, S. 155, 163. Bei offenen Verstößen gegen § 71a Abs. 1 AktG bejaht demgegenüber die herrschende Meinung sogar die Nichtigkeit des Vollzugsgeschäfts, *Hüffer,* § 57 AktG, Rdnr. 23.

[221] *Hüffer,* § 71a AktG Rdnr. 4.

[222] Zur Frage, ob diese Ausnahme nur gelten soll, wenn der Verlustausgleichsanspruch werthaltig ist, oben bei Fn. 191.

[223] Dann gelten die Schutzregeln der §§ 300ff. AktG, wie oben D 99f. dargestellt.

[224] *Reul/Heckschen/Wienberg,* Rdnr. 471ff.

[225] BGHZ 149, 10ff. = NJW 2001, 3622 „Bremer Vulkan".

[226] BGHZ 173, 246ff. = NJW 2007, 2689, 2690 „Trihotel".

tung der Gesellschafter konkretisiert.[227] Seit seiner Entscheidung „*Trihotel*" aus dem Jahre 2007 sieht der BGH die Existenzvernichtungshaftung als Fallgruppe der sittenwidrigen Schädigung i. S. von **§ 826 BGB** an. Erforderlich ist seitdem zumindest **bedingter Vorsatz** des Gesellschafters. Als Rechtsfolge wurde die Außenhaftung gegenüber Gläubigern durch eine **Innenhaftung** des Gesellschafters gegenüber der Gesellschaft abgelöst.

Der **objektive** Tatbestand eines existenzvernichtenden Eingriffs wird von Teilen des **133** Schrifttums gerade auch im Fall von LBOs bejaht, da der Zielgesellschaft durch die Sicherheitenbestellung regelmäßig kompensationslos zu betriebsfremden Zwecken Vermögen entzogen werde, so dass die Zielgesellschaft im Fall der Verwertungsreife regelmäßig nicht mehr über ausreichendes Vermögen zugunsten ihrer anderen Gläubiger verfüge und daher insolvenzreif werde; daher stelle die Weisung, eine Sicherheit zu bestellen, objektiv eine sittenwidrige missbräuchliche Schädigung des Gesellschaftsvermögens dar.[228] Diese Bewertung erscheint dann überzogen, wenn, wie im Regelfall, bei Bestellung der Sicherheit mit ihrer Inanspruchnahme nicht zu rechnen ist oder auch die Durchführung des Nachteilsausgleichs gem. § 311 AktG[229] als nach pflichtgemäßer Prüfung der beteiligten Geschäftsführer bzw. Vorstände[230] gesichert erscheint. Im Falle einer ordnungsgemäßen Finanzplanung für die Zielgesellschaft im Vorfeld der Transaktion wird man jedenfalls einen **schuldhaften** existenzgefährdenden Eingriff durch eine Sicherheitenbestellung zugunsten der NewCo ausschließen können.[231] Denn dann wird es an dem subjektiv erforderlichen (bedingten) Vorsatz fehlen, also der billigenden Inkaufnahme der Insolvenz der Zielgesellschaft. Spätestens seit der *Trihotel*-Entscheidung ist also davon auszugehen, dass eine Existenzvernichtungshaftung beim LBO in aller Regel ausscheidet.[232] Anspruchsgegner bei der Existenzvernichtungshaftung ist grundsätzlich die Erwerbergesellschaft, die die Zielgesellschaft zur Sicherheitenbestellung angewiesen hat. Jedoch besteht die Möglichkeit eines Durchgriffs auf Gesellschafter, die auf die Erwerbergesellschaft herrschenden Einfluss ausüben **(Gesellschafter-Gesellschafter),** etwa wegen einer Mehrheitsbeteiligung, § 17 Abs. 2 AktG.[233] Dies bedeutet, dass auch die hinter einer Erwerbergesellschaft stehenden mehrheitlich beteiligten Private Equity-Investoren der Zielgesellschaft auf Schadensersatz haften, wenn sie es sehenden Auges, dass die Zielgesellschaft den für die Rückführung des Finanzierungskredits erforderlichen Cash Flow voraussichtlich nicht erwirtschaften wird, zulassen, dass die Zielgesellschaft zur Belastung ihres Vermögens angewiesen wird, um die Kaufpreisfinanzierung zu besichern. Auch um diesem denkbaren Haftungsgrund entgegenzuwirken, ist eine **sorgfältige** und vorsichtige **Planung** und **Dokumentation** der Buy Out-Transaktion angezeigt.

---

[227] BGHZ 151, 181 ff. = NJW 2002, 3024 ff. „KBV".

[228] *Diem,* § 47 Rdnr. 53; *ders.* ZIP 2003, 1283 ff.; *Schrell/Kirchner,* BB 2003, 1451 ff.; dagegen etwa *Schulz/Israel,* NZG 2005, 329 ff.

[229] Hierzu oben D 127 f. Nur für diesen Fall, dass auch der Nachteilsausgleich gesichert ist, will *MüKo-Altmeppen,* § 311 AktG, Rdnr. 455 einen Eingriff gestatten; ähnlich *Hüffer,* § 311 AktG Rdnr. 42.

[230] Hierzu unten D 137 f.

[231] *Weitnauer,* ZIP 2005, 790, 795.

[232] *Reul/Heckschen/Wienberg,* Rdnr. 488; *Weller,* ZIP 2007, 1681, 1686.

[233] So *BGHZ* 173, 246, 263/264 (Rz. 44) *(Trihotel).*

134   Allerdings begründet eine materielle **Unterkapitalisierung,** also die von vornherein unzulängliche Kapitalausstattung der Erwerbergesellschaft mit einem im Hinblick
auf das übernommene wirtschaftliche Risiko zu geringen Haftkapital, noch keine
Existenzvernichtungshaftung.[234]

3. Haftung der geschäftsführenden Organe

a) Keine „financial assistance" für Geschäftsführer

135   Gemäß **§ 43 a GmbHG** darf dem Geschäftsführer, Prokuristen oder Generalhand-
lungsbevollmächtigten Kredit nicht aus dem zur Erhaltung des Stammkapitals erforderlichen Vermögen gewährt werden; ein dennoch gewährter Kredit ist ohne Rücksicht
auf entgegenstehende Vereinbarungen sofort zurückzugewähren. Kredit im Sinne dieser Bestimmung ist auch die Stellung einer Sicherheit.[235] Somit bedeutet § 43 a
GmbHG, dass ein Kredit an das Management der GmbH, sei es das alte oder ein neu
bestelltes Management, nur aus dem freien ungebundenen Kapital gewährt werden
kann; wegen ihrer durch § 43 a GmbHG fingierten Wertlosigkeit ist hierbei die Rück-
zahlungsforderung auszublenden.[236] Voraussetzung für die Anwendbarkeit des § 43 a
GmbHG ist jedoch, dass der Kredit der Geschäftsleitung gewährt wird; **Gesellschafter**
werden hierdurch – anders als bei § 30 GmbHG – nicht erfasst, es sei denn, sie wären
zugleich Geschäftsführer, Prokuristen oder Generalhandlungsbevollmächtigte.[237] Eine
analoge Anwendung auf die Kreditgewährung an Gesellschafter ist abzulehnen.[238]

136   Erfolgt die Darlehensgewährung also an eine NewCo, an der das Management nur
gemeinsam mit anderen Investoren beteiligt ist, kommt § 43 a GmbHG von vornherein nicht zur Anwendung.[239] Rechtsgedanke des § 43 a GmbHG ist vor allem, eine
„Selbstbedienung" des Managements zu verhindern und einer Gefährdung des
Stammkapitals durch im Eigeninteresse handelnde Geschäftsführer entgegenzuwirken;
dieser Gedanke greift aber nicht, wenn die Fremdfinanzierung Teil eines mit den Gesellschaftern ausverhandelten Buy-Out-Plans ist, durch den die Geschäftsführer Gesellschafter werden sollen. Insoweit wird man generell die Regeln der §§ 30, 31 GmbHG
als **vorrangig** anzusehen haben, da die Kreditgewährung nicht an die Geschäftsführer
in ihrer Geschäftsführereigenschaft, sondern als künftige Gesellschafter erfolgt.[240]

---

[234] *BGH* NJW 2008, 2437, 2441 „Gamma".

[235] *Scholz/Uwe H. Schneider,* § 43 a GmbHG, Rdnr. 39.

[236] Für die Frage des Eingriffs in das Stammkapital ist der Zeitpunkt der Ausreichung des Darlehens entscheidend; das spätere Entstehen einer Unterbilanz führt nicht zu einem sofortigen
Fälligwerden, *BGH* ZIP 2012, 1071, 1075.

[237] *Scholz/Uwe H. Schneider,* § 43 a GmbHG, Rdnr. 61.

[238] BGHZ 157, 72, 74; *Lutter/Hommelhoff/Kleindiek,* § 43 a Rdnr. 4; a. A. *Scholz/Uwe H. Schneider,* § 43 a GmbHG, Rdnr. 61 ff.

[239] *Baumbach/Hueck/Zöllner/Noack,* § 43 a GmbHG, Rdnr. 3; *Koppensteiner,* ZHR 155, 97 ff.,
105; *Sotiropoulos,* GmbHR 1996, 653.

[240] *Wittkowski,* GmbHR 1990, 544, 547 geht demgegenüber von einer parallelen Anwendbarkeit aus.

b) Schadensersatzpflicht bei Verstoß gegen die Kapitalerhaltungs- regeln

Die geschäftsführenden Organe der Zielgesellschaft sind persönlich schadensersatz- **137** pflichtig, wenn sie Zahlungen aus dem zur Erhaltung des Stammkapitals erforderlichen Vermögen der Zielgesellschaft zulassen, § 43 Abs. 3 Satz 1 Alt. 1 GmbHG, bzw. bei der AG, wenn eine Einlagenrückgewähr entgegen § 57 AktG erfolgt, § 93 Abs. 3 Nr. 1 AktG. Der grundsätzlich weisungsabhängige GmbH-Geschäftsführer, § 37 GmbHG, kann sich insoweit auch nicht darauf berufen, er hätte auf entsprechende Weisung seiner Gesellschafter, also der Erwerbergesellschaft gehandelt, soweit der Ersatz zur Gläubiger- befriedigung der Zielgesellschaft erforderlich ist, § 43 Abs. 3 Satz 3 GmbHG. Die Scha- densersatzpflicht des Geschäftsführers oder Vorstands tritt neben die Haftung des Leis- tungsempfängers auf Rückerstattung. Realisiert sich die Ausfallhaftung der GmbH- Mitgesellschafter nach § 31 Abs. 3 GmbHG, sind die Geschäftsführer ihnen gegenüber ersatzpflichtig, § 31 Abs. 6 GmbHG.

c) Allgemeine Sorgfaltspflicht

Die geschäftsführenden Organe sind generell verpflichtet, in den Angelegenheiten **138** ihrer Gesellschaft die Sorgfalt eines ordentlichen und gewissenhaften Geschäftsmanns anzuwenden, § 43 Abs. 1 GmbHG, §§ 76 Abs. 1, 93 Abs. 1 AktG (sowie bei der AG für die Aufsichtsratsmitglieder § 116 AktG). Nach der in § 93 Abs. 1 Satz 2 AktG ver- ankerten *„Business Judgment Rule“*, deren Grundgedanken auch für die GmbH gel- ten, liegt eine Pflichtverletzung dann nicht vor, wenn der Geschäftsleiter bei einer un- ternehmerischen Entscheidung vernünftigerweise annehmen durfte, auf der Grundlage angemessener Informationen zum Wohle der Gesellschaft zu handeln. Überdies muss die Entscheidung frei von Interessenkonflikten sein und darf zu keinem übergroßen Risiko für die Gesellschaft führen. Demgemäß hat die Geschäftsleitung der Zielgesell- schaft bei der Entscheidung über die Bestellung einer Sicherheit auch zu berücksichti- gen, ob es sich bei dem Sicherungsgut um für den Geschäftsbetrieb der Zielgesellschaft wesentliches Vermögen handelt, dessen Verwertung die Existenz der Zielgesellschaft aufs Spiel setzt.[241] Die Geschäftsleiter der Zielgesellschaft werden daher in eigener Ver- antwortung die **Tragfähigkeit** des Finanzplans der Buy Out-Investoren zu prüfen haben. Wie sonst auch, ist dann dieser Entscheidungsprozess sorgfältig vorzubereiten und zu dokumentieren.

Die Geschäftsleiter sind aber auch im Fall der Gewährung von Darlehen (und ent- **139** sprechend der Gewährung einer Sicherheit) zugunsten eines Gesellschafters verpflich- tet, sich während der Laufzeit des Darlehens vom Fortbestand der Bonität ihres Gesell- schafters zu überzeugen. Ergeben sich konkrete Anhaltspunkte dafür, dass sich die Werthaltigkeit der Forderung verschlechtert, ist die Geschäftsleitung der Zielgesell- schaft gehalten, das dem Gesellschafter gewährte Darlehen zu kündigen oder Sicher- heiten zu fordern. Daher sind die Geschäftsleiter der Zielgesellschaft verpflichtet, bei Bestellung einer Sicherheit auch in umgekehrter Richtung ihres Neugesellschafters,

---

[241] *Theusinger/Kapteina,* NZG 2011, 881, 885 f.

der Erwerbergesellschaft, laufende **Informationsrechte** zu vereinbaren, und ist der Aufsichtsrat der Ziel-AG verpflichtet, zu prüfen, ob dies geschehen ist.[242] Im Fall der Sicherheitenbestellung zugunsten einer Bank, die selbst bei Verstoß gegen Kapitalerhaltungsvorschriften jedenfalls wirksam ist, steht es allerdings nicht in der Macht des Geschäftsleiters der Zielgesellschaft, diese Sicherheit zu „kündigen". Er könnte nur versuchen, dieses Risiko der Verschlechterung der wirtschaftlichen Lage bei der Zielgesellschaft durch verwertungsbeschränkende Vereinbarungen (**„Limitation Language"**)[243] auf die finanzierende Bank abzuwälzen.[244] Es kann ihm aber nicht angelastet werden, wenn sich die finanzierende Bank hierauf nicht einlässt. Letztlich ist es an der Erwerbergesellschaft, durch Zufuhr von Kapitalmitteln bei der Zielgesellschaft das Risiko einer Inanspruchnahme der Sicherheit abzuwenden.

d) Insolvenzverursachungshaftung

140 Nach § 64 Satz 1 GmbHG ist der Geschäftsführer auch zum Ersatz solcher Zahlungen verpflichtet, die nach Eintritt der Zahlungsunfähigkeit der Gesellschaft oder nach Feststellung ihrer Überschuldung geleistet werden. Mit dem MoMiG wurde durch die Regelung in § 64 Satz 3 GmbHG ein weiterer Haftungtatbestand geschaffen (**Insolvenzverursachungshaftung**).[245] Danach ist der Geschäftsführer auch zum Ersatz solcher Zahlungen verpflichtet, die er an Gesellschafter geleistet hat und durch die die **Zahlungsunfähigkeit** (§ 17 InsO) der Gesellschaft herbeigeführt wird. Im Unterschied zu Satz 1 setzt die Haftung nach Satz 3 bereits vor Eintritt der materiellen Insolvenz ein und ist beschränkt auf die Herbeiführung der Zahlungsunfähigkeit.[246] Durch Satz 3 wird der Geschäftsführer veranlasst, die aktuelle und zukünftige Liquiditätslage der Gesellschaft zu überwachen, um haftungsausschließende prognostische Entscheidungen vor einer Zahlung an einen Gesellschafter vornehmen zu können. Bei § 64 Satz 3 GmbHG geht es somit, anders als bei den Kapitalerhaltungsregeln, nicht um den Kapital-, sondern den **Liquiditätsschutz** der Zielgesellschaft. Entsprechend der zu § 30 Abs. 1 Satz 1 GmbHG vertretenen Ansicht wird man die Bestellung einer Sicherheit nur dann einer Zahlung im Sinne von § 64 Satz 3 GmbHG gleichstellen können, wenn bei ihrer Bestellung mit ihrer Inanspruchnahme zu rechnen ist bzw. kein vollwertiger Rückgriffsanspruch besteht.[247]

---

[242] *BGHZ* 179, 71 = NZG 2009, 107 – MPS; *Lutter/Hommelhoff,* § 30 GmbHG Rdnr. 31.

[243] Siehe oben D 72 und 112.

[244] *Theusinger/Kapteina,* NZG 2011, 881, 886.

[245] Zur Neuregelung *Römermann,* NZI 2008, 641 ff.

[246] Der *BGH* hat Bestrebungen von Teilen der Literatur, die Haftung auch auf Fälle der Insolvenzvertiefung oder insolvenzverursachender Zahlungen an den Gesellschafter auszuweiten, eine Abfuhr erteilt; *BGH,* GWR 2012, 549 *(Schult).*

[247] *Lutter/Hommelhoff/Kleindick,* § 64 GmbHG Rdnr. 24; *Diem,* § 43 Rdnr. 87; a. A. *Winkler/Becker,* ZIP 2009, 2361, 2367, die daher auch für diesen Fall, dass die Verwertung der Sicherheit zur Zahlungsunfähigkeit der Gesellschaft führt, eine entsprechende *„Limitation Language"* vorschlagen.

Zusammenfassung:

- Grenzen für die Verwendung des Vermögens der Zielgesellschaft für die Zwecke der Kaufpreisfinanzierung folgen aus den **Kapitalerhaltungsregeln.** Demgemäß darf durch Auszahlungen an GmbH-Gesellschafter oder Kommanditisten einer GmbH & Co. KG keine Unterbilanz bei der (Komplementär) GmbH entstehen (das zur Deckung des Stammkapitals erforderliche Vermögen darf nicht angegriffen werden), §§ 30, 31 GmbHG. Bei der AG erstreckt sich das Verbot der Einlagenrückgewähr, § 57 AktG, auf das gesamte Vermögen der AG. Ausgenommen sind nur Leistungen, die bei Bestehen eines **Beherrschungs- oder Gewinnabführungsvertrags** erfolgen oder die durch einen **vollwertigen Rückgewähranspruch** gegen den Gesellschafter gedeckt sind, § 30 Abs. 1 Satz 2 GmbHG, § 57 Abs. 1 Satz 3 AktG.

- Im Hinblick auf die im Gesetz verankerte bilanzielle Betrachtungsweise kommt es bei der Bestellung einer Sicherheit am Vermögen der Zielgesellschaft für die Kaufpreisfinanzierung nach richtiger Auffassung (dies ist allerdings streitig) darauf an, ob im **Zeitpunkt der Bestellung** mit einer Inanspruchnahme der Sicherheit zu rechnen und daher eine **Rückstellung** gem. § 249 Abs. 1 HGB zu bilden ist. Da die Transaktion, so die Regel, nur auf Grundlage einer gesicherten Planung umgesetzt wird, wird dies in der Regel nicht der Fall sein.

- Bei einer gegen die Kapitalerhaltungsregeln verstoßenden Auszahlung ist der **Empfänger** (Erwerbergesellschaft) gem. §§ 31 GmbHG, 62 AktG erstattungspflichtig; ferner trifft die **geschäftsführenden** Organe der Zielgesellschaft, die die Auszahlung zugelassen haben, eine Schadensersatzpflicht, § 43 Abs. 3 Satz 1 Alt. 1 GmbHG, § 93 Abs. 3 Nr. 1 AktG. Allerdings hat bei einer Ziel-AG im Fall eines faktischen Beherrschungsverhältnisses § 311 AktG (Nachteilsausgleichspflicht) **Vorrang** vor der Rückgewährpflicht nach § 62 AktG.

- Zur Vermeidung dieser Haftungsrisiken kann mit der besicherten Bank vereinbart werden, dass die Verwertung der Sicherheit bei der Zielgesellschaft nicht zu einer Unterbilanz führen darf **(Limitation Language);** dies entwertet allerdings die Sicherheit.

- **§ 71a AktG** verbietet jegliche **Finanzierungshilfe** für den Aktienerwerb, insbesondere auch die Sicherheitsleistung, sofern kein Gewinnabführungs- oder Beherrschungsvertrag besteht, § 71a Abs. 1 Satz 3 AktG. Dies stellt eine Sondervorschrift gegenüber §§ 57, 62 AktG dar und schließt somit, sofern kein Unternehmensvertrag zur Erwerbergesellschaft besteht, eine Sicherheitsleistung zu ihren Gunsten aus.

- Eine **deliktische** Haftung der Erwerbergesellschaft gem. § 826 BGB wegen **existenzvernichtendem Eingriff** scheidet in der Regel aus, da es bei ordnungsgemäßer Finanzplanung an dem erforderlichen bedingten Schädigungsvorsatz fehlen dürfte. Es sind aber auch die geschäftsführenden Organe der Zielgesellschaft aus Gründen ihrer allgemeinen Sorgfaltspflicht gehalten, die Tragfähigkeit des Finanzierungskonzepts der Erwerbergesellschaft zu prüfen und unter Kontrolle zu halten.

VI. Der Erwerb der Zielgesellschaft

1. Publizitätspflichten und Fusionskontrolle

a) Transparenz

aa) Meldepflichten aufgrund des Risikobegrenzungsgesetzes

141 Mit dem am 19. 8. 2008 in Kraft getretenen Gesetz zur Begrenzung der mit Finanzinvestitionen verbundenen Risiken *(RiskobegrG)*[248] bezweckte der Gesetzgeber, gesamtwirtschaftlich unerwünschten Aktivitäten von Finanzinvestoren durch erhöhte Transparenzanforderungen entgegenzuwirken. So hat derjenige, der mehr als 10% der Stimmrechte an einem Emittenten erwirbt, für den die Bundesrepublik Deutschland Herkunftsstaat ist, vgl. § 2 Abs. 6 WpHG, die mit dem Erwerb der Stimmrechte verfolgten Ziele und die Herkunft der für den Erwerb verwendeten Mittel innerhalb von 20 Handelstagen nach Erreichen oder Überschreiten der Schwelle mitzuteilen, § 27 a Abs. 1 WpHG (Gleiches gilt bei Überschreiten der weiteren in § 21 Abs. 1 WpHG genannten Schwellen). Dabei hat der Meldepflichtige hinsichtlich der mit dem Erwerb verfolgten **Ziele** anzugeben, ob

- die Investition der Umsetzung strategischer Ziele oder der Erzielung von Handelsgewinnen dient (§ 27 a Abs. 1 Satz 3 Nr. 1 WpHG);
- er innerhalb der nächsten zwölf Monate weitere Stimmrechte zu erlangen beabsichtigt (Nr. 2);
- er eine Einflussnahme auf die Besetzung von Verwaltungs-, Leitungs- und Aufsichtsorganen des Emittenten anstrebt (Nr. 3) und
- er eine wesentliche Änderung der Kapitalstruktur der Gesellschaft, insbesondere im Hinblick auf das Verhältnis von Eigen- und Fremdfinanzierung und die Dividendenpolitik anstrebt.

142 Hinsichtlich der **Herkunft** der verwendeten Mittel hat der Meldepflichtige anzugeben, ob es sich um Eigen- oder Fremdmittel handelt, die er zur Finanzierung des Erwerbs der Stimmrechte aufgenommen hat, § 27 a Abs. 1 Satz 4 WpHG.

143 Ergänzend trifft nicht börsennotierte Unternehmen nach § 106 Abs. 2 Satz 2 i. V. m. Abs. 3 Nr. 9 a BetrVG die Pflicht, im Fall einer mit einem Kontrollerwerb verbundenen Übernahme des Unternehmens den **Wirtschaftsausschuss** bzw., wenn kein Wirtschaftsausschuss besteht, nach § 109 a BetrVG den Betriebsrat, rechtzeitig und umfassend über den potentiellen Erwerber und dessen Absichten im Hinblick auf die künftige Geschäftstätigkeit sowie die sich daraus ergebenden Auswirkungen auf die Arbeitnehmer zu informieren.

bb) Meldepflichten nach dem KAGB-E

144 Eine vergleichbare Pflicht besteht nach § 289 KAGB-E für die AIF-Kapitalverwaltungsgesellschaft. Diese hat hiernach die *BaFin* zu unterrichten, wenn ihr Stimm-

---

[248] BGBl. I S. 1743.

rechtsanteil an einem nicht börsennotierten Unternehmen durch den Erwerb die Schwellenwerte von 10%, 20%, 30%, 50% und 75% erreicht oder überschreitet (umgekehrt gilt dies auch für den Verkauf von Anteilen und das Unterschreiten dieser Schwellenwerte). Darüber hinaus besteht die Verpflichtung der AIF-Kapitalverwaltungsgesellschaft im Fall des Erwerbs einer Stimmrechtsmehrheit neben der BaFin auch das nicht börsennotierte Unternehmen und die bekannten oder über das Unternehmen oder ein Register in Erfahrung zu bringenden Anteilseigner über die sich hinsichtlich der Stimmrechte ergebende Situation, über die Bedingung, unter denen die Kontrolle erlangt wurde, und über das Datum des Kontrollerwerbs zu informieren, § 289 Abs. 2 und 3 KAGB-E. In der Mitteilung an das nicht börsennotierte Unternehmen hat die AIF-Kapitalverwaltungsgesellschaft den Vorstand des Unternehmens zu ersuchen, entweder die Arbeitnehmervertreter oder, falls es keinen Betriebsrat gibt, die Arbeitnehmer selbst unverzüglich von dem Kontrollerwerb und den erteilten Informationen in Kenntnis zu setzen, § 289 Abs. 4 KAGB-E. Anders als die betriebsverfassungsrechtliche Unterrichtungspflicht[249] folgt also die Mitteilungspflicht nach § 289 KAGB-E dem Kontrollerwerb nach.

b) Kartellrechtliche Anmeldepflicht

Für den Fall des Erwerbs von mindestens 50% oder 25% des Kapitals oder der Stimm- **145** rechte eines anderen Unternehmens (Zusammenschlusstatbestand gemäß § 37 Abs. 1 Nr. 3 GWB) besteht, sofern die **Umsatzschwellen** des § 35 GWB überschritten werden, die Pflicht der beteiligten Parteien, diesen Zusammenschluss vor dem Vollzug beim Bundeskartellamt anzumelden, § 39 GWB, sofern es sich nicht um ein länderübergreifendes Vorhaben handelt, das unter die EU-Fusionskontrolle[250] fällt. Voraussetzung für die Anwendbarkeit der Zusammenschlusskontrolle ist nach § 35 Abs. 1 GWB, dass die beteiligten Unternehmen im letzten Geschäftsjahr vor dem Zusammenschluss insgesamt weltweit Umsatzerlöse von mehr als EUR 500 Mio. erzielt haben und ferner der Inlandsumsatz eines beteiligten Unternehmens EUR 25 Mio. und eines weiteren Unternehmens die Schwelle von EUR 5 Mio. überstieg. Umsatz wird nach § 38 Abs. 1 GWB durch Verweis auf § 277 Abs. 1 HGB definiert als Erlöse aus Warenverkauf oder Dienstleistungen; außerordentliche Erträge aus dem Verkauf von Beteiligungen fallen nicht hierunter, Finanzerträge nur nach Maßgabe der Sonderregelung in § 38 Abs. 4 GWB. **Beteiligt** an einem Anteilserwerb nach § 37 Abs. 1 Nr. 3 GWB sind die Gesellschaft einerseits und der bzw. die Erwerber von Anteilen andererseits; erwerben mehrere Unternehmen gleichzeitig oder nacheinander Anteile

---

[249] Siehe zuvor D 143.

[250] Verwiesen sei hier auf die in Art. 1 Abs. 2 und 3 EG-FusionskontrollVO genannten Umsatzschwellen, die die gemeinschaftsweite Bedeutung des Zusammenschlussvorhabens definieren. Ausgenommen sind jeweils Zusammenschlüsse, wenn die beteiligten Unternehmen jeweils mehr als zwei Drittel ihres gemeinschaftsweiten Gesamtumsatzes in ein und demselben EU-Mitgliedstaat erzielen. Nach Abs. 2 müssen die beteiligten Unternehmen insgesamt weltweit Umsätze von mehr als EUR 5 Mrd. erzielen und mindestens zwei beteiligte Unternehmen jeweils mehr als EUR 250 Mio. innerhalb der EU. Nach Abs. 3 liegen die Schwellenwerte bei einem Gesamtumsatz von EUR 2,5 Mrd. weltweit, jeweils EUR 100 Mio. in drei verschiedenen Mitgliedstaaten, europaweit jeweils EUR 100 Mio. bei zwei beteiligten Unternehmen und jeweils EUR 25 Mio. in mindestens drei betroffenen EU-Mitgliedstaaten.

in dem bezeichneten Umfang (mindestens 25% bzw. 50%), gilt dies nach § 37 Abs. 1 Nr. 3 S. 3 GWB als gleichzeitiger horizontaler Zusammenschluss dieser Unternehmen, weshalb sie in die Umsatzbeurteilung als Beteiligte mit einzubeziehen sind. Dabei sind wiederum auf Ebene der jeweils Beteiligten in die Berechnung der Umsatzschwellen nach § 36 Abs. 2 GWB auch die Umsätze abhängiger oder herrschender Unternehmen im Sinne von § 17 AktG einzubeziehen. Dies erfordert eine **positive Leitungsmacht,** wie sie § 17 Abs. 2 AktG im Fall der mehrheitlichen Beteiligung vermutet. Nach der Anschluss-/Bagatellklausel des § 35 Abs. 2 Nr. 1 GWB kommt die Zusammenschlusskontrolle dann nicht zum Tragen, wenn sich ein Unternehmen, das im letzten Geschäftsjahr weltweit Umsatzerlöse von weniger als EUR 10 Mio. erzielt hat, mit einem anderen Unternehmen zusammenschließt.[251]

146 Ist der Geltungsbereich der Zusammenschlusskontrolle eröffnet, besteht ein **Vollzugsverbot,** § 41 Abs. 1 GWB. Bei Verstoß hiergegen ist das anmeldepflichtige Rechtsgeschäft nach § 41 Abs. 1 S. 2 GWB unwirksam; ferner kann das Bundeskartellamt in diesem Fall nach § 81 Abs. 2, Abs. 4 S. 1 GWB ein Bußgeld verhängen. Daher muss zumindest die dingliche Übertragung der Gesellschaftsanteile unter die **aufschiebende Bedingung** der Freigabe bzw. der fingierten Freigabe nach Ablauf der in § 40 Abs. 1 und Abs. 2 genannten Fristen gestellt werden. Der schuldrechtliche Teil des Unternehmenskaufvertrags fällt zwar nicht unter das Vollzugsverbot, sollte aber zumindest seinerseits mit einem Rücktrittsvorbehalt versehen werden.

147 In der **Anmeldung** des Zusammenschlusses ist der Zusammenschlusstatbestand unter Angabe der Umsatzerlöse der Beteiligten und Darstellung der Tätigkeit und des Marktumfelds des Beteiligungsunternehmens sowie der Erwerber einschließlich der zuzurechnenden Unternehmen zu beschreiben, § 39 Abs. 3 GWB. Sodann hat das BKartA innerhalb einer Monatsfrist mitzuteilen, ob es in das Hauptprüfverfahren eintritt, § 40 Abs. 1 GWB. Wird ein Hauptprüfverfahren eingeleitet, hat das BKartA innerhalb von vier Monaten nach Eingang der vollständigen Anmeldung über die Untersagung oder Freigabe zu entscheiden; andernfalls gilt die Freigabefiktion des § 40 Abs. 2 S. 2 GWB.

2. Pflichten des Managements bei den Buy-Out-Verhandlungen

a) Konflikt mit Verschwiegenheitspflicht

148 Überlegt das Altmanagement durch einen MBO selbst die Unternehmerstellung zu übernehmen oder wird von Private Equity-Investoren an das Management die Idee eines Buy-Out herangetragen, so besteht bereits in dieser **Sondierungsphase** für das Management die Gefahr eines Interessenkonflikts, insbesondere eines Konflikts mit seinen vertraglichen **Verschwiegenheitspflichten**[252]. Denn ohne die Einbindung von

---

[251] Besteht bereits eine Abhängigkeit des sich anschließenden Unternehmens im Sinne von § 36 Abs. 2 GWB, ist wiederum der Gesamtumsatz dieser Gruppe für den Schwellenwert der EUR 10 Mio. maßgeblich.

[252] Um dies nochmals klarzustellen: Dieser Konflikt trifft selbstverständlich nur die Fälle eines MBO oder IBO, in denen das bereits vertraglich eingebundene und ggf. auch organschaftlich bestellte Management der Gesellschaft in den Buy-Out involviert ist, also nicht MBI-Fälle, in

Finanzierungspartnern wird allein schon wegen der nicht ausreichenden eigenen Mittel dem Management allein ein Erwerb nicht möglich sein. Für die Prüfung der Machbarkeit und Finanzierbarkeit eines Buy-Out wird daher das Management gezwungen sein, vertrauliche Unternehmensdaten, wie insb. Kenn- und Planzahlen oder stille Reserven, potenziellen Finanzierungspartnern gegenüber offen zu legen[253]. Hieran wird das Management aber häufig schon durch eine **vertragliche** Verschwiegenheitspflicht gehindert sein. Darüber hinaus trifft das Management, soweit es zum Geschäftsführer oder Vorstand des Unternehmens bestellt ist, auch eine **organschaftliche Verschwiegenheitspflicht**[254], dies unabhängig von einer zusätzlichen dienstvertraglichen Regelung, §§ 93 Abs. 1 Satz 2, 404 AktG, 85 GmbHG.

Das Management kann hiervon von den Altgesellschaftern oder, bei der AG, vom **149** Aufsichtsrat **befreit** werden, was vor allem dann nahe liegt, wenn die Gesellschafter von sich aus das Buy-Out-Projekt mit angestoßen haben, wie es häufig gerade in den typischen Buy-Out-Situationen der Unternehmensnachfolge und des Konzern-Spin Offs der Fall sein wird. In diesen Fällen sollte das Management jedoch vorsorglich auf eine klare und eindeutige Befreiung von der Verschwiegenheitspflicht Wert legen, um späteren Streit zu vermeiden.[255] Erfolgt der Anstoß aber über das Management, so wird man eine Weitergabe dieser Daten nur so weit für zulässig halten können, als es sich um die Weitergabe an entweder bereits von Berufs wegen (§ 203 StGB, § 404 AktG) oder durch gesonderte Vertraulichkeitserklärung zur Verschwiegenheit verpflichtete Berater handelt und sichergestellt ist, dass die Daten allenfalls in anonymisierter Form etwaigen Finanzierungspartnern, in keinem Fall aber Wettbewerbern zur Bewertung eines potenziellen MBO zur Verfügung gestellt werden.

Entsprechendes gilt dann, wenn die Gesellschaft **börsennotiert** ist. Hier ist überdies **150** das kapitalmarktrechtliche Verbot der Preisgabe von **Insiderinformationen** zu beachten, § 14 Abs. 1 Nr. 2 WpHG. Allerdings ist hiernach nur die „**unbefugte**" Weitergabe verboten. Die aufgaben-, tätigkeits- oder berufsbedingte Weitergabe einer Insidertatsache, insbesondere an fachkompetente Berater ist gestattet.[256] In diesen Fällen wird der Empfänger der Information seinerseits als Primärinsider zu betrachten sein, weil er aufgrund seiner Tätigkeit regelmäßig bestimmungsgemäß Kenntnis von der Insidertatsache erlangt hat. Hinzu kommt, dass unter die Verschwiegenheitspflicht und unter das Insiderverbot nur solche unternehmensrelevanten Tatsachen fallen können, die nicht bereits der Öffentlichkeit bekannt sind. Insoweit gilt aber gerade bei börsennotierten Unternehmen, dass diese die Öffentlichkeit aufgrund der ad-hoc-Mitteilungspflicht gemäß § 15 WpHG über alle kursrelevanten Vorgänge und Veränderungen hinzuweisen haben und überdies nach §§ 37 v ff. WpHG periodischen Berichtspflichten unterliegen.

---

denen das an der Übernahme interessierte Management von außen an das Unternehmen herantritt, oder solche Fälle des IBO ohne Beteiligung des bisherigen Managements.

[253] Zu diesem Konflikt auch *Becker*, S. 76 ff.

[254] Sie wird aus der organschaftlichen Treuepflicht abgeleitet. Zu dieser ausführlich *Fleischer*, WM 2003, 1045 ff.

[255] *Holzapfel/Pöllath*, Rdnr. 597.

[256] *Schwark/Zimmer*, § 14 WpHG Rdnrn. 57 ff.

b) Besondere Pflichten des Managements

151 Hat ein Finanzierungspartner aufgrund dieser ersten Einschätzung sein Interesse signalisiert, wird das Management auf die Gesellschafter zugehen und die eigenen Übernahmeabsichten kundtun. Hierzu, also zur **Offenbarung** eines eigenen Buy-Out-Plans, ist das Management wegen der inhärenten Gefahr, dass das Management künftig seine eigenen Interessen über die der Altgesellschafter stellen könnte, aus seiner Treuepflicht heraus gehalten. Für das Management empfiehlt es sich bei der weiteren Verhandlungsführung eben wegen des evidenten Eigeninteresses, sich möglichst weitgehend aus den Verhandlungen zurückzuziehen und diese entweder Beratern oder anderen Partnern der Buy-Out-Gruppe zu überlassen.[257]

152 Darüber hinaus hat das Management aber auch folgende weitere Pflichten nach Eröffnung der Verhandlungen zu beachten:

- Es darf den Alteigentümern ihm bekannte Tatsachen, die für die Verkaufsentscheidung der Alteigentümer und die Preisbestimmung wesentlich sein können, **nicht verschweigen.**[258] Dies folgt bereits aus vorvertraglichen Pflichten (culpa in contrahendo), § 311 Abs. 2 Nr. 1 BGB, zum Unternehmenskaufvertrag. Eine derartige Offenbarungspflicht gilt hingegen nicht für die in die Zukunft gerichteten eigenen Planungsabsichten des Managements und erst recht nicht für die eigenen Wertvorstellungen.[259]
- Es muss weiterhin **Geschäftschancen** für die Gesellschaft so nutzen, als bestünde die eigene Erwerbsabsicht nicht, gleich ob sich hierdurch der Preis verteuert; es darf also Geschäftsabschlüsse nicht etwa nur im Hinblick auf die schwebenden Buy-Out-Verhandlungen auf die Zukunft verschieben.
- Für eine Akquisitionsgesellschaft (NewCo) darf das Management erst tätig werden, wenn es von einem dienstvertraglichen oder organschaftlichen **Wettbewerbs- oder Nebentätigkeitsverbot** vom Aufsichtsrat, § 88 AktG, oder der Gesellschafterversammlung[260] befreit ist.

153 Beachtet das Management diese Pflichten nicht, setzt es sich dem Risiko aus, als Geschäftsführer oder Vorstand aus der Organstellung **abberufen** zu werden; dies ist bei der GmbH jederzeit möglich, § 38 Abs. 1 GmbHG, bei der Aktiengesellschaft durch den Aufsichtsrat bei Vorliegen eines wichtigen Grundes, der freilich auch im Vertrauensverlust gegenüber den Aktionären begründet sein kann, § 84 Abs. 3 AktG. Dienstvertraglich kann überdies der Verstoß gegen eine Verschwiegenheits- oder Treuepflicht oder ein Wettbewerbsverbot dann einen wichtigen Grund zur außerordentlichen und fristlosen **Kündigung** darstellen, wenn der Verstoß so gravierend ist, dass der Gesellschaft die Fortsetzung des Dienstverhältnisses nicht mehr zumutbar ist. Dies wird vom jeweiligen Einzelfall abhängen. Darüber hinaus setzt sich das Management im Fall einer Pflichtverletzung einer **Schadensersatzpflicht**, § 43 Abs. 2 GmbH, § 93 Abs. 2 AktG, aus, vorausgesetzt, dass der Gesellschaft aufgrund dessen ein (nachweisbarer) Schaden entstanden ist. Durch die Niederlegung eines Geschäftsführungs- oder Vor-

---

[257] *Holzapfel/Pöllath*, Rdnr. 598.
[258] Hierzu im Einzelnen *Fleischer*, AG 2000, 309 ff.
[259] *Stadler*, S. 84.
[260] MK-GmbHG/*Jaeger*, § 35 GmbHG, Rdnr. 366.

standsamts wird sich das Management dem beschriebenen Interessenkonflikt schon deshalb in der Regel nicht entziehen können, weil eine Verschwiegenheits- oder Treuepflicht bereits aus dem fortbestehenden Anstellungsverhältnis folgt und überdies die organschaftliche Treuepflicht auch **nach** Beendigung der Organstellung fortbesteht. Ohnehin dürfte die Amtsniederlegung schwerlich für die Verfolgung der eigenen Buy-Out-Pläne des Managements förderlich sein.

3. Verhandlungs- und Prüfungsphase

a) Letter of Intent

Zweck des Letter of Intent (LoI) ist es meist, den Verhandlungsstand im Vorfeld eines **154** Vertragsschlusses in den wesentlichen Punkten zu dokumentieren *(Term Sheet)* und wechselseitig die Absicht zu bekunden, vorbehaltlich der abschließenden Einigung und der erfolgreichen Durchführung einer Due Diligence einen Vertrag abzuschließen. Insoweit wird in der Regel ein rechtsgeschäftlicher Bindungswille auch im Hinblick auf § 154 Abs. 1 Satz 1 BGB nicht angenommen werden können.[261] In der Praxis wird aber zur Klarstellung im LoI ausdrücklich erklärt, dass hiermit eine rechtliche Bindung, jedenfalls hinsichtlich der skizzierten Inhalte des späteren Vertragswerks, nicht verbunden sein soll. Trotz fehlender rechtlicher Bindung stellt der Inhalt des LoI aber einen wichtigen Eckpfeiler im weiteren Verlauf der Verhandlungen dar, da er zumindest die erreichten Verhandlungspositionen dokumentiert und daher eine Abkehr von diesen wirtschaftlichen Eckpunkten erschwert.

Dennoch werden in einem LoI meist bestimmte rechtsgeschäftlich bindende Pflich- **155** ten begründet. So kann eine **Verhandlungsexklusivität** zugunsten des Kaufinteressenten vereinbart werden. Ferner wird sich der Kaufinteressent, der eine Due Diligence, also eine Prüfung des Zielunternehmens durchführen und somit Einsicht in dessen Geschäftsunterlagen nehmen will, zur **Geheimhaltung** der erlangten Information, meist gegen eine Vertragsstrafe im Fall des Verstoßes, verpflichten müssen *(Confidentiality Agreement)*. Häufig verlangt der Kaufinteressent im Hinblick auf seine nicht unerheblichen Due Diligence-Kosten vom Verkäufer auch die Verpflichtung zur Zahlung einer Aufwandsentschädigung für den Fall, dass der Verkäufer die Vertragsverhandlungen abbricht *(Break up fee)*.[262] Im Rahmen einer solchen Break up fee-Klausel sollten möglichst Gründe, die zu einer Aufwandsentschädigung führen, konkret bezeichnet werden, bspw. unzureichende Informationen im Rahmen der Due Diligence oder Verstoß gegen die Exklusivitätspflicht[263]. Im Übrigen sollte die Break up fee-Klausel in

---

[261] So auch *BGH* NJW 1980, 1577, 1578, wonach vorvertragliche Abreden im Zweifel nur als unverbindliche Absichtserklärung und nicht als bindende Vorverträge aufzufassen sind.

[262] Dies kann als pauschalierter Schadensersatz oder auch als selbständiges Strafversprechen nach § 339 BGB geschehen, kann aber auch als Verpflichtung zur Erstattung der konkreten Due Diligence-Kosten ausgestaltet werden, so *OLG München* GWR 2012, 468 *(Bergjan/Feltes)*; das *OLG München* hat in diesem Urteil entschieden, dass eine solche Kostenerstattungsklausel, auch bei einer Deckelung der Kostenerstattung, nur die tatsächlich angefallenen, üblichen und angemessenen Kosten erfasst.

[263] Hierzu *Bergjan/Schwarz*, GWR 2013, 4, 5.

ihrer Höhe stets so bemessen sein, dass hiermit kein Zwang zum Abschluss eines (formbedürftigen) Hauptgeschäfts begründet wird, da andernfalls auch diese Vereinbarung der entsprechenden Form unterliegen könnte.[264] Im Fall des Erwerbs von Aktien an einer AG liegt in Break up fee-Vereinbarungen kein Verstoß gegen **§ 71 a AktG** (Finanzierungshilfe), da die Erstattungspflicht gerade das Scheitern des Übernahmeversuchs voraussetzt.[265]

b) Due Diligence

aa) Bedeutung der Due Diligence

156 Im Rahmen von Unternehmenstransaktionen besteht regelmäßig ein erheblicher Informationsvorsprung der Verkäuferseite über das der Transaktion zu Grunde liegende Unternehmen; der Käufer kann sich regelmäßig nur aus öffentlich zugänglichen Quellen oder mittels eines Verkaufsmemorandums über das Verkaufsobjekt informieren. Auch wird der Verkäufer dazu neigen, positive Informationen über das zu verkaufende Unternehmen sofort zu kommunizieren und negative eher zu verschweigen oder abzuschwächen. Um sein Informationsdefizit zu verringern und mit „gleichen Waffen" in Vertragsverhandlungen einzutreten, ist daher die eingehende Untersuchung des zu erwerbenden Unternehmens im Rahmen einer so genannten Due Diligence[266] Prüfung für den Käufer von zentraler Bedeutung.[267] Zwar besteht ein solches Informationsgefälle zu Lasten der Käuferseite jedenfalls bei einem MBO in der Regel nicht, da hier das Management der Zielgesellschaft selbst auf der Käuferseite auftritt. Doch werden in der Regel die **beteiligten Kapitalgeber** auf einem objektivierten eigenen Einblick in die Unternehmensverhältnisse bestehen, um ihrem eigenen Informations- und Absicherungsbedürfnis zu genügen. Daher gelten die allgemeinen Due Diligence-Verfahrensvorgaben, wenn auch in abgeschwächter Form, auch beim MBO. Darüber hinaus ist es im Hinblick auf die relativ kurze gesetzliche Verjährungsfrist für Schadensersatzansprüche aus Kaufverträgen von zwei Jahren (§ 438 Abs. 1 Nr. 3 BGB) ratsam, das Zielunternehmen sorgfältig auf etwaige Risiken zu untersuchen. Eine Obliegenheit zur Durchführung einer Due Diligence besteht indes nicht.[268] Mit der Unterstützung bei der Due Diligence können Käufer oder Verkäufer im Rahmen eines

---

[264] Die im Fall des Erwerbs von GmbH-Geschäftsanteilen anwendbare Formbestimmung des § 15 Abs. 3, 4 GmbHG hat allerdings keine Warn- und Belehrfunktion; das *OLG München* a. a. O. hat daher eine nicht beurkundete Break up fee-Klausel in Form einer reinen Aufwendungsersatzklausel für wirksam gehalten; es entschied allerdings so, weil aufgrund der Begrenzung der zu erstattenden Kosten kein Abschlusszwang begründet worden sei.

[265] *Hüffer*, § 71 a AktG Rdnr. 3.

[266] Der aus der US-amerikanischen Transaktionspraxis stammende Begriff meint eine mit „gebotener Sorgfalt" durchgeführte Prüfung.

[267] Vgl. zu diesem Themenkomplex *Beisel/Klumpp*, S. 35 ff.; *Semler/Volhard*, Arbeitshandbuch für Unternehmensübernahmen § 9 Rdnrn. 58 ff.; *Holzapfel/Pöllath*, Unternehmenskauf in Recht und Praxis, Rdnrn. 19 ff.; *Picot*, Unternehmenskauf und Restrukturierung, Teil I Rdnrn. 45 ff.; *Knott/Mielke/Weidlich*, Unternehmenskauf, S. 7 ff.; *Hölters*, Handbuch des Unternehmens- und Beteiligungskaufes, S. 724 ff.; *Gran*, NJW 2008, 1409 ff. zum Ablauf des M&A-Prozesses; *Göpfert/Meyer*, NZA 2011, 486 ff. speziell zum Datenschutz.

[268] *Weitnauer*, NJW 2002, 2511, 2516 m. w. N.

umfassenden Beratungs- und Vermittlungsauftrags[269] auch erfahrene M & A-Berater beauftragen.

Die Due Diligence-Prüfung eröffnet dem Kaufinteressenten die entscheidenden Er- **157** kenntnisse für die **Bewertung** des Zielunternehmens und damit für die Bemessung des Kaufpreises. Es wird unterschieden zwischen

- der **Legal Due Diligence,** in deren Verlauf die rechtlichen Verhältnisse des Zielunternehmens geprüft werden;
- der **Financal Due Diligence,** die die Finanzdaten und die Finanzplanung des Unternehmens zum Gegenstand hat, dies verbunden mit der **Tax Due Diligence,** in deren Rahmen insbesondere überprüft wird, ob das Unternehmen seinen steuerlichen Verpflichtungen ordnungsgemäß nachgekommen ist und welche steuerrechtlichen Belastungen und Risiken, bspw. aus einer Betriebsprüfung, in Zukunft zu erwarten sind;
- der **Commercial Due Diligence,** die auf die wirtschaftliche Marktsituation des Unternehmens und Spezialsachverhalte, etwa im Hinblick auf Umwelt/Altlasten oder Pensionsverpflichtungen, bezogen ist und schließlich
- der **technologischen Due Diligence,** die das technologische Know-how und den Bestand der gewerblichen Schutzrechte des Unternehmens (Patente, Marken etc.) zum Inhalt hat.

Die Erkenntnisse aus der Due Diligence-Prüfung können dazu führen, dass der Kauf- **158** interessent aufgrund entdeckter Risiken erhebliche Preisabschläge vornimmt oder gar ganz von einer weiteren Verfolgung seiner Kaufabsicht absieht. Gleichzeitig wird er sich vormerken, im Rahmen der Vertragsverhandlungen vom Verkäufer die Abgabe von **Garantien** oder Gewährleistungen hinsichtlich kritischer Punkte zu verlangen; ergänzend wird er vom Verkäufer regelmäßig die Versicherung verlangen, dass die im Rahmen der Due Diligence Prüfung zur Verfügung gestellten Dokumente oder erteilten Auskünfte einen vollständigen und richtigen Überblick über das Unternehmen geben. Die Due Diligence-Prüfung ermöglicht dem Käufer eine Momentaufnahme des ihn interessierenden Unternehmens, die von erheblicher Bedeutung für strategische Überlegungen sein kann, wie sich die zukünftige Unternehmensentwicklung darstellen soll. Das Management des potentiellen Käufers wird aber auch schon deshalb regelmäßig auf einer umfangreichen Due Diligence-Prüfung bestehen und das Zielunternehmen nicht „blind" erwerben, weil es nur so seinen Sorgfaltspflichten gegenüber dem eigenen, als Käufer auftretenden Unternehmen genügt.

Die Due Diligence bietet dem Kaufinteressenten freilich nicht nur bessere Einsicht **159** in das Zielunternehmen, sondern birgt für ihn andererseits im Rahmen der Gewährleistung des Verkäufers auch das Risiko, dass dieser ihm die **Kenntnis** der offenbarten Tatsachen entgegenhalten kann; nach § 442 BGB sind Gewährleistungsansprüche des Käufers wegen eines ihm bekannten Mangels ausgeschlossen.[270] Macht der Kaufinteressent daher von seinen Prüfungsmöglichkeiten Gebrauch, so sollte er die Due Diligence dann auch unter Einschaltung von fachkundigen Beratern gründlich und genau

---

[269] Hierzu Muster im Anhang 2.
[270] Freilich können die Parteien eine anderweitige vertragliche Regelung treffen. Dazu unten D 204.

durchführen lassen. Die rechtzeitige Prüfung ist stets besser als zu versuchen, eine getroffene Entscheidung im Nachhinein wieder rückgängig zu machen.

bb) Ablauf des Due Diligence Prozesses

(i) Vorbereitung der Due Diligence

160　Die sorgfältige Vorbereitung der Due Diligence Prüfung erleichtert nicht nur die Prüfung des Zielunternehmens durch potentielle Käufer, sondern sie eröffnet auch dem Verkäufer die Möglichkeit, sich nochmals eingehend mit seinem Unternehmen zu befassen und eigene Vorstellungen, insbesondere im Hinblick auf den Wert des Unternehmens, auf ihre Richtigkeit zu überprüfen. Sofern die angestrebte Unternehmenstransaktion von einem M & A-Berater begleitet wird, wird dieser dem Verkäufer u. a. zum Zweck der Erstellung eines Verkaufsmemorandums **(Information Memorandum)** regelmäßig einen ausführlichen **Fragenkatalog** übergeben. Dieser Katalog ist von der Verkäuferseite aus eigenem Interesse sorgfältig zu beantworten und möglichst durch Unternehmensdokumente zu belegen. Erfragt werden in diesem Zusammenhang u. a. Informationen über die gesellschaftsrechtliche Struktur des Unternehmens, seine Geschichte und Stellung auf dem Markt, Informationen über Wettbewerber und die Kundenstruktur, Charakteristika der Produktion und des Vertriebs, Aufbauorganisation und Personalstruktur, Controlling-Instrumente und Finanzdaten. Auf der Grundlage der so gesammelten Informationen wird dann das Information Memorandum erstellt, das an ausgewählte Kaufinteressenten (oder gar im Rahmen eines Bieterprozesses) versandt wird, sofern letztere ein grundsätzliches Kaufinteresse signalisiert und eine **Geheimhaltungsverpflichtung** unterzeichnet haben.[271] Aber auch ohne die Unterstützung eines M & A-Beraters sollte der Verkäufer das Unternehmen einer eigenen Vorprüfung unterziehen, um damit die Due Diligence-Prüfung des Käufers zu erleichtern und sich selbst vor bösen Überraschungen zu bewahren **(Vendor Due Diligence)**. Je besser die Due Diligence vorbereitet ist, desto schneller und glatter kann dieser Prüfungsprozess vollzogen werden und desto eher wird es nicht nur zum Abschluss kommen, sondern werden sich auch die Preisvorstellungen des Verkäufers durchsetzen lassen.

161　Allerdings ist es abhängig von der Rechtsform des zu veräußernden Unternehmens und der Stellung des Verkäufers diesem nicht ohne weiteres möglich, die erforderlichen Informationen von der Gesellschaft zu beschaffen. Denn die Auskunftsrechte der Gesellschafter gegenüber der Geschäftsführung sind eingeschränkt, §§ 51 a GmbHG, 131 AktG, 118 HGB. Dies wird sich allerdings als Problem nur bei einem von außen kommenden Kaufinteressenten (IBO, MBI), nicht aber dann stellen, wenn der bisherige und bestens mit dem Unternehmen vertraute Geschäftsführer einen MBO anstrebt. Bei der GmbH und der Personengesellschaft können die Gesellschafter durch Beschluss die Geschäftsführung anweisen, dem Kaufinteressenten Auskünfte, auch über Geschäfts- und Betriebsgeheimnisse, zu erteilen. Zum Nachteil nicht verkaufswilliger Minderheitsgesellschafter darf sich dies aufgrund der gesellschaftsrechtlichen Treuepflicht allerdings nicht auswirken[272]. Bei der **Aktiengesellschaft** steht dem Aktionär nur ein in der

---

[271] Zum Konflikt mit der Verschwiegenheitspflicht des Managements oben D 148 f.
[272] *Hölters,* Teil VII, Rdnrn. 14 ff.

Hauptversammlung auszuübendes Fragerecht zu, § 131 AktG; auch ist der Vorstand nicht den Weisungen der Aktionäre unterworfen. Der Aktionär kann daher nur den Vorstand bitten, eine Due Diligence durch einen Kaufinteressenten zuzulassen. Hierüber wird der Vorstand dann einen Aufsichtsratsbeschluss herbeiführen, da er selbst der Geheimhaltungspflicht des § 93 Abs. 1 S. 2 AktG unterliegt.

Die von der Verkäuferseite zusammengetragenen Daten werden in einem Datenraum (sog. **Data Room**) für potentielle Kaufinteressenten zur Einsicht aufbereitet. **162** Diese Datenräume befinden sich häufig in den Räumen eingeschalteter M&A-Berater, nicht zuletzt, um eine Verunsicherung der Mitarbeiter des zu veräußernden Unternehmens durch das Erscheinen externer Berater im Unternehmen zu vermeiden. Heute werden die Daten oft nicht mehr physisch, sondern über einen geschützten Online-Bereich nur elektronisch zur Verfügung gestellt (**virtueller Data Room**).

(ii) Durchführung der Due Diligence-Prüfung

Nach der Aufbereitung und Zusammenstellung der Daten und der Einrichtung des **163** Datenraums beginnt die eigentliche Prüfungsphase. Die Verkäuferseite wird nun diejenigen Kaufinteressenten, die eine Geheimhaltungsvereinbarung unterzeichnet und die ein ernstes Kaufinteresse signalisiert haben, zur Prüfung einladen. In diesem Zusammenhang hat es sich in der Praxis bewährt, für den Ablauf der Due Diligence-Prüfung eine **Benutzungsordnung** (*„Data Room Rules"*) aufzustellen. Ein solches Regelwerk soll gewährleisten, dass die Prüfenden unter gleichen Bedingungen Einsicht nehmen können. Insbesondere gilt es zu regeln, ob und welche der zur Einsicht aufbereiteten Dokumente vervielfältigt oder ob nur handschriftliche Notizen gemacht werden dürfen und welche Zeitdauer für die Prüfung zur Verfügung steht.

Die Erfahrung des Beraterteams, das imstande sein muss, aus umfänglichem Informationsmaterial gerade diejenigen Daten herauszufiltern, die Risiken des Verkaufsobjekts beinhalten, zählt für den Kaufinteressenten auch hier. Er sollte sich daher bei der Einschaltung und Auswahl von Due Diligence-Beratern nach deren **„Track Record"** erkundigen. **164**

Auf der Grundlage der im Rahmen der Due Diligence gesammelten Daten werden **165** die Transaktionsberater einen **Due Diligence Report** erstellen, der Grundlage dafür ist, ob der Kaufinteressent das Übernahmeprojekt weiterverfolgt und wie er das Verkaufsobjekt bewertet. Dieser Report muss zügig und sorgfältig erstellt und aufbereitet werden. Ebenso wie es für das Prüfungsverfahren Checklisten der zu kontrollierenden Punkte gibt, gibt es **Muster** zur Erstellung des Due Diligence Reports, die sich in der Praxis bewährt haben und die dem Kaufinteressenten gestatten, sich einen raschen Überblick zu verschaffen. Der Due Diligence Report endet mit der **Conclusion,** einer Kurzzusammenfassung der Ergebnisse der Prüfung.

Zur Due Diligence-Prüfung gehört aber nicht nur die Einsichtnahme von Dokumenten. Entscheidend und unverzichtbar sind grundsätzlich auch die **Besichtigung** **166** des Betriebsgeländes und **Gespräche** mit dem Management und führenden Mitarbeitern des Zielunternehmens, die sich allerdings bei einem Buy-Out bereits meist durch die gemeinsame Planung der Transaktion erübrigen.

4. Der Unternehmenskaufvertrag

a) Grundstrukturen

167 Der Begriff „Unternehmen" ist im System des Bürgerlichen Gesetzbuchs unbekannt. Das Unternehmen ist weder eine Sache noch ein Recht, sondern eine **Gesamtheit** von Sachen, Rechten, tatsächlichen Beziehungen, Vertragspositionen, Marktanteilen, Ressourcen, Geschäftschancen, Arbeitsverhältnissen, *good will* und Ähnlichem mehr. Wird ein Unternehmen verkauft, muss all dies erfasst werden. Dabei sind folgende Grundtypen der Unternehmensveräußerung zu unterscheiden:

- **Asset Deal:**
  Veräußerung der Wirtschaftsgüter (Sachen und/oder Rechte) eines Unternehmens oder Unternehmensteils durch das Unternehmen im Wege der **Einzelrechtsnachfolge;** insoweit ist ein *„Cherry Picking"*[273] möglich. Dies kommt vor allem dann in Betracht, wenn der Erwerber nicht an dem Unternehmen im Ganzen, sondern nur am Erwerb einzelner Betriebsteile interessiert ist.
- **Share Deal:**
  Veräußerung des Unternehmens als Rechtsträger auf der Gesellschafterebene durch Übertragung der **Beteiligungsrechte,** also der Aktien oder Geschäfts- bzw. Kommanditanteile, die an dem Unternehmen gehalten werden; hierdurch bleibt der Unternehmensbestand (Aktiva und Passiva) unberührt.

168 In der Regel wird die Akquisitionsgesellschaft direkt die Anteile an der Zielgesellschaft erwerben. Denkbar ist aber auch, im Wege des Asset-Deals Vermögenswerte der Zielgesellschaft über eine weitere Zwischengesellschaft zu erwerben, etwa im Fall eines Spin-Offs, wenn nicht von der Möglichkeit der Spaltung[274] Gebrauch gemacht wird, oder im Fall eines Erwerbs aus einer notleidenden Gesellschaft (Fortführungsgesellschaft)[275]. Beide Wege unterscheiden sich haftungs- und steuerrechtlich[276] erheblich.

b) Abschluss des Unternehmenskaufs

aa) Bestimmung des Vertragsgegenstands

169 Vertragstechnisch ist ein Share Deal wesentlich einfacher zu handhaben als ein Asset Deal. Denn während beim Share Deal für die Übertragung des Unternehmens der bloße Verkauf und die Übertragung der Anteilsrechte genügt, müssen beim Asset Deal

---

[273] Zur Nutzung von Abschreibungspotential kann der Kaufpreis auf die einzelnen Vermögenswerte verteilt werden. Eine Geschäftsveräußerung, d. h. der Verkauf zumindest eines gesondert geführten Betriebs im Ganzen, ist nicht umsatzsteuerbar, § 1 Abs. 1a UStG.

[274] Hierzu oben A 16.

[275] Insoweit geht es um den Fall einer **übertragenden Sanierung,** bei der das Vermögen des Krisenunternehmens ganz oder teilweise durch einen neuen Rechtsträger im Wege eines Asset Deals übernommen wird. Das Krisenunternehmen wird sodann meist liquidiert; oben A 21.

[276] Zu den steuerrechtlichen Fragestellungen oben Teil C.

die einzelnen zu übertragenden Vermögenswerte aufgrund des sachenrechtlichen Bestimmtheitsgrundsatzes **spezifiziert erfasst** werden; sie werden üblicherweise in umfangreichen Anlagen aufgelistet. Dort fehlende Wirtschaftsgüter sind nicht Kaufgegenstand. **Auffangklauseln,** wie bspw. eine Regelung, dass alle in einem bestimmten Raum zu einem bestimmten Zeitpunkt vorhandenen Gegenstände vom Kauf erfasst sein sollen, helfen kaum weiter, wenn ihr Vorhandensein zu diesem späteren Zeitpunkt nicht durch eine Inventur geklärt wird. Eine gewisse Erleichterung von diesen formalen Erschwernissen ergibt sich beim Asset Deal nur dann, wenn das Unternehmen bislang selbstständig bilanziert hat, da dann auf die **Bilanz** nebst Inventarverzeichnis Bezug genommen werden kann. Auch dies hilft aber bei Vermögenswerten nicht weiter, die entweder nicht bilanziert werden müssen oder die nicht bilanzierungsfähig sind.

Sowohl beim Share Deal als auch beim Asset Deal ist zu beachten, dass Vermögens- **170** gegenstände **außerhalb** des Gesellschaftsvermögens, die einem Gesellschafter gehören und der Gesellschaft nur zur Nutzung überlassen worden sind, mangels ausdrücklicher Regelung nicht erfasst werden. Dies gilt insbesondere dann, wenn ein für den Unternehmensbetrieb erforderliches Patent nicht dem Unternehmen, sondern dem Gesellschafter persönlich erteilt worden ist. In diesem Fall muss darauf Bedacht genommen werden, sei es im Unternehmenskaufvertrag selbst oder in gesonderter Abrede, auch solche wesentlichen weiteren Betriebsgrundlagen zum Gegenstand des Kaufs und der Übertragung zu machen. Dies kann sich auch dann als erforderlich darstellen, wenn Urheberrechte und Know-how, die für den Betrieb des Unternehmens erforderlich sind, vertraglich durch Abreden mit den Gründungsgesellschaftern gesichert werden müssen, namentlich durch Einräumung von ausschließlichen Lizenzrechten, da die selbstständige Übertragung eines Urheberrechts, anders als die eines Patents, gem. § 29 Abs. 1 UrhG grundsätzlich ausgeschlossen ist.

Zusätzlich ist die Übertragung von **Gewinnbezugsrechten** vertraglich zu regeln. **171** Erfolgt die Veräußerung unterjährig, kann entweder (entsprechend § 101 Nr. 2 BGB) eine zeitanteilige Aufteilung des Gewinns zwischen Käufer und Verkäufer vereinbart oder aber vorgesehen werden, dass der Käufer bereits ab Beginn des Geschäftsjahres oder erst zu dessen Ende am Gewinn teilhaben soll; letzteres vermeidet das Erfordernis, einen Zwischenabschluss aufstellen zu müssen.

bb) Form- und Wirksamkeitserfordernisse

Der **Asset Deal** bedarf grundsätzlich nur der privatschriftlichen Form, es sei denn, es **172** würde auch ein Grundstück verkauft, § 311 b Abs. 1 BGB. Da sich das Verkäuferunternehmen in der Regel nicht zu einer Übertragung seiner gesamten Aktiva in „Bausch und Bogen" verpflichtet, sondern zur Übertragung einzelner Vermögensgegenstände, ist auch das notarielle Formerfordernis des § 311 b Abs. 3 BGB nicht einschlägig.[277] Verkörpern die kaufgegenständlichen Wirtschaftsgüter den Geschäftsbetrieb des Verkäuferunternehmens, bedarf die Veräußerung eines zustimmenden Beschlusses der Gesellschafter, da dieses Grundlagengeschäft wenn nicht zu einer Ein-

---

[277] *Palandt/Grüneberg,* § 311 b BGB Rdnr. 66; *K. Müller,* NZG 2007, 201 ff. Die Übertragung einzelner Wirtschaftsgüter auch wenn sie mit zulässigen Sammelbezeichnungen erfolgt sind, *BGH* NJW 1957, 1514, muss im Vordergrund stehen; „*Catch All*"-Klauseln dürfen nur Auffangfunktion haben, vgl. *Ettinger/Jaques,* D 66 ff., 71.

stellung des eigenen Geschäftsbetriebs, so doch zu einer Änderung des Gesellschafts-
zwecks führt und daher von der Vertretungsmacht der Geschäftsführung nicht mehr
gedeckt ist[278]; für die AG schreibt eigens § 179a AktG das Erfordernis eines zustimmenden Gesellschafterbeschlusses mit satzungsändernder Dreiviertelmehrheit für den
Fall vor, dass sich die AG zur Übertragung ihres ganzen Gesellschaftsvermögens verpflichtet, was auch dann der Fall ist, wenn der AG zwar Vermögenswerte verbleiben,
sie aber aufgrund der Vermögensübertragung ihre bisherigen Unternehmensziele nicht
mehr weiterverfolgen kann.[279]

173   Ein besonderes vertragstechnisches Problem stellt beim Asset Deal die Übernahme
von **Dauerschuldverhältnissen** (Miete, Versicherungen etc.) durch den Käufer dar.
Denn sie bedarf als Vertragsübernahme der Zustimmung des Vertragspartners, § 415
BGB, soweit es sich nicht um ein Arbeitsverhältnis handelt, das im Fall einer Betriebs-
übernahme vorbehaltlich eines Widerspruchs des Arbeitnehmers zwingend (und dies
oft auch wider den Willen des Käufers) übergeht, § 613a BGB.[280] Für den Fall einer
Verweigerung der Zustimmung des Vertragspartners wird zwischen den Parteien das
Dauerschuldverhältnis dadurch aufgespalten, dass die Rechte des Verkäufers hieraus an
den Käufer abgetreten werden, der sich seinerseits intern gegenüber dem Verkäufer zu
dessen Freistellung aus dem mit ihm bestehen bleibenden Dauerschuldverhältnis verpflichtet.

174   Beim **Share Deal** gelten unterschiedliche Formerfordernisse. Die Übertragung
eines **GmbH**-Geschäftsanteils bedarf der notariellen Form, § 15 Abs. 3 GmbHG; gleiches gilt für das schuldrechtliche Verpflichtungsgeschäft dazu, allerdings wird ein
solcher Formmangel der Verpflichtung durch die notarielle Beurkundung der Anteils-
abtretung geheilt, § 15 Abs. 4 Satz 1 und 2 GmbHG. Bei der **GmbH & Co. KG** erstreckt sich das Formerfordernis für die Übertragung der Anteile an der Komplementär-GmbH auch auf die Kommanditanteile, da es sich im Zweifel um ein einheitliches
Geschäft handelt. Auch hier ist aber eine Heilung durch die spätere notarielle Ge-
schäftsanteilsübertragung möglich. Die Übertragung von **Aktien** bedarf hingegen keiner weiteren Form; sie werden durch Abtretung, §§ 398, 413 BGB, oder bei Namensaktien auch durch Indossament, § 68 Abs. 1 Satz 1 AktG, übertragen; verbriefte
Inhaberaktien können auch durch Einigung und Übergabe der Aktienurkunde,
§§ 929ff. BGB, übertragen werden[281].

175   Die Übertragung eines GmbH-Anteils kann an die Zustimmung der Gesellschaft
gebunden werden **(Vinkulierung),** § 15 Abs. 5 GmbHG; demgegenüber ist dies
bei der Aktiengesellschaft gem. § 68 Abs. 2 Satz 1 AktG nur bei Namensaktien,
nicht aber bei Inhaberaktien möglich. Die Übertragung eines Gesellschaftsanteils bei

---

[278] Für die Personengesellschaft *BGH* NJW 1995, 596; für die GmbH *BGH* NJW 1995, 596;
MK-GmbHG/*Harbarth*, § 53 GmbHG Rdnr. 229; für die AG *BGHZ* 83, 122ff. = NJW 1982,
1703 „Holzmüller" im Fall der Ausgliederung von 80% der Aktiva auf eine Tochtergesellschaft,
BGHZ 159, 30 „Gelatine" auch für Umstrukturierungen und BGHZ 153, 47ff. „Macrotron"
beim Delisting (einfache Stimmmehrheit) sowie *Hüffer*, § 119 AktG Rdnrn. 16ff. Dazu auch
Stellmann/Stoeckle, WM 2011, 1983ff.

[279] *Hüffer*, § 179a AktG Rdnr. 5.

[280] Hierzu noch näher unten D 187f. und das Vertragsmuster Anhang 3, dort § 10.

[281] Nach h.M. ist die Übergabe der Aktienurkunde nicht Wirksamkeitsvoraussetzung der
Übertragung, sondern es folgt bei Abtretung der Aktienrechte der Anspruch auf Übergabe der
Aktienurkunde aus § 952 BGB; *Hüffer*, § 68 AktG Rdnr. 3.

Personengesellschaften, wie der KG, bedarf wegen ihres personalistischen Charakters mangels abweichender Regelung im Gesellschaftsvertrag der Zustimmung aller Gesellschafter, §§ 105 Abs. 3, 161 Abs. 2 HGB, 719 Abs. 1 BGB.

Ferner ist darauf zu achten, ob eine ggf. nach § 1365 BGB erforderliche **Ehegat-** **176** **tenzustimmung** vorliegt; sie ist dann erforderlich, wenn der Gesellschafter mit der kaufgegenständlichen Beteiligung über sein Vermögen im Ganzen verfügt. Es genügt, wenn es sich um das nahezu ganze Vermögen handelt[282]; unerheblich ist auch, ob die Verfügung entgeltlich erfolgt. § 1365 BGB setzt die Geltung des gesetzlichen Güterstands der Zugewinngemeinschaft voraus, gilt also nicht, wenn Gütertrennung vereinbart ist; ferner ist ein Verzicht auf die Verfügungsbeschränkung durch Ehevertrag, § 1412 BGB, möglich.

cc) Finanzierungsvorbehalt und Material Adverse Change (MAC)-Klauseln

Aufgrund der Krise der Finanzmärkte, die sich mit der Insolvenz von *Lehman Brothers* **177** im September 2008 zuspitzte, kam auch die Kreditfinanzierung von Unternehmenskäufen nahezu zum Erliegen. Vor allem dann, wenn Signing und Closing, also Vertragsabschluss und Vollzug, auseinanderfallen, suchen sich Käufer vor einem Vollzug bei Ausbleiben der Bankenfinanzierung oder bei zwischenzeitlich negativ veränderten Verhältnisse zu schützen, indem das Closing unter bestimmte aufschiebende Bedingungen gestellt wird **(Closing Conditions)** oder zum Teil auch Rücktrittsrechte vorgesehen werden. Gegen einen uneingeschränkten Finanzierungsvorbehalt des Käufers, also eine Vollzugsbedingung dergestalt, dass sich der Käufer die notwendige Fremdfinanzierung besorgen kann *(„Financing-Out")*, spricht das klare Interesse der Verkäufer, sich auf eine vertragliche Bindung nur einzulassen und damit Gespräche mit anderen Interessenten beenden zu müssen, wenn der Käufer eine bindende Finanzierungsbestätigung über die benötigten Eigen- oder Fremdmittel vorzulegen vermag *(„Debt/Equity Commitment Letter")*. Muss sich die Verkäuferseite auf einen Finanzierungsvorbehalt einlassen, sollte dies nur mit einer klaren Fristsetzung, einem eigenen Rücktrittsrecht für die nicht rechtzeitige Beschaffung der Finanzierung und ggf. gegen Abgabe eines Vertragsstrafeversprechens bzw. einer pauschalierten Schadensersatzverpflichtung des Käufers geschehen.

Steht die Finanzierungszusage unter einem MAC-Vorbehalt, etwa dem Vorbehalt, **178** dass sich der zu erwerbende Geschäftsbetrieb oder das Marktumfeld nicht wesentlich negativ entwickeln *(„Business MAC"* bzw. *„Market MAC")*, wird dies der Käufer im Unternehmenskaufvertrag zu spiegeln suchen.[283] Ebenso wie die sonstigen Kündigungsrechte der Bank im Kreditvertrag im Interesse der Finanzierungssicherheit beschränkt werden sollten (wie bspw. auf *„Major Defaults"*, etwa Insolvenz des Kreditnehmers), sollten auch die Rücktrittsrechte bzw. die aufschiebenden Bedingungen im Unternehmenskaufvertrag im Sinne der Transaktionssicherheit auf das nötigste Minimum beschränkt werden. Generell wird sich der Verkäufer aber schwer tun, sich auf solche im Kontrollbereich des Käufers liegende Vorbehalte einzulassen. Dies gilt auch für ein Rücktrittsrecht des Käufers für den Fall, dass das Closing nicht vor Ablauf der

---

[282] Zustimmungsfrei ist die Verfügung, wenn das verbleibende Vermögen 15% (bei kleinerem Vermögen) oder 10% (bei größerem) beträgt; *Palandt/Brudermüller*, § 1365 BGB Rdnr. 4.

[283] *Schrader* in: Eilers/Koffka/Mackensen, S. 64, 74; *Jansen* GWR 2009, 361, 362; *Lange*, NZG 2005, 454 ff.

Verfügbarkeitsperiode der Fremdfinanzierung, etwa wegen kartellrechtlicher Genehmigungserfordernisse stattfindet *("Long Stop Date")*.

dd) Kaufpreisregeln

179 Bei verbleibenden Bewertungsunsicherheiten wird häufig nicht ein sogleich zahlbarer fester Kaufpreis, sondern ein **Earn Out-Modell** vereinbart, um die zwischen den beiderseitigen Kaufpreisvorstellungen klaffende Lücke zu schließen.[284] Im Falle des Earn Outs sind Teile des Kaufpreises an den **künftigen Unternehmenserfolg** gebunden, wobei Sonderfaktoren, die sich etwa aus dem Zukauf oder der Veräußerung weiterer Unternehmen oder Unternehmensteile ergeben, gesondert zu regeln sind.[285] Werden die Planziele erreicht, erhält der Verkäufer einen den ursprünglich vereinbarten Kaufpreis übersteigenden Mehrpreis. So bietet sich eine Earn Out-Regelung vor allem dann an, wenn der Verkäufer für die Zukunft von einem starken Wachstum bzw. Anstieg der Rentabilität und damit von einem höheren Kaufpreis als dem ausgeht, den der Käufer zum Zeitpunkt der Akquisition zu zahlen bereit ist. Eine Earn Out-Regelung basiert meistens auf einem Geschäftsplan und einer Bemessungsperiode über 2 bis höchstens 4 Jahre, den Käufer und Verkäufer miteinander abstimmen.

180 Hierbei hat allerdings der Verkäufer zu bedenken, dass er die Kontrolle über das Unternehmen verliert und daher Möglichkeiten für den Käufer bestehen, den Eintritt der vertraglich für einen solchen weiteren variablen Kaufpreisanteil vereinbarten Voraussetzungen zu beeinflussen, etwa durch eine Verlagerung von Gewinnen auf die Zeit nach der Earn Out-Periode, durch die Begründung konzerninterner Liefer- und Leistungsbeziehungen oder das Vorziehen von Entwicklungskosten oder Investitionen, die sich erst nach Ablauf der Earn Out Periode auf das Ergebnis auswirken. Es sind daher in jedem Fall entsprechende **Kontroll- und Mitwirkungsrechte** des Verkäufers[286] und solche Bemessungsgrundlagen und -zeiträume[287] vorzusehen, die möglichst eine Beeinflussung oder gar Manipulation durch den Käufer ausschließen.[288] Dabei hat der Verkäufer ein Interesse daran, den Käufer möglichst auf die Fortsetzung des bisherigen Geschäftsbetriebs zu verpflichten; andererseits wird sich der Käufer die Freiheit zur Änderung der Unternehmensstrategie sichern wollen.

---

[284] Zur Gestaltungsmöglichkeit eines Verkäuferdarlehens oben B 28 ff., 32 f.

[285] Zur Zieldefinition eignen sich finanzielle Erfolgsindikatoren wie Umsatz oder CashFlow des Unternehmens, EB(I)T(DA) und der Jahresüberschuss, aber auch operative Indikatoren, wie Produktionszahlen, Erreichen von Vertragsabschlüssen oder eine erfolgreiche Produkteinführung.

[286] Einsichts- und sonstige Prüfrechte, aber auch das Recht zur Zustimmung des Verkäufers zu strategischen Entscheidungen (bspw. Konzerneingliederung oder Restrukturierung, Verkauf der Vermögenswerte) während der Earn Out-Phase können vorgesehen werden. Als Sanktionen für die Einhaltung dieser Restriktionen auf der Basis der gemeinsamen Earn Out-Planung kann aber bspw. auch das Fälligwerden des Earn Outs mit einem bestimmten Multiplikator vereinbart werden.

[287] Ein Jahr wäre sicher zu kurz, da sich ein einmaliges Jahresergebnis relativ leicht beeinflussen lässt.

[288] *Streyl* in *Semler/Volhard*, § 12 Rdnr. 78 f.; *v. Schlabrendorff* in *Semler/Volhard*, § 16 Rdnr. 34 ff.

c) Vollzug des Unternehmenskaufvertrags

aa) Closing

Der Vollzug des Kaufvertrags erfolgt (dies gilt besonders für den **Asset Deal**) üb- | 181
licherweise an einem späteren Stichtag, den die Parteien vertraglich festlegen (sog.
Closing).[289] In der Praxis werden beim Closing alle noch fehlenden Kaufvertragsdoku-
mente von den Parteien an einem bestimmten Ort zusammengetragen. Der Käufer erhält die wirtschaftliche Verfügungsgewalt über das Unternehmen und wird in das Unternehmen eingewiesen.[290] Beim Asset Kauf gehen an diesem Tag Besitz, Nutzen,
Lasten und Gefahr auf den Käufer über. Es wird der Eigentumsübergang hinsichtlich der
einzelnen Wirtschaftsgüter des Unternehmens vollzogen; er bestimmt sich nach den
jeweils einschlägigen zivilrechtlichen Vorschriften (§§ 929 ff. BGB bei beweglichen Sachen, Auflassung gem. § 873 BGB bei Grundstücken, §§ 398 ff. BGB für Forderungen
und Rechte und § 15 PatG für das Patent). Dies geschieht Zug um Zug gegen Zahlung
des Kaufpreises. Entsprechend kann auch beim Share Deal vereinbart werden, dass die
Anteilsübertragung aufschiebend bedingt ist durch die Kaufpreiszahlung.

Beim **Share Deal** wird der Tag des Closing zumeist zugleich auch der Stichtag sein, | 182
bis zu dem bzw. ab dem dem Veräußerer oder Erwerber der im laufenden Geschäftsjahr
erwirtschaftete **Gewinn** zusteht, § 101 Nr. 2, 2. HS. BGB.[291] Aus abrechnungstechni-
schen Gründen wird das Closing meist auf das Ende des laufenden Geschäftsjahres gelegt. Beim Share Deal kann aber auch schuldrechtlich ein zurückliegender Stichtag vereinbart werden.

bb) Schutz gegen Veränderungen nach dem Signing

In allen diesen Fällen sieht sich der Käufer dem Risiko von **Veränderungen** des Un- | 183
ternehmens oder des Unternehmenswerts aufgrund der weiteren Verfügungsgewalt des
Verkäufers ausgesetzt. Daher werden die Parteien in der Regel diese Verfügungsgewalt
und -freiheit des Verkäufers durch entsprechende Regelungen zu beschränken suchen,
bspw. indem sich der Käufer verpflichtet, ab Abschluss des Kaufvertrags außerhalb des
gewöhnlichen Geschäftsverkehrs liegende Maßnahmen bis zum Closing nicht oder
nicht ohne Zustimmung des Käufers vorzunehmen. Es kann aber auch das Risiko einer Wertveränderung zwischen Kaufvertragsabschluss und Closing von den Parteien
dadurch erfasst werden, dass sie die Erstellung einer **Abrechnungsbilanz** (Stichtags-
bilanz) vereinbaren und der Verkäufer einen bestimmten Eigenkapitalbestand in dieser
Abrechnungsbilanz garantiert (**eigenkapitalgarantierende Abrechnungsbilanz**).[292]
Der Käufer wird dann meist auch einen Teil des Kaufpreises bis zum Vorliegen dieser

---

[289] *Holzapfel/Pöllath*, Rdnr. 57; *Semler/Volhard/Streyl*, § 12 Rdnrn. 98 ff.
[290] Zur Einweisung ist der Verkäufer nach *BGH* NJW 1968, 392f. im Fall des Verkaufs einer
Sachgesamtheit verpflichtet, weil sich die Übertragung des Unternehmens nicht nur in der
Übertragung von Rechten und Sachen erschöpft, sondern hierfür weitere Voraussetzung ist, dass
der Erwerber die Unternehmung fortführen kann. Hierzu auch MüKo-HGB/*Thiessen*, Anh. zu
§ 25 HGB, Rdnr. 23. Ferner wird die Öffentlichkeit über den Vollzug des Unternehmenskaufs
meist durch eine Presseerklärung unterrichtet.
[291] *BGH* NJW-RR 1996, 1377.
[292] *Picot*, Rdnr. I 57; vgl. die Musterregelung § 3 in Anhang 4.

Abrechnungsbilanz einbehalten. Andererseits wird der Veräußerer seinen Kaufpreisanspruch möglichst durch einen Aufrechnungsausschluss oder, vor allem bei ratenweiser Zahlung, durch Bürgschaften zu sichern suchen.

d) Haftung

aa) Risikoverteilung

184 Beim **Share Deal,** also beim Anteilserwerb, wird das Unternehmen insgesamt, also mit allen bestehenden Verbindlichkeiten, ob bekannt oder nicht, übertragen; hingegen ist Gegenstand des Asset Deal der Verkauf spezifizierter Vermögensgegenstände, Vertragsverhältnisse oder immaterieller Vermögenswerte. Diese sind leichter auf ihre Mangelfreiheit prüfbar als versteckte Risiken des Geschäftsbetriebs, die sich beim Share Deal auftun können. Daher sind die Risiken des Asset Deal für den Käufer in der Regel geringer und sollte das Due Diligence-Verfahren beim Share Deal gründlicher ausfallen.

bb) Besondere Haftungsrisiken beim Asset Deal

185 Aber auch wenn beim **Asset Deal** nicht erfasste Verbindlichkeiten grundsätzlich beim Verkäufer verbleiben, können sich **Haftungsrisiken für den Erwerber** kraft zwingenden Rechts ergeben[293], nämlich insbesondere aus

- **§ 613a BGB** (automatischer Eintritt des Erwerbers in die bestehenden Arbeitsverhältnisse einschließlich etwaiger Versorgungszusagen bei Betriebsübergang),
- **§ 75 AO** (Haftung des Betriebsübernehmers[294] mit dem übernommenen Vermögen für rückständige betriebliche Steuern aus dem letzten vor der Übernahme liegenden Kalenderjahr, insbesondere also für Gewerbe-, Lohn- und Umsatzsteuer),
- **§ 25 HGB** (Haftung für die im Betrieb des Handelsgeschäfts zumindest in ihrem Rechtsgrund begründeten Verbindlichkeiten bei Fortführung des Geschäfts unter der alten Firma)[295] und
- **öffentlichem Recht** (insbesondere Altlastensanierungspflicht gem. § 4 Abs. 3 BBodSchG bei einem übertragenen Grundstück).

186 Im Hinblick auf diese Haftungsrisiken empfehlen sich klare **Garantie- oder Freistellungsregelungen** im Verhältnis der Kaufvertragsparteien, die auch durch Bürgschaften oder durch den **Einbehalt** eines Kaufpreisteils (ggf. auch die Zahlung auf ein Escrow-Konto[296]) abgesichert werden können. Wegen des zwingenden Charakters der gesetzlichen Haftungsregeln haben diese Absprachen aber nur **interne** Wirkung.

---

[293] Vgl. hierzu *Holzapfel/Pöllath,* Rdnr. 753 ff.

[294] Voraussetzung des § 75 AO ist die Übereignung des Betriebs „im Ganzen"; er greift also nicht ein beim Erwerb nur einzelner Unternehmensteile oder Vermögenswerte. Es genügt aber die Übertragung sämtlicher wesentlicher Betriebsgrundlagen.

[295] Einen Schutz hiergegen ermöglicht nur die Eintragung einer abweichenden Vereinbarung in das Handelsregister und deren Bekanntmachung, § 25 Abs. 2 HGB, sofern die Firmenfortführung gewollt ist. Für § 25 HGB genügt die Fortführung des Firmenkerns, *Baumbach/Hopt,* § 25 HGB Rdnr. 7.

[296] Hierzu unten D 203.

(i) § 613a BGB

Dies gilt insbesondere für die Regelung des **§ 613a BGB,** die in der Praxis im Vor- **187** dergrund der Überlegungen steht. Denn der Erwerber wird im Zweifel nur an der Übernahme der leistungsstarken Arbeitnehmer interessiert sein. Nach § 613a BGB gehen jedoch im Fall des Betriebsübergangs **alle** in diesem Betrieb bzw. Betriebsteil beschäftigten Arbeitnehmer auf den Erwerber über. Allerdings haben die betroffenen Arbeitnehmer das Recht, durch Widerspruch den Übergang ihres Arbeitsverhältnisses zu verhindern, da ihnen nicht gegen ihren Willen ein neuer Arbeitgeber aufgezwungen werden soll. Damit setzen sie sich freilich dem Risiko einer betriebsbedingten Kündigung durch den bisherigen Arbeitgeber aus, sofern dieser nicht über eine anderweitige Beschäftigungsmöglichkeit verfügt. Nach § 613a Abs. 5 und 6 BGB sind die von einem Betriebsübergang betroffenen Arbeitnehmer vor dem Betriebsübergang von dessen Zeitpunkt, seinem Rechtsgrund und den Folgen in Textform, bspw. durch Rundschreiben oder auch im Intranet, zu **unterrichten;** sodann steht ihnen binnen eines Monats das schon beschriebene Recht zum Widerspruch zu.

Eine Kündigung **„wegen"** des Betriebsübergangs ist unwirksam, § 613a Abs. 4 **188** BGB. Allerdings ist eine betriebsbedingte Kündigung des alten Arbeitgebers wirksam, sofern sie unabhängig vom Betriebsübergang gem. § 1 KSchG gerechtfertigt ist, auch wenn hiermit das Unternehmen „verkaufsfähig" gemacht werden soll; Rationalisierungsmaßnahmen durch den Verkäufer auch noch vor dem Betriebsübergang bleiben also möglich.[297] Der bisherige Arbeitgeber haftet für die bis zum Übergang entstehenden und vor Ablauf eines Jahres danach fällig werdenden Verpflichtungen als Gesamtschuldner neben dem neuen Arbeitgeber, § 613a Abs. 2 BGB. Entscheidend ist daher die Klärung des Begriffs „Betriebsübergang". Er liegt nicht vor im Fall des bloßen Gesellschafterwechsels durch Anteilsübertragung (Share Deal).[298] Er liegt jedoch in denjenigen Fällen eines Asset Deal vor, in denen im Unterschied zu einer bloßen Funktionsnachfolge eine **auf Dauer angelegte wirtschaftliche Einheit** mit einer eigenen Organisationsstruktur **identitätswahrend übertragen** wird.[299] Hierfür ist eine wertende Gesamtbetrachtung aller Umstände des jeweiligen Einzelfalls anzustellen.[300] Wegen dieser Wertungsunsicherheiten wird sich der Erwerber in der Regel der weiteren Dienste der Leistungsträger des kaufgegenständlichen Unternehmens bzw. Betriebsteils versichern, indem er oder der bisherige Arbeitgeber mit ihnen ausdrücklich den Übergang des Arbeitsverhältnisses vereinbart.[301] Ferner werden sich die Vertragspartner intern über die **Freistellung** von Verpflichtungen entweder des Käufers aus unerwünscht übergegangenen Arbeitsverhältnissen oder von Verpflichtungen des Verkäufers aus un-

---

[297] *BAG* DB 1996, 2288; der fehlende Übernahmewille des Erwerbers stellt aber keinen betriebsbedingten Kündigungsgrund dar.

[298] In den im UmwG geregelten Fällen der Verschmelzung, Spaltung oder Vermögensübertragung ist § 613a BGB jedoch über § 324 UmwG anwendbar.

[299] So in Übernahme der *EuGH*-Rechtsprechung auch das *BAG,* erstmals NZA 1997, 1050; hierzu weiterführend *Küttner/Röller, „Betriebsübergang"* Rdnrn. 7ff.

[300] Kriterien sind bspw. Übernahme eines nach Zahl und Sachkunde wesentlichen Teils der Belegschaft, weitere Nutzung eigener vorhandener Betriebsmittel oder Betriebsmethoden, tatsächliche Fortführung der fraglichen Einheit; *Küttner/Röller,* a.a.O.; *Erf. Komm/Preis,* § 613a BGB Rdnrn. 10ff.

[301] *BAG* NZA 1998, 750f.

gewollt wegen Widerspruchs bei ihm verbleibenden Arbeitsverhältnissen verständigen, dies in der Regel bis zu einer bestimmten zeitlichen und betragsmäßigen Grenze.[302] Teil dieser internen Abgrenzungsregelung werden vor allem **Pensionsansprüche** der vom Betriebsübergang betroffenen Arbeitnehmer sein, da der Erwerber künftig auch für diese Ansprüche, auch soweit sie noch nicht unverfallbar geworden sind, aufzukommen hat; sie werden in der Regel eigens bewertet und bei der Bemessung des Kaufpreises berücksichtigt.[303]

(ii) Insolvenzrisiken bei einer übertragenden Sanierung

189 Bei einer Sanierung von Krisenunternehmen mittels einer Fortführungsgesellschaft, deren Zweck es ist, den Betrieb notleidender oder bereits insolventer Unternehmen zu retten und fortzuführen,[304] ergeben sich besondere Insolvenzrisiken.[305] Stellt das notleidende Unternehmen **nach** der Vermögensübertragung auf eine Fortführungsgesellschaft Insolvenzantrag und wird das Insolvenzverfahren eröffnet, könnte die Vermögensübertragung durch den Insolvenzverwalter **anfechtbar** sein mit der Folge, dass die übertragenen Vermögensgegenstände in die Masse zurückzuübereignen sind (§ 143 InsO) und die Fortführungsgesellschaft wegen der von ihr erbrachten Gegenleistung, sofern die Masse bereits entreichert ist, auf die Geltendmachung einer einfachen Insolvenzforderung verwiesen ist (§ 144 Abs. 2 S. 2 InsO).

190 Nach § 132 Abs. 1 InsO ist ein Rechtsgeschäft des Schuldners anfechtbar, das die Insolvenzgläubiger unmittelbar benachteiligt, wenn es in den letzten drei Monaten vor dem Antrag auf Eröffnung des Insolvenzverfahrens vorgenommen worden ist, der Schuldner zur Zeit des Rechtsgeschäfts zahlungsunfähig war und wenn der andere Teil die Zahlungsunfähigkeit kannte. Aus diesen Gründen muss im Rahmen einer sanierenden Übertragung darauf geachtet werden, dass dem Krisenunternehmen auch nach der Übertragung die Möglichkeit einer angemessenen Befriedigung seiner verbleibenden Gläubiger verbleibt, indem dem Unternehmen unmittelbar eine **gleichwertige** Gegenleistung für die übertragenen Vermögenswerte zufließt. Im Fall eines solchen **Bargeschäfts** (§ 142 InsO) scheidet eine Benachteiligung der Gläubiger aus, sofern der (angemessene) Erlös nicht mit Wissen des Dritten den Gläubigern entzogen werden soll (vorsätzliche Benachteiligung gem. § 133 InsO).[306]

---

[302] *Semler/Volhart/Koziezinski,* § 13 Rdnrn. 64 ff.; vgl. auch Vertragsmuster Anhang 3, § 10. In der Praxis hat sich zur Vermeidung eines Betriebsübergangs die Zwischenschaltung von **Transfergesellschaften** etabliert. Dabei werden die Arbeitnehmer auf eine Beschäftigungsgesellschaft übergeleitet und sodann aus dieser vom Erwerber, oft zu schlechteren Arbeitsbedingungen, übernommen. Um die rechtlichen Risiken für Verkäufer und Erwerber möglichst gering zu halten, sollten die von der Rechtsprechung aufgestellten Grundsätze zwingend eingehalten werden. Zur aktuellen BAG-Rechtsprechung (Az. 8 AZR 572/11) und den Gestaltungsmöglichkeiten danach *Raif/Ginal,* GWR 2013, 1 ff.

[303] Als Alternative kommt auch die „Ausgliederung" auf eine Pensionsgesellschaft in Betracht.

[304] Dazu oben A 21.

[305] Überdies kommt eine strafrechtliche Verantwortlichkeit in Betracht, so wegen Bankrottdelikts nach § 283 Abs. 1 Nr. 1 StGB oder Gläubigerbegünstigung nach § 283 c StGB.

[306] *MüKo-InsO/Kirchhof,* § 142 InsO Rdnr. 24.

cc) Gesetzliche Gewährleistungsregelungen

Das Unternehmen ist *„sonstiger Gegenstand"* im Sinne von § 453 Abs. 1 BGB, das **191** Kaufrecht ist also bei Unternehmenskäufen entsprechend anzuwenden.[307] Nach § 433 Abs. 1 Satz 2 BGB ist der Verkäufer verpflichtet, dem Käufer die Sache frei von Sach- und Rechtsmängeln zu verschaffen. Leistet der Verkäufer mangelhaft, hat der Käufer zunächst einen vorrangigen Nacherfüllungsanspruch (§§ 437 Nr. 1, 439 Abs. 1 BGB) auf Nachbesserung oder Ersatzlieferung. Der Verkäufer hat dadurch zunächst ein Recht auf zweite Andienung.[308] In der Praxis des Unternehmenskaufs spielt die Nacherfüllung freilich kaum eine Rolle.[309] Der Käufer muss dabei eine Frist setzen. Erst nach erfolglosem Fristablauf oder in einem der in § 440 BGB geregelten Fälle, kann er, wenn deren weitere Voraussetzungen gegeben sind, die **weiteren Gewährleistungsrechte** geltend machen.[310] Dazu zählen nach § 437 BGB der Rücktritt vom Kaufvertrag, die Minderung des Kaufpreises, der Anspruch auf Schadensersatz sowie der Ersatz vergeblicher Aufwendungen.[311]

Das Gewährleistungsrecht greift nur, wenn ein **Mangel** vorliegt. Die Kaufsache ist **192** dabei gem. § 434 BGB sachmangelfrei, wenn sie bei Gefahrübergang die vereinbarte **Beschaffenheit** hat. Sofern die Beschaffenheit nicht vereinbart worden ist, muss sich die Sache für die nach dem Vertrag vorausgesetzte Verwendung oder für die gewöhnliche Verwendung eignen und die übliche Beschaffenheit einer vergleichbaren Sache aufweisen. Die Bestimmung der Beschaffenheit beim Unternehmenskauf ist aber auch nach der Schuldrechtsmodernisierung[312] nicht eindeutig und wird weiterhin weitgehend Richterrecht sein, wobei zwischen Asset und Share Deal zu unterscheiden sein wird:

(i) Die Rechtslage beim Asset Deal

Wesentliches Problem beim Unternehmenskauf ist die Haftung für falsche **Abschluss-** **193** **angaben,** also Angaben des Verkäufers etwa zu Umsatz, Ertrag, Gewinn- und Verlustrechnung, Bilanz oder anderen Abschlüssen. Damit diese einen Sachmangel des Unternehmens begründen können, müssten sie, wie oben ausgeführt, zur „Beschaffenheit" des Unternehmens gehören. Insoweit ist davon auszugehen, dass jedenfalls jede nach früherem Recht zusicherungsfähige Eigenschaft einer Sache im Sinne von § 459 Abs. 2 BGB a. F. nun auch eine Beschaffenheit im Sinne von § 434 Abs. 1 Satz 1 BGB sein kann.[313]

Nach der Rechtsprechung zum „alten" Schuldrecht stellten falsche Abschlussan- **194** gaben des Verkäufers für die Zeit bis zum Verkauf keinen Fehler im Sinne von § 459 Abs. 1 BGB a. F. dar.[314] Nur bei über einen längeren Zeitraum von mehreren Jahren

---

[307] *Palandt/Weidenkaff,* § 453 BGB Rdnr. 7.

[308] *BGH* NJW 2005, 1348.

[309] *Baumbach/Hopt,* Einl. vor § 1 HGB, Rdnr. 46b.

[310] *Palandt/Weidenkaff,* § 437 BGB Rdnr. 4.

[311] Dazu ausführlich *Beisel/Klumpp,* S. 369 Rdnr. 18 ff.

[312] Das Gesetz zur Modernisierung des Schuldrechts trat am 1. 1. 2002 in Kraft.

[313] *BGH* NJW 2011, 1217, 1218; *Ettinger/Jaques,* C 26 ff.

[314] Etwa *BGH* NJW 1990, 1658; zur Falljudikatur im Einzelnen auch *Müller,* ZIP 2000, 817 ff.

reichenden Angaben über Umsätze und Erträge des verkauften Unternehmens könne – so damals der BGH – die Höhe des bisherigen Ertrags im Fall einer vertraglichen Zusicherung einer erheblichen Eigenschaft gleichgestellt werden.[315] Dagegen stellte die künftige Ertragsfähigkeit des Unternehmens eine zusicherungsfähige Eigenschaft dar.[316] Soweit der Vorrang der Gewährleistungsvorschriften nicht galt, griff der BGH auf die Haftung aus culpa in contrahendo (Verschulden bei Vertragsanbahnung, nun § 311 Abs. 2 BGB) zurück.

195   Ob Abschlussangaben eine Beschaffenheit des Unternehmens begründen, ist auch nach heutigem Recht im Einzelnen offen.[317] Insbesondere lässt die Gesetzesbegründung[318] offen, ob mit dem Begriff der „Beschaffenheit" nur unmittelbar der Kaufsache anhaftende Eigenschaften gemeint sind oder auch außerhalb der Kaufsache liegende Umstände herangezogen werden können.[319] Da „einfache" Abschlussangaben, die nicht die Schwelle der Dauerhaftigkeit überschreiten, auch nach heutigem Recht den Beschaffenheitsbegriff nicht erfüllen,[320] kommen nach richtiger Auffassung insoweit weiterhin die allgemeinen Haftungsregeln des Verschuldens bei Vertragsverhandlungen, nun §§ 311 Abs. 2, 280 BGB, zur Anwendung. Der Verkäufer ist hiernach schadensersatzpflichtig, wenn er schuldhaft die Pflicht zur wahrheitsgemäßen Beantwortung von Fragen und die Pflicht zur (ungefragten) Offenbarung erkennbar den Kaufentschluss beeinflussender Umstände verletzt.[321] Diese Ansprüche verjähren in der Regelfrist von 3 Jahren, § 195 BGB.

197   Würde man bei unrichtigen Abschlussangaben hingegen das Sachmängelrecht für anwendbar halten, hätte das zur Folge, dass in diesen Fällen, da eine „Nacherfüllung" der Vergangenheitszahlen nicht denkbar ist, dem Käufer bei erheblicher Pflichtverletzung das Recht zum Rücktritt, § 323 Abs. 5 Satz 2 BGB, oder zur Minderung des

---

[315] Angaben *nur* über die Umsätze hat der *BGH* NJW 1970, 653, 655 nicht genügen lassen.

[316] So hat der *BGH* NJW 1995, 1547, 1548 eine Zusicherung nach damaligem Recht bei Abgabe von Umsätzen und Erträgen in einer „Ertragsvorschau" über einen Zeitraum von drei Jahren ab Abschluss des Unternehmenskaufs bejaht.

[317] *Ettinger/Jaques*, C 38 f.

[318] Die Gesetzesbegründung der Schuldrechtsmodernisierung wirbt dafür, dass die Rechtsprechung künftig unzutreffende **Abschlussangaben** des Verkäufers nach Sachmängelrecht statt wie bislang nach c.i.c. behandelt. Die Gründe, die die Rechtsprechung früher hierzu veranlasst hätten, seien „weithin entfallen"; denn das neue Schuldrecht gewähre dem Käufer nun ein Nachbesserungsrecht, §§ 437 Nr. 1, 439 BGB, und einen Schadensersatzanspruch auch bei Fahrlässigkeit des Verkäufers, §§ 437 Nr. 3, 440, 280 f. BGB, sie erleichtere die Berechnung der Minderung, § 441 BGB, und stelle mit § 438 Abs. 1 Nr. 3 BGB und der dort vorgesehenen Zweijahresfrist eine angemessene Regelung der Verjährung bereit.

[319] Früher wurde der Fehlerbegriff so verstanden, dass er über unmittelbar der Sache anhaftende Fehler hinaus auch Umweltbeziehungen der Sache umfasst, soweit sie in der Sache **dauerhaft angelegt** sind und nach der Verkehrsauffassung hierdurch der Wert und die Brauchbarkeit der Sache **unmittelbar beeinflusst** werden. Wenngleich der *BGH* Abschlussangaben grundsätzlich diesen Charakter einer immanenten und dauerhaften Eigenschaft abgesprochen hat, hat er zumindest solche Abschlussangaben als zusicherungsfähige Eigenschaft genügen lassen, die sich auf einen **mehrjährigen Zeitraum** beziehen, und hat entscheidend weiter darauf abgestellt, dass sich aus diesen Angaben die **Ertragsfähigkeit** des Unternehmens erschließen muss.

[320] BeckOK-BGB/*Faust*, § 453 Rdnr. 30.

[321] Zu Beispielsfällen *Palandt/Grüneberg*, § 311 BGB Rdnr. 42.

Kaufpreises, § 437 Nr. 2 BGB, und ein Anspruch auf Schadensersatz, § 280 BGB, zustünden. Allerdings lässt die Schadensersatzregelung des § 280 Abs. 1 BGB den **Entlastungsbeweis** zu, § 280 Abs. 1 Satz 2 BGB. Handelt der Verkäufer nicht vorsätzlich, indem er bewusst falsche Abschlussangaben macht, sondern liegt der ihm zu machende Vorwurf darin, dass die tatsächlichen Unternehmenszahlen nicht mit den von ihm gemachten Angaben übereinstimmen, stellt sich die Frage, ob hierin ein Verschulden des Verkäufers zu sehen ist. Der *BGH* hat insoweit bislang dem Verkäufer im Fall von Bilanzunrichtigkeiten das Verschulden des hierfür ggf. verantwortlichen Steuerberaters oder Wirtschaftprüfers im Rahmen eines c.i.c.-Anspruchs ohne weiteres zugerechnet.[322]

(ii) Die Rechtslage beim Share Deal

§ 453 BGB ordnet die „entsprechende" Anwendung der Vorschriften des Sachkaufs **198** auch auf den **Rechtskauf,** also auch auf den Kauf eines Anteilsrechts an. Insoweit stellt sich die Frage, wann ein Mangel des Unternehmens auf den Anteilskauf durchschlägt. Denn eine „entsprechende" Anwendung kann nicht als vorbehaltsloser Anwendungsbefehl verstanden werden, sondern setzt voraus, dass der Analogieschluss zulässig ist. Dies ist aber nur dann der Fall, wenn sich ein Mangel des Unternehmens als unmittelbarer Mangel des Anteilsrechts darstellen lässt. Insoweit sollte – wie nach der Rechtsprechung vor der Schuldrechtsmodernisierung – weiterhin auf eine **wirtschaftliche Vergleichbarkeit** zum Asset Deal abgestellt werden: Erst bei Übertragung zumindest einer satzungsändernden Anteilsmehrheit (75%) kann eine solche bejaht werden[323]. Dieser Analogiemaßstab, wann der wirtschaftliche Zustand des Unternehmens auf die Beschaffenheit eines Anteilsrechts durchschlägt, bleibt weiter offen und wird im Einzelfall je nach Beherrschungsgrad zu entscheiden sein.[324] Scheidet hiernach die entsprechende Anwendung des Sachmängelrechts aus,[325] kann der Käufer nicht gem. § 434 Nr. 2 BGB zurücktreten und der Verkäufer haftet wegen vorvertraglicher Pflichtverletzung gemäß §§ 311 Abs. 2, 280 Abs. 1 BGB. Kommen die Regeln des Sachkaufs zur Anwendung, weil mehr als 75% des Anteilsbesitzes verkauft werden, gelten die obigen Ausführungen zum Asset Deal auch hier.

dd) **Vertragspraxis**

(i) Garantien

Da unsicher bleibt, wann falsche Abschlussangaben denn nun im Einzelfall als Sach- **199** mangel zu Gewährleistungsansprüchen führen und weil sich der Verkäufer bei Abgabe einer Beschaffenheitsvereinbarung im Fall einer dieser nicht entsprechenden Unternehmenssituation grundsätzlich vom Verschuldensvorwurf entlasten könnte, behilft

---

[322] *BGH* BB 1974, 152; *BGH* DB 1976, 37, 38.

[323] *Weitnauer,* NJW 2002, 2511 m.w.N.; im Grundsatz zustimmend *Palandt/Weidenkaff,* § 453 BGB Rdnr. 23: Beteiligung von mindestens 80%.

[324] *Ettinger/Jaques,* D 241 f.

[325] Selbstverständlich bleibt es dem Käufer unbenommen, sich bestimmte Abschlussangaben durch den Verkäufer garantieren zu lassen, wenn er hierauf seinen Kaufentschluss maßgeblich stützt.

sich die Vertragspraxis mit der Vereinbarung **selbstständiger Garantieversprechen** im Sinne von § 311 Abs. 1 BGB. Die Abgabe solcher Garantien stellt sicher, dass der Verkäufer für fehlende oder falsche Angaben, gleich wie geartet auch immer sie sind, verschuldensunabhängig haftet. Diese Garantien können alle zum Gegenstand der Due Diligence gemachten Fragenbereiche erfassen, also sowohl die rechtlichen Verhältnisse des Unternehmens als auch die wirtschaftlichen Verhältnisse, wie bspw.

- die Richtigkeit und Vollständigkeit der Jahresabschlüsse (Bilanzgarantie),
- das Vorhandensein eines bestimmten Eigenkapitals (Eigenkapitalgarantie),
- den gesicherten Bestand der Schutzrechte,
- das Vorhandensein aller für den Betrieb des Unternehmens erforderlichen Genehmigungen oder
- den Vertragsbestand (bspw. Miet- und Anstellungsverträge einschließlich etwaige Ansprüche aus Mitarbeiterbeteiligungsmodellen).

200 Als relevanter Zeitpunkt für die Richtigkeit der Garantien wird meistens auf den Tag des Vertragsabschlusses *(Signing)* abgestellt, beispielsweise wie folgt:

„V garantiert in Form eines selbstständigen Garantieversprechens gem. § 311 Abs. 1 BGB ohne Rücksicht auf Verschulden, dass die folgenden Angaben am Tag des Abschlusses dieses Vertrags vollständig und richtig sind."

201 Ist der Verkäufer zur Abgabe einer solchen **„harten"**, verschuldensunabhängigen Garantie nicht bereit, ist im Einzelfall die Einschränkung einer solchen Garantie auch dergestalt möglich, dass der Verkäufer nur die subjektive Richtigkeit der Angaben *„nach bestem Wissen und Gewissen"* oder *„nach Kenntnis"* garantiert (**best knowledge-Klausel**). Es ist klar, dass eine solche **„weiche"** Garantie für den Käufer einen geringeren Schutz bietet, doch ist es eben jeweils den Verhandlungen zu überlassen, ob sich der Käufer auf eine derartige Einschränkung einlässt. In diesem Fall sollte das Augenmerk dann aber auf die Regelung der Beweislastverteilung gelegt werden.

(ii) Regelung der Rechtsfolgen

202 Im Fall der Abgabe vertraglicher Garantieversprechen wird eine parallele Anwendung gesetzlicher Gewährleistungsregeln, aber auch der Rechtsfolgen einer Störung der Geschäftsgrundlage, § 313 BGB, oder des Verschuldens bei Vertragsverhandlungen, § 311 Abs. 2 BGB, bis zur Grenze des Vorsatzes regelmäßig ausgeschlossen und werden die **Rechtsfolgen** eines Garantieverstoßes eigenständig geregelt. Dies gilt insbesondere für den Ausschluss oder die Beschränkung eines für den Unternehmenskaufvertrag nicht passenden **Rücktrittsrechts,** die **Höhe** einer Garantiehaftung (Vereinbarung eines **„cap"** oder auch einer de minimis-Grenze). Garantieansprüche werden durch spezielle **Verjährungsregeln** zeitlich begrenzt; häufig wird die Verjährungsfrist am Vorliegen des nächsten oder übernächsten Jahresabschlusses ausgerichtet, also auf einen Zeitrahmen von 12 bis 24 Monaten festgelegt.

203 Für die Garantiehaftung sind zwei Gestaltungen denkbar: Entweder vereinnahmen die Verkäufer den Kaufpreis voll, bleiben aber für die Dauer der Garantiefrist als Gesamt- oder Teilschuldner im Rahmen einer Haftungshöchstgrenze (**Cap**) einem Garantiehaftungsrisiko ausgesetzt (**Garantievariante**) oder es bezahlt der Käufer für seine Garantieansprüche einen Teil des Kaufpreises auf ein Treuhandkonto eines *„Sellers' Agent"* ein, auf dem dieser Kaufpreisanteil solange als Sicherheit stehen bleibt, bis die

Garantiefrist abgelaufen ist, ohne dass Garantieansprüche geltend gemacht worden sind (**Escrow-Variante**).

Vertraglich ausgestaltet werden sollte die Frage, ob und unter welchen Vorausset- **204** zungen Ansprüche des Käufers bspw. wegen Vorkenntnis des Unternehmens – wie regelmäßig bei einem MBO durch die schon zuvor dort tätigen Geschäftsführer oder Vorstände – oder wegen einer vorangegangenen Due Diligence-Prüfung ausgeschlossen sind. Nach § 442 BGB sind Gewährleistungsrechte des Käufers wegen eines Mangels bei **Kenntnis** des Mangels im Zeitpunkt des Vertragsabschlusses ausgeschlossen; ist dem Käufer ein Mangel in Folge grober Fahrlässigkeit unbekannt geblieben, kann der Käufer Rechte wegen dieses Mangels nur geltend machen, wenn ihm dieser Mangel vom Verkäufer arglistig verschwiegen wurde oder der Verkäufer eine Garantie für die Beschaffenheit der Sache übernommen hat.

Selbst im Fall eines MBO wird man aber dem persönlich als Käufer auftretenden **205** früheren Geschäftsführer oder einer Erwerbergesellschaft, der er angehört, nicht pauschal entgegenhalten können, dass ihm oder seiner Gesellschaft die Verhältnisse des Unternehmens schlechthin bekannt gewesen seien. Denn nach § 442 Abs. 1 BGB geht es nicht um die Kenntnis des Kaufgegenstands bzw. Unternehmens, sondern des **konkreten Mangels**.[326] Unter dem Oberbegriff der **grob fahrlässigen** Unkenntnis werden Fälle behandelt, in denen der Käufer eine Untersuchung der Kaufsache unterlassen hat, obwohl nach der Verkehrssitte eine eingehende Besichtigung üblich ist.[327] Wenngleich die Durchführung einer **Due Diligence-Prüfung** gerade bei größeren Unternehmenskäufen inzwischen weit verbreitet ist, wird man aber wohl nach wie vor nicht von einer diesbezüglichen Verkehrssitte ausgehen können.[328] Dann kann aber auch erst recht eine unvollständige Due Diligence, bei der Mängel, also insbesondere die Unrichtigkeit bestimmter Unternehmenszahlen übersehen worden sind, nicht zu einer grob fahrlässigen Unkenntnis des Käufers führen.[329] Der Käufer führt die Due Diligence zum eigenen Schutz und nicht zum Schutz des Verkäufers durch, um im Vorfeld des Kaufvertrags mögliche Schwachpunkte zu entdecken, ehe er sich auf einen Unternehmenskauf einlässt, der ihn möglicherweise auf einen bloßen Schadensausgleich verweist und von dem er sich in der Regel nicht mehr so leicht lösen kann. Erklärt der Verkäufer daher im Rahmen eines Garantiekatalogs Unrichtiges, kann es ihn nicht entlasten, dass der Eigenschutz des Käufers in Form der Due Diligence mög-

---

[326] Streitig kann hier nur sein, ob sich der Käufer das Wissen seiner **Berater** entsprechend § 166 BGB zurechnen lassen muss, die er mit der Due Diligence-Prüfung betraut hat, selbst wenn diese ihn über ihre Kenntnis bestimmter Mängel nicht unterrichten. Dies wird man dann zu bejahen haben, wenn die Due Diligence-Prüfer nicht nur als interne Berater des Käufers, sondern – wie in der Regel der Fall – als eigenverantwortliche Wissensempfangsvertreter auftreten; *Weitnauer*, NJW 2002, 2511, 2516; zustimmend *Palandt/Ellenberger*, § 166 BGB Rdnr. 6a. Die Frage, ob nur auf den Willen des Abschlussvertreters abzustellen ist, wenn der Vertrag beurkundungspflichtig ist, *BGH* NJW 2000, 3127, 3128, stellt sich für die Wissenszurechnung des § 442 BGB nicht; *Goldschmidt*, ZIP 2005, 1305, 1313.

[327] *Palandt/Weidenkaff*, § 442 BGB Rdnr. 11.

[328] *Palandt/Weidenkaff*, § 442 BGB Rdnr. 11; *Böttcher*, ZGS 2007, 20; *Fleischer/Körber*, BB 2001, 841, 846.

[329] Daher kann die Gegenauffassung, wonach etwa das Übersehen auffallender Fehler bei einer Due Diligence grob fahrlässig sei (*K. Müller*, NJW 2004, 2196, 2198; dem folgend *Palandt/Weidenkaff*, § 442 BGB Rdnr. 13), nicht überzeugen.

licherweise nicht professionell genug und daher lückenhaft war. Doch sollte auch diese Frage vertraglich, ggf. durch einen ausdrücklichen Ausschluss der entsprechenden Anwendbarkeit des § 442 Abs. 1 BGB, geregelt werden.

206

Zusammenfassung:

- Für den Erwerb der Zielgesellschaft gilt es **Unterrichtungspflichten** des Erwerbers nach dem WpHG bei Übernahme von mehr als 10% der Stimmrechte an einem börsennotierten Unternehmen, betriebsverfassungsrechtliche Unterrichtungspflichten des nicht börsennotierten Unternehmens gegenüber den Arbeitnehmervertretern und schließlich besondere Pflichten der AIF-Verwaltungsgesellschaft nach § 289 KAGB-E zu beachten.

- Ferner gilt es zu prüfen, ob der Erwerb die Voraussetzungen der **kartellrechtlichen** Anmeldepflicht erfüllt, §§ 35, 37 Abs. 1 Nr. 3 GWB.

- Für die Verkaufsverhandlung kann sich das Management einem **Konflikt** mit **Verschwiegenheitspflichten** gegenüber der Zielgesellschaft, sei es dienstvertraglicher oder organschaftlicher Natur, ausgesetzt sehen, ferner aber auch einem Interessenkonflikt mit den Altgesellschaftern. Von der Verschwiegenheitspflicht muss es sich durch die Gesellschafter oder den Aufsichtsrat der Zielgesellschaft befreien lassen; die Eigeninteressen dürfen dabei in keinem Fall über die Interessen der Altgesellschafter und der Zielgesellschaft gestellt werden.

- Der Erwerb wird durch eine **Due** Diligence-Prüfung vorbereitet. Hierauf werden, auch wenn das Management die Zielgesellschaft kennt, die Finanzinvestoren in der Regel bestehen.

- In der Regel werden die Anteile der Altgesellschafter an der Zielgesellschaft erworben werden **(Share Deal)**. In Fällen der Ausgründung oder der Übernahme eines Krisenunternehmens kommt aber auch der Erwerb der Vermögenswerte über eine weitere neu gegründete Tochter der Erwerbergesellschaft in Betracht **(Asset Deal)**. Beide Arten des Erwerbs unterscheiden sich erheblich in ihrer Gestaltung und den haftungs- und steuerrechtlichen Folgen.

- Im Unternehmenskaufvertrag geht es neben der **Kaufpreisgestaltung** (ggf. Vereinbarung eines Earn Out) vor allem um die Ausgestaltung der **Verkäufergarantien** und deren Rechtsfolgen (Einbehalt eines Kaufpreisteils oder Treuhand-Konto, Haftungshöchstgrenze, Verjährung usw.).

Teil E. Managementbeteiligung beim Institutionellen Buy-Out

Übersicht

I. Ausgangssituation

1. Situation des Managements beim IBO

1 Im Rahmen der Vorbereitungen auf einen Unternehmensverkauf im Wege eines Primary IBO[1] hat sich das Management[2] mit zahlreichen Themen auseinanderzusetzen, die das Unternehmen sowie sich selbst und seine Arbeit betreffen. Dazu gehören insbesondere vier Aspekte:

- Finanzinvestoren[3] sind aktive Eigentümer mit hohen operativen und strategischen Anforderungen an das Management.[4] Dabei verfolgen sie **wertorientierte Unternehmensstrategien**[5] mit einem Fokus auf Cash- statt Ergebnisgrößen.
- Finanzinvestoren sind nur **vorübergehende** Eigentümer. Jede wesentliche strategische Geschäftsentscheidung muss daher auch immer unter dem Aspekt einer erfolgreichen Wiederveräußerung (Exit) in einem überschaubaren Zeitraum (spätestens nach 5 Jahren) zu treffen sein.[6]
- Das Unternehmen wird durch den IBO zu einem signifikanten Teil mit **Fremdkapital** belastet und damit das finanzielle Risiko entsprechend hoch sein. Gleichzeitig werden die im Rahmen der Kreditverträge vereinbarten Verhaltens- und Sicherungsregeln (sog. *Covenants*)[7] den Handlungsspielraum des Managements reduzieren.
- Finanzinvestoren erwarten im Rahmen des IBOs vom Management ihrer Portfoliounternehmen regelmäßig eine substantielle Barinvestition in eine Managementbeteiligung.[8] Das Management übernimmt damit auch ein **privates Verlustrisiko,** falls z. B. der dem Verkaufsprozess zugrunde liegende Business Plan (deutlich) verfehlt wird.

---

[1] Unter einem Primary Institutional Buy-Out (IBO) versteht man den erstmaligen Verkauf eines Unternehmens an einen Finanzinvestor. Verkäufer können Unternehmen, private oder auch öffentliche Eigentümer sein. Auch öffentliche Übernahmen börsennotierter Gesellschaften (sog. Public to Private Transactions) können im Wege eines IBO durchgeführt werden. Im Folgenden wird unter der Bezeichnung IBO immer ein Primary Institutional Buy-Out mit Hilfe des Einsatzes von Fremdkapital (Leverage) verstanden. Damit ist hier ein IBO auch immer zugleich ein Leveraged Buy-Out (LBO); oben A 1, A 10.

[2] Management oder Management-Team, hier definiert als das Top Management eines Unternehmens, das im Wege eines IBOs von einem Finanzinvestor übernommen wird.

[3] Unter Finanzinvestoren versteht man im Folgenden globale, internationale sowie nationale Private Equity Investoren wie beispielsweise Kohlberg Kravis Roberts (KKR), Blackstone, CVC, Permira, Montagu, Quadriga, Deutsche Beteiligungs AG und andere, die die Mittel ihrer institutionellen und privaten Investoren über Private Equity Fondsstrukturen in IBOs investieren.

[4] *Sharp,* S. 28 ff.

[5] Sog. Shareholder Value Ansatz.

[6] Ein Exit ist entweder ein vollständiger Weiterverkauf an einen strategischen Investor (sog. Trade Sale), an einen Finanzinvestor (sog. Secondary Sale), ein Verkauf an den Alteigentümer (sog. Company Buyback) oder eine Veräußerung im Rahmen eines Börsengangs (Initial Public Offering (IPO)). Siehe auch BVK Bundesverband Deutscher Kapitalbeteiligungsgesellschaften http://www.wir-investieren.de/was-ist-private-equity/buyouts-mehrheitsbeteiligungen/exit-strategien-was-kommt-nach-dem-verkauf/, Stand 25. 9. 2012.

[7] Oben B 75 f. und D 62 f.

[8] *Sharp,* S. 71.

Im Vergleich zum klassischen, vom Management getriebenen MBO[9], ist die Interessen- **2**
lage des Managements im Falle eines vom Finanzinvestor gesteuerten IBO erst einmal
unklar. Häufig ist das Management (noch) nicht sicher, ob ein IBO eine Chance oder ein
Risiko für das Unternehmen und seine Mitarbeiter sowie für das Management selbst darstellt.

Für gewöhnlich hat das Management bei einem IBO keine Wahl und kann einen **3**
Verkauf nicht verhindern. Aus diesem Grund sind die Erfahrungen, die Management-
Teams im Rahmen des Verkaufsprozesses mit Finanzinvestoren als potentiellen neuen
Eigentümern machen, wichtig für die Bereitschaft, einen IBO zu unterstützen.[10]

2. Situation des Finanzinvestors beim IBO

Finanzinvestoren sind im Allgemeinen keine operativen Manager, sondern verstehen **4**
sich als „Partner" des Managements, die mit ihrer finanziellen, strategischen und operativen Expertise sowie bestehenden Netzwerken das Management in der Geschäftsführung unterstützen.[11] Die operativen und strategischen Fähigkeiten des Managements sind daher von großer Bedeutung für die Wertsteigerung des Unternehmens
und damit für den Erfolg eines IBOs.

Der Finanzinvestor muss darüber hinaus sicherstellen, dass das Management (a) an **5**
die Realisierbarkeit des dem Verkauf zugrundeliegenden Business Plans glaubt, (b)
sämtliche ihm bekannte Risiken offengelegt hat und (c) auch bereit ist, das Unternehmen im Interesse des Finanzinvestors zu führen sowie in Zusammenarbeit mit ihm
einen erfolgreichen Exit herbeizuführen.

In Auktionsverfahren hat das Management in der Praxis durchaus ein gewisses Mit- **6**
spracherecht hinsichtlich der Entscheidung, welcher Finanzinvestor als Käufer zum Zug
kommt. Natürlich sind der Preis und die Vereinbarungen im Kaufvertrag wesentliche
Kriterien dieser Entscheidung. Bei geringen Unterschieden zwischen konkurrierenden
Bietern spielt für Unternehmensverkäufer aber häufig die **Präferenz des Managements** für den zum Unternehmen passenden Finanzinvestor auch eine gewisse Rolle.

In diesem Wissen verstehen die meisten Finanzinvestoren ein Auktionsverfahren **7**
auch als *Beauty Contest* hinsichtlich ihrer Eignung, dem Unternehmen, seiner Mitarbeiter aber auch dem Management ein zukünftig guter Partner zu sein.[12]

3. Managementbeteiligung als Anreizsystem

Finanzinvestoren sind nicht nur von den strategischen und operativen Fähigkeiten des **8**
Managements abhängig, sondern auch von dessen Bereitschaft, das Unternehmen im

---

[9] Oben A 26 ff.

[10] Oftmals werden mit dem Management im Zusammenhang mit einem Unternehmensver-
kauf Transaktionsboni vereinbart. Diese hängen zum Teil in ihrer Höhe auch von dem erzielten
Kaufpreis ab. Zur gesellschaftsrechtlichen Problematik von Transaktionsboni siehe z.B. *Hohaus/
Weber*, DStR 3/2008, 104–110.

[11] Siehe dazu zum Beispiel http://www.permira.de/about/our-governance, Stand: 25. 9.
2012 oder http://www.montagu.com/approach.aspx?lang=de, Stand: 25. 9. 2012.

[12] *Eilers/Koffka/Mackensen*, S. 417.

Interesse des Finanzinvestors wertorientiert im Hinblick auf einen erfolgreichen Exit zu führen.

9   Für gewöhnlich steigen im IBO die Ansprüche an die operative und strategische Unternehmensführung des Managements rapide an. Die Informations- und strategischen Mitwirkungsansprüche des Finanzinvestors als aktivem Eigentümer sowie der durch die Fremdfinanzierung reduzierte Handlungsspielraum und ein deutlich gestiegener Verwaltungs- und Kommunikationsaufwand machen den Arbeitsalltag des Managements beschwerlicher.

10   Nicht zuletzt möchte der Finanzinvestor auch sicherstellen, dass das Management durch sein persönliches Investment signalisiert, dass es hinter seinem der Bewertung des Finanzinvestors zugrunde liegenden Business Plan steht und sämtliche ihm bekannte Risiken offengelegt hat.

Vor diesem Hintergrund ist die Managementbeteiligung als Anreizsystem mit den folgenden Zielen zu verstehen[13]:

- Anreiz zu einer wertorientierten Unternehmensführung *(Leistungsanreiz)*
- Anreiz zur Mitwirkung an einem erfolgreichen Exit innerhalb des Investitionszeitraums des Finanzinvestors *(Exitorientierung)*
- Anreiz, bis zum Exit und damit der Gewinnrealisierung im Unternehmen zu verbleiben *(Bleibeanreiz)*
- Anreiz, den Business Plan auch vor dem Hintergrund eines privaten Verlustrisikos zu prüfen und sämtliche, dem Management bekannten Risiken offenzulegen *(Signalwirkung)*.[14]

11   Das vollständige Verständnis der Manager hinsichtlich der resultierenden Chancen und Risiken der Managementbeteiligung ist auch aus Sicht des Finanzinvestors eine wesentliche Bedingung für ihren Wirkungsgrad als Anreizsystem. Insbesondere vor dem Hintergrund des deutlichen Informations- und Erfahrungsvorsprungs des Finanzinvestors gegenüber dem Management ist eine transparente Diskussion bzw. Verhandlung der Managementbeteiligung von großer Bedeutung (siehe III. Einbindung der Managementbeteiligung in den Verkaufsprozess).

---

[13] Vgl. *Eilers/Koffka/Mackensen,* S. 415 ff. oder auch *v. Braunschweig/Hohaus,* Manager in M&A Transaktionen, S. 58 ff. Neben der Anreizfunktion wird der Managementbeteiligung in der Literatur auch eine Art Kompensationsfunktion für einen unter Umständen bestehenden Wettbewerbsnachteil von Private Equity Portfoliounternehmen auf dem Arbeitsmarkt zugewiesen (hierzu: *v. Braunschweig/Hohaus,* Manager in M&A-Transaktionen, S. 59). Dementsprechend hätte die Managementbeteiligung auch eine Funktion als „Lockmittel" für möglicherweise noch zu rekrutierendes Management.

[14] In Situationen, in denen das Management als Verkäufer agiert (z.B. im Secondary Buy-out) oder durch z.B. Transaktionsboni auf einen möglichst hohen Verkaufspreis incentiviert ist, ist die Signalwirkung aufgrund des gegebenen Interessenkonflikts für den Finanzinvestor von großer Bedeutung.

II. Wirtschaftliche Eckpunkte einer Managementbeteiligung

1. Teilnehmerkreis

Im Rahmen einer Managementbeteiligung[15] wird von der ersten Führungsebene des **12** Unternehmens ein substantieller Investitionsbeitrag erwartet. Häufig wird aber auch der zweiten Führungsebene und – abhängig von der Größe des Unternehmens – darüber hinaus weiteren Mitarbeitern angeboten, im Rahmen einer Managementbeteiligung zu investieren. Die Managementbeteiligung wird auch als **Management Equity Program** *(MEP)* bezeichnet; die investierenden Manager und Mitarbeiter werden in der vertraglichen Dokumentation *„Teilnehmer"* genannt. In der Praxis sieht man bei größeren IBOs Managementbeteiligungen mit über 100 Teilnehmern. Der **Teilnehmerkreis** wird in der Regel zwischen CEO/CFO und dem Finanzinvestor abgestimmt.[16] Auswahlkriterien sind:

- Individueller Beitrag an der geplanten Wertsteigerung des Unternehmens
- Funktionale Bedeutung (z. B. Finanzen, Controlling)
- Leistungsbereitschaft und Karriereaussichten

Aus Sicht des Finanzinvestors nimmt der Wirkungsgrad der Managementbeteiligung **13** als Anreizsystem ab, je weniger der jeweilige Teilnehmer Einfluss auf den Erfolg des IBOs nehmen kann. Zusätzlich erhöht eine große Teilnehmerzahl auch den gesamten Investitionsbetrag und reduziert damit unter Umständen die Attraktivität der Managementbeteiligung. Ein breiter Teilnehmerkreis ist daher eher aus allgemeinen unternehmenspolitischen Gründen bei größeren IBOs zu rechtfertigen.

Aufgrund der rechtlichen und steuerlichen Komplexität einer Managementbeteiligung nehmen mit der Größe des Teilnehmerkreises der Informations-, Implementierungs- und Verwaltungsaufwand zu. Hinzu kommt, dass eine Managementbeteiligung jeweils nur für eine bestimmte, begrenzte Anzahl an Jurisdiktionen steuerlich optimal gestaltet werden kann, so dass regelmäßig nicht für alle Teilnehmer der steuerliche Vorteil einer Kapitaleinkünftebesteuerung zum Tragen kommt.[17] Auch vor diesem Hintergrund sind die möglichen Vorteile eines großen Teilnehmerkreises sorgfältig abzuwägen.

---

[15] Managementbeteiligung hier als direkte oder indirekte Beteiligung des Managements mit eigenem Geld am Eigenkapital des im Wege des IBO übernommenen Unternehmens. Zur Abgrenzung bzw. Beschreibung von anderen Anreizsystemen siehe oben D 20 und D 38 ff.

[16] In der Praxis wird häufig auch ein Reservebetrag für zukünftige Manager, aber auch für bestehende Teilnehmer, deren Bedeutung für den Erfolg des IBO im Zeitablauf zunimmt, zurückgehalten. Bei Exit unter Umständen noch nicht verteilte Anteile aus dieser Reserve können als Exitbonus für noch nicht beteiligte Mitarbeiter verwendet werden. Obgleich dieser mit der Managementbeteiligung verknüpfte Exitbonus steuerlich suboptimal ist (Lohneinkommen statt Einkommen aus Kapitaleinkünften), kann er eine Alternative zu großen Teilnehmerkreisen darstellen.

[17] *Eilers/Koffka/Mackensen*, S. 419.

2. Finanzielle Attraktivität der Managementbeteiligung

a) Investitionsbetrag

15 Finanzinvestoren erwarten von der **ersten** Führungsebene eine substantielle Barinvestition. Ein Verlust dieses Betrages muss wehtun, sollte aber keine schlaflosen Nächte bereiten. In der Praxis sind Beteiligungen in Höhe von ein bis zwei Jahresnettogehältern durchaus üblich.[18] Von einem besonders wohlhabenden Manager wird der Finanzinvestor für gewöhnlich einen höheren Betrag erwarten. In diesem Fall spielt neben der Signalwirkung auch die Anreizwirkung, die die Managementbeteiligung entfalten soll, eine Rolle.

16 Die jeweiligen Beteiligungshöhen der **zweiten** Führungsebene und weiterer Mitarbeiter hängen nicht zuletzt von deren jeweiligem Beitrag an der geplanten operativen Wertsteigerung ab und werden, ebenso wie der Teilnehmerkreis, vom CEO/CFO in Absprache mit dem Finanzinvestor (häufig auch nach Rücksprache mit den entsprechenden Teilnehmern) festgelegt.

b) Disproportionales Eigenkapitalinvestment

17 Für gewöhnlich erfolgt der Erwerb eines Unternehmens im IBO über ein **Akquisitionsvehikel**[19], das direkt oder indirekt vom Finanzinvestor[20] und über die Managementbeteiligung vom Management gehalten wird.

18 Das wirtschaftliche Eigenkapital[21] des Akquisitionsvehikels setzt sich aus Mezzaninekapital[22] und Eigenkapital[23] *(„equity")* zusammen. Diese auch vor dem Hintergrund steuerlicher und bilanzrechtlicher Überlegungen erfolgende Strukturierung ermöglicht es, die Managementbeteiligung mit einem **Werthebel** über ein disproportionales Investment in das Eigenkapital auszugestalten.[24] Das Management erhält für sein Invest-

---

[18] Vgl. *Hohaus/Inhester,* DStR 41/2003, 1765; *Hohaus/Inhester* sprechen von bis zu zwei Jahresbruttogehältern.

[19] Siehe dazu oben D 1 ff.

[20] Im Folgenden werden unter Finanzinvestor immer die Private Equity Fonds und damit die institutionellen und privaten Investoren dieser Fonds als mittelbare Eigentümer des im IBO erworbenen Unternehmens verstanden.

[21] Unter wirtschaftlichem Eigenkapital werden im Folgenden sämtliche finanziellen Mittel des Finanzinvestors und des Managements verstanden.

[22] Mezzaninekapital in diesem Sinne wird vollständig von den Gesellschaftern bereitgestellt und grenzt sich aufgrund einer fest vereinbarten Rendite und Liquidationspräferenz vom Eigenkapital ab (siehe Fn. 23). Hierfür kommt z.B. ein Gesellschafterdarlehen in Betracht. In für größere IBOs nicht unüblichen Luxemburger Strukturen stehen z.B. Preferred Equity Certificates (PECs) oder Convertible Preferred Equity Certificates (CPECs) als Instrumente zur Verfügung. Mezzaninekapital kann bilanziell Fremdkapital als auch Eigenkapital darstellen.

[23] Eigenkapital setzt sich neben dem gezeichneten Kapital aus Kapital- und Gewinnrücklagen sowie Gewinn-/Verlustvortrag und Jahresüberschuss/Jahresfehlbetrag zusammen, § 266 Abs. 3 (A) i.V.m. § 272 HGB.

[24] Hierzu auch oben D 25 ff. In der Praxis sieht man teilweise noch zusätzliche Instrumente, um den Werthebel des Managements zu erhöhen. Dies kann z.B. ein bedingt rückzahlbares

ment in diesem Fall relativ mehr Anteile am Eigenkapital als es im Verhältnis zum wirtschaftlichen Eigenkapital investiert. Die Managementbeteiligung kann dabei (a) vollständig über ein Investment in das Eigenkapital oder (b) kombiniert in Mezzaninekapital und Eigenkapital investiert werden und zwar in einem Verhältnis, das von dem des Finanzinvestors abweicht.[25]

Investiert der Teilnehmer im gleichen Verhältnis Mezzaninekapital und Eigenkapital **19** wie der Finanzinvestor, erhält er also beim Einstieg keine überproportional höhere quotale Beteiligung, ist auch eine **Erlösverteilungsabrede** für den Exit-Fall denkbar, indem dem Management eine von den Anteilsverhältnissen abweichende höhere Beteiligung am Gesamtveräußerungserlös eingeräumt wird.[26]

c) Erlösverteilung im Base Case

In der Praxis vereinbaren der Finanzinvestor und das Management einen sog. *Base Case* **20** typischerweise auf der Grundlage des vom Management mitgetragenen Business Plans und der Annahme einer erzielbaren Exitbewertung des Unternehmens zu einem bestimmten Zeitpunkt innerhalb des Investmenthorizonts des Finanzinvestors. Der Base Case dient der Besprechung bzw. Verhandlung der finanziellen Attraktivität der Managementbeteiligung.

Aufgrund der Renditeerwartungen der Finanzinvestoren von 20% bis 25% Brutto- **21** eigenkapitalrendite vor Steuern pro Jahr (sog. **Internal Rate of Return** (*IRR*)) oder Interner Zinsfuß) auf ihr eingesetztes Kapital und üblichen Renditen auf das Mezzaninekapital von 6% bis 12% p. a. entfällt im Base Case ein Großteil der Wertsteigerung auf das Eigenkapital. Infolge der disproportionalen Beteiligung des Managements am Eigenkapital ist demnach die im Base Case für das Management zu erzielende Rendite höher als die Rendite des Finanzinvestors.

Finanzinvestoren schauen nicht nur auf das relative Maß des IRR, sondern auch auf **22** die absolute Bruttorendite, gemessen als Multiplikator des eingesetzten Kapitals (sog. **Multiple of Money** (*MoM*))[27]. So entspricht die IRR-Anforderung von 20% bis 25%

Darlehen (sog. *Non-recourse Darlehen*) sein, das der jeweilige Teilnehmer als Finanzierungsunterstützung vom Finanzinvestor gewährt bekommt. Ein solches Darlehen wird lediglich aus den Rückflüssen der Managementbeteiligung bedient. Auf einen möglichen Fehlbetrag bei einem ungünstig verlaufenden Investment verzichtet der Finanzinvestor. Siehe dazu *Eilers/Koffka/Mackensen*, S. 423; Auch sog. (positive oder negative) **Ratchets** (von den Beteiligungsquoten abweichende Erlösverteilung) kommen zum Einsatz, bei denen abhängig z.B. vom erzielten (relativen und/oder absoluten) Return des Finanzinvestors das Management zusätzliche Anteile am Eigenkapital bekommt (positiv) oder verliert (negativ). Siehe dazu *v. Braunschweig/Hohaus*, Manager in M&A Transaktionen, S. 61; Diese Instrumente sind aus steuerlicher Sicht allerdings riskant, wenn es insgesamt um nicht marktübliche Konditionen geht (Non-recourse Darlehen) oder nicht zu Marktwerten bewertet wird (Ratchets). *Eilers/Koffka/Mackensen*, S. 423 und S. 428.

[25] Dabei ist zu berücksichtigen, dass der Zeitraum zwischen Abschluss des Unternehmenskaufvertrages und Begründung der Managementbeteiligung nicht zu groß wird. Je größer der Zeitraum, desto schwieriger kann es werden, den bezahlten Preis noch als Marktwert zu rechtfertigen. In der Praxis wird empfohlen einen Zeitraum von sechs, längstens aber zwölf Monaten nicht zu überschreiten. Vgl. *Eilers/Koffka/Mackensen*, S. 425 f.

[26] Zur Liquidationspräferenz oben D 14 f., D 36.

[27] Im Folgenden werden Multiple of Money, MoM oder Multiplikator synonym verwendet.

bei einem Exit nach fünf Jahren einem MoM von 2,5 x bis 3,0 x. Das Management erzielt in dieser Betrachtung einen Multiplikator auf sein Investment (Management MoM), der um einen Faktor (sog. **Envy Ratio**[28]) höher liegt.

23   Der Finanzinvestor ist aus der oben dargestellten Motivation heraus bereit, einen bestimmten Betrag seiner absoluten Rendite bzw. seiner Kapitalrückflüsse als Anreiz für das Management zur Verfügung zu stellen. Die Höhe dieses Betrags hängt im Wesentlichen von der Größe des Teilnehmerkreises, der Bedeutung des Managements im Hinblick auf das Wertsteigerungspotential des Unternehmens sowie von den Richt- und Erfahrungswerten der handelnden Personen und des Finanzinvestors als Organisation ab. Damit die Managementbeteiligung auch tatsächlich Anreizwirkung entfalten kann, muss unter Umständen auch die Vermögensposition der Teilnehmer (der ersten Führungsebene) berücksichtigt werden.

24   Letztendlich stellt die Managementbeteiligung aus Sicht des Finanzinvestors einen Kostenfaktor dar, der einen gewissen Schwellenwert nicht überschreiten darf. In der Praxis beobachtet man Managementbeteiligungen mit in der Regel bis zu 20% am Eigenkapital[29] sowie resultierenden Bandbreiten des Envy Ratios in Abhängigkeit vom jeweiligen Base Case vom Zwei- bis Fünffachen.[30]

Illustratives Beispiel I – Base Case

€ 000	Closing	%	Exit nach 5 Jahren*
Mezzaninekapital	88 500		130 036
Finanzinvestor	*88 000*	*99,4%*	*129 301*
Management	*500*	*0,6%*	*735*
Eigenkapital	11 500		169 964
Finanzinvestor	*10 500*	*91,3%*	*155 185*
Management	*1 000*	*8,7%*	*14 780*
Wirtschaftliches Eigenkapital	100 000		300 000
Finanzinvestor	*98 500*	*98,5%*	*284 486*
Management	*1 500*	*1,5%*	*15 514*
Multiple of Money			
Wirtschaftliches Eigenkapital			*3,0 x*
Finanzinvestor			*2,9 x*
Management			*10,3 x*
Envy Ratio			*3,6 x*

* Bruttobeträge

---

[28] Im Folgenden bezeichnet das Envy Ratio das Verhältnis von Management MoM/Finanzinvestor MoM im Exit. Als Envy Ratio bezeichnet man auch das Verhältnis des Anteils des Finanzinvestors am wirtschaftlichen Eigenkapital zu seinem Anteil am Eigenkapital in Relation zum gleichen Verhältnis des Managements. In dieser Definition ist das Envy Ratio statisch.

[29] *Hohaus/Koch-Schulte,* Manager in Private Equity Transaktionen, S. 245; vgl. auch *Hohaus/ Inhester* DStR 2003, 1765: i.d.R. 15%; *Eilers/Koffka/Mackensen,* S. 420: zwischen 5% und 15%, selten mehr als 25%.

[30] Vgl. *v. Braunschweig/Hohaus,* Manager in M&A-Transaktionen, S. 156: Envy Ratio liegt zwischen 3 x und 3,5 x.

Das **Beispiel I** zeigt die Eigenkapitalstruktur eines IBOs, der mit einem wirtschaft- **25** lichen Eigenkapital von € 100 Millionen finanziert wird. Der Anteil des Fremdkapitals in der Kapitalstruktur ist aus Vereinfachungsgründen ausgeblendet[31]. Das Management investiert insgesamt einen Betrag von € 1 500 000 in den IBO, wovon zwei Drittel in Eigenkapital und ein Drittel in Mezzaninekapital investiert werden. Da der vorrangige Anteil des Mezzaninekapitals (von 88,5% (€ 88,5 Mio./€ 100 Mio.) am wirtschaftlichen Eigenkapital relativ hoch ist, ermöglicht der Finanzinvestor dem Management eine anteilsmäßige Beteiligung am Eigenkapital in Höhe von 8,7%, obwohl der Anteil des Managements am wirtschaftlichen Eigenkapital nur 1,5% (€ 1,5 Mio./€ 100 Mio.) beträgt.

Im erwarteten Exit nach 5 Jahren hat sich das wirtschaftliche Eigenkapital im Wert **26** verdreifacht (MoM des wirtschaftlichen Eigenkapitals)[32], während sich der auf das Eigenkapital entfallende Wert fast verfünfzehnfacht hat (€ 169,9 Mio./€ 11,5 Mio.). Das Mezzaninekapital ist in diesem Beispiel mit rund 8% p. a. verzinst[33] im Wert angestiegen. Der aus dem disproportionalen Investment resultierende Werthebel zugunsten des Managements führt zu einem Multiplikator (Management MoM) von 10,3 x auf das eingesetzte Investment. Aus € 1,5 Millionen sind nach fünf Jahren € 15,5 Millionen geworden. Der Finanzinvestor erzielt einen Multiplikator (Finanzinvestor MoM) von 2,9 x auf sein eingesetztes Kapital, womit sich im Base Case ein Envy Ratio von 10,3 x/2,9 x = 3,6 x (gerundet) ergibt.

d) Erlösverteilung bei erfolglosem IBO

Während der zusätzliche Werthebel im Base Case einen äußerst attraktiven Return **27** ermöglicht, verliert das Eigenkapital im Fall eines weniger erfolgreichen bzw. erfolglosen IBO relativ schnell an Wert.

Das Mezzaninekapital verdient zwar im Vergleich zum Eigenkapital eine relativ ge- **28** ringe Rendite, wird dafür aber vorrangig bedient. Das Eigenkapital verliert an Wert, wenn die Rendite des wirtschaftlichen Eigenkapitals unter die vereinbarte Rendite auf das Mezzaninekapital fällt[34]. Bei der Besprechung bzw. Verhandlung der Managementbeteiligung ist es daher zu empfehlen, nicht nur den Base Case zu betrachten, sondern auch einen ungünstigen Verlauf des IBOs, bei dem das Eigenkapital „unter Wasser" gerät.

---

[31] Unter der Annahme eines zu finanzierenden Kaufpreises inkl. Transaktionskosten von € 200 Millionen wäre der Fremdkapitalanteil in diesem Beispiel € 100 Millionen.

[32] Unter der Annahme, dass sämtliche vorrangige Verbindlichkeiten zurückgeführt und die Transaktionskosten vollständig beglichen sind.

[33] Unter der Annahme, dass die jährlichen Zinsen nicht ausgezahlt und zwecks Berechnung der Zinsen des jeweils folgenden Jahres kapitalisiert werden (Zinseszins).

[34] Im Beispiel II wären bei einer Rendite auf das wirtschaftliche Eigenkapital von (€ 88 500/ € 100 000 ∗ 1,08^5) ^ (1/5) − 1 = 5,4% in einem Exit das Eigenkapital wertlos.

Illustratives Beispiel II – Erfolgloser IBO

€ 000	Closing	%	Exit nach 5 Jahren*
Mezzaninekapital	88 500		130 036
Finanzinvestor	*88 000*	*99,4%*	*129 301*
Management	*500*	*0,6%*	*735*
Eigenkapital	11 500		0
Finanzinvestor	*10 500*	*91,3%*	*0*
Management	*1 000*	*8,7%*	*0*
Wirtschaftliches Eigenkapital	100 000		130 036
Finanzinvestor	*98 500*	*98,5%*	*129 301*
Management	*1 500*	*1,5%*	*735*
Multiple of Money			
Wirtschaftliches Eigenkapital			*1,3 x*
Finanzinvestor			*1,3 x*
Management			*0,5 x*
Envy Ratio			*0,4 x*

* Bruttobeträge

29 Im **Beispiel II** erzielt der Finanzinvestor in einem Exit nach fünf Jahren einen Multiplikator von 1,3 x auf sein eingesetztes Kapital oder einen IRR von 5,6% und liegt damit deutlich unter seinen Kapitalkosten.

30 Das Eigenkapital ist in diesem Beispiel nach fünf Jahren wertlos, weshalb das Management lediglich sein eingesetztes Mezzaninekapital inklusive der kapitalisierten Zinsen zurückbekommt. Damit verliert das Management 50% seines Investments (0,5 x MoM), während der Finanzinvestor immerhin noch 30% Rendite über fünf Jahre erzielt (1,3 x MoM). Das resultierende Envy Ratio ist demnach (gerundet) 0,4 x (= 0,5 x / 1,3 x).

31 In der Praxis werden nicht wenige Finanzinvestoren einem solchen Szenario eher theoretischen Wert beimessen. Häufig wird in diesen Fällen ein neuer Anreiz für das Management geschaffen, der zumindest den Verlust auf den investierten Betrag ausgleicht. Dies kann allerdings – schon aus steuerlichen Gründen – vertraglich nicht zugesichert werden und hilft auch nicht einem Leaver[35], der das Unternehmen zu einem für ihn aus Bewertungssicht ungünstigen Zeitpunkt verlässt bzw. verlassen muss.[36]

e) Mögliche Interessenkonflikte bzw. Fehlanreize der Managementbeteiligung in der Portfoliophase[37]

32 Trägt man für die Eigenkapitalstruktur in den genannten Beispielen sämtliche möglichen Envy-Faktoren sowie Management- und Finanzinvestormultiplikatoren über

---

[35] Siehe hierzu schon die Ausführungen in D 28 ff.

[36] Nach einer Studie von Ernst & Young „How Do Private Equity Investors Create Value? A Study of 2006 Exits in the US and Western Europe" aus dem Jahr 2007 wurden die Veränderungen im Top Management von den 100 größten Private Equity Portfoliounternehmen Westeuropas (gemessen am Unternehmenswert), die im Jahr 2006 veräußert wurden, analysiert. Dabei wurden bei den Europäischen Unternehmen in 68% der Fälle einzelne Top-Manager ausgetauscht. In 45% der Fälle wurde der CEO gewechselt.

[37] Unter Portfoliophase wird hier die Phase zwischen Vollzug des Unternehmenserwerbs (sog. Closing) und vollständigem Exit verstanden.

den Verlauf des Multiplikators auf das wirtschaftliche Eigenkapital (hier von 0 x bis 2 x) im Jahr fünf der Portfoliophase ab, so erhält man folgende **Kurvenverläufe:**

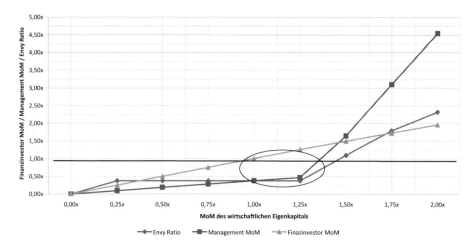

Die horizontale fette Linie in Höhe von 1 x auf der Y-Achse verdeutlicht, ab welchen Multiplikatoren auf das wirtschaftliche Eigenkapital das Management (a) eine positive Rendite auf sein Investment (Management MoM = 1 x; bei knapp 1,4 x MoM des wirtschaftlichen Eigenkapitals) und (b) einen höheren Multiplikator als der Finanzinvestor erzielt (Envy Ratio = 1 x; bei knapp 1,5 x MoM).

In einem Szenario, in dem die operative und finanzielle Entwicklung des Unternehmens hinter den Erwartungen zurückbleibt und/oder das aktuelle Umfeld der Finanzmärkte keinen erfolgreichen Exit ermöglicht, ergibt sich unter Umständen die Situation, dass auf der Basis aktueller Bewertungen der IBO bei einem Exit nur einen Multiplikator auf das wirtschaftliche Eigenkapital im Bereich von 1 x bis 1,4 x erlösen würde. **33**

In dem oval markierten Bereich kann das Anreizsystem der Managementbeteiligung seine Wirkung verlieren bzw. aus Sicht des Finanzinvestors sogar Fehlanreize setzen: **34**

- **Leistungsanreiz:** Unter Umständen ändert sich die Risikoneigung des Managements im Vergleich zum Finanzinvestor. Während der Finanzinvestor vielleicht daran interessiert ist, „mit einem blauen Auge" davonzukommen und sich mit einer geringen aber dennoch positiven Rendite zufriedenzugeben, hat das Management theoretisch den Anreiz, das Unternehmensrisiko deutlich zu erhöhen, um seine Beteiligung zu retten.

- **Exitorientierung** und Bleibeanreiz: In Anbetracht einer signifikant im Wert reduzierten Beteiligung verlieren der Anreiz zur Exitorientierung und der Bleibeanreiz deutlich an Wirkung.

Wie schon am Beispiel II erläutert, werden Finanzinvestoren in der Praxis in diesen Situationen häufig einen neuen Anreiz schaffen. Dies kann entweder durch eine Veränderung der bestehenden Managementbeteiligung, durch eine neue Managementbeteiligung oder durch einen anders strukturierten Anreiz (z.B. Bonuszahlungen) geschehen. Dabei ist allerdings immer zu berücksichtigen, dass eine solche Veränderung **35** für gewöhnlich nur ex post und dadurch mit einer Zeitverzögerung durchgeführt werden kann. Auch entstehen regelmäßig (lohn-)steuerliche Nachteile.

36 Eine weitere Möglichkeit, diese Interessenkonflikte schon vorab zu vermeiden, wäre, den Anteil des Managements am Mezzaninekapital im Vergleich zum gewählten Beispiel noch einmal zu erhöhen, um dem Management bei gleichem oder ähnlichem Anteil am Eigenkapital, ein diesbezüglich höheres Investment zu ermöglichen.[38] Die Renditen für den Finanzinvestor und das Management würden sich demnach in Szenarien mit niedrigen Renditen bzw. Verlusten auf das wirtschaftliche Eigenkapital annähern.

3. Wesentliche Spielregeln der Managementbeteiligung

37 Die Rechte und Pflichten der Manager im Rahmen der Managementbeteiligung werden in einer Gesellschaftervereinbarung[39] mit dem Finanzinvestor geregelt. Da die Teilnehmer einer Managementbeteiligung bei einem IBO regelmäßig Minderheitsgesellschafter sind, sind sie vor allem bei der Veräußerung der Mehrheitsbeteiligung durch Exitabsprachen[40] abzusichern sowie bei durchzuführenden Kapitalmaßnahmen[41] vor einer negativen Verschiebung des MoM zu schützen. Andererseits hat das Management wegen der Besonderheiten einer Managementbeteiligung bestimmte Sonderregelungen zugunsten der Investoren zu akzeptieren.

a) Verknüpfung der Managementbeteiligung mit dem Anstellungsverhältnis

38 Die Managementbeteiligung ist an das Anstellungsverhältnis des jeweiligen Teilnehmers gebunden. Verlässt ein Teilnehmer das Unternehmen (Leaver), ist es üblich, dass dem Finanzinvestor bzw. einer von ihm bestimmten juristischen oder natürlichen Person eine **Kaufoption** (Call) auf die Beteiligung des Leavers **eingeräumt wird**[42]. Unter Umständen wird dem Leaver auch eine **Verkaufsoption** (Put) gewährt. In diesem Zusammenhang wird geregelt:

- Welches Ereignis eine Put bzw. Call-Option auslöst **(Leaver Event)**[43].

---

[38] Auch das disproportionale Verlustrisiko kann als Anreiz betrachtet werden. Hier spielt neben der konkreten Situation letztendlich ein (subjektives) Verständnis von Motivation eine wichtige Rolle. An dieser Stelle sei lediglich darauf hingewiesen, dass die Eigenkapitalstruktur nach Berücksichtigung bilanzieller und steuerlicher Fragen auch als Gestaltungsinstrument für das Risiko der Managementbeteiligung vor dem Hintergrund eines möglicherweise ungünstig verlaufenden IBOs eingesetzt werden kann.

[39] Hierzu bereits oben D 5 ff. Im Fall einer Manager-KG werden solche das Management bindende Regelungen für die Kommanditbeteiligung im Rahmen des KG-Vertrags getroffen bzw. von der Gesellschaftervereinbarung gespiegelt.

[40] Hierzu oben D 11 ff.

[41] Für die Managementbeteiligung ist hier insbesondere auch der Verwässerungsschutz hinsichtlich des Verhältnisses von Mezzaninekapital und Eigenkapital relevant (vgl. auch *v. Braunschweig/Hohaus*, Manager in M&A-Transaktionen, S. 117 f.).

[42] Hierzu und zu den rechtlichen Grenzen von „Hinauskündigungsklauseln" oben D 30 f.

[43] Üblicherweise begründet das „Verlassen des Unternehmens" einen Leaver Event. Darüber hinaus löst häufig auch eine Vollstreckung in das Vermögen eines Teilnehmers einen Leaver

- Ob der Leaver Event unverschuldet **(Good Leaver)** oder aufgrund von eigenem Verhalten **(Bad Leaver)** eingetreten ist[44].
- Zu welcher **Bewertung** (und im Falle des Puts, ob) in Abhängigkeit von Good oder Bad Leaver der Call bzw. Put ausgeübt werden kann[45].
- Zu welchem **Zeitpunkt** im Fall der Ausübung eines Calls bzw. Puts die Anteile übertragen werden und der entsprechende Kaufpreis fließt.

Ohne auf die konkreten rechtlichen Ausgestaltungen sowie steuerlichen Konsequen- **39** zen einzugehen[46] lässt sich aus wirtschaftlicher Sicht feststellen, dass der Finanzinvestor ein inhärentes Interesse daran hat, den Teilnehmern keinen Anreiz zu setzen, das Unternehmen vor dem Exit zu verlassen und gleichzeitig über die Leaver-Regelung eine attraktive Rendite zu erzielen. Ein solcher Anreiz wäre auch aus Sicht der anderen Teilnehmer nicht wünschenswert.

Allerdings muss über die Leaver-Regel auch sichergestellt werden, dass Teilnehmer, **40** die unverschuldet das Unternehmen vor Exit verlassen (z.B. im Fall der Arbeitsunfähigkeit), den fairen Wert ihrer Beteiligung erhalten. Auch sollten die Good bzw. Bad Leaver Events aus Sicht der Teilnehmer eindeutig definiert sein und keinen willkürlichen Entscheidungsspielraum (wie z.B. Underperformance des jeweiligen Leavers als Bad Leaver) eröffnen. In der Praxis werden daher häufig Definitionen von z.B. einer Kündigung des Teilnehmers oder des Arbeitgebers aus *wichtigem Grund* aus dem Arbeitsrecht übernommen.

Aus der Bindung an das Anstellungsverhältnis ergeben sich auch Übertragungsbe- **41** schränkungen der Managementbeteiligung an Dritte. Aus Sicht des Teilnehmers sollten aber rein steuerlich motivierte Übertragungen, z.B. an eine von ihm kontrollierte Kapitalgesellschaft, möglich sein.

b) Managementgarantien

Finanzinvestoren verlangen häufig - zusätzlich zu dem finanziellen Committment über **42** das Investment in die Managementbeteiligung – auch Garantien vom Management. Da diese Garantien in der Rolle als Manager gegeben werden, werden sie nicht im

---

Event aus. Hintergrund ist das Bestreben, Unternehmensfremde aus dem Teilnehmerkreis fernzuhalten.

[44] In der Praxis sieht man teilweise auch einen „Neutral Leaver" z.B. bei allen unverschuldeten Leavern, die nicht typische Good Leaver Events sind (wie z.B. Tod, Pensionierung oder Arbeitsunfähigkeit).

[45] Die wesentlichen Themen der Bewertung sind die zugrundeliegende Methodik bzw. die entsprechenden Bewertungsparameter (EBITDA/EBIT Multiplikatoren), der Zeitpunkt der Bewertung, die Definition der Finanzzahlen, die Informationsrechte des Leavers und Regelungen eines Schlichtungsprozesses. In der Praxis sieht man teilweise auch das sogenannte *Vesting*. Dabei muss sich der Teilnehmer über einen Zeitraum *(Time based Vesting)* und/oder über die operative Entwicklung *(Performance based Vesting)* die im Leaver Fall zu bewertenden Anteile erst erdienen. Zu unterscheiden ist davon das Vesting, das bestimmt, wieviele Anteile überhaupt unter die Kaufoption fallen. So kann z.B. in dieser Variante nach Ablauf der Vesting-Periode der Call nicht mehr ausgeübt werden. Der Teilnehmer bleibt bis zum Exit investiert. Siehe auch *Eilers/Koffka/Mackensen,* S. 438f.; oben D 28.

[46] Oben D 29.

Kaufvertrag, sondern in der Gesellschaftervereinbarung geregelt.[47] Davon zu unterscheiden sind Garantien, die das Management unter Umständen als Verkäufer (z.B. in einem Secondary Buy-Out) gegeben hat. Die Managementgarantien haben nicht die Funktion, dem Finanzinvestor über Schadenersatzansprüche einen möglichen Schaden durch den Kauf zu kompensieren, sondern „vor Closing und Abschluss der Transaktion nochmals Druck auf das Management auszuüben, ggf. kaufpreisrelevante Fakten offen zu legen".[48]

43   Die **Inhalte** der Garantien sind **einzelfallabhängig.** Sie betreffen in der Regel die ordnungsgemäße Erstellung des Business Plans und sind häufig Gegenstand der im Rahmen einer Due Diligence offengelegten Informationen im Hinblick auf deren Richtigkeit und Vollständigkeit. Aus Sicht des Finanzinvestors sind die Managementgarantien hinsichtlich einer zukünftigen vertrauensvollen Zusammenarbeit möglichst früh im Verkaufsprozess anzusprechen. Bei der Diskussion des Umfangs ist das entsprechende „Feingefühl" notwendig[49]. Aus Sicht des Managements sollten Art und Inhalt der Garantien sehr sorgfältig geprüft werden sowie Haftungsbeschränkungen und auch zeitlichen Befristungen unterliegen.[50]

c) Einschränkung der Stimmrechte

44   Das disproportionale Investment des Managements in Eigenkapital ermöglicht nicht nur einen hohen Werthebel und potentiell einen attraktiven Return, sondern führt auch zu deutlich mehr Stimmrechten bei Gesellschafterentscheidungen als dem Management qua Anteil am wirtschaftlichen Eigenkapital eigentlich zustehen. Finanzinvestoren verlangen daher häufig **Stimmrechtsbeschränkungen** insbesondere in sämtlichen ihre originären Interessen betreffenden Themen, wie z.B. Entscheidungen hinsichtlich Zeitpunkt und Art des Exits.[51]

45   Aus Sicht des Managements ist bei der Vereinbarung der Stimmrechtsbeschränkungen aus steuerlicher Perspektive sicherzustellen, dass diese nicht über das aus Sicht des Finanzinvestors notwendige Maß hinausgehen und damit unter Umständen das wirtschaftliche Eigentum der Teilnehmer an ihrer Beteiligung gefährden.[52]

d) Wettbewerbsverbot

46   Gelegentlich erwartet der Finanzinvestor auch ein Wettbewerbsverbot der Teilnehmer für die Dauer ihrer Gesellschafterstellung, das über die Leaver-Regeln (Call- bzw. Put-Option) an den Fortbestand des Anstellungsverhältnisses gebunden ist. Wirtschaftlich problematisch wird die Regelung des Wettbewerbsverbots in Fällen, in denen die Beteiligung auch nach Ausscheiden des Teilnehmers aus den Diensten des Unternehmens

---

[47] Zum Teil werden Managementgarantien auch in Form eines Management Letters, adressiert an den Erwerber, abgegeben. Siehe bereits D 10.
[48] *v. Braunschweig/Hohaus,* Manager in M&A Transaktionen, S. 113.
[49] *Seibt/Wunsch,* ZIP 2008, 1094.
[50] Es gilt Gleiches wie beim Unternehmenskauf; hierzu oben D 199.
[51] Hierzu bereits oben D 11 ff.
[52] *v. Braunschweig/Hohaus,* Manager in M&A Transaktionen, S. 139; oben D 34.

bestehen bleibt (z. B. wenn ein Call nicht ausgeübt wurde). Ein bis zum Exit fort-
dauerndes und damit hinsichtlich des Zeitraums undefiniertes Wettbewerbsverbot des
Leavers kann aus Sicht des Finanzinvestors nicht gewollt bzw. vom Teilnehmer nur
sehr schwer zu akzeptieren sein.[53] Daher ist eine Befristung notwendig. Häufig gilt,
insbesondere in Managementbeteiligungen mit großem Teilnehmerkreis, das Wettbewerbsverbot auch nur für bestimmte Teilnehmer bzw. hängt in seinem Fortbestand
davon ab, ob der Teilnehmer ein Good oder Bad Leaver ist.

e) Unterstützung im Exit

Der Finanzinvestor vertraut in der Regel nicht nur auf den finanziellen Anreiz (über **47**
die Managementbeteiligung) an einem erfolgreichen Exit, sondern erwartet auch eine
vertragliche Bindung des Managements, im Exit die volle Unterstützung zu gewähren.
Neben **Informationspflichten** (z. B. bzgl. einer Kontaktaufnahme interessierter Käufer mit dem Management während der Portfoliophase) sowie **Mitwirkungspflichten**
(z. B. bei Management-Präsentationen an potentielle Käufer oder bei der Erstellung
von sog. Vendor Due Diligence Unterlagen) verlangt der Finanzinvestor oft auch im
Rahmen der Managementbeteiligung die Bereitschaft, **Managementgarantien** bei
einem Verkauf abzugeben.[54]

Finanzinvestoren regeln häufig auch bereits die Behandlung der Managementbeteili- **48**
gung im Fall des Exits durch einen IPO. Hier ist es nicht unüblich, dass der Finanzinvestor für Managementaktien eine geringere Verkaufsquote beim IPO und einen längeren
Lock-up[55] im Vergleich zu sich selbst verlangt. Sowohl Managementgarantien beim Exit
als auch einseitige Pflichten für das Management im IPO werden erst in fernerer Zukunft relevant. Daher sollte aus Sicht des Managements auf Konkretisierungen der
Pflichten des Managements beim Exit verzichtet und der Standard der Marktüblichkeit
vereinbart werden. Im Fall des IPOs wird häufig auf die Einschätzung bzw. Empfehlung
der dann beauftragten Emissionsbanken (sog. Underwriter) abgestellt.[56]

4. Secondary IBO

Immer häufiger ist der Exit eines IBOs durch einen Verkauf an einen weiteren Finanz- **49**
investor.[57] Ein solcher Secondary IBO wird zum Tertiary IBO, wenn der jeweilige
Finanzinvestor wiederum an einen dritten Finanzinvestor verkauft usw.[58]

In einem Secondary IBO, bei dem das bestehende Management einen attraktiven **50**
Return beim Verkauf seiner Managementbeteiligung aus dem Primary IBO erzielt,

---

[53] Zu den Grenzen des § 138 BGB (sittenwidrige Knebelung) vgl. auch D 8 f.

[54] Siehe auch *Seibt/Wunsch,* Managergarantien bei M&A Transaktionen, ZIP 2008, 1093,
1096.

[55] Lock-up bezeichnet die Mindestfrist nach z. B. einem IPO, innerhalb derer keine Aktien
veräußert werden dürfen.

[56] *Eilers/Koffka/Mackensen,* S. 450.

[57] In 2011 wurden unter anderem folgende Multiple Buy-Outs in Deutschland durchgeführt:
Jack Wolfskin, Compo, SLV Elektronik, DSI, CABB, Westfalia, Takko und Schneider Versand
(Quelle: Mergermarket).

[58] Allgemein auch als Multiple Buy-Outs (Mehrfachverkäufe) bezeichnet.

spielt die Signalwirkung eine erheblich größere Rolle als im Primary IBO. Schließlich agiert das Management-Team als Verkäufer und Käufer zugleich und steht damit in einem möglichen Interessenkonflikt[59].

51   Auf Grund dessen erwartet der kaufende Finanzinvestor die Bereitschaft des (ver-kaufenden) Managements, einen signifikanten Teil der Nettoerlöse aus dem Verkauf in den Secondary IBO zu reinvestieren (sog. **Re-Investment**). In der Praxis sieht man üblicherweise Re-Investments von 40% bis 75%[60] der Nettoerlöse. Nicht selten resul-tieren daraus Beträge, die zu hoch sind, um sie im Rahmen der üblichen Attraktivität einer Managementbeteiligung zu investieren.

52   Da die Spielregeln von Managementbeteiligungen (z.B. Leaver-Regeln oder Mana-gementgarantien) gleich bleiben, ist eine solche Erhöhung des eigenen finanziellen Ein-satzes aus Sicht des betreffenden Managements häufig unbefriedigend. Ferner entsteht ein Problem, wenn Teilnehmer im Secondary IBO neu hinzukommen und auf ihr In-vestment typische Renditen eines Primary IBOs erwarten. Unterschiedliche dispropor-tionale Beteiligungen am Mezzaninekapital und Eigenkapital innerhalb des Teilnehmer-kreises bei gleichen Spielregeln führen leicht zu Unfrieden zwischen den Teilnehmern.

53   Ein möglicher – in der Praxis angewandter – Lösungsansatz für dieses Problem ist die **Aufteilung** des Re-Investment in eine Managementbeteiligung und in ein sog. **Co-Investment**, das sowohl finanziell als auch weitestgehend rechtlich dem Invest-ment des Finanzinvestors pro ratarisch gleichgestellt ist *(pari passu)*.

Illustratives Beispiel III – Managementbeteiligung und Co-Investment

€ 000	Investment bei Closing	Exit nach 5 Jahren Base Case*	Exit nach 5 Jahren erfolgloser IBO*
Wirtschaftliches Eigenkapital	100 000	300 000	130 036
Finanzinvestor	97 000	280 154	127 332
Management Co-Investment	1 500	4 332	1 969
Management-Beteiligung	1 500	15 514	735
Management gesamt	3 000	19 846	2 704
Multiple of Money			
Wirtschaftliches Eigenkapital		3,0 x	1,3 x
Finanzinvestor		2,9 x	1,3 x
Management Co-Investment		2,9 x	1,3 x
Managementbeteiligung		10,3 x	0,5 x
Management gesamt		6,6 x	0,9 x

* Bruttobeträge

54   **Beispiel III** bildet einen **Secondary Buy-Out** ab. Aufgrund eines erforderlichen Re-Investment vom Management in Höhe von (hier) € 3 000 000 investiert der Finanzinvestor in diesem Fall € 97 Mio. statt € 98,5 Mio. Bis auf diesen Unterschied entspricht die Eigenkapitalstruktur den Beispielen I und II.

55   Die Aufteilung des Management Co-Investments in Mezzaninekapital und Eigen-kapital entspricht exakt dem Investment des Finanzinvestors. Deshalb sind auch die Multiplikatoren auf das Investment im Base Case aber auch im Szenario, in dem der

---

[59] *Hohaus/Tönies,* Venture Capital Magazin 3/2012, S. 36 f., 37.
[60] *Hohaus/Tönies,* a. a. O., zwischen 50% und 75% der Nettoerlöse.

IBO erfolglos verläuft, gleich. Das Co-Investment ist also aus finanzieller Sicht pari passu zum Investment des Finanzinvestors. Von daher sollte in der Gesellschaftervereinbarung dieses Investment wie ein typisches Minderheitsinvestment behandelt werden und keinen Sonderregeln unterliegen.

Die Managementbeteiligung bleibt so strukturiert wie in den Beispielen I und II. 56 Aufgrund der besonderen Attraktivität und vor dem Hintergrund als Anreizsystem erwartet der Finanzinvestor für dieses Investment die oben beschriebenen Spielregeln.

5. Steuern

Ein Vorteil der **Managementbeteiligung** im IBO im Vergleich zu z. B. Optionspro- 57 grammen oder Bonussystemen ist die **steuerliche Behandlung** der Gewinne **als Kapitaleinkünfte** und nicht als Lohneinkommen.[61] Um diesen Vorteil auch tatsächlich zu erhalten, müssen die jeweiligen steuerlichen Vorschriften in den entsprechenden Jurisdiktionen in der Gesellschaftervereinbarung und in der Administration der Managementbeteiligung beachtet werden. Häufig lässt sich eine Managementbeteiligung nur für wenige Jurisdiktionen steuerlich optimal gestalten. In der Praxis richtet man das Programm auf die Jurisdiktionen aus, aus denen die größten Beträge investiert werden. Teilnehmer aus anderen Jurisdiktionen erhalten unter Umständen entsprechend steuerlich suboptimal strukturierte Erträge.

In der Gestaltung der Managementbeteiligung ist aus Sicht des Managements auch 58 immer die sog. **Dry-Income-Problematik** zu beachten. Zum Beispiel wird nicht selten bei Ausübung einer Call Option in Leaver-Fällen der entsprechende Kaufpreis verzinslich bis zum Exit gestundet. Der entsprechende Leaver muss dann aber, da er sich des wirtschaftlichen Eigentums seiner Beteiligung entäußert, Steuern zahlen ohne einen Geldzufluss zu erzielen.[62]

III. Einbindung der Managementbeteiligung in den Verkaufsprozess

1. Zeitrahmen

a) Erste Gespräche zwischen Finanzinvestor und Management

In der Praxis[63] sehen Auktionsverfahren mit Finanzinvestoren im Bieterkreis einen 59 Zeitpunkt vor Abgabe bindender Kaufangebote vor, zu dem die an einem Erwerb interessierten Finanzinvestoren mit dem Management ein erstes Gespräch auch zum

---

[61] Zu den steuerlichen Themen auch detailliert D 32 ff.

[62] *Hohaus/Weber*, BB 2012, 27.

[63] Im Folgenden wird unter Verkaufsprozess ein von einer Investmentbank geführtes Auktionsverfahren mit mehreren interessierten Finanzinvestoren und unter Umständen auch strategischen Investoren verstanden. Grundsätzlich gilt der Ablauf aber auch in einem Verkaufsprozess mit nur einem interessierten Finanzinvestoren.

Thema Managementbeteiligung führen. Der Finanzinvestor möchte sicherstellen, dass das Management auch bereit ist, in das Eigenkapital des Unternehmens zu investieren. Dem Management bietet sich die Gelegenheit, Informationen über die Attraktivität der Managementbeteiligung bzw. des geforderten Investments zu erfahren.

b) Term Sheet

60 Ein zweiter Schritt ist der Eintritt in konkrete Verhandlungen über ein Term Sheet, das die wesentlichen vertraglichen Regelungen der Managementbeteiligung beinhaltet. Der Zeitpunkt der Term Sheet Verhandlungen kann vor oder nach Kaufvertragsabschluss stattfinden. In Multiple Buy-Outs haben Finanzinvestoren – wegen der Signalwirkung – häufig das Interesse, die Managementbeteiligung und das geforderte Re-Investment noch vor Kaufvertragsunterschrift zumindest in einem Term Sheet zu regeln.

c) Vertragsdokumentation und Implementierung

61 In einem dritten Schritt werden (häufig zwischen Kaufvertragsunterschrift und Closing) das Term Sheet in die detaillierte vertragliche Dokumentation (im Wesentlichen die Gesellschaftervereinbarung) umgesetzt sowie die notwendigen rechtlichen Strukturen implementiert.

2. Aspekte der Verhandlung

a) Sichtweise

62 In der Praxis wird die Managementbeteiligung regelmäßig von CEO und CFO als ersten Ansprechpartnern des Finanzinvestors verhandelt. Dabei ist zu beachten, dass die Konditionen aus Sicht aller Teilnehmer zu beurteilen sind. Einseitig vorteilhafte Regelungen können unter Umständen falsche Anreize zum Nachteil anderer Teilnehmer setzen. So kann z. B. eine besonders großzügige Leaver-Regelung den Anreiz setzen, das Unternehmen noch vor Exit zu verlassen. Der Finanzinvestor, aber auch die verbleibenden Teilnehmer, hätten dann das Risiko einer adäquaten Neubesetzung der Position zu tragen.

b) Verhandlung auch für die Kollegen

63 CEO und CFO verhandeln nicht nur für sich selbst, sondern auch für ihre Kollegen. Aufgrund der finanziellen, steuerlichen und rechtlichen Komplexität der Managementbeteiligung und der umfangreichen vertraglichen Dokumentation ist es in der Praxis häufig nicht möglich, alle Teilnehmer jederzeit im Detail über jeden Verhandlungsschritt zu informieren. Dies gilt insbesondere für Managementbeteiligungen mit einem größeren Teilnehmerkreis.

64 Aus Sicht von CEO und CFO ist es daher wichtig, sämtliche Chancen, aber auch Risiken der Managementbeteiligung vor ihrem Abschluss transparent zu kommunizieren und jedem zu beteiligenden Kollegen ausreichend Zeit zu geben, eine sorgfältige

Investitionsentscheidung zu treffen. Der Implementierungsprozess sollte dies in jedem Fall berücksichtigen.

3. Verhandlungsspielraum

Für gewöhnlich präsentieren Finanzinvestoren einen Managementbeteiligungsvor- **65** schlag, der vor dem Hintergrund ihres eigenen Verständnisses von Motivation, sowie den Richt- und Erfahrungswerten der handelnden Personen und des Finanzinvestors als Organisation ein faires Angebot darstellt. Schließlich muss die Managementbeteiligung auch als **Anreizsystem** funktionieren. Allerdings gibt es in der Praxis große Unterschiede, die die finanzielle Attraktivität, das Chancen-/Risikoprofil und die Spielregeln betreffen. Die Verhandlung einer Managementbeteiligung ist der erste Vertrauenstest zwischen Finanzinvestor und Management. Beide Parteien haben das Interesse, im Rahmen eines vertrauensvollen Prozesses, eine Beteiligung zu verhandeln, die Anreizwirkung auf das Management entfaltet und einem gewissen Marktstandard genügt. Es ist zu empfehlen, erst die wirtschaftlichen Eckpunkte zu besprechen, die die finanzielle Attraktivität, das Chancen-/Risikoprofil und die wesentlichen **Spielregeln** bestimmen. In einem zweiten Schritt gilt es dann, die rechtlichen und steuerrechtlichen Probleme gemeinsam mit dem Finanzinvestor zu lösen.

Natürlich bestehen insbesondere im Primary IBO (und nicht selten auch in Mul- **66** tiple Buy-Outs) zwischen dem Management-Team und dem Finanzinvestor erhebliche Informations- und Erfahrungsasymmetrien. Auch Zeitdruck, Leistungsdruck und Interessenkonflikte im Verkaufsprozess erschweren den Verhandlungsprozess. Vor diesem Hintergrund, aber auch aus dem Interesse des Finanzinvestors an einer professionellen Verhandlung der Managementbeteiligung, ist eine Beratung des Managements durch in dieser diffizilen Materie erfahrene Spezialisten zu empfehlen. Eine professionelle Beratung kann aus Sicht des CEO und CFO auch als Qualitätsmerkmal in der Kommunikation der Chancen und Risiken der Managementbeteiligung an ihre investierenden Kollegen verwendet werden. Die entstehenden Beraterkosten werden üblicherweise im Rahmen der Transaktionskosten übernommen.[64]

Zusammenfassung:

- Eine **ausgewogene Managementbeteiligung,** die Anreizfunktion entfaltet, ist ein wesentlicher **Erfolgsfaktor** für einen IBO.
- Häufig wird dem Management ein im Vergleich zu seinem Anteil am wirtschaftlichen Eigenkapital höherer anteilsmäßiger Anteil am Eigenkapital, also eine vergleichsweise höhere Gesellschafterbeteiligung eingeräumt. Sie vermittelt im Fall des plangemäß verlaufenen IBO einen **überproportional hohen Erlösanteil.** Allerdings ist das strukturell vorrangige Mezzaninekapital in einem nicht so erfolgreich wie geplant verlaufenden IBO einem geringeren Verlustrisiko ausgesetzt.
- Die Managementbeteiligung wird in der Gesellschaftervereinbarung ausgestaltet und häufig durch sog. **Leaver-Regelungen** daran gebunden, dass das Management bis zum Exit tätig bleibt.

---

[64] Vergleiche hierzu auch *Eilers/Koffka/Mackensen*, S. 454.

Teil F. Die Umsetzung eines Buy-Out nach dem Closing

Übersicht

I. Wesentliche Einflussfaktoren auf die Post Closing Phase

1 Um die Anforderungen an eine Umsetzung des Buy-Outs nach dem Closing besser zu verstehen, müssen die Rahmenbedingungen, die unterschiedlichen Rollen und die sich daraus ergebenden Konfliktpotentiale und Risiken beleuchtet werden.[1] Diese haben wesentlichen Einfluss auf die tatsächliche Umsetzung aller geplanten Maßnahmen und damit maßgebliche Auswirkung auf den Erfolg.

2 Wer einmal an einer Buy-Out-Transaktion beteiligt war, dem ist bewusst, dass es sich hierbei um eine komplexe Angelegenheit handelt: Mehrdimensionale Anforderungen in einem dynamischen Umfeld mit unvollständigen Informationen sind zu bewältigen. Erfahrung ist in solchen Fällen ein unabdingbarer Faktor – Erfahrung bei der Planung des Buy-Outs und bei der Umsetzung der Pläne.[2] Ausgangspunkt der Planung und Umsetzung von Buy-Outs sind fünf allgemeine Einflussfaktoren: Der Zustand des Unternehmens als Ausgangspunkt, der Transaktionskontext und die Zielsetzung des Erwerbers, der generelle Interessenkonflikt, den ein MBO/MBI kennzeichnet und die Vorgehensweise hinsichtlich der Transaktion.[3]

1. Zustand des Unternehmens

3 Erster wichtiger Einflussfaktor ist zunächst der Zustand, in dem sich das jeweilige Zielunternehmen befindet. Hierbei werden vier Zustände unterschieden – der **Ideal-**

---

[1] Vgl. auch *Erny*, S. 17 f.

[2] Die Rolle der Erfahrung wird in der Fachliteratur bereits in der Phase vor dem Closing, beim M&A Prozess wenig beachtet, so *Furtner*, S. 51 ff.; vergleiche auch *Groten*, Nachhaltiges Change Management im Lichte der Praxis – Aus Erfahrung lernen oder aufgrund von Erfahrungen erneut scheitern? in: *Keuper/Groten*, S. 357 ff.

[3] Vgl. auch *Pacher*, S. 34 ff., 64 ff.

zustand, der **Mobilisierungsfall,** der **Restrukturierungsfall** und der **Sanierungsfall.**

a) Der Idealzustand

Im Normalfall gehen die Beteiligten vom *„Idealzustand"* des Unternehmens aus. Ge- 4
schäftsführer und aktueller Eigentümer werden in der Regel sagen: *„Hier ist alles getan.*
Wenn man etwas tun könnte, dann hätte ich das ja schon getan". Das Unternehmen ist strategisch und operativ, kurz- und mittelfristig perfekt aufgestellt. Ein rationaler Eigentümer würde ein solches Unternehmen nicht verkaufen, außer er müsste es aus Gründen tun, die nicht in der Sphäre des Unternehmens liegen. Das sind beispielsweise die idealtypischen Fälle der **Unternehmensnachfolge** oder der **Portfoliobereinigung** innerhalb eines Konzerns, in deren Folge aus strategischen Gründen sogenannte **non-core-assets** (d.h. nicht zum Kerngeschäft zu zählende Geschäftsfelder) verkauft werden. Da in solchen Fällen die Wertsteigerung nicht durch Verbesserung des EBITDA[4] erfolgt, sind hier typische Investoren an einer Konsolidierung interessiert, die strategisch sinnvoll ist, aber aus bestimmten Gründen (Größe, Finanzkraft etc.) vom Unternehmen selbst nicht durchgeführt werden konnte. Buy-Out-technisch betrachtet kann der Erwerb eines Unternehmens im „Idealzustand" der Auftakt oder die Umsetzung einer **„Buy and Build"-Strategie,** also einer Marktkonsolidierung sein. Im Fall der Erstakquisition würde also „die Plattform" für spätere Akquisitionen eines strategischen Investors erworben. Daraus ergeben sich verschiedene Anforderungen an die Umsetzung nach dem Closing: Management und Organisation müssten auf weitere Akquisitionen vorbereitet werden, um die bereits bestehende Wachstumsstrategie umzusetzen. Es wird ein Managementteam benötigt, das neben dem Tagesgeschäft die Integration weiterer Unternehmen/Abteilungen leisten kann. Zudem sind IT-Systeme und Produktplattformen erforderlich, in die zukünftig erworbene Systeme und Produkte integriert werden können. Der Bau der Plattform und die Vorbereitung auf zukünftiges akquisitorisches Wachstum stehen im Vordergrund. Stabilität der Abläufe, Integrationsfähigkeit, Kompatibilität, freie Managementkapazität und entsprechend entwickelte Personalführung (gemeinsame Vision, keine Angst des Mittelmanagements vor Akquisitionen) sind Anforderungen für die Zeit nach dem Closing.

b) Der Mobilisierungsfall

Im Rahmen des „Mobilisierungsfalles" ist das Ziel-Unternehmen ein solches, das sein 5
eigenes Gewinnpotential nicht ausschöpft. Dabei kann das Unternehmen durchaus bereits profitabel sein. *John Muse,* der Mitbegründer der Private Equity Gesellschaft *Hicks, Muse, Tate & Furst,* beschrieb die Situation gegenüber dem Autor einmal so: *„I see a walking horse, but I want to see a running horse".* In diesen Fällen liegen die Anforderungen also in der **Mobilisierung der bestehenden Kräfte** eines Unternehmens. Neben der Steigerung des EBITDA durch Vertriebsmobilisierung und Kostensenkung steht das **Change Management** als Basis für alle Verbesserungen vor der größten Herausforde-

---

[4] Earnings before interest, taxes, depreciation and amortization, d.h. Gewinn vor Steuern, Zinsen und Abschreibungen.

rung: Denn Mitarbeitern eines gut gehenden Unternehmens ist es nur schwer zu vermitteln, warum man Veränderungen akzeptieren und beispielsweise mehr bzw. schneller arbeiten soll. Methoden wie der sog. Kontinuierliche Verbesserungsprozess *(KVP)* und *Kaizen*[5] stehen diesbezüglich langfristig im Vordergrund. Kurzfristig können Verbesserungen erzielt werden, wenn den Mitarbeitern anhand von einzelnen Themenschwerpunkten veranschaulicht wird, wie etwa bisherige Grundannahmen, z.B. die Vertriebsplanung sei immer wohl durchdacht, durch Datenanalysen erschüttert werden oder erhebliche Erfolge aus Sicht des Unternehmens überraschend erzielt werden können, z.B. Einsparungen im Materialaufwand von 25% anstatt von 3%.

c) Der Restrukturierungsfall

6   Im Szenario des „Restrukturierungsfalles" befindet sich die Zielgesellschaft in einer Ertragskrise: Im Vergleich zu Wettbewerbern steht das Unternehmen operativ deutlich schlechter dar und macht eventuell sogar Verluste. Aber auch strategisch kann das Unternehmen in einer Sackgasse sein, beispielsweise, weil es in seinem Marktsegment nur dann langfristig überleben kann, wenn es eine bestimmte kritische Größe erreicht, die es bisher noch nicht hat bzw. von der es weit entfernt ist. Gleichzeitig liegt jedoch ein **positiver Cash Flow** vor, so dass keine unmittelbare (d.h. existenzielle) Bedrohung besteht. In diesen Fällen besteht ein erhebliches Wertsteigerungspotential durch operative Verbesserungen und eine strategische Neupositionierung. Die Bereitschaft zu Veränderungen ist bei allen Stakeholdern grundsätzlich herstellbar. Die Schaffung von Transparenz hinsichtlich aktueller Situation und Perspektive des Unternehmens, die Arbeit an einer tragfähigen Zukunftsvision und die Kommunikation der Ergebnisse durch die Verwaltung (beispielsweise an Gesellschafter, Mitarbeiter) erfordern den größten Aufwand. Gerade die Kenntnis der eigenen Verlustquellen ist in Restrukturierungsfällen nicht besonders ausgeprägt. Typisch für diese Fallgruppe sind erhebliche **Schwächen in Rechnungswesen und Controlling** des Zielunternehmens. Hier wird der erste Schwerpunkt bei der Umsetzung der Übernahme nach dem Closing zu setzen sein, um schnell die Gründe für die Verlustsituation zu identifizieren.

d) Der Sanierungsfall

7   Die letzte Fallgruppe ist der sogenannte „Sanierungsfall". Das Zielunternehmen befindet sich in Liquiditätsproblemen, der **Cash Flow ist negativ.** Das EBITDA kann weder Investitionen noch Finanzierungskosten und Tilgungen vollständig leisten. Die größte Herausforderung nach dem Erwerb eines solchen Unternehmens besteht in der kurzfristigen Erhöhung der Innenfinanzierungskraft. Mehr als bei allen anderen Fallgruppen muss hier bereits vor dem Signing und bis zum Closing[6] intensiv mit den verschiedenen Stakeholdern zusammengearbeitet werden. In der Praxis werden insbesondere Banken und Warenkreditversicherer, mitunter auch Kunden (Autozulieferer mit Hersteller) oder Lieferanten (bei Abhängigkeit von wesentlichem Lieferanten) im

---

[5] Wörtl. „Veränderung zum Besseren". Japanische Lebens- und Arbeitsphilosophie, deren Hauptzielrichtung ein ständiges Streben nach Verbesserung ist.

[6] Vgl. hierzu auch A 30 ff.

Vorfeld einer Transaktion zu kontaktieren sein. Nach dem Closing werden entsprechende Vereinbarungen mit den Stakeholdern umgesetzt. War es nicht möglich, eine solche Vorvereinbarung zu treffen, so müssen diese Gruppen gemeinsam mit den anderen Stakeholdern kontaktiert werden. Die Besonderheit dieser Konstellation liegt dabei in der Geschwindigkeit, in der erforderliche Maßnahmen beschlossen und umgesetzt werden müssen, die schlechte Informationsbasis, auf der man diese Entscheidungen umsetzten muss und das gestörte oder gar fehlende Vertrauen zwischen einzelnen Gruppen.

2. Transaktionskontext/-anlass

Ein wesentlicher Einflussfaktor auf die Gestaltung der Umsetzung des Buy-Outs nach dem Closing und mithin auf den Erfolg der Transaktion insgesamt besteht in dem **Kontext,** in dem der Buy-Out durchgeführt wird. Hierbei sind in der Praxis vor allem zwei Fallvarianten von Relevanz. **8**

a) Unternehmensnachfolge in mittelständischen Unternehmen

Ein häufiger Anlass[7] für einen Buy-Out ist die Lösung eines Nachfolgeproblems in mittelständischen Unternehmen. In solchen Fällen spielt es für die Umsetzung eine besondere Rolle, ob und wie der ehemalige Eigentümer dem Unternehmen verbunden bleibt. Das fängt damit an, dass das Unternehmen am Wohnsitz des Verkäufers liegt und damit jede Umsetzungsmaßnahme unmittelbaren Einfluss auf das Lebensumfeld des Verkäufers haben kann. Noch weiter geht die Situation, wenn – gerade bei kleinen Unternehmen – der Eigentümer weiterhin im Unternehmen verbleiben soll. In der Praxis ist es fast ausgeschlossen, eine neue Führung zu etablieren, wenn der ehemalige Eigentümer oder Geschäftsführer noch im Unternehmen tätig ist. Zahlreiche Erwerbe sind in der Umsetzung gescheitert, weil Veränderungen nicht durchgesetzt werden konnten. Veränderungen erscheinen hier bisweilen zu schnell als Kritik am Wirken des bisherigen Inhabers.[8] **9**

b) Veräußerung von Tochtergesellschaften bzw. Geschäftsfeldern

Eine weitere relevante Kategorie ist schließlich der Verkauf einer Tochtergesellschaft oder eines Geschäftsfeldes *(carve out)* aus einem Konzern. Beiden Situationen gemeinsam ist der Umstand, dass eine Gesellschaft, die zuvor Teil einer größeren Einheit war, nunmehr auf eigenen Füßen stehen muss. Auch wenn die Organisationseinheit, das Werk, die Tochtergesellschaft oder die Landesorganisation zuvor bereits über alle Funktionen verfügte, so bildet der Buy-Out für die Mitarbeiter dennoch eine wesentliche Veränderung. Man verlässt zumeist das „sichere" Umfeld eines Konzerns und muss plötzlich wie ein Mittelständler agieren. Die Karriereperspektiven des Mittelma- **10**

---

[7] Weitere Gründe für Verkäufe siehe *Fabian Erny,* Success Factors of Leveraged Buyouts, S. 4.
[8] Vgl. auch oben B 97 f. zu dieser Problematik.

nagements verändern sich dramatisch. Auch die Chancen, junge Talente für die eigene Organisation zu werben, verändern sich. Zwar gibt es auch junge Manager, die gerade die Herausforderung eines kleineren Unternehmens suchen. Doch im Recruiting-Markt spielt es eine nicht unerhebliche Rolle, ob man zunächst für einen großen Konzern oder einen kleinen Mittelständler tätig war.[9] Personalführung und Personalentwicklung spielen bei der Umsetzung des Buy-Outs eine besondere Rolle. Sollen – wie insbesondere beim Carve-Out – durch das Buy-Out erstmalig eigenständige Strukturen geschaffen werden, also insbesondere Supportfunktionen wie z.B. Rechnungswesen, Personalwesen, IT etc. aufgebaut werden, hat das dramatische Auswirkungen auf die Umsetzungsphase. Diese Prozesse sind neben den Sanierungsfällen die kompliziertesten Buy-Outs, weil man über eine Vielzahl von Schnittstellen vor und meistens auch noch Monate nach dem Closing mit dem Verkäufer zusammenarbeiten muss. Durch die entsprechende Gestaltung der Schnittstellen kann immer noch Wert von einem Unternehmen ins andere verlagert werden.

3. Zielsetzungen des Erwerbers

11 Verschiedene Zielsetzungen ergeben sich im Wesentlichen aus der Art des Käufers oder genauer, aus der Herkunft des Eigenkapitals des Erwerbers. Der unternehmensgesteuerte Buy-Out und der institutionelle Buy-Out (IBO) sind die wesentlichen Fallgruppen.[10] Bei der ersten Gruppe stammt das Eigenkapital von einem Unternehmer, evtl. vom Management selbst. Hier wird nicht mit dem Ziel erworben, das Unternehmen nach einer Halteperiode zu verkaufen. Beim institutionellen Buy-Out wird der wesentliche Teil des Eigenkapitals durch einen Fonds zur Verfügung gestellt, der satzungsgemäß eine maximale Haltedauer hat und durch den **Verkauf** des Unternehmens eine Wertsteigerung für seine Investoren erzielen will. Sofern das Kapital nicht wesentlich vom Management kommt, ist beiden Situationen gemeinsam, dass ein maßgeblicher Dritter, nämlich der Finanzinvestor, neben dem neuen Managementteam die Umsetzung mitgestaltet. Dabei wird vermutlich ein unternehmerischer Investor, der nicht selbst ins Management geht, in der Regel starken operativen Einfluss nehmen. Er führt das Unternehmen eben wie eine (weitere) Tochtergesellschaft. Private Equity Fonds nehmen demgegenüber zunächst über die Ausgestaltung der **Corporate Governance**[11] Einfluss auf das Unternehmen. In den letzten Jahren hat sich darüber hinaus zunehmend ein *Operating Partner*-Modell entwickelt, in dem weitere Mitarbeiter aus dem Private Equity Fonds oder seinem Umfeld mit der operativen Betreuung des übernommenen Unternehmens betraut werden. Auch diese Konstellation hat wesentlichen Einfluss auf die Umsetzung des Buy-Outs nach dem Closing. Das Management wird nämlich nicht allein die Umsetzung bewirken, sondern im Team mit internen und externen Teammitgliedern die Maßnahmen durchführen. Die Anforderungen an das Management beinhalten also nicht nur **Leadership**-Qualitäten, sondern gleichzeitig die Fähigkeit transparent und im **Team** arbeiten zu können.

---

[9] *Rosenstock,* S. 12.
[10] Vgl. hierzu auch schon oben A 6 ff.
[11] D. h. die Grundsätze der Unternehmensführung.

Die größte Anforderung ergibt sich aber (sofern der Erwerber ein **Exit** getriebener 12
Private Equity-Fonds ist) aus der Notwendigkeit des Verkaufs. Dieses Ziel bestimmt
die Geschwindigkeit, in der die Maßnahmen umgesetzt werden. Sie kann auch das
Ausmaß der Veränderungen, den Umfang der Investitionen und den Entwicklungshorizont des Unternehmens maßgeblich beeinflussen. Einerseits ist der Exit Antrieb und
Begründung für viel positive Veränderung. Andererseits kann er auch die Begründung
für wirtschaftliche „Kurzsichtigkeit" und das Fehlen von langfristig sinnvollen Investments sein. Die Auswahl der Maßnahmen nach dem Closing, ihre Reihenfolge und
ihre Umsetzungsgeschwindigkeit werden wesentlich durch die Zielsetzung eines Exits
beeinflusst.

4. Interessenkonstellationen/Principal Agent Problem/ Informationsasymetrie

Verschiedene Interessenkonstellationen ergeben sich aus den Rollen der Beteiligten. 13
Im Kern geht es bei einem Buy-Out um den Ausgleich von widerstreitenden Interessen aller Stakeholder bei unvollständiger Information.[12] Beim MBI ergibt sich diese
Informationsasymetrie allein aus dem Umstand, dass zu Beginn nur der Datenraum
als Informationsquelle zur Verfügung steht.

Beim MBO stehen dem bestehenden Management – und idealiter auch dem Ge- 14
sellschafter – alle Informationen über das Unternehmen zur Verfügung. Das ist aber in
der Praxis nicht immer der Fall. Zusätzlich sind häufig die wahren Absichten des eigenen Managements aus Sicht des Verkäufers nicht immer transparent. Nicht umsonst
versuchen Private Equity Fonds im Falle eines Buy-Outs, die Manager des Ziel-
Unternehmens – Nachfolge im Mittelstand oder Konzern-Carve-Out – auf ihre Seite
zu ziehen. Der Verkäufer kann daher nicht ausschließen, dass Informationen an den
potentiellen Erwerber gelangen, die er entweder nicht weitergeben wollte oder deren
Kenntnisnahme durch den Erwerber nicht in seinem Interesse ist. Wenn und soweit
dieser **Interessenkonflikt** aufgrund von weiterhin bestehenden Beziehungen nach der
Übernahme fortbesteht – bei der Nachfolge in Form von weiterer Unterstützung
durch den Eigentümer/ehem. Geschäftsführer, bei Konzern-Carve-Outs durch Vendor Loans oder Dienstleistungen – so wird sich die Umsetzung maßgeblich an diesen
Vorgaben auszurichten haben. Sofern Regelungen zum Ausgleich des Interessenkonflikts getroffen worden sind (Earn Out-Strukturen, Covenants, Service Level Agreements etc.), müssen diese nach dem Closing besondere Beachtung finden.[13]

5. Vorgehensweise

Die hinsichtlich der Transaktion gewählte Vorgehensweise hat praktisch nur noch ei- 15
nen begrenzten Einfluss. Das gilt zumindest dann, wenn man zur Umsetzung fremdes

---

[12] Ausführlich zu den Konflikten und ihrer wissenschaftlichen Einordnung, wenn im Rahmen
eines „Secondary Buy Outs" auf beiden Seiten Investmentprofis sitzen, *Manchot*, S. 85 ff.
[13] Siehe hierzu auch D 179 f.

Eigen- oder Fremdkapital benötigt. Sowohl Unternehmer als auch Fonds sowie Banken verlangen heutzutage umfangreiche **Dokumentationen** im Vorfeld. Grundsätzlich werden Buy-Outs daher umfassend vorab geplant. Vision, Strategie, Business-Plan, Maßnahmenplan usw. werden im Investmentcase detailliert aufgeführt. Ein besonderes Augenmerk liegt dabei natürlich auf der Auswahl und der Zusammenarbeit des Managementteams. Auch hat sich das M&A-Geschäft selbst bei kleineren Transaktionen so professionalisiert, dass die Abläufe grundsätzlich ein Mindestmaß an Professionalität gewährleisten. Ein Erwerb per Handschlag bzw. ohne irgendeine Form der Due Diligence findet heute in der Praxis kaum noch statt. Nachdem jedes M&A-Handbuch auch die Notwendigkeit einer Post Merger Integration-Planung beschreibt und zahllose Statistiken über erfolglose Akquisitionen die Notwendigkeit einer sorgfältigen Planung verdeutlichen, soll hier auf diese Anforderung nicht mehr näher eingegangen werden.

16   Damit ist natürlich nicht ausgeschlossen, dass bei der Ausführung der Due Diligence selbst und der Planung der Wertsteigerung nach dem Closing Fehler, mitunter auch erhebliche, unterlaufen können. Wesentlichen Einfluss auf die Umsetzungsphase nach dem Closing hat also die **Qualität der Due Diligence** und der **Planung.** Die Herausforderungen liegen hier in der erfahrungsbasierten Einschätzung und Verarbeitung der entweder im Datenraum vorhandenen oder durch Markt- und Wettbewerbsanalyse gewonnenen Informationen. Wie in *Platons Höhlengleichnis* geht es nicht lediglich darum, die Schatten an der Wand zu erkennen (also auf den Buy-Out übertragen: die Geschäftszahlen in der Excel-Tabelle), sondern sich umzudrehen und die Wanderer vor dem Höhleneingang zu erkennen, deren Schatten an der Wand sichtbar waren (die Geschäftsmechanismen). Es geht um die Erkenntnis der *Dinge hinter den Dingen.* Dabei hilft die Einbindung des Managers im Rahmen des Buy-Out nur bedingt. Sicherlich kann er in seinem Kompetenzfeld einen erheblichen Beitrag leisten. Aber es geht eben nicht nur um die Einschätzung des Unternehmens, sondern auch um eine Beurteilung der **Veränderbarkeit des Unternehmens.** Dazu braucht man wie bereits gesagt, spezifische Erfahrung. Viele Investoren versuchen dieser Herausforderung durch Auswahl namhafter Berater oder bekannter ehemaliger Vorstände und Geschäftsführer der Branche gerecht zu werden. Da es sich hier aber um eine Kernkompetenz eines Buy-Out-Investors handeln sollte, ist es fraglich, ob diese Vorgehensweise systematisch gute Ergebnisse erzeugt. Kernkompetenzen sollte man nicht outsourcen. Zudem bleibt das Problem, dass nicht jeder Vorstand Erfahrung hinsichtlich der Veränderbarkeit von Unternehmensstrukturen hat. Manche Investoren haben daher eigene Abteilungen gegründet, die sich mit diesen Fragestellungen beschäftigten. Das hat erhebliche Auswirkungen auf die Qualität der Pläne und den Erfolg nach dem Closing. Eine wichtige Folge dieser Überlegung ist auch, dass erfahrene Buy-Out-Investoren unmittelbar nach dem Erwerb des Unternehmens ein „Re-Underwriting" starten, in dem der Investmentcase einschließlich des Umsetzungsplans aus der Due Diligence *(outside in)* nunmehr auf Basis der Daten des erworbenen Unternehmens *(inside out)* überprüft wird und alle Beteiligten diesen Plan nochmals bestätigen, d. h. **erneut** *„unterschreiben".*

6. Besondere Faktoren

Die Umsetzung eines Buy-Outs nach dem Closing kann durch besondere Konstella- **17** tionen bei den Stakeholdern beeinflusst werden.

a) Das Management

Die Rolle des Managements und ihre Interessen finden sich ganz besonders in der **18** **Incentive-Struktur**[14] wieder. Die Ausgestaltung eben dieser kann erheblichen Einfluss auf die Prioritäten des Managements haben.[15]

b) Besonderheiten, Größe des Unternehmens

Eine Post Closing-Phase wird sich unterscheiden nach den unterschiedlichen Allein- **19** stellungsmerkmalen (sog. **Unique Selling Points**) der Unternehmen – auf der einen Seite Unternehmen, die durch ihre Größe einzigartig sind, auf der anderen Seite Unternehmen, die auf Grund ihrer Technologie eine Sonderstellung einnehmen: Der eine fokussiert sich auf Pricing und Verteidigung der Position, der andere auf Wachstum und Bewahrung der Technologieführerschaft. Auch die Größe des Unternehmens – Large Cap, Mid Cap oder Small Cap – und Ausstattung – *asset rich* oder *asset light* – beeinflussen die Post Closing-Phase. Je nach Situation sind die Einflussmechanismen und Tätigkeitsschwerpunkte unterschiedlich. Letztlich spielt auch die Bewertung eine Rolle, die Höhe des Kaufpreises: Je höher der Kaufpreis, desto größer ist der Druck auf operative Verbesserungen und schnelle Ergebnisse.

c) Arbeitnehmer, Lieferanten und Banken

Buy-Outs sind aus Sicht der Arbeitnehmer, Kunden und Lieferanten schwer zu beur- **20** teilen. Alle Beteiligten bilden zwar den Kern der geschäftlichen Tätigkeit, aber ihr Einfluss und Informationsgrad ist in der Regel niedrig. Sie beeinflussen die Post Closing Phase nur, wenn es Störungen gibt. Das gilt in der Regel auch für die Banken des Unternehmens, wenn sie nicht **„Change of ownership"-Klauseln**[16] haben.

d) Finanzierung des Buy-Out

Einen wesentlichen Unterschied macht es natürlich, ob ein Buy-Out einen financial **21** sponsor hat oder aus eigenen Mitteln bewältigt wird.[17] Themen wie Incentive-

---

[14] Vgl. *Miller,* S. 159 ff. und 191 ff. zu Aktienanteilsprogrammen für Management und Mitarbeiter.

[15] Siehe hierzu ausführlich Teil E.

[16] Vertraglich eingeräumtes Sonderkündigungsrecht im Falle einer Veränderung der Gesellschafterstruktur.

[17] Einen guten Überblick zu den Unterschieden erhält man in *Miller,* S. 103 ff., 127 ff. und 145 ff.

Struktur, Governance und Stabilität des Managementteams sind zu beachten, wenn ein **Financial Sponsor,** z.B. ein Private Equity-Fonds, den Buy-Out finanziert. Auch das Ausmaß der Fremdfinanzierung und die Fremdfinanzierungsstruktur, z.B. die Nutzung von teurem Mezzanine Kapital[18], wird erheblichen Einfluss auf die Gestaltung der Post Closing Phase haben.

22 Die hier genannten Faktoren stellen nur eine kleine Auswahl dar. Die Aufstellung verdeutlicht aber bereits, dass Buy-Out-Konstellationen von vielen verschiedenen, sich verändernden Faktoren beeinflusst werden.

II. Die vier Entwicklungshorizonte nach einem Closing

23 Schwerpunkt der nachfolgenden Überlegungen sind solche Buy-Outs, bei denen die nachhaltige Steigerung des Unternehmenswertes aus der Organisationsentwicklung erfolgen soll. Auf die vielfältigen Begründungen für den Wertsteigerungsbedarf, wie z.B. eine Erhöhung der Tilgungsfähigkeit zum Abbau der Akquisitionsfinanzierung, Rückerstattung des eingesetzten Kapitals oder schlichte Wertmaximierung, soll hier nicht näher eingegangen werden. Unternehmenskäufe, die lediglich die Verwaltung des Status Quo oder eine Abwicklung zum Ziel haben, teilen lediglich die Aktivitäten am Anfang, die zur Ausübung der Kontrolle notwendig sind, mit der vorgenannten Fallgruppe.

24 Anders als viele andere Beiträge zu diesem Thema soll nicht nach Phasen, sondern nach Entwicklungshorizonten unterschieden werden.[19] Denn richtigerweise werden nach dem Closing viele Themen parallel begonnen und bearbeitet. Die einzelnen Problematiken unterscheiden sich aber in ihrer Umsetzungsgeschwindigkeit und Umsetzungsdauer.

1. Kontrolle, Risikomanagement und Momentum (Horizont 1)

25 Der **Horizont 1** beschäftigt sich mit der kurzfristigen Verschaffung von Kontrolle und allen Maßnahmen, die Risiken reduzieren sollen. Unmittelbar nach dem Closing und nach der Ernennung des Geschäftsführers werden Maßnahmen ergriffen, die dem Erwerber die volle Kontrolle über das Unternehmen gewährleisten.

a) Überprüfung der Zahlungsströme

26 Ein besonderes Augenmerk gilt dabei der Kasse, also den Ein- und Auszahlungen. Durch die **Einrichtung eines Liquiditätsbüros** erhält man sehr schnell einen Überblick über die Zahlungsströme des Unternehmens und den Umgang der Mitarbeiter

---

[18] Vgl. A 46 f., B 53 ff.
[19] Ähnlich auch *McGrath,* S. 79 ff., der Kontrolle, Prozessoptimierung und Risikomanagement in den Vordergrund stellt. Vgl. ferner *Menke/Niebuhr/Pohlmann,* S. 10 ff. mit einem Überblick über ausgewählte Erfolgsfaktorenmodelle.

mit Geld. Durch das Liquiditätsbüro werden Auszahlungen nur noch nach vorheriger Überprüfung durch das neue Management zentral freigegeben.

b) Analyse der einzelnen Geschäftsvorgänge

Neben der Kontrolle des Zahlungsstroms steht die Analyse der Geschäftsvorgänge, die **27** hinter den Zahlungen stehen, im Vordergrund. Der allergrößte Teil ist in der Regel unkritisch oder kann durch Fragen erläutert werden. Mit Hilfe externer Dienstleister kann darüber hinaus die Anzahl der Doppelzahlungen, also der zweimal gezahlten Rechnungen, oder der Anteil vorfällig gezahlter Rechnungen identifiziert werden. Hierdurch wird deutlich, ob und wann Lieferanten, z.B. trotz Fehlerhaftigkeit der Ware, bezahlt werden. Auf der Einzahlungsseite manifestieren sich Störungen bei Kunden, Schwächen des Vertriebs im Inkasso (beispielsweise der klassische Streit, ob Vertrieb oder Buchhaltung das Inkasso abwickeln) oder unkoordinierte Rabattierungen und Pricing-Strukturen.

c) Verifizierung der Due Diligence-Daten

Aus Sicht des Risikomanagements sind darüber hinaus die Annahmen aus der Due **28** Diligence zu verifizieren (Stichwort **Re-Underwriting**)[20]. Die Prüfungen sind, soweit sich Anhaltspunkte aus der Due Diligence ergaben, zu vertiefen.

Im Rahmen dieser Tätigkeit wird man häufig automatisch auf die Problemfelder im **29** Rechnungswesen und im Controlling stoßen. In der Praxis wird daher die Aufarbeitung und Verbesserung „der Zahlen" im Sinne von richtigen, aussagekräftigeren Werten im Vordergrund stehen. Die Herstellung von **Transparenz über wesentliche Werttreiber des Unternehmens,** die Herstellung der Steuerungsfähigkeit des Unternehmens ist Teil des Ausbaus der Kontrolle und der Reduktion von Risiko. Nicht selten wird aus diesem Grund der CFO bei einem MBO oder MBI durch die Private Equity-Gesellschaft dem Managementteam zur Seite gestellt.

d) Kommunikation mit Mitarbeitern, Kunden und Banken

Von ganz besonderer Bedeutung ist natürlich die Kommunikation mit den Mitarbei- **30** tern, Kunden und den Banken, sofern sie über den Buy-Out nicht informiert waren. In der Praxis sind zwar Kunden meistens sehr geduldig, zumal der Vertrieb in größeren Organisationen nicht allein durch den CEO getätigt wird. Aber insbesondere wenn die Gesellschaft von einigen größeren Kunden abhängig ist, müssen diese Kunden durch den CEO schnell und überzeugend angesprochen werden. Die Bedeutung einer wirksamen Kommunikation ergibt sich hier aus dem Ziel, bei allen Beteiligten ein positives „Momentum" aufzubauen. Es bedarf einer **Aufbruchsstimmung,** um die kommenden Veränderungen mit zu erarbeiten bzw. mitzutragen.

---

[20] Siehe oben F 16.

2. Wertsteigerung und Steigerung der Innenfinanzierung (Horizont 2)

31 Der größte Fokus des Managements nach dem Closing wird auf der operativen Verbesserung liegen.[21] Auf jeden Fall wird jedes Management bestrebt sein, das zur Akquisition aufgenommene Kapital so schnell wie möglich zurück zu zahlen. Das gilt nicht nur für das Fremdkapital, sondern insbesondere auch für das Eigenkapital.

32 Die Wertsteigerung erfolgt in drei wesentlichen Schritten: Der Einführung von Vertriebsexzellenz, von Produktführerschaft sowie einer effizienten Kostenbasis/effizienten Organisation.

a) Maßnahmen zur Verbesserung des Vertriebs

33 Vertriebsmaßnahmen zielen darauf ab, „härter" zu verkaufen, „smarter" zu verkaufen und alle Prozesse innerhalb der Vertriebsorganisation auf diese Ziele zu fokussieren. Typische Maßnahmen sind der **Start von Vertriebsinitiativen** und Promotionsaktionen, die Steigerung der Vertriebsaktivitäten und der Abschlussquote, die Einführung von weiteren Verkaufsaktivitäten z.B. durch Outbound Call Center und insbesondere die **Intensivierung der Kundenkommunikation** zum Aufbau von Vertrauen in das neue Management. Darüber hinaus können ABC-Kundenklassifizierungen, Preiserhöhungen, die Entwicklung von Standardvertriebsansätze für jede Kundenklasse, die Optimierung des Key Account-Managements oder des Flächenvertriebs im Vordergrund stehen.

b) Produktoptimierung

34 Auch im Bereich der Produktoptimierung sind viele Maßnahmen möglich. Zum Beispiel kann man ausgehend von den Kundenbedürfnissen bevorzugte Produktvarianten identifizieren, neue Komponenten ohne großen Aufwand durch funktionale Integration entwickeln, Plattformstrategien entwickeln oder durch Anwendung von entsprechenden Methoden wie **Quality Function Deployment** *(QFD)*, **Design for Manufacturing** *(DFM)* oder **Design for Assembly** *(DFA)* Produktionskosten senken, Komplexität senken oder neue Produktmärkte erschließen. Diese Methoden sind nicht neu, wie im Übrigen die meisten Wertsteigerungsmaßnahmen zum gewöhnlichen Repertoire des Managements gehören. Der fehlende Einsatz in der Zielgesellschaft ist unterschiedlichen Gründen geschuldet, meist der Fokussierung auf andere, vermeintlich wichtigere Themen.

c) Kostenreduktionen

35 Kostenreduktionen erfolgen in den Bereichen Materialaufwand, Sachkosten und Personalkosten. Einkaufsbezogene Maßnahmen wie Änderung der Spezifikation, Aufbau

---

[21] Vergleich auch *Katzer*, S. 55 ff.

eines Lieferantenmanagements, Optimierung der Sourcing-Strategie oder die Einbindung moderner Einkaufsplattformen können schnell angeschoben werden und führen oft zu schnellen Erfolgen. Die Erzielung schneller Erfolge ist wichtig für die Akzeptanz des neuen Managements und seines Weges. Aufwändigere Einsparmaßnahmen wie die Konsolidierung von Standorten oder umsatzsensible Maßnahmen wie Optimierung des Sortiments oder Anpassungen in der Logistik (Fullfillment/Tourenkonzept) erfordern mehr Analysezeit.

Einsparungen durch den **Abbau von Personal** erfolgen als Konsequenz von orga- **36** nisatorischen Anpassungen. **Prozess-Optimierungen,** die zum Wegfall von Arbeitsaufwand oder zur Arbeitsverdichtung führen, sparen Mitarbeiterkapazität. Solche Maßnahmen dauern in der Praxis bis zu 6 Monaten, nämlich bis Kündigungen wirksam ausgesprochen werden. Sollte ein Personalabbau notwendig sein, sollte dieser auch immer sobald wie möglich durchgeführt werden, damit die Verwaltung ihre Reformen ohne weitere Befürchtungen umsetzen kann. Die Praxis lehrt, dass die richtige Vorgehensweise bei der Vorbereitung der personellen Maßnahmen und die Auswahl des richtigen beratenden Arbeitsrechtlers einen wesentlichen Unterschied in der Umsetzungstiefe und Umsetzungsgeschwindigkeit machen.

d) Finanzierung

Grundsätzlich gehört in das Kapitel Wertsteigerung auch ein Abschnitt zum **Financial** **37** **Engineering.** Finanzierung ist weit mehr als nur die Aufnahme eines Kredites und die Verhandlung von Zinskonditionen. Sie beginnt mit einem detaillierteren Verständnis der Cash Flows des Unternehmens und ihrer Struktur. Die Cash Flow-„Qualität", also der Anteil „sicherer", d.h. stabilerer, und weniger sicherer Cash Flows kann ein erster Ansatz sein. Die Finanzierung wird auf dieser Basis gestaltet. In der Praxis kann das bedeuten, dass man risikoreichere, teurere Kredite aufnehmen kann, wenn man frühzeitig in der Akquisitionsphase zum Beispiel Erlöse aus Verkäufen von Geschäftsfeldern nach dem Closing eingeplant hat. Auch Maßnahmen zur Reduktion des Working Capitals können getroffen werden. Berücksichtigt werden müssen Risiken aus dem Operativen-, Investiven- und Finanzierungs-Cash Flow. Auch die Einschätzung des Marktes, sein Risikoappetit, spielt bei der Finanzierungsstruktur eine erhebliche Rolle. Es liegt auf der Hand, dass durch dieses Financial Engineering Werte geschaffen werden können.

3. Strategische Neuausrichtung (Horizont 3)

Bei vielen Buy-Outs ist eine strategische Neuausrichtung geplant. Das strategische **38** Konzept hierzu ist in der Planungsphase in der Regel bereits entwickelt. Schwerpunkt der Aktivitäten nach dem Closing ist daher die Operationalisierung der Strategie. Diese kann grundsätzlich bereits auf Basis der Due Diligence Daten *„outside in"* entwickelt werden. Auf jeden Fall wird man sie *„inside out"* nochmal validieren.

Die Umsetzung einer Strategie erfolgt in vier Schritten: Im **ersten Schritt** wird **39** eine **vorhandene Strategie konkretisiert.** Eine Strategie muss vorstellbar, lebenszyklusorientiert, durchführbar, fokussiert und vermittelbar sein. Die eigentliche Umsetzung, also das Aufschlüsseln des strategischen Weges auf konkrete Handlungsebenen, erfolgt durch Quantifizierung der Ziele, Definition der Ziele auf Ebene der „Treiber" des Geschäfts und Definition der Maßnahmen auf „Treiber"-Ebene.

40   Die Quantifizierung und das Kategorisieren nach *„Treibern"*[22] kann auf unterschiedliche Arten erfolgen. Ziele können traditionell durch *Bottom up / Top down-Verfahren*[23] vorgegeben werden. Eine besondere Methode ist in diesem Zusammenhang der **Shareholder Value-Ansatz.** Er wurde letztlich entwickelt, um strategische Ziele herauszuarbeiten und auf Geschäftsfeldebene zu konkretisieren. Historisch gesehen erlangte der Shareholder Value-Ansatz seine Bedeutung, weil große institutionelle Investoren feststellten, dass sie Anteile an einem Unternehmen, z.B. IBM, gar nicht in größerem Umfang verkaufen konnten, ohne gleichzeitig den gesamten Marktindex, z.B. Dow Jones, negativ zu beeinflussen und damit gleichzeitig ihre anderen Investments in die Marktindexunternehmen abzuwerten.[24] Da sie also die Anteile nicht ohne weiteres verkaufen können, brauchen diese Investoren ein Konzept, mit dem Wertentwicklungsvorgaben in Wachstums- und Profitabilitätsvorgaben übersetzt werden können. Umgekehrt können Unternehmen angestrebte Steigerungen in der Marktkapitalisierung durch die Vorgabe bestimmter Rendite- und Wachstumsziele (nach einzelnen Geschäftsfelder aufgeschlüsselt) erreichen.

41   Wesentlich aufwändiger ist die Entwicklung der **„Treiberbäume"** als **zweiter Schritt** der Operationalisierung: Diese Treiberbäume stellen in systematischer Art und Weise die wesentlichen Einflussgrößen auf Rendite und Wachstum dar. Die große Herausforderung in der Operationalisierung ist es, die formulierte Strategie und ihre Quantifizierung auf die Ebene der Treiberbäume zu übertragen. Wenn also die Strategie Wachstum durch den Ausbau des internationalen Geschäfts bedeutet, dann sind alle Einflussfaktoren (also die „Treiber") dafür genau zu identifizieren. Wachstum im Ausland kann mehr Filialen, mehr Vertriebsmitarbeiter oder weitere Produkte bedeuten. Im Extremfall kann das angestrebte durchschnittliche Wachstum auf der Ebene der Vertriebsmitarbeiter im Ausland vorgegeben bzw. die Anzahl der notwendigen weiteren Mitarbeiter sowie die Anzahl der zusätzlichen Neukunden usw. geplant werden. Gleichzeitig muss aber auch mit größeren Kosten und größerer Komplexität gerechnet werden, die sich unter Umständen negativ auf die Rendite auswirken.

42   Steht die Zielvorgabe auf Treiberebene fest, z.B. die Vorgabe 20 Neukunden pro Monat zu gewinnen, können in einem **dritten Schritt** Maßnahmen zur **Erreichung** der geplanten Ziele erarbeitet werden. Diese Maßnahmen und Konzepte orientieren sich dann eher an den bereits oben ausgeführten operativen Maßnahmen.

43   Die Umsetzung der strategischen Neuausrichtung fließt dann in einem **vierten Schritt** mit der operativen Verbesserung und der **Sicherstellung der Nachhaltigkeit** der Verbesserungen zusammen.

---

[22] D.h., die wesentlichen Einflussfaktoren; vgl. auch *Giessler,* Bedeutung des Unternehmenswerts für das Sanierungsmanagement, in: Hommel/Knecht/Wohlenberg, S. 165ff.

[23] Analyseverfahren, die der Überprüfung komplexer Systeme, wie z.B. Wirtschaftsunternehmen, dienen.

[24] Weitere Erläuterungen zum Konzept des Shareholder Values siehe auch *Giessler,* a.a.O, S. 163ff., 170f.

4. Nachhaltigkeit der Verbesserungen (Horizont 4)

Langfristig ist es das Ziel bei jedem Buy-Out, nachhaltig positive Veränderungen im **44**
Zielunternehmen zu bewirken. Dabei will man so viele Mitarbeiter wie möglich erreichen. Das zur Bewirkung dieser Veränderungen erforderliche *Change Management*[25]
erfolgt dabei im Wesentlichen über drei Stellhebel: Können, Verstehen und Wollen.

a) „Können"

Nur ein Ziel, das erreicht werden *kann*, wird dauerhaft angestrebt. Wie ein transparen- **45**
tes, hinreichend konkretes Konzept entwickelt wird, dass auch erreicht werden kann,
wurde oben im Entwicklungshorizont 2 und 3 bereits erläutert. Aus Sicht des Change
Managements kommt es auf die **Konkretheit** des Konzepts und seiner Folgen an.

b) „Verstehen"

Der zweite Stellhebel, das „Verstehen" zielt auf die notwendige Kommunikation des **46**
Konzeptes an alle Stakeholder ab. Management, Mitarbeiter, Kapitalgeber, Kunden
und Lieferanten benötigen eine **individuelle Kommunikation.** Unter Umständen
ist auch professionelle Unterstützung gerade in diesem Fall notwendig. Spätestens seit
der Regierungszeit des ehemaligen britischen Premierministers *Tony Blair* ist hinlänglich bekannt, dass ein und derselbe Inhalt durch den Kontext, in dem er präsentiert
wird, eine besondere Bedeutung erhält. Der **„spin"**[26]**,** mit dem die Information präsentiert wird, ist entscheidend. Dabei gilt es abzuwägen, wann eine Information offen
kommuniziert bzw. wann geschwiegen werden soll. Gegenüber den Mitarbeitern im
Rahmen des Change Management-Prozesses gilt es aber, jede Information so früh wie
möglich zu kommunizieren. Allerdings nur dann, wenn die Information fest steht.
Wer über Pläne öffentlich spekuliert, schürt Angst und wird entweder keine oder jedenfalls nur sehr erschwert Veränderungen erreichen. Authentizität und Glaubwürdigkeit sind wesentliche Eigenschaften, die das Management aufbauen und erhalten muss,
um einen Veränderungsprozess in Gang zu setzen.

c) „Wollen"

Der letzte Stellhebel, das „Wollen" ist der wohl schwerste. Während Konzept und **47**
Kommunikation ganz wesentlich durch das Management direkt beeinflusst werden
können, wird das „Wollen" von der **Kultur** des Unternehmens bestimmt[27]. Von einem gemeinsamen Leitbild über klassische Personalentwicklungsinstrumente bis hin zu
Organisationstools können verschiedene Methoden angewendet werden. Instrumente

---

[25] „Veränderungsmanagement", d.h. all jene Maßnahmen, die der Umsetzung von neuen
Strategien oder Strukturen dienen sollen.
[26] D.h. wörtlich *der Dreh.*
[27] Vergleiche auch *Böcker*, S. 82ff., zur kulturellen Integration.

wie *Kaizen, Six Sigma, Collaborative Organizational Design*[28] oder eben *KVP* (Kontinuierlicher Verbesserungsprozess)[29] machen die nachhaltige Verbesserung zur Aufgabe des Mittelmanagements. In der Praxis hat sich die Einführung einer **KVP-Organisation** bewährt, weil sie einerseits relativ einfach zu starten ist, andererseits aber sukzessive eine große Eigendynamik entwickelt.

48   Im Mittelpunkt des KVP steht dabei die **Optimierung der Abläufe** in einem Unternehmen[30]. Das ständige Streben des Unternehmers nach Verbesserungen muss also in die Verwaltungsstruktur des Unternehmens getragen werden. Dafür braucht es Ziele und eine organisatorische Verankerung. KVP hat zum Ziel, ein schlankes Geschäftssystem zu erreichen. Erforderlich hierfür sind eine Lernkultur, eine schlanke Organisation und effiziente Prozesse. Durch verschiedene Bausteine wie Gesamtkonzept, Workshop-Projektplan, KVP-Organisation, KVP-Controlling, Themendetaillierung und -quantifizierung, KVP-Kommunikation und KVP-Projektorganisation wird das Thema Verbesserungen im Arbeitsalltag der Mitarbeiter verankert.

49   Der besondere Erfolg des KVP liegt darin, dass es die **Verbesserung explizit zur Managementaufgabe** macht. Zwar sollte man meinen, dass das Streben nach Verbesserung eine selbstverständliche Aufgabe des Geschäftsführers wäre. In der Praxis steht aber allzu häufig die Bewältigung des Tagesgeschäfts im Vordergrund. Erst durch die Verankerung in der Zielvereinbarung und die transparente Fortschrittskontrolle erhält die Verbesserung an sich einen eigenen Stellenwert.

III. Beispiele

50   Die nachfolgenden Beispiele beschreiben Buy-Outs, an denen der Autor oder Mitglieder seines Teams als Investor oder Manager beteiligt waren. Sie zeigen dabei zum einen den klassischen Sponsor-Buy-Out mit Buy and Build-Logik, einen Krisen-Buy-Out ohne Fonds mit ganzheitlicher Sanierung und einen LBO mit Private Equity-Fonds.

1. Management Buy-In zur Umsetzung einer Buy and Build-Strategie

51   Der erste Fall beschreibt einen Buy-Out/Buy-In, in dessen Verlauf sich ein Managementteam mit dem CEO des Plattform-Targets zusammengetan hat, um den Markt des Unternehmens in Europa zu konsolidieren. Die Idee war dabei, durch den Erwerb

---

[28] Hierzu und zu weiteren Change Management Werkzeugen *Spalnik,* Werkzeuge für das Change Management, 2. Auflage, Frankfurt 1999; *Cameron/Green,* Making sense of change management, 3. Auflage, London, 2012; *Bischoff,* Change Management in M&A Projekten – Von der Cultural Due Diligence zur Post-Merger-Integration in: *Keuper/Groten,* S. 61 ff.

[29] Oben F 5.

[30] Die Bedeutung der Steuerungs- und Kontrollmechanismen im Lernprozess der Integration stellt *Henke,* S. 5 ff., in den Vordergrund.

von drei nationalen Champions ein europäisches Angebot und einen internationalen Anbieter zu schaffen. Schwerpunkt des Beispiels ist die Durchführung der Horizonte 2 und 3 in einem internationalen Kontext.

a) Wirtschaftliche Ausgangslage

Der Markt für Hintergrundmusik in Europa und in den USA verteilt sich auf viele **52** kleinere Unternehmen. Im Zuge der Entwicklung zum Erlebnisshopping nicht nur in Einkaufszentren hat die Erschaffung von positiver Atmosphäre am *point of sale* für Retailer eine ganz besondere Bedeutung bekommen. Neben der Präsentation der Ware kommt dabei auch der Musik eine besondere Rolle zu. Über Musik können Zielkunden angesprochen oder abgeschreckt werden. Hinlänglich bekannt sind Jeans-Läden auf den Haupteinkaufsstraßen, die sich durch lautes Abspielen der Musik Top-Ten von ihrem Umfeld abheben und bei ihrer Zielgruppe punkten wollen. Gleichzeitig dürfen die Mitarbeiter, die ganztägig dieser Musikbeschallung ausgesetzt sind, auch nicht durch die Monotonie der Musikauswahl demotiviert werden.

Die Einstiegshürde ist scheinbar niedrig: Das Erstellen einer individuellen *Playlist* ist **53** heutzutage kein Problem mehr. Schwieriger wird es, wenn für größere (Einzelhandels-) Ketten und unterschiedliche Kunden ein größeres Sortiment von Playlists zur Verfügung gestellt und in die Filialen geliefert werden soll.

Drei verschiedene Private Equity-Fonds hatten dieses Segment für sich erkannt und **54** waren in Unternehmen mit jeweils einem Umsatz zwischen 15 und 40 Mio. € investiert. Das Managementteam hatte nun die Idee, diese drei größten europäischen Unternehmen zu erwerben und so den mit Abstand größten Anbieter von Hintergrundmusik in Europa zu schaffen. Nach Erstellung eines *Investmentcase*[31] (inklusive detaillierter Post Closing-Planung) wurden alle drei Unternehmen erworben.

b) Effizienz, Integration und Wachstum

Hinsichtlich des Horizonts 1 ergaben sich in diesem Fall keine Besonderheiten. Da es **55** sich um eine Mischung aus MBO und MBI handelte, bei dem sich der Verkäufer nach Verkauf auch vollständig aus dem Unternehmen zurückgezogen hatte, und auch keinerlei Liquiditätsprobleme bestanden, fokussierte sich das Team auf die schnelle Verschmelzung aller Gesellschaften.

aa) Änderung der Vertriebsstruktur

Hauptaspekt dieses Szenarios war die Wertsteigerung durch die **Verschmelzung der** **56** **Organisationen.** Vor dem Closing war ein quantifizierter Maßnahmenplan entwickelt worden, der insgesamt 12 Module beinhaltete. Drei Module beschäftigten sich mit Vertriebsthemen. Sie beinhalteten den Aufbau eines internationalen Key Account-Managements, um weltweit tätige Kunden zu betreuen, den Aufbau von Plattformen in Süd-Europa und Skandinavien, sowie die Ausweitung des Produktangebots hin zu Multimediaangeboten. Letzteres beinhaltete neben der Musik auch Angebote für die

---

[31] D. h. Zusammenfassung aller für den Investor relevanten Informationen.

Nutzung kundenindividuellen Fernsehens und die Möglichkeit zur Verbreitung kundenspezifischer Duftstoffe.

bb) Hebung von Kostensynergien

57 Sieben Module beschäftigten sich mit der Hebung von Kostensynergien. Von der **Konsolidierung der Vertriebsorganisation** über die Herstellung der Musikprogamme, die Logistik bis hin zu den Zentralfunktionen sind alle Bereiche in fast allen Ländern betroffen gewesen, denn alle drei Unternehmen waren in den meisten Ländern Europas mit Büros präsent. Im Bereich der Logistik wurden zum Beispiel die Anzahl der *playout center* (Stationen zum Hochladen von Musik an Satelliten) reduziert sowie die Verträge mit den Satellitenbetreibern konsolidiert und neu verhandelt. Die Umsetzung der Maßnahmen wurde durch Key Performance Indicator und weitere Controlling Instrumente überwacht. Aufgrund der Vielzahl von Aktivitäten in allen Ländern war es besonders wichtig, eine „Lieferkultur" bei den Mitarbeitern einzuführen und so die Gefahr, sich mit Nebensächlichkeiten zu verzetteln und nichts umzusetzen, zu reduzieren. Die Überprüfung des Implementierungsstatus wurde zum Standard, zum Punkt auf jeder Managementagenda. Es wurde ein **detailliertes Incentivierungspaket** erarbeitet und eingeführt, das auch die 2. und 3. Managementebene an den Erfolgen teilhaben ließ. Ebenfalls von übergeordneter Bedeutung war es, leitende Mitarbeiter zu finden und zu fördern, die die neue Organisationsstruktur lebten und weiter kommunizierten.

cc) Produktoptimierung bzw. Erweiterung des Geschäftsfeldes

58 Die letzten beiden Module beschäftigten sich mit der Optimierung des Cash Flows und einer Reduktion der Investitionsanforderungen. Die größte Herausforderung war es in diesem Zusammenhang, die Vielzahl von technologischen Varianten der Satellitenreceiver, der Media Player und der Visual Player zu **reduzieren.** Im Ergebnis wurden 9 der 12 vorhandenen Varianten eliminiert, so dass die gesamte Organisation nur noch 3 Formate technisch unterstützen musste. Ein weiterer Hebel war die Umstellung der Finanzierung: In der Vergangenheit wurde die benötigte Hardware vom Unternehmen gekauft und dann dem Kunden über die Nutzungszeit zur Verfügung gestellt. Die Kosten wurden durch die monatliche Nutzungsgebühr amortisiert. Betrachtete man den Cash-Zyklus, so stand einer hohen Anfangsinvestition in Hardware eine relative lange Zeit der Rückzahlung gegenüber. Wenn ein nationaler Einzelhändler seine 130 Filialen mit Musikanlagen, also Lautsprechern und Receivern oder Monitoren ausstatten wollte, entstand ein erheblicher Finanzierungsbedarf. Das Team entwickelte daher zwei Angebote für den Kunden. Entweder kaufte er die Hardware selbst und musste nunmehr nur noch die Nutzungsgebühr für die Playliste bezahlen oder er nutzte die Möglichkeit, die Hardware durch eine vom Unternehmen eingeführte Bank zu finanzieren. Die Nutzungsgebühr war für ihn transparent in einen Finanzierungsteil und einen „Playlist"-Teil aufgeteilt. Aus Sicht des Unternehmens erlaubte dieser Schritt starkes Wachstum auch ohne Einsatz weiterer Eigenkapitals.

59 Im Zuge der **Entwicklung weiterer Angebote** (neben der „Lieferung" von Musik) veränderte sich die Position der Gesellschaft aus Sicht der Kunden (Horizont 3). Das Unternehmen mutierte von einem bloßen Lieferanten eines C-Produkts (Musik) zu einem Partner für modernes Marketing am *point of sale*. Die für Marketing zuständigen Abteilungen der Kunden erkannten, dass man nicht mehr einen einheitlichen Auftritt in Prospekten oder im Internet haben muss. Unter dem Stichwort **Digital Signature** erarbeiten heutige Konsumgüterkonzerne und -händler Konzepte, mit denen sie sich über alle Medien positionieren können. Dabei stehen Reize, die über Augen und Ohren wahrgenommen werden, momentan im Vordergrund. Reize hingegen, die über den Geruchsinn vermittelt werden, spielen noch eine untergeordnete Rolle, wenngleich bekannte US-Textilhändler Parfum über Vernebelungsanlagen im Verkaufsraum versprühen und so eine eigene, spezifische Atmosphäre erschaffen. Das Unternehmen war insoweit strategisch neu ausgerichtet, weil es nunmehr Konzepte lieferte und nicht ein einzelnes Produkt. Der Ansprechpartner war fortan nicht mehr der Einkauf des Kunden oder dessen Facility-Management, sondern das Marketing. Nach dieser Entwicklung interessierten sich auf einmal Werbeagenturen für den Erwerb einer solchen Firma.

Der zweite Schritt in der strategischen Neuausrichtung war die **Ausweitung in** 60 **eine globale Dimension.** Durch den Erwerb der beiden führenden Anbieter in den USA schuf man später die **erste echte globale Plattform** für diese Branche.

c) Lessons Learnt

Im Ergebnis gelang es, das **EBITDA** im Vergleich zur Summe aller Gesellschaften am 61 Anfang durch die gesamten Maßnahmen zu **verdoppeln.** Der Wert stieg sogar um 65% innerhalb eines Zeitraums von drei Jahren. Es war ein europäischer Konzern geschaffen worden, in dem Franzosen, Engländer, Holländer und Deutsche an einer europäischen Plattform arbeiteten. Die besondere Herausforderung war die Umsetzung über nationale Grenzen hinweg und die **Schaffung einer Plattform,** die aufgrund ihrer – im Vergleich zu ihren Wettbewerbern – einzigartigen Größe einen nachhaltigen Wettbewerbsvorteil hat. Zudem bestand die Perspektive, durch den Verbund mit amerikanischen Anbietern diesen Vorsprung noch auszubauen. Diese Maßnahme wurde ebenfalls, allerdings von anderen Investoren, umgesetzt. Das Unternehmen erzielt heute jährliche Umsatzerlöse in Höhe von über 800 Mio. Euro und ist börsennotiert.

2. Management Buy-Out eines Automobilzulieferers zur Sanierung

a) Überblick

Der nächste Fall[32] beschreibt einen MBO zur **Rettung eines Unternehmens vor** 62 **der Insolvenz.** Schwerpunkt des Falles sind die Horizonte 2 und 3, da die Umsetzung von operativen Verbesserungen sowie die strategische Neupositionierung im Vordergrund standen.

---

[32] Vergleiche auch *Giessler/Schumann,* Krisenbewältigung, in: Jahrbuch 2013 Restrukturierung, Financial Gates GmbH (Hrsg.), S. 32 ff., Frankfurt, 2013.

63   Das bestehende Management eines Automobilzulieferers war von Finanzinvestoren eingesetzt worden, um das Unternehmen nach deren Vorgaben zu sanieren. Dieses Vorhaben scheiterte am Misstrauen untereinander und am fehlenden Verständnis der Entscheider für die notwendigen Sanierungsschritte. Die Sanierung selbst war nicht zuletzt deshalb relativ komplex, weil das Unternehmen über mehr als 30 Werke in aller Welt verfügte und chronisch unterfinanziert war. Es wurde ungefähr das Anderthalbfache eines Jahres-EBITDA für Beratungsleistungen von Rechtsanwälten und Unternehmensberatern aufgewendet, was jedoch nicht zur Behebung der vorliegenden Probleme führte. Nach einem erfolglosen Vermarktungsprozess durch den Finanzgesellschafter stand die Firma vor der Insolvenz.

64   Die Kunden, Automobilhersteller, ermunterten das Management jedoch über einen eigenen Erwerb des Unternehmens nachzudenken. Sie trauten dem Management zu, die richtigen Entscheidungen zu treffen, soweit sie denn in ihren Entscheidungen frei wären. Nach langen Verhandlungen wurde das Unternehmen schließlich an das Management und einen strategischen Minderheitspartner verkauft.

65   Nach der Übernahme des Unternehmens startete das Management sofort mit dem notwendigen Sanierungsprogramm. Die Sanierung war trotz ihrer Komplexität und Internationalität mit geringer externer Unterstützung in der verfügbaren Zeit möglich. Wesentliche Erfolgsfaktoren waren neben Kostensenkungen und der Reinvestition des entstandenen Cash Flows in die strategische Neuausrichtung *(F&E, Global Footprint)* des Unternehmens insbesondere die Zusammensetzung des Führungsteams und die Art und Weise der Zusammenarbeit des Teams.

b) Wirtschaftliche Ausgangslage

66 Das Unternehmen stellt Innenakustikelemente für PKWs her. Nachdem es bereits zuvor operative Probleme hatte, erlitt es in Folge der Weltfinanzkrise einen Umsatzeinbruch im Kernmarkt Europa von 50% einhergehend mit einer dramatischen Verschlechterung der Liquidität – die Regionen USA und Mercosur[33] mit den für diese Regionen typischen Problemen, China erst in seinen Anfängen. Kein Programm der Vergangenheit konnte die Ergebnissituation des Unternehmens nachhaltig verbessern, weil es einfach zu viele Baustellen gab. Parallel meldeten Wettbewerber Insolvenz an. Das Unternehmen betrieb zu diesem Zeitpunkt 37 Werke mit einem Umsatz von rund 410 Mio. Euro. und einer EBITDA-Marge von unter 5%. Das Unternehmen stand 2009 vor dem Aus.

c) Sanierung

67 Die Sanierung erfolgte in zwei Phasen, beginnend mit der kurzfristigen Stabilisierung und dem Fokus auf Working Capital-Maßnahmen und Liquiditätsschöpfung, gefolgt von der finanziellen und operativen Restrukturierung. Der „Horizont 1: Kontrolle und Risikoreduktion" spielte hier keine Rolle, da das Management bereits unter dem alten Gesellschafter ein rigoroses Überwachungs- und Berichtswesen etabliert hatte.

---

[33] Abkürzung für *Mercado Común del Sur;* Abkommen über die Schaffung eines gemeinsamen Binnenmarktes die größten südamerikanischen Staaten (u. a. Brasilien, Argentinien, Uruguay) umfassend.

Im Vergleich zur Vergangenheit wählte man diesmal mit Blick auf den Horizont 2 **68** sowohl eine andere Vorgehensweise als auch einen anderen Sanierungsschwerpunkt. So wurde zum Beispiel das Mittelmanagement selbst stärker in die Verantwortung genommen, aber über leistungsorientierte Vergütungen auch stärker für den Erfolg entlohnt. Die Unternehmensberater arbeiteten operativ mit und waren nicht lediglich „Konzeptberater". Statt überall Berater einzusetzen, wurde ein internes Operations Excelllence-Team dauerhaft – d. h. nicht als Interimsmanager – aus den Werken und von Wettbewerbern rekrutiert.

Inhaltlich lag der Fokus zwar stark auf der Reduktion von Kosten. Der Personalab- **69** bau war aber kein Selbstzweck. Da es dem Management gelang, mehr profitablen Umsatz zu akquirieren, konnte man den Schwerpunkt auf die Reduktion von Verschwendung/Abfall in der Materialverwendung sowie von Ineffizienzen in den Abläufen setzen. Wesentliche Maßnahmen waren also u. a. die Vereinbarung neuer Trade Agreements mit den Kunden, die Reorganisation des Programms und des Launch Managements sowie der R&D-Organisation. Während in 2008 nur 26 SOPs *(Start of Productions)* bewerkstelligt werden mussten, wurden dagegen in 2012 bereits 62 Produktionsanläufe durchgeführt. Operativ wurden zusätzlich kritische Werke restrukturiert, neue Werke übernommen und eingefahren, Fixkosten gesenkt und die Produktivität erhöht. Die verfügbaren *Capex*[34]-Investitionen wurden wesentlicher effizienter eingesetzt als in der Vergangenheit.

Die **finanzielle Restrukturierung** beinhaltete die Verschlankung der administra- **70** tiven Bereiche, die Vereinfachung der gesellschaftsrechtlichen Struktur und die Schaffung von tagesaktueller Transparenz durch Optimierung von Buchhaltung und Controllingsystemen. Ganz wesentlich aber war die langfristige Verbesserung des Liquiditätsmanagements. Working Capital-Management, Verkauf von Non Core-Assets und die Verhandlung von Sanierungsbeiträgen standen im Vordergrund. Kundenkredite, Preiserhöhungen und andere Maßnahmen konnten aufgrund des Vertrauens der Kunden in das Management und der offenen, transparenten Kommunikation getätigt werden. Im Ergebnis gelang dem Management so die Wiederherstellung der Kreditwürdigkeit. Nur so konnte das Unternehmen in 3 Jahren mehr als 100 Mio. € in *Capex* investieren – und dies trotz der Unternehmens- und Autokrise!

Heute ist das Unternehmen mit 800 Mio. € Umsatz und 7 000 Mitarbeitern an **71** 40 Standorten wieder gut aufgestellt. Dabei haben sich die Hauptumsatzquellen von Europa hin zu den Wachstumsmärkten, insbesondere China, verschoben, was einer strategischen Neupositionierung entspricht (Horizont 3). Die Eigenkapitalquote konnte erhöht werden und die Verschuldung wurde gesenkt. Der Umsatz stieg um 68%, die Kapazitätsauslastung um 40%, das EBITDA um das 2,5-Fache.

Die Nachhaltigkeit aller Maßnahmen (Horizont 4) stand im Vordergrund. Der Mas- **72** terplan wurde regelmäßig überprüft und die Entscheidungen ggfs. in kleinen Regelkreisen nachgestellt, um so die übergeordneten Ziele nicht aus den Augen zu verlieren und trotzdem regionalen Besonderheiten Rechnung zu tragen.

---

[34] *Capital expenditure,* Investitionsausgaben.

d) Lessons Learnt

73 Wichtigste Aufgabe der Sanierung war es einen Weg zu finden, die durch die Vielzahl von Werken und Regionen geschaffene Komplexität zu bewältigen, ohne den Personalaufwand – intern oder extern – ins Unbezahlbare zu treiben.

74 An der Spitze der Sanierung stand daher ein **Führungsteam,** das in Kooperation mit einem intern aufgebauten, schlagkräftigen Team die Umsetzung betrieb. Einzelinteressen wurden konsequent dem gemeinsamen Sanierungsziel untergeordnet. Das hochklassige Top-Managementteam wurde so zusammengestellt, dass es ohne persönliche Eitelkeiten sehr koordiniert zusammen arbeitete. Es agierte in regelmäßigen Treffen als Trainer für die Mitarbeiter, um einerseits die täglichen Probleme zu lösen und andererseits einen Paradigmenwechsel in den Köpfen der Mitarbeiter zu bewirken. Die authentische Identifikation mit dem Unternehmen schuf die notwendige Glaubwürdigkeit für eine nachhaltige Veränderung. Die *„Train the Trainer"*-Methodik ermöglichte es, die Vielzahl an Problemen auf breiter Front anzugehen. Der Prozess wurde daher auch begleitet von einem virtuellen Netz an Beratern, die im ganzen Prozess in der Rolle als *„enabler"* oder *„facilitator"* Konzepte entwarfen, selbst bei der operativen Umsetzung mitarbeiteten und im Rahmen einer erfolgsabhängigen Vergütung auch eigenes Erfolgsrisiko übernahmen.

75 Letztlich war die **offene Kommunikation** zu den beteiligten Stakeholdern von entscheidender Bedeutung. Die Kunden konnten von der strategischen Neuorientierung hin zum globalen Footprint und den vorhandenen F&E Fähigkeiten überzeugt werden. Das schlüssige Restrukturierungskonzept und die nachvollziehbaren Belege für die Umsetzungserfolge wurden entsprechend dokumentiert. Ebenso wurden Banken, Lieferanten, Gewerkschaften und Mitarbeiter regelmäßig über wesentliche Entwicklungen informiert. Die Entstehung bzw. Verbreitung von Gerüchten wurde aufgrund der offenen Kommunikation weitgehend vermieden. Aufgrund des überzeugenden Restrukturierungskonzeptes und erster Umsetzungserfolge gelang es dem Unternehmen bereits in einer frühen Phase der Restrukturierung einen strategischen Investor zu gewinnen. Gerade dieses frühe *Committment* des Investors und die damit verbundene langfristige Perspektive der Zusammenarbeit, hat einen wesentlichen Beitrag zur erfolgreichen Restrukturierung geleistet.

3. Leveraged Buy-Out in der Immobilienwirtschaft

76 Der letzte Fall beschreibt einen **klassischen LBO:** Ein Private Equity Fonds übernahm eine Wohnungsbaugesellschaft inklusive Wohnungsbestand, um diese kurzfristig an die Börse zu bringen. Das Fallbeispiel befasst sich mit den ersten drei Horizonten, also der Ausübung von Kontrolle, der operativen Verbesserung und der strategischen Neuausrichtung.

a) Wirtschaftliche Ausgangslage

77 Das Zielunternehmen war eine Wohnungsbaugesellschaft, die bisher im Wesentlichen ohne Gewinnerzielungsabsicht geführt worden war. Im Vordergrund stand die Verwal-

tung des eigenen Wohnungsbestandes, der sich über ganz Nord-/West- und Ostdeutschland erstreckte. Die Bestände wurden in einer eigenen Hausverwaltung und mit eigenen Hausmeistern verwaltet. Die Hausverwaltung war dezentral organisiert. Es gab eine Vielzahl von Standorten in der Region, die jeweils über fast alle Funktionen einer Hausverwaltung verfügten. Zum Unternehmen gehörte neben anderen Geschäftsfeldern auch eine Hochbaugesellschaft, die an verschiedenen Standorten Wohnungen baute. In der Vergangenheit wurden Ertragsschwächen und Dividendenbedarf des Gesellschafters durch den Verkauf von Wohnungen ausgeglichen, so dass ein **kontinuierlicher Abbau von Substanz** zu verzeichnen war. Nachdem der Eigentümer selbst in Not geraten war, wurde das Unternehmen im Rahmen einer Auktion zu einem hohen Preis an einen Private Equity-Fonds verkauft. Die Akquisition wurde mit einem hohen Fremdfinanzierungsanteil getätigt, der entsprechend der Planung durch weitere Einzelverkäufe von Wohnungen (Privatisierungen) und geplante Teilpaketverkäufe getilgt werden sollte. **Ziel des Investments** war es, eine **Handelsplattform** für Wohnimmobilien aufzubauen, die durch den Erwerb, die Entwicklung, die bessere Vermarktung/Vermietung und den gelegentlichen Verkauf dieser Wohnungen überdurchschnittliche Gewinne generieren würde. Das Unternehmen sollte kurzfristig börsenreif gemacht werden.

Entgegen der Erwartung des Investors erbat das Management der Zielgesellschaft **78** bereits kurze Zeit nach der Übernahme der Gesellschaft die Entlassung aus seinen Pflichten. Der Eigentümer entschied sich kurzfristig, die Herausforderung mit einem neuen Management anzugehen. Das MBI-Managementteam bestand dabei aus branchenerfahrenen und branchenfremden Managern, die Erfahrung aus anderen Industrien und aus der Umsetzung von Buy-Outs vorzuweisen hatten.

b) Restrukturierung des Geschäftsmodells und Neupositionierung

Besonderer Fokus stand dabei auf der kurzfristigen Evaluierung des Business Plans **79** (Re-Underwriting) sowie der Einführung besonderer Instrumente, um die vorhandene Liquidität sachgerecht einzusetzen. Die Validierung des Business Plan erfolgte im Rahmen eines dreiwöchigen **Audits**[35] und brachte im Wesentlichen keine Überraschungen. Lediglich der Zustand des Rechnungswesens und des Controlling erwies sich als schlechter als zunächst erwartet.

aa) Intensivierung der internen Kontrolle

Viel kritischer war die Ausübung intensiver Kontrolle zu Beginn des Projekts. Immo- **80** biliengeschäft, sei es Wohnungsverwaltung oder der Bau von Wohnungen, ist ein Detailgeschäft. Die Ausübung von Kontrolle in einem dezentral organisierten, kleinteiligen Geschäft war die größte Herausforderung. Die Gesellschaft bearbeitete jedes Jahr mehr als 80 000 Rechnungen allein in der Hausverwaltung. Bereits in den ersten Wochen wurde ein Bestell- und Liquiditätsbüro eingeführt, in dem alle Bestellungen und Auszahlungen ab einer Höhe von 500 € überprüft und freigegeben werden mussten. Schnell stellte sich heraus, dass diese Vorgehensweise für den Hochbau gänzlich

---

[35] D. h. eines Untersuchungsverfahrens.

ungeeignet war, weshalb man sich darauf einigte, hierfür speziell einen Interimsmanager einzustellen, der sich ausschließlich um dieses Geschäft kümmerte.

81 Die **Einführung des Bestell- und Liquiditätsbüros** selbst war auch ein iterativer Prozess. Er begann mit einer Organisationsanweisung, der Verteilung von Eingabeformularen und der Etablierung eines wöchentlichen Sitzungsturnus. Um die fachlichen Themen prüfen zu können, wurde ebenfalls ein externer Interimsmanager eingestellt, der diese Sitzungen leitete. Der Widerstand gegen die Maßnahme war sehr hoch, da sie einen ganz erheblichen Aufwand mit sich brachte. So war beispielsweise die Buchhaltung der Ansicht, ein einziger Zahllauf pro Woche würde nicht ausreichen, um die Lieferanten zufrieden zu stellen. Die Techniker befürchteten große Einschränkungen bei der Beauftragung von Notmaßnahmen, wie die Ad-hoc-Beauftragung beispielsweise bei Wasserschäden. In der Praxis erwiesen sich diese Befürchtungen jedoch als unbegründet. Sie waren vielmehr Ausdruck des Widerstands, den bisher „eingefahrenen Trott" bei der Bearbeitung (z.B. von Zahlungen) zu verlassen. Die Angst vor der Beauftragung von Notmaßnahmen konnte der Verwaltung genommen werden, weil der Geschäftsführer persönlich jederzeit für eine etwaige Freigabe zur Verfügung stand. In der Praxis stellte sich dann heraus, dass der größte Teil der „Notfallmaßnahmen" nicht eilig war, sondern es sich hierbei lediglich um Instandhaltungsmaßnahmen handelte, die in Folge von nachlässiger Arbeit der Technikabteilung überfällig geworden waren. Selbstverständlich versuchten auch einige Beteiligte das Bestellbüro und seine Mindestmeldemenge durch Aufteilung der Aufträge in Kleinstaufträge zu unterlaufen. Ein erfahrener Liquiditätsbüromanager wird jedoch solche Versuche aufdecken. Die Vorgehensweise ist dabei einfach: Fragen, bis man es selbst verstanden hat. Handeln, als ob es das eigene Geld wäre, was ausgebeben werden muss. Im Ergebnis sind solche Störungen im Ablauf des Bestell- und Liquiditätsbüros nicht ein Fehler im System, sondern dienen im Gegenteil dazu, Schwächen in der Verwaltung aufzudecken.

82 Mit der Etablierung eines Liquiditätsbüros konnten also verschiedene Ziele verfolgt werden: Zum einen konnte auf diese Weise sehr viel über das Unternehmen und über einzelne Mitarbeiter gelernt werden (Welcher Manager hält sich an die Regeln, wer meint, einen Sonderweg gehen zu können? Wer kann im Team arbeiten, wer nicht? Wofür gibt die Gesellschaft Geld aus?). Zum anderen führt die **Schaffung eines „bottle neck"** (d.h. wörtlich eines *Flaschenhalses*) dazu, dass alle Beteiligten jede Bestellung und Bezahlung im Vorfeld selbst hinterfragen, da sich der Aufwand der Bestellung und Bezahlung dementsprechend erhöht hat. Sicherlich würde jeder Manager davon ausgehen, dass nur notwendige Ausgaben getätigt und im Zweifel behaupten, dass nur fällige Rechnungen bezahlt werden. Die Praxis sieht jedoch anders aus: Wo Geld in der Wahrnehmung nicht knapp ist, werden tendenziell leichtfertiger Zahlungen vorgenommen. So gab es einen Fall, in dem die Technikabteilung eine Brandschutzanlage austauschen wollte, weil diese bereits 15 Jahre alt sei. Nach genauem Nachfragen stellte sich jedoch heraus, dass diese Anlage gerade von der Feuerwehr turnusmäßig ohne jegliche Beanstandung abgenommen worden war. Der zuständige Techniker wollte schlicht ein neues Projekt.

bb) Umgestaltung des Geschäftsportfolios

83 Im Rahmen des Re-Underwriting (Horizont 2 und 3) ergab sich ein Restrukturierungskonzept, das vier Handlungsstränge zur Verbesserung der operativen Leistungs-

fähigkeit und Steigerung des Unternehmenswerts umfasste. Neben der Bereinigung des Geschäftsportfolios standen der Aufbau einer Asset Management-Funktion, die Reorganisation der Hausverwaltung sowie die Verschlankung der Zentralfunktionen auf der Agenda. Durch dieses Programm wurde die Gesellschaft von einem kommunal geprägten Verwalter von eigenen (oder ehemals eigenen) Beständen zu einer Asset Trading-Plattform mit neuem, im Hinblick auf den deutschen Markt neuartigen Verwaltungsmodell weiterentwickelt. Ziel war es, die Gesellschaft als modernen Dienstleister für eigene Bestände und Drittbestände zu positionieren.

Im Vordergrund der **Portfoliobereinigung** standen die Reduktion von Geschäfts- **84** risiken und die Beschränkung auf Kernkompetenzen. Mit der Entscheidung, das Hochbaugeschäft einzustellen, wurde ein wesentlicher Risikoanteil aus dem Unternehmen eliminiert. Projektentwicklung und Hochbau sind riskante Geschäfte. Generell stellt sich die Frage, ob solche Geschäfte überhaupt sinnvoll in Unternehmen mit Fremdgeschäftsführern betrieben werden können oder ob aufgrund des hohen Detailgrades und der geringen Margen nicht immer ein Eigentümer mit dem ihm eigenen Blick auf das Geschäft eine solche Firma führen sollte.

Der zweite Schritt bestand im **Verkauf des Hausmeistergeschäfts.** Betriebswirt- **85** schaftlich ging es also um die Frage der Wertschöpfungstiefe und Marktpositionierung. Emotional ging es um die Beendigung eines weit verbreiteten Mythos in der Immobilienwirtschaft: Der Hausmeister sei das Gesicht bzw. Bindeglied zum Kunden und daher erster Repräsentant des Eigentümers. Ob ein Hausmeister tatsächlich die Verwaltung repräsentieren sollte und in der Praxis auch kann, ist wohl individuell unterschiedlich zu beurteilen. Die Aussage besitzt aber bei genauerer Betrachtung eine eigene Qualität, sagt sie doch viel über die Geisteshaltung der Verwaltung aus. Nämlich: „Ich gehe nie in den Bestand und will auch keine Mieter sehen". Erst nach langen Diskussionen entschied sich das Management dennoch, diesen Schritt zu wagen. Zum einen sieht das Gesetz ohnehin vor, dass der Hausmeister nicht Repräsentant der Verwaltung ist. Zum anderen konnte der Hausmeisterdienst unter einem Dach mit der Hausverwaltung nicht kostengünstig angeboten werden – die Gehälter der Hausmeister orientierten sich eher an denen der kaufmännischen Angestellten und nicht an Vergleichsgehältern anderer Hausmeister.

In Analogie zu Beispielen aus der Automobilindustrie wurde vor dem Verkauf ein **86** organisatorischer und rechtlicher Rahmen geschaffen, der das **Outsourcing** erst ermöglicht. Bevor beispielsweise Porsche seine heute verkürzte Produktionskette erreicht hatte, fertigte man auch wesentlich mehr Teile selbst. Damals haben vermutlich auch viele Ingenieure gesagt, dass man ein derartiges Qualitätsprodukt nicht fertigen kann, wenn man die Wertschöpfung nicht weitgehend selbst betreibt. Heute ist bekannt, dass dies entgegen früherer Annahmen und Befürchtungen dennoch funktioniert. Der entscheidende Punkt ist aber, dass man nicht bloß ein Geschäftsfeld verkauft, sondern gleichzeitig intern die Fähigkeit aufbaut, Dienstleister streng, konkret und im Detail zu kontrollieren. Also wurden sogenannte *„Objektmanager"* eingeführt, die in den von ihnen verwalteten Beständen die Leistungen der Dienstleister, Handwerker und Hausmeister, kontrollierten. Außerdem hatten die Vermieter ein elementares Interesse, dass die Häuser in Ordnung gehalten wurden und die Mieter zufrieden waren, so dass sich im Markt kein schlechter Ruf der Wohnanlage aufbaute. Schließlich wurden „Smartphones" als Arbeitswerkzeug für die Hausmeister eingeführt – für damalige Verhältnisse eine Revolution, standen doch diese Geräte bisher nur dem Top-Management zu. Hausmeister nutzten damals hingegen lediglich das Faxgerät als Kommunikationsmittel.

87 Ein weiterer Baustein war der **Aufbau eines neuen Geschäftsfelds,** des **Asset Managements.** Hier ging es darum, die Bewirtschaftung von Beständen, die Investitionen in den Bestand und Verkäufe zentral zu kalkulieren und bei Bedarf Käufe und Verkäufe abzuwickeln. Da es sich dabei nicht nur um Paketverkäufe, sondern auch Einzelprivatisierungen handelte, wurde eine Verwaltung geschaffen, die die Verkaufsvorbereitung betrieb, den Verkauf steuerte und namentlich externe Vertriebe anwarb und beauftragte und die die klassische Portfolioanalyse und das objektbezogene Business Plan-Controlling sowie die sog. Block Trades durchführte. Diese Dienstleistung wurde für das eigene Portfolio als auch für fremde Portfolien angeboten.

cc) Reorganisation der Verwaltung

88 Kern der Restrukturierung war die **Neuordnung der Hausverwaltung.** Über die Einführung von „Objektmanagern", die ihre Bestände als Profit-Center führten, wurde bereits berichtet. Der wesentliche Schritt war aber die Zentralisierung aller Funktionen an zwei Standorten, außer dem sog. „kleinen Techniker" und der Vermietung. Vermietung ist offensichtlich ein lokales Geschäft. Auch sollte ein Techniker in der Nähe des Bestandes sein, um Schäden begutachten zu können und Handwerkerarbeiten abzunehmen. Alle anderen Funktionen wie die Erstellung und Verwaltung von Mietverträgen und das Mahn- und Klagewesen wurden zentralisiert. Jede Funktion bekam eine aktualisierte Aufgabenbeschreibung. So wurden bei den Vermietern stärker der individuelle Aktivitätenlevel und ihre Erfolgsquote gemessen, um über die Zeit einen objektiveren Maßstab für die Qualität des Mitarbeiters und Ansatzpunkte für Schulungsbedarf bei Mitarbeitern zu finden. Natürlich bestand hier auch am Anfang erhebliche Skepsis, denn man glaubte zunächst, dass die Mieterverwaltung in der Nähe des Bestands sein müsste. Zur Vorbereitung der Entscheidung wurden in jeder Filiale die Besucherzahl und der Besuchsanlass über Monate aufgezeichnet. Dabei stellte sich heraus, dass es im Ergebnis keine nennenswerte Zahl von Besuchern gab. Der Kontakt fand ausschließlich über Telefon, Email und auf dem Postweg statt. Statt den Service für die Mieter durch die Zentralisierung zu reduzieren, konnte der Service durch **Einführung eines Schichtbetriebs** und die damit einhergehenden Ausweitung der Erreichbarkeit von morgens 6 Uhr bis abends 10 Uhr sogar verbessert werden. Durch die Einführung eines Einheitspreiskatalogs für Handwerkerleistungen und die Möglichkeit der elektronischen Beauftragung und Rechnungsabwicklung von Handwerkerleistungen (sog. Handwerkerkopplung) wurden weitere Verbesserungen erzielt.

89 Die Zentralfunktionen wurden durch Prozessoptimierungsmaßnahmen effizienter gestaltet. Hierarchieebenen wurden abgebaut. Weitere Maßnahmen waren der Ausbau der Kostenstellenrechnung, der Ausbau der Profit-Center, die Erweiterung des Kontenrahmens (Handwerkerkosten wurden nicht mehr auf einem einzigen Konto gebucht, sondern je nach Gewerk gab es eigene Konten), die Einführung eines neuen Berichtswesens, die Durchführung monatlicher Regelmeetings mit den neu eingerichteten Profitcentern sowie die Einführung von Managementpraktiken in verschiedenen Funktionen, wie z.B. die Einführung von im Handel oder in der Automobilindustrie üblichen Einkaufsprozessen.

Die eingeführten Änderungen waren nachhaltig (Horizont 4), soweit sie organisato- **90** rischer Art oder durch IT unterlegt waren. Durch das Change Management wurde der „kommunale" oder „genossenschaftliche" Charakter der Verwaltung in ein privatwirtschaftliches Umfeld geführt. Es gab auf einmal strategische Ziele, ein aufkommendes Dienstleistungsverständnis der Support-Funktionen und klar geordnete Führungsstrukturen. Ein erheblicher Teil der zweiten Führungsebene wurde ausgetauscht und sowohl durch interne als auch neu angeworbene Mitarbeiter ersetzt.

c) Lessons Learnt

Buy-Outs leben von der **Kreativität in der Wertschöpfung.** Es geht darum, das **91** Unternehmen, seine Mitarbeiter, seine Abläufe und seine Probleme in kurzer Zeit kennen zu lernen. Es kann durchaus fruchtbar sein, nicht nur Branchenexperten ins Management aufzunehmen. Wichtig ist aber, dass alle zusammen als Team funktionieren. Das Top Management muss Durchsetzungswillen und -stärke besitzen und trotzdem zuhören, einbinden und im Team arbeiten. Die Kreativität beschränkt sich nicht nur auf die Entwicklung eines Geschäftsmodells, sondern schließt auch die Entwicklung neuer Abläufe ein. So kann man durch viele operative Schritte ein neues Konzept, eine neue Idee entwickeln, die *„out of the box"* angesiedelt wird.

92

Zusammenfassung:

- Die Umsetzung von Buy-Outs nach dem Closing ist ein **komplexer** Vorgang: Die Beteiligten müssen eine Vielzahl von Entscheidungen in einem dynamischen Umfeld treffen und dabei eine große Anzahl beeinflussbarer und nicht beeinflussbarer Faktoren berücksichtigen.
- Planung reduziert Risiko, aber es erfordert ein hohes Maß an **Erfahrung,** um die richtigen Schwerpunkte bei der Planung zu setzen und die richtigen Annahmen zu treffen. Dabei geht es nicht nur um branchenspezifische Kenntnisse, sondern auch um situative Kompetenzen. Manager, die Buy-Outs schon einmal durchgeführt haben, werden bevorzugt wieder als Manager bei einem neuen Buy-Out eingestellt.
- Die operative und strategische Weiterentwicklung in einem Buy-Out-Szenario ist regelmäßig mehr als die übliche Unternehmensentwicklung. Durch die regelmäßig bestehende Liquiditätsknappheit infolge der Akquisitionsfinanzierung kann das Auge für wichtige Entscheidungen geschult werden. Insbesondere der **Faktor Zeit** bekommt eine ganz andere Bedeutung.
- Auch das Ausmaß der Verbesserungen sollte und wird regelmäßig eine andere Dimension erreichen, als bei einem Unternehmen in seinem regulären Alltag. Die angewendeten Methoden zur Verbesserung sind die allseits bekannten Mittel. Die richtige Auswahl der Methoden, das **„Maßschneidern"** der Methoden auf die Situation, ist die Kunst bei der Gestaltung eines Buy-Out-Prozesses.

● Nachhaltige Umsetzung erfolgt – allerdings nicht nur im Buy-Out – nur mit authentischen, glaubwürdigen Managern. **Kommunikative Fähigkeiten** stehen daher am Anfang des Veränderungsprozesses. Die **organisatorische Verankerung** der Veränderung ist schließlich der Schlüssel zur Absicherung der Nachhaltigkeit des Erfolgs.

Anhang

Anhang 1

Praxisfälle

I. IBO und going public
(MTU Aero Engines, MTU Friedrichshafen, Wincor Nixdorf)

Die **MTU Aero Engines Holding AG** (MTU München) stellt Triebwerke für die militärische wie für die zivile Luftfahrt her. Unter anderem baute das Unternehmen in den 60er Jahren das Triebwerk für den Starfighter und produziert seit den 70er Jahren Triebwerke für den Tornado sowie seit 2003 wesentliche Bauteile für den Antrieb des Militärtransporters A400M. Geschäftsgegenstand der **MTU Friedrichshafen GmbH** sind dagegen Dieselmotoren für die Schifffahrt, die Energieversorgung und Schwerfahrzeuge aller Art.

Während die MTU München lange Zeit zu BMW und später, erst anteilig, dann vollständig zu MAN gehörte, sind die Anfangsjahre der MTU Friedrichshafen GmbH mit den Eignern Maybach und Daimler Benz verbunden. Seit dem Jahr 1969 firmierten beide Unternehmen gemeinsam unter dem Dach der MTU Motoren- und Turbinen-Union. Nachdem MAN 1985 ausschied, war Daimler-Benz AG alleinige Eigentümerin der Münchner Gesellschaft,[1] während an der MTU Friedrichshafen die Familien Maybach und von Brandenstein-Zeppelin sowie die GBZ Holding GmbH noch bis zum Jahr 2005 als Minderheitsgesellschafter beteiligt waren. Sowohl die MTU München als auch die MTU Friedrichshafen wurden Anfang des neuen Jahrtausends von Investoren übernommen und nach kurzer Zeit an die Börse gebracht.

Den Anfang machte die MTU München. Anfang des Jahres 2004 kam es zum IBO: Die Beteiligungsgesellschaft *Kohlberg Kravis Roberts (KKR)* kaufte 100 Prozent der Anteile. Am 6. 6. 2005 wurden die Aktien der MTU Aero Engines Holding AG erstmals an der Börse gehandelt und Mitte September in den MDAX aufgenommen.

Die MTU Friedrichshafen wurde im Jahr 2005 von einem Investor übernommen. Im Vorfeld der Veräußerung erwarb DaimlerChrysler zunächst 100% der Anteile des Unternehmens und veräußerte es anschließend für 1,6 Milliarden Euro an *EQT Partners AB,* eine schwedische Beteiligungsgesellschaft. Wenig später wurde die Tognum GmbH als Holdinggesellschaft gegründet und die MTU Friedrichshafen als größte Tochtergesellschaft eingegliedert. Seit dem Jahr 2007 ist Tognum eine Aktiengesellschaft. Die Aktie der Tognum AG wurde im Juli 2007 an die Börse gebracht und im

---

[1] Der volle Name des Unternehmens lautete: Motoren- und Turbinen-Union München GmbH M. A. N. Maybach Mercedes-Benz.

MDAX gelistet. Erst im April 2008 trennte sich die Beteiligungsgesellschaft von den 22,3% der Anteile, die sie über den IPO hinaus gehalten hatte. Während der Beteiligung wurden zahlreiche Investitionen getätigt sowie der Umsatz von EUR 2138 Mio. auf EUR 3176 Mio. und das EBITDA von EUR 213 Mio. auf EUR 517 Mio. gesteigert. Auch die Belegschaft wurde um 1200 Stellen erweitert.

Beide Beispiele sind charakteristisch für viele IBOs, in denen die Beteiligungsgesellschaften mittelfristig den Gang an die Börse anstreben. Während der Zeit ihrer Beteiligung stoßen sie durchaus wichtige Investitionen an, sind jedoch nur Investoren auf Zeit. Mit ihrem Know-how gelingt es den Beteiligungsgesellschaften häufig, positive Veränderungen durchzuführen, Wachstum zu generieren und einen reibungslosen Börsengang in die Wege zu leiten.[2]

Auch die Geschichte der **Wincor Nixdorf AG** verzeichnet einen Buy-Out. Im Jahr 1952 hatte Heinz Nixdorf ein Labor für Impulstechnik in Form einer GmbH gegründet. 1968 ging die Gesellschaft in der neu gegründeten Nixdorf Computer AG auf. Sie zählte Mitte der 80er Jahre zu den größten Computerkonzernen Europas. Im Jahr 1990 wurde sie durch die Siemens AG übernommen und hieß von nun an Siemens Nixdorf Informationssysteme AG. Im Rahmen der geschäftlichen Neuausrichtung der Siemens AG im Jahr 1998, in deren Zuge auch Infineon und Epcos abgestoßen wurden, wurde der Bereich Kassensysteme und Geldautomaten als eigenständiges Unternehmen gefasst und ein Jahr später an die Investoren *Kohlberg Kravis Roberts (KKR)* und *Goldman Sachs Capital Partners* für circa 1,44 Mrd. DM veräußert. Auch ein größerer Kreis des Managements wurde mit 11% beteiligt. Frau Schwarz-Schumann, bis 2006 Aufsichtsrätin von Wincor Nixdorf analysierte den Buy-Out wie folgt: „Risikokapital wird von Banken heute quasi nicht mehr ausgegeben, das dürfen sie schon vom Gesetz her nicht mehr. Aber im Rahmen der Internationalisierung und im globalen Wettbewerb ist Risikokapital eben ein Muss."[3]

Die Übernahme hatte von Anfang an einen Börsengang des Unternehmens zum Ziel. Nach fünf Jahren war es soweit. Trotz der schwierigen Marktphase im Jahr 2004 wurde der Börsengang gewagt. Zunächst wurden die Anteile zu einem verhältnismäßig geringen Preis gehandelt. Als die Investoren jedoch nach acht Monaten ihre restlichen Anteile verkauften, war der Kurs um 50% gestiegen.

In den dazwischenliegenden Jahren war unter Zuhilfenahme des Netzwerks der Investoren die internationale Expansion unterstützt worden und auch im Übrigen eine klare Wachstumsstrategie verfolgt worden. Die Belegschaft verdoppelte sich; es wurden 3.000 neue Arbeitsplätze geschaffen. Der Umsatz wurde um 20 % und das operative Ergebnis um 50% gesteigert. Die führende Position des Unternehmens bei Geldautomaten und POS-Terminals konnte ausgebaut werden. Der Erfolg war nicht zuletzt auf die gute Zusammenarbeit zwischen dem Management und den neuen Eigentümern zurückzuführen. So blieb der CEO Karl-Heinz Stiller ebenso an Bord wie der damalige CFO und heutige Vorstandsvorsitzende Eckard Heidloff.[4]

---

[2] Inzwischen hält die Daimler AG zusammen mit RollsRoyce mittelbar über die Engine Holding GmbH wieder die Mehrheit der Anteile. Da 2011 weniger als 10% der Aktien im freien Handel waren, wurden die Papiere aus dem MDAX und inzwischen insgesamt aus dem Handel genommen.

[3] BVK „Zukunft sichern durch Buy-Out", Berlin 2007, S. 31.

[4] Vgl. BVK, „Zukunft sichern durch Buy-Out", Berlin 2007, S. 30f.

II. IBO und going private (Grohe AG)

Die **Grohe AG,** ein Hersteller von Bad-Armaturen, diente zeitweise als Paradebeispiel für die negativen Folgen eines Buy-Outs. Inzwischen erwiesen sich die Misstöne als unberechtigt. Das Unternehmen ist in den vergangenen Jahren deutlich gewachsen.

Dieser Entwicklung ging folgende Geschichte voraus: Im Jahr 1999 verkaufte die Familie Grohe, die zu diesem Zeitpunkt Mehrheitsaktionär war, ihre Anteile an eine Investorengruppe unter Leitung von *BC Partners.* Der Kaufpreis von etwa 900 Mio. EUR wurde nur zu einem geringen Teil von etwa 100 Mio. EUR aus Eigenmitteln finanziert (LBO). Über ein öffentliches Kaufangebot konnte der Investor seine Anteile sodann auf über 95% erhöhen. Zuletzt hielt BC Partners über die von ihr gegründet Grohe Holding AG 99,6% der Anteile. Im Jahr 2000 beschloss die Hauptversammlung die Umwandlung der Friedrich Grohe AG in die Friedrich Grohe AG & Co. KG. Zu diesem Zweck wurde die Grohe Geschäftsführungs AG gegründet und erhielt als Komplementär einen Anteil von 0,0001% am Festkapital der Kommanditgesellschaft. Die Aktien wurden nicht mehr an der Börse gehandelt. Die Rechtsformumwandlung war für den Investor vorteilhaft, da eine KG nicht den umfassenden Grundsätzen der Kapital- und Vermögenserhaltung genügen muss wie eine AG und auch die Bestellung von Sicherheiten bei einer KG leichter möglich ist. Da der erste Buy-Out wesentlich mit Fremdkapital in Form von Krediten und Anleihen finanziert worden war, schmolz die zunächst sehr stattliche Eigenkapitalquote von nahezu 45% im Jahr 1999 auf knapp über 6% im Jahr 2003 zusammen.[5] Im Zuge der Umwandlung des Unternehmens in eine Kommanditgesellschaft war ein Großteil des Eigenkapitals an die Kommanditisten ausgeschüttet worden. Ein maßgeblicher Teil des Betriebsergebnisses musste zur Deckung der Zinsen verwendet werden.

Mitte des Jahres 2004 übernahm die *Texas Pacific Group* gemeinsam mit *Credit-Suisse* das Unternehmen (Secondary Buy-Out). Zuvor war das Unternehmen in der Absicht einer erneuten Börsennotierung in eine AG umgewandelt worden. Auch diese Transaktion sorgte zunächst für Aufregung bis hin zur „Heuschreckendebatte", als verlautbart wurde, tausende Arbeitsplätze stünden auf dem Spiel, um die durch enorme Verschuldung notwendigen Kosteneinsparungen möglich zu machen. Die Zahl der Lieferanten wurde von 7500 auf 3000 reduziert, die Zahl der Produktteile von 17 000 auf 8000. 1200 Arbeitsplätze wurden abgebaut. Doch auf die Einsparungen folgten die Investitionen. Die Investoren verzichteten auf die Dividende, so dass die Investitionssumme entsprechend erhöht werden konnte. Das globale Wachstum wurde vorangetrieben. Heute ist Grohe Europas größter Armaturenhersteller.[6]

---

[5] Vgl. *Kußmaul,* DB 2005, 2533, 2534 ff.

[6] Vgl. *Kußmaul,* DB 2005, 2533, 2534 ff.; *Saggau,* Die wirtschaftliche Auswirkung von Private Equity als Finanzierungsalternative für mittelständische Unternehmen, Hamburg 2007, S. 84 ff.; *Berg,* Going Private – Das Going Private der Friedrich Grohe AG, 2003; BVK, „Zukunft sichern durch Buy-Out", Berlin 2007, S. 48 f.

III. Buy-Out einer Konzerntochter (Runners Point)

Ein Beispiel für den Buy-Out einer Konzerntochter ist die **Runners Point Warenhandelsgesellschaft mbH.** Bis zum Jahr 2005 war sie Teil des *KarstadtQuelle*-Konzerns. Im Zuge der Restrukturierung des Konzerns fasste die Konzernführung den Entschluss, sich von dem Fachhändler für hochwertige Laufschuhe zu trennen.

Die beiden Geschäftsführer von Runners Point, Otto Hurler und Harald Wittig, waren sich bald darin einig, einen Management-Buy-Out anzustreben. Es galt, zahlreiche Schwierigkeiten zu überwinden. So weigerten sich die Banken aus zwei Gründen, das Vorhaben zu finanzieren. Erstens ließ die prekärer werdende wirtschaftliche Lage von KarstadtQuelle für die Tochtergesellschaften ebenfalls Schwierigkeiten befürchten. Zweitens war die Konzernspitze nicht bereit, ein Verkäuferdarlehen zu gewähren. Auch die Zahlen des Unternehmens ließen zu wünschen übrig. Viele Kunden setzten auf einen Räumungsverkauf, die Umsätze gingen zurück und das Jahr 2004 wurde mit Verlust beendet. Otto Hurler und Harald Wittig warben intensiv für den Fortbestand von Runners Point. Sie konnten die Lieferanten überzeugen, für den Fall des Ausscheidens aus dem Einkaufsnetz von KarstadtQuelle die Konditionen nicht zu verändern. Darüber hinaus arbeiteten sie einen umfassenden Turnaroundplan aus.

Schließlich wählte KarstadtQuelle *Hannover Finanz* als Käufer aus. Damit erhielt ein Private-Equity-Haus den Zuschlag, das auch bei Runners Point auf ein langfristiges Engagement setzte und bereit war, das Management mit je 12,5%, insgesamt also 25% an dem Unternehmen zu beteiligen. Der größte Teil des Kaufpreises wurde über Eigenkapital finanziert. Das Fremdkapital stellten die Nationalbank Essen, die Sparkasse Essen und die HypoVereinsbank bereit. Die Eigenkapitalquote des Unternehmens erhöhte sich von 20% auf 50%.

Nach dem Buy-Out wurden 17 von 110 Filialen von Runners Point geschlossen und damit einer negativen Entwicklung Einhalt geboten: Ende der 90er Jahre hatte Runners Point auf Druck der Konzernspitze Standorte eröffnet, die zu geringe Erträge erwirtschafteten. Die Geschäftsführung kürzte Sonderzahlungen und erhöhte die Wochenarbeitszeit. Diese Maßnahmen waren nun möglich, da die Tariforientierung des KarstadtQuelle Konzerns nicht länger beachtet werden musste. Ein weiteres wichtiges Vorhaben, das erst durch die Lösung von der Konzernmutter möglich wurde, war die Einführung eines neuen Warenwirtschaftssystems. Der neue Haupteigentümer Hannover Finanz vermittelte den Kontakt zu IT-Spezialisten und brachte vielfach seine Expertise im Beirat des Unternehmens ein.

Auf diese Weise in Form gebracht, wuchs Runners Point in den folgenden Jahren mit enormer Kraft. Der Umsatz stieg von 103,5 Mio. EUR im Jahr 2007 auf 165 Mio. EUR im Jahr 2011. Das Filialnetz erstreckte sich 2011 auf beinahe 200 Filialen.

An Beispiel Runners Point wird deutlich, wie sehr ein Unternehmen von der Lösung aus dem Konzern profitieren kann und wie wertvoll die finanzielle aber auch fachliche Unterstützung sind, die Privat-Equity-Geber einem Unternehmen angedeihen lassen können.[7]

---

[7] Vgl. *Garbs,* „Gut gelaufen", in: VC-Magazin Special, Ausgabe 2009/05, S. 28 f.; Finance-Studien „Von der Konzerntochter zum Private-Equity-Unternehmen", Frankfurt 2008, S. 7 ff.; *Rohwetter,* „Die Gentlemen öffnen die Kasse", in: Die Zeit, Ausgabe 10/2006, Wirtschaft.

IV. Nachfolgeregelung durch Buy-Out
(Franz Funke/AstroPlast Fritz Funke)

Die Entwicklung der beiden Unternehmen **Franz Funke GmbH & Co. KG** und **AstroPlast Fritz Funke GmbH & Co. KG** steht für eine gelungene Nachfolgeregelung im Wege des Management-Buy-Out. Der Buy-Out wurde im Jahr 1997 vollzogen und liegt damit ausreichend lang zurück, um die erfolgreiche Entwicklung des Unternehmens konstatieren zu können.

Der geschäftsführende Gesellschafter, ein Enkel des Unternehmensgründers, sah keine Perspektive, die Führung seiner beiden Unternehmen für Schrauben, Nieten, Drehteile und Zerspannungstechnik an ein Familienmitglied weiterzugeben. Ihm war es wichtig, die Unternehmen zu erhalten und die Arbeitsplätze zu sichern. Im Jahr 1995 verkaufte er 100% seiner Anteile an beiden Unternehmen an die *Gesco AG*. Die Gesco-Gruppe hat zahlreiche weitere erfolgreiche Management-Buy-Out begleitet und sich auf Nachfolgeregelungen spezialisiert. Sie ist bis heute an der Franz Funke GmbH & Co. KG und der AstroPlast Fritz Funke GmbH & Co. KG beteiligt. Die Unternehmensimmobilie blieb im Eigentum des Alteigentümers.

Im Jahr des Anteilsverkaufs übernahm Herr Dr. Wolfgang Kemper die Unternehmensführung. Zwei Jahre später beteiligte er sich als Kommanditist mit jeweils 20% der Anteile an den beiden Unternehmen. Herr Dr. Kemper hatte von Anfang an die Perspektive erhalten, Anteile zu erwerben, so dass die Franz Funke GmbH & Co. KG und AstroPlast Fritz Funke GmbH & Co. KG in gewisser Weise zugleich ein Beispiel für einen erfolgreichen Management-Buy-In darstellen. Der Kaufpreis für Dr. Kempers Anteil wurde über ein Darlehen der Gesco AG finanziert, das aus der anteilsmäßigen Erfolgszuweisung getilgt wird. Hinsichtlich des Verkaufs der Anteile wurde eine besondere Regelung getroffen: Erst mit Erreichen des 65. Lebensjahres können die Anteile ohne Zustimmung der Gesco AG verkauft werden. Der Manager sieht die Zusammenarbeit mit der Gesco AG als durchweg positiv: Man habe „das Finanz- sowie das Controlling-Know-how der Gesco" hinter sich und könne „über die verschiedenen Fragestellungen offen diskutieren."

Seit der Übernahme der Gesellschaften wuchs der Umsatz um mehr als 50%.[8]

V. Buy-Out aus der Insolvenz (Hänsel Textil)

Die **Hänsel Textil GmbH** mit Sitz in Iserlohn stand nach mehr als 100 Jahren erfolgreicher Geschäftstätigkeit vor dem Aus. Anfang 2009 hatte die Muttergesellschaft die Eröffnung eines Insolvenzverfahrens beantragt und am 2. 10. 2009 musste Hänsel Textil selbst Insolvenz anmelden. Nach zwei Monaten wurde das Insolvenzverfahren eröffnet und Dr. Dirk Andres zum Insolvenzverwalter bestellt.

Der Geschäftsführer Rudolf Loewen kannte das Potential des Unternehmens. Er wollte im Wege eines Management-Buy-Out so viele Arbeitsplätze wie möglich erhal-

---

[8] Vgl. *Schlüter* in „MBO als Nachfolgelösung", Frankfurt, 2002, S. 45 ff.; Homepage der Gesco AG.; Porträt des Unternehmens im Geschäftsbericht der Gesco AG 2001/2002, S. 20 ff.

ten. Der Insolvenzverwalter stimmte dem Plan sofort zu. Schwieriger gestaltete sich die Finanzierung. Fördermittel standen zu diesem Zweck nicht zur Verfügung. Schließlich fanden sich mit Robert Buchalik und Jens Hermsmeier von *W. T. F. E. Deutschland GmbH* zwei Investoren.

Nachdem Mitte 2010 ein Insolvenzplan eingereicht und von den Gläubigern befürwortet worden war, konnte das Insolvenzverfahren im Frühjahr 2011 beendet werden. Ohne Bankverbindlichkeiten und mit einer Eigenkapitalquote von 60% waren wichtige Voraussetzungen für eine erfolgreiche Zukunft geschaffen. Das Beispiel zeigt, dass ein Management-Buy-Out aus der Insolvenz Erfolg zeigen kann, sofern noch Vertrauen in die Geschäftsführung besteht.[9]

VI. MBO (Maredo)

Prominentes Anschauungsmaterial für einen erfolgreichen Management-Buy-Out bietet die **Maredo Restaurants Holding GmbH.** Maredo Steakhäuser sind in vielen größeren Städten zu finden. Seit dem Jahr 1994 stand die Gesellschaft im Eigentum des britischen Gastronomiekonzerns Whitbread. Neun Jahre später beabsichtigte Whitbread, seine Anteile zu verkaufen. Das Management um Uwe Büscher und Rita Hans erfuhr frühzeitig von diesen Plänen. Es ergriff die Chance, suchte nach Investoren und erwarb Maredo schließlich gemeinsam mit *ECM Equity Capital Management*. Der Kauf wurde von der österreichischen Investkredit Bank AG und der Dresdner Bank finanziert. Das Management erwarb zunächst 10% der Anteile. Im Jahr 2008 erhöhten sie die Beteiligung auf 15%. Der Gesellschafterwechsel zahlte sich aus. Bereits bis zum Jahr 2008 erreichte man eine Gewinnsteigerung von 30% und es konnten sechs neue Restaurants eröffnet werden.[10]

VII. Weitere Beispiele

Die Aufzählung erfolgreicher Buy-Outs ließe sich nahezu beliebig fortführen.

Der Management-Buy-Out des Unternehmens **Der Grüne Punkt – Duales System Deutschland GmbH,** das einen Marktanteil von etwa 50% bei Rücknahmesystemen innehat, zählte zu den bedeutenden Transaktionen im Jahr 2010. Im Jahr 2005 war das Unternehmen von einer Tochter der Beteiligungsgesellschaft KKR im Wege eines IBO erworben worden. 2010 übernahm das Management gemeinsam mit Solidus Partners die Gesellschaftsanteile.

Ebenfalls ins Jahr 2010 fiel der Management-Buy-Out der **N24 Media GmbH** aus der ProSiebenSat1-Gruppe zugunsten der Geschäftsführer Dr. Torsten Rossmann und Frank Meißner. Der damit entstandene größte unabhängige TV-Informationsproduzent Deutschlands ist hinsichtlich der neu hinzugekommenen Manager Stefan Aust und

---

[9] Vgl. *Feldmann*, Erfolgreicher Neustart bei Hänsel Textil, 14. 4. 2011, www.rw-konzept.de/en/news-details/article/1276.html (27. 9. 2012).

[10] Vgl. *Hofmann*, VC Magazin, Ausgabe 6/2010, S. 64 f.; BVK „Zukunft sichern durch Buy-Out", Berlin 2007, S. 28 f.

Thorsten Pollfuß zugleich Beispiel für einen Management-Buy-In. Dr. Torsten Rossmann und Stefan Aust halten jeweils 26% der Anteile, Thorsten Pollfuß, Frank Meißner, Maria von Borcke und Karsten Wiest halten jeweils 12%.

Das Textilveredelungsunternehmen **Bamberger Kaliko GmbH** wurde im Jahr 2000 von seiner Muttergesellschaft Continental verkauft. Sechs Personen aus der Geschäftsführung erwarben zunächst 38,5% der Geschäftsanteile. Die restlichen Anteile erwarb die Berenberg Private Equity BeteiligungsKG. Das Management stockte seine Anteile im Rahmen eines Secondary Buy-Out ein Jahr später auf 77% auf. Der Beteiligungserwerb wurde über Darlehen der Hausbank finanziert.

Auch der Softwareentwickler **Forbatech GmbH** war ursprünglich eine Tochtergesellschaft eines großen Konzern, der SER AG. Aufgrund der schlechten wirtschaftlichen Situation der Muttergesellschaft drängten die Banken 2001 auf einen Verkauf. Im weiteren Verlauf erhielten vier Manager mehr als 25% der Anteile. Mehrheitsgesellschafter wurde die Beteiligungsgesellschaft Cornerstone Capital.

Das Management der **Birkel Teigwaren GmbH** erhielt im Jahr 1998 die Chance, Eigentümer des Unternehmens zu werden. Die Konzernmutter Danone wollte sich auf ihr Kerngeschäft konzentrieren. Das Management um Dr. Werner Hildenbrand erhielt zunächst 51% der Anteile. Später wurde die Beteiligung auf 40% reduziert. Die restlichen Anteile übernahm die Beteiligungsgesellschaft BdW, Beteiligungsgesellschaft der deutschen Wirtschaft.

An der Internet-Handelsplattform **Mercateo AG**, die im Jahr 1999 von drei ehemaligen McKinsey Berater gegründet worden war, hielt E. ON einen maßgeblichen Anteil, bis im Jahr 2003 Sebastian Wieser und Peter Ledermann den Management-Buy-Out wagten. Die Suche nach Geldgebern gestaltete sich zunächst schwierig, da die Themen Internet und E-Commerce in dieser Zeit nur mit spitzen Fingern angefasst wurden. Schließlich stiegen Target Partners mit 25% der Anteile ein und stockten ihren Anteil später auf 38% auf. Inzwischen fanden sich weitere Investoren, die den Ausbau des attraktiven Geschäftsmodells einer B2B Onlineplattform ermöglichen und daran partizipieren. Ende 2011 wurde in Leipzig der dritte Standort neben München und Köthen eröffnet.

Die **BASF Personal Care and Nutrition GmbH** wurde 1999 unter dem weiterhin geläufigen Namen **Cognis** gegründet, als der Henkel Konzern seine Chemiesparte in einer Tochtergesellschaft verselbstständigte. Am 12. 9. 2001, nur einen Tag nach den Terroranschlägen in New York, wurde die neu gegründete Gesellschaft von den Investoren Goldman Sachs Capital Partners, Schroder Ventures Europe (heute Permira) und Schroder Ventures Life Sciences für einen Preis von 2,6 Mrd. Euro gekauft. Die Investoren hielten ihre Anteile über einen Zeitraum von neun Jahren und veräußerten sie im Jahr 2010 schließlich an BASF.

Das Schnellrestaurant **Nordsee** wurde im Jahr 1997 von der Beteiligungsgesellschaft Apax Partners & Co. erworben. Apax verkaufte das Unternehmen im Jahr 2005 an Heiner Kamps.

Und auch für die **Kabel Deutschland Holding AG** hatte ein IBO im Jahr 2003 maßgebliche Bedeutung. Damals übernahmen die Beteiligungsgesellschaften Apax, Providence, Goldmann Sachs Capital von der Deutsche Telekom sechs regionale Kabelgesellschaften und bündelten sie in der Kabel Deutschland Gruppe. Jede Beteiligungsgesellschaft hielt ein Drittel der Anteile; Apax und Providence stiegen 2006 aus. Sieben Jahre nach dem Buy-Out, im März 2007, ging das Unternehmen an die Börse.

Anhang 2

Vermittlungsvereinbarung

zwischen

...... (M & A Berater)

– nachfolgend „Berater" –

und

...... (Auftraggeber)

Präambel

Zur Neustrukturierung seiner unternehmerischen Aktivitäten beauftragt der Auftraggeber den Berater, ihn beim Erwerb sämtlicher Anteile an der nachfolgenden Zielgesellschaft/beim Verkauf seiner Anteile am nachfolgenden Unternehmen

......

zu unterstützen.

I. Pflichten des Beraters

Im Rahmen dieser Vereinbarung wird der Berater vom Auftraggeber exklusiv mit der Durchführung der folgenden Aufgaben betraut:

(Kaufmandat)

1. Beratung und Unterstützung des Auftraggebers bei der Erarbeitung einer Strategie zum Erwerb sämtlicher Geschäftsanteile der Zielgesellschaft
2. Analyse und Auswertung der wirtschaftlichen und finanziellen Situation der Zielgesellschaft sowie der finanziellen Auswirkungen eines Erwerbs auf den Auftraggeber unter Berücksichtigung möglicher aus dem Erwerb resultierender Synergien
3. Beratung und Unterstützung bei der Bewertung der Zielgesellschaft
4. Zusammenarbeit mit externen Beratern zur Herbeiführung einer optimalen steuerlichen und gesellschaftsrechtlichen Lösung
5. Unterstützung bei der Due Diligence
6. Unterstützung bei Vertragsverhandlungen
7. Beratung über die Strukturierung der Finanzierung des Kaufpreises

(Verkaufsmandat)

1. Beratung über eine geeignete Strategie zum Verkauf oder einer sonstigen Verwertung des Verkaufsobjekts

2. Erstellung einer Unternehmensdarstellung (Information Memorandum) – ggf. auch in englischer Sprache – sowie einer von Übernahmeinteressenten zu unterzeichnenden Vertraulichkeitserklärung

3. Identifizierung und Ansprache von potentiellen Interessenten

4. Unterstützung bei der Einrichtung eines Datenraums für den Due Diligence-Prozess

5. Unterstützung und Beratung im Rahmen von Managementpräsentationen

6. Beratung und Bewertung sowie Unterstützung bei der Auswahl von Übernahmeangeboten

7. Koordination der Vertragsverhandlungen in Zusammenarbeit mit den vom Auftraggeber zu bestimmenden Steuer- und Rechtsberatern.

II. Vertragslaufzeit/Beendigung

Dieses Vertragsverhältnis hat eine Laufzeit von ...... Monaten ab Vertragsunterzeichnung. Sowohl der Auftraggeber als auch der Berater können den Vertrag jederzeit mit einer Frist von vier Wochen schriftlich kündigen.

III. Haftung

1. Der Berater überprüft die ihm vom Auftraggeber, der Zielgesellschaft oder Dritten zur Verfügung gestellten Angaben und Unterlagen nicht. Er übernimmt deshalb keine Haftung für die Richtigkeit oder Vollständigkeit der in diesen Unterlagen enthaltenen Angaben.

2. Der Auftraggeber stellt den Berater von allen Ansprüchen Dritter, die gegen den Berater im Zusammenhang mit dem Vermittlungsmandat entstehen, einschließlich der Kosten für Verteidigung und Rechtsberatung in einem anhängigen oder drohenden Rechtsstreit frei. Dies gilt insbesondere für den Fall, dass solche Ansprüche auf die Unrichtigkeit oder Unvollständigkeit der dem Berater überlassenen Angaben und Unterlagen zurückgeführt werden können.

3. Der Berater haftet für die Erfüllung seiner Verpflichtungen aus dieser Vereinbarung nur für Vorsatz und grobe Fahrlässigkeit.

IV. Informationspflichten/Geheimhaltung

1. Der Auftraggeber wird dem Berater sämtliche ihm zugänglichen Informationen und Unterlagen zur Verfügung stellen, die zur Durchführung dieser Vereinbarung erforderlich sind.

2. Sämtliche Informationen in Bezug auf die Transaktion, von denen der Berater im Rahmen seiner Tätigkeit Kenntnis erhält und die nicht öffentlich zugänglich sind oder werden, werden von dem Berater vertraulich behandelt. Die dem Berater bekannt gewordenen Informationen dürfen ohne schriftliche Zustimmung des Auftraggebers keinem Dritten zugänglich gemacht werden. Der Berater ist auch nach Beendigung des Beratungsverhältnisses zu Stillschweigen hinsichtlich aller die Transaktion betreffenden, ihm bekannt gewordenen Tatsachen verpflichtet.

3. Jeder Verstoß gegen vorstehende Geheimhaltungspflicht löst eine Vertragsstrafe in Höhe von EUR ...... aus. Mehrfachverstöße werden jeweils einzeln geahndet.

V. Honorar

1. Der Berater erhält für die von ihm übernommenen Tätigkeiten im Rahmen dieser Vereinbarung ein Honorar, das sich folgendermaßen bemisst:

a) Während der Laufzeit der Vereinbarung erhält der Berater ein monatliches Entgelt in Höhe von EUR ......

b) Sofern während der Laufzeit dieser Vereinbarung oder innerhalb von ...... Monaten nach deren Beendigung mit einem vom Berater vermittelten Interessenten ein Vertrag über den Erwerb/den Verkauf der in der Präambel erwähnten Anteile geschlossen wird, erhält der Berater ein Erfolgshonorar, das sich in Abhängigkeit vom Wert der Transaktion wie folgt bemisst:

Transaktionswert	Erfolgshonorar
bis EUR	...... % des Transaktionswerts
ab EUR bis EUR	...... % des Transaktionswerts
über EUR	...... % des Transaktionswerts

Das Erfolgshonorar beträgt in jedem Fall mindestens EUR ......; das monatliche Entgelt gemäß a) wird auf diesen Betrag angerechnet.
Transaktionswert ist der Wert der Gegenleistung aus dem Unternehmenskauf bzw. -verkauf. Er erhöht sich um den Nettobetrag übernommener Gesellschafter- und sonstiger verzinslicher Darlehen sowie um Finanzverbindlichkeiten der Gesellschaft, soweit solche Darlehen und/oder Verbindlichkeiten nicht schon zur Gegenleistung aus der Transaktion zu rechnen sind. Gegenleistung ist das den jeweiligen Gesellschaftern aus der Anteils- bzw. Vermögenswertveräußerung, respektive das aus dem Anteilserwerb oder dem Erwerb von Vermögensgegenständen Geschuldete, und zwar unabhängig davon, ob diese Gegenleistung in Geld oder auf sonstige Weise, z.B. Aktien, zu erbringen ist.

c) Sämtliche Honorare verstehen sich zzgl. Umsatzsteuer.

2. Der Auftraggeber erstattet dem Berater alle im Zusammenhang mit der Durchführung dieses Vertrags entstehenden Auslagen und Kosten.

VI. Sonstiges

1. Änderungen dieses Vertrags bedürfen der Schriftform. Das gilt auch für diese Bestimmung.
2. Nebenabreden zu diesem Vertrag sind nicht getroffen.
3. Sollte eine Bestimmung dieses Vertrags ganz oder teilweise unwirksam oder undurchführbar sein oder werden, wird hierdurch die Wirksamkeit der übrigen Bestimmungen nicht berührt. Anstelle der unwirksamen oder undurchführbaren Bestimmung gilt eine solche angemessene Regelung als vereinbart, die, soweit rechtlich zulässig, dem am nächsten kommt, was die Vertragsparteien nach dem Sinn und Zweck des Vertrags gewollt hätten, wenn sie den Punkt bedacht hätten. Entsprechendes gilt für etwaige Vertragslücken.
4. Ausschließlicher Gerichtsstand für alle Streitigkeiten im Zusammenhang mit dieser Vereinbarung ist, soweit gesetzlich zulässig, ... Es gilt deutsches Recht.

Anhang 3

Unternehmenskaufvertrag
(Asset Deal)

zwischen
......, nachfolgend „Verkäufer"
und
......, nachfolgend „Erwerber"

I. Vorbemerkung

Unternehmensgegenstand des Veräußerers ist ......
Der Erwerber ist daran interessiert, den Geschäftsbetrieb des Veräußerers zu übernehmen.
Dies vorausgeschickt, treffen die Parteien die folgenden Vereinbarungen.

II. Betriebsveräußerung

§ 1 Kaufgegenstand

1.1 Der Verkäufer verkauft hiermit zum Beginn des ...... (**„Übergabestichtag"**) an den dies annehmenden Erwerber sämtliche zum Sachanlagevermögen des Veräußerers gehörenden Gegenstände gemäß dem als *Anlage 1* dieses Vertrages vom Veräußerer vorgelegten Vermögensverzeichnis. Vermögensgegenstände, die darüber hinaus bis zum Übergabestichtag im Rahmen des gewöhnlichen Geschäftsbetriebs als Ersatz oder Ergänzung für die im Vermögensverzeichnis aufgeführten Vermögensgegenstände hergestellt, angeschafft oder sonstwie dem Unternehmen zugegangen sind, sind mit verkauft, ebenso wie solche Vermögensgegenstände des vorbezeichneten Sachanlagevermögens, auf deren Erfassung in dem Inventar aufgrund ihrer Eigenart verzichtet werden durfte (z.B. geringwertige Vermögensgegenstände), die jedoch gleichfalls dem Geschäftsbetrieb der Gesellschaft zuzuordnen sind.

1.2 Mit zum Kaufgegenstand gehören alle immateriellen Vermögensgegenstände, insbesondere also Warenzeichen, sonstige gewerbliche Schutzrechte, Kundenlisten, Vertriebsinformationen sowie ein etwaiger Geschäfts- oder Firmenwert. Hinsichtlich etwaiger gewerblicher Schutzrechte und Lizenzen, die zum Betrieb der übernommenen technischen Anlagen und Maschinen erforderlich sind, gewährt der

Weitnauer

Verkäufer hiermit dem Erwerber eine ausschließliche, übertragbare, unentgeltliche Lizenz.

Die Vertragsparteien sind sich einig, dass zu dem Kaufgegenstand auch alle Rechte an Erfindungen, technischem Erfahrungsgut (technisches Know-how), Betriebsgeheimnisse, Verfahren, Formeln und sonstigen immateriellen Rechte, die nicht von gewerblichen Schutzrechten erfasst werden, sowie sämtliche Verkörperungen solcher Rechte, wie z.B. schriftliche Beschreibungen, Musterzeichnungen, Pläne usw. gehören. Ebenfalls gehören zu den nach diesem Vertrag verkauften Vermögensgegenständen alle Bezugsrechte und ähnliche Rechte an den im vorhergehenden Satz beschriebenen Rechten. Die Vertragsparteien sind sich weiterhin einig, dass zu den nach diesem Vertrag verkauften Vermögensgegenständen auch alle Rechte an kommerziellem Erfahrungsgut (kommerzielles Know-how, Geschäftsgeheimnisse, Verwaltungs- und Vertriebsverfahren) sowie sämtliche Verkörperungen solcher Rechte, wie z.B. Unterlagen über die Verwaltungs- und Vertriebsorganisation, Lieferanten- und Kundenunterlagen, Korrespondenz sowie andere Geschäftsunterlagen gehören.

1.3 Mit zum Kaufgegenstand gehören auch die Ansprüche aus der Rückdeckungsversicherung für die Versorgungszusagen der Gesellschaft gegenüber Mitarbeitern und ehemaligen Mitarbeitern sowie sonstige Forderungen im Zusammenhang mit den gem. § 5 Abs. 1 übernommenen Versorgungszusagen sowie Forderungen aus Darlehen gegenüber Mitarbeitern.

1.4 Nicht zum Verkaufsgegenstand gehören – soweit in diesem Vertrag nicht ausdrücklich etwas anderes bestimmt ist – Immobilien (Grundstücke einschl. Gebäuden, Hofbefestigungen und Grünanlagen), Forderungen und sonstige Vermögensgegenstände im Sinne von § 266 Abs. 2 B II HGB, Wertpapiere im Sinne von § 266 Abs. 2 B III HGB sowie Schecks, Kassenbestand, Bundesbank- und Postgiroguthaben und Guthaben bei Kreditinstituten im Sinne von § 266 Abs. 2 B IV HGB.

Nicht mitverkauft sind die Kraftfahrzeuge mit den amtlichen Kennzeichen ......

§ 2 Vorräte

2.1 Mitverkauft sind auch die zum Betrieb gehörenden Fertigprodukte, unfertige Produkte, Vorräte sowie Roh-, Hilfs- und Betriebsstoffe, die zum Übergabestichtag (§ 1 Abs. 1) vorhanden sind. Auf der Grundlage einer auf den Übergabestichtag vorzunehmenden körperlichen Bestandsaufnahme wird der Verkäufer in Abstimmung mit dem Erwerber oder einem von ihm beauftragten Wirtschaftsprüfer eine Bewertung der übernommenen Übergabestichtagsvorräte vornehmen. Diese Bewertung ist unter Beachtung der Grundsätze ordnungsgemäßer Buchführung und unter Wahrung der Bilanzierungs- und Bewertungskontinuität mit dem Jahresabschluss des Verkäufers zum ...... vorzunehmen. Der Verkäufer wird sich darum bemühen, die Bewertung bis spätestens ...... zu erstellen und diese unmittelbar nach Erstellung dem Erwerber zur Verfügung zu stellen. Der Verkäufer wird einem vom Erwerber beauftragten Wirtschaftsprüfer die Teilnahme an der Inventur gestatten und diesem Gelegenheit geben, die körperliche Bestandsaufnahme sowie die buchhalterische Abgrenzung durch Stichproben zu prüfen.

2.2 Der Verkäufer kann die Bewertung der Übergabestichtagsvorräte durch einen Wirtschaftsprüfer seiner Wahl vornehmen lassen. Die Bewertung wird bindend zwischen den Vertragsparteien, wenn der Erwerber dem Verkäufer nicht bis ...... eine schriftliche Stellungnahme eines von ihm beauftragten Wirtschaftsprüfers, dass die Bewertung nicht im Einklang mit den Vorschriften dieses Vertrages aufgestellt worden ist, sowie eine revidierte Bewertung überreicht, die die nach seiner Einschätzung notwendigen Änderungen im einzelnen widerspiegelt.

2.3 Äußert sich der Verkäufer nicht innerhalb von 30 Tagen zu der revidierten Bewertung, so wird diese zwischen den Vertragsparteien bindend. Überreicht der Verkäufer dem Erwerber jedoch innerhalb von 30 Tagen eine Stellungnahme eines Wirtschaftsprüfers seiner Wahl, wonach die revidierte Bewertung nicht im Einklang mit den Vorschriften dieses Vertrages steht, so soll die Meinungsverschiedenheit zwischen den Vertragsparteien und den von ihnen beauftragten Wirtschaftsprüfern durch einen dritten Wirtschaftsprüfer, der durch den Vorstand der Wirtschaftsprüferkammer ...... auf Verlangen einer der Parteien benannt wird, entschieden werden. Bewegt sich die Bestimmung der Bewertung der Übergabestichtagsvorräte durch den dritten Wirtschaftsprüfer innerhalb der unterschiedlichen Standpunkte der Vertragsparteien und der von ihnen beauftragten Wirtschaftsprüfer, so ist sie für die Vertragsparteien abschließend und bindend. Bewegt sie sich außerhalb, ist die Feststellung desjenigen der von den Vertragsparteien beauftragten Wirtschaftsprüfer maßgebend, die derjenigen des dritten Wirtschaftsprüfers am nächsten kommt. Jede Vertragspartei trägt die Kosten des von ihr beauftragten Wirtschaftsprüfers. Die Kosten des etwaigen dritten Wirtschaftsprüfers tragen die Parteien entsprechend ihrem jeweiligen Unterliegen oder Obsiegen.

2.4 Der Verkäufer wird Vertretern der gemäß diesem Vertrag bestellten Wirtschaftsprüfer Zugang zu seinen Geschäftsräumen, Büchern und Unterlagen zum Zweck der Überprüfung der Bewertung der Übergabestichtagsvorräte gewähren und dafür sorgen, dass geeignetes Personal diesen Vertretern bei der Überprüfung der Bewertung unterstützend zur Verfügung gestellt wird. Die Vertragsparteien werden sich darum bemühen, dass sich die gemäß diesem Vertrag bestellten Wirtschaftsprüfer gegenseitig Einsicht in ihre Arbeitspapiere gewähren.

§ 3 Kaufpreis/Fälligkeit

3.1 Die Gegenleistung für den Kaufgegenstand gem. § 1 Abs. 1–3 und das vereinbarte Wettbewerbsverbot (§ 12) beträgt EUR (in Worten: Euro ......). Davon entfallen auf:

    a) den Kaufgegenstand nach § 1 Abs. 1–3   EUR ......
    b) das Wettbewerbsverbot nach § 12   EUR ......

3.2 Der Kaufpreis ist am ersten Banktag nach dem Übergabestichtag (§ 1 Abs. 1) zahlbar und fällig.

3.3 Der Verkäufer stundet den Kaufpreis jedoch bis zum ...... Der Kaufpreis ist für die Dauer der Stundung mit ......% p. a. zu verzinsen.

3.4 Der Kaufpreis für das gem. § 2 erworbene Vorratsvermögen entspricht dem Wert der Bewertung zum Übergabestichtag gem. § 1 Abs. 1. Er ist am ...... zur Zahlung fällig.

3.5 Gerät der Erwerber mit der Zahlung des Kaufpreises gem. Abs. 1–4 in Verzug, ist der jeweils offene Betrag mit ......% p. a. zu verzinsen. Die Zinsen sind je zur Hälfte am ...... und am ...... zur Zahlung fällig. Eine Sicherheitsleistung kann nicht verlangt werden.

§ 4 Kaufpreisanpassung

Binnen 10 Tagen nach Feststellung des Jahresabschlusses des Verkäufers für die Zeit vom ...... ist dem Erwerber eine Aufstellung über die aufgrund der notwendigen Abgrenzungen im Hinblick auf Jahresleistungen oder -verbindlichkeiten, Anzahlungen oder Vorleistungen, sonstige finanzielle Belastungen, wie etwa Urlaub der Mitarbeiter, Überstunden, Versicherungen, Berufsgenossenschaftsbeiträge etc. zu übermitteln. Der sich aus dieser Abrechnung ergebende Betrag ist vom jeweiligen Zahlungsschuldner binnen 14 Tagen nach Zugang der Abrechnung frühestens am ...... auszugleichen. Gerät der Zahlungspflichtige mit dieser Zahlung in Verzug, ist der Betrag mit ......% p. a. zu verzinsen.

§ 5 Übernahme von Verbindlichkeiten, Instandsetzungsmaßnahmen

Als weitere Gegenleistung übernimmt der Erwerber zum Übergabestichtag von dem Verkäufer im Wege der befreienden Schuldübernahme die Versorgungszusagen gegenüber derzeitigen und früheren Mitarbeitern des Verkäufers gem. der vom Verkäufer vorgelegten *Anlage 2.*

§ 6 Übergabe

6.1 Die Übergabe erfolgt mit wirtschaftlicher und, soweit möglich, rechtlicher Wirkung zum Übergabestichtag (§ 1 Abs. 1).

6.2 Die Parteien sind über den Eigentumserwerb an dem Kaufgegenstand zum Übergabestichtag in allen seinen Teilen durch den Erwerber einig und der Erwerber übernimmt zum Übergabestichtag den unmittelbaren Besitz an dem Kaufgegenstand. Soweit sich Teile des Kaufgegenstands im unmittelbaren Besitz Dritter befinden sollten, tritt der Verkäufer hiermit dem Erwerber alle etwaigen Herausgabeansprüche gegen solche Dritte ab. Soweit sich Teile des Kaufgegenstands auch nach Übergabe noch gewollt oder ungewollt im unmittelbaren Besitz des Verkäufers befinden sollten, sind sich die Parteien darüber einig, dass der Verkäufer diese Gegenstände unentgeltlich (unter Beschränkung ihrer Haftung auf die in eigenen Angelegenheiten angewandte Sorgfalt) für den Erwerber verwahrt.

6.3 Verkäufer ebenso wie Erwerber sind verpflichtet, alle Erklärungen abzugeben und entgegenzunehmen und Handlungen vorzunehmen, soweit diese Erklärungen und/oder Handlungen etwa noch erforderlich sind, damit der Erwerber Eigentum und Besitz an allen Teilen des Kaufgegenstands erwirbt.

6.4 Die körperliche Bestandsaufnahme von Vorräten und Roh-, Hilfs- und Betriebsstoffen und der Fertigwaren zum Übergabestichtag wird vom Verkäufer am Übergabestichtag vorgenommen werden. Der Erwerber ist berechtigt, die Inventurliste, die ihm spätestens bis zum ...... übergeben werden muss, auf Mengen und Anarbeitungsstand zu prüfen. Bei der Aufnahme unfertiger Erzeugnisse haben die Parteien den Fertigungsgrad prozentual festzulegen.

§ 7 Garantie

7.1 Der Verkäufer garantiert in Form eines selbstständigen Garantieversprechens ohne Rücksicht auf Verschulden, dass zum Übergabestichtag

a) er uneingeschränkt berechtigt ist, über alle Teile des Kaufgegenstands gem. § 1 dieses Vertrages frei zu verfügen, ohne dass er hierzu die Zustimmung Dritter benötigt oder eine solche Verfügung die Rechte Dritter verletzen würde. Er verfügt über das rechtliche und wirtschaftliche Eigentum an diesen Gegenständen und Rechten, die auch frei von Belastungen sowie anderen zugunsten Dritter bestellter Rechte sind;

b) die dem Erwerber als Teil des Kaufgegenstands übertragenen technischen Anlagen und Maschinen keine wesentlichen erkennbaren Mängel aufweisen, die über normalen Verschleiß und normale Abnutzung hinausgehen; für nicht erkennbare Mängel wird eine Gewährleistung nicht übernommen;

c) mit Ausnahme der in der vom Verkäufer vorgelegten *Anlage 3* aufgeführten Leasingverträge der Kaufgegenstand gem. § 1 dieses Vertrags alle für die Fortsetzung der Fertigung der gegenwärtig von dem Fertigungsbetrieb produzierten Erzeugnisse und genutzten Vermögensgegenstände umfasst;

d) alle etwa erforderlichen öffentlich-rechtlichen Erlaubnisse und Genehmigungen für den Fertigungsbetrieb und den Betrieb der dort vorhandenen technischen Anlagen und Maschinen in den vorhandenen Gebäuden vorliegen.

7.2 Der Verkäufer garantiert dem Erwerber, dass zum Zeitpunkt des Abschlusses dieses Vertrages

a) in der vom Verkäufer vorgelegten *Anlage 4* alle Energie-, Wasser- und Entsorgungsverträge vollständig aufgelistet sind, über die der Verkäufer für den Fertigungsbetrieb gegenwärtig verfügt und die gegenwärtig sowie nach bestem Wissen des Verkäufers auf absehbare Zeit für die gegenwärtige Fertigungskapazität hinreichend sind;

b) mit der Inanspruchnahme des Kaufgegenstands entsprechend seiner Zwecksetzung Rechte Dritter nicht dergestalt verletzt werden, dass die weitere Fortführung des Betriebes wesentlich beeinträchtigt wird;

c) der Erwerber nicht für irgendwelche betrieblichen Steuern oder Sozialabgaben in Anspruch genommen wird (§ 75 AO/§ 115 SGB X);

d) sämtliche Arbeitsverhältnisse, die dem Kaufgegenstand zuzuordnen sind, mit Beginn der Beschäftigungsverhältnisse, Alter des Mitarbeiters, etwaiger besonderer vertraglicher Kündigungsfristen, einem besonderen Status (insbesondere Schwerbehindertenstatus) und dem gegenwärtigen Bruttogehalt bzw. dem gegenwärtigen Bruttolohn des betroffenen Mitarbeiters sowie sonstige wesentliche Abweichungen von den beim Verkäufer verwandten Musterverträgen vor Vertragsabschluss dem Erwerber offengelegt wurden (vgl. die vom Verkäufer vorgelegte *Anlage 5*);

e) alle bei Abschluss dieses Vertrags noch geltenden Vereinbarungen, die auf die im Betrieb beschäftigten Arbeitnehmer Anwendung finden, sowie alle in dem Kaufgegenstand bestehenden wesentlichen betrieblichen Übungen, die mit einem erheblichen, nicht branchenüblichen Kostenaufwand verbunden sind, dem Erwerber vor Vertragsabschluss offengelegt wurden (vgl. die vom Verkäufer vorgelegte *Anlage 6*);

f) die Pensionszusagen gegenüber den Arbeitnehmern dem Erwerber vollständig offengelegt wurden und der gem. § 6a EStG ermittelte Teilwert aller Pensionsansprüche aller auf den Erwerber übergehenden Arbeitsverhältnisse nebst Pensionsordnung zum ...... betragen hat und der Wert zum ...... nicht mehr als ...... % über dem vorherigen Wert liegt;

g) dem Verkäufer keine sonstigen Umstände bekannt sind, die dem Erwerber – bei Erfüllung der erforderlichen persönlichen Voraussetzungen – nach dem Übergabestichtag daran hindern würden, die Fertigung in dem mit diesem Vertrag erworbenen Fertigungsbetrieb zu den bisherigen Konditionen uneingeschränkt fortzusetzen;

h) alle Verträge, in die der Erwerber aufgrund der Regelungen dieses Vertrags eintritt, ihm vollständig offen gelegt sind und belastende Nebenabreden hierzu nicht bestehen und außergewöhnliche Geschäfte ab Unterzeichnung dieses Vertrags vom Verkäufer ohne schriftliche Zustimmung des Erwerbers nicht vorgenommen werden, die Geschäfte des Fertigungsbetriebs bis zum Übergabestichtag vielmehr mit der Sorgfalt eines ordentlichen Kaufmanns geführt werden.

7.3 Über die vorstehenden Garantien hinaus werden vom Verkäufer keine sonstigen Gewährleistungen übernommen. Soweit vorstehend nicht ausdrücklich anders geregelt, wird vielmehr jegliche weitergehende Gewährleistung, soweit gesetzlich zulässig, ausdrücklich ausgeschlossen. Soweit vorstehende Garantien nach bestem Wissen abgegeben wurden, muss sich der Verkäufer das Wissen von ...... zurechnen lassen.

§ 8 Rechtsfolgen

8.1 Wenn und soweit eine der vorstehenden Garantien des Verkäufers unrichtig oder sonst wie nicht zutreffend ist, kann der Erwerber verlangen, dass der Verkäufer innerhalb einer angemessenen Frist, längstens aber innerhalb einer solchen von zwei Monaten nach Zugang des Verlangens, den Zustand herstellt, der bestehen würde, wenn die Garantie zutreffend wäre. Kommt der Verkäufer dieser Pflicht nicht nach oder ist die Herstellung des vertragsgemäßen Zustands nicht möglich, so kann der Erwerber vom Verkäufer Schadensersatz in Geld verlangen. Im übrigen gelten die Regelungen der §§ 249 ff. BGB.

8.2 Der Erwerber kann Schadensersatzansprüche aufgrund vorstehender Regelung nur geltend machen, wenn der jeweils geltend gemachte Anspruch EUR ...... (in Worten: Euro ......) und die Gesamthöhe dieser Ansprüche einen Betrag von EUR ...... (in Worten: Euro ......) übersteigt (Freigrenzen).

8.3 Vorstehende Ansprüche des Erwerbers verjähren mit Ablauf des ...... Die Verjährung kann nur durch schriftliche spezifizierte Geltendmachung unterbrochen werden. Nach einer solchen Unterbrechung verjähren Ansprüche des Erwerbers mit Ablauf von sechs Monaten, jedoch nicht vor Ablauf der ursprünglichen Verjährungsfrist.

8.4 Sollte die Unrichtigkeit einer Garantie darin bestehen, dass Dritte Ansprüche gegen den Erwerber geltend machen, ist der Erwerber verpflichtet, dem Verkäufer Gelegenheit zu geben, auf eigene Kosten und Risiken die Abwehr solcher Ansprüche zu übernehmen. Der Erwerber ist in diesem Fall verpflichtet, dem Verkäufer alle etwa bei ihm verfügbaren Informationen zu geben, dem Verkäufer Einsichtnahme in die übernommen Unterlagen des Fertigungsbetriebs zu gestatten und ggf. auch vom Verkäufer und/oder im Rahmen eines solchen Gerichtsverfahrens beauftragten Sachverständigen den Zutritt zum Fertigungsbetrieb zu geschäftsüblichen Zeiten zu ermöglichen.

8.5 Aus Sachverhalten, die dem Erwerber bei Abschluss dieses Vertrags bekannt sind, kann er, auch soweit sie von den Garantien in § 7 abweichen, Ansprüche nicht geltend machen. Als bekannt gelten hierbei alle Sachverhalte, die sich aus den Anlagen und den Beilagen dieses Vertrags ergeben.

§ 9 Überleitung/Zukünftige Geschäftsbeziehungen

9.1 Die Parteien sind sich darin einig, dass zu einer uneingeschränkten Fortsetzung der Fertigung die in der vom Verkäufer vorgelegten *Anlage 3* aufgeführten Leasingverträge, die in der vom Verkäufer vorgelegten *Anlage 4* aufgeführten Energie-, Wasser- und Entsorgungsverträge sowie die in der vom Verkäufer vorgelegten *Anlage 7* aufgelisteten sonstigen Verträge auf den Erwerber übertragen werden müssen. Gegebenenfalls sind laufende Leistungen und Verpflichtungen zum Übergabestichtag abzugrenzen. Sie werden sich gemeinsam bei den jeweiligen Vertragspartnern um die Zustimmung zur Vertragsübertragung zu unveränderten Konditionen bemühen. Sollte dies aber nicht möglich sein, erklärt sich der Verkäufer auf Verlangen des Erwerbers bereit, soweit rechtlich und tatsächlich möglich, die Vertragsabwicklung im eigenen Namen, aber auf Rechnung des Erwerbers, durchzuführen und insoweit dem Erwerber Vollmacht zu erteilen, alle im Zusammenhang mit der ordnungsgemäßen Abwicklung des Vertragsverhältnisses im gewöhnlichen Geschäftsverkehr erforderlichen Erklärungen abzugeben und entgegenzunehmen. Sollten die Vertragspartner die Zustimmung zur Vertragsübertragung verweigern, steht dem Erwerber in keinem Fall Fall ein Schadensersatzanspruch, Minderungsanspruch oder ähnliches zu, auch wenn sich eine Abwicklung im Namen des Verkäufers und auf Rechnung des Erwerbers nicht als zweckmäßig oder möglich erweisen sollte.

9.2 Abs. 1 gilt entsprechend für alle Aufträge, die bis zum Übergabestichtag angenommen und nach dem Übergabestichtag ausgeliefert werden. Der Verkäufer verpflichtet sich, Aufträge mit einem Volumen von über EUR ......, die von dem vorstehenden Satz 1 erfasst sind, nur nach vorheriger Zustimmung des Erwerbers anzunehmen.

§ 10 Arbeitsverhältnisse

Den Parteien ist bekannt, dass aufgrund der Übernahme des Fertigungsbetriebs sämtliche dem Fertigungsbetrieb zuzuordnenden Arbeitsverhältnisse gem. § 613a BGB auf den Erwerber mit den Bedingungen und Vereinbarungen übergehen, die zum Zeitpunkt des rechtsgeschäftlichen Übergangs des Betriebs bestehen. Die nach übereinstimmender Auffassung der Parteien hiervon betroffenen Arbeitsverhältnisse sind in *Anlage 6* aufgelistet. Sollten weitere Arbeitnehmer einen Übergang des Arbeitsverhältnisses behaupten, so wird der Verkäufer den Erwerber von allen etwaigen Ansprüchen insoweit freistellen. Der Erwerber verpflichtet sich jedoch, auf Verlangen des Verkäufers alle Maßnahmen zu ergreifen und Erklärungen abzugeben, die ggf. für die Beendigung eines solchen Arbeitsverhältnisses notwendig sind. Darüber hinaus ist der Erwerber verpflichtet, dem Verkäufer auf dessen Kosten die Möglichkeit zu geben, derartige Ansprüche abzuwehren und ggf. eine gerichtliche Feststellung des Nichtübergangs des Arbeitsverhältnisses zu erwirken. Der Verkäufer wird dem Erwerber etwaige Abfindungen, die solchen Arbeitnehmern oder an ihrer Stelle ersatzweise entlassenen Arbeitnehmern zu zahlen sind, erstatten.

§ 11 Behördliche Erlaubnisse

11.1 Die Parteien gehen davon aus, dass die für den Betrieb des Unternehmens erforderlichen sachbezogenen behördlichen Erlaubnisse (Realkonzessionen) einer Übertragung auf den Erwerber nicht bedürfen, sondern der Erwerber diese Erlaubnisse ohne weiteres in Anspruch nehmen kann.

11.2 Der Verkäufer erklärt, dass für den Betrieb des Unternehmens erforderliche sonstige behördliche Erlaubnisse, die personenbezogen ergangen sind und daher einer etwaigen Neuerteilung bzw. einer ausdrücklichen Übertragung auf den Erwerber bedürfen, nicht existieren.

III. Schlussvorschriften

§ 12 Wettbewerbsverbot

12.1 Der Verkäufer verpflichtet sich für die Dauer von ...... Jahren ab dem Übergabestichtag, jegliche Betätigung zu unterlassen, mit der er unmittelbar oder mittelbar in Wettbewerb mit dem gegenwärtigen Geschäftsbetrieb der Gesellschaft treten würde oder die unmittelbar oder mittelbar einen solchen Wettbewerb zur Folge haben würde. Der Verkäufer wird insbesondere kein Unternehmen, das mit dem gegenwärtigen Geschäftsbetrieb des Unternehmens unmittelbar oder mittelbar im Wettbewerb steht, gründen, erwerben oder sich an einem solchen Unternehmen beteiligen oder ein solches Unternehmen beraten. Ausgenommen vom Wettbewerbsverbot ist nur der Erwerb von Anteilen von höchstens ......% an börsennotierten Gesellschaften.

12.2 Verletzt der Verkäufer das in Abs. 1 vereinbarte Wettbewerbsverbot und setzt er diese Verletzung trotz Abmahnung durch den Erwerber fort, so hat er dem Erwerber eine Vertragsstrafe in Höhe von EUR ...... (in Worten: Euro ......) zu zahlen. Dauert die Vertragsverletzung an, hat der Verkäufer für jeden weiteren Monat der Verletzung eine weitere Vertragsstrafe in Höhe von EUR ...... (in Worten: Euro ......) zu zahlen. Das Recht des Erwerbers, einen ihm oder dem Unternehmen entstandenen weiteren Schaden geltend zu machen und die Einstellung des verbotenen Verhaltens zu fordern, bleibt unberührt.

§ 13 Vertraulichkeit und Pressemitteilung

13.1 Der Verkäufer wird auf die Dauer von ...... Jahren ab dem Übergabestichtag seine Kenntnis über das Unternehmen und des Geschäftsbetriebs, soweit die betreffenden Umstände nicht öffentlich bekannt sind und soweit nicht gesetzliche Offenlegungspflichten entgegenstehen, geheim halten und seine vertraulichen Informationen auch nicht für sich selbst oder andere benutzen. Der Verkäufer verpflichtet sich für die Dauer von ...... Jahren ab dem Übergabestichtag, keine Arbeitnehmer des Unternehmens zur Aufnahme einer anderen Tätigkeit für den Verkäufer und/oder ein verbundenes Unternehmen des Verkäufers abzuwerben.

13.2 Die Parteien sind sich einig, dass sie die Kenntnisse, die sie im Zusammenhang mit der Verhandlung und dem Abschluss dieses Vertrags übereinander und die jeweiligen verbundenen Unternehmen erhalten haben, streng vertraulich behandeln.

13.3 Keine Partei wird eine Presseerklärung oder ähnliche Verlautbarung in Bezug auf die in diesem Vertrag geregelten Rechtsgeschäfte ohne vorherige schriftliche Verständigung mit der anderen Partei herausgeben.

§ 14 Steuern

14.1 Auf sämtliche vorstehend aufgeführten Zahlungen ist die etwa anfallende gesetzliche Umsatzsteuer zusätzlich zu leisten. Die Parteien sind wechselseitig verpflichtet, alle nach dem Umsatzsteuergesetz vorgesehenen zusätzlichen Rechnungen und sonstige Dokumentation Zug um Zug gegen Zahlung des Umsatzsteuerbetrags der anderen Vertragspartei auszufertigen und zur Verfügung zu stellen.

14.2 Der Erwerber verpflichtet sich, die Umsatzsteuer durch Abtretung seines Vorsteuererstattungsanspruchs zu entrichten unter Verwendung der hierfür vorgesehenen Formulare der Finanzverwaltung. Sollte der Vorsteuererstattungsanspruch hinter dem Zahlbetrag zurückbleiben, so ist die Differenz unverzüglich bei Fälligkeit des Kaufpreises an den Verkäufer zu entrichten.

14.3 Etwaige Steuern auf Veräußerungsgewinne trägt die Partei, bei der solche Veräußerungsgewinne anfallen.

§ 15 Kosten

15.1 Die Kosten der Durchführung dieses Vertrags trägt, soweit in diesem Vertrag nichts anderes bestimmt ist, der Erwerber.

15.2 Im übrigen trägt jede Vertragspartei ihre Kosten selbst, einschließlich der Kosten der von ihr hinzugezogenen Berater sowie etwaige Kosten der Ausfertigung von Vollmachten oder Genehmigungen ihrer Erklärungen.

§ 16 Geheimhaltung

Alle Parteien verpflichten sich wechselseitig, den Inhalt des vorstehenden Vertrags gegenüber allen außenstehenden Dritten mit Ausnahme von Finanzgebern geheim zu halten. Dies gilt nicht, soweit sie aufgrund gesetzlicher Regelungen oder behördlicher Anordnung zur Offenlegung verpflichtet sind. Auch in solchen Fällen werden sich die Vertragsparteien jedoch von einer Offenlegung wechselseitig zuvor in Kenntnis setzen und diese auf das gesetzlich erforderliche oder behördlich angeordnete Maß beschränken.

§ 17 Schiedsgutachten

17.1 Sollten die Vertragsparteien sich nicht innerhalb einer Frist von ...... Tagen nach Aufforderung durch eine Vertragspartei über die Zuordnung von einzelnen Vermögensgegenständen (§ 1) einigen können, so soll eine solche Meinungsverschiedenheit abschließend durch einen Sachverständigen als Schiedsgutachter entschieden werden. Einigen sich die Vertragsparteien nicht innerhalb der Frist von ...... Tagen nach ergebnislosem Ablauf der Einigungsfrist von ...... Tagen auf die Person des Sachverständigen, so ist dieser auf Anfrage einer jeden Vertragspartei von der Wirtschaftsprüferkammer ...... zu bestellen. Der Sachverständige darf für die Vertragsparteien und die mit ihnen verbundenen Unternehmen bislang nicht tätig gewesen sein. Auf Verlangen einer Vertragspartei ist als Sachverständiger ein bei einer großen international tätigen Wirtschaftsprüfungsgesellschaft tätiger Wirtschaftsprüfer mit hinreichender Berufserfahrung, insbesondere in Fragen der Kostenermittlung bzw. der Bewertung unfertiger Erzeugnisse, zu bestimmen.

17.2 Den Vertragsparteien ist Gelegenheit zu geben, dem Sachverständigen schriftlich und mündlich ihre Auffassung darzulegen. Der Sachverständige muss sich in seinem Gutachten mit den Eingaben der Vertragsparteien auseinandersetzen, soweit er von ihnen abweichen will. Er ist an die Vereinbarungen dieses Vertrags nebst Anlagen gebunden.

17.3 Die Auslagen und die Vergütung des Sachverständigen sind von den Vertragsparteien auf erstes Anfordern hälftig vorzulegen und nach Abschluss des Verfahrens nach Maßgabe des Unterliegens ganz oder teilweise zu tragen. Ausgenommen von dieser Regelung sind die eigenen Kosten der Vertragsparteien und die Kosten ihrer Berater. Diese tragen die Vertragsparteien in jedem Fall selbst. Der Sachverständige entscheidet über die Aufteilung seiner Kosten im Rahmen der vorstehenden Grundsätze nach billigem Ermessen endgültig.

§ 18 Schlussbestimmungen

18.1 Änderungen und Ergänzungen dieses Vertrags bedürfen der Schriftform, soweit nicht notarielle Beurkundung erforderlich ist. Dies gilt auch für das Aufheben des Schriftformerfordernisses.

18.2 Sollten Bestimmungen dieses Vertrags unwirksam sein oder werden oder sollte dieser Vertrag eine Lücke enthalten, so bleiben alle übrigen Bestimmungen dieses Vertrags hiervon unberührt. Anstelle einer solchen unwirksamen Bestimmung oder zur Ausfüllung einer solchen Lücke soll vielmehr ohne weiteres eine solche Bestimmung gelten, die – soweit rechtlich möglich – dem am nächsten kommt, was die Vertragschließenden mit der unwirksamen Bestimmung beabsichtigt haben oder was sie vereinbart haben würden, wenn sie den regelungsbedürftigen Punkt bedacht hätten.

18.3 Gerichtsstand für alle Streitigkeiten aus und im Zusammenhang mit diesem Vertrag ist ......

Anhang 4

Unternehmenskaufvertrag
(Share Deal)

Urkundenrolle-Nr. ......

vor mir, dem unterzeichneten Notar ......,

mit Amtssitz in ......,

erschienen heute, den ......,

1. Herr ......, ... (Berufsbezeichnung), geboren am ...... (Datum), wohnhaft/geschäftsansässig in ...... (Ort), ausgewiesen durch amtlichen Lichtbildausweis,

         – nachfolgend der „**Erschienene zu 1)**" –

    handelnd nicht im eigenen Namen, sondern als einzelvertretungsberechtigter Geschäftsführer der ...... GmbH mit Sitz in ......, eingetragen im Handelsregister des Amtsgerichts ...... unter HRB ......

2. Herr ......, ... (Berufsbezeichnung), geboren am ...... (Datum), wohnhaft/geschäftsansässig in ...... (Ort), ausgewiesen durch amtlichen Lichtbildausweis,

         – nachfolgend der „**Erschienene zu 2)**" –

    handelnd nicht im eigenen Namen, sondern in seiner Eigenschaft als einzelvertretungsberechtigter Geschäftsführer der NewCo GmbH mit Sitz in ......, eingetragen im Handelsregister des Amtsgerichts ...... unter HRB.

Der beurkundende Notar überzeugte sich von der Vertretungsbefugnis der Erschienenen durch Einsichtnahme in das Handelsregister der Amtsgerichte ......

Die Erschienenen erklärten vorweg, dass der amtierende Notar außerhalb seiner Amtstätigkeit in der nachstehenden Angelegenheit nicht vorbefasst war.

Sodann baten die Erschienenen den amtierenden Notar um Beurkundung des folgenden:

Vereinbarung über den
Kauf und die Abtretung von Geschäftsanteilen

zwischen

...... GmbH
– nachfolgend die „**Verkäuferin**" –

und

NewCo GmbH
– nachfolgend die „**Käuferin**" –

I. Vorbemerkung

1. Die Verkäuferin ist am EUR ...... betragenden Stammkapital der ...... GmbH mit dem Sitz in ......, eingetragen im Handelsregister des Amtsgerichts ...... unter HRB ...... (nachfolgend die „Gesellschaft" oder „GmbH"), mit einem Geschäftsanteil von EUR ...... und einem Geschäftsanteil von EUR ...... beteiligt. Das Stammkapital der Gesellschaft ist voll einbezahlt.
2. Die Verkäuferin beabsichtigt, ihre Geschäftsanteile an die Käuferin zu veräußern. Die Käuferin ist am Erwerb dieser Anteile interessiert.

Vor diesem Hintergrund vereinbaren die Parteien das Folgende:

II. Kauf und Abtretung der Geschäftsanteile

§ 1 Vertragsgegenstand

1.1 Die Verkäuferin verkauft und tritt die in der Vorbemerkung bezeichneten Geschäftsanteile mit sämtlichen Nebenrechten an die dies annehmende Käuferin ab.

1.2 Die Abtretung der Geschäftsanteile erfolgt mit Wirkung zum ...... (nachfolgend der „**Übernahmestichtag**").

1.3 Das jeweilige Gewinnbezugsrecht bezogen auf die verkauften und abgetretenen Geschäftsanteile wird für alle nicht ausgeschütteten Gewinne an die dies annehmende Käuferin mit abgetreten.

§ 2 Kaufpreis

2.1 Der Kaufpreis für die verkauften und abgetretenen Geschäftsanteile beträgt EUR ...... (in Worten: Euro ......) und ist am Tag des Abschlusses dieses Vertrages zur Zahlung an nachfolgendes Konto der Verkäuferin fällig:
Kreditinstitut ......
BLZ ......
Konto-Nr. ......

2.2 Unterschreitet das in dem gemäß § 3 zu erstellenden Zwischenabschluss ausgewiesene Eigenkapital den Betrag von EUR ......, so vermindert sich der Kaufpreis um den Differenzbetrag. Als Eigenkapital gilt das Eigenkapital im Sinn von § 266 Abs. 3 HGB zzgl. ......% eines eventuellen Sonderpostens mit Rücklagenanteil und abzgl. der Eigenkapitalminderung, die durch die nach dem Übernahmestichtag an die Verkäuferin erfolgte oder noch erfolgende Ausschüttung von Dividenden oder durch andere Vermögensminderungen zugunsten der Verkäuferin eintritt.

2.3 Ab Fälligkeit ist der geschuldete Betrag in Höhe von 3% über dem Basiszinssatz zu verzinsen. Die Abtretung von Kaufpreisansprüchen ist ausgeschlossen.

2.4 Die Verkäuferin ist, unbeschadet weitergehender Ansprüche nach Gesetz oder diesem Vertrag, berechtigt, von diesem Vertrag per schriftlicher Erklärung gegenüber der Käuferin innerhalb einer Frist von einer Woche zurückzutreten, falls die Käuferin ihren Zahlungsverpflichtungen nicht spätestens innerhalb von drei Monaten nach Fälligkeit vollständig nachgekommen ist.

§ 3 Zwischenabschluss

3.1 Die Verkäuferin wird die Gesellschaft veranlassen, einen Zwischenabschluss (Bilanz, sowie Gewinn- und Verlustrechnung nebst Anhang) zum Übernahmestichtag (nachfolgend der **„Zwischenabschluss"**) aufzustellen und durch den bisherigen Abschlussprüfer der Gesellschaft prüfen und testieren zu lassen. Die Gesellschaft wird der Verkäuferin und der Käuferin den geprüften Zwischenabschluss nebst Prüfungsbericht des Abschlussprüfers bis spätestens 60 Tage nach dem Übernahmestichtag übergeben. Sie wird im Rahmen der Aufstellung des Zwischenabschlusses eine Inventur des Vermögens der Gesellschaft zum Übernahmestichtag durchführen. Vertreter der Verkäuferin können an der Inventur teilnehmen. Der Zwischenabschluss ist unter Berücksichtigung der vollständigen Ausschüttung des Zwischenüberschusses sowie unter Beachtung der einschlägigen gesetzlichen Vorschriften sowie der Grundsätze ordnungsgemäßer Buchführung unter Wahrung der Grundsätze der Bilanzierungs- und Bewertungskontinuität aufzustellen. Wertaufhellende Ereignisse nach dem Übernahmestichtag, die erst nach Beendigung der Prüfungshandlungen durch den Abschlussprüfer festgestellt werden können, bleiben für Zwecke des Zwischenabschlusses außer Betracht. Der Bericht des Abschlussprüfers der Gesellschaft muss den Wortlaut eines uneingeschränkten Testats enthalten, welches der Abschlussprüfer erteilen würde, wenn es sich um die Prüfung eines Jahresabschlusses der Gesellschaft handelte.

3.2 Ein von der Käuferin benannter Wirtschaftsprüfer ist berechtigt, den Zwischenabschluss einschließlich der Eröffnungsbilanz der Gesellschaft zum 1.1....... (laufendes Kalenderjahr) zu prüfen und Einsicht in die Arbeitspapiere des bisherigen Abschlussprüfers der Gesellschaft zu nehmen. Die im vom bisherigen Abschlussprüfer der Gesellschaft geprüften Zwischenabschluss ausgewiesenen Positionen sind für die Käuferin verbindlich, sofern diese nicht innerhalb von sechs Wochen nach Übergabe des geprüften und testierten Zwischenabschlusses sowie des Prüfungsberichts des Abschlussprüfers der Gesellschaft in einer schriftlichen Stellungnahme gegenüber der Verkäuferin widerspricht. In dieser Stellungnahme sind der Verkäuferin Art und Umfang der Beanstandungen mitzuteilen. Falls sich die Parteien nicht binnen weiterer sechs Wochen nach Zugang einer solchen Stellungnahme der Käuferin bei der Verkäuferin über die darin enthaltenen Beanstandungen einigen können, entscheidet – falls sich die Parteien nicht zuvor auf einen Schiedsrichter einigen können – auf schriftlichen Antrag einer Partei ein vom Institut der Wirtschaftsprüfer ernannter unabhängiger Wirtschaftsprüfer (der **„Schiedsgutachter"**) über die streitigen Positionen für beide Parteien verbindlich. In entsprechender Anwendung von §§ 91 ff. ZPO entscheidet der Schiedsgutachter auch darüber, welche Partei die Kosten des Schiedsgutachtens trägt. Die nach vorstehenden Bestimmungen für die Parteien maßgebliche Zwischenbilanz ist der verbindliche Zwischenabschluss.

3.3 Sämtliche Kosten, die im Zusammenhang mit der Aufstellung und Prüfung des Zwischenabschlusses durch den bisherigen Abschlussprüfer der Gesellschaft entstehen, trägt die Verkäuferin. Die Kosten des von ihr eingeschalteten Wirtschaftsprüfers trägt die Käuferin.

§ 4 Garantien

Die Verkäuferin garantiert in Form eines selbstständigen Garantieversprechens ohne Rücksicht auf Verschulden, dass die folgenden Angaben am Tag des Abschlusses dieses Vertrags vollständig und richtig sind:

a) Rechtliche Grundlagen

1. Der Gesellschaftsvertrag der GmbH in der Fassung vom ...... besteht unverändert fort, eine Änderung ist nicht beschlossen, und es bestehen keine weiteren Vereinbarungen zwischen der Verkäuferin oder Gesellschaftern der Verkäuferin einerseits und der GmbH andererseits.
2. Die verkauften Geschäftsanteile gehören der Verkäuferin, unterliegen keinen Verfügungsbeschränkungen, sind voll einbezahlt, nicht zurückbezahlt und nicht mit Rechten Dritter belastet und weitere Gesellschafter sind nicht vorhanden.
3. Andere als die in Nr. 1 bis 2 genannten gesellschaftsrechtlichen Beziehungen der GmbH sowie Unternehmensverträge und Kooperationsverträge mit anderen Unternehmen bestehen nicht.

b) Finanzielle Verhältnisse

1. Die der Käuferin überreichten Jahresabschlüsse der GmbH für die letzten Geschäftsjahre ...... und ...... entsprechen den gesetzlichen Vorschriften und den Grundsätzen ordnungsmäßiger Buchführung und Bilanzierung und geben die Vermögens-, Finanz- und Ertragslage der GmbH zutreffend wieder.
2. Der Käuferin ist von der Verkäuferin nach bestem Wissen vollständig und umfassend – mündlich oder schriftlich – Auskunft über alle der Verkäuferin bekannten Umstände erteilt worden, die zur Beurteilung der jetzigen und künftigen Vermögens-, Finanz- und Ertragslage der GmbH von nicht unerheblicher Bedeutung sind. Die erteilten Auskünfte und überreichten Unterlagen sind, soweit letztere eigene Erklärungen der Verkäuferin oder der Geschäftsführer oder sonstiger leitender Angestellter der GmbH enthalten, richtig.
3. Der Jahresüberschuss der GmbH nach Abzug von Wertaufholungserträgen und von außerordentlichen Veräußerungserträgen im laufenden und im vorausgegangenen Geschäftsjahr beträgt je mindestens ...... EUR. Die GmbH ist und war zu keiner Zeit zahlungsunfähig oder überschuldet.
4. Die Übernahmebilanz und das Inventar der GmbH entsprechen den in § 2 aufgeführten Anforderungen.
5. Die in dem Zwischenabschluss der GmbH ausgewiesenen Gegenstände stehen im Eigentum der GmbH oder gehen nach Bezahlung in ihr Eigentum über, umfassen sämtliche Wirtschaftsgüter, die im Geschäftsbetrieb der GmbH genutzt werden

oder dafür erforderlich sind, und haften nur für solche Verbindlichkeiten, die in dem Zwischenabschluss der GmbH ausgewiesen oder zurückgestellt sind.

6. Die in dem Zwischenabschluss der GmbH ausgewiesenen Forderungen bestehen, sind nicht einredebehaftet und es treten bei diesen Forderungen keine höheren Ausfälle ein als der Betrag der auf diese Forderungen in dem Zwischenabschluss gebildeten Wertberichtigungen.

7. Abgesehen von nicht bilanzierungspflichtigen Verbindlichkeiten aus noch nicht erfüllten Verträgen bestehen oder drohen am Übernahmestichtag keine weiteren oder höheren Verbindlichkeiten der GmbH als in dem Zwischenabschluss der GmbH passiviert sind.

8. Die GmbH haftet nicht für fremde Verbindlichkeiten, insbesondere aufgrund Wechselhaftung, Bürgschaften, Garantieverpflichtungen, Patronatserklärungen.

9. Das Anlagevermögen befindet sich in ordnungsmäßigem Zustand, die erforderlichen Ersatzbeschaffungen und Reparaturen sind jeweils durchgeführt worden.

10. Die Lagerbestände sind nach Zusammensetzung und Umfang betriebswirtschaftlichen Grundsätzen angemessen, befinden sich in gutem Zustand und sind im gewöhnlichen Geschäftsbetrieb verkaufsfähig.

11. *Anlage zu § 4 lit. b) 11.* enthält eine abschließende Liste der letzten für jede Steuerart durchgeführten steuerlichen Außenprüfungen unter Angabe des Zeitpunkts des Ergehens des jeweils nachfolgenden Steuerbescheids bzw. schwebenden Verfahrens.

c) Arbeits- und Dienstleistungsverhältnisse

1. *Anlage zu § 4 lit. c) 1.* enthält eine abschließende Liste aller Arbeitnehmer der GmbH zum Übernahmestichtag einschließlich Name, Geburtsdatum, Funktion, Eintrittstermin, Kündigungsfristen, Jahresvergütung im Kalenderjahr ......, Altersversorgungsart und -aufwendungen, Besonderheiten (z. B. schwerbehindert, Dienstwagen, Arbeitnehmerdarlehen).

2. *Anlage zu § 4 lit. c) 2.* enthält eine abschließende Liste aller Handelsvertreter und Berater der GmbH zum Übernahmestichtag, enthaltend Name, Tätigkeitsgebiet, Vertragsbeginn, Kündigungsfristen, Jahresvergütung im Kalenderjahr ......, einschließlich aller Nebenleistungen.

3. *Anlage zu § 4 lit. c) 3.* enthält eine abschließende Liste aller Altersversorgungsverpflichtungen der GmbH zum Übernahmestichtag gegenüber allen mit unverfallbaren Versorgungsanwartschaften ausgestatteten ausgeschiedenen Altersversorgungsberechtigten und Pensionären mit Name, Geburtsdatum und Höhe der Anwartschaften oder Versorgungsansprüche. Eine Unterstützungskasse oder Pensionskasse besteht bei der GmbH nicht.

4. Seit ...... ist keine Erhöhung oder Zusage einer Erhöhung von Leistungen (Gehalt, Pension, Tantieme, Boni, Provision, sonstige Leistungen) an Arbeitnehmer, Berater, Handelsvertreter oder sonstige Dienstleister, außer den jährlichen Tariferhöhungen, sowie keine Modifizierung solcher Verträge (Laufzeit, Kündigungsfristen oder dergleichen) erfolgt.

5. Es bestehen nur die in der *Anlage zu § 4 lit. c) 5.* aufgeführten Betriebsvereinbarungen und Tarifverträge.

d) Sonstiges

1. Es hat in der Vergangenheit keine Produkthaftungsansprüche gegen die GmbH gegeben; Produkthaftungsansprüche drohen auch nicht.

2. Know-how und Schutzrechte, die die GmbH nutzt, stehen auf Dauer rechtsmängelfrei in ihrer Verfügungsmacht; es sind dafür keine Leistungen an Dritte zu gewähren.

3. Die GmbH verletzt Rechtsvorschriften nicht wesentlich; insbesondere hat die GmbH ihre steuerlichen und sozialversicherungsrechtlichen Pflichten erfüllt. Die GmbH verletzt nicht vertragliche Rechte Dritter und hat sich keinen vertraglichen Beschränkungen in ihrer Geschäftstätigkeit unterworfen; insbesondere ist die GmbH mit Liefer-, Leistungs- und Zahlungspflichten nicht in Verzug.

4. Der der GmbH gehörende sowie der von der GmbH genutzte Grund und Boden sowie die darauf befindlichen Gebäude sind frei von schädlichen Belastungen aller Art (Verunreinigungen, Ablagerungen, Blindgängern etc.), keine schädlichen Substanzen werden in Grundwasser oder Flüsse eingeleitet, Luft- und Lärmemissionen, die zu Aufwendungen führen könnten (Schadensersatz, Wiederherstellung, Vorkehrung), bestehen nicht. Ferner bestehen keine Rechte und Lasten, die ohne Eintragung im Grundbuch wirksam sind, wie z. B. Eintragungen im Baulastenbuch.

5. Die von der GmbH genutzten Gebäude stehen nicht unter Denkmalschutz, ihre Veränderung ist auch nicht durch ähnliche Bestimmungen beschränkt.

6. Der Geschäftsbetrieb und die dazu gehörigen materiellen Vermögensgegenstände entsprechen jetzt und nach bestem Wissen auch künftig öffentlich-rechtlichen (insbesondere gewerberechtlichen, baurechtlichen, umweltschutzrechtlichen, wettbewerbsrechtlichen, kartellrechtlichen) sowie arbeitsrechtlichen Vorschriften und tarifvertraglichen Vereinbarungen.

7. Die der GmbH gewährten oder zugesagten öffentlichen Subventionen, die in der *Anlage zu § 4 lit. d) 7.* abschließend verzeichnet sind, werden nicht im Hinblick auf diesen Beteiligungskauf zurückgefordert, eingeschränkt oder erschwert. Weitere Subventionen sind von der GmbH nicht beantragt.

8. Die für die GmbH wesentlichen Grundlagen (wie Konzessionen, Betriebserlaubnisse, Versorgungs-, Entsorgungs-, Miet-, Pacht-, Leasing-, Lizenz-, Kooperations-, Kredit-, Liefer- und Abnahmeverträge, sofern nicht im Einzelfall von untergeordneter Bedeutung) bestehen und werden nicht im Hinblick auf diesen Beteiligungskauf beendet, eingeschränkt oder erschwert.

9. Betriebsinterne Abläufe und Aufgabenverteilungen sind vollständig und transparent dokumentiert (in Organisationsdokumenten, Betriebshandbüchern, Arbeitsanweisungen, Stellenbeschreibungen etc.).

10. Die GmbH unterhält ein funktionierendes Risiko-Überwachungssystem.

11. Die GmbH hat eine angemessene Versicherungsdeckung. *Anlage zu § 4 lit. d) 11.* enthält eine abschließende Liste aller Versicherungspolicen unter Angabe des versicherten Risikos, der Restlaufzeit und der Jahresprämie.

12. Die *Anlage zu § 4 lit. d) 12.* enthält eine abschließende Liste aller Verträge, die die GmbH zu ertrags- oder umsatzabhängigen Zahlungen verpflichten.

13. Die *Anlage zu § 4 lit. d) 13.* enthält eine abschließende Liste aller Verträge mit der GmbH mit über einem Jahr Laufzeit oder jährlichen Verpflichtungen für die GmbH von über ...... EUR, sofern nicht in einer anderen Anlage zu diesem Vertrag enthalten.

14. Außer den in der *Anlage zu § 4 lit. d) 14.* aufgeführten Verfahren sind keine Rechtsstreite, Rechtsbehelfe und dergleichen anhängig oder drohen.

§ 5 Rechtsfolgen

5.1 Sollten die oben genannten selbstständigen Garantien der Verkäuferin unrichtig sein, kann die Käuferin einen wirtschaftlichen Schadensausgleich verlangen, sofern eine Herstellung des vertragsgemäßen Zustands nicht möglich oder wirtschaftlich nicht vertretbar ist oder von der Verkäuferin nach Aufforderung nicht innerhalb von ...... Monaten herbeigeführt wird.

5.2 Die Käuferin kann einen Schadensersatzanspruch aber nur dann geltend machen, wenn der einzelne Anspruch gegen die Verkäuferin den Betrag von EUR ...... *(Bagatellgrenze)* übersteigt. Ferner ist der Schadensersatz auf einen Höchstbetrag von insgesamt ...% des Kaufpreises begrenzt. Hiervon ausgenommen sind Ansprüche der Käuferin, die auf Vorsatz der Verkäuferin beruhen; solche Ansprüche sind nicht auf einen Höchstbetrag begrenzt.

5.3 Mit Ausnahme der in § 4 aufgeführten Garantien übernimmt die Verkäuferin keine Haftung. Rechte der Käuferin aus § 437 BGB sowie sämtliche Rechte auf Anfechtung, Rücktritt oder Kündigung des Vertrags, aus welchem rechtlichen Grund auch immer, einschließlich rechtsgeschäftlicher und rechtsgeschäftsähnlicher Pflichtverletzungen i.V.m. § 311 BGB und Störung der Geschäftsgrundlage sind, soweit gesetzlich zulässig, ausdrücklich ausgeschlossen.

5.4 Die entsprechende Anwendung des § 442 Abs. 1 BGB wird ausgeschlossen.

5.5 Vorstehende Ansprüche der Käuferin verjähren mit Ablauf des ...... Die Verjährung kann nur durch schriftlich spezifizierte Geltendmachung unterbrochen werden. Nach einer solchen Unterbrechung verjähren Ansprüche der Käuferin mit Ablauf von sechs Monaten, jedoch nicht vor Ablauf der ursprünglichen Verjährungsfrist.

§ 6 Auswirkungen steuerlicher Veranlagungen

6.1 Führen steuerliche Veranlagungen (insbesondere aufgrund von Außenprüfungen) zu einer Änderung steuerlicher Wertansätze bei der GmbH für Zeiträume bis zum Übernahmestichtag, so hat dies keinen Einfluss auf den Zwischenabschluss und den Kaufpreis.

6.2 Ergeben sich bei der GmbH aufgrund von Steuerveranlagungen, Steuerfestsetzungen oder Haftungsbescheiden für Zeiträume bis zum Übernahmestichtag Mehr- oder Wenigersteuern gegenüber den bis zum Übernahmestichtag bezahlten oder in dem Zwischenabschluss ausgewiesenen Steuern, so hat die Käuferin den – anteilig auf die verkauften Geschäftsanteile entfallenden – Mehr- oder Wenigerbetrag von der Verkäuferin zu beanspruchen bzw. diesen zu erstatten. Mehr- oder Weniger-steuern, die in der Person der Verkäuferin oder ihrer Gesellschafter entstehen, verbleiben bei diesen.

6.3 Ansprüche der Käuferin nach Abs. 2 erlöschen, wenn sie nicht innerhalb von einem Jahr ab Bestandskraft des jeweiligen Bescheids schriftlich dem Grunde nach gegenüber der Verkäuferin geltend gemacht werden. Rechtzeitig geltend gemachte Ansprüche verjähren zwei Jahre nach Bestandskraft des jeweiligen Bescheids.

6.4 Die Verkäuferin oder ein von ihr benannter Steuerberater sind berechtigt und auf Verlangen der Käuferin verpflichtet, an steuerlichen Außenprüfungen (insbesondere an den Schlussbesprechungen) für Veranlagungszeiträume bis zum Übernahme-stichtag und an außergerichtlichen und finanzgerichtlichen Verfahren betreffend diese Veranlagungszeiträume teilzunehmen.

§ 7 Steuern und Kosten

7.1 Die Steuern, die von der Verkäuferin oder ihren Gesellschaftern aus einem aufgrund dieses Vertrages etwa erzielten Veräußerungsgewinn zu entrichten sind, fallen der Verkäuferin zur Last.

7.2 Eine etwa zum Ansatz kommende Grunderwerbsteuer hat die Käuferin zu tragen.

7.3 Die Kosten dieses Vertrages und seines Vollzugs hat die Käuferin zu tragen. Die Kosten für ihre Berater haben Käuferin und Verkäuferin je selbst zu tragen.

§ 8 Wettbewerbsverbot

8.1 Die Verkäuferin verpflichtet sich, auf die Dauer von ...... Jahren nach dem Übernahmestichtag weder ein zur GmbH in Wettbewerb stehendes Unternehmen zu betreiben, noch sich an einem solchen zu beteiligen oder für ein solches in irgendeiner Form tätig zu sein. Das Wettbewerbsverbot gilt nicht, wenn sich der Wettbewerb nicht in ...... auswirkt. Das Wettbewerbsverbot gilt ebenfalls nicht beim Erwerb börsennotierter Aktien zu nicht mehr als 5 Prozent des Grundkapitals.

8.2 Für jeden Fall des Verstoßes der Verkäuferin gegen das Wettbewerbsverbot ist eine Vertragsstrafe in Höhe von ...... EUR an die Käuferin zu zahlen. Bei fortgesetztem Verstoß gilt jeder angefangene Kalendermonat als gesonderter Verstoß. Die Geltendmachung eines höheren Schadens ist der Käuferin nicht verwehrt. Eine geleistete Vertragsstrafe ist jedoch auf den Schaden anzurechnen.

§ 9 Vollzugsbestimmungen

9.1 Die GmbH, vertreten durch ihre Geschäftsführer, erteilt hiermit ihre Zustimmung zur Abtretung der Geschäftsanteile gemäß § ...... des Gesellschaftsvertrages.

9.2 Die Abtretung der verkauften Geschäftsanteile wird hiermit der Gesellschaft gemäß § 16 GmbHG angezeigt.

§ 10 Schlussbestimmungen

10.1 Auf diesen Vertrag ist deutsches Recht unter Ausschluss der Kollisionsnormen anwendbar.

10.2 Nebenabreden sind nicht getroffen.

10.3 Änderungen und Ergänzungen dieses Vertrages bedürfen zu ihrer Wirksamkeit der Schriftform, sofern nicht notarielle Beurkundung erforderlich ist.

10.4 Erfüllungsort und Gerichtsstand ist, soweit gesetzlich zulässig, der Sitz der GmbH.

10.5 Verkäuferin und Käuferin werden sich über Zeitpunkt, Art und Inhalt der externen und internen Publikation des Beteiligungskaufs abstimmen.

10.6 Dieser Vertrag ersetzt sämtliche vorherigen Vereinbarungen und Erklärungen der Verkäuferin und der Käuferin in bezug auf den Kaufgegenstand.

10.7 Die Vertragsparteien verpflichten sich, sämtliche Handlungen vorzunehmen, die für eine reibungslose Umsetzung dieses Beteiligungskaufes zweckdienlich sind.

10.8 Sollten einzelne Bestimmungen des Vertrages unwirksam sein oder werden, so wird dadurch die Gültigkeit des übrigen Vertragsinhalts nicht berührt. Die weggefallene Bestimmung ist durch eine Regelung zu ersetzen, die dem wirtschaftlichen Zweck der weggefallenen Bestimmung möglichst nahekommt.

10.9 Der Notar hat die nach dem Beurkundungsgesetz erforderlichen Belehrungen erteilt.

Die Parteien erteilen den Notariatsangestellten

a) ......

b) ......

je einzeln und unter Befreiung von dem Mehrvertretungsverbot des § 181 BGB Vollmacht zur Änderung und Ergänzung dieser Urkunde in jeder Hinsicht. Von der Vollmacht kann nur vor dem beurkundenden Notar Gebrauch gemacht werden.

Anhang 5

Gesellschaftervereinbarung

Vor mir, dem beurkundenden Notar, ... mit dem Amtssitz in ......, ..., erschienen heute, den [......],

1. Herr ......, geb. am ......(Datum), ausgewiesen durch seinen Personalausweis, hier handelnd nicht in eigenem Namen, sondern als Vorstand der ......, geschäftsansässig ...... (Adresse, Ort)

    – im Folgenden auch ......oder „**Investor**" genannt –

2. Herr ......, geb. am ...... (Datum), wohnhaft ...... (Adresse, Ort), ausgewiesen durch seinen gültigen Personalausweis, hier handelnd

    a) in eigenem Namen

    – im Folgenden auch „**MBO-Manager**" genannt –

    sowie

    b) als von den Beschränkungen des § 181 BGB befreiter einzelvertretungsberechtigter Geschäftsführer der ...... GmbH

    – im Folgenden auch „**NewCo GmbH**" oder „**Target Holding GmbH**" oder „**Gesellschaft**" genannt –

3. Herr ......, geb. am ...... (Datum), wohnhaft ...... (Adresse, Ort), ausgewiesen durch seinen Personalausweis, hier handelnd im eigenem Namen,

    – im Folgenden auch **MBO-Co-Manager** genannt –
    – MBO Manager und MBO-Co-Manager im Folgenden gemeinsam auch „**MBO-Manager**" genannt –

Präambel

1. Ausgangslage der Gesellschaft

Die NewCo GmbH wurde als Vorratsgesellschaft und Akquisitionsvehikel zum Kauf von 100 % der Geschäftsanteile an der ...... GmbH, mit Sitz in ......, erworben („**Target GmbH**"). Der MBO-Manager fungiert gleichzeitig als Geschäftsführer der NewCo GmbH und der Target GmbH. Der MBO-Co-Manager ist ebenfalls Geschäftsführer der NewCo GmbH. Die NewCo GmbH wird neben der Eigenkapitalbeteiligung des Investors, des MBO-Managers und des MBO-Co-Managers durch eine stille Beteiligung des Investors in Höhe von EUR ...... und eine weitere

stille Beteiligung des MBO-Managers in Höhe von EUR ......, ein Akquisitionsdarlehen der Bank in Höhe von EUR ...... und ein Verkäuferdarlehen von ...... in
Höhe von EUR ...... finanziert.

Voraussetzung der Transaktion ist weiterhin eine ausreichende Working Capital
Finanzierung bei der Target GmbH durch eine Avallinie in Höhe von EUR ......,
einen Kontokorrentrahmen von EUR ...... und einen Kredit in Höhe von
EUR ...... mit einer Laufzeit bis ....

2. Grundlage der Beteiligung

Die Basis der Beteiligungsentscheidung der Investoren ist der Finanzplan vom ......
gemäß **Anlage 1.**

Vor diesem Hintergrund vereinbaren die Vertragsparteien folgendes:

§ 1 Erwerb der Gesellschaft und Kapitalerhöhung

(1) Im Handelsregister des Amtsgerichts ...... ist unter HRB ...... die NewCo GmbH
eingetragen. Diese Vorratsgesellschaft wurde von den Parteien erworben und in
Target Holding GmbH umbenannt. Das Stammkapital der NewCo GmbH beträgt
derzeit EUR ...... (in Worten: Euro ......) und wird auf EUR ...... (in Worten:
Euro ......) erhöht. Geschäftsführer sind die MBO-Manager.

(2) Die Parteien werden an der Gesellschaft nach der Kapitalerhöhung wie folgt beteiligt sein:

    a) MBO-Manager mit   EUR ......

    b) Investor mit   EUR ......

    c) MBO-Co-Manager mit   EUR ......

(3) Der MBO-Co-Manager verpflichtet sich, seinen Geschäftsanteil an der Target
GmbH im Nennbetrag von EUR 500 im Wege der Sacheinlage gegen Gewäh-
rung eines Geschäftsanteils im Nennbetrag von EUR ...... in die Target Holding
GmbH einzubringen.

(4) Ferner verpflichtet sich der Investor in Zusammenhang mit der Kapitalerhöhung
gegenüber den MBO-Managern, eine Barzuzahlung in die Kapitalrücklage der
Target Holding GmbH in Höhe von EUR ...... zu leisten. Diese ist binnen zehn
(10) Banktagen nach Eintragung der Kapitalerhöhung auf das von der Target
Holding GmbH zu benennende Konto zu überweisen.

(5) Die Parteien verpflichten sich, alles rechtlich Mögliche zu tun, um das wirtschaftliche Ziel dieses Vertrages, wie es in der Präambel beschrieben ist, schnellstmög-
lich zu erreichen. Die MBO-Manager und die Target Holding GmbH verpflichten sich, die zur Verfügung gestellten Beteiligungsmittel nur für den Erwerb der
Geschäftsanteile der Target GmbH (Ziff. 1 der Präambel) und die hiermit verbundenen Kosten zu verwenden. Die Target GmbH soll zum frühestmöglichen Zeitpunkt mit Wirkung auf den ...... mit der Target Holding GmbH verschmolzen
werden; hierzu werden die Parteien alle notwendigen Maßnahmen ergreifen und
Erklärungen abgeben.

§ 2 Garantien

(1) Die MBO-Manager garantieren dem Investor hiermit im Sinne einer selbstständigen, verschuldensunabhängigen Garantie im Sinne von § 311 Abs. 1 BGB, dass nach ihrem besten Wissen die nachfolgend aufgeführten Tatsachen zum Zeitpunkt des Abschlusses dieser Gesellschaftervereinbarung vollständig und inhaltlich richtig sind. Bestes Wissen umfasst diejenigen Umstände oder Verhältnisse, die den MBO-Managern bis zum Zeitpunkt des Abschlusses dieser Beteiligungsvereinbarung bekannt waren oder die ihnen vom Standpunkt eines ordentlichen Kaufmanns im Zuge einer gewissenhaften Geschäftstätigkeit hätten bekannt sein müssen:

a) Die derzeitigen Bankkredite der Target GmbH sind nicht gekündigt und ihr operatives Geschäft kann weiterhin allein durch Avallinien und durch die bestehenden bzw. im Rahmen der Transaktion neu abzuschließenden Banklinien gewährleistet werden. Ausgenommen hiervon sind Großprojekte; für diese müssen Aval-Einzelvereinbarungen abgeschlossen werden

b) ......

c) ......

(2) Sollte eine der vorstehenden Garantien unvollständig oder unrichtig sein, ist der Investor berechtigt, von den insoweit als Gesamtschuldnern haftenden MBO-Managern nach seiner Wahl Schadensersatz in Geld oder durch die Übertragung von Geschäftsanteilen, die die MBO-Manager an der Target Holding GmbH halten, zu ihrem Buchwert zu verlangen (für die Bestimmung des Buchwerts gilt § 20.2 Satz 2 und 3 entsprechend).

(3) Schadensersatzansprüche des Investors wegen einer Garantieverletzung werden auf einen Höchstbetrag von EUR ...... begrenzt.

(4) Schadensersatzansprüche des Investors nach diesem § 2 verjähren innerhalb von ...... Monaten nach Abschluss dieser Gesellschaftervereinbarung.

§ 3 Stille Beteiligung des Investors und des MBO-Managers

(1) Der Investor beteiligt sich mit einer Einlage von EUR ...... und der MBO-Manager beteiligt sich mit einer Einlage von EUR ...... jeweils im Rahmen einer stillen Gesellschaft an der Target Holding GmbH. Die Target Holding GmbH wird eine vorzeitige Beendigung der stillen Beteiligung gegenüber dem Investor und dem MBO-Manager nur (anteilig) gleich erklären.

(2) Die offene Beteiligung bleibt jeweils unabhängig davon bestehen, ob eine stille Beteiligung aus wichtigem Grund gekündigt wird. Sofern jedoch über mindestens ...... Monate die Zins- und Tilgungsleistungen auf die stille Beteiligung gemäß § 3 Abs. 1 nicht vollständig erbracht werden, ist der Investor zur freien Verfügung über seine Geschäftsanteile berechtigt; §§ 13–15 finden in diesem Fall keine Anwendung.

(3) Sofern der Investor seine Anteile an der Target Holding GmbH ganz oder teilweise veräußert, hat er das Recht, die stille Beteiligung aus wichtigem Grund zu

kündigen oder die stille Beteiligung ganz oder teilweise ohne Zustimmung der Gesellschaft auf den Erwerber der Anteile zu übertragen. Zur Vermeidung von Missverständnissen besteht Einvernehmen darüber, dass die vorstehende Regelung im Falle eines Intra-Group-Transfers im Sinne von § 13 S. 3 des Vertrags keine Anwendung findet.

§ 4 Satzung

Die Satzung der Target Holding GmbH wird mit gesonderter Beschlussfassung der Gesellschafterversammlung neu gefasst.

§ 5 Jahresplanung, Zustimmung des Investors

(1) Dem Investor wird von der Target Holding GmbH bzw. ihren Organen die Unternehmensplanung für die Target Holding GmbH und ihre Tochterunternehmen (insbesondere die Target GmbH) für das folgende Geschäftsjahr bis spätestens einen Monat vor Beginn eines jeden neuen Geschäftsjahres vorgelegt. Vorgelegt werden insbesondere:

a) Planbilanz sowie jeweils ein Umsatz-, Ergebnis-, Investitions- und Liquiditätsplan mit jeweils monatlicher Aufgliederung.

b) Grobplanung von Umsatz, Kosten, Investitionen und Liquiditätsentwicklung des auf das kommende Geschäftsjahr folgenden Geschäftsjahrs.

(2) Der Beschluss der Gesellschafterversammlung über die Jahresplanung gemäß Absatz 1 bedarf der Zustimmung des Investors.

§ 6
Informationsrechte

(1) Die Gesellschaft erteilt durch die Geschäftsführung dem Investor alle Informationen, die einen möglichst sicheren Einblick in die Vermögens-, Liquiditäts- und Ertragsverhältnisse der Gesellschaft und ihrer etwaigen Tochterunternehmen (insbesondere vor Verschmelzung der Target GmbH) vermitteln. Dies sind insbesondere:

a) **regelmäßig (für den jeweils vorangegangenen Monat bzw. das vorangegangene Quartal bis zum 30. des Folgemonats) (im Februar: 28. Februar):**

Auftragsbestand und -eingang:	monatlich
erzielte Umsatzerlöse/Gesamtleistung:	monatlich
Darstellung der Liquiditätslage:	Bankenstand monatlich
revolvierende 12-Monats-Liquditätsplanung:	vierteljährlich
Gewinn- und Verlustrechnung mit Soll-/Ist-Abweichungen:	monatlich
BWA:	monatlich
Vertriebsreporting:	vierteljährlich

Managementbericht über aktuelle Entwicklungen
(Vertrieb, F&E, Personal, Organisation) sowie
über den Stand der internen Projekte: vierteljährlich

b) unmittelbar nach Bekanntwerden:

Bericht über alle für das Gesellschaftsverhältnis relevante Ereignisse. außerhalb
des gewöhnlichen Geschäftsbetriebes sowie über außerordentliche Geschäftsvorfälle

c) Vorlage des Jahresabschlusses:

Erstellung bis spätestens 3 (drei) Monate nach dem Ende des Geschäftsjahres
und Vorlage des testierten Abschlusses nebst Prüfungsbericht des Abschlussprüfers innerhalb von 6 (sechs) Monaten nach dem Ende des Geschäftsjahres.

(2) Die Gesellschaft wird den Jahresabschluss entsprechend §§ 317 ff. HGB prüfen
lassen. Die Gesellschafterversammlung beschließt alljährlich zusammen mit der
Entlastung der Geschäftsführung sowie der Verwendung des Bilanzgewinns über
die Wahl des Abschlussprüfers.

(3) Der Investor stimmt Form und Inhalt für das Reporting mit den geschäftsführenden MBO-Managern ab. Die Gesellschaft wird dem Investor die vorgenannten
Informationen auch außerhalb der in Absatz 1 genannten Fristen jederzeit unverzüglich auf Anforderung zur Verfügung stellen.

(4) Der Investor kann auf eigene Rechnung einzelne oder alle Geschäftsvorfälle eines
Geschäftsjahres durch einen Bevollmächtigten oder einen von ihm zu beauftra-
genden sachverständigen Dritten prüfen und hierzu jederzeit die Betriebe der Gesellschaft einschließlich ihrer Tochtergesellschaften während der normalen Ge-
schäftszeit besichtigen und entsprechende Buchhaltungsunterlagen einsehen. Die
Kosten für vorstehende Prüfungshandlungen trägt der Investor, soweit nicht die
Prüfung wesentliche Abweichungen von den Angaben der Gesellschaft ergibt.
Vorstehendes Prüfungsrecht endet erst mit vollständiger Erfüllung aller Ansprüche
des Investors.

(5) Sofern die Gesellschaft einen Beirat bestellt, erhält der Investor das Recht, ein
Drittel der Mitglieder zu bestellen. Die Zuständigkeit des Beirats wird in der Satzung der Gesellschaft und der Beiratsordnung geregelt.

§ 7 Zustimmungsbefugnisse

(1) Die Geschäftsführung bedarf für Rechtsgeschäfte und Rechtshandlungen, die über
den Rahmen des üblichen Geschäftsbetriebs hinausgehen und erhebliche Auswirkungen auf die Vermögens- und Ertragslage der Target Holding GmbH bzw. der
Target GmbH haben, der vorherigen Zustimmung des Investors. Eine Zustimmung ist nicht erforderlich, soweit die einzelnen Maßnahmen schon in der von
der Gesellschafterversammlung beschlossenen und vom Investor genehmigten Unternehmensplanung (§ 5) enthalten sind. Folgende Geschäfte in der Target GmbH
sind nach ihrem Erwerb an die Zustimmung der Target Holding GmbH zu binden, deren Geschäftsführung zur Erteilung der Zustimmung wiederum der vorhe-

rigen Zustimmung des Investors bedarf, soweit sie nicht in der Unternehmensplanung gemäß Satz 1 enthalten sind:

a) grundlegende Änderung des Tätigkeitsgebietes der Target GmbH, insbesondere Aufnahme neuer Geschäftszweige, Änderungen des bisherigen Leistungsprogramms der Target GmbH und der mit ihr verbundenen Unternehmen, soweit hierdurch eine wesentliche Veränderung der Unternehmensstruktur zu erwarten ist;

b) Errichtung, Verlegung oder Aufgabe von Zweigniederlassungen und/oder auswärtigen Betriebsstätten;

c) Erwerb, Belastung und Veräußerung von Grundstücken und grundstücksgleichen Rechten;

d) Investitionen, soweit die Anschaffungs- oder Herstellungskosten im Einzelfall EUR ...... oder innerhalb eines Geschäftsjahres EUR ...... überschreiten;

e) Abschluss, Änderung oder Beendigung von Miet- oder Pachtverhältnissen, welche eine Laufzeit oder Kündigungsfrist von mehr als einem Jahr haben oder deren Jahresmiete oder Jahrespacht den Betrag von EUR ...... übersteigt;

f) Begründung oder Beendigung von Dienstverhältnissen, sofern die Jahresbezüge EUR ...... überschreiten oder durch eine Änderung übersteigen würden;

g) Übernahme von Bürgschaften oder Abgabe von Garantieversprechen außerhalb des üblichen Geschäftsverkehrs, deren Gegenstandswert EUR ...... übersteigt;

h) Eingehung von Wechselverbindlichkeiten;

i) Aufnahme von Krediten oder Leasingverpflichtungen im Gegenwert von mehr als EUR ...... p. a.;

j) Gewährung von Darlehen an Gesellschafter, Geschäftsführer und Prokuristen;

k) Abschluss von Vertriebs-, Kooperations- oder Lizenzverträgen, soweit sie von weitreichender und einschränkender strategischer Bedeutung sind;

l) Begründung von Lieferverbindlichkeiten oder Bezugsverpflichtungen, welche die Handlungsfreiheit der Target GmbH wesentlich einschränken im Sinne einer absoluten Abhängigkeit

m) Abschluss von Wettbewerbsverboten zum Nachteil der Target GmbH,

n) Verfügungen über gewerbliche Schutzrechte sowie Rechte an Software (soweit nicht im üblichen Geschäftsbetrieb), Verfallenlassen bzw. Aufgabe von Schutzrechten sowie Vergabe oder Erwerb von Lizenzen (ausgenommen im tagtäglichen Softwaregeschäft)

o) Einleitung von Aktivprozessen mit einem Wert von mehr als EUR ......;

p) Abschluss von Vergleichen und Erlass von Forderungen, soweit die Target GmbH dadurch mit mehr als EUR ...... belastet wird;

q) Vereinbarung über Altersversorgung, die zu Pensionsrückstellungen führen, Gewinnbeteiligung an Mitarbeiter;

r) Vornahme von Geschäften, die über den Rahmen des üblichen Geschäftsverkehrs hinausgehen oder für die Tätigkeit der Target GmbH von grundlegender Bedeutung sind;

s) Ausübung von Stimmrechten in Gesellschafterversammlungen oder Aufsichtsorganen von Tochtergesellschaften der Target GmbH, soweit es um Maßnahmen oder Rechtsgeschäfte der Tochtergesellschaft im Sinne des vorstehenden Katalogs geht,

t) Abberufung von Geschäftsführern sowie Bestellung neuer Geschäftsführer sowie Änderung von Geschäftsführerverträgen und Tantiemevereinbarungen,

u) Abschluss von Geschäften mit Gesellschaftern und diesen nahe stehenden Personen (im Sinne von § 1 Abs. 2 Außensteuergesetz) und Angehörigen im Sinne von § 15 AO.

§ 8 Allgemeine Verpflichtung

(1) Der MBO-Manager verpflichtet sich, auf Verlangen der Banken als Sicherheit für die laufende Finanzierung der Target GmbH und der Target Holding GmbH Bürgschaften bis zur Höhe von EUR ...... zu übernehmen.

(2) Die Gesellschaft verpflichtet sich, für die Geschäftsführung eine D&O-Versicherung mit einer Versicherungssumme für jedes Mitglied der Geschäftsführung in Höhe von EUR ...... abzuschließen. Dies soll auch für die Geschäftsführungsposition in der Target GmbH gelten.

§ 9
Tätigkeitspflicht; Wettbewerbsverbot

(1) Die MBO-Manager verpflichten sich für die Dauer der Beteiligung des Investors ihre gesamten geschäftlichen Aktivitäten auf die Target Holding GmbH und die Target GmbH zu konzentrieren. Anderweitige berufliche Tätigkeiten oder auch eine Beteiligung, sei es unmittelbar oder mittelbar, an anderen Unternehmen sind nur mit Zustimmung des Investors gestattet.

(2) Der MBO-Manager und der MBO-Co-Manager unterliegen für die Dauer ihrer Beteiligung an der Gesellschaft im Tätigkeitsbereich der Gesellschaft und im Anschluss für weitere zwei Jahre einem Wettbewerbsverbot. Sie dürfen weder mittelbar noch unmittelbar, weder für eigene noch für fremde Rechnung irgendeine Tätigkeit entfalten oder Rechtsbeziehungen eingehen, die im Wettbewerb zu den von der Gesellschaft und/oder ihren Tochtergesellschaften betriebenen Geschäften steht/stehen oder die einen solchen Wettbewerb fördert/fördern. Vom Wettbewerbsverbot erfasst ist auch die Beteiligung (auf eigene oder auf fremde Rechnung) an einem Unternehmen, das in irgendeiner Weise mit dem von der Gesellschaft und/oder ihren Tochtergesellschaften betriebenen Unternehmen konkurriert. Von den vorstehend geregelten Beschränkungen ausgenommen sind Beteiligungen aus Gründen der privaten Kapitalanlage an börsennotierten Aktiengesellschaften bis zu einer Höhe von 5% des Grundkapitals.

(3) Für den Fall des Verstoßes eines MBO-Managers gegen eine der in vorstehend Abs. 1 oder Abs. 2 übernommenen Pflichten trotz schriftlicher Abmahnung ist der MBO-Manager nach Wahl des Investors verpflichtet, entweder

(a) sämtliche der von ihm an der Gesellschaft gehaltenen Geschäftsanteile an die übrigen Gesellschafter pro rata ihrer Beteiligung an der Gesellschaft zum anteiligen Buchwert abzutreten, an den dazu erforderlichen gesellschaftsrechtlichen Maßnahmen mitzuwirken und die dafür erforderlichen Erklärungen abzugeben, oder

(b) vorbehaltlich eines weitergehenden Schadensersatzes eine Vertragsstrafe in Höhe von EUR ...... an die Gesellschaft zu zahlen, wobei im Falle von dauerhaften Verstößen für jeden angefangenen Monat des andauernden Verstoßes die Vertragsstrafe neu verwirkt wird.

§ 10 Leistungsverkehr zwischen der Gesellschaft und den Gesellschaftern

(1) Die Target Holding GmbH darf mit ihren Gesellschaftern und diesen nahe stehenden Personen im Sinne von § 1 Abs. 2 Außensteuergesetz und Angehörigen im Sinne von § 15 AO sowie mit im Sinne von §§ 15 ff. AktG verbundenen Unternehmen nur insoweit Geschäfte tätigen, als diese auch mit Nichtgesellschaftern unter sonst gleichen wirtschaftlichen Umständen vorgenommen worden wären.

(2) Durch die Verletzung dieser Bestimmung verursachte Vorteile hat der durch diese Geschäfte Begünstigte der Target Holding GmbH zu erstatten. Ist er nicht Gesellschafter und kann die Erstattung von ihm nicht beansprucht oder verlangt werden, ist der ihm nahe stehende Gesellschafter zum Wertausgleich verpflichtet. Die Target Holding GmbH ist insoweit auch zur Aufrechnung gegen künftige Gewinnausschüttungsansprüche berechtigt.

(3) Der MBO-Manager und der MBO-Co-Manager verpflichten sich weiterhin dafür Sorge zu tragen und stehen dafür ein, dass die Target Holding GmbH mit den Gesellschaften der bisherigen Target Gruppe nur insoweit Geschäfte tätigt, als diese auch mit Nichtgesellschaftern unter sonst gleichen wirtschaftlichen Umständen vorgenommen worden wären.

§ 11 Eigenkapitalstärkung

(1) Die Vertragsparteien sind darüber einig, dass eine weitere Stärkung des Eigenkapitals der Target Holding GmbH anzustreben ist. Zahlungen an Gesellschafter (z.B. Gewinnausschüttungen, Tätigkeitsvergütungen, Pensionszahlungen und Zinszahlungen, ausgenommen die nach den stillen Beteiligungsverträgen geschuldeten Vergütungen) sollen daher die erforderliche Eigenkapitalbildung nicht gefährden.

(2) Die Ausschüttung von Gewinnen aus der Target Holding GmbH bedarf der Zustimmung des Investors, wenn die konsolidierte Eigenkapitalquote ohne Berücksichtigung der stillen Beteiligung des Investors und des MBO-Managers einen Mindestwert nicht erreicht, wobei folgende, nach der Laufzeit der stillen Gesellschaft gestaffelte Mindestwerte zugrunde gelegt werden.

– Mindestquote (konsolidiert): Eigenkapital > [25]% (im Jahr 1 = gleich Jahr ......); die erforderliche Eigenkapitalquote steigt pro Jahr um [2,0]%-Punkte, beträgt im Jahr ...... also [27]%, bis [40]% erreicht sind.

(3) Die Parteien vereinbaren weiterhin, dass der Gewinn der Geschäftsjahre ...... und ...... vollständig thesauriert wird.

(4) Die Regelungen zur Gewinnthesaurierung gemäß § 11 Abs. 1, 2 und 3 gelten bis zur Rückzahlung der stillen Beteiligungen nach § 3 Abs. 1.

§ 12 Vertraulichkeit

(1) Über vertrauliche Angaben und Geheimnisse der Gesellschaft, namentlich Betriebs- oder Geschäftsgeheimnisse, die ihnen durch ihre Eigenschaft als Gesellschafter bekannt geworden sind, haben die Parteien, auch nach Beendigung dieser Vereinbarung, Stillschweigen zu bewahren. Bei Gesellschafterversammlungen sind anwesende Personen, die nicht Gesellschafter sind, und auch nicht berufs- oder standesrechtlich zur Verschwiegenheit verpflichtet sind, zur Verschwiegenheit ausdrücklich zu verpflichten.

(2) Vertrauliche Angaben im Sinne von Abs. 1 sind alle Angaben, die der Mitteilende ausdrücklich als geheimhaltungspflichtig bezeichnet und durch deren Offenbarung bei verständiger wirtschaftlicher Betrachtungsweise die Interessen der Gesellschaft beeinträchtigt werden können. Geheimnis im Sinne von Abs. 1 ist jede mit dem unternehmerischen oder betrieblichen Geschehen im unmittelbaren oder mittelbaren Zusammenhang stehende Tatsache, die nur einem bestimmten Personenkreis bekannt ist, und bei der bei verständiger wirtschaftlicher Betrachtungsweise anzunehmen ist, dass ihre Geheimhaltung vom Unternehmenszweck gewünscht wird.

§ 13 Verfügungsbeschränkung

Die Übertragung der Anteile bedarf der vorherigen Zustimmung des Investors und des MBO-Managers. Die Zustimmung ist zu erteilen, wenn das im Folgenden (§§ 14, 15) festgelegte Verfahren ordnungsgemäß eingehalten worden ist. Weiterhin ist die erforderliche Zustimmung für die in §§ 16, 17 geregelten Übertragungen zu erteilen. Diese Beschränkungen gelten nicht, d.h. es kann über die Anteile frei verfügt werden, wenn es sich um Übertragungen mit oder ohne Gegenleistung seitens des Investors an mit ihm im Sinne von §§ 15 ff. AktG verbundene Unternehmen bzw. von ihm geführte Beteiligungsfonds handelt und diese der Gesellschaftervereinbarung beitreten.

§ 14 Vorerwerbsrecht

(1) Beabsichtigt ein Gesellschafter, seine Anteile ganz oder teilweise an einen Dritten zu veräußern, so hat er diese Absicht den übrigen Gesellschaftern schriftlich mitzuteilen (**„Andienungsmitteilung"**). In der Andienungsmitteilung sind der Name des Kaufinteressenten und die vorgesehenen Verkaufskonditionen (Kaufpreis, Fälligkeit, andere Gegenleistungen, Anzahl der zu übertragenden Anteile, Gewährleistung etc.) mitzuteilen. Zugleich hat er die Anteile, die er zu veräußern beabsichtigt, den übrigen Gesellschaftern zu diesen Konditionen im Verhältnis ih-

rer Beteiligung am Stammkapital der Gesellschaft zum Erwerb anzubieten. Diese können das Angebot (nur ganz und nicht teilweise) innerhalb eines Monats ab Zugang der Andienungsmitteilung annehmen.

(2) Sofern ein Erwerbsberechtigter von seinem Erwerbsrecht nicht oder nicht fristgerecht Gebrauch macht, steht es den übrigen Gesellschaftern, die das Angebot angenommen haben, im Verhältnis ihrer Beteiligung am Stammkapital zu. Sie können es wiederum binnen Monatsfrist ausüben, nachdem der die Veräußerung beabsichtigende Gesellschafter ihnen die Nichtausübung mitgeteilt hat.

(3) Für die Wahrung der vorgenannten Erwerbsfristen ist jeweils die Erklärung zu notarieller Urkunde ausreichend und nicht der Tag des Zugangs entscheidend. Die Gesellschafter stimmen einer für die Umsetzung eines Vorerwerbsrechts erforderlichen Teilung eines zu veräußernden Geschäftsanteils schon jetzt zu.

(4) Die Bedingungen und Bestimmungen des Angebots müssen mit denjenigen des dem potentiellen Käufer unterbreiteten Angebots übereinstimmen. Falls eine Gegenleistung nicht in Geld bestehen sollte, ist von dem veräußerungswilligen Gesellschafter für die Zwecke des Vorerwerbs der Verkehrswert dieser Gegenleistung in Geld anzugeben. Bei Zweifeln an der Richtigkeit dieser Angabe können Gesellschafter, die unter Ausschluss des veräußerungswilligen Gesellschafters über eine einfache Stimmenmehrheit verfügen, oder der Investor bei einem unabhängigen Sachverständigen die Anfertigung eines für die Zwecke des Vorerwerbs verbindlichen Gutachtens über den Verkehrswert der Gegenleistung einholen. Kommt eine Einigung über die Person des unabhängigen Sachverständigen nicht zustande, so entscheidet hierüber ein von der IHK ...... auf Antrag einer Partei zu bestimmender Wirtschaftsprüfer als Schiedsgutachter. Die Kosten trägt diejenige Partei, die mit ihren Bewertungsvorstellungen nicht durchdringt.

(5) Falls die Mitgesellschafter von ihren Vorerwerbsrechten nicht vollständig Gebrauch gemacht haben sollten, ist der verkaufswillige Gesellschafter innerhalb eines Zeitraums von zwei Monaten nach Ablauf sämtlicher Ausübungsfristen für ein Vorerwerbsrecht berechtigt, seine Beteiligung an den in der Andienungsmitteilung genannten Käufer zu verkaufen; dies gilt vorbehaltlich der Bestimmungen zum Mitverkaufsrecht gemäß nachfolgendem § 15. Der mit dem Käufer zustande gekommene Vertrag ist unverzüglich nach Abschluss allen Mitgesellschaftern in Abschrift zu überlassen. Der Verkauf darf nicht zu für den Käufer günstigeren Bedingungen erfolgen, als sie in der Andienungsmitteilung genannt sind. Erfolgt der Verkauf gleichwohl zu günstigeren Bedingungen, steht den Mitgesellschaftern ein Vorkaufsrecht zu, das sie innerhalb eines Monats ab Zugang des Kaufvertrages durch schriftliche Erklärung ausüben können. Hierfür gelten die vorstehenden Regelungen über das Vorerwerbsrecht entsprechend.

§ 15 Mitverkaufsrechte

(1) Werden Gesellschaftsanteile vom Investor oder vom MBO-Manager an einen Dritten verkauft, so hat der jeweils andere Teil das Recht, anstelle der Ausübung seines Vorerwerbsrechts binnen eines Monats ab Zugang einer Andienungsmitteilung gemäß § 14 von dem veräußerungswilligen Gesellschafter zu verlangen, dass

dieser die von ihm gehaltenen Anteile zu den gleichen Bedingungen an den Erwerber mitveräußert (**„Mitverkaufsrecht"**). Sowohl der Investor als auch der MBO-Manager haben jederzeit das Recht, vom MBO-Co-Manager zu verlangen, dass dieser seine Anteile entsprechend Satz 1 mitveräußert.

(2) Ist der Dritte nicht am Ankauf sämtlicher angebotener Anteile interessiert, so hat für den Fall, dass der MBO-Manager seinen Anteil veräußern will, dieser vorrangig die Anteile des Investors an einen Dritten zu verkaufen. Werden Anteile von dem Investor an einen Dritten verkauft, so kann der MBO-Manager verlangen, dass seine Anteile quotal zu den gleichen Bedingungen mit verkauft werden.

§ 16 Exit-Regelung

(1) Die Gesellschafter streben in erster Linie einen Börsengang an und vereinbaren, dessen Durchführbarkeit bis spätestens zum ...... zu prüfen und bei Bestehen der Voraussetzungen den Börsengang durchzuführen. Sollte ein Börsengang nicht bis zum ...... zustande gekommen sein, gilt folgendes:

(2) Ab dem ...... wird die Target Holding GmbH auf Verlangen des Investors mindestens 50% des ausschüttungsfähigen Gewinns an die Gesellschafter ausschütten.

(3) Nach Rückzahlung der stillen Beteiligung des Investors gemäß § 3 Abs. 1, frühestens aber zum ...... hat der MBO-Manager das Recht, die dann vom Investor gehaltenen Anteile an der Gesellschaft zu erwerben (**„Erwerbsoption"**).

Der Kaufpreis berechnet sich im Fall der Ausübung dieser Erwerbsoption durch den MBO-Manager wie folgt:

a) Der MBO-Manager kann ......% der an der Target Holding GmbH insgesamt bestehenden Geschäftsanteile zu einem Preis von EUR ...... erwerben.

b) Bezüglich der weiteren vom Investor gehaltenen Geschäftsanteile gilt als Kaufpreis der höhere Wert aus:

   aa) 1% der insgesamt an der Gesellschaft bestehenden Geschäftsanteile zu einem Kaufpreis von jeweils EUR ...... zzgl. ......% p.a. ab Beteiligungsbeginn.

   bb) Prozentuale Beteiligung des Investors multipliziert mit dem Unternehmenswert der Target Holding GmbH zum Zeitpunkt des gewünschten Kaufs durch den MBO-Manager, ermittelt durch Bewertung eines neutralen Wirtschaftsprüfers abzüglich eines Abschlags von 10%, d.h. pro 1% der Geschäftsanteile ergibt sich ein Kaufpreis von: Unternehmenswert abzgl. 10% geteilt durch 100. Können die Parteien sich über die Person des neutralen Wirtschaftsprüfers nicht einigen, gilt § 14 Absatz (4) Satz 4 und 5 entsprechend.

   c) Der MBO-Manager kann die Geschäftsanteile des Investors in zwei jährlich aufeinanderfolgenden Tranchen erwerben. Der MBO-Manager muss sich aber auf Verlangen des Investors jedenfalls zum Erwerb aller vom Investor gehaltenen Geschäftsanteile unbedingt verpflichten.

(4) Sollte der MBO-Manager seine Erwerbsoption gemäß Absatz (3) nicht spätestens bis zum ...... bezüglich aller Geschäftsanteile des Investors ausgeübt haben, so kann

der Investor von dem MBO-Manager und dem MBO-Co-Manager verlangen, dass diese ihre Geschäftsanteile zu gleichen Bedingungen an einen Kaufinteressententen mitveräußern, sofern sie nicht von ihrem Vorerwerbsrecht (§ 14) Gebrauch machen.

(5) Der MBO-Manager und der MBO-Co-Manager sind nicht gemäß Absatz (4) zum Mitverkauf ihrer Anteile verpflichtet, wenn die Target Holding GmbH dem Investor ab dem ...... eine Vorzugsausschüttung in Höhe von ......% des ausschüttungsfähigen jährlichen Gewinns gewährt, wobei die Eigenkapitalquote der Target Holding GmbH durch die Ausschüttung ......% nicht unterschreiten darf. Zur Klarstellung: In diesem Fall werden zunächst ......% des Gewinns der Target Holding GmbH an den Investor ausgeschüttet; der restliche Gewinn wird zwischen den Gesellschaftern pro rata ihrer Beteiligung verteilt. Die insoweit erforderliche Satzungsänderung werden die Parteien beschließen.

(6) Sollten die vom MBO-Manager im Wege der Erwerbsoption gemäß Abs. (3) vom Investor erworbenen Anteile innerhalb eines Zeitraums von ...... Monaten an einen oder mehrere Dritte veräußert werden, so steht der Mehrerlös dem Investor zu.

§ 17 Mitveräußerungspflicht

Alle Gesellschafter sind verpflichtet, sämtliche von ihnen gehaltenen Geschäftsanteile an der Gesellschaft an einen oder mehrere Dritte(n) zu verkaufen und zu übertragen (**„Gesamtveräußerung"**), wenn von den Gesellschaftern mit der Mehrheit von 75% der abgegebenen Stimmen und mit Zustimmung des Investors die Veräußerung beschlossen wird.

§ 18 Negative Entwicklung

(1) Die Vertragsparteien gehen bei Abschluss dieses Vertrages davon aus, dass sich die Target Holding GmbH entsprechend der vorgelegten Planung positiv entwickeln wird.

(2) Sollten Zins- und Tilgungsleistungen auf die stille Beteiligung des Investors über einen Zeitraum von mehr als ...... Monaten nicht geleistet worden sein, verpflichten sich die Gesellschafter geeignete Maßnahmen zur Restrukturierung der Target Holding GmbH oder der Target GmbH einzuleiten und, wenn diese sich als nicht erfolgversprechend erweisen, den Verkauf der Target Holding GmbH oder der Target GmbH unter Beauftragung einer M&A-Gesellschaft am Markt zu prüfen und auf Verlangen des Investors einzuleiten.

§ 19 Liquidationspräferenz

19.1 Im Falle des (i) Verkaufs der von der Gesellschaft an der Target GmbH gehaltenen Beteiligung oder (ii) eines Verkaufs von mehr als 50% der Geschäftsanteile an der Gesellschaft wird der Gesamtveräußerungserlös (Geld- und/oder Sachleistungen) wie nachfolgend näher definiert und im Einzelnen bestimmt unter den (veräußernden) Gesellschaftern verteilt, wobei hiervon die Rückzahlung der vertraglich vorrangigen stillen Beteiligungen (oben § 3) unberührt bleibt:

19.1.1 Zunächst erhält der Investor von dem Gesamtveräußerungserlös vorab einen Betrag, der seiner Einlage und seiner Zuzahlung in die Kapitalrücklage gem. § 272 Abs. 2 Nr. 4 HGB (oben § 1 Abs. 4) entspricht, dies rechnerisch verzinst mit ......% p. a. (**„Präferenzbetrag"**).

19.1.2 Übersteigt der Gesamtveräußerungserlös den Präferenzbetrag, erhalten sodann die Gesellschafter den verbleibenden Gesamtveräußerungserlös im Verhältnis ihrer anteilsmäßigen Beteiligung an der Gesellschaft.

19.2 Im Fall der sonstigen Verteilung liquider Mittel oder anderweitigen Vermögens der Gesellschaft im Wege der Ausschüttung ohne Liquidation (z. B. Dividenden) verzichten die übrigen Gesellschafter auf ihre Auszahlungsforderung zugunsten des Investors, bis dieser seinen Präferenzbetrag erhalten hat. Dieser vorab zugewiesene und ausgeschüttete Betrag gelangt auf den Präferenzbetrag im Verkaufsfall zur Anrechnung.

§ 20 Call-Option/Vesting

20.1 Für den Fall, dass ein zwischen einem MBO-Manager sowie der Target Holding GmbH oder der Target GmbH geschlossener Anstellungs-, Dienst- oder Beratervertrag (**„Manager-Vertrag"**) endet und damit der betreffende MBO-Manager nicht mehr mehr hauptberuflich in der Unternehmensleitung einer dieser beiden Gesellschaften tätig ist (**„Ausscheiden"**), verpflichtet sich der ausscheidende MBO-Manager hiermit auf und gemäß Verlangen des Investors in den nachgenannten Good Leaver-Fällen im Umfang des Verfallbaren Anteils und in den Bad Leaver-Fällen alle seine Geschäftsanteile an der Target Holding GmbH an die übrigen Gesellschafter pro rata ihrer Beteiligung an der Target Holding GmbH gemäß den folgenden Bestimmungen zu verkaufen und abzutreten (**„Call Option"**):

(a) Der Unverfallbare und Verfallbare Anteil berechnet sich für den ausscheidenden MBO-Manager in Abhängigkeit von den seit dem .... (**„Stichtag"**) bis zum Ausscheiden vergangenen Jahren wie nachfolgend dargestellt

Zeitraum zwischen Stichtag und Ausscheiden in Jahren	Unverfallbarer Anteil %	Verfallbarer Anteil %
0 bis 1	0	100
1 bis 2		
2 bis 3		
3 bis 4		
Über 4	100	0

(b) In den nachfolgenden Fällen hat der ausscheidende MBO-Manager nur den Verfallbaren Anteil zum Buchwert, höchstens jedoch zum Verkehrswert, wenn dieser niedriger ist, zu übertragen:

(i) der Manager-Vertrag wird durch den MBO-Manager aus wichtigem Grund gekündigt;

(ii) der Manager-Vertrag wird durch die Gesellschaft oder den MBO-Manager ordentlich gekündigt oder endet durch Zeitablauf gemäß den Bestimmungen des Manager-Vertrages oder

(iii) der MBO-Manager stirbt oder wird für einen Zeitraum von mehr als ...... Monaten dauernd im sozialversicherungsrechtlichen Sinne berufsunfähig.

(gemeinsam „**Good Leaver**")

(c) Für den Fall, dass der Manager-Vertrag aus einem vom MBO-Manager zu vertretenden wichtigen Grund im Sinne von § 626 BGB durch die Gesellschaft oder nach Vorliegen eines solchen Grundes durch den MBO-Manager gekündigt wird (**„Bad Leaver"**), hat der MBO-Manager alle seine Geschäftsanteile an der Target Holding GmbH zum Buchwert, höchstens jedoch zum Verkehrswert, wenn der Verkehrswert niedriger ist als der Buchwert, gemäß Abs. 1 Satz 1 an die übrigen Gesellschafter zu übertragen.

20.2 Der Verkehrswert ist unter Berücksichtigung der vom Institut der Wirtschaftsprüfer in Deutschland e.V. empfohlenen jeweils geltenden Grundsätze zur Unternehmensbewertung von dem Abschlussprüfer der Target Holding GmbH zu ermitteln. Der Buchwert entspricht dem Anteil am Eigenkapital der Target Holding GmbH im Sinne von § 266 Abs. 3 A HGB zum Zeitpunkt des Ausscheidens. Für den Fall, dass Streitigkeiten zwischen den Gesellschaftern im Hinblick auf den Verkehrswert und/oder den Buchwert entstehen, gilt § 14 Absatz (4) Satz 4 und 5 insoweit entsprechend.

20.3 Die Call-Option kann nur in einem Zeitraum von ...... Monaten nach Wirksamwerden des Ausscheidens auf Verlangen des Investors in Textform gem. § 126b BGB gegenüber dem ausscheidenden MBO-Manager ausgeübt werden. § 14 (Vorerwerbsrecht) und § 15 (Mitveräußerungsrecht) dieser Gesellschaftervereinbarung finden auf Übertragungen gemäß der Regelungen in diesem § 20 keine Anwendung.

§ 21 Öffentlichkeit

Die Parteien werden sich vor Information der Öffentlichkeit über die Beteiligung des Investors an der Gesellschaft im Einzelnen über Art und Weise der Information abstimmen.

§ 22 Vertragsbeitritt, Gemeinsamer Vertreter

(1) Anteile an der Gesellschaft dürfen nur übertragen werden, wenn der Erwerber dieser Gesellschaftervereinbarung beigetreten ist.

(2) Stehen Anteile mehreren Mitberechtigten oder einer Erbengemeinschaft zu, so sind diese verpflichtet, durch schriftliche Erklärung an die Gesellschaft einen gemeinsamen Vertreter zur Ausübung ihrer Rechte aus den Anteilen zu bestellen. Gemeinsamer Vertreter kann nur ein Mitberechtigter, ein anderer Gesellschafter

oder ein zur Berufsverschwiegenheit verpflichteter Dritter aus rechts- oder wirtschaftsberatenden Berufen sein.

§ 23 Kosten

Die im Zusammenhang mit dem Abschluss dieses Vertrages entstehenden Kosten, insbesondere Notarkosten und Handelsregistergebühren, trägt die Target Holding GmbH. Entsprechendes gilt für die im Zusammenhang mit der Erstellung und Ausführung des Vertrags entstehenden Kosten.

§ 24 Wirksamwerden und Dauer des Vertrages

(1) Dieser Vertrag wird mit Beurkundung wirksam.
(2) Er wird für die Dauer der Beteiligung des Investors an der Gesellschaft abgeschlossen.

§ 25 Schlussbestimmungen

(1) Im Fall eines Widerspruchs zwischen Regelungen der Satzung und dieses Beteiligungsvertrags soll im Verhältnis der Parteien diese Gesellschaftervereinbarung Vorrang haben.
(2) Sollte eine der Bestimmungen dieses Vertrages unwirksam sein oder werden, wird dadurch die Wirksamkeit der übrigen Bestimmungen nicht berührt. Die Vertragsparteien werden an die Stelle der unwirksamen Bestimmung eine rechtlich zulässige und wirksame Bestimmung setzen, die geeignet ist, den mit der unwirksamen Bestimmung beabsichtigten Erfolg soweit wie möglich zu erreichen. Entsprechendes gilt für die Ausfüllung von Vertragslücken.
(3) Erfüllungsort und Gerichtsstand ist ......, soweit dies rechtlich zulässig ist.

Anlage 1: Finanzplan

Glossar

Abspaltung Übertragung nur eines Teils der Vermögensgegenstände eines Rechtsträgers gegen Gewährung von Anteilen, § 123 Abs. 2 UmwG.

Agio Aufgeld, das über den Nennwert der Gesellschaftsanteile bei einer Beteiligung gezahlt wird. Agio plus Nennwert ergibt den Ausgabepreis.

Asset Deal Erwerb der einzelnen Wirtschaftsgüter (Aktiva und Verbindlichkeiten) eines Unternehmens.

Asset Sales Deal Übernahmetransaktion, bei der ein großer Teil des Kaufpreises durch Verkauf von Vermögenswerten der übernommenen Gesellschaft realisiert wird. Der Verkauf nicht betriebsnotwendiger Vermögenswerte führt zur Reduzierung des Schuldendienstes.

Asset Stripping Zerschlagung eines übernommenen Unternehmens durch Verkauf von Teilbereichen oder einzelnen Wirtschaftsgütern.

Aufspaltung Auflösung eines Rechtsträgers, im Wege einer Sonderrechtsnachfolge Übertragung sämtlicher Vermögenswerte auf mehrere Rechtsträger gegen Gewährung von Anteilen, vgl. § 123 Abs. 1 UmwG.

Auktionsverfahren Verfahren zur Bestimmung des Emissionswertes einer Aktie beim Börsengang, bei dem nur der Mindestpreis festgelegt wird; Verfahren zur Bestimmung des Übernahme- bzw. Transaktionspreises eines Buy out, bei dem mehrere konkurrierende Beteiligungsgesellschaften für das Zielunternehmen bieten.

Ausgliederung Übertragung eines Teils der Vermögenswerte auf einen anderen Rechtsträger gegen Gewährung von Anteilen des neuen Rechtsträgers an den bisherigen, § 123 Abs. 3 UmwG.

Bad Leaver Als Gesellschafter beteiligtes Mitglied des Managementteams, das aufgrund von Fehlverhalten oder aus eigenem Antrieb die Gesellschaft vor dem vereinbarten Zeitpunkt (i.d.R. Exit des Investors) verlässt.

Bootstrap-Akquisition Vorläuferform des LBO: Vermögenswerte des Targets wurden genutzt, um Fremdkapitalfinanzierung zu sichern.

Buy Back Exitvariante, bei der die Anteile durch die Altgesellschafter zurückgekauft werden.

Buy-Out Unternehmensübernahme durch Eigenkapitalinvestoren und Management.

Capital Gain Veräußerungsgewinn aus dem Verkauf von Unternehmensanteilen.

Carried Interest Gewinnbeteiligung der Managementgesellschaft und deren Manager am Erfolg der verwalteten Fonds. Zum Beispiel 20% für Managementgesellschaft und 80% für Investoren. Meist wird eine Hurdle Rate eingebaut.

Carve-Out i.d.R. (schrittweise) Veräußerung des Aktienstammes einer Konzerntochter, sukzessive Verringerung des Einflusses der bisherigen Muttergesellschaft.

Cash Flow Deal Traditionelle Form eines MBO, die weitgehend auf der Basis der erwirtschafteten flüssigen Mittel eines Unternehmens finanziert wird. Schlüsselgröße ist der Cash flow, aus dem die Rückführung des aufgenommenen Fremdkapitals und der Zinslast für die Finanzierung eines Buy-Outs getragen werden muss.

Cash-out-Strategie Investmentstrategie, in deren Folge auf Rückführung des Fremdkapitals bzw. operative Verbesserungen gesetzt wird.

Closing Teilweiser oder völliger Abschluss einer Transaktion.

Commercial Due Diligence Prüfung der wirtschaftlichen Marktposition der Zielgesellschaft, siehe Due Diligence.

Commitment Verpflichtung zur Einzahlung des vereinbarten Betrages in einen Fonds durch einen Investor.

Convertible Debt Anleihen oder Schuldverschreibungen eines Unternehmens, die in Aktien bzw. Anteile umgewandelt werden können.

Debt Fremdkapitalfinanzierung, i. d. R. über gesicherte Bankkredite.

Debt–to-Equity-Swap Überführung von Fremd- in Eigenkapital; häufig im Rahmen sog. Bad Loans, soweit deren Kündigungsbedingungen die Umwandlung in einen Eigenkapitalanteil vorsehen.

Delisting Technische Aufhebung der Börsennotierung einer Gesellschaft.

Direkte Beteiligung Einbringung zusätzlichen Gesellschaftskapitals in eine Kapitalgesellschaft, Investor wird Mitgesellschafter.

Disbursements Auszahlung des Kapitals anlässlich einer Beteiligung.

Discounted Cash-Flow Das in M&A-Transaktionen gebräuchlichste Verfahren zur Bestimmung des Unternehmenswertes.

Discounted EBIT Verfahren zur Bestimmung des Unternehmenswertes auf Basis des EBIT.

Diskontierungsmodelle Bewertungsmodelle, die zukünftige Ertragserwartungen auf einen definierten Zeitpunkt abzinsen und so den Wert des Investments zu diesem Zeitpunkt bestimmen.

Divestment Teilweiser oder vollständiger Verkauf von Unternehmensanteilen oder Vermögensbestandteilen an einem Unternehmen durch eine Beteiligungsgesellschaft (Exit).

Down Round Finanzierungrunde, in der die Bewertung eines Unternehmens im Vergleich zum Einstieg des Investors herunter gesetzt wird.

Drag-Along Auch Bring-Along oder Come-Along genannt: Veräußerungsverpflichtung; vertragliche Vereinbarung in Beteiligungs- oder Gesellschaftsverträgen, die einem oder mehreren Geselschaftern die Pflicht auferlegen, im Falle des Verkaufs der Anteile an dem Unternehmen durch einen Gesellschafter/eine Gesellschaftergruppe die eigenen Anteile zu den gleichen Bedingungen mitzuverkaufen, um dem Käufer zu ermöglichen, die gesamten Anteile oder zumindest eine kontrollierende Mehrheit zu übernehmen.

Due Diligence Detaillierte Untersuchung, Prüfung und Bewertung eines potentiellen Beteiligungsunternehmens als Grundlage für Investmententscheidung.

Earn-out Kaufvertragliche Klausel, wonach ein Teil des Kaufpreises zu einem festgelegten späteren Zeitpunkt erfolgsabhängig gezahlt werden soll.

EBIT Earnings Before Interest and Taxes – ordentliches Betriebsergebnis vor Zinsen und Steuern: Maßstab, der bei der Unternehmensbewertung auf schuldenfreier Basis Anwendung findet.

EBITDA Betriebsergebnis vor Zinsen und Steuern und Abschreibungen, einschließlich Abschreibungen auf good will.

Equity Eigenkapital.

Equity Kicker Möglichkeit der Fremdkapitalgeber oder Mezzanine-Kapitalgeber, Anteile an der zu finanzierenden Personen- oder Kapitalgesellschaft zu erwerben.

Exit Ausstieg eines Investors aus einer Beteiligung durch Veräußerung seines Anteils im Wege von: Buy Back, Trade Sale, Secondary Purchase, Going Public.

Feasibility Study Durchführbarkeitsstudie/Machbarkeitsstudie: Analyse der technischen und wirtschaftlichen Realisierbarkeit eines Projektes.

First Round Erste Finanzierungsrunde bei dem Unternehmen, das damit erstmals externes Eigenkapital erhält.

Flip Kurzfristiges Investment, bei dem der Exit schon vor Geschäftsabschluss feststeht.

Fund Raising Einwerben von Fonds: Startphase eines Fonds von Eigenkapitalinvestoren, in der institutionelle, industrielle oder private Anleger dafür gewonnen werden sollen, Fondsanteile zu zeichnen.

Genussrechte Form von Mezzanine Kapital: Vermögensrecht, das in Form eines Genussscheins verbrieft wird und berechtigt, am Gewinn und/oder Liquidationserlös eines Unternehmens teilzuhaben.

Going Private Rückkauf eines Unternehmens von der Börse in privates Eigentum.

Good Leaver An der Gesellschaft beteiligtes Mitglied des Managements, das die Gesellschaft im gegenseitigen Einvernehmen (oder aufgrund unverschuldeter Umstände) verlässt.

Growth Capital Anderer Ausdruck für Wachstums- oder Expansionskapital.

Hands off Nach Bereitstellung von Eigenkapital lässt man das Unternehmen agieren, ohne bis zum Exit direkt einzugreifen; eher passive Betreuung durch Mitwirkung in Beiräten, Aufsichtsräten etc.

Hands on Aktive Betreuung: Der Investor zielt auf eine Wertsteigerung durch aktive Unterstützung des Managements ab (über die Mitwirkung in Beiräten, Aufsichtsräten etc. hinausgehende Aktivitäten).

High Flyer Bezeichnung für Aktien oder Unternehmensbeteiligungen mit einem extremen Wertanstieg oder weit unterdurchschnittlichem Kurs/Gewinn-Verhältnis, Gegensatz zu Flop.

Holding Period Zeit, in der ein Investment im Portfolio verbleibt.

Hurdle Rate Vor Wirksamwerden der Gewinnbeteiligung der Managementgesellschaft bzw. deren Management erhalten die Investoren zunächst eine Basisvergütung.

Institutionelle Investoren Große Institutionen, z. B. Kreditinstitute.

Institutional Buy-out Übernahme einer Gesellschaft durch einen institutionellen Investor, beispielsweise eine Private-Equity-Gesellschaft.

IPO Initial public offering, öffentliche Erstemission von Aktien einer Gesellschaft.

IRR Internal Rate Of Return, Eigenkapitalrendite vor Steuern im Jahr. Auch: „Interner Zinsfuß".

Junior Debt Nachrangig nach Senior Debt, wie Mezzanine-Finanzierung.

LBO Leveraged Buy Out, überwiegend fremdkapitalfinanzierter Unternehmenskauf.

Lead Investor in einem Syndikat von Beteiligungsgesellschaften derjenige Investor – zumeist mit dem größten Anteil –, der sowohl die Organisation der Finanzierung als auch die Hands-on-Betreuung übernimmt.

Legal Due Diligence Rechtliche Untersuchung aller bestehenden Verträge im Rahmen des Prüfungsprozesses vor einer Investition, vgl. Due Dilligence.

Letter of Intent (LOI) Schriftliche, in der Regel unverbindliche Absichtserklärung eines Investors, die die Eckdaten der angestrebten Investition enthält.

MBI Management Buy In, Übernahme eines Unternehmens durch ein externes Management, in der Regel unter Zuhilfenahme von Eigenkapitalinvestoren.

MBO Management Buy Out, Übernahme eines Unternehmens durch vorhandenes Management, in der Regel mit Hilfe von Eigenkapitalinvestoren.

MEP Management Equity Program, echte Kapitalbeteiligung des Managements am Eigenkapital der Erwerber- oder Zielgesellschaft.

Mezzanine-Finanzierung Zwischenform zwischen Eigen- und Fremdkapital: Im engeren Sinne nachrangiges Fremdkapital, dessen Vergütung i. d. R. aus einer festen Verzinsung, ggf. verbunden mit einem Equity Kicker besteht. Gebräuchliche Erscheinungsformen sind u. a. das nachrangige Darlehen, Gesellschafterdarlehen, Genussscheine (Genussaktien) und die stille Beteiligung.

MoM Multiple of Money, Bruttorendite, gemessen als Multiplikator des eingesetzten Eigenkapitals.

MPP Management Participation Program, Oberbegriff für wirtschaftliche Managementanreize, nicht ausschließlich auf Beteiligung am Eigenkapital beschränkt (z. B. Phantom Stocks, gewinnabhängige Vergütungen etc.).

NewCo Erwerbergesellschaft: zeitlich begrenzte Gesellschaft zum Erwerb eines Unternehmens im Wege eines MBO/LBO.

NDA (Non-Disclosure Agreement) Vertragliche Vereinbarung zwischen zwei oder mehr Parteien, die diese zur Verschwiegenheit verpflichtet. Gebräuchlich u. a. bei M&A-Transaktionen.

Offene Beteiligung Direkte Beteiligung an einem Unternehmen durch Übernahme von Unternehmensanteilen.

Partiarisches Darlehen Darlehen mit Gewinnbeteiligung.

Pay Back Investierter Betrag plus Capital Gain, realisiert beim Exit.

Phantom Stocks Erlösteilhabe des Managements bei Exit, als ob Management beteiligt gewesen wäre (sog. „virtuelle Kapitalbeteiligung").

Post Money Valuation Wert eines Unternehmens nach einer Finanzierungsrunde.

Pre Money Valuation Wert eines Unternehmens vor einer Finanzierungsrunde.

Private Equity Oberbegriff für alle Eigenkapitalanlageformen: Venture Capital, Buy-outs und Mezzanine – Beteiligungskapital im weitesten Sinne.

Private Placement Private Platzierung von Anteilen oder Aktien ohne Inanspruchnahme einer Börse im Gegensatz zum Public Offering.

Public Offering Öffentliches Angebot von Aktien über die Börse (im Gegensatz zum Private Placement).

Ratchet bzw. Sliding Scale Bonus- oder Malus-Vereinbarung, bei der abhängig von der Zielerreichung des Unternehmens Eigenkapitalanteile zu Vorzugskonditionen von Verkäufer (Bonus) oder Käufer (Malus) erworben werden können, siehe auch Sweet Equity.

Reliance Letter Hat die Aufgabe, den Fremdkapitalgebern die Ergebnisse der Due Dilligence nutzbar zu machen, sowie Schaffung einer eigenständigen Haftungsgrundlage gegenüber den vom Erwerber eingeschalteten Beratern.

Replacement Capital Kauf der Unternehmensanteile von Anteilseignern, die das Unternehmen verlassen wollen.

ROI Return on Investment: Gewinn aus Ausschüttungen und Veräußerung einer Beteiligung.

Secondary Buy-out „Buy-Out eines Buy-Out", d. h. die Buy-Out-Manager verkaufen an die nächste Managergeneration.

Secondary Purchase Exitvariante. Eine Private-Equity-Gesellschaft verkauft ihre Anteile an einem Unternehmen an eine andere Private-Equity-Gesellschaft bzw. einen finanziell interessierten Partner.

Senior Debt Bankkredit, der vor Eigenkapital und Mezzanine bedient wird.

Share Buyback Exitvariante, bei der die Anteile an der Gesellschaft durch die Altgesellschafter zurückgekauft werden.

Share Deal Kauf der Geschäftsanteile eines Unternehmens.

Spin-Off Ausgründung einer Tochtergesellschaft, eines Geschäftsbereichs aus einem Konzern.

Squeeze-out Aktienrechtliche Regelung, die einen Ausscheidenszwang von Minderheitsgesellschaftern gegen Barabfindung regelt, sofern ein Aktionär mehr als 95% der Stimmrechte hält.

Stille Beteiligung i. d. R. mit fester Laufzeit, festem Zins und festgelegter erfolgsabhängiger Komponente; die Beteiligung kann anonym bleiben und wird nicht ins Handelsregister eingetragen (still); die typische stille Gesellschaft partizipiert am Gewinn und am Verlust der Gesellschaft; eine atypische Stille Gesellschaft liegt vor, wenn der Gesellschafter nicht nur am Gewinn und Verlust, sondern darüber hinaus am Gesamtvermögen und Vermögenszuwachs (stille Reserven) beteiligt ist.

Subordinated Debt Nachrangiges Darlehen: Ein nachrangiges Darlehen ist im Verhältnis zu anderen Gläubigern mit einem Rangrücktritt versehen. Eine Rangrücktrittserklärung beim Darlehen (Subordination) bewirkt, dass die Ansprüche der Gläubiger während der

Laufzeit des Darlehens hinter den Ansprüchen einiger oder aller anderen Gläubiger zurücktreten.

Sweat Equity Einräumung von Options- bzw. Bezugsrechten (zu bestimmtem Preis, sog. *Strike price*) hinsichtlich von Gesellschaftsanteilen bei Erreichen festgelegter Erfolgsziele.

Sweet Equity Anreizvergütung für Gründer/Management durch den Beteiligungsgeber.

Syndication Co-Investments: um auch größere Investments mit hohem Risiko zu finanzieren, schließen sich mehrere Eigenkapitalinvestoren zusammen.

Tag along Auch Pull Along oder Take Along genannt: Veräußerungsrecht, vertragliche Vereinbarung, die den Investoren ermöglicht, ihren Minderheitsanteil teilweise oder vollständig zu den gleichen Bedingungen wie die Mehrheitsaktionäre zu verkaufen.

Target Zielunternehmen für eine Unternehmensübernahme oder Eigenkapitalinvestition.

Tax Due Diligence Untersuchung der steuerlichen Risiken eines Unternehmens im Zuge des Prüfungsprozesses vor einer Investition, vgl. Due Diligence.

Term Sheet Finanzielle und andere Eckdaten einer Transaktion, auf die die Parteien sich geeinigt haben.

Track Record Erfolgs- und Erfahrungsgeschichte einer Beteiligungsgesellschaft bzw. eines Unternehmens oder auch eines Managers/Unternehmers.

Trade Sale Veräußerung der Unternehmensanteile an einen industriellen Investor.

Übertragende Sanierung Spezielle Ausprägung der Fortführungsgesellschaft: Übertragung des gesamten oder Teil- Vermögens des Krisenunternehmens auf einen neuen Rechtsträger.

Vendor Verkäufer eines Unternehmens oder von Unternehmensanteilen.

Vendor Loan Kaufpreisvariante in Form der Finanzierung eines Teils in Form einer Darlehensgewährung durch den Verkäufer der Zielgesellschaft.

Venture Capital Erfasst Early stage, Expansion, Later stage – nicht aber Buy-outs und Mezzanine.

Warrantless Mezzanine Mezzanine-Finanzierungen ohne Equity Kicker.

Write off Totalverlust eines Investment, d.h. totales Abschreiben der investierten Mittel.

Yield Rate of Return bei Schuldverschreibungen/Ergebnis aus einer Kapitalanlage.

Stichwortverzeichnis

(Die Buchstaben bezeichnen die Teile, die Ziffern die Randnummer)